MYTHOLOGIQUES

..

DU MIEL AUX CENDRES

OUVRAGES DU MÊME AUTEUR :

LA VIE FAMILIALE ET SOCIALE
DES INDIENS NAMBIKWARA
(PARIS, SOCIÉTÉ DES AMÉRICANISTES, 1948).

LES STRUCTURES ÉLÉMENTAIRES DE LA PARENTÉ
Prix Paul-Pelliot
(PARIS, PRESSES UNIVERSITAIRES DE FRANCE, 1949.
NOUVELLE ÉDITION REVUE ET CORRIGÉE. LA HAYE-PARIS,
MOUTON ET Cie, 1967).

RACE ET HISTOIRE
(PARIS, UNESCO, 1952).

TRISTES TROPIQUES
(PARIS, LIBRAIRIE PLON, 1955. UNION GÉNÉRALE D'ÉDITION,
COLLECTION 10/18, 1962. NOUVELLE ÉDITION, REVUE ET CORRIGÉE,
PARIS, LIBRAIRIE PLON, 1973).

ANTHROPOLOGIE STRUCTURALE
(PARIS, LIBRAIRIE PLON, 1958).

LE TOTÉMISME AUJOURD'HUI
(PARIS, PRESSES UNIVERSITAIRES DE FRANCE, 1962).

LA PENSÉE SAUVAGE
(PARIS, LIBRAIRIE PLON, 1962).

MYTHOLOGIQUES ★ LE CRU ET LE CUIT
(PARIS, LIBRAIRIE PLON, 1964).

MYTHOLOGIQUES ★★ DU MIEL AUX CENDRES
(PARIS, LIBRAIRIE PLON, 1967).

MYTHOLOGIQUES ★★★ L'ORIGINE DES MANIÈRES DE TABLE
(PARIS, LIBRAIRIE PLON, 1968).

MYTHOLOGIQUES ★★★★ L'HOMME NU
(PARIS, LIBRAIRIE PLON, 1971).

ANTHROPOLOGIE STRUCTURALE DEUX
(PARIS, LIBRAIRIE PLON, 1973).

LA VOIE DES MASQUES
(PARIS, LIBRAIRIE PLON, 1979).

EN COLLABORATION :

GEORGES CHARBONNIER :
ENTRETIENS AVEC CLAUDE LÉVI-STRAUSS
(PARIS, PLON-JULLIARD, 1961).

CLAUDE LÉVI-STRAUSS

de l'Académie française

MYTHOLOGIQUES

..

DU MIEL AUX CENDRES

PLON

A MONIQUE

« *Scriptorum chorus omnis amat nemus, et fugit urbes,
rite cliens Bacchi, somno gaudentis et umbra.* »

Horace, Epître II, L. ii, *A Julius Florus*.

AVANT-PROPOS

Deuxièmes du titre, ces *Mythologiques* prolongent l'enquête inaugurée dans *le Cru et le Cuit*. Aussi avons-nous pris soin de récapituler au début, tout en les éclairant d'un nouveau jour, les renseignements indispensables pour qu'on puisse, sans connaître le précédent volume, se lancer hardiment dans celui-ci qui prétend démontrer que la terre de la mythologie est ronde ; il ne renvoie donc pas à un point de départ obligé. Commençant n'importe où, le lecteur est assuré d'achever l'itinéraire pourvu qu'il dirige ses pas toujours dans le même sens et qu'il progresse avec patience et régularité.

En France comme à l'étranger, la méthode suivie et les résultats énoncés dans le premier volume ont soulevé maintes discussions. Le moment ne paraît pas encore venu de répondre. Plutôt que de laisser le débat prendre un tour philosophique qui le rendrait vite stérile, nous préférons poursuivre notre tâche et enrichir le dossier. Adversaires et défenseurs disposeront de plus de pièces à conviction. Quand l'entreprise approchera de son terme et que nous aurons produit tous nos témoins, exhibé toutes nos preuves, le procès pourra se plaider.

Nous nous contenterons donc, pour le moment, de remercier les personnes qui nous ont apporté une aide. M. Jesus Marden dos Santos, directeur du *Serviço de Meteorologia do Brasil*, M. Djalma Batista, directeur de l'*Instituto Nacional de Pesquisas da Amazonia*, M. Dalcy de Oliveira Albuquerque, directeur du *Museu Paraense Emilio Goeldi*, et Mme Claudine Berthe, du Muséum national d'histoire naturelle, ont fourni de précieuses informations météorologiques ou botaniques. Mlle Jacqueline Bolens nous a aidé à rassembler, et elle a traduit, les sources en langue allemande. Mlle Nicole Belmont nous a assisté pour la documentation, l'illustration, l'établissement des index et la correction des épreuves que ma femme et M. I. Chiva ont également relues. Le service de dactylographie du Collège de France s'est chargé de la frappe du manuscrit. Mme Henri Dubief, conservateur au département des manuscrits de la Bibliothèque nationale, a trouvé le document de couverture.

POUR L'ACCORD

« Et encore estandi l'angre sa main tierce foiz et toucha le miel, et le feu sailli sus la table et usa le miel sanz faire à la table mal, et l'oudeur qui yssi du miel et du feu fu tresdoulce. »

« De l'Ystoire Asseneth », p. 10 ; in : *Nouvelles Françoises en prose du XIVᵉ siècle*. Bibl. elzévirienne, Paris, 1858.

Les métaphores inspirées par le miel comptent parmi les plus anciennes de notre langue et d'autres qui l'ont précédée dans le temps. Les hymnes védiques associent volontiers le lait et le miel dont, selon la Bible, la Terre promise ruissellera. « Plus douces que le miel » sont les paroles du Seigneur. Les Babyloniens faisaient du miel l'offrande aux dieux par excellence, car ceux-ci exigeaient une nourriture qui ne fût pas touchée par le feu. Dans l'*Iliade*, des jarres de miel servent d'offrande aux morts. Ailleurs, elles furent utilisées pour recueillir leur dépouille.

Voici plusieurs millénaires que des locutions telles que « tout miel », « doux comme miel », continuent d'avoir cours dans notre civilisation. En revanche, les métaphores inspirées par l'usage du tabac sont récentes et facilement datables. Littré n'en veut connaître que deux : « cela ne vaut pas une pipe de tabac » : cela ne vaut rien ; et « tomber dans le tabac », autrement dit, dans la misère. Ces locutions argotiques, dont on pourrait citer maintes variantes (cf. Vimaître), sont également attestées dans d'autres langues : en anglais, « *not to care a tobacco for...* », se soucier fort peu de quelqu'un ou de quelque chose ; et, en portugais, « *tabaquear* », railler ou plaisanter quelqu'un (Sébillot). Chez les marins, les expressions : « il y aura du tabac », « coup de tabac », connotent le mauvais temps. « Coquer, fourrer, foutre, donner du tabac », et plus récemment « passer à tabac, tabasser », signifient maltraiter, brutaliser, bourrer de coups (Rigaud, Sainéan, Lorédan-Larchey, Delvau, Giraud, Galtier-Boissière et Devaux).

Le miel et le tabac sont des substances comestibles, mais ni l'un ni l'autre ne relèvent à proprement parler de la cuisine. Car le miel est élaboré par des êtres non humains, les abeilles, qui le livrent tout prêt pour la consommation ; tandis que la manière la plus commune de consommer le tabac met celui-ci, à la différence du miel, non pas *en deçà* mais *au delà* de la cuisine. On ne l'absorbe pas à l'état cru, comme le miel, ou préalablement exposé au feu pour le cuire, ainsi qu'on fait de la viande. On l'incinère, afin d'aspirer sa fumée.

Or, la langue familière (dont nous empruntons surtout les exemples au français, certain qu'on pourra faire ailleurs des observations analogues, de façon directe ou simplement transposée) atteste que les locutions « à miel » et « à tabac » forment couple, et qu'elles servent à exprimer des idées antithétiques qui se situent elles-mêmes sur plusieurs plans. Sans oublier le moins du monde que les locutions « à miel » comprennent des cas limites où la connotation se fait péjorative : « discours mielleux », « paroles melliflues », et même l'interjection « miel ! », pas seulement fondée sur une homophonie commode aux demoiselles qui se croient bien élevées (avec le participe dérivé : emmiellant)[1] — détournements de sens dont, loin de les ignorer, nous montrerons la raison — il ne paraît pas douteux que, dans notre civilisation, les locutions « à miel » et « à tabac » s'opposent. En dépit de certains recouvrements, ce qu'on aimerait appeler leurs points d'équilibre sémantique sont différemment placés : les unes sont surtout laudatives, les autres plutôt dépréciatrices. Elles connotent respectivement l'abondance et la disette, le luxe et la pauvreté ; et soit la douceur, la bienveillance et la sérénité — « *Manare poetica mella* » —, soit la turbulence, la violence et le désordre. Peut-être même, si l'on disposait d'autres exemples, faudrait-il dire que les unes se situent par rapport à l'espace (« *tout* miel »), les autres par rapport au temps (« *toujours* le même tabac »).

La phrase que nous avons mise en épigraphe à cette introduction montre que le rapport d'opposition dont il s'agit ici est, en quelque sorte, antérieur aux choses opposées. Avant même que le tabac ne fût connu de l'Occident, le « feu de miel », allumé par le pouvoir surnaturel de l'ange, ménage sa place au terme absent et anticipe ses propriétés qui doivent être celles d'un terme corrélatif et antithétique du miel fluide, lui correspondant point par point dans le registre complémentaire du sec, du brûlé et de l'aromatique. Que l'*Ystoire Asseneth*, où figure cet exemple, soit probablement l'œuvre d'un auteur juif de la fin du Moyen Age rend plus curieuse encore l'interprétation médiévale, juive aussi cependant, de la prohibition du Lévitique frappant l'offrande de miel sur les autels, en raison de l'odeur désagréable du miel brûlé. En tout cas, cette divergence montre que, sous le rapport de la fumée et de son odeur, qui seront essentiellement les modes du tabac, dès le Moyen Age et peut-être avant, le miel était, comme disent les linguistes, un terme fortement « marqué ».

Cette priorité du rapport d'opposition sur les choses opposées, ou tout au moins sur l'une d'elles, permet de comprendre que, sitôt le tabac connu, il se soit uni au miel pour former avec lui une paire dotée de vertus souve-

---

1. « Miel (c'est un). Phrase de l'argot des faubouriens, qui disent cela à propos de tout, et surtout mal à propos. Une chose leur paraît bonne ou belle : *c'est un miel*. Ils entrent dans un endroit qui pue : *c'est un miel*. On se bat devant eux à coups de poing ou de couteau et le sang coule : *c'est un miel* » (Delvau). « *C'est un miel :* c'est très agréable et (par ironie) c'est très désagréable » (Lorédan-Larchey). Cette ample oscillation sémantique est déjà donnée, au moins implicitement, dans la croyance grecque et latine, sans doute d'origine égyptienne, qu'un essaim d'abeilles sera immanquablement engendré par le cadavre putréfié d'un veau asphyxié dans un réduit clos, en lui bouchant les voies respiratoires, et dont on a meurtri les chairs pour les désagréger sans endommager la peau (VIRGILE, *Géorgiques*, IV, v. 299-314, 554-558).

raines. Dans une pièce du théâtre anglais datant de la fin du XVIᵉ siècle (1597), due à William Lilly, et dont le titre même : *The Woman in the Moone*, n'est pas sans rencontrer un écho dans la mythologie du Nouveau Monde comme on le verra au prochain volume, l'héroïne nommée Pandore blesse son amant d'un coup d'épée et, prise de remords, envoie chercher des simples pour le panser :

> « *Gather me balme and cooling violets,*
> *And of our holy herb nicotian*
> *And bring withall pure honey from the hive*
> *To heale the wound of my unhappy hand.* »[1]

Ce texte a de quoi nous plaire, puisqu'il souligne de façon imprévue la continuité du lien qui, à travers *le Cru et le Cuit* dont il est la suite, unit le présent livre à *la Pensée sauvage*... Et il atteste aussi l'existence ancienne, en terre anglaise, d'une association du miel avec le tabac qui nous paraît toujours exister sur le plan technique. A nous Français, les tabacs anglais semblent plus proches du miel que les nôtres. Nous expliquons souvent cette affinité en supposant, à tort ou à raison, que les feuilles blondes de l'un ont été mises à macérer dans l'autre.

A la différence de l'Europe, l'Amérique du Sud a toujours connu et consommé le miel et le tabac. Pour l'étude sémantique de leur opposition, elle offre donc un terrain privilégié, puisque de façon diachronique et synchronique à la fois, le miel et le tabac y sont observables côte à côte dans la durée. De ce point de vue, l'Amérique du Nord semble occuper une situation symétrique avec celle de l'Ancien Monde, car il se pourrait qu'à une époque récente elle n'eût plus possédé que le tabac, ayant presque complètement perdu le miel, alors que l'Europe était en pleine possession du miel au moment d'acquérir le tabac. Le problème sera repris ailleurs (vol. III). C'est donc en Amérique tropicale, où un précédent ouvrage nous avait permis d'étudier l'opposition des deux catégories fondamentales de la cuisine, celles du cru et du cuit, constitutives du repas, qu'il convient aussi de se placer pour analyser une seconde opposition : celle du miel et du tabac, en tant que ces préparations offrent les caractères complémentaires d'être infra-culinaire pour l'une, méta-culinaire pour l'autre. Nous poursuivrons ainsi notre enquête sur les représentations mythiques du passage de la nature à la culture. Développant la première et élargissant le domaine des secondes, nous serons en mesure de nous interroger, après l'enquête précédente qui concernait l'origine mythique de la cuisine, sur ce que l'on pourrait maintenant appeler *les entours du repas*.

Ce faisant, nous nous bornerons comme toujours à suivre un programme qui nous est imposé par la matière mythique elle-même. Ni le tabac ni le

---

1. Cité par B. Laufer, p. 23.

miel, ni l'idée de les mettre en connexion sur les plans logique et sensible, ne surgissent ici comme des hypothèses spéculatives. Ces thèmes nous sont, au contraire, explicitement fournis par certains des mythes que nous avions trouvés sur notre chemin et partiellement étudiés dans un ouvrage antérieur. Pour dispenser le lecteur de l'obligation d'y recourir, nous les rappellerons brièvement.

***

Le point de départ des considérations sur lesquelles s'ouvrait *le Cru et le Cuit*, premier volume de ces *Mythologiques*, était un récit des Indiens Bororo du Brésil central évoquant l'origine de la tempête et de la pluie (M_1). Nous commencions par démontrer que, sans postuler un rapport de priorité entre ce mythe et d'autres mythes, on pouvait le ramener à une transformation par inversion d'un mythe dont on connaît plusieurs variantes provenant de tribus du groupe linguistique gé, géographiquement et culturellement proches des Bororo, et rendant compte de l'origine de la cuisson des aliments (M_7 à M_{12}). En effet, tous ces mythes ont pour motif central l'histoire d'un dénicheur d'oiseaux, bloqué au sommet d'un arbre ou d'une paroi rocheuse à la suite d'une dispute avec un allié par mariage (beau-frère — mari de sœur —, ou père dans une société de droit maternel). Dans un cas, le héros punit son persécuteur en lui envoyant la pluie, extinctrice des foyers domestiques. Dans les autres cas, il rapporte à ses parents la bûche enflammée dont était maître le jaguar : il procure donc aux hommes le feu de cuisine au lieu de le leur soustraire.

Notant alors que, dans les mythes gé et dans un mythe d'un groupe voisin (Ofaié, M_{14}), le jaguar maître du feu occupe la position d'un allié par mariage, puisqu'il a reçu des hommes son épouse, nous avons établi l'existence d'une transformation qu'illustrent, sous sa forme régulière, des mythes provenant de tribus tupi limitrophes des Gé : Tenetehara et Mundurucu (M_{15}, M_{16}). Comme dans le cas précédent, ces mythes mettent en scène un (ou cette fois, plusieurs) beau(x)-frère(s), qui sont des « preneurs » de femmes. Mais, au lieu qu'il s'agisse d'un beau-frère animal, protecteur et nourrisseur du héros humain personnifiant le groupe de ses alliés, les mythes dont il est maintenant question racontent un conflit entre un ou plusieurs héros surhumains (démiurges et apparentés) et leurs alliés humains (maris des sœurs) qui leur refusent la nourriture ; en conséquence de quoi ils sont transformés en cochons sauvages, plus précisément en tayassuidés de l'espèce queixada *(Dicotyles labiatus)*, qui n'existaient pas encore et que les indigènes tiennent pour le gibier supérieur, figurant la viande dans la plus haute acception du terme.

En passant d'un groupe de mythes à l'autre, par conséquent, on voit qu'ils mettent tantôt en scène un héros humain et son allié (par mariage) : le jaguar, animal maître du feu de cuisine ; tantôt des héros surhumains et leurs alliés (par mariage) : les chasseurs humains, maîtres de la viande. Bien qu'*animal*, le jaguar se conduit *civilement :* il nourrit son beau-frère humain, le protège contre la méchanceté de sa femme, se laisse ravir le feu de cuisine. Bien qu'*humains*, les chasseurs se conduisent *sauvagement :* conservant toute la viande pour leur usage, et jouissant immodérément des épouses reçues sans offrir de contrepartie sous forme de prestations alimentaires :

$$a)\ \big[\text{Héros humain/animal}\big] \Rightarrow \big[\text{Héros surhumains/humains}\big]$$

$$b)\ \big[\text{Animal, beau-frère civil} \to \text{mange-cru}\big] \Rightarrow \big[\text{Humains, beaux-frères sauvages} \to \text{mangés-cuits}\big]$$

Cette double transformation se répercute aussi sur le plan étiologique, puisqu'un des groupes de mythes concerne l'origine de la cuisson des aliments et l'autre, l'origine de la viande ; soit le *moyen* et la *matière* de la cuisine respectivement :

$$c)\ \big[\text{feu}\big] \Rightarrow \big[\text{viande}\big]$$

Tout en offrant des constructions symétriques, les deux groupes sont donc aussi dans un rapport dialectique : il faut que la viande existe pour que l'homme puisse la cuire ; cette viande, évoquée par les mythes sous la forme privilégiée de la chair du queixada, sera cuite pour la première fois grâce au feu obtenu du jaguar dont les mythes ont soin de faire un chasseur de cochon.

Parvenu à ce point de notre démonstration, nous avions voulu la vérifier par une de ses conséquences. Si un mythe bororo (M_1) était transformable en mythes gé (M_7 à M_{12}) sur un même axe, et si ces mythes gé étaient à leur tour transformables en mythes tupi ($M_{15,\,16}$) sur un autre axe, cet ensemble ne pourrait constituer un groupe clos, ainsi que nous l'avions postulé, qu'à la condition qu'il existât d'autres transformations, situées éventuellement sur un troisième axe, permettant de revenir des mythes tupi vers des mythes bororo qui fussent eux-mêmes la transformation de celui dont on était parti au début. Fidèle à une règle de méthode que nous appliquons de manière systématique, il fallait donc soumettre les deux mythes tupi à une sorte de filtrage, afin de recueillir ces résidus de la matière mythique qui seraient restés inutilisés au cours des précédentes opérations.

Il apparaissait tout de suite qu'un tel résidu existait, et qu'il consistait dans l'ensemble de procédés mis en œuvre par le démiurge pour transformer ses méchants beaux-frères en cochons. Dans M_{15}, il ordonne à son neveu d'enfermer les coupables dans une prison de plumes qu'il enflamme, et dont la fumée asphyxiante provoque leur transformation. Tout commence de la même façon dans M_{16}, sauf que le démiurge y est assisté par son fils, et que c'est la fumée du tabac projetée dans l'enceinte de plumes qui joue le rôle déterminant. Un mythe kayapo-kubenkranken sur l'origine des cochons sauvages (M_{18}), dont nous avions préalablement démontré qu'il était nécessairement dérivé des deux autres ou de l'un d'eux, offrait une variante faible de la transformation magique, expliquée cette fois par l'emploi d'un charme fait de plumes et d'épines. Nous proposions alors (CC, p. 109) d'ordonner les moyens magiques comme suit :

$$^1 \left(\text{fumée de tabac, } M_{16}\right), \, ^2 \left(\text{fumée de plumes, } M_{15}\right), \, ^3 \left(\text{charme de plumes, } M_{18}\right)$$

Outre que cette disposition est la seule logiquement satisfaisante, puisqu'elle tient compte à la fois du caractère dérivé de M_{18} par rapport à M_{15} et M_{16}, et de la présence simultanée de la fumée dans M_{15}, M_{16} et des plumes dans M_{15}, M_{18}, elle trouve sa confirmation dans un célèbre mythe des Indiens Cariri, recueilli à la fin du XVIIe siècle par le missionnaire français Martin de Nantes. Ce mythe (M_{25}) explique aussi l'origine des cochons sauvages, qu'il attribue à la gourmandise des premiers hommes suppliant le démiurge de leur faire goûter ce gibier alors inconnu. Le démiurge entraîne les enfants au ciel, les change en marcassins. Dorénavant, les hommes pourront chasser le cochon sauvage mais ils seront privés de la compagnie du démiurge. Celui-ci décide de demeurer au ciel, et il se fait remplacer sur terre par le tabac. Dans ce mythe, par conséquent, le tabac joue aussi un rôle déterminant, mais sous une forme encore plus forte que dans la version mundurucu (M_{16}) : de simple substance magique, il devient l'hypostase d'une divinité (cf. M_{338}). Il existe donc bien une série telle que la fumée de tabac soit la forme faible du tabac personnifié, la fumée de plumes, la forme faible de la fumée de tabac, et le charme de plumes, la forme faible de leur fumée.

Cela posé, comment les Bororo racontent-ils l'origine des cochons sauvages ? Un de leurs mythes (M_{21}) explique que ces animaux sont d'anciens hommes auxquels, pour se venger d'un affront, leurs épouses firent absorber une compote de fruits épineux. Le gosier écorché par les piquants, les hommes gémirent : « ú, ú, ú... » ; et ils se transformèrent en cochons sauvages, dont c'est le cri.

A un double titre, ce mythe mérite de retenir l'attention. D'abord, le rôle magique des épines renvoie au charme fait de plumes *et d'épines* dont il était question dans M_{18}. Envisagé sous ce rapport, il prend donc place à la suite de M_{18} dans la série des transformations magiques qu'il enrichit d'une nouvelle variante, sans modifier l'ordre dans lequel les autres avaient été disposées. Mais, sous un autre rapport, le mythe bororo opère un mouvement de bascule : au lieu que, comme dans M_{15}, M_{16}, M_{18}, l'événement remonte à une querelle entre alliés, il est la suite d'une querelle entre conjoints. Pour la discussion de cette transformation, nous nous contenterons de renvoyer le lecteur au précédent volume (CC, p. 99-100) où l'on a montré qu'elle est typique de la mythologie bororo. Dans le cas qui nous occupe, elle résulte donc de l'application de la loi canonique qui la régit :

a) *Pour un message invariant* (ici, origine des cochons sauvages) :

$$\text{Mundurucu, etc.} \quad \left[\begin{array}{c} \overline{} \!\!/\!/\!\! \overline{} \\ \triangle \qquad \bigcirc = \triangle \end{array} \right] \Rightarrow \quad \text{Bororo} \quad \left[\bigcirc \neq \triangle \right]$$

Faisant un pas de plus, il fallait alors se demander s'il existait chez les Bororo un mythe reproduisant la conjoncture familiale illustrée par les mythes mundurucu, etc., sur l'origine des cochons sauvages tout en transmettant, sinon le même message, au moins ce message transformé. Nous avons identifié ce mythe (M_{20}). Ses protagonistes sont des ancêtres qui vivaient jadis dans des cabanes de plumes, à quelque distance de leur beau-frère (mari de leur sœur) dont ils obtenaient tout ce qu'ils désiraient en lui déléguant un de leurs cadets, préposé au rôle de commissionnaire (comparer : M_{15}, *neveu pensionnaire*/M_{16}, *fils commissionnaire*).

Un jour qu'ils voulaient du miel, ils n'obtinrent pourtant qu'une substance épaisse et écumeuse, impropre à la consommation, ce qui tenait au fait que, pendant la récolte, le beau-frère avait copulé avec sa femme en violation des interdits. A ce premier affront la femme elle-même ajoute un autre, quand elle espionne ses frères en train d'inventer et de fabriquer les pendentifs et les perles de coquillage. Les héros offensés allument un bûcher et se livrent aux flammes, d'où ils renaissent sous forme d'oiseaux porteurs des plumes ornementales. Plus tard, leurs cendres engendreront le coton, les calebasses et l'urucú (CC, p. 100-101).

Les fonctions étiologiques de ce mythe sont à la fois plus restreintes et plus larges que celles des mythes tupi ayant aussi pour point de départ une querelle entre des alliés par mariage. Plus restreintes puisque, comme cela s'observe souvent chez les Bororo, le mythe se propose d'expliquer l'origine, non pas d'une ou plusieurs espèces végétales ou animales, mais de variétés ou de sous-variétés. Au début du mythe, les oiseaux existaient déjà, sinon les héros n'auraient pu habiter des huttes de plumes et de duvet. Ceux qui naîtront de leur sacrifice auront seulement des plumes de couleurs « plus vives et plus jolies ». De même, précise le mythe, les plantes qui pousseront parmi les cendres appartiendront à des variétés de qualité supérieure : ainsi, un urucú dont le rouge sera inégalable pour teindre les fils de coton. Cette première restriction du champ étiologique s'accompagne d'une autre. Le mythe bororo ne prétend pas expliquer comment une espèce animale ou végétale est devenue disponible pour l'humanité entière, ni même pour l'ensemble de la tribu, mais pourquoi telles variétés ou sous-variétés sont l'apanage d'un clan ou d'un sous-clan déterminé. A cet égard, le mythe se montre particulièrement disert, non seulement au sujet des plantes, mais aussi des parures inventées par les héros et, qu'avant de mourir, ils répartissent entre les lignées qui composent leur clan.

Plus étroit sous ce double rapport, le mythe bororo peut se permettre d'être plus large sous un troisième, puisque sa fonction étiologique est, en quelque sorte, redoublée. Les mythes tenetehara et mundurucu que nous voulons lui comparer concernent une origine unique : celle des cochons, c'est-à-dire de la bonne viande, tandis que le mythe bororo concerne, d'une part l'origine de certains oiseaux aux belles plumes, d'autre part celle de plusieurs produits végétaux, exceptionnels aussi par la qualité.

Ce n'est pas tout. L'espèce animale dont les mythes tupi retracent l'origine est exclusivement qualifiée du point de vue de la nourriture. Au contraire, les animaux et les végétaux évoqués par le mythe bororo sont exclusivement qualifiés du point de vue de la technique. Les nouveaux oiseaux se distinguent des autres par la richesse ornementale de leurs plumes, et aucune des nouvelles plantes n'a de valeur alimentaire : elles servent seulement à faire des objets d'usage et des ornements. Bien que les trois mythes M_{15}, M_{16}, M_{20} aient inconstestablement le même point de départ, ils se développent de façon contrapunctique (tableau, p. 19) conformément à la deuxième loi, complémentaire de celle de la p. 17, que nous pouvons maintenant formuler :

b) *Pour une armature invariante* (ici : ($\triangle \quad o = \triangle$)) :

$$\text{Mundurucu, etc.} \begin{bmatrix} \text{origine de la viande} \end{bmatrix} \Rightarrow \text{Bororo} \begin{bmatrix} \text{origine des biens culturels} \end{bmatrix}$$

Nous pouvons résumer l'ensemble de nos démarches. Les mythes sur l'origine des cochons sauvages se rapportent à une viande que la pensée indigène range dans le gibier de catégorie supérieure et qui, par conséquent, fournit la matière première par excellence de la cuisine. D'un point de vue logique, il est donc légitime de traiter ces mythes comme des fonctions des mythes sur l'origine du foyer domestique, ceux-ci évoquant le moyen, ceux-là la matière, de l'activité culinaire. Or, de même que les Bororo transforment le mythe sur l'origine du feu de cuisine en mythe sur l'origine de la pluie et de la tempête — c'est-à-dire de l'eau — nous vérifions que chez eux, le mythe sur l'origine de la *viande* devient un mythe sur l'origine des *biens culturels*. Soit, dans un cas, une matière brute et naturelle qui se situe *en deçà* de la cuisine ; et dans l'autre cas, une activité technique et culturelle qui se situe *au delà*.

M$_{15}$:

Donneur(s) de femme établi(s) à quelque distance du (des) beau(x)-frère(s).

M$_{16}$:

M$_{20}$:

Rôle d'intermédiaire confié au

M$_{15}$: neveu du donneur, | maltraité par les preneurs d'…

M$_{16}$: fils du donneur, | subit refus de viande des preneurs,

M$_{20}$: frère cadet des donneurs | obtient du mauvais miel du preneur,

≠

M$_{15}$:

M$_{16}$: … préalablement à

l'abus sexuel de la (des) femme(s) reçue(s) d'…

M$_{20}$: … consécutivement à

M$_{15}$:
M$_{16}$: (hommes) qui les enferment alors dans une *prison* de plumes,

M$_{20}$: hommes qui vivaient auparavant dans un *palais* de plumes,

≠

M$_{15}$:

M$_{16}$:

théâtre d'une conduite bestiale : copulation immodérée avec les épouses.

M$_{15}$: Coupables, passivement enfumés par feu de plumes,

M$_{16}$: Coupables, passivement enfumés par tabac projeté,

transformées en oophores sauvages *comestibles*,

M$_{20}$: théâtre de l'invention des arts de la civilisation | indiscrètement espionnée par la sœur. | Victimes volontairement livrées aux flammes d'un bûcher, | transformées en oiseaux à plumes *ornementales*,

≠

M$_{15}$:
M$_{16}$:

origine de la viande, *nourriture* d'origine ANIMALE.

M$_{20}$: origine : 1º des *parures* d'origine ANIMALE ; 2º de produits *non-alimentaires* d'origine VÉGÉTALE.

$$\left\{ \begin{array}{l} M_{15} \ etc. \\ \ — \ M_{20} \end{array} \right. : \left\{ \begin{array}{l} \text{en tant qu'ils} \\ \text{se rapportent} \\ \text{à une fission} \\ \text{de l'huma-} \\ \text{nité} \end{array} \right.$$

accédant partielle-
ment à la culture . . . .

$\left\{ \begin{array}{l} M_{20} : \text{par l'ob-} \\ \text{tention des} \\ \text{parures, } au \\ delà \text{ de la} \\ \text{cuisine} \end{array} \right. \equiv$ CULTURE

$M_{15} \ etc. : \text{par}$
l'obtention
de la viande
en deçà de
la cuisine
$\equiv$ NATURE

régressant par-
tiellement à la
nature,

$M_{20} :$ se changeant en
oiseaux . . . .
$\equiv$ CIEL
(Cf. M_1 : *eau* cé-
leste)

$M_{15} \ etc. :$ étant changée en quadru-
pèdes . . . .
$\equiv$ TERRE
(Cf. M_{7-12} : *feu*
terrestre)

Il est facile de démontrer qu'avec cette transformation, la chaîne se referme et que le groupe des mythes jusqu'à présent considérés offre, sous ce rapport, un caractère cyclique. En effet, au départ, nous avions transformé :

a) Gé $\left[\text{Origine (feu de) cuisine} \right] \overset{Bororo}{\Rightarrow} \left[\text{Origine anti-(feu de) cuisine = eau} \right]$

Nous avons ensuite transformé :

b) Gé $\left[\text{Origine du feu (= } moyen\text{) de la cuisine} \right] \overset{Tupi}{\Rightarrow} \left[\text{Origine de la viande (= } \right.$

matière) de la cuisine $\Big]$

Enfin, la troisième transformation que nous venons d'obtenir peut s'écrire de la façon suivante :

c) Tupi $\left[\text{Origine de la viande (matière de la cuisine)} \right] \overset{Bororo}{\Rightarrow} \left[\text{Origine des pa-} \right.$

rures (*anti-matière* de la cuisine)$\Big]$

puisque aussi bien, on a vu que les parures proviennent de parties animales non comestibles (coquilles, plumes) et de plantes (calebasse, coton, urucú) qui ne jouent aucun rôle dans l'alimentation. L'opposition initiale, qui était entre le moyen (de la cuisine) et son contraire, s'est donc seulement transformée en une opposition entre la matière (de la cuisine) et son contraire. Par rapport à ces deux oppositions, les mythes bororo se situent toujours de la même façon.

***

Tout ce que nous avons rappelé jusqu'à présent était déjà démontré dans *le Cru et le Cuit* par la même voie ou par des voies différentes. Maintenant, nous fixerons notre attention sur un autre aspect de ces mythes qu'il n'avait pas été nécessaire d'envisager, ou que nous n'avions envisagé qu'incidemment. Il a été établi plus haut que, dans la série des moyens magiques illustrés par les mythes cariri, mundurucu, tenetehara et kubenkranken pour expliquer la transformation des humains en cochons, le tabac constituait le terme pertinent. Que toute référence au tabac soit absente du mythe bororo sur l'origine des biens culturels ne doit pas surprendre, puisque, semblable aux mythes tupi par l'armature, il transmet un message inversé qui suppose un autre lexique. Aussi voyons-nous apparaître un nouveau terme, qui manque ailleurs : le miel, dont le refus, ou, plus exactement l'offre sous forme d'un miel de basse qualité, joue le rôle de facteur déterminant dans la transformation des héros en oiseaux, concurremment avec l'indiscrétion « incestueuse » de leur *sœur*, dont le mythe mundurucu offre une image symétrique, sous la forme d'un coït immodéré des maris avec leurs femmes (qui sont les *sœurs* du héros).

On se souvient également que, dans le mythe bororo sur l'origine des cochons sauvages, symétrique avec l'autre puisque cette fois, et quand on le compare au groupe tupi-gé sur le même thème, le message apparaît identique et l'armature inversée, une mauvaise compote (pleine d'épines) tient la place du mauvais miel (grumeleux au lieu de lisse). Les moyens magiques des mythes bororo, qui sont du côté du mouillé, s'opposent ainsi aux moyens magiques de la série gé-tupi (fumée de tabac ou de plumes, charme de plumes et d'épines), qui sont du côté du sec, opposition congrue à celle qui nous a servi de point de départ, entre mythe bororo sur l'origine de l'eau et mythes gé-tupi sur l'origine du feu.

En réalité, les choses sont un peu plus complexes, car un seul des deux mythes bororo est intégralement « humide » : M_{21}, où le conflit entre les époux surgit à propos de la pêche (poissons : gibier aquatique, formant triangle avec les oiseaux : gibier céleste de M_{20}, et les cochons : gibier terrestre de M_{16}, etc.) pour se dénouer en faveur des femmes grâce à une compote de fruits (compote = *végétal ∪ eau/poisson = animal ∪ eau*). En revanche, le sec joue un rôle essentiel dans M_{20}, avec le bûcher où les héros se font volontairement incinérer et qui semble l'homologue (tout en étant encore plus fortement marqué) du brasier de plumes de M_{15} et du brasier de tabac de M_{16}. Mais si les termes sont effectivement homologues, ils s'opposent par les finalités respectives de leur emploi. L'incinération sur un bûcher — et des héros eux-mêmes, au lieu d'un produit destiné à leur consommation — constitue un procédé doublement « ultra-culinaire », qui entretient donc un rapport *supplémentaire* avec son résultat : l'appa-

rition des parures et des ornements, également « ultra-culinaires », comme
étant du côté de la culture, alors que la cuisine est une activité technique
qui fait le pont entre la nature et la culture. Au contraire, dans M_{15} et M_{16},
l'incinération des plumes et du tabac, de type aussi « ultra-culinaire », bien
qu'à un moindre degré, intervient à la façon d'un procédé *complémentaire*
de son résultat, qui est l'apparition de la viande, objet doublement « infra-
culinaire » comme condition tout à la fois naturelle et préalable de l'existence
de la cuisine.

Une fois cette difficulté résolue, nous pouvons mettre plus librement
l'accent sur l'opposition du miel et du tabac, émergeant ici pour la première
fois des mythes, et qui va nous retenir jusqu'à la fin de ce livre. L'appartenance de ces deux termes à un même couple d'oppositions résultait déjà
de la présence exclusive de l'un ou l'autre terme dans des mythes (M_{20}
et M_{16}) dont nous avions établi, pour des raisons indépendantes, qu'ils
étaient inversés sur le plan du message. Il convient d'ajouter à présent
qu'un terme corrélatif du mauvais miel — la mauvaise compote — apparaît
dans M_{21}, identique quant au message à M_{16} (origine des cochons sauvages)
mais inversé quant à l'armature $\left(\circ \neq \triangle / \triangle \overset{\#}{} \circ = \triangle \right)$ et deux fois
inversé (quant à l'armature, et quant au message) par rapport à M_{20}. Le
miel et la compote sont des substances classées comme végétales (c'est
évident pour la compote ; le point sera établi ultérieurement pour le miel),
et qui relèvent l'une et l'autre de la catégorie du mouillé. Le mauvais miel
est défini par son épaisseur et sa texture grumeleuse, en opposition au bon
miel qui serait, par conséquent, fluide et lisse[1] ; la mauvaise compote, par
la présence des piquants, qui la rend épaisse et rêche également. Miel et
compote sont donc analogues ; et nous savons par ailleurs que la compote
pleine d'épines prend place, dans la série des moyens magiques, à la suite du
charme de plumes et d'épines de M_{18}, transformation affaiblie de la fumée de
plumes de M_{15} qui entretient le même rapport avec la fumée de tabac de
M_{16}. Enfin, nous venons de voir qu'en élargissant cette série, on vérifie
la corrélation et l'opposition du miel et du tabac.

Ainsi se confirme, d'une nouvelle façon, le rôle de pivot dévolu au tabac
dans le système. Seul le tabac digne de ce nom marie des attributs généralement incompatibles. Un mythe bororo (M_{26}) qui se rapporte à l'origine
du tabac, ou plus exactement de différentes espèces de feuilles odorantes que
fument les Indiens, raconte que ceux-ci, les essayant pour la première fois,
proclamaient les unes bonnes et les autres mauvaises, selon que leur fumée
était ou non « piquante ». Les termes de la série des moyens magiques

---

1. L'invocation au miel des Umutina, proches cousins des Bororo, souligne que
la fluidité est une des principales qualités requises : « Pour donner beaucoup de miel...
du miel mou, doux, liquide... comme l'eau. Pour donner du miel coulant comme
l'eau de rivière, doux comme l'eau argileuse, pour ne pas donner du miel pâteux
(pollen) » (Schultz *2*, p. 174).

transformant les hommes et animaux sont donc liés. La fumée de tabac et la fumée de plumes ont en commun d'être piquantes, mais l'une puante et l'autre parfumée ; les compotes de fruits sont savoureuses (puisqu'on les mange dans tous les cas), mais plus ou moins bien préparées : lisses au gosier quand les fruits ont été débarrassés de leurs épines, ou bien piquantes ; le miel aussi peut être lisse ou grumeleux. Il y a donc deux fumées, deux compotes, deux miels. Enfin, dans les mythes homomorphes (ayant même armature), le miel et le tabac sont en rapport de symétrie inversée.

Nous nous trouvons alors confronté à un intéressant problème. L'Amérique tropicale nous a d'abord livré un système mythologique relatif à l'origine de la cuisine qui, selon les groupes, nous est apparu sous une forme droite (origine du feu) ou sous une forme inversée (origine de l'eau). Convenons d'appeler S_1 la forme droite de ce premier système, et S_{-1} sa forme inversée que nous laisserons provisoirement de côté. En retournant S_1 sur lui-même à partir d'un de ses éléments (apparition épisodique d'un cochon sauvage), nous avons, dans *le Cru et le Cuit*, restitué un second système mythologique relatif à l'origine des cochons sauvages, autrement dit de la viande : matière et condition de la cuisine comme le feu du premier système en était le moyen et l'instrument. Ce second système, que nous désignerons par S_2, sera arbitrairement placé à la droite de l'autre (pour respecter une disposition schématique déjà adoptée dans *le Cru et le Cuit*, fig. 6, p. 106). Il faudra, alors, placer à la gauche de S_1 un troisième système, relatif à l'origine des biens culturels, et symétrique avec S_2 par rapport à S_1 (puisque la viande et les parures sont respectivement en deçà et au delà de la cuisine, dont S_1 explique l'origine). Ce système inverse de S_2 sera appelé S_{-2} :

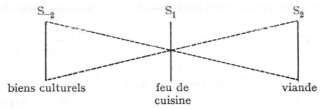

Bornons-nous, pour un instant, à considérer ce qui se passe dans le champ mythique « à droite » de S_1. Nous y voyons S_2, que nous avons précédemment caractérisé de deux façons : c'est un système mythique qui se donne pour *fin* d'expliquer l'origine des cochons sauvages, et qui recourt, comme *moyen*, à diverses substances dont nous avons montré qu'elles sont des variantes combinatoires de la fumée du tabac. Le tabac émerge donc dans S_2 sous forme de terme instrumental. Mais, de même que S_1 (naissance de la cuisine) suppose nécessairement S_2 (existence de la viande) — puisque l'une est la matière de l'autre — l'usage du tabac à titre de moyen dans S_2 suppose nécessairement son existence préalable. Autrement dit, il doit y avoir à la droite de S_2 un système mythologique S_3 où le tabac joue le rôle de fin et non plus seulement de moyen ; qui consiste, par conséquent, en un groupe de mythes sur l'origine du tabac ; et qui, transformation de S_2 comme S_2 l'était de S_1, devra, au moins sur un axe, reproduire S_1 pour que, de ce côté, le groupe puisse être considéré comme clos. Sinon, il faudra réitérer l'opération et chercher un système S_4 au sujet duquel on s'interrogera pareillement, et ainsi de suite jusqu'à ce qu'on obtienne une réponse positive ou jusqu'à ce que, perdant tout espoir d'aboutir, on se résigne à voir dans la mythologie un genre dépourvu de redondance. Tout effort pour la doter d'une grammaire procéderait alors de l'illusion.

En fait, nous avons déjà isolé le système S_3 dans notre précédent ouvrage et nous avons vérifié qu'il reproduisait S_1. Rappelons simplement ici qu'il s'agit d'un groupe de mythes du Chaco (M_{22}, M_{23}, M_{24}) relatifs à l'origine du jaguar (problème posé par S_1, où le jaguar figure en qualité de maître du feu de cuisine) et du tabac (problème posé par S_2). A elle seule, l'union de ces deux termes dans un même champ étiologique serait déjà révélatrice. Mais surtout, S_3 reproduit effectivement S_1 puisque l'affabulation est identique dans les deux cas : histoire d'un dénicheur d'oiseaux (aras ou perroquets) qui se trouve aux prises avec un jaguar, soit mâle, soit femelle (ou d'abord mâle, ensuite femelle) ; et soit amical, soit hostile ; enfin, beau-frère ou épouse, c'est-à-dire allié(e) par mariage. De plus, les mythes de S_1 ont pour fin la cuisine, par le moyen du feu « constructeur » dont la fonction est de rendre la viande propre à la consommation humaine. Parallèlement, les mythes de S_3 ont pour fin le tabac, par le moyen d'un feu destructeur (le bûcher où périt le jaguar, des cendres duquel naîtra la plante). Ce feu est constructeur, seulement, eu égard au tabac qui — à la différence de la viande — doit être incinéré (= détruit) pour qu'on puisse le consommer.

On voit donc que S_2 est flanqué sur sa droite d'un système S_3 qui le transforme et l'explique tout en reproduisant S_1, et que, par conséquent, la chaîne se ferme de ce côté. Qu'en est-il à gauche de S_1 ? Nous y trouvons S_{-2} dont la *fin* est d'expliquer l'origine des parures en utilisant pour *moyen* le miel, terme dont nous avons établi de façon indépendante qu'il était symétrique avec le tabac. Si le groupe est réellement clos, nous pouvons postuler, non seulement qu'il existe à gauche de S_{-2} un système S_{-3} qui fonde l'existence du miel comme, à l'autre extrémité du champ, faisait déjà S_3 pour le tabac, mais aussi, en ce qui concerne le contenu, qui devra reproduire S_1 — bien que dans une autre perspective — d'une manière symétrique avec celle dont S_3 reproduisait S_1. De sorte que S_3 et S_{-3} reproduisant S_1 chacun pour son compte, se reproduiront entre eux :

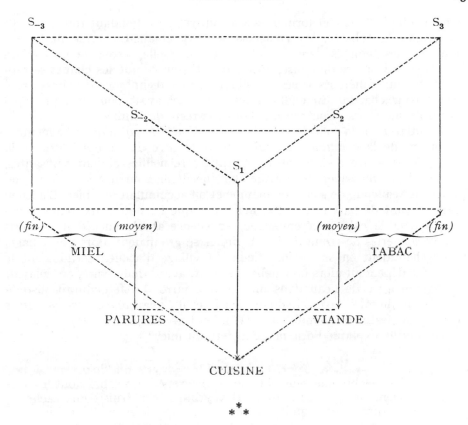

***

Partons donc à la recherche de S_{-3}.

Pour autant qu'on sache, c'est parmi certains Tupi septentrionaux que le miel semble avoir tenu la plus grande place dans la vie cérémonielle et dans la pensée religieuse. Comme leurs parents Tembé, les Tenetehara de Maranhão consacraient au miel la plus importante de leurs fêtes. Elle avait lieu chaque année, à la fin de la saison sèche, c'est-à-dire au mois de septembre ou d'octobre. Bien qu'elle n'ait plus été célébrée depuis de longues années, les Indiens visités par Wagley et Galvão (p. 99) entre 1939 et 1941 refusèrent catégoriquement de leur faire entendre les chants de la fête du miel, parce que, disaient-ils, c'était maintenant le temps des pluies, et chanter hors de saison risquait de provoquer un châtiment surnaturel.

La fête proprement dite durait seulement quelques jours, mais on commençait à la préparer 6 à 8 mois à l'avance. Dès les mois de mars ou d'avril, il fallait recueillir le miel sauvage et le mettre en réserve dans des récipients en calebasse qu'on suspendait aux poutres d'une cabane cérémonielle, spécialement construite pour l'occasion. Des témoignages font état de 120 à 180 calebasses, chacune contenant plus d'un litre de miel, amarrées l'une à côté de l'autre et formant six à huit rangées. Pendant tout le temps que durait la collecte, les villageois se rassemblaient chaque nuit pour chanter : les femmes dans la cabane cérémonielle, « sous le miel » ; les hommes sur la place de danse, au dehors. Il semble que les chants se rapportaient aux différents types de gibier et aux techniques de chasse prescrites pour chacun. En effet, la fête du miel avait pour but principal d'assurer une chasse fructueuse pendant le reste de l'année.

L'initiative de la collecte et de la célébration revenait à quelque membre important de la communauté qui prenait le titre de « propriétaire de la fête ». Après s'être assuré que les quantités recueillies étaient suffisantes, il invitait par messagers les villages voisins. Pour nourrir ces visiteurs, on préparait beaucoup de soupe de manioc et on accumulait le gibier. L'accueil était bruyant de part et d'autre, mais, dès que les nouveaux venus pénétraient dans la cabane cérémonielle, un silence absolu succédait aux cris et aux sonneries de trompes. Les hommes se groupaient alors par village, et ils chantaient en succession. Ceux du village d'accueil terminaient le cycle. On dépendait alors les calebasses dont, avant de le boire, on délayait le contenu avec de l'eau dans une grande jarre. La fête durait jusqu'à épuisement du miel. Le matin du dernier jour, il y avait une chasse collective suivie d'un festin de viande rôtie (Wagley-Galvão, p. 122-125).

Un mythe explique l'origine de la fête du miel :

M_{188}. *Tenetehara : origine de la fête du miel.*

Un célèbre chasseur nommé Aruwé repéra un arbre dont les aras venaient manger les graines. Il y grimpa, construisit une cachette, prit l'affût. Après qu'il eut tué beaucoup d'oiseaux, il voulut descendre, mais dut regagner précipitamment son abri parce que des jaguars s'approchaient. Ces jaguars fréquentaient l'arbre où ils récoltaient du miel sauvage. Quand ils eurent terminé, Aruwé rentra au village avec son gibier. Le lendemain il alla chasser au même endroit, prenant soin de rester dissimulé dans sa cachette jusqu'à ce que les jaguars fussent venus et repartis.

Un jour, le frère d'Aruwé grimpa dans l'arbre, car il avait besoin de plumes caudales d'ara rouge pour une parure de fête. On l'avait averti de se montrer prudent à cause des jaguars, mais il lui prit fantaisie d'en tuer un. Sa flèche manqua le but, trahit sa présence. Le fauve visé bondit et tua le chasseur maladroit.

Aruwé attendit vainement son frère jusqu'au lendemain. Certain qu'il avait été tué par les jaguars, il se rendit sur les lieux où il observa les traces du combat. Guidé par le sang de son frère, il arriva près d'une fourmilière où il réussit à pénétrer — car c'était un chaman — en se changeant en fourmi. A l'intérieur, il vit le village des jaguars. Après avoir repris forme humaine, il se mit en quête de son frère. Mais une fille des jaguars lui plut ; il l'épousa, s'installa chez le père de celle-ci qui était le jaguar meurtrier, et qui sut le convaincre que son acte avait été justifié.

Pendant son séjour chez les jaguars, le héros assista aux prépa-
ratifs et à la célébration de la fête du miel ; il apprit tous les détails
du rituel, les chants et les danses. Mais il avait le mal du pays, et il
se languissait de sa femme humaine et de son fils. Les jaguars api-
toyés lui permirent de rejoindre les siens à la condition qu'il emmenât
sa nouvelle épouse. Quand ils furent tout près du village, Aruwé
conseilla à celle-ci d'attendre au dehors, jusqu'à ce qu'il ait mis sa
famille au courant. Mais on lui fit un accueil si chaleureux qu'un
long temps s'écoula avant qu'il ne revînt. Quand il se décida enfin,
la femme-jaguar avait disparu dans la fourmilière dont elle avait
bouché l'entrée. Malgré ses efforts, Aruwé ne retrouva plus jamais
le chemin menant au village des jaguars. Il enseigna aux Tenetehara
les rites de la fête du miel, qu'on célèbre depuis telle qu'il l'avait
observée (Wagley-Galvão, p. 143-144).

Avant d'entreprendre la discussion de ce mythe, nous donnerons la
version tembé (les Tembé forment un sous-groupe des Tenetehara) :

M_{189}. *Tembé : origine de la fête du miel.*

Il y avait jadis deux frères. L'un se fit une cachette au sommet
d'un arbre /azywaywa/ dont les aras venaient manger les fleurs.
Il avait déjà tué beaucoup d'oiseaux quand survinrent deux jaguars,
portant des calebasses qu'ils emplirent du nectar des fleurs pressées
de l'arbre. Pendant plusieurs jours de suite, le chasseur observa les
animaux sans oser les tuer, mais, en dépit de ses conseils, son frère
fut moins prudent. Il tira sur les jaguars, sans se douter qu'ils
étaient invulnérables. Les fauves suscitèrent une tempête qui secoua
l'arbre jusqu'à faire tomber l'abri et son occupant, tué sur le coup.
Puis ils emportèrent le cadavre dans le monde souterrain, dont
l'entrée était aussi petite qu'un trou de fourmi, et ils le placèrent
sur une croix de bois dressée en plein soleil.
Changé en fourmi, le héros parvint jusqu'à la cabane des jaguars
où étaient suspendus des récipients pleins de miel. Il apprit les
chants rituels, retrouvant sa forme humaine chaque nuit pour danser
avec les jaguars ; le jour, il redevenait fourmi.
De retour à son village, il instruisit ses compagnons de tout ce
qu'il avait vu (Nim. 2, p. 294).

Les deux versions ne diffèrent guère que par leur richesse inégale et par
la provenance du miel qui, dans M_{189}, n'est pas pris aux abeilles mais est
directement exprimé des fleurs jaunes de l'arbre /azywaywa/, peut-être
/aiuuá-iwa/ ?, en ce cas une lauracée. Quelle que soit l'essence, cette leçon
est d'autant plus instructive qu'à la différence de nos miels, ceux de l'Amérique tropicale ne semblent pas principalement tirés des fleurs. Mais les
Indiens sud-américains, qui trouvent surtout le miel dans les troncs creux

où plusieurs espèces d'abeilles font leur nid, le classent pour cette raison dans le règne végétal. Plusieurs mythes tacana ($M_{189b, etc.}$) évoquent la mésaventure d'un singe, cruellement piqué pour avoir mordu dans un nid de guêpes qu'il avait cru être un fruit (Hissink-Hahn, p. 255-258). Un mythe karaja raconte (M_{70}) que les premiers hommes, émergeant des profondeurs de la terre, recueillirent « des fruits en quantité, des abeilles et

Fig. 1. — Le chasseur d'aras. (Dessin de Riou,
d'après J. Crevaux, Voyage dans l'Amérique du Sud, Paris, 1883, p. 263.)

du miel ». Selon les Umutina, la première humanité fut créée de fruits sauvages et de miel (Schultz 2, p. 172, 227, 228). On retrouve la même assimilation en Europe, chez les Anciens ; à preuve ce passage d'Hésiode : « Le chêne porte à son sommet des glands, en son milieu des abeilles » (*Travaux*, v. 232-233) et diverses croyances latines : à l'Age d'or, les feuilles des arbres sécrétaient le miel, et aujourd'hui encore, les abeilles naissent du feuillage et des herbes par génération spontanée (Virgile, *Géorgiques*, I, v. 129-131 ; IV, v. 200).

Ainsi s'explique peut-être que les Tupi désignent l'abeille par une locution /iramanha/ qu'à la suite de Ihering, Nordenskiöld (5, p. 170 ; 6, p. 197)

prend au sens : « gardienne du miel » (et non productrice). Mais, selon Chermont de Miranda, le terme /ira-mya/ signifierait plutôt « mère du miel »
Barbosa Rodrigues donne sans commentaire /iramaña/ que Tastevin et
Stradelli ramènent eux aussi à /ira-maia/, tout en faisant du second mot
un emprunt au portugais /mãe/ « mère » ; non sans hésitation, cependant,
de la part de Stradelli (cf. art. « maia, manha ») dont le *Vocabulaire* mentionne une racine /manha(na)/ avec le même sens que celui proposé par
Ihering.

Nous reviendrons sur cette question. Pour le moment, il faut surtout
souligner la parenté des mythes tenetehara et tembé avec ceux du groupe S_1,
qui confirme notre hypothèse que des mythes ayant pour thème principal
le miel doivent reproduire ceux qui concernent l'origine du feu de cuisine,
eux-mêmes reproduits par les mythes sur l'origine du tabac (S_3). Dans les
trois cas, nous avons affaire à un dénicheur (ici chasseur) d'aras ou de perroquets, qui constate qu'un ou plusieurs jaguars se tiennent au pied de l'arbre
ou du rocher où il a lui-même grimpé. Partout, le jaguar est un allié par
mariage : époux d'une femme humaine dans S_1, épouse d'abord humaine
dans S_3, père d'une épouse-jaguar dans le cas qui nous occupe à présent.
Dans S_1 et S_3, le jaguar mange les aras ; dans S_{-3}, c'est l'homme qui les
mange. Les *deux* jaguars de S_1 : l'un mâle et protecteur, l'autre femelle et
hostile, observent des conduites différenciées vis-à-vis du *même* homme.
Le jaguar *unique* de S_{-3} adopte, vis-à-vis de *deux* hommes, des conduites
également différenciées : il mange l'un, donne sa fille à l'autre. Dans S_3,
où il n'y a qu'un seul jaguar et qu'un seul homme, la dualité se rétablit
sur le plan diachronique, puisque le jaguar était d'abord une épouse
humaine, qui se transforme ensuite en fauve cannibale. Les trois systèmes
ont donc la même armature, qui consiste dans la triade : homme(s), aras,
jaguar(s) dont les types de conduite contrastés ($+$, $-$) unissent deux à deux
les termes :

S_{-3}		S_1		S_3	
hommes/aras : $(-)$			aras : $(-)$	(épouse humaine)/homme : $(+)$	
jaguar/	homme 1 : $(-)$	jaguar 1/	homme : $(+)$	$\Downarrow$ jaguar/	aras : $(-)$
	homme 2 : $(+)$	jaguar 2/homme : $(-)$			homme : $(-)$

Chaque système mythologique s'inspire d'une opposition, pourrait-on
dire, diététique : celle du cru et du cuit dans S_1 (mais toujours sous le rapport de l'alimentation carnée) ; celle du cannibalisme et d'un autre régime
carnivore (les perroquets dévorés par la femme) dans S_3 ; enfin, dans S_{-3},
celle du régime carnivore (l'homme étant défini comme un tueur d'aras)
et du régime végétarien (puisque nous avons vu que le miel est classé parmi

les substances végétales). De ce point de vue, les trois systèmes s'ordonnent comme suit :

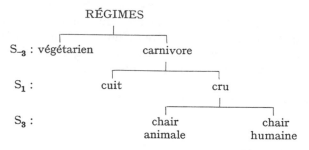

Malgré cette structure apparemment « ouverte », le groupe se referme en S_3 et S_{-3}. En effet, des trois systèmes, seul S_1 offre un caractère statique : au début, l'homme est un « mange-cru », le jaguar un « mange-cuit », et ils échangent simplement les rôles à la fin. Au contraire, au début de S_{-3}, l'homme est carnivore, le jaguar végétarien, et s'il réussit à initier l'homme à son régime, c'est à la condition de s'être d'abord transformé lui-même de végétarien en cannibale comme la femme changée en jaguar de S_3. Symétriquement, dans S_3, le « cannibalisme » de la femme (dévoratrice d'oiseaux vivants) anticipe et annonce sa transformation en jaguar ; et, pour prix d'avoir fait de l'homme une nourriture (au lieu d'un consommateur de nourriture), ce jaguar subit sa propre transformation en tabac : soit une nourriture végétale (position congrue à celle de consommateur de nourriture végétale qu'il occupe dans S_{-3}), qui doit être *incinérée* pour être consommée, donc anti-symétrique avec le miel que le jaguar de S_{-3} consomme *mouillé*. La clôture se fait bien, mais elle est subordonnée à trois transformations elles-mêmes situées sur trois axes ; soit une transformation identique : *jaguar cannibale* ⇒ *jaguar cannibale;* et deux transformations non identiques, se rapportant l'une et l'autre au régime végétarien : *nourriture consommée* ⇒ *consommateur de nourriture*, et : *brûlé* ⇒ *mouillé*.

Après avoir établi l'unité du méta-système constitué par l'ensemble {S_1, S_3, S_{-3}} nous pouvons nous permettre de considérer plus spécialement les rapports entre S_1 et S_{-3} ; en effet, notre propos initial était de découvrir S_{-3} tel qu'il reproduise S_1. Dans cette perspective restreinte, on fera trois observations :

1) Le propre de l'homme est d'être à la fois végétarien et carnivore. Sous l'aspect végétarien, il est congru aux aras (toujours définis dans les mythes comme des oiseaux végétariens et formant à ce titre un couple d'oppositions avec les oiseaux de proie, cf. CC, p. 324). Sous l'aspect carnivore, l'homme est congru au jaguar. De cette double relation de congruence, S_{-3} déduit une troisième, unissant directement les jaguars et les aras, semblables sous le rapport du miel puisqu'ils fréquentent le même

arbre, soit à des fins différentes (forme faible de la compétition dans M_{188}), soit à la même fin dans M_{189} où les aras mangent les fleurs dont les jaguars expriment le nectar. Cette congruence directe entre les aras et les jaguars (dérivée des deux autres congruences entre hommes et aras, hommes et jaguars, par application d'un raisonnement du type : nos amis sont les amis de nos amis)[1], pourrait théoriquement s'établir de deux façons, soit en transformant les aras mythiques en carnivores, soit en transformant les jaguars mythiques en végétariens. La première transformation serait contradictoire avec la position univoque tenue par les aras dans d'autres mythes. La seconde ne le serait avec celle qu'y tiennent les jaguars que si, dans S_{-3}, ceux-ci étaient simplement présentés comme les maîtres et les originateurs d'une nourriture végétale : le miel. Mais précisément, les mythes de ce groupe ne disent rien de tel. M_{189} s'applique même à distinguer deux manières antithétiques de consommer le miel : celle des aras, qui est *naturelle*, puisqu'ils se contentent de manger les fleurs (en quelque sorte, toutes « crues ») tandis que les jaguars récoltent le miel à des fins *culturelles* : la célébration de la fête du miel. Ils ne sont donc pas les « maîtres du miel » que les aras consomment également (et que les hommes consomment sans doute aussi, bien que de façon non encore rituelle en ce temps) mais plutôt les « maîtres de la fête du miel » : initiateurs d'un mode de la culture (lié à la chasse au surplus) ; ce qui ne contredit pas, mais confirme, le rôle du jaguar comme maître d'un autre mode de la culture — le feu de cuisine — dans S_1.

2) Du point de vue des rapports de parenté, une transformation apparaît quand on passe de S_1 à S_{-3} :

$$S_1 \begin{bmatrix} \triangle = \bigcirc \quad \triangle \\ \text{jaguar} \quad \text{humains} \end{bmatrix} \rightarrow S_{-3} \begin{bmatrix} \triangle = \bigcirc \quad \triangle \\ \text{humain} \quad \text{jaguars} \end{bmatrix}$$

Autrement dit, les hommes sont en position de donneurs de femmes dans S_1, en position de preneurs dans S_{-3}.

Cette transformation s'accompagne d'une autre, qui concerne les attitudes. Un trait remarquable de S_1 consiste dans l'indifférence avec laquelle le jaguar accueille ostensiblement la nouvelle du meurtre ou de la

---

1. On voit par là que la pensée mythique fait simultanément appel à deux formes distinctes de déduction. La congruence de l'homme et de l'ara sous le rapport végétarien, celle de l'homme et du jaguar sous le rapport carnassier, sont déduites à partir de données fournies par l'observation. En revanche, la congruence de l'ara et du jaguar, qui est inférée des deux autres, offre un caractère synthétique : car elle ne s'appuie pas sur l'expérience, et même elle la contredit. Beaucoup d'anomalies apparentes, en ethnozoologie et en ethnobotanique, s'éclairent dès qu'on prend garde que ces systèmes de connaissances juxtaposent des conclusions tirées de ce qu'on pourrait appeler, en s'inspirant de ces remarques, une *déduction empirique* et une *déduction transcendantale*. (Cf. notre article « The Deduction of the Crane », *American Anthropologist*, sous presse.)

blessure de sa femme par le jeune héros dont il a fait son fils adoptif (CC, p. 89-91). Cette « profession d'indifférence » trouve son exact parallèle dans S_{-3} où le héros se laisse facilement convaincre que le jaguar meurtrier de son frère était en état de légitime défense (M_{188}), ou bien encore, se laisse captiver par les chants et les danses de la fête du miel au point d'oublier la raison première de sa visite aux jaguars, qui était de retrouver son frère ou de le venger (M_{189}) :

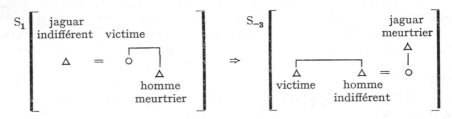

3) Enfin, il existe entre S_1 et S_{-3} une dernière ressemblance qui, dans ce cas aussi, se double d'une différence. Le jaguar joue partout le rôle d'initiateur de la culture : soit sous forme de la cuisine qui demande le feu, soit sous forme de la fête du miel qui demande l'eau. A la première corres- pond la nourriture cuite, consommée sur le mode profane, à l'autre la nourriture crue, consommée sur le mode sacré. On peut dire aussi qu'avec la cuisine (accompagnée, dans S_1, de l'arc et des flèches, et des filés de coton), le jaguar apporte aux hommes la culture matérielle. Avec la fête du miel qui, chez les Tupi septentrionaux, est la plus importante et la plus sacrée des cérémonies religieuses, il leur apporte la culture spirituelle. Passage décisif dans les deux cas, mais dont il n'est pas indifférent de noter que, se faisant dans un cas du cru au cuit (démarche une fois pour toutes consti- tutive de la culture), dans l'autre cas, du cru profane au cru sacré (donc, surmontant l'opposition du naturel et du surnaturel, mais de façon non définitive puisque la célébration des rites doit être renouvelée chaque année), il correspond au franchissement d'intervalles plus ou moins grands :

* * *

Il nous reste à envisager un dernier aspect du méta-système, qui ressor- tira mieux si nous faisons d'abord une brève récapitulation.

Après avoir obtenu S_2 par retournement de S_1, nous avons constaté que se produisait en S_2, selon les groupes, un éclatement de l'armature sociologique qui, pour un message invariant (origine des cochons sauvages)

revêt la forme : $\triangle \overline{\quad\#\quad} \circ = \triangle$ chez les Tenetehara et les Mundurucu, tandis qu'elle a la forme : $\circ \# \triangle$ chez les Bororo. Cherchant alors à quel message

correspond l'armature sociologique : $\triangle \overline{\quad\#\quad} \circ = \triangle$ dans ce dernier groupe, nous avons trouvé que c'était l'origine des parures et des ornements, c'est-à-dire des biens culturels (S_{-2}).

Mettant ce résultat provisoirement de côté, nous avons abordé une troisième étape en remarquant que le jaguar, comme animal et comme beau-frère bienveillant dans S_1, était la contrepartie des cochons — beaux-frères (changés en) animaux (parce que) malveillants — de S_2. Mais S_2 se rapportait à l'origine des cochons ; existait-il donc un système S_3 qui rendît compte de l'origine des jaguars, protagonistes de S_1 ? Des mythes du Chaco (S_3) satisfaisaient à cette exigence, et il était particulièrement significatif qu'ils confondissent dans la même histoire l'origine du jaguar et l'origine du tabac, car on bouclait ainsi le cercle : dans S_1, le jaguar est le moyen du feu de cuisine (« feu constructeur ») ; dans S_2, le feu de tabac est le moyen des cochons (puisqu'il détermine leur apparition) ; enfin, dans S_3, le bûcher crématoire (feu destructeur) est le moyen du tabac, qui provient du corps du jaguar dont il est — sans jeu de mots — la « fin ». Or, le feu de tabac tient une place exactement intermédiaire entre le feu de cuisine et le bûcher crématoire : il produit une substance consommable, mais par incinération (CC, p. 92-115).

En même temps que se vérifiait la transformation de S_2 en S_3, nous faisions trois constatations. En premier lieu, S_3 reproduisait S_1 sous le rapport du code (histoire du dénicheur d'oiseaux ; triade de l'homme, des aras et du jaguar) ; en second lieu, S_3 transformait S_1 sous le rapport de

l'armature, devenue : $\circ \# \triangle$ au lieu de : $\triangle \overline{\quad\#\quad} \circ = \triangle$; enfin, cette transformation était identique à celle que nous avions observée en passant des mythes tupi au mythe bororo consacré pareillement à l'origine des cochons sauvages.

Dès lors, un problème se pose. Si, chez les Bororo, l'armature $\circ \# \triangle$ est déjà mobilisée en S_2, et l'armature : $\triangle \overline{\quad\#\quad} \circ = \triangle$ en S_{-2}, à quel type de relations familiales ces Indiens devront-ils avoir recours pour rendre compte de l'origine du tabac ? En fait, on assiste chez eux à un nouvel éclatement, puisqu'on leur connaît deux mythes différents se rapportant à l'origine d'espèces elles-mêmes différentes de tabac.

Déjà analysés (CC, p. 111-116), ces mythes seront ici simplement rappelés. L'un (M_{26}) fait naître une variété de tabac *(Nicotiana tabacum)* des cendres d'un serpent auquel une femme a donné naissance, après qu'elle a été accidentellement fécondée par le sang d'un boa que son mari avait tué à la chasse, et dont elle l'aidait à charrier la viande. L'autre mythe (M_{27}) se rapporte à une anonacée dont les Bororo fument également les feuilles et qu'ils désignent du même nom que le tabac véritable. Ces feuilles furent découvertes par un pêcheur dans le ventre d'un poisson ; il les fuma d'abord la nuit et en cachette, mais ses compagnons l'obligèrent à partager. Pour les punir d'avaler la fumée au lieu de l'exhaler — privant ainsi les Esprits de l'offrande qui leur est due — ceux-ci transformèrent en loutres les hommes gloutons de tabac. En ce qui concerne M_{26}, nous avons démontré (CC, p. 112), qu'il était rigoureusement symétrique avec les mythes du Chaco sur l'origine du tabac (M_{23}, M_{24}). Non moins significatifs sont les rapports qui unissent ce mythe avec celui que les Bororo consacrent à l'origine des cochons sauvages (M_{21}) et dont on connaît deux versions : celle déjà résumée, et une autre plus ancienne puisqu'elle a été recueillie en 1917. Malgré des obscurités et des lacunes, il ressort de cette version que les femmes, jalouses du succès à la pêche de leurs maris, acceptèrent de se prostituer aux loutres contre la promesse d'être approvisionnées en poisson. Les femmes purent ainsi prétendre qu'elles pêchaient mieux que les hommes (Rondon, p. 166-170). L'intrigue est identique à l'autre version sauf que cette dernière jette un voile pudique sur la relation entre les femmes et les loutres, qui semblent poussées par des mobiles moins débauchés.

Si le thème de l'animal séducteur est fréquent dans la mythologie sud-américaine, on ne connaît guère de cas où ce rôle soit confié aux loutres ; il revient habituellement au tapir, au jaguar, au caïman ou au serpent. Les Bororo utilisent le tapir séducteur, mais en l'humanisant (homme dont l'éponyme clanique est le tapir, M_2), et nous constatons que, dans M_{26}, ils utilisent le serpent, mais en affaiblissant à l'extrême son caractère séducteur, puisqu'il s'agit d'un serpent mort et non vivant, d'un tronçon et non d'un animal entier, et que la fécondation de la femme se produit accidentellement et à son insu, par l'effet du sang (liquide souillant et non fécondant), qui suinte du morceau de viande transporté. Un animal normalement séducteur est donc ici dévirilisé ; et, parallèlement, sa victime féminine est excusée d'une faute qui, dans ce mythe, paraît plutôt imputable à la fatalité. Au contraire, dans leur mythe d'origine des cochons sauvages, les Bororo recourent à un séducteur exceptionnel — la loutre — dont le rôle est éminemment actif vis-à-vis des femmes qui font elles-mêmes doublement preuve de perversité : en concluant un marché immonde avec des bêtes pour triompher des hommes à la pêche, alors que, dans une société policée, ce sont les hommes qui pêchent, les femmes se contentant de charrier le poisson.

Pourquoi les loutres ? Le groupe de mythes bororo que nous sommes en train d'examiner les fait intervenir à deux reprises. Selon M_{27}, une partie de pêche, masculine, aboutit à la découverte du tabac par le moyen d'un poisson caché aux autres hommes ; et l'ingestion de la fumée du tabac entraîne la transformation des hommes en loutres. Selon M_{21}, la transformation des loutres en hommes (= séducteurs des épouses humaines ; la version Rondon les appelle effectivement « hommes ») entraîne une partie de pêche, féminine, soustrayant les poissons aux hommes, qui détermine la transformation des hommes en cochons consécutivement à l'ingestion d'une compote pleine d'épines. Il existe donc un rapport entre le *sens* d'une transformation : soit des hommes en loutres, ou des loutres en hommes (dans un cas métonymique : une *partie* des hommes ; dans l'autre, métaphorique : les loutres copulent avec les femmes *comme* des hommes), et le *contenu* de l'autre transformation, affectant une substance avalée alors qu'il eût fallu la rejeter au dehors : tabac ou compote ; mais, soit dans un but métaphorique (pour que la fumée du tabac jouât le *rôle* d'offrande aux Esprits), soit de façon métonymique (en crachant les épines qui faisaient *partie* de la compote).

Si, maintenant, nous nous souvenons que dans le mythe mundurucu (M_{16}) sur l'origine des cochons sauvages, la fumée de tabac ingérée (qui, chez les Bororo, transforme les hommes en loutres) est l'opérateur de leur transformation en cochons (alors que, chez les Bororo, la compote épineuse remplit cette seconde fonction) nous comprendrons la raison de l'intervention des loutres, maîtresses des poissons comme les cochons le sont du gibier terrestre (pour cette démonstration, cf. CC, p. 115-116). Les deux espèces sont symétriques sous réserve des transformations, homologues entre elles, du *sec* en *mouillé*, du *tabac* en *compote*, de la *chasse* en la *pêche*, et finalement du *feu* en *eau*. Tout ce qui précède peut donc être résumé dans les deux formules suivantes :

$$a) \quad M_{16}\left[\text{hommes} \Rightarrow \text{cochons}\right], M_{27}\left[\text{hommes} \Rightarrow \text{loutres}\right] = \int\left[\text{fumée ingérée}\right];$$

$$b) \quad M_{21}\left[\text{hommes} \Rightarrow \text{cochons}\right] = \int\left[\text{fumée} \Rightarrow \text{compote}\right], \left[\text{loutres} \Rightarrow \text{hommes}\right].$$

Après avoir, grâce à M_{16}, réduit les codes de M_{27} et M_{21} à l'unité en utilisant leurs propriétés communes qui sont, pour M_{16} et M_{21}, d'être des mythes sur l'origine d'une même espèce animale : les cochons sauvages, et pour M_{16} et M_{27}, d'avoir recours à un même opérateur : la fumée de tabac ingérée pour effectuer la transformation d'hommes en espèces animales différentes, nous pouvons entreprendre la même réduction à partir de M_{26} qui, comme M_{27}, est un mythe d'origine du tabac. Ce mythe transforme évidemment M_{27} et M_{21} sous le rapport du sec et du mouillé : le tabac y provient d'un cadavre animal *plongé dans le feu* au lieu d'être, comme dans M_{27}, *tiré de l'eau*. Et la substance résultante consiste en une *fumée*, bonne à la condition d'être *piquante*[1], contrastant donc avec la *boisson* de M_{21}

---

1. Merveilleusement explicite sur ce point, M_{26} précise en effet que, mis pour la première fois en présence du tabac, « les hommes cueillirent les feuilles, les firent sécher, puis les enroulèrent en cigares qu'ils allumèrent et qu'ils commencèrent de

que les hommes ont commis la fatale erreur de croire bonne, parce que, précisément, ils ne se doutaient pas qu'elle serait *piquante*.

Cette double transformation : [*hors-eau*] $\Rightarrow$ [*en-feu*], et : [*boisson*] $\Rightarrow$ [*fumée*], inverse manifestement, au sein de la mythologie bororo, la transformation qui régit le passage des mythes gé et tupi sur l'origine du feu au mythe bororo correspondant (M_1), que nous savons être un mythe sur l'origine de l'eau. Pour nous en tenir à l'ensemble bororo $\{M_{21}, M_{26}, M_{27}\}$, qui fait l'objet de la présente discussion, ce sont les transformations corrélatives de l'armature sociologique qui doivent surtout retenir notre attention. M_{21} évoque un conflit entre époux à propos de la pêche, les femmes refusant de collaborer avec leurs maris dans le rôle de porteuses de poissons qui leur est normalement dévolu par les règles de la division sexuelle du travail, et prétendant pêcher pour leur compte, comme les hommes et mieux que les hommes, ce qui les conduit à devenir les maîtresses des loutres. Tout se passe à l'envers dans M_{26}: il s'agit de chasse, non de pêche, et les femmes s'empressent de collaborer avec leurs maris, puisqu'elles répondent aux appels sifflés des chasseurs arrêtés à quelque distance du village, et accourent pour les aider à porter les pièces de viande. Comme nous l'avons dit, ces épouses dociles n'ont aucune perversité. Seule la fatalité sera responsable que l'une d'elles, dans des circonstances excluant tout érotisme, soit contaminée plutôt que séduite par de la viande[1]. Que cette viande provienne d'un serpent, animal phallique et séducteur actif dans d'innombrables mythes de l'Amérique tropicale, renforce encore la neutralisation de ces caractères à laquelle M_{26} s'applique soigneusement.

Or, on observe dans M_{27} la même neutralisation du conflit entre époux qui forme l'armature de M_{21}, bien qu'elle s'exprime d'une autre façon. Disons que si, dans M_{26}, les époux subsistent et le conflit disparaît, c'est le contraire dans M_{27} où subsiste le conflit tandis que disparaissent les époux. En effet, il s'agit bien d'un conflit, mais entre compagnons du même sexe — des hommes — dont les rôles à la pêche sont semblables au lieu de complémentaires. Et cependant, l'un d'eux cherche à se réserver le produit miraculeux d'une entreprise collective, et ne se résout à le partager que quand il est découvert et ne peut plus faire autrement :

$$
\left\|
\begin{array}{l}
M_{26}: \text{ collaboration} \\
\left.\begin{array}{l} M_{21}: \\ M_{27}: \end{array}\right\} \text{antagonisme}
\end{array}
\right.
\left\{
\begin{array}{l}
M_{21}: \\
M_{27}: \text{ entre compagnons}
\end{array}
\right.
\text{entre maris et femmes}
\left\{
\begin{array}{l}
M_{26}: \text{ à la chasse} \\
M_{21}: \\
\text{à la pêche}
\end{array}
\right.
$$

fumer. Quand le tabac était fort, ils disaient : « Celui-ci est fort, il est bon ! » Mais, quand il n'était pas fort, ils disaient : « Il est mauvais ! Il ne pique pas ! » (Colb. *3*, p. 199).

1. Sur la répulsion qu'éprouvent les Bororo pour le sang, cf. CC, p. 160, n. 1.

Nous voici donc en mesure de répondre à la question posée tout à l'heure. Pour rendre compte de l'origine du tabac, les Bororo qui sont, si l'on peut dire, « à court » d'une armature, remploient celle qui leur a déjà servi pour l'origine des cochons sauvages, et qui est la même dont les tribus du Chaco se servent pour l'origine du tabac, soit $\circ \neq \triangle$, qui peut être généralisée sous la forme $\circ/\triangle$ s'opposant à : $\circ \cup \triangle$. Mais comme, chez eux, cette armature remplit déjà un autre rôle, ils la font varier en la poussant à la limite dans les deux directions possibles ; soit qu'ils maintiennent les termes et annulent la relation : $(\circ/\triangle) \Rightarrow (\circ \cup \triangle)$; soit qu'ils maintiennent la relation et annulent la différence entre les termes : $(\circ/\triangle) \Rightarrow (\triangle/\triangle)$. Ils conçoivent donc tantôt une collaboration entre époux altérée du dehors, par la fatalité, tantôt une collaboration entre individus de même sexe altérée du dedans, par la perversité de l'un d'eux. Comme il y a deux solutions, il y a deux mythes d'origine du tabac, et comme ces solutions sont inversées, les mythes le sont aussi sur le plan du lexique, puisqu'une espèce de tabac provient de l'eau, l'autre du feu.

Par conséquent, la transformation de l'armature sociologique qui caractérise l'ensemble des systèmes mythiques $\{S_1$ (origine du feu), S_{-1} (origine de l'eau), S_2 (origine de la viande), S_{-2} (origine des biens culturels), S_3 (origine du tabac), S_{-3} (origine de la fête du miel)$\}$ n'est pas complètement épuisée par son expression canonique : $\left[\triangle \overset{\#}{\quad} \circ = \triangle \right] \Rightarrow \left[\circ \neq \triangle \right]$. Au delà de $[\circ \neq \triangle]$, elle possède encore un certain rendement. Ainsi que nous l'avons établi, les mythes envisagent la disjonction des époux sous deux aspects : un aspect techno-économique, puisque, dans les sociétés sans écriture règne généralement une division du travail selon les sexes qui confère son plein sens à l'état matrimonial ; et un aspect sexuel. En choisissant alternativement l'un ou l'autre de ces deux aspects et en le poussant à la limite, on obtient une série de termes sociologiques s'échelonnant depuis le personnage du *compagnon pervers* jusqu'à celui du *séducteur apathique*, qui démentent pareillement, l'un, un rapport entre individus dont toute la signification est d'ordre techno-économique, l'autre, un rapport dont toute la signification se situe sur le plan sexuel puisque, par hypothèse, le personnage du séducteur n'a pas d'autre qualification ; qui sont, par conséquent, l'un *au delà* de l'*alliance*, et l'autre *en deçà* de la *parenté*.

Or, cette armature sociologique doublement réfractée et subissant de ce fait un certain brouillage, qui reste cependant discernable à travers les mythes bororo sur l'origine du tabac (sans compromettre le rapport de transformation qu'ils soutiennent avec les mythes du Chaco sur le même thème), se retrouve également dans les mythes situés à l'autre extrémité du champ sémantique, c'est-à-dire ceux des Tembé et Tenetehara relatifs à l'origine (de la fête) du miel · (M_{188}, M_{189}). Dans les deux versions, le héros a un frère, qui se révèle être un *compagnon pervers* : faute qui provoque sa disjonction. Le héros part alors à la recherche de ce frère, mais il l'oublie presque tout de suite, tant il est captivé (= *séduit*) par les chants et les danses de la fête du miel. Ultérieurement *séduit* par l'accueil des siens, il oublie sa *femme-jaguar* et ne la retrouve plus quand il se met à sa recherche.

Parvenu à ce point de l'analyse, nous pourrions nous déclarer satisfait et considérer que nous avons réussi à « accorder » tous nos mythes, comme des instruments de musique qui, après le premier tumulte de l'orchestre, vibrent maintenant à l'unisson, s'il ne subsistait une discordance dans le méta-système que nous nous sommes donné en guise d'orchestre pour jouer la partition que constitue ce livre, à sa façon. A un bout du champ sémantique, nous trouvons en effet non pas un, mais deux groupes de mythes sur l'origine du tabac : les mythes du Chaco à armature sociologique : [o $\neq$ $\triangle$], qui rendent compte de l'origine du tabac *en général*, au bénéfice de *toute l'humanité* (de ce dernier point de vue, l'envoi de messagers aux villages voisins, dont parlent les mythes, est révélatrice d'une vision « ouverte » sur le dehors) ; et au delà de ces mythes, ceux des Bororo, dont l'armature sociologique offre une image doublement réfractée de la précédente, et qui concernent l'origine d'*espèces particulières* de tabac au bénéfice de *clans déterminés* d'une société tribale. A un double titre par conséquent, celui de l'objet et celui du sujet, les mythes bororo sont avec les mythes du Chaco dans un rapport de synecdoque : ils envisagent des parties du tout (une partie du tabac, et une partie des fumeurs), au lieu d'envisager le tout.

Mais si, à cette extrémité du champ, nous disposons de trop de mythes, la situation inverse prévaut à l'autre extrémité, où nous n'en avons pas assez. Les mythes (M_{188}, M_{189}) dont nous nous sommes servi pour meubler cette région ne sont pas, à proprement parler, et comme on l'aurait attendu, des mythes sur l'origine du miel : ce sont des mythes sur l'origine *de la fête* du miel : un rite social et religieux, et non un produit naturel, bien que ce produit naturel y soit nécessairement impliqué. Il nous manque donc ici un groupe de mythes sur l'origine du miel, dont, en lisant de droite à gauche le schéma de la p. 25, la place se situerait juste avant S_{-3}, ou à côté. Si nous postulons l'existence d'un tel groupe à titre d'hypothèse de travail, il s'ensuit donc que le système S_{-3}, qui concerne le miel, se dédouble d'une manière symétrique avec le système S_3, qui concerne le tabac. Enfin, cette symétrie doit recouvrir une dissymétrie manifeste sur un autre plan : les deux groupes de mythes sur l'origine du tabac sont, avons-nous dit, dans un rapport de synecdoque qui, en prenant les termes au sens large, relève de la métonymie. Tandis que, s'il existe des mythes sur l'origine du miel proprement dit, ils seront avec les mythes sur l'origine *de la fête* du miel dans un rapport de signifié à signifiant, le miel réel acquérant une signification qui lui manque en tant que produit naturel, quand il est récolté et consommé à des fins sociales et religieuses. Le rapport ainsi conçu entre les deux groupes de mythes relève donc, cette fois, de l'ordre métaphorique.

Ces considérations dictent le programme de la recherche que nous allons entreprendre à présent.

PREMIÈRE PARTIE

LE SEC ET L'HUMIDE

> *« Si quando sedem augustam seruataque mella*
> *thensauris relines, prius haustu sparsus aquarum*
> *ora foue fumosque manu praetende sequacis. »*
>
> VIRGILE, *Géorgiques, IV*, v. 228-230.

I

DIALOGUE DU MIEL ET DU TABAC

Les abeilles comme les guêpes sont des insectes hyménoptères dont l'Amérique tropicale compte quelques centaines d'espèces groupées en 13 familles ou sous-familles, pour la plupart solitaires. Mais il n'y a que les abeilles sociales qui produisent le miel en quantités offrant un intérêt alimentaire : *pais de mel*, « pères de miel », dit joliment le portugais ; elles appartiennent toutes à la famille des Méliponidés, genres *Melipona* et *Trigona*. A la différence de nos abeilles, les mélipones, dont la taille est plus petite, sont dépourvues de dard et de venin. Elles peuvent cependant être fort gênantes par une conduite agressive qui donne son nom vernaculaire à l'espèce dite *torce cabellos*, « tord cheveux » ; ou, de façon peut-être encore plus pénible, en s'agglutinant par dizaines, sinon centaines, sur le visage et le corps du voyageur pour sucer sa sueur et ses sécrétions nasales ou oculaires. D'où le nom vernaculaire de *Trigona duckei : lambe olhos*, « lèche yeux ».

On se sent vite poussé à bout par ces titillations s'exerçant en des points particulièrement sensibles : intérieur des oreilles et des narines, coins des yeux et de la bouche, et auxquelles il est impossible de mettre fin par les mouvements brusques qui font habituellement fuir les insectes. Les abeilles alourdies et comme enivrées d'humaine nourriture semblent avoir perdu la volonté et peut-être le pouvoir de s'envoler. Leur victime, découragée de battre vainement l'air, en vient vite à se frapper le visage : geste fatal, car les cadavres gorgés de sueur et écrasés engluent les insectes survivants sur place, et incitent d'autres à les rejoindre par l'attrait d'un nouveau repas.

Cette expérience banale suffit pour attester que le régime alimentaire des mélipones est plus varié que celui des abeilles de l'Ancien Monde, et qu'elles ne font pas fi des substances d'origine animale. Il y a plus d'un siècle, Bates avait déjà remarqué (p. 35) que les abeilles des régions amazoniennes ne tiraient pas tant leur nourriture des fleurs que de la sève des arbres et des déjections des oiseaux. Selon Schwartz (2, p. 101-108), les mélipones s'intéressent aux matières les plus diverses, depuis le nectar et le pollen jusqu'aux charognes, à l'urine et aux excréments. Il n'est donc pas surprenant que leurs miels diffèrent considérablement de ceux d'*Apis mellifica* par la couleur, la consistance, la saveur et la composition chimique.

Les miels de mélipones sont souvent très foncés, toujours fluides et cristallisant mal à cause de leur forte teneur en eau. A défaut d'une ébullition qui pourrait peut-être assurer leur conservation, ils fermentent et s'acidifient rapidement.

Ihering, à qui nous empruntons ces informations (art. « abelhas sociaes indigenas ») précise que la saccharose, que contiennent les miels d'*Apis mellifica* dans la proportion moyenne de 10%, est complètement absente des miels de mélipone où la lévulose et la dextrose la remplacent en beaucoup plus fortes proportions (30 à 70%, et 20 à 50% respectivement). Comme le pouvoir sucrant de la lévulose dépasse considérablement celui de la saccharose, les miels de mélipones, dont les parfums sont très variés mais toujours d'une richesse et d'une complexité indescriptibles à qui ne les aurait pas goûtés, offrent des saveurs si exquises qu'elles en deviennent presque intolérables. Une jouissance plus délicieuse qu'aucune de celles procurées habituellement par le goût et l'odorat bouleverse les seuils de la sensibilité et confond ses registres. On ne sait plus si l'on déguste ou si l'on brûle d'amour. Cette teinte érotique n'est pas passée inaperçue de la pensée mythique. Sur un plan plus terre à terre, la force en sucre et en parfum des miels de mélipones, qui leur confère un statut incomparable à celui des autres aliments, oblige pratiquement à les délayer dans l'eau pour pouvoir les consommer.

Certains miels de composition alcaline sont d'ailleurs laxatifs et dangereux. C'est le cas pour quelques espèces de mélipones appartenant au sous-genre *Trigona*, et surtout pour les miels de guêpes (Vespidés) qu'on dit « enivrants » à l'égal de celui d'une abeille *Trigona* appelée pour cette raison dans l'État de São Paulo : *feiticeira*, « sorcière », ou : *vamo-nos-embora*, « on s'en va » (Schwartz *2*, p. 126). D'autres miels sont franchement vénéneux ; ainsi celui d'une guêpe nommée en Amazonie *sissuira (Lecheguana colorada, Nectarina lecheguana)*, auquel il faut probablement attribuer l'intoxication dont souffrit Saint-Hilaire (III, p. 150). Cette toxicité occasionnelle s'explique sans doute par des visites faites à des espèces florales vénéneuses, ainsi qu'on l'a suggéré dans le cas de *Lestrimelitta limão* (Schwartz *2*, p. 178).

Quoi qu'il en soit, le miel sauvage offre pour les Indiens un attrait que n'égale celui d'aucune autre nourriture, et qui, comme l'a noté Ihering, revêt un caractère véritablement passionnel : « *O Indio... (e) fanatico pelo mel de pau.* » En Argentine aussi, « la plus grande distraction et le plus vif plaisir que connaisse le péon des campagnes consiste dans la collecte du miel. Pour avoir une quantité de miel qui tiendrait dans une cuiller, il est toujours prêt à travailler sur un arbre pendant une journée entière, souvent au risque de sa vie. Car on n'imagine pas les périls auxquels il s'expose dans les montagnes à cause du miel. Remarque-t-il sur un tronc un petit porche de cire ou une crevasse, il court chercher une hache pour abattre ou endommager un arbre superbe et d'essence précieuse » (Spegazzini, cit. par Schwartz 2, p. 158). Avant de partir pour la collecte du miel, les Ashluslay du Chaco se font saigner au-dessus des yeux afin d'accroître leur chance (Nordenskiöld 4, p. 49). Les anciens Abipones, qui vivaient aux confins du Paraguay et du Brésil et dont les Caduveo du sud du Mato Grosso sont les lointains descendants, expliquaient jadis à Dobrizhoffer (II, p. 15) qu'ils s'épilaient soigneusement les cils afin que leur regard ne fût pas gêné pour suivre jusqu'à son nid le vol d'une abeille isolée : technique de repérage « à vue » que nous retrouverons bientôt dans un mythe d'une population voisine (p. 58).

La remarque de Ihering concerne plus spécialement le *mel de pau*, « miel de bois » qu'on trouve sous deux formes : dans des nids collés à la surface du tronc ou accrochés à une branche, pittoresquement désignés selon l'aspect : « galette de manioc », « carapace de tatou », « vulve de femme », « pénis de chien », « calebasse », etc. (Rodrigues *1*, p. 308, n. 1) ; ou bien, à l'intérieur d'arbres creux où certaines espèces, surtout l'abeille mandassaia *(Melipona quadrifasciata)*, façonnent, en pétrissant ensemble la cire qu'elles sécrètent et l'argile qu'elles amassent pour cet usage, des sortes de « pots » arrondis dont la contenance varie de 3 à 15 cm³, en nombre suffisant pour fournir une récolte atteignant parfois plusieurs litres d'un miel délicieusement parfumé (fig. 2).

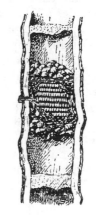

Mandassaia

Fig. 2. — Abeille mandassaia (Melipona anthidioides quadrifasciata) *et son nid.* (D'après *Ihering*, l. c., . art « *mandassaia* ».)

Ces abeilles, et quelques autres peut-être, ont subi çà et là un début de domestication. La méthode la plus simple et la plus répandue consiste à laisser du miel dans l'arbre creux pour inciter l'essaim à revenir. Les Paressi recueillent l'essaim dans une calebasse qu'ils placent à proximité de la hutte, et plusieurs tribus de la Guyane, de la Colombie et du Venezuela font de même ou rapportent l'arbre creux, préalablement coupé, qu'ils suspendent horizontal à la charpente, à moins qu'ils ne préparent un tronc à cette fin (Whiffen, p. 51 ; Nordenskiöld 5, 6).

Moins abondant que le miel de bois, le miel dit « de terre » ou « de crapaud » *(Trigona cupira)* se trouve dans des nids souterrains pourvus d'une entrée si petite qu'un insecte à la fois peut seulement y pénétrer, et qui est souvent très éloignée du nid. Après des heures et des jours d'observation patiente pour repérer cette entrée, il faut creuser pendant plusieurs heures encore avant d'obtenir une maigre récolte : un demi-litre environ.

En résumant toutes ces observations, on constate que les miels de l'Amérique tropicale se rencontrent en quantités insignifiantes ou appréciables (et toujours très inégales) selon qu'ils proviennent d'espèces terricoles ou arboricoles ; que les espèces arboricoles comprennent des abeilles et des guêpes au miel généralement toxique ; enfin, que les miels d'abeilles peuvent être eux-mêmes doux ou enivrants[1].

* *

Trop simple, sans doute, pour traduire fidèlement la réalité zoologique, cette triple distinction a l'avantage de refléter des catégories indigènes. Comme d'autres tribus sud-américaines, les Kaingang-Coroado opposent les abeilles, créées par le démiurge, et les guêpes, œuvre du décepteur concurremment avec les serpents venimeux, le puma, et tous les animaux hostiles à l'homme (Borba, p. 22). Il ne faut pas oublier, en effet, que si les mélipones ne piquent pas (mais parfois mordent), les guêpes de l'Amérique tropicale comptent des espèces très venimeuses. Mais, au sein de cette opposition majeure entre miels d'abeille et miels de guêpe, il en existe une autre, moins absolue puisqu'elle comprend toute une série d'intermédiaires, entre miels inoffensifs et miels enivrants, qu'il s'agisse de miels d'espèces distinctes du même miel selon qu'il est consommé frais ou fermenté : la saveur du miel varie avec l'espèce et l'époque de la récolte, du sucré le plus intense jusqu'à l'acide et l'amer (Schultz 2, p. 175).

Comme nous le verrons plus tard, les tribus amazoniennes emploient systématiquement les miels toxiques à des fins rituelles pour induire le vomissement. Les Kaingang du Brésil méridional donnent au miel deux valeurs fortement contrastées. Pour eux, le miel et les végétaux crus sont des nourritures froides[2], seules permises aux veufs et aux veuves qui, en mangeant de la viande ou toute autre nourriture cuite, risqueraient un échauffement interne suivi de mort (Henry 1, p. 181-182). Pourtant, d'autres groupes de la même population distinguent et opposent deux variétés de bière de maïs : l'une simple, dite /goifa/, l'autre appelée /quiquy/ et additionnée de miel (dont c'est chez eux l'unique emploi). « Plus enivrante » que l'autre, on la boit sans manger, et elle provoque des vomissements (Borba, p. 15 et p. 37).

Cette bipartition des miels, presque partout distingués en doux et en aigres, inoffensifs ou toxiques, même dans des groupes ignorant les boissons fermentées ou n'utilisant pas le miel pour leur préparation, est bien mise en lumière par un mythe mundurucu déjà résumé et discuté (CC, p. 273), mais dont nous indiquions alors que nous réservions une version pour l'examiner dans un autre contexte. Voici donc cette version :

1. Il conviendrait peut-être de dire stupéfiants, paralysants et déprimants, par contraste avec les miels de guêpes qui provoqueraient une excitation nerveuse de caractère joyeux (Schwartz 2, p. 113). Mais les problèmes posés par la toxicité des miels sud-américains sont loin d'être définitivement résolus.
2. A la différence des Mexicains qui classent le miel parmi les nourritures « chaudes » (Roys 2, p. 93)

M₁₅₇ᵦ. *Mundurucu : origine de l'agriculture.*

Jadis, les Mundurucu ne connaissaient pas le gibier et les plantes cultivées. Ils se nourrissaient de tubercules sauvages et de champignons d'arbre.

C'est alors qu'arriva Karuebak, la mère du manioc, qui enseigna aux hommes l'art de le préparer. Un jour, elle ordonna à son neveu de défricher un morceau de forêt, et elle annonça qu'y pousseraient bientôt des bananes, du coton, des caras *(Dioscorea)*, du maïs, les trois espèces de manioc, des pastèques, du tabac et de la canne à sucre. Elle fit creuser une fosse dans le sol défriché et commanda qu'on l'y ensevelît, mais en ayant soin de ne pas marcher sur elle.

Quelques jours après, le neveu de Karuebak constata que les plantes énumérées par sa tante poussaient là où elle s'était allongée ; mais par inadvertance il marcha sur le sol consacré : aussitôt, les plantes s'arrêtèrent de grandir. Ainsi fut fixée la taille qu'elles atteignent depuis.

Un sorcier, mécontent de ne pas avoir été informé du prodige, fit périr la vieille dans son trou. Privés de ses conseils, les Indiens mangèrent la /manikuera/ crue, ignorant que, sous cette forme, cette variété de manioc était émétique et toxique. Tous moururent. Le lendemain, ils montèrent au ciel où ils devinrent les étoiles.

D'autres Indiens, qui avaient consommé la /manikuera/ d'abord crue, puis cuite, se changèrent en mouches à miel. Et ceux qui léchèrent les restes de /manikuera/ cuite devinrent ces abeilles dont le miel est aigre et provoque des vomissements.

Les premiers Mundurucu qui mangèrent des pastèques moururent aussi, car ces fruits avaient été apportés par le diable. C'est pourquoi ils les appellent « plantes du diable ». Les autres gardèrent les graines et les plantèrent. Les pastèques qui mûrirent alors se montrèrent inoffensives.

Depuis lors, on les consomme volontiers (Kruse *2*, p. 619-621. Variante presque identique dans : Kruse *3*, p. 919-920).

La version recueillie par Murphy en 1952-1953, et que nous avons utilisée dans le volume précédent, offre par rapport à celles de Kruse une analogie et une différence remarquables. L'analogie consiste dans une opposition entre deux types de nourriture, l'un qui comprend les plantes consommables purement et simplement, et l'autre une ou deux plantes consommables seulement après transformation. Dans la version Murphy, cette seconde catégorie est réduite au timbó, c'est-à-dire au poison de pêche que les Mundurucu cultivent dans leurs plantations et qui, sans être directement consommable, l'est pourtant indirectement et à sa façon : sous la forme des poissons qu'il permet de capturer en énormes quantités. Les versions Kruse citent le timbó dans la liste des plantes cultivées qui naîtront du corps de la vieille Karuebak, mais le développement particulier que lui consacre la version Murphy manque. En revanche, un double développement apparaît : à propos des pastèques qui ne deviendront comestibles qu'à la seconde génération, après que les hommes les auront eux-mêmes plantées en graines et cultivées, et à propos de la manikuera, qui n'est elle aussi consommable que dans un second état : préalablement soumise à la cuisson pour éliminer sa toxicité.

Laissons provisoirement de côté les pastèques, que nous retrouverons plus tard, et faisons comme si la manikuera de M_{157b} remplaçait le timbó de M_{157}. Les premiers hommes consommèrent cette manikuera sous trois formes : crue, cuite, et à l'état de reliefs de cuisine, c'est-à-dire, sans même solliciter le texte, rance et relevant de la catégorie des choses pourries. Les mangeurs de manioc cru se changèrent en étoiles. Il faut savoir qu'à cette époque, « il n'y avait ni ciel, ni Voie lactée, ni Pléiades », mais seulement du brouillard et presque pas d'eau. En raison de l'absence de ciel, les âmes des morts végétaient sous la toiture des huttes (Kruse 3, p. 917).

A ce sujet, on fera deux remarques. D'abord, la consommation du manioc cru et vénéneux entraîne simultanément l'apparition du ciel et la première disjonction des morts et des vivants. Cette disjonction sous forme d'étoiles résulte d'un acte de gloutonnerie, puisque, pour ne pas mourir, les hommes eussent dû différer au lieu de précipiter leur repas. Nous rejoignons ici un mythe bororo (M_{34}) qui explique l'origine des étoiles par la transformation d'enfants qui se montrèrent gloutons. Or — et c'est la seconde remarque — nous avons donné ailleurs (CC, p. 246-249) quelques raisons de croire que ces étoiles sont les Pléiades. La mention expresse des Pléiades, au début du mythe mundurucu, renforce cette hypothèse que la suite de ce travail achèvera de confirmer. Nous verrons, en effet, que si les Pléiades figurent comme le premier terme d'une série dont les deux autres sont représentés par le miel doux et le miel aigre, certains mythes amazoniens associent directement aux Pléiades le miel toxique qui tient ici une place intermédiaire (celle d'empoisonneur) entre l'avatar des consommateurs de manioc cru (empoisonné), et celui des consommateurs de manioc cuit qui ne représentent un danger ni pour eux-mêmes ni pour autrui, et qui occupent ainsi une position neutre entre deux positions marquées[1].

Comme le poison de pêche, par conséquent, le miel occupe dans le système général des nourritures végétales une position ambiguë et équivoque. Le timbó est simultanément poison et moyen de nourriture, directement inconsommable sous une forme mais consommable indirectement

---

1. L'ordre adopté par le mythe : empoisonnés > neutres > empoisonneurs, ne fait problème que si l'on néglige de noter la double opposition qu'il respecte :

$$\begin{cases} cru : \text{mortel} \\ cuit : \text{non-mortel} \begin{cases} \text{frais} & (+) \\ \text{rance} & (—) \end{cases} \end{cases}$$

Il est cependant remarquable que, dans ce système, le pourri apparaît comme un *terminus ad quem* du cuit, au lieu que, comme dans la plupart des mythes de l'Amérique tropicale, le cru en soit le *terminus a quo*. Sur cette transformation, sans doute corrélative de certaines techniques de préparation des boissons fermentées, cf. CC, p. 167-168.

sous l'autre. Cette distinction, que M_{157} énonce de manière explicite, se trouve remplacée, dans M_{157b}, par une autre plus complexe, où le miel est tout à la fois associé et opposé au poison. Cette substitution du miel au poison de pêche, dans deux variantes très proches du même mythe, pourrait avoir un fondement empirique, puisque dans une région du Brésil — la vallée du rio São Francisco — le nid broyé d'une mélipone agressive et produisant un miel rare au goût désagréable *(Trigona ruficrus)* sert de poison de pêche avec d'excellents résultats (Ihering, art. « irapoan »). Mais, outre que cette technique n'est pas attestée chez les Mundurucu, on n'a pas besoin de supposer qu'elle ait été jadis plus répandue pour comprendre que la valeur attribuée au miel par les mythes fluctue constamment entre deux extrêmes : soit celle d'un aliment que sa richesse et sa suavité placent au-dessus de tous les autres, et propre à inspirer une vive concupiscence ; soit poison d'autant plus perfide que, selon la variété, le lieu et le moment de la récolte, et les circonstances de la consommation, la nature et la gravité des accidents qu'il peut causer ne sont jamais prévisibles. Or, ce passage presque insensible de la catégorie du délicieux à celle du vénéneux, les miels sud-américains ne sont pas seuls à l'illustrer, puisque le tabac et d'autres plantes dont l'action est également stupéfiante peuvent être caractérisés de la même façon.

On commencera par noter qu'avec le miel et le poison de pêche, les Indiens sud-américains rangent le tabac au nombre des « nourritures ». Colbacchini (*2*, p. 122, n. 4) observe que les Bororo « n'utilisent pas un verbe spécial pour désigner l'action de fumer le cigare ; ils disent /okwage mea ği/ « manger le cigare » (litt. « avec les lèvres goûter le cigare »), tandis que le cigare lui-même est appelé /ké/ « nourriture ». Les Mundurucu ont un mythe dont l'épisode initial suggère le même rapprochement :

M_{190}. *Mundurucu : le page insubordonné.*

Un Indien avait plusieurs femmes dont l'une vivait dans un autre village où il allait souvent la visiter. Il arriva une fois à ce village alors que tous les hommes étaient absents. Le voyageur se rendit dans la maison des hommes où, par hasard, se trouvait un petit garçon à qui il demanda du feu pour allumer une cigarette. Le garçon refusa insolemment, en prétextant que les cigarettes n'étaient pas de la nourriture (qu'il eût été de son devoir de fournir à l'hôte, s'il en avait demandé). Le voyageur entreprit de lui expliquer que, pour les hommes, les cigarettes étaient bel et bien une nourriture, mais le garçon persista dans son refus. L'homme se mit en colère, ramassa une pierre et la lança sur le garçon, qui fut tué sur le coup... (Murphy *1*, p. 108 ; cf. Kruse *2*, p. 318).

En dépit de leur distribution inégale, les deux espèces de tabac cultivé : *Nicotiana rustica* (du Canada au Chili) et *N. tabacum* (limité au bassin amazonien et aux Antilles) semblent l'une et l'autre originaires de l'Amérique andine, où le tabac domestique aurait été obtenu par hybridation d'espèces sauvages. Paradoxalement, il semble que le tabac n'était pas fumé dans cette région antérieurement à la découverte, et que, chiqué ou prisé à l'origine, il ait très tôt cédé la place à la coca. Le paradoxe se renouvelle dans l'Amérique tropicale où, même à présent, on observe côte à côte des tribus adonnées au tabac et d'autres qui l'ignorent ou proscrivent son usage. Les Nambikwara sont des fumeurs invétérés qu'on voit rarement sans une cigarette à la bouche, à moins qu'éteinte elle ne soit glissée sous un bracelet de coton ou enfilée dans le lobe percé de l'oreille. Mais le tabac inspire une si violente répulsion à leurs voisins Tupi-Kawahib qu'ils regardent d'un mauvais œil le visiteur qui ose fumer en leur présence, et parfois même se livrent sur lui à des voies de fait. De telles observations ne sont pas rares en Amérique du Sud, où l'usage du tabac fut sans doute encore plus sporadique dans le passé.

Là même où le tabac est connu, les formes de sa consommation offrent une grande diversité. Quand on le fume, c'est tantôt dans des pipes, tantôt comme cigares ou cigarettes dont, à Panama, le bout embrasé était placé dans la bouche d'un fumeur qui soufflait la fumée vers le dehors afin que ses compagnons puissent l'inhaler en la canalisant dans leurs mains jointes. Il semble qu'à l'époque pré-colombienne, l'usage des pipes ait été périphérique à celui des cigares et cigarettes.

Le tabac était également réduit en poudre et prisé, seul ou à deux (grâce à un petit instrument à tubulure coudée, qui permettait d'insuffler le tabac dans les narines d'un compagnon, à l'état pur ou mêlé à d'autres plantes narcotiques comme la *piptadenia*) ; ou encore mangé en poudre, chiqué, léché sous forme d'un sirop gluant, épaissi par ébullition suivie d'évaporation. Dans plusieurs régions de la Montaña et de la Guyane, on boit le tabac préalablement bouilli ou simplement macéré.

Si les techniques d'utilisation du tabac sont très diverses, cela est également vrai du résultat escompté. On consomme le tabac de manière individuelle ou collective : seul, à deux, ou à plusieurs ; et soit pour le plaisir, soit à des fins rituelles qui peuvent être magiques ou religieuses, qu'il s'agisse de soigner un malade en lui administrant des fumigations de tabac, ou de purifier un candidat à l'initiation, aux fonctions de prêtre ou à celles de guérisseur, en lui faisant absorber des quantités plus ou moins grandes de jus de tabac pour provoquer des vomissements suivis parfois de perte de conscience. Enfin, le tabac sert à faire des offrandes de feuilles ou de fumée grâce auxquelles on espère capter l'attention des Esprits et communiquer avec eux.

Comme le miel par conséquent, le tabac que son usage profane permet de classer au nombre des nourritures peut, dans ses autres fonctions, prendre une valeur exactement opposée : celle d'émétique et même de poison. Nous avons vérifié qu'un mythe mundurucu sur l'origine du miel distingue soigneusement ces deux aspects. Il en est de même pour un mythe sur l'origine du tabac, provenant des Iranxé ou Münkü, petite tribu dont l'habitat se situe au sud de celui des Mundurucu :

M_{191}. *Iranxé (Münkü) : origine du tabac.*

Un homme s'était mal conduit vis-à-vis d'un autre qui voulut se venger. Sous le prétexte d'une cueillette de fruits, ce dernier fit grimper son ennemi à un arbre, et l'y abandonna après avoir retiré la perche dont l'autre s'était aidé pour monter.

Affamé, assoiffé et amaigri, le prisonnier aperçut un singe et l'appela au secours ; le singe consentit à lui apporter de l'eau, mais se déclara trop faible pour l'aider à descendre. Un urubu (vautour-charognard), maigre et puant, réussit à le tirer d'affaire et le ramena chez lui. C'était le maître du tabac. Il possédait deux espèces, l'une bonne et l'autre toxique, dont il fit don à son protégé afin qu'il apprît à fumer la première et utilisât la seconde pour se venger.

De retour au village, le héros offrit le mauvais tabac à son persécuteur qui fut pris d'étourdissements et se changea en fourmilier. Le héros lui donna la chasse, le surprit endormi en plein jour, et le tua. Il invita son bienfaiteur l'urubu à se repaître du cadavre décomposé (Moura, p. 52-53).

A plusieurs titres, ce mythe, dont on ne possède qu'une version obscure et elliptique, offre un considérable intérêt. C'est un mythe d'origine du tabac qui, ainsi que nous l'avions postulé (et vérifié dans le cas des mythes du Chaco sur le même thème) reflète les mythes d'origine du feu : le héros est un cueilleur de fruits (homologue du dénicheur d'oiseaux), abandonné au sommet d'un arbre, et sauvé par un animal redoutable (soit féroce : le jaguar ; soit répugnant : l'urubu), mais en qui le héros ose placer sa confiance, et qui lui fait don d'un bien culturel dont il était jusqu'alors le maître et que les hommes ignoraient : là le feu de cuisine, ici le tabac, dont nous savons qu'il est une nourriture comme la viande cuite, bien que la façon dont on le consomme le mette au delà de la cuisson.

Toutefois, les mythes du Chaco dont nous nous étions servi pour construire le système S_3 (origine du tabac) reproduisaient principalement les mythes de S_1 (origine du feu), alors que M_{191} vient enrichir notre démonstration en reflétant, plus fidèlement encore, S_{-1} : c'est-à-dire le mythe bororo sur l'origine de l'eau (M_1).

Commençons par établir ce point. On se souvient qu'à la différence des mythes gé sur l'origine du feu, le mythe bororo sur l'origine du vent et de la pluie (M_1) s'ouvre sur un inceste commis par un adolescent qui violente sa mère et dont son père veut se venger. Le mythe iranxé ne parle pas expressément d'inceste, mais la formule employée par l'informateur dans son portugais rustique : « *Um homem fêz desonestidade, o outro ficou furioso* » semble bien se rapporter à une faute d'ordre sexuel, car telle est, dans l'intérieur du Brésil, la connotation courante du mot « *desonestidade* » qui qualifie surtout un acte contraire à la décence.

L'épisode du singe secourable de M_{191} ne correspond à rien dans les mythes gé d'origine du feu ; en revanche, il évoque la série des trois animaux secourables qui, dans M_1, aident le héros à triompher de l'expédition au royaume aquatique des âmes. Cette correspondance se confirme quand on remarque qu'il s'agissait dans M_1 de triompher de la présence de l'eau (en réussissant à la franchir) ; ici, de triompher de l'absence de l'eau, puisque le singe apporte au héros assoiffé un fruit brisé et plein d'un jus rafraîchissant. Comparant M_1 avec un mythe sherenté (M_{124}) dont le héros est précisément un assoiffé, et où interviennent aussi des animaux secourables, nous avons montré ailleurs (CC, p. 211-212) qu'il existe une transformation permettant de passer du singe au pigeon, qui tient la place centrale parmi les trois animaux secourables de M_1.

Le jaguar, qui joue le rôle principal dans le système S_1 ($M_{7 à 12}$) est absent de M_1 et de M_{191}. Dans les deux cas, il est remplacé par l'urubu ou les urubus qui viennent au secours du héros.

Ici, pourtant, les choses se compliquent. Les urubus de M_1 adoptent une conduite ambiguë : d'abord impitoyables (se repaissant même de la chair du héros), ensuite seulement pitoyables (le ramenant à terre). Cette conduite ambiguë se retrouve dans M_{191}, mais attribuée au singe : d'abord pitoyable (abreuvant d'eau le héros), ensuite impitoyable (refusant de le ramener à terre). Symétriquement, l'urubu de M_{191} évoque d'autant mieux le pigeon de M_1 (l'un sous le rapport de l'air, l'autre sous le rapport de l'eau) par la non-ambiguïté de leurs conduites respectives, que si l'urubu donne le tabac au héros, le pigeon lui fait don du hochet, et que, comme nous l'établirons dans la suite de ce travail, tabac et hochet sont liés.

Le passage existe donc bien d'un mythe à l'autre ; mais il s'accomplit grâce à une série de chiasmes :

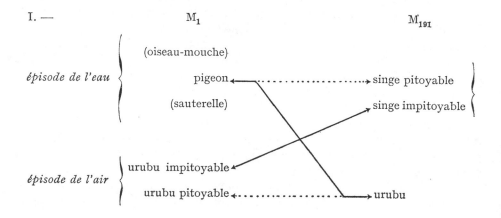

.II. —

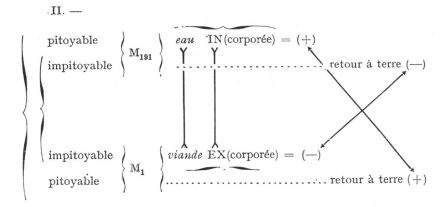

Enfin, on note une dernière ressemblance entre M_{191} et M_1 : dans ces deux mythes (et à la différence de ceux du système S_1), le héros tire vengeance de son persécuteur soit en *se* transformant en animal (cervidé, M_1), soit en *le* transformant en animal (fourmilier, M_{191}) : métamorphose assumée ou infligée, mais qui aboutit toujours à la mort de l'adversaire et à sa dévoration frais ou pourri, par un /cannibale/aquatique/ (M_1), ou par un /charognard/aérien/ (M_{191}). Il y aurait beaucoup à dire sur l'opposition : cervidé/fourmilier, car nous avons indépendamment établi que ces deux espèces forment couple avec le jaguar (qui les remplace l'une ou l'autre dans S_1) : soit dans la diachronie (puisque les cervidés mythiques étaient des jaguars cannibales), soit dans la synchronie (puisque le fourmilier est le contraire d'un jaguar). Sur cette double démonstration, cf. CC, p. 148-149 et 197-199.

Que la version iranxé de S_3 et la version bororo de S_{-1} exhibent des structures si voisines pose des problèmes ethnographiques que nous nous contenterons d'esquisser. Jusqu'à ces toutes dernières années, la vaste zone qui s'étend au nord-ouest de l'ancien territoire bororo, entre les formateurs du Tapajoz et ceux du Xingu, était une des plus mal connues du Brésil. En 1938-1939, époque à laquelle nous nous trouvions sur les formateurs du Tapajoz, il était impossible d'accéder au territoire des Iranxé, peu éloigné de celui des Nambikwara, et bien qu'on les dit de dispositions pacifiques, à cause de l'hostilité d'une autre population, les Beiços de Pau, qui interdisaient ses abords (L.-S. *3*, p. 285). Depuis lors, le contact a été pris, non seulement avec les Iranxé, mais aussi avec plusieurs tribus Caiabi, Canoeiro, Cintalarga[1] (Dornstauder, Saake *2*) dont l'étude, si elle

1. Lesquels défrayent actuellement la chronique, comme en témoigne cet article paru sur trois colonnes dans *France-Soir* (n° du 14-15 mars 1965) :

« 120 BRÉSILIENS ASSIÉGÉS PAR DES INDIENS FRIANDS DE CHAIR HUMAINE »

« *(De notre envoyé spécial permanent Jean-Gérard Fleury.)* Rio de Janeiro, 13 mars *(par câble)*. Alerte au Brésil : armés de flèches, des Indiens de la redoutable tribu

peut être menée à bien avant qu'elles ne s'éteignent, bouleversera probablement les idées que nous pouvons avoir aujourd'hui sur les rapports entre la culture des Bororo et celle des Gé, et surtout des Tupi plus au nord. On a trop pris l'habitude d'envisager les Bororo sous l'angle exclusif de leurs affinités occidentales et méridionales ; mais surtout parce que les cultures établies sur leurs marches septentrionales nous étaient inconnues. A cet égard, l'affinité dont nous venons d'apporter la preuve, entre leurs mythes et ceux des Iranxé, suggère que la culture bororo avait aussi une ouverture en direction du bassin amazonien.

Puisqu'il faut malheureusement nous contenter d'une analyse formelle, nous nous bornerons à mettre encore en évidence deux propriétés communes à l'armature de M_1 et de M_{191}, qui contribuent à expliquer qu'ils se déroulent de la même façon. Les deux mythes offrent manifestement un caractère étiologique. Ils concernent soit l'origine de l'eau céleste éteignant les foyers domestiques, faisant donc régresser les hommes à un état *pré-culinaire* ou, mieux encore (puisque le mythe ne prétend pas rendre compte de l'origine de la cuisine) *infra-culinaire ;* soit l'origine du tabac, c'est-à-dire d'une nourriture brûlée pour pouvoir être consommée, et dont l'introduction implique, par conséquent, un usage *ultra-culinaire* du feu de cuisine. Si donc M_1 ramène l'humanité *en deçà* du foyer domestique, M_{191} l'amène *au delà*.

Décentrés par rapport à l'institution du foyer domestique, les deux mythes se ressemblent aussi d'une autre façon, qui les distingue pareillement des mythes regroupés dans S_1. En effet, leurs parcours étiologiques respectifs suivent des voies parallèles et complémentaires. M_1 explique simultanément comment le héros devient le *maître du feu* (son foyer étant le seul que la tempête n'ait pas éteint) et son ennemi (ainsi que tous les autres habitants du village) la *victime de l'eau*. De son côté, M_{191} explique simultanément comment le héros devient le *maître du bon tabac*, et son ennemi, la *victime du mauvais*. Mais, dans les deux mythes, l'apparition et les conséquences du terme négatif sont seules commentées et développées (entraînant chaque fois la mort de l'adversaire) puisque, dans M_1, le marais aux

anthropophage des « larges ceintures » assiègent les 120 habitants du village de Vilh Na [*sic :* Vilhena ?], en bordure de la route Belem-Brasilia [?].
« Un avion des forces aériennes est parti survoler les lieux pour parachuter des antidotes contre le curare dont les Indiens imprègnent la pointe de leurs flèches.
« Friands, par « tradition », de chair humaine, les Indiens des « larges ceintures » ont récemment essayé une nouvelle recette culinaire : ayant capturé un gaucho, ils l'ont enduit de miel sauvage et l'ont fait griller. »
Que cette fable soit ou non d'origine locale, elle souligne admirablement le caractère d'aliment extrême qu'offre le miel dans la pensée indigène (que ce soit celle des paysans de l'intérieur du Brésil ou celle des Indiens), puisque sa conjugaison avec cet autre aliment extrême qu'est la chair humaine met un comble à l'horreur que le cannibalisme banal ne suffirait peut-être pas à inspirer. Les Guayaki du Paraguay, qui sont anthropophages, déclarent deux aliments trop forts pour être mangés purs : le miel, qu'ils mouillent d'eau, et la chair humaine, obligatoirement cuite en ragoût avec des cœurs de palmier (Clastres, ms.).

piranhas est une fonction de la saison des pluies, comme dans M_{191} la transformation du coupable en fourmilier est une fonction du tabac ensorcelé, tandis que le terme positif n'est pratiquement pas évoqué.

Ce n'est pas tout. Car, si l'opposition : *eau*(—)/*feu*(+) de M_1 correspond, comme on vient de le voir, à l'opposition : *tabac*(—)/*tabac*(+) de M_{191}, nous savons déjà : 1) que cette dernière opposition existe aussi chez les Bororo puisqu'ils distinguent dans leurs mythes un bon et un mauvais tabac, la distinction étant toutefois fondée non pas sur la nature du produit, mais sur la technique de sa consommation[1] : le tabac dont on exhale la fumée établit une communication bénéfique avec les Esprits (alors qu'il résulte d'une telle communication dans M_{191}) ; celui dont on *ingère* la fumée entraîne la transformation des humains en animaux (loutres à tout petits yeux dans M_{27}), ce qui est précisément le sort réservé par M_{191} au consommateur de mauvais tabac (changé en fourmilier, animal que, du sud au nord du Brésil, les mythes décrivent volontiers comme un animal « bouché » : sans bouche, ou sans anus). Or, dans les mythes bororo, le bon tabac est lié au feu (il provient des cendres d'un serpent), le mauvais l'est à l'eau (découvert dans le ventre d'un poisson, et entraînant la transformation de ses victimes en loutres, animaux aquatiques). La correspondance entre les mythes se trouve donc intégralement vérifiée :

Iranxé $\left[\text{tabac} (+) : (—) \right]$ :: Bororo $\left[(M_1, \text{feu} (+) : \text{eau} (—)) :: (M_{26}\text{-}M_{27}, \text{tabac} (+) : \text{tabac} (—)) \right]$

Enfin, si l'on se rappelle la distinction, congrue aux précédentes, que le mythe bororo M_{26} introduit subsidiairement entre le bon tabac, qui pique, et le mauvais tabac, qui ne pique pas, on obtient une dernière confirmation que, comme le miel, le tabac occupe une position ambiguë et équivoque entre l'aliment et le poison :

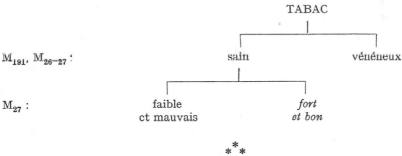

$$M_{191}, M_{26-27} :$$

$$M_{27} :$$

***

Au début de ce livre, nous soulignions la nature doublement paradoxale de l'opposition, pourtant réelle, du tabac et du miel dans nos sociétés

---

1. Cf. CC où on a souligné à plusieurs reprises (p. 152, 201, 278) que la mythologie bororo se met volontiers du côté de la culture.

occidentales. Chez nous, en effet, un terme est autochtone, l'autre exotique :
l'un très ancien, l'autre datant à peine de plus de quatre siècles. Or, si un
rapport de corrélation et d'opposition existe aussi en Amérique du Sud
entre le miel et le tabac, il tient semble-t-il à des raisons exactement
inverses : là, le miel et le tabac sont indigènes, et leur origine à l'un comme
à l'autre se perd dans un lointain passé[1]. Le miel et le tabac ne sont donc pas
rapprochés comme chez nous en raison d'un contraste externe qui fait
encore mieux ressortir leurs valeurs complémentaires, mais plutôt en raison
d'un contraste interne entre des valeurs opposées que le miel et le tabac
conjuguent chacun pour son compte et indépendamment l'un de l'autre
puisque, dans des registres et sur des plans différents, chacun semble
perpétuellement osciller entre deux états : celui d'un aliment suprême et
celui d'un poison extrême. De plus, il existe entre ces états toute une série
de formes intermédiaires, et les transitions sont d'autant moins prévisibles
qu'elles tiennent à de menues différences, souvent impossibles à détecter,
résultant de la qualité du produit, de l'époque de la récolte, de la quantité
ingérée, ou du temps qui s'est écoulé avant la consommation.

A ces incertitudes intrinsèques, d'autres viennent s'ajouter. L'action
physiologique du tabac se situe entre celle d'un stimulant et celle d'un
narcotique. De leur côté, les miels peuvent être stimulants ou stupéfiants.
En Amérique du Sud, le miel et le tabac partagent ces propriétés avec
d'autres produits naturels ou aliments préparés. Considérons d'abord le
miel. Nous avons déjà remarqué que les miels sud-américains sont instables
et que leur consommation, mouillés d'eau, différée de quelques jours, parfois
de quelques heures, peut les amener spontanément à l'état de boisson
fermentée. Un observateur l'a bien noté au cours d'une fête du miel chez
les Indiens Tembé : « Le miel, mélangé à la cire des rayons et mouillé d'eau,
fermente à la chaleur du soleil… On me fit goûter (à cette boisson enivrante) ;
malgré ma répugnance première, je lui trouvai une saveur sucrée et acidulée
qui me parut très agréable. » (Rodrigues *4*, p. 32.)

Consommé frais ou spontanément fermenté, le miel s'apparente donc
aux innombrables boissons fermentées que savent préparer les Indiens
sud-américains, à base de manioc, de maïs, de sève de palmiers ou de fruits
d'espèces très diverses. A cet égard, il est significatif que la préparation
intentionnelle et méthodique d'une boisson fermentée à base de miel,
disons pour simplifier d'un hydromel, semble n'avoir existé qu'à l'ouest
et au sud du bassin amazonien, chez les Tupi-Guarani, Gé méridionaux,
Botocudo, Charrua, et presque toutes les tribus du Chaco. En effet, cette

1. Pour le moment, nos considérations sont limitées à l'Amérique tropicale.
La position du miel dans la pensée et dans les mythes des Indiens de l'Amérique du
Nord soulève des problèmes qui seront abordés dans un autre contexte. Quant à
l'Amérique centrale et au Mexique, où l'apiculture était extrêmement développée
avant la découverte, tout reste à faire pour l'observation et l'analyse de rites encore
vivants, mais dont quelques rares indications, éparses dans la littérature ancienne
ou contemporaine, laissent pressentir la richesse et la complexité.

zone en forme de croissant recoupe approximativement les limites méridionales de la préparation des bières de manioc et de maïs, tandis qu'au
Chaco, elle coïncide avec l'aire de la bière d'algaroba (*Prosopis* sp.) qui
constitue un développement local (fig. 3). Il se pourrait donc que l'hydromel
fût apparu comme solution de remplacement des bières de manioc et, à
un moindre degré, de celles de maïs. D'autre part, la carte fait ressortir
un autre contraste entre l'aire méridionale de l'hydromel et les aires discon-
tinues, mais toutes septentrionales, de ce qu'on pourrait appeler les « miels »
de tabac, c'est-à-dire du tabac macéré ou bouilli pour être consommé sous
forme liquide ou sirupeuse. En effet, de même qu'il faut distinguer deux
modes de consommation du miel, à l'état frais ou à l'état fermenté, on peut
ramener à deux formes principales les modes de consommation du tabac
nonobstant leur grande diversité : prisé ou fumé, le tabac est consommable
sous forme sèche et il s'apparente alors à plusieurs narcotiques végétaux
(avec certains desquels on le mélange parfois) : *Piptadenia, Banisteriopsis,
Datura*, etc. ; ou bien, sous forme de confiture ou de potion, on le consomme
à l'état humide. Il résulte que les oppositions dont nous nous étions servi
au début pour définir la relation entre le miel et le tabac (*cru/cuit, mouillé/
brûlé, infra-culinaire/supra-culinaire*, etc.) n'expriment qu'une partie de
la réalité. En fait, les choses sont beaucoup plus complexes, puisque le miel
est passible de deux conditions : frais ou fermenté ; et le tabac, aussi, de
plusieurs : brûlé ou mouillé et dans ce dernier cas, cru ou cuit. On peut donc
prévoir qu'aux deux extrémités du champ sémantique faisant l'objet de
notre investigation, les mythes sur l'origine du miel ou du tabac, dont nous
avons déjà postulé et partiellement vérifié qu'ils se dédoublaient en fonction
d'une opposition entre le « bon » et le « mauvais » miel, le « bon » et le
« mauvais » tabac, subiront un second clivage, situé sur un autre axe, et
déterminé cette fois, non par des différences affectant les *propriétés naturelles*, mais par des différences évoquant des *usages culturels*. Enfin, et
puisque, d'une part, le « bon » miel est *doux* tandis que le « bon » tabac est
fort, et que d'autre part, le « miel » (de miel) est consommable *cru*, tandis
que dans la majorité des cas le « miel » (de tabac) résulte d'avoir été préalablement *cuit*, il faut s'attendre à ce que les rapports de transformations entre
les divers types de mythes « à miel » et « à tabac » revêtent l'aspect d'un
chiasme.

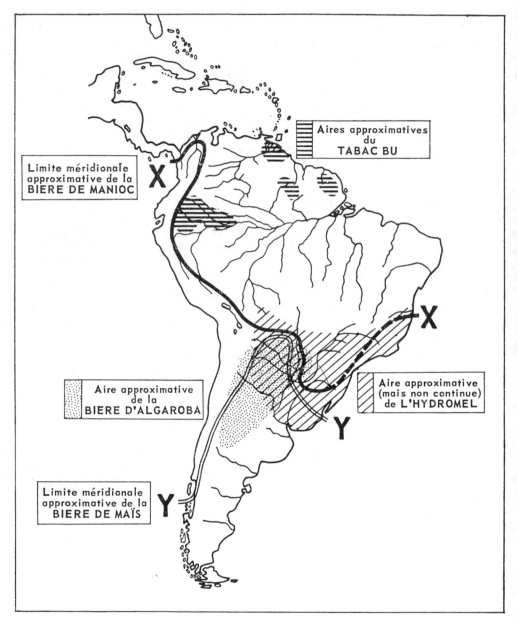

Fig. 3. — *Bière, hydromel et boisson de tabac en Amérique du Sud.*
(Redessiné d'après Handbook of South American Indians, *vol. 5, p. 533 et 540.)*

II

LA BÊTE ARIDE

« *Venit enim tempus quo torridus aestuat aer
incipit et sicco fervere terra Cane.* »

PROPERCE, *Élégies*, II, XXVIII, v. 3-4.

Tel que nous l'avons provisoirement constitué, l'ensemble S$_{-3}$ ne comprend que des mythes sur l'origine *de la fête* du miel. Pour un mythe se rapportant explicitement à l'origine *du miel* en tant que produit naturel, il faut se référer à une population du Mato Grosso méridional, les Ofaié-Chavanté qui, au nombre d'un millier au début du siècle, ne comprenaient plus en 1948 que quelques dizaines d'individus ayant presque complètement perdu le souvenir de leurs mœurs et de leurs croyances traditionnelles. Racontés dans un portugais rustique, leurs mythes offrent de nombreuses obscurités.

M$_{192}$. *Ofaié : origine du miel.*

Jadis, il n'y avait pas de miel. Le loup était le maître du miel. On voyait ses enfants barbouillés de miel dès le matin, mais le loup le refusait aux autres animaux. Quand ils en demandaient, il leur donnait des fruits d'araticum, et prétendait que c'était tout ce qu'il avait.

Un jour, la petite tortue terrestre annonça qu'elle voulait s'emparer du miel. Après avoir bien ajusté sa carapace sur son ventre, elle pénétra dans l'antre du loup et réclama du miel. Le loup commença par nier qu'il en eût, mais, comme la tortue insistait, il lui permit de se coucher sur le dos la bouche ouverte, et de boire à satiété le miel qui coulait d'une calebasse accrochée au dessus.

Ce n'était qu'une ruse. Profitant de l'inattention de la tortue qui était toute à son festin, le loup fit amasser par ses enfants du bois mort, et ils l'enflammèrent autour de la tortue dans l'espoir de la manger quand elle serait cuite. Peine perdue : la tortue continuait à se gorger de miel. Seul le loup était incommodé par le brasier. Quand la calebasse fut vide, la tortue se leva tranquillement, dispersa les braises, et dit au loup qu'il devait maintenant donner le miel à tous les animaux.

Le loup prit la fuite. Commandés par la tortue, les animaux le cernèrent et le préa alluma un feu de brousse autour du lieu où il s'était réfugié. Le cercle de feu se refermait, les animaux se demandaient si le loup était bien là : seule une perdrix s'était échappée des flammes. Mais la tortue, qui n'avait pas quitté des yeux l'endroit où le loup avait fui, savait que c'était le loup qui s'était changé en perdrix.

Aussi continua-t-elle à la fixer du regard jusqu'à ce qu'elle ait disparu. Sur l'ordre de la tortue, les animaux s'élancèrent dans la direction prise par l'oiseau. La poursuite dura plusieurs jours. Chaque fois qu'on rattrapait la perdrix, elle s'envolait de nouveau. Grimpée sur la tête d'un autre animal pour mieux voir, la tortue aperçut la perdrix qui se transformait en abeille. La tortue planta un piquet pour marquer la direction qu'elle avait prise. La chasse commença, mais sans plus de résultat. Les animaux étaient complètement découragés. « Mais non, dit la tortue, nous n'avons marché que trois mois et nous avons presque fait la moitié du chemin. Regardez le piquet, là-bas, derrière vous : il nous montre la bonne direction. » Les animaux se retournèrent et virent que le piquet s'était transformé en palmier pindo (*Cocos* sp.).

Ils marchèrent, marchèrent encore. Finalement, la tortue annonça qu'on arriverait au but le lendemain. Le lendemain, en effet, ils virent la « maison » des abeilles dont des guêpes venimeuses défendaient l'entrée. L'un après l'autre, les oiseaux tentèrent de s'approcher, mais les guêpes les attaquaient « en leur lâchant cette eau qu'elles ont » et les oiseaux tombaient étourdis et mouraient. Le plus petit d'entre eux, un pic (ou un oiseau-mouche ?), réussit pourtant à éviter les guêpes et à prendre le miel. « Eh bien, mon fils, dit la tortue, maintenant nous avons du miel. Mais c'est bien peu : si nous le mangeons, il sera fini tout de suite. » Elle prit le miel, donna à chaque animal une bouture *(uma muda)* pour qu'il se fasse une maison et plante. Quand il y en aurait assez on reviendrait.

Longtemps après, les animaux commencèrent à s'inquiéter de leurs plantations de miel, et ils demandèrent au « maritaca » d'aller voir ce qui se passait. Mais la chaleur qui régnait là-bas était si brûlante que le « maritaca » ne put s'approcher. Les animaux qui acceptèrent ensuite de tenter l'aventure trouvèrent plus commode de s'arrêter en route : le perroquet sur un arbre à fruits (mangaba : *Hancornia speciosa*), l'ara hyacinthe dans une agréable forêt ; et ils invoquèrent la température torride pour expliquer leur échec. Finalement, la perruche s'éleva si haut, volant presque jusqu'au ciel, qu'elle réussit à atteindre les plantations. Elles regorgaient de miel.

Quand il fut informé, le chef des animaux décida de se rendre

sur place, pour voir de ses propres yeux. Il inspecta les maisons :
beaucoup de gens avaient mangé le miel qu'ils avaient reçu pour
planter, et ceux-là n'en possédaient plus ; d'autres en avaient suffisamment, enfoui à ras de terre et facile à extraire. « Cela ne va pas
durer longtemps, dit le chef ; nous allons être sans miel. Il y en a
très peu, pour ainsi dire pas. Attendez un peu, et il y aura du miel
pour tout le monde. » Entre-temps, il avait lâché les abeilles dans la
forêt.

Plus tard, il rassembla les habitants et leur dit de prendre leurs
hachettes et d'aller chercher du miel : « Maintenant, la forêt est
pleine, il y a de tout : du miel bora, mandaguari, jati, mandassaia,
caga-fogo, vraiment tout. Vous n'avez qu'à vous mettre en route.
Si vous ne voulez pas d'une sorte de miel, passez à l'arbre suivant,
il y en aura une autre. Vous pouvez en tirer autant que vous voulez,
cela ne finira jamais pourvu que vous n'en preniez qu'autant que
vous pourrez emporter dans les calebasses et autres récipients dont
il faudra vous munir. Mais ce que vous ne pouvez pas emporter
doit être laissé sur place, après avoir bien refermé l'ouverture
(faite dans le tronc à coups de hache), pour attendre la prochaine
fois. »

Depuis, nous avons suffisamment de miel, à cause de cela. Quand
les gens vont défricher, ils en trouvent. Dans un arbre, il y a du miel
bora, dans l'autre du mandaguari, dans un autre, du jati. Il y a
de tout (Ribeiro 2, p. 124-126).

Malgré sa longueur, nous avons traduit ce mythe presque littéralement,
non seulement à cause de son obscurité qui, si on voulait abréger, le rendrait
vite incompréhensible, mais aussi en raison de son importance et de sa
richesse. Il constitue le canon de la doctrine indigène en matière de miel et
commande, à cet égard, l'interprétation de tous les mythes qui seront
examinés après lui. Il ne faut donc pas s'étonner si son analyse se montre
difficile, nous obligeant à négliger provisoirement certains aspects et à la
mener par approximations successives, un peu comme s'il fallait survoler
de très haut le mythe et le reconnaître sommairement, avant d'explorer
chaque détail.

Allons donc tout de suite à l'essentiel. De quoi parle le mythe ? D'une
époque où les animaux, ancêtres des hommes, ne possédaient pas le miel,
de la forme sous laquelle ils l'obtinrent au début, et de leur renonciation
à cette forme au profit de celle que les hommes connaissent à présent.

Que l'acquisition du miel remonte à la période mythique où les animaux
ne se distinguaient pas des hommes n'a rien pour surprendre, puisque le
miel, produit sauvage, relève de la nature. A ce titre, il doit être entré dans
le patrimoine de l'humanité alors que celle-ci vivait encore à l'« état de
nature », avant que ne s'introduise la distinction de la nature et de la
culture, et celle de l'homme et de l'animal en même temps.

Il n'est pas moins normal que le mythe décrive le miel originel comme une plante qui germe, croît et mûrit. Nous avons vu, en effet, que la systématique indigène place le miel dans le règne végétal ; M_{192} en apporte une nouvelle confirmation.

Toutefois, il ne s'agit pas ici d'un végétal quelconque, puisque le premier miel était cultivé, et que le progrès que retrace le mythe a consisté à le rendre sauvage. Nous touchons ici l'essentiel, car l'originalité de M_{192} est de suivre une démarche exactement inverse des mythes relatifs à l'introduction des plantes cultivées dont on avait constitué et étudié le groupe dans CC sous les numéros M_{87} à M_{92} (cf. aussi M_{108}, et M_{110} à M_{118}). Ces mythes évoquent le temps où les hommes ignoraient l'agriculture et se nourrissaient de feuilles, de champignons d'arbre et de bois pourri, avant qu'une femme céleste, changée en sarigue, leur eût révélé l'existence du maïs. Ce maïs avait l'apparence d'un arbre et il poussait à l'état sauvage, dans la forêt. Mais les hommes commirent la faute d'abattre l'arbre, et durent se partager les graines, défricher et semer ; car l'arbre mort ne suffisait pas à leurs besoins. Ainsi apparurent, d'une part, la diversité des espèces cultivées (à l'origine, elles étaient toutes réunies sur le même arbre), et d'autre part, celle des peuples, des langues et des coutumes, résultant de la dispersion de la première humanité.

Dans M_{192}, tout se passe de la même façon, mais à l'envers. Les hommes n'ont pas besoin d'apprendre l'agriculture puisqu'ils la possèdent déjà dans leur condition animale, et qu'ils savent l'appliquer à la production du miel dès l'instant où celui-ci tombe entre leurs mains. Mais ce miel cultivé offre deux désavantages : soit que les hommes ne résistent pas à la tentation de dévorer leur « miel en herbe », soit que ce dernier pousse si bien et se récolte si aisément — à la façon des plantes cultivées dans les champs — qu'une consommation immodérée épuise la capacité de production.

Comme le mythe entreprend alors de le démontrer méthodiquement, la transformation du miel cultivé en miel sauvage supprime ces inconvénients et apporte aux hommes une triple sécurité. En premier lieu, les abeilles devenues sauvages vont se diversifier : il y aura plusieurs espèces de miel au lieu d'une seule. Ensuite, le miel sera plus abondant. Enfin, la gourmandise des collecteurs sera limitée par les quantités qu'il est possible de rapporter ; un excédent de miel restera dans le nid où il se conservera jusqu'à ce qu'on revienne l'y chercher. Le bénéfice se manifestera donc sur trois plans : qualité, quantité, durée.

On voit où réside l'originalité du mythe : il se place, si l'on peut dire, dans une perspective « anti-néolithique » et plaide en faveur d'une économie de collecte et de ramassage, à laquelle il prête les mêmes vertus de variété, d'abondance et de longue préservation que la plupart des autres mythes mettent au crédit de la perspective inverse qui, pour l'humanité, résulte de l'adoption des arts de la civilisation. Et c'est le miel qui fournit l'occasion de ce remarquable retournement. En ce sens, un mythe sur l'origine du miel se rapporte aussi à sa perte[1]. Devenu sauvage, le miel est à moitié perdu, mais il faut qu'il soit perdu pour être sauvé. Son attrait gastronomique est tel que l'homme en abuserait jusqu'à le tarir s'il l'avait trop facilement à sa portée. « Tu ne me trouverais pas, dit le miel à l'homme par le truchement du mythe, si tu ne m'avais d'abord cherché. »

Nous faisons donc ici une curieuse constatation qui se répétera à propos d'autres mythes. Avec M_{188} et M_{189}, nous disposions de véritables mythes d'origine, mais qui ne nous ont pas contenté parce qu'ils concernaient la fête du miel, et non pas le miel lui-même. Et nous voici maintenant en face d'un nouveau mythe qui concerne le miel proprement dit, mais qui, en dépit des apparences, n'est pas tant un mythe d'origine que de perte, ou plus exactement, qui s'empresse de transformer une origine illusoire (puisque la première possession du miel équivalait à un manque de miel) en une perte avantageuse (les hommes étant assurés d'avoir du miel dès lors qu'ils auront consenti à s'en dessaisir). La suite de ce livre éclairera ce paradoxe où l'on doit voir une propriété structurale des mythes ayant le miel pour thème.

Revenons au texte de M_{192}. Les plantations où les bêtes primordiales cultivaient le miel offraient un caractère remarquable : il y régnait une chaleur intense qui interdisait leurs abords ; et c'est seulement après plusieurs tentatives infructueuses que les animaux réussirent à y pénétrer. Pour interpréter cet épisode, on serait tenté de procéder par analogie avec les mythes d'origine des plantes cultivées, qui expliquent qu'avant que les hommes ne connussent l'usage des aliments végétaux, cuits selon la culture, ils se nourrissaient de végétaux pourris selon la nature. Si le miel cultivé des temps héroïques est le contraire du miel sauvage actuel, et si, comme nous l'avons déjà établi, le miel actuel connote la catégorie du mouillé en corrélation et opposition avec le tabac qui connote celle du brûlé, ne faut-il pas inverser le rapport et mettre le miel d'autrefois du côté du sec et du brûlé ?

Rien dans les mythes n'exclut cette interprétation, mais nous la croyons imparfaite parce qu'elle néglige un aspect du problème sur lequel, au contraire, les mythes du miel ne cessent d'appeler l'attention. Comme nous l'avons déjà souligné, le miel est un être paradoxal à plusieurs titres. Et ce n'est pas son moindre paradoxe qu'ayant, dans son rapport avec le tabac, la connotation humide, il soit constamment associé par les mythes à la saison sèche, pour la simple raison que, dans l'économie indigène, c'est surtout pendant cette saison que, comme la plupart des produits sauvages, le miel est récolté et consommé à l'état frais.

1. Comparer avec ce passage (M_{192b}) du mythe de création des Caduveo : « Quand le caracara (un falconidé, incarnation du décepteur) vit le miel qui se formait dans les grandes calebasses où il suffisait de plonger la main pour l'obtenir, il dit au démiurge Gô-noëno-hôdi : « Non, ce n'est pas bien, il ne faut pas faire ainsi, non ! Mets le miel au milieu de l'arbre pour que les hommes soient obligés de creuser. Sinon ces paresseux ne travailleront pas » (Ribeiro *1*, p. 143).

Les indications en ce sens ne manquent pas. Comme les Tupi septentrionaux, les Karaja célébraient une fête du miel qui avait lieu à l'époque de la récolte, c'est-à-dire au mois d'août (Machado, p. 21). Dans la province de Chiquitos en Bolivie, la collecte du miel sylvestre durait de juin à septembre (d'Orbigny, cit. par Schwartz 2, p. 158). Chez les Siriono de Basse-Bolivie, le miel « est surtout abondant pendant la saison sèche, après la floraison des arbres et des plantes ; aussi les fêtes de boisson (hydromel coupé de bière de maïs) se déroulent pendant les mois d'août, septembre, octobre et novembre » (Holmberg, p. 37-38). Les Indiens Tacana récoltent la cire d'abeilles pendant la saison sèche (Hissink-Hahn, p. 335-336). Le territoire des Guayaki, dans le Paraguay oriental, n'a pas de saison sèche bien marquée : il s'agit plutôt d'une saison froide, au début de laquelle, en juin-juillet, l'abondance du miel est annoncée par une coloration spéciale d'une liane (le timbó) qu'on dit alors « enceinte du miel » (Clastres, ms.). Pour célébrer au début d'avril leur fête Oheokoti, les Tereno du Mato Grosso méridional récoltaient pendant un mois de grandes quantités de miel (Altenfelder Silva, p. 356, 364).

Nous avons vu que, pour leur fête du miel, les Tembé et les Tenetehara commençaient à faire des provisions en mars ou avril, c'est-à-dire à la fin des pluies, et que la récolte durait tout le temps de la saison sèche (plus haut, p. 25). Le présent mythe est moins explicite, mais il contient pourtant deux indications dans le même sens. C'est, dit-il à la fin, quand les gens vont défricher qu'ils trouvent du miel. Or, dans l'intérieur du Brésil, les travaux de défrichement se déroulent après les pluies, pour que les abatis puissent sécher pendant deux ou trois mois avant qu'on les brûle. On sème et on plante tout de suite après, pour profiter des premières pluies. D'autre part, la température torride qui règne à l'endroit où pousse le miel cultivé est décrite en termes de saison sèche : la tem secca brava, « la sécheresse y est féroce ». Ainsi sommes-nous conduit à concevoir le miel passé et le miel présent, moins comme des termes contraires que comme des termes d'inégale puissance. Le miel cultivé était un super-miel : abondant, rassemblé en un seul lieu, facile à récolter. Et de même que ces avantages entraînent les inconvénients correspondants : on en mange trop, trop vite, et on l'épuise, de même ici, l'évocation du miel sous une forme hyperbolique entraîne des conditions climatiques également hyperboliques : le miel étant une récolte de saison sèche, le super-miel appelle une hyper-saison sèche qui, comme son hyper-abondance et son hyper-accessibilité, empêche pratiquement d'en profiter.

A l'appui de cette seconde interprétation, on peut tirer argument de la conduite du perroquet et de l'ara. Envoyés par leurs compagnons à la recherche du miel, ils préfèrent s'arrêter, l'un sur un pied de mangaba (fruit de la savane, qui mûrit en saison sèche), l'autre dans l'ombre rafraîchissante de la forêt, s'attardant tous deux, par conséquent, pour profiter des derniers bienfaits de la saison pluvieuse. Ainsi, l'attitude de ces oiseaux

geur nocturne non identifié (Métraux 3, p. 57 et n. 1). On sait que le capivara *(Hydrochoerus capibara)*, lui aussi nocturne (Ihering, art. « capivara »), est le plus grand rongeur connu dont un autre rongeur, plus petit mais encore de bonne taille et ayant les mêmes habitudes (viscacha, selon l'informateur : *Lagostomus maximus* ?), pourrait d'autant mieux être une variante combinatoire que la langue bororo, par exemple, forme le nom d'autres rongeurs sur le modèle de celui du capivara ; /okiwa/ donne /okiwareu/ « semblable au capivara » = rat.

Le capivara joue un rôle assez effacé dans les mythes de l'Amérique tropicale. A la fin de ce livre, nous discuterons un mythe tacana (M_{302}) attribuant l'origine des capivaras à la gourmandise d'une femme avide de viande au lieu que ce soit de miel. Selon les Warrau du Venezuela (M_{223}), cette origine remonterait à la transformation de femmes insupportables et désobéissantes (Wilbert 9, p. 158-160), qualificatifs également applicables à la fille folle de miel qui ne cesse d'importuner les siens pour obtenir la friandise convoitée.

Au Chaco même, un mythe cosmologique s'achève par la transformation d'une femme en capivara :

M_{224}. *Mocovi : origine des capivaras.*

Jadis, un arbre appelé Nalliagdigua s'élevait depuis la terre jusqu'au ciel. Les âmes l'escaladaient de branche en branche et parvenaient ainsi jusqu'à des lacs et une rivière où elles pêchaient beaucoup de poisson. Un jour, l'âme d'une vieille femme ne put rien prendre et les autres âmes refusèrent de lui faire la moindre aumône. Alors l'âme de la vieille se fâcha. Changée en capivara, elle se mit à ronger le pied de l'arbre jusqu'à ce qu'il tombe pour le grand dam de toute la population (Guevara, p. 62, cit. par Lehmann-Nitsche 6, p. 156-157).

Ici aussi, par conséquent, il s'agit d'une femme frustrée. Mais sous ce dernier avatar, on reconnaît facilement l'héroïne d'un mythe matako sur l'origine des Pléiades (M_{131a}) : vieille femme responsable de la perte des poissons *et du miel*, jadis disponibles tout le long de l'année et dont l'apparition des Pléiades annoncera désormais la saison (CC, p. 247 sq.). C'est donc bien le caractère saisonnier de la collecte du miel que prend en charge, si l'on peut dire, l'héroïne de nos mythes et dont elle assume la responsabilité.

Dans ces conditions, on ne saurait manquer de relever que les Vapidiana, établis à la frontière de la Guyane et du Brésil, nomment la constellation d'Ariès — c'est-à-dire le Bélier — « le Capivara », et que son apparition annonce pour eux le temps des plantations, qui est aussi celui des sauterelles et de la chasse au capivara (Farabee 1, p. 101, 103). Sans doute cette région septentrionale est très éloignée du Chaco, dotée d'un climat différent, et le calendrier des occupations n'est pas le même ici et là. Nous y reviendrons quand nous chercherons à montrer qu'en dépit de ces différences, les cycles de la vie économique ont quelque chose en commun.

Le lever d'Ariès précède de deux ou trois semaines le lever des Pléiades dont on connaît l'importance dans la vie économique et religieuse des tribus du Chaco. Chez les Vapidiana, la triple connotation d'Ariès suggère aussi la saison sèche, qui est celle des défrichements, des grands vols de saute-relles, et aussi de la chasse aux capivaras : plus facilement repérables quand les eaux sont basses, puisque ces animaux vivent pratiquement immergés pendant le jour et attendent la nuit pour paître sur les berges.

Nous n'avons pas trouvé de référence à la constellation d'Ariès dans l'astronomie des tribus du Chaco, pourtant minutieusement étudiée par Lehmann-Nitsche. Mais si on pouvait admettre, sur la foi d'une affinité maintes fois vérifiée entre les mythes du Chaco et ceux de la Guyane, que la métamorphose en capivara contient une allusion implicite à une constel-lation annonciatrice de la saison sèche, il deviendrait possible d'intégrer les deux aspects, astronomique et météorologique, que nous avons reconnus aux mythes du Chaco relatifs à la collecte du miel. Dans cette perspective, l'opposition : *diurne/nocturne* de M_{222} transposerait seulement, à l'échelle d'une périodicité encore plus courte que les deux autres (c'est-à-dire quoti-dienne au lieu de mensuelle ou saisonnière), l'opposition fondamentale entre les deux saisons qui est, en fin de compte, celle du sec et de l'humide :

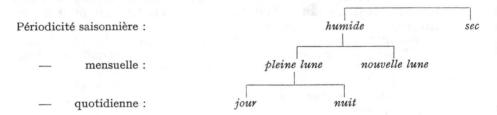

D'ailleurs, chez les Toba, le viscacha (en qui nous avons proposé de voir une variante combinatoire du capivara) donne son nom à une constellation non identifiée (Lehmann-Nitsche 5, p. 195-196), de sorte qu'il se pourrait que chaque niveau préservât les caractères des deux autres et différât seulement par l'ordre hiérarchique qu'il impose aux trois types de pério-dicité. Ceux-ci seraient présents à chaque niveau, un seul de manière patente et les deux autres sous forme dissimulée.

Nous pouvons alors tenter de prendre une vue synthétique de l'ensemble des mythes du Chaco dont l'héroïne est une fille folle de miel. Cette héroïne a pour père le maître des Esprits aquatiques (M_{212}) ou le Soleil (M_{216}) qui se nourrit d'animaux aquatiques, originateurs de la pluie et de la tempête (M_{217}, M_{218}), et qui se confondent avec l'arc-en-ciel (M_{217}). Cette opposition initiale rappelle un célèbre motif mythologique de la région des Caraïbes (Amérique centrale, Antilles et Guyane) : conflit entre le Soleil et l'ouragan représenté le jour par l'arc-en-ciel, et la nuit par la Grande Ourse. Là aussi, il s'agit d'un mythe à caractère saisonnier puisque, dans cette région du monde, les ouragans se produisent de la mi-juillet à la mi-octobre, période pendant laquelle la Grande Ourse disparaît presque complètement derrière l'horizon (Lehmann-Nitsche *3*, *passim*).

Fort de ce rapprochement, posons qu'au début de nos mythes, le sec en la personne du Soleil l'emporte sur l'humide représenté par les animaux aquatiques, maîtres de la pluie, dont le Soleil se nourrit. Nous sommes donc entièrement sous le mode du sec, d'où la double insatisfaction de l'héroïne : diachroniquement parlant, elle est la pleine lune, c'est-à-dire l'humide dans le sec, l'absence du miel dans sa présence ; mais par ailleurs, d'un point de vue synchronique, la présence du miel, liée à la saison sèche, ne suffit pas ; il faut aussi avoir l'eau, puisque le miel se boit délayé et de ce point de vue, bien que présent, le miel est également absent. En effet, le miel est un mixte : il relève diachroniquement du sec, et exige synchroniquement l'eau. Cela est vrai d'un point de vue culinaire, mais ne l'est pas moins sous l'angle du calendrier : aux temps mythiques, disent les Matako (M$_{131a}$), les hommes se nourrissaient exclusivement de miel et de poisson, association qui s'explique du fait qu'au Chaco, la période où la pêche est abondante va du début d'avril au 15 mai environ, c'est-à-dire qu'elle se situe au cœur de la saison sèche. Mais, comme nous l'avons vu plus haut (p. 86), il y eut un temps où toute l'eau et tous les poissons du monde étaient disponibles en permanence dans le tronc creux de l'arbre de vie. Ainsi se trouvaient neutralisées, tout à la fois, l'opposition des saisons et l'union paradoxale, durant la saison sèche, des nourritures « humides » (miel et fruits sauvages) et de l'absence de l'eau.

Dans toutes les versions, l'héroïne peut choisir entre deux conjoints potentiels : le pic, fiancé honteux, mais qui détient le secret de la conjonction du sec et de l'humide : même pendant la quête du miel de la saison sèche, il reste maître d'une eau inépuisable emplissant la gourde dont il ne se sépare jamais ; en fait, il offre même l'eau avant le miel[1]. Sous tous ces rapports le renard s'oppose au pic : séducteur effronté, privé de miel (qu'il tente de remplacer par de la terre ou par les fruits sauvages de la saison sèche), et privé d'eau. Quand même il arrive à se procurer du miel, l'eau lui manque et cette carence entraîne sa perte. Le rapport d'opposition du renard et du pic peut donc s'écrire de façon simplifiée : (sec — eau)/(sec + eau).

Entre les deux, la fille folle de miel occupe une position ambiguë. D'un

---

1. La position du pic comme maître du miel est empiriquement fondée : « Même quand l'écorce de l'arbre est parfaitement saine et ne saurait donc abriter des larves, les pics l'attaquent non loin du trou d'envol des abeilles. Quelques coups de bec suffisent pour provoquer une sortie en masse des insectes sur lesquels l'oiseau satisfait alors son appétit. Il existe même une espèce d'abeilles qui a été identifiée grâce à de nombreux individus trouvés dans l'estomac d'un pic *Ceophloeus lineatus*, et cette nouvelle espèce a été baptisée d'après l'oiseau : *Trigona (Hypotrigona) ceophloei*. On dit que l'abeille jaty *(Trigona (Tetragona) jaty)* obture l'entrée de son nid avec de la résine pour que les pics et les autres oiseaux ne puissent y accéder » (Schwartz *2*, p. 96). Le pic figure en qualité de maître du miel dans la mythologie des Apinayé (Oliveira, p. 83), des Bororo (Colb. *3*, p. 251), des Kaingang (Henry *1*, p. 144), et sans doute dans plusieurs autres.

côté, elle est renarde, puisque privée de miel et mendiante, sinon voleuse ; mais d'un autre côté, elle pourrait être pic, abondamment pourvue de miel et d'eau si elle parvenait à stabiliser son mariage avec l'oiseau. Qu'elle n'y réussisse pas pose un problème, qui sera résolu dans la suite de ce travail. Pour le moment, nous nous bornerons à signaler un rapprochement entre notre héroïne et celle d'un petit mythe amazonien de provenance incertaine, qui éclaire un aspect de ceux que nous venons de considérer. Dans ce mythe (M_{103}), une jeune et jolie fille poussée par la faim se met en quête d'un mari. Elle arrive d'abord à la maison du sarigue qu'elle éconduit parce qu'il pue ; elle repousse aussi le corbeau (vautour-charognard) mangeur de vers, et pour la même raison. Enfin, elle parvient à la demeure d'un petit falconidé, l'inajé, qui la nourrit d'oiseaux et qu'elle épouse. Quand le vautour-charognard ou urubu vient réclamer la jeune fille, l'inajé lui brise le crâne et sa mère lave la blessure avec de l'eau trop chaude dont il est ébouillanté. Depuis, les urubus ont la tête chauve (Couto de Magalhães, p. 253-257).

Dans ce mythe comme dans ceux du Chaco, la faim d'une jeune fille célibataire joue, en quelque sorte, le rôle de premier moteur. C'est la carence initiale dont parle Propp, sur laquelle s'enchaîne la suite du récit. La conclusion est aussi la même : meurtrissure, mutilation ou mort infligée au séducteur effronté et malodorant (cf. M_{213}). Il est vrai que, dans M_{103}, les conjoints potentiels sont au nombre de trois au lieu de deux ; mais c'est aussi le cas dans M_{216} où un oiseau incapable, appelé en matako /čitani/, prétend d'abord à la main de l'héroïne ; et dans M_{213} où le même rôle est tenu par un oiseau appelé en toba /ciñiñi/ en espagnol *gallineta* (Palavecino, p. 266), peut-être une poule sauvage[1]. Sur cette base fragile, on tentera de pousser plus loin la comparaison :

		Sarigue	Urubu	Inajé
M_{103} :	CRU/POURRI	—	—	+
	AIR/TERRE :	—	+	+

		Renard	Gallineta	Pic
M_{212} :	MIEL ($\equiv$ CRU)/FRUITS SAUVAGES ($\equiv$ POURRI) :	—	—	+
	AIR/TERRE :	—	+	+

Dans les tableaux ci-dessus, les signes + et — sont respectivement affectés au premier et au second terme de chaque opposition. Pour justifier la congruence : fruits sauvages $\equiv$ pourri, il suffira de remarquer que le

---

1. Nous avançons l'interprétation qui suit sous toutes réserves, car le dictionnaire toba de Tebboth donne pour /chiñiñi/ « carpinteiro (ave) ». Il faudrait donc voir dans cet oiseau un pic d'une autre espèce, qui s'opposerait à son congénère pour des raisons ignorées.

renard ne grimpe pas aux arbres (sauf dans M_{208} ; mais c'est sa perte) et que les mythes le décrivent se nourrissant des fruits sauvages tombés au sol (cf. M_{219}) donc déjà gâtés, qui doivent être aussi la nourriture de l'oiseau *gallineta* puisque les gallinacés (si c'en est un) vivent surtout à terre et que celui-là en particulier est incapable de récolter le miel, pareil donc au renard sous le rapport de la quête alimentaire (mais différent de lui parce qu'oiseau capable de voler au lieu de quadrupède attaché au sol).

La comparaison de M_{103} et de M_{213} confirme que, sur deux nouveaux axes — celui du cru et du pourri, et celui du haut et du bas — le renard et le pic sont aussi en opposition diamétrale. Or, que se passe-t-il dans nos mythes ? L'histoire du mariage de l'héroïne se déroule en trois épisodes. Placée, comme nous l'avons vu, dans une position intermédiaire entre celles des deux prétendants, elle essaye de capter l'un, puis est l'objet d'une tentative identique de la part de l'autre. Enfin, après sa disparition ou sa métamorphose, c'est Renard, usurpant le rôle de l'héroïne, qui essaye de capter Pic : soit une union ridicule et non médiatisée, qui doit nécessairement avorter. Dès lors, les oscillations entre les termes polaires prennent de l'amplitude. Mise en fuite par Renard, qui est le sec à l'état pur, l'héroïne — au moins dans une version — se change en capivara, c'est-à-dire qu'elle se porte du côté de l'eau. Par un mouvement inverse, Pic se porte du côté du Soleil *(haut + sec)* qui l'envoie à la pêche des monstres subaquatiques *(bas + humide)* auxquels il n'échappera qu'en perdant sa forme humaine et en assumant définitivement sa nature d'oiseau ; mais d'un oiseau qui est le pic, c'est-à-dire, comme on l'a déjà montré dans CC (p. 209-211) et comme il ressort directement de ses mœurs, qui cherche sa nourriture sous l'écorce des arbres et vit donc à mi-chemin entre le haut et le bas : oiseau non pas terrestre comme les gallinacés, ni familier du ciel empyrée à l'exemple des prédateurs, mais lié au ciel atmosphérique et au monde moyen où s'accomplit l'union du ciel et de l'eau *(haut + humide)*. Il résulte toutefois de cette transformation, qui est aussi une médiation, qu'il n'y aura plus de maître humain du miel. Les temps sont révolus, où « les animaux étaient des hommes et se nourrissaient de miel d'abeille exclusivement » (M_{218}). A nouveau se vérifie l'observation déjà faite à propos d'autres mythes que, plutôt qu'à son origine, la mythologie du miel se réfère volontiers à sa perte.

b) DANS LES STEPPES DU BRÉSIL CENTRAL.

Si nous n'avions pas déjà constitué, à l'aide d'exemples provenant du Chaco, le groupe des mythes dont l'héroïne est une fille folle de miel, nous serions probablement incapable de le retrouver ailleurs. Pourtant, ce groupe existe aussi dans l'intérieur du Brésil et particulièrement chez les Gé centraux et orientaux ; mais sous une forme curieusement modifiée et appauvrie, de sorte que certaines versions laissent à peine deviner le motif de la fille folle de miel, réduit à une brève allusion. Ou bien, il est enveloppé dans un contexte si différent qu'on hésite à le reconnaître tant qu'une analyse plus fouillée n'a pas atteint, derrière des intrigues superficiellement divergentes, un même schème fondamental grâce auquel elles reprennent leur unité.

Dans *le Cru et le Cuit*, nous avons évoqué la première partie d'un mythe connu des Apinayé et des Timbira, qu'il suffira de rappeler brièvement car c'est la suite qui nous occupera maintenant. Le mythe se réfère à deux aigles géants et cannibales qui persécutaient les Indiens et que deux frères héroïques se chargèrent de détruire. Une version apinayé où ne figure qu'un seul aigle s'achève sur cette heureuse conclusion (Oliveira, p. 74-75)[1]. Mais une autre ne s'en tient pas là.

M_{142}. *Apinayé : l'oiseau meurtrier* (suite ; cf. CC p. 264-265).

Après avoir tué le premier aigle, les deux frères Kenkutan et Akréti s'attaquent au second. Ils essayent la même tactique, qui consiste à s'exposer alternativement afin de fatiguer l'oiseau qui, chaque fois, fond vainement sur une proie élusive et doit ensuite reprendre de l'altitude en vue d'une prochaine attaque. Mais Kenkutan, maladroit ou épuisé, n'esquive pas assez vite : l'oiseau lui tranche la tête d'un coup d'aile, et regagne son aire qu'il ne quittera plus.

Contraint d'abandonner le combat, Akréti ramasse la tête de son frère, la pose sur une branche d'arbre et part à la recherche de ses compatriotes qui se sont enfuis pour échapper aux aigles cannibales. Il erre dans 'la savane où il rencontre d'abord la tribu des sariemas *(Cariama cristata)* qui a incendié la brousse pour chasser les lézards et les rats. Après s'être fait connaître, il poursuit sa route et rencontre les aras noirs[2] qui cassent et mangent les noix de palmier tucum *(Astrocaryum tucuman)* dans la savane incendiée. Répondant à leur invitation, il partage leur repas et les quitte. Il pénètre alors dans la forêt, où des singes récoltent les noix de sapucaia *(Lecythis ollaria)* dont ils lui donnent une part. Après s'être restauré avec les singes et enquis auprès d'eux du chemin à suivre jusqu'au village des siens, Akréti arrive enfin à la source où les villageois viennent puiser l'eau.

Caché derrière un arbre jatoba *(Hymenea courbaril)*, il surprend la jolie Kapakwei à sa sortie du bain. Il se présente, raconte son histoire et les deux jeunes gens conviennent de se marier.

Le soir venu, Kapakwei écarte la paille de la hutte, près de sa couche, pour que son amant puisse la rejoindre en secret. Mais il est si grand et si fort qu'il détruit presque entièrement la paroi. Surpris par les compagnes de Kapakwei, Akréti révèle publiquement

---

1. Il en est de même pour les versions mehin (Pompeu Sobrinho, p. 192-195 ; cf. CC, p. 264).

2. Nimuendaju, suivant sans doute ses informateurs, désigne ainsi l'ara hyacinthe *(Anodorynchus hyacinthinus)* ; cf. Nim. 7, p. 187.

son identité. Quand il annonce qu'il va chasser des petits oiseaux pour sa belle-mère, il tue en réalité quatre « autruches » qu'il ramène en les tenant par le cou, comme si c'étaient de simples perdrix.

Un jour, il partit avec sa femme pour tirer le miel d'un nid d'abeilles sauvages. Akréti creusa le tronc et dit à Kapakwei d'extraire les rayons. Mais elle enfonça son bras si avant qu'il fut coincé. Sous prétexte d'élargir l'ouverture avec sa hache, Akréti tua sa femme et la coupa en morceaux qu'il fit rôtir. De retour au village, il offrit cette viande à ses alliés. Un de ses beaux-frères s'aperçut soudain qu'il était en train de manger sa sœur. Convaincu qu'Akréti était un criminel, il suivit ses traces jusqu'au lieu du meurtre, et découvrit les restes de sa sœur qu'il rassembla pour les ensevelir comme les rites l'exigeaient.

Le lendemain, profitant de ce qu'Akréti voulait faire cuire des *Cissus* (une vitacée cultivée par les Gé orientaux) dans les braises d'un grand foyer collectif[1], les femmes le poussèrent et le firent tomber au milieu. Une termitière sortit de ses cendres (Nim. 5, p. 173-175).

De prime abord cette histoire semble incompréhensible, car on ne sait pourquoi ce jeune marié traite aussi sauvagement sa jolie épouse pour qui il avait ressenti le coup de foudre peu de temps auparavant. De même, la fin ignominieuse que lui réservent ses compatriotes trahit beaucoup d'ingratitude de leur part, si l'on songe que c'est lui qui les a délivrés des monstres. Enfin, le lien paraît ténu avec les mythes dont l'héroïne est une fille folle de miel, si ce n'est que le miel joue un certain rôle dans le déroulement du récit.

Prenons garde, pourtant, que l'histoire d'une femme retenue prisonnière par un bras qu'elle ne peut retirer de l'arbre plein de miel, et qui meurt dans cette inconfortable position, se retrouve non loin du Chaco dans la région du rio Beni (Nordenskiöld 5, p. 171) et chez les Quechua du nord-ouest de l'Argentine (Lehmann-Nitsche 8, p. 262-266) où la femme, abandonnée au sommet de l'arbre chargé de miel, se transforme en engoulevent, oiseau qui remplace parfois l'aigle dans des versions du mythe gé (M_{227}).

Mais le rapprochement apparaîtra mieux encore si l'on se réfère à une autre version de ce mythe provenant des Kraho qui sont un sous-groupe des Timbira orientaux, proches voisins des Apinayé. Chez les Kraho, en effet, les deux épisodes consolidés en un seul mythe par les Apinayé — celui de la destruction des aigles et celui du mariage du héros — relèvent de mythes distincts. Expliquerons-nous alors par la confusion accidentelle de deux mythes la contradiction entre le service éminent rendu par le héros à ses compatriotes, et leur absence de pitié ? Ce serait faire bon marché d'une règle absolue de l'analyse structurale : un mythe ne se discute pas, il doit

---

1. « A la différence des Sherenté et des Canella, les hommes Apinayé participent à la cuisson des pâtés de viande » Nim. 5, p. 16.

toujours être reçu *tel quel*. Si l'informateur apinayé de Nimuendaju rassemble en un seul mythe des épisodes qui relèvent ailleurs de mythes différents, c'est qu'il existe entre ces épisodes un lien qu'il nous incombe de
découvrir, et qui est essentiel à l'interprétation de chacun.

Voici donc le mythe kraho qui correspond clairement à la deuxième
partie de M$_{142}$, tout en dépeignant l'héroïne sous l'aspect d'une fille folle
de miel :

M$_{225}$. *Kraho : la fille folle de miel.*

Un Indien va chercher du miel avec sa femme. L'arbre où se
trouve le nid est à peine abattu que la femme, prise d'une fringale
de miel, se jette dessus sans écouter les objurgations de son mari qui
insiste pour qu'elle le laisse achever sa besogne. Rendu furieux, il
tue la gloutonne, dépèce son cadavre dont il fait rôtir les morceaux
sur des pierres chaudes. Après quoi il tresse une hotte de paille, y
met les morceaux de viande et revient au village. Il arrive la nuit,
invite sa belle-mère et ses belles-sœurs à manger ce qu'il prétend être
de la viande de fourmilier. Survient le frère de la victime qui goûte
la viande et connaît aussitôt son origine. Le lendemain matin, on
enterre les morceaux rôtis de la jeune femme, puis on amène l'assassin dans la savane, on allume un grand feu au dessous d'un arbre
où on l'invite à grimper pour détacher un nid d'abeilles arapuã
[*Trigona ruficrus*]. Son beau-frère lui tire alors une flèche et le blesse.
L'homme tombe, on l'achève à coups de massue, et on brûle son
cadavre dans le brasier (Schultz *1*, p. 155-156).

Nous commençons à comprendre pourquoi le héros de M$_{142}$ a tué sa
femme au cours d'une expédition pour la collecte du miel. Sans doute, elle
aussi s'était montrée trop avide et avait exaspéré son mari par sa gloutonnerie. Mais un autre point mérite l'attention. Dans les deux cas, les parents
de la femme mangent à leur insu la chair de leur fille ou sœur, ce qui est
exactement le châtiment réservé par d'autres mythes (M$_{150}$, M$_{156}$, M$_{159}$)
à la femme ou aux femmes séduites par un tapir, et contraintes de manger
la chair de leur amant. Qu'est-ce à dire, sinon que dans le groupe de la fille
folle de miel, c'est le miel, être végétal au lieu d'animal, qui joue le rôle
de séducteur ?

Sans doute la marche du récit ne peut-elle être exactement pareille
dans les deux cas. Le groupe du tapir séducteur joue sur le double sens de
la consommation alimentaire : prise au figuré elle évoque le coït, c'est-
à-dire la faute, mais prise au sens propre elle connote le châtiment. Dans
le groupe de la fille folle de miel, ces relations sont inversées : il s'agit par
deux fois d'une consommation alimentaire, mais dont la première — celle
de miel — possède en même temps une connotation érotique, ainsi que
nous l'avons déjà suggéré (p. 42), et comme le confirme, par une autre voie,
la comparaison à laquelle nous sommes en train de nous livrer. La coupable

ne peut pas être condamnée à manger son « séducteur » métaphorique : ce serait la combler, puisque c'est tout ce qu'elle souhaite ; et elle ne peut évidemment pas copuler avec un aliment (voir cependant M_{269} qui pousse la logique jusque-là). Il faut donc que la transformation : *séducteur propre* ⇒ *séducteur métaphorique*, entraîne deux autres : *femme* ⇒ *parents*, et : *femme mangeant* ⇒ *femme mangée*. Que les parents soient châtiés à travers la personne de leur fille ne résulte pourtant pas d'une simple opération formelle. Nous verrons plus loin que le châtiment est directement motivé et que, sous ce rapport, la forme et le contenu du récit s'impliquent mutuellement. Pour le moment, bornons-nous à souligner que ces inversions successives amènent une autre : les épouses séduites par le tapir et bafouées par leurs maris (qui leur font manger la chair de leur amant) se vengent en se transformant volontairement en poissons (M_{150}) ; les parents de l'épouse séduite par le miel, bafoués par leur gendre (qui leur fait manger la chair de leur fille) se vengent *en le* transformant malgré lui en termitière ou en cendres, c'est-à-dire en le rejetant du côté du sec et de la terre, au lieu que ce soit du côté de l'humide et de l'eau.

Comme on le verra par la suite, cette démonstration de la position sémantique du miel comme séducteur, faite au moyen des mythes, représente une acquisition essentielle. Mais, avant de pousser plus avant, il convient de joindre, à la version kraho du second épisode du mythe apinayé, l'autre version kraho qui renvoie directement au premier épisode, et d'envisager les trois versions dans leurs rapports réciproques de transformation.

M_{226}. *Kraho : l'oiseau meurtrier.*

Pour échapper aux oiseaux cannibales, les Indiens décidèrent jadis de se réfugier au ciel qui, en ce temps-là, n'était pas aussi distant de la terre. Seuls un vieux et une vieille, qui avaient manqué le départ, restèrent en bas avec leurs deux petits-fils. Par crainte des oiseaux, ils décidèrent de vivre cachés dans la brousse.

Les deux garçons s'appellent Kengunan et Akroy. Le premier fait bientôt montre de pouvoirs magiques qui lui permettent de se métamorphoser en toutes sortes d'animaux. Un jour, les deux frères décident de demeurer dans la rivière jusqu'à ce qu'ils soient devenus assez forts et agiles pour détruire les monstres. Leur grand-père construit à leur intention une plate-forme immergée, où ils pourront s'étendre et dormir ; chaque jour, il leur apporte des patates dont les deux héros se nourrissent [dans une version kayapo très proche de la version kraho, mais plus pauvre, la réclusion a lieu aussi au fond des eaux (Banner *1*, p. 52)].

Après un isolement prolongé, ils réapparaissent grands et forts, tandis que leur grand-père célèbre les rites marquant la fin de la réclusion des jeunes gens. Il remet à chacun un épieu aiguisé. Ainsi armés, les frères se révèlent chasseurs prodigieux. A cette époque, les animaux étaient beaucoup plus gros et plus lourds qu'aujourd'hui, mais Kengunan et Akrey les tuent et les rapportent sans difficulté. Ils arrachent et transforment en oiseaux les plumes des volatiles qu'ils ont tués [*id.* version kayapo, Banner *1*, p. 52].

Ici se place l'épisode de la guerre contre les oiseaux cannibales, qui ne diffère guère du résumé déjà fait à propos de M_{142}, sauf que c'est Akrey et non son frère qui succombe au deuxième oiseau par lequel il est décapité, et que sa tête, déposée pareillement sur la fourche d'un arbre, se transforme en nid d'abeille arapuã (cf. M_{225}).

Kenkunan venge son frère en tuant l'oiseau meurtrier. Il décide de ne pas revenir auprès de ses grands-parents et de courir le monde, jusqu'à ce qu'il ait trouvé la mort aux mains d'un peuple inconnu... Sur son chemin, il rencontre successivement la tribu des emas (*Rhea americana* : une petite autruche à trois doigts) qui incendient la brousse pour ramasser plus aisément les fruits tombés du palmier pati (*Orcus* sp. ; *Astrocaryum* selon Nim. *8*, p. *73*), puis la tribu des sariemas (*Cariama cristata* : oiseau plus petit que le précédent) qui fait de même en chassant la sauterelle. Le héros quitte alors la savane pour la forêt[1] où la tribu des coatis *(Nasua socialis)* allume des feux pour faire sortir de terre les vers dont ils se nourrissent. Les feux suivants sont ceux des singes, qui nettoient le sol pour ramasser les fruits du palmier pati et de l'arbre jatoba *(Hymenea courbaril)*, puis ceux des tapirs en quête de fruits de jatoba et de feuilles comestibles.

Enfin, le héros aperçoit une piste qui le conduit jusqu'au point d'eau d'une population inconnue (dite : peuple du coati — les Indiens Mehin —, de même que le nom des Kraho signifie : peuple du paca). Il assiste, caché, à une course « à la bûche ». Un peu plus tard il surprend une jeune fille venue puiser l'eau, engage avec elle une conversation qui évoque curieusement la rencontre de Golaud et de Mélisande : « Vous êtes un géant ! — Je suis un homme comme les autres... » Kenkunan raconte son histoire : maintenant qu'il a vengé son frère, il n'espère plus que la mort aux mains d'un peuple ennemi. La jeune fille le rassure sur les dispositions des siens, et Kenkunan la demande en mariage.

Après l'épisode de la visite nocturne qui, comme dans M_{142}, met en évidence la grande taille et la force du héros, celui-ci est découvert par les villageois qui lui font bon accueil. Bien leur en prend : armé de son seul épieu, Kenkunan démontre ses dons de chasseur. On reviendra plus loin sur cette partie du récit.

Seul, Kenkunan repousse aussi un peuple ennemi qui a envahi les territoires de chasse de son village d'adoption. Respecté de tous, il atteignit un âge si avancé qu'on ne sait même pas s'il mourut finalement de maladie ou de vieillesse... (Schultz *1*, p. 93-114).

A plusieurs reprises, cette version compare les enfances d'Akrey et de Kenkunan aux rites d'initiation des jeunes hommes. L'informateur prend

---

1. L'opposition entre *chapada* et *mato*, soulignée par l'informateur, est plus exactement celle entre terrain découvert et une dense végétation arbustive.

même soin d'expliquer qu'à présent, les adolescents passent leur période de réclusion dans les huttes et non plus au fond des eaux, mais que leur sœur et leur mère s'occupent d'eux : elles les lavent avec de l'eau puisée à la rivière quand il fait chaud, et les nourrissent copieusement pour qu'ils engraissent, avec des patates douces, de la canne à sucre et des ignames (*l. c.*, p. 98-99). Chez les Apinayé et les Timbira, l'étroite connexion du mythe et du rituel ressort du commentaire de Nimuendaju qui observe même que le rituel timbira des /pepyé/, c'est-à-dire l'initiation des jeunes hommes, est le seul qui soit expliqué par un mythe d'origine. Dans ce mythe, on retrouve presque textuellement les contours essentiels de la version kraho, et nous nous contenterons de noter les divergences.

M$_{227}$. *Timbira : l'oiseau meurtrier.*

D'abord le mythe est plus explicite sur les relations de parenté. Le vieux et la vieille sont respectivement le père et la mère d'une femme, dévorée par l'oiseau cannibale en même temps que son mari. Les grands-parents ont donc recueilli les orphelins, tandis que les autres Indiens s'enfuyaient au loin.

Akrei et Kenkunan ne s'isolent pas au fond de l'eau, mais sur une passerelle naturelle formée par deux gros troncs d'arbres tombés en travers du ruisseau. Sur ces troncs, le grand-père construit un tablier et une cabane bien close où s'enferment les deux garçons (à cet égard, la version timbira reproduit donc la version apinayé). Quand ils réapparaissent après que le vieillard a eu accompli seul toutes les cérémonies, y compris la course rituelle « à la bûche », leurs cheveux sont si longs qu'ils descendent jusqu'aux genoux. Armés de fortes massues, les frères tuent le premier oiseau, mais le second (qui est un engoulevent, *Caprimulgus* sp.) décapite Akrei dont son frère dépose la tête sur la fourche d'un arbre près d'un nid d'abeilles borá *(Trigona clavipes)* qui font leur nid dans des arbres creux à faible hauteur (Ihering, art. « vorá, borá »).

Kenkunan retourne auprès de ses grands-parents auxquels il relate la fin dramatique de son frère, puis il se met en route pour tâcher de retrouver ses compatriotes. Les animaux qu'il rencontre lui indiquent exactement le chemin. Ce sont, dans l'ordre, les emas qui chassent sauterelles, lézards et serpents en incendiant la brousse ; les sariemas, qui lui proposent un plat de lézards pilés avec du manioc, refusé par le héros ; enfin, d'autres sariemas qui pêchent à la nivrée, et dont il consent à partager le repas.

Caché près de la source où les villageois viennent puiser l'eau, Kenkunan reconnaît la jeune fille à laquelle il était fiancé depuis l'enfance. Il lui offre de la viande de cervidé, elle répond par un présent de patates.

Après l'incident de la visite nocturne au cours de laquelle le héros défonce la paroi de la hutte tant il est grand et fort, celui-ci échappe à l'hostilité des hommes du village grâce à sa nouvelle belle-mère qui l'a reconnu.

Pendant ce temps, les grands-parents restés seuls erraient sans but dans la savane. Arrêtés par une montagne, ils décident de la contourner, l'homme par la droite, sa femme par la gauche, et de se rejoindre de l'autre côté. A peine se sont-ils séparés qu'ils se changent en fourmiliers. Des chasseurs tuent le vieillard qu'ils ne reconnaissent pas sous sa nouvelle apparence. Sa femme l'attend vainement, tout en pleurs. Finalement elle poursuit sa route et disparaît (Nim. *8*, p. 179-181).

Si l'on compare toutes ces versions d'un même mythe, on constate qu'elles sont plus ou moins riches dans l'ensemble, mais aussi qu'elles se contredisent sur des points précis. Cela nous donne l'occasion de trancher une question de méthode sur laquelle le lecteur s'est peut-être déjà interrogé. En effet, nous avons rappelé tout à l'heure une règle de l'analyse structurale en affirmant qu'un mythe devait toujours être pris *tel quel* (p. 102). Mais ne contrevenions-nous pas à cette règle dès la même page, où nous proposions de combler ce que nous déclarions être une lacune de la version apinayé (M_{142}) à l'aide du texte mieux explicite de la version kraho (M_{225}) ? Pour rester conséquent avec nous-même, n'aurions-nous pas dû accepter la version apinayé « telle quelle » et laisser son caractère abrupt à l'épisode, inexplicable dans le contexte, du meurtre de la jeune femme par son mari ? Pour écarter cette objection, deux éventualités doivent être distinguées.

Il arrive que des mythes provenant de populations différentes transmettent le même message sans être également fournis en détails ou sans offrir la même clarté. On se trouve alors dans une situation comparable à celle d'un abonné au téléphone que son correspondant sonne plusieurs fois de suite pour lui dire ou lui redire la même chose, par crainte qu'un orage ou d'autres conversations n'aient interféré avec ses premières communications. Parmi tous ces messages, certains seront relativement plus clairs, d'autres relativement plus confus. De même en l'absence de tout bruit, si un message est développé tandis que le second est abrégé en style télégraphique. Dans tous ces cas, le sens général des messages demeurera le même bien que chacun contienne plus ou moins d'information, et l'auditeur qui en aura reçu plusieurs pourra légitimement rectifier ou compléter les médiocres à l'aide des bons.

Il en sera tout autrement s'il s'agit, non pas de messages identiques transmettant chacun plus ou moins d'information, mais de messages intrinsèquement différents. Alors, la quantité et la qualité de l'information compteront beaucoup moins que sa substance, et chaque message devra être pris *tel quel*. Car on s'exposerait aux pires mécomptes si, tirant argument de l'insuffisance quantitative ou qualitative de chacun, on croyait y remédier en consolidant des messages distincts sous la forme d'un message unique qui serait dépourvu de tout sens, hors celui qu'il conviendrait au récepteur de lui donner.

Revenons maintenant aux mythes. Quand et comment pouvons-nous décider s'ils représentent des messages identiques, différant seulement sous le rapport de la quantité ou de la qualité de l'information qu'ils transmettent, ou des messages chargés d'informations irréductibles et qui ne peuvent se suppléer ? La réponse est difficile, et on ne saurait dissimuler que, dans l'état actuel de la théorie et de la méthode, il faut souvent trancher de manière empirique.

Mais, dans le cas particulier qui nous occupe, nous disposons heureusement d'un critère externe qui lève l'incertitude. Nous savons en effet que les Apinayé d'une part, le groupe Timbira-Kraho d'autre part, encore très proches par la langue et la culture, ne sont pas des peuples réellement distincts puisque leur séparation date d'une période suffisamment récente pour que les Apinayé en conservent le souvenir dans leurs récits légendaires (Nim. 5, p. 1 ; 8, p. 6). Par conséquent, les mythes de ces Gé centraux et orientaux ne sont pas seulement justiciables d'un traitement formel permettant de leur découvrir des propriétés communes. En ce qui les concerne, ces affinités structurelles ont un fondement objectif dans l'ethnographie et dans l'histoire. Si les mythes gé forment logiquement un groupe, c'est d'abord parce qu'ils appartiennent à une même famille, et que nous pouvons retracer entre eux un réseau de relations réelles.

Il est donc légitime de compléter les uns par les autres des mythes qui, il y a quelques siècles au plus, étaient encore confondus. Mais inversement, les divergences qui se manifestent entre eux ne prennent que plus de valeur et n'acquièrent que plus de signification. Car, s'il s'agissait des mêmes mythes à une date historiquement récente, des pertes ou des lacunes peuvent s'expliquer par l'oubli de certains détails ou par des confusions ; mais si ces mythes se contredisent, ce doit être en vertu de quelque raison.

Après avoir complété mutuellement nos mythes au moyen de leurs ressemblances, attachons-nous donc maintenant à déceler les points où ils diffèrent.

Tous sont d'accord pour reconnaître la supériorité d'un frère sur l'autre : ce frère est plus fort, plus adroit, plus rapide ; dans M_{226}, il est même doté de pouvoirs magiques qui lui permettent de se métamorphoser en animaux divers. Dans les versions kraho et timbira, le frère supérieur s'appelle Kengunan ou Kenkunan ; et celui qui, par fatigue ou maladresse, succombe au deuxième oiseau, porte le nom d'Akrey. Seule la version apinayé inverse les rôles : dès le début du mythe, Akréti se montre chasseur prodigieux et bon coureur ; c'est lui qui survit au combat contre les monstres, tandis que Kenkutan est décapité.

Cette inversion résulte d'une autre, elle-même consécutive au fait que les Apinayé seuls assimilent le héros du mythe au mari d'une femme folle de miel qui n'apparaît pas chez les Timbira, et à laquelle les Kraho consacrent un mythe entièrement distinct (M_{225}). Si donc les Apinayé inversent les rôles respectifs des deux frères, c'est que chez eux, à la différence des Kraho et des Timbira, le vainqueur des oiseaux cannibales sera voué à une fin lamentable : meurtrier de sa femme, assassiné et brûlé par ses alliés, changé en termitière ; en complète opposition avec ce qui se passe chez les Kraho où le héros jouira d'une vieillesse longue et glorieuse — « tel qu'en lui-même enfin... » dirait-on volontiers pour mieux souligner que cette vieillesse, dont le mythe ne peut même pas décrire concrètement le terme, constitue une transformation identique (à elle-même) — et en complète opposition aussi (mais sur un autre axe) avec ce qui se passe chez les Timbira, où il y a bien transformation différente (comme chez les Apinayé), affectant non le héros lui-même mais ses ascendants, changés en fourmiliers (qui mangent les termitières) au lieu de termitière (mangée par les fourmiliers). Entre ces deux transformations, l'identique et la différente, la passive et l'active, se situe la pseudo-transformation de la femme assassinée de M_{225}, offerte à sa mère et à ses sœurs *comme si c'était* de la viande de fourmilier.

Chaque fois que les mythes précisent la position généalogique des grands-parents, ils les assignent à la ligne maternelle. Mais pour tout le reste, les versions suivent systématiquement les démarches contrastées.

Dans la version apinayé (M_{142}), après la mort de son frère le héros abandonne ses grands-parents sans les revoir ; il se met en quête des siens et, les ayant retrouvés, il épouse une compatriote qui se révèle être une femme calamiteuse.

Dans la version kraho (M_{226}), le héros abandonne pareillement ses grands-parents sans les revoir, mais c'est pour se mettre en quête d'un peuple d'ennemis chez qui il espère trouver la mort ; et bien qu'il épouse finalement une de leurs filles, celle-ci se montre parfaite compagne.

Enfin, dans la version timbira (M_{227}), le héros prend soin de retourner auprès de ses grands-parents pour prendre congé, avant de partir à la recherche des siens chez qui il retrouvera et épousera celle qui, depuis l'enfance, était sa fiancée. A tous les points de vue par conséquent, cette version est la plus « familiale » des trois :

	M_{142}	M_{226}	M_{227}
grands-parents : revisités (+)/délaissés (—)	—	—	+
mariage avec : compatriote(+)/étrangère(—)	+	—	+
épouse : bonne (+)/mauvaise (—)	—	+	+

De façon concomitante, un sort variable affecte les restes du frère du héros, c'est-à-dire sa tête : posée sur la fourche d'un arbre dans M_{142} ; posée sur la fourche d'un arbre et transformée en nid d'abeilles arapuã dans M_{226} ; posée sur la fourche d'un arbre près d'un nid d'abeilles bora dans M_{227}. Il est difficile d'interpréter M_{142} sous ce rapport, car rien ne permet de décider s'il s'agit ici d'une divergence ou d'une lacune : la tête ne subit-elle aucune métamorphose, ou l'informateur a-t-il délibérément omis ou négligé ce détail ? On se contentera donc de comparer les variantes M_{226} et M_{227}, qu'on peut caractériser dans leurs rapports respectifs de deux façons. D'abord, la transformation en nid d'abeilles est un thème plus fortement marqué que ne l'indiquerait une simple proximité d'une tête et d'un nid. Ensuite, le nid des arapuã diffère du nid des bora : l'un est suspendu et se trouve donc à l'extérieur de l'arbre, l'autre est à l'intérieur, dans le tronc creux ; de plus, le nid d'arapuã occupe une position relativement plus haute que le nid des abeilles bora, appelées aussi « abeilles de pied d'arbre » parce qu'elles nichent près du sol. Enfin, les arapuã sont une espèce agressive qui font un miel rare, de qualité inférieure et de goût désagréable (cf. Ihering, art. « irapoã », « vora »).

A tous égards par conséquent, M_{226} apparaît comme une version plus dramatique que M_{227}. D'ailleurs, n'est-ce pas aussi dans cette version, où toutes les oppositions semblent amplifiées, que les Indiens s'enfuient jusqu'au ciel, que les deux frères s'isolent au fond des eaux, et que le héros témoigne de pouvoirs magiques exceptionnels ? On notera également que, dans M_{225}, le nid d'arapuã tient une fonction intermédiaire : *moyen* de la mort propre du héros au lieu d'être un *résultat* de celle de son frère. Dans le sous-groupe formé par les deux mythes « à fille folle de miel », ce moyen fatal fait couple avec celui qu'utilise M_{142} :

$$\textit{Moyen de la mort du héros :} \quad M_{142}\left[\textit{Cissus} \left\{\begin{array}{l}\text{cultivé,}\\\text{cuit}\end{array}\right\}\right] \Rightarrow M_{225}\left[\textit{Arapuã}\left\{\begin{array}{l}\text{sauvage,}\\\text{cru}\end{array}\right\}\right]$$

Terminons cet inventaire des divergences en considérant rapidement l'épisode des rencontres faites par le héros, qu'on peut envisager sous plusieurs angles : animaux rencontrés, produits dont ils se nourrissent, acceptation ou refus de leur nourriture par le héros, enfin, affinité (souvent précisée par les mythes) des espèces animales avec des milieux naturels qui sont, selon les cas, la savane ou la forêt :

	milieu naturel	animaux rencontrés	nourriture	attitude du héros
1) M_{142}	savane	sariema	lézards, rats ;	0
	»	ara noir	noix de tucum ;	+
	forêt	singe	noix de sapucaia ;	+
2) M_{226}	savane	ema	noix de pati ;	0
	»	sariema	sauterelles ;	0
	forêt	coati	vers de terre ;	0
	»	singe	pati, jatoba ;	0
	»	tapir	jatoba, feuilles ;	0
3) M_{227}		ema	lézards, serpents, sauterelles ;	—
		sariema (1)	lézards au manioc ;	—
		sariema (2)	poissons.	+

L'opposition semble constante entre savane et forêt, et entre nourriture animale et nourriture végétale, sauf dans M_{227} où elle se situe entre nourriture terrestre et nourriture aquatique : ˙

$$M_{142}, M_{226} : \frac{savane}{forêt} \qquad\qquad M_{227} : terre \;\Big|\; eau$$
$$\text{\small(savane)}$$

Cette divergence nous ramène au fond, c'est-à-dire à la transformation qui prend place dans M_{227} (et dans M_{227} seulement) : celle des grands-parents en fourmiliers, malgré les égards exceptionnels que leur témoigne le héros. Par conséquent, même quand le jeune homme initié ne veut pas rompre avec ses anciens, ce sont eux qui se séparent de lui. Que la grand-mère survive seule sous l'apparence d'un fourmilier s'explique sans doute par la croyance attestée depuis le Chaco (Nino, p. 37) jusqu'au nord-ouest du bassin amazonien (Wallace, p. 314) que les grands fourmiliers (*Myrmecophaga jubata*) sont tous du sexe féminin. Mais que signifie l'apparition, dans notre groupe, d'un cycle qui se boucle de façon si curieuse autour du fourmilier ? En effet, les fourmiliers se nourrissent des termitières en quoi se transforme le héros de M_{142} ; dans M_{225}, ce même héros offre à ses beaux-parents la chair de sa femme qu'il prétend être de la viande de fourmilier, et il les transforme ainsi en mangeurs de cet animal en quoi, dans M_{227}, ses ascendants eux-mêmes sont transformés.

Pour résoudre cette énigme, il convient d'introduire ici un petit mythe :

M_{228}. *Kraho : la vieille changée en fourmilier.*

Une vieille femme emmena un jour ses petits-enfants cueillir des fruits /puça/ (non identifié ; cf. Nim. *8*, p. 73)[1]. Elle prit son panier et leur dit de grimper à l'arbre. Quand les enfants eurent mangé tous les fruits mûrs ils se mirent à cueillir les verts qu'ils jetèrent à leur grand-mère en dépit de ses objurgations. Grondés, les enfants se changèrent en perruches. La vieille femme, qui n'avait plus de dents, resta seule en bas et s'interrogea : « Que vais-je devenir ? Que vais-je faire à présent ? » Elle se transforma en fourmilier et s'en fut, creusant les termitières *(cupim)*. Puis elle disparut dans la forêt (Schultz *1*, p. 160. Cf. Métraux *3*, p. 60 ; Abreu, p. 181-183).

Ce mythe est en rapport de transformation manifeste avec celui des Sherenté (M_{229}) sur l'origine des fourmiliers et de la fête /padi/ (fruits sauvages libéralement offerts par les fourmiliers au lieu de leur être refusés ; cf. Nim. *6*, p. 67-68). Nous reviendrons plus loin sur la fête /padi/ et considérerons ici d'autres aspects.

Comme dans M_{227}, la vieille changée en fourmilier est une grand-mère

---

1. Selon Corrêa (vol. II) *pussa* désignerait dans l'État de Piauhy *Rauwolfia bahiensis*, une Apocynacée.

délaissée par ses petits-fils. D'autre part, les enfants gloutons qui abusent des fruits et les cueillent encore verts offrent une frappante analogie avec l'épouse folle de miel, qui consomme aussi son « blé en herbe » puisqu'elle dévore le miel avant que son mari ait fini de le récolter. Les enfants gloutons font également penser à ceux qu'un mythe bororo (M_{34}) punit pour avoir commis le même péché. Dans ce mythe, les enfants s'enfuient au ciel et se changent en étoiles, non en perruches. Mais ces étoiles sont vraisemblablement les Pléiades, parfois appelées « les Perruches » par les Indiens sud-américains. D'ailleurs, le sort des enfants matako est identique à celui qu'un mythe bororo (M_{35}) réserve à un autre enfant glouton, changé en perroquet pour avoir avalé des fruits brûlants : donc « trop cuits » au lieu de verts = « trop crus ». Enfin, M_{228} précise que la grand-mère est édentée, ce qui semble être aussi le cas des vieillards de M_{229} avant qu'ils ne se changent en fourmiliers : en effet, ils donnent toute leur récolte de fruits de palmier à leur fille et expliquent qu'ils ne peuvent les mastiquer à cause de leur dureté. De son côté, la grand-mère de M_{35} a la langue coupée, ce qui la rend muette à l'instar d'un fourmilier[1].

Ce n'est pas tout. La vieille femme victime de la gloutonnerie de ses descendants, et qui se change en fourmilier, peut être mise en parallèle avec l'héroïne des mythes du Chaco que nous avons étudiés dans la première partie de ce chapitre : jeune femme au lieu de vieille, changée en capivara et non en fourmilier, victime de sa propre gloutonnerie de miel qu'il faut entendre au sens propre, et de la gloutonnerie métaphorique (puisque transposée sur le plan sexuel) d'un prétendant éconduit. Si, comme nous le suggérons, le mythe kraho M_{228} est une forme faible d'un mythe d'origine des étoiles dont M_{35} illustre la forme forte, on peut tenir pour démonstratif le fait que M_{228} existe au Chaco, mais cette fois comme forme forte d'un mythe d'origine des étoiles et plus particulièrement des Pléiades, ainsi qu'il ressort de M_{131a} et surtout de M_{224} où la vieille héroïne, elle aussi victime de la gloutonnerie des siens, se change en capivara. Le cycle des transformations se boucle par un autre mythe du Chaco provenant des Toba (M_{230}) où l'on raconte comment les hommes tentèrent de s'enfuir au ciel pour échapper à un incendie universel. Certains réussirent et se changèrent en étoiles, d'autres tombèrent et purent s'abriter dans des grottes. Quand le feu s'éteignit, ils sortirent à l'air libre changés en animaux divers : un vieillard était devenu caïman, une vieille, fourmilier, etc. (Lehmann-Nitsche 5, p. 195-196).

En effet, il résulte de ce qui précède que la transformation en fourmilier et la transformation en capivara fonctionnent comme une paire d'oppositions. Le premier animal n'est-il pas un édenté tandis que l'autre, le plus grand de tous les rongeurs, est pourvu de longues dents ? Dans toute l'Amérique tropicale, les incisives coupantes du capivara servent à faire

---

1. Les Kaingang-Coroado tiennent les grands et les petits fourmiliers pour des vieillards muets (Borba, p. 22, 25).

des rabots et des burins, tandis qu'à défaut des dents qui lui manquent, la langue du grand fourmilier sert de râpe (Susnik, p. 41). Il n'est pas étonnant qu'une opposition fondée sur l'anatomie et sur la technologie se prête à une exploitation méthodique. La transformation en l'un ou l'autre animal est fonction d'une gloutonnerie imputable à soi-même ou à autrui, et dont se rendent coupables des parents ou des alliés. Elle entraîne aussi une triple disjonction sur les axes du haut et du bas, du sec et de l'humide, de la jeunesse et du grand âge. Sous ce dernier rapport, la version timbira traduit admirablement ce qui se passe au moment de chaque initiation : la nouvelle classe d'âge prend la place de celle qui la précédait immédiatement et les autres font de même, si bien que la classe la plus ancienne est mise définitivement hors du jeu, contrainte de s'installer au centre du village où elle perd son rôle actif pour n'avoir plus que celui de conseiller (Nim. *8*, p. 90-92).

Fig. 10. — *Le combat du jaguar et du fourmilier.*
(Redessiné d'après Nim. 12, fig. 13, p. 142.)

L'opposition du capivara et du fourmilier se confirme quand on note qu'aux yeux des Mocovi, la Voie lactée représente les cendres de l'arbre du monde, brûlé après que la vieille changée en capivara l'a abattu (les Bororo appellent la Voie lactée « Cendres d'étoiles »). En effet, les Tukuna ont un mythe (M_{231}) où le fourmilier apparaît sous l'aspect d'un « sac de charbon » dans la Voie lactée, soit une Voie lactée en négatif : sombre sur fond clair au lieu de claire sur fond sombre. Sans doute le territoire des Tukuna est-il très éloigné de celui des Gé, et plus encore du Chaco. Mais les Kayapo du nord, qui sont des Gé centraux, et les Bororo qui touchaient d'un côté aux Kayapo et de l'autre aux tribus du Chaco, connaissent le même mythe sur le combat du fourmilier et du jaguar, avec exactement les mêmes détails ($M_{232a, b}$; Banner *1*, p. 45 ; Colb. *3*, p. 252-253) : seul le codage astronomique est absent. Mais si, derrière l'histoire du combat du fourmilier et du jaguar, on peut supposer qu'opère toujours un code astronomique latent, et tel que deux zones de la Voie lactée vides d'étoiles correspondent aux animaux affrontés, le jaguar ayant le dessus peu après le coucher du soleil et — les positions s'inversant pendant la nuit — succombant avant l'aube en dessous du fourmilier, on ne saurait exclure que le mythe iranxé sur l'origine du tabac (M_{191}), où le vautour-charognard remplace le jaguar comme adversaire du fourmilier, puisse relever d'une interprétation analogue. De même pour le mythe timbira (M_{227}), qui décrit le vieux et la vieille changés en fourmiliers pendant qu'ils contournent une montagne par des versants opposés, et dont l'un est tué par des chasseurs tandis que l'autre poursuit sa vie errante. En effet, dans ce cas aussi on songe à une évolution nocturne modifiant la visibilité et la position respective d'objets célestes. Enfin, si l'on était en droit de généraliser l'assimilation faite par les Vapidiana de la constellation d'Ariès à un capivara, il apparaîtrait encore plus significatif que le fourmilier céleste soit une « non-constellation » proche du Scorpion, en opposition de phase avec Ariès à trois heures près.

Cette discussion montre que les mythes gé relatifs à l'oiseau meurtrier, s'ils appartiennent historiquement à la même famille, relèvent au point de vue logique d'un groupe dont ils illustrent diverses transformations. Ce groupe constitue lui-même un sous-ensemble dans un système plus vaste où les mythes du Chaco relatifs à la fille folle de miel prennent également place. En effet, nous avons vérifié que, dans les mythes gé, la fille folle de miel remplit une fonction logique ; là où elle apparaît, c'est pour personnifier le *mauvais mariage* du héros bien qu'il eût choisi son épouse *parmi les siens*, soit une combinaison particulière au sein d'une permutation dont les autres facteurs sont un *bon mariage* contracté *parmi les siens*, et un mariage encore *meilleur*, bien qu'il ait été contracté *parmi des étrangers* qui sont même des ennemis présumés. Cette combinatoire repose donc sur les notions d'endogamie et d'exogamie locales ; et elle implique toujours une disjonction.

Mal marié parmi les siens (M_{142}, M_{225}), le héros est disjoint par ceux-là mêmes qui l'assassinent pour venger le meurtre de la femme folle de miel et qui provoquent la transformation du coupable en cendres ou en termitière, nourriture du fourmilier : soit un /*objet/terrien*/. Et si, dans M_{226}, le héros se lance à la recherche d'ennemis dont il n'attend que la mort, c'est parce que les siens se sont d'abord disjoints de lui en s'enfuyant au ciel ; se transformant eux-mêmes, par conséquent, en /*sujets/célestes*/. Enfin, dans M_{227}, le héros agit de son mieux *pour ne pas* se disjoindre des siens : il se montre petit-fils attentionné, fidèle à ses compatriotes et à la jeune fille dont, depuis l'enfance, il était le fiancé. Mais rien n'y fait, puisque ce sont alors ses grands-parents, auxquels il a pourtant prouvé son attachement par sa conduite respectueuse, qui se disjoignent de lui en se changeant en fourmiliers, c'est-à-dire en /*sujets/terriens*/. Que l'axe de disjonction soit ainsi défini par des pôles respectivement « ciel » et « terre » explique que les versions les plus fortes situent l'initiation au sein des eaux, et les plus faibles (sous ce rapport) au ras de l'eau. C'est en effet l'initiation qui doit donner aux jeunes hommes la force nécessaire, non certes pour s'opposer à une disjonction inéluctable dans des sociétés où l'initiation prélude au mariage et à la résidence matrilocale, mais pour s'en accommoder, à la condition toutefois de se bien marier : car telle est la leçon des mythes, comme nous le verrons plus loin.

Commençons par esquisser les contours du méta-groupe dont relèvent les mythes gé consacrés à l'oiseau meurtrier, et ceux du Chaco relatifs à la

fille folle de miel. Dans ces derniers nous avons affaire à une héroïne avide
de miel, qui est la fille du Soleil maître des Esprits des eaux ; les pôles de
disjonction sont donc le ciel et l'eau, et plus particulièrement (puisque nous
avons montré qu'il s'agit d'une mythologie de la saison sèche), le sec et
l'humide. L'héroïne se trouve placée entre deux prétendants : Renard et
Pic, l'un trop empressé, l'autre trop réticent, et qui deviendront séducteur
perfide et époux légitime respectivement. Du point de vue de la quête
alimentaire, ils se situent pourtant du même côté : celui de la collecte des
produits sauvages, mais dont l'un illustre l'aspect généreux : le miel et
l'eau ; l'autre, l'aspect misérable : fruits toxiques et manque d'eau. Le
mythe s'achève par la neutralisation (temporaire) de Renard, la disjonction
de Pic du côté du ciel (où il assume définitivement sa nature d'oiseau), et
celle de l'héroïne qui disparaît on ne sait où en pleine jeunesse, ou se change
en capivara qui est du côté de l'eau.

De ce système, les mythes apinayé (M_{142}) et kraho (M_{225}) offrent une
image renversée. La fille folle de miel échange son rôle d'héroïne pour
celui de comparse du héros. Ce dernier concilie les fonctions antithétiques
de Renard et de Pic, car les deux personnages du *séducteur effronté* et
de l'*époux timide* viennent se fondre en un seul, qui est celui du *mari
audacieux*. Mais la dualité se rétablit sur deux plans : celui des fonctions
économiques, puisque les mythes gé font intervenir simultanément la
chasse et la quête du miel ; et celui des relations de parenté puisque, aux
deux alliés de M_{213}, etc., l'un timide, l'autre effronté, correspondent maintenant deux parents : un frère timide et un frère audacieux.

A l'héroïne changée en capivara (sujet aquatique aux dents longues)
correspond un héros changé en termitière (objet terrestre d'un édenté) dont
un parent : son frère (faisant pendant au mari de l'héroïne : un allié) survit,
après avoir été dévoré par un monstre céleste (alors que le mari l'a été par
un monstre aquatique), sous la forme d'un corps sphérique (sa tête) posée
sur une branche où il évoque un nid d'abeilles (nourriture, située à mi-
hauteur, d'un oiseau — le pic des mythes du Chaco — qui relève lui-même
du monde moyen).

Entre ces deux versions symétriques et pareillement catastrophiques,
le mythe kraho (M_{226}) définit un point d'équilibre. Son héros est un chasseur
parfait, qui a réussi son mariage et qui parvient à un âge avancé. Sa « non-
métamorphose » est attestée par sa longue vieillesse et par l'incertitude que
laisse planer le mythe sur la vraie fin du héros : « Et Kengunan passa toute
sa vie dans ce village jusqu'à ce qu'il n'ait plus conscience de rien, rien, rien.
Alors il s'éteignit. Et alors là même, dans ce village même, on ne sut plus
rien de Kengunan, ni si ce fut de maladie ou de vieillesse qu'il mourut. Il
disparut, et le village resta là » (Schultz *1*, p. 112). Cette permanence indéterminée s'oppose ainsi aux transformations irrévocables qui affectent l'héroïne
(M_{213}) ou le héros (M_{142}), ou bien à la disparition prématurée de l'héroïne,
donc sans qu'elle parvienne à un âge avancé.

A son tour, la version timbira (M_{227}) fait charnière entre le mythe kraho (M_{226}) et les mythes apinayé-kraho (M_{142}, M_{225}) :

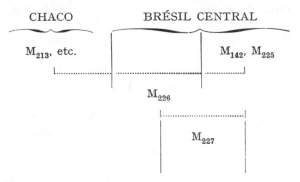

L'axe de disjonction est vertical dans M_{213} etc. *(ciel/eau)*. Il est horizontal dans M_{142} (quête des Indiens qui se sont enfuis au loin), vertical dans M_{225} mais très faiblement marqué (nid d'arapuã dans l'arbre, brasier au-dessous) et inversé par rapport à M_{213} (soleil en haut, monstres subaquatiques en bas). Et, tandis que M_{226} fait appel à deux axes : l'un vertical (disjonction des Indiens au ciel, les protagonistes restant sur la terre), l'autre horizontal (disjonction horizontale du héros en quête d'un peuple lointain et ennemi), nous n'avons plus dans M_{227} qu'un axe horizontal de disjonction, l'axe vertical passant à l'état latent (si, comme nous le croyons, la transformation des grands-parents en fourmiliers relève d'un codage astronomique), et en position finale alors qu'il est en position initiale dans M_{226}. Il se confirme donc que la version timbira occupe dans le sous-ensemble gé une place intermédiaire entre les autres versions, ce qui explique le sort particulier qu'elle réserve à la tête du frère décapité. On se souvient que cette tête est déposée sur une basse branche près d'un nid d'abeilles bora, à la différence des autres versions où un nid d'abeilles arapuã, suspendu beaucoup plus haut, est mis en connexion avec le héros lui-même (M_{225}) ou avec son frère (M_{226}) au titre de moyen de la mort de l'un ou de résultat de la mort de l'autre, comme nous l'avons expliqué.

Les mythes du Chaco relatifs à la fille folle de miel, et ceux du Brésil central où le même personnage intervient plus discrètement, font donc partie d'un même groupe. Si, comme nous le savons déjà, les premiers offrent un caractère saisonnier en ce sens qu'ils évoquent certains types d'activité économique et une période de l'année, ce doit être aussi le cas des seconds. Il convient à présent de le montrer.

Le territoire occupé par les Gé centraux et orientaux forme, dans le Brésil central, une aire à peu près continue s'étendant approximativement de 3° à 10° lat. sud, et de 40° à 55° long. ouest. Dans cette vaste région, les conditions climatiques ne sont pas rigoureusement homogènes : la partie nord-ouest confine au bassin amazonien, et la partie nord-est au fameux « triangle » de la sécheresse où les pluies peuvent faire complètement défaut. En gros, cependant, le climat est partout celui du plateau central, caractérisé par un contraste entre saison des pluies et saison sèche. Mais les diverses tribus gé ne s'y adaptent pas toujours de la même façon.

On dispose de quelques informations sur les occupations saisonnières des Kayapo septentrionaux. Chez eux, la saison sèche s'étend de mai à octobre. Les indigènes défrichent au début, et font les brûlis à la fin quand le bois est devenu sec. Comme les Kayapo pêchent seulement au poison, ils sont tributaires de la période des basses eaux : depuis la fin du mois de juillet jusqu'aux premières pluies. Et « comme l'opération... détruit d'un seul coup presque tous les poissons, (elle) ne peut avoir lieu qu'une fois par an dans la même rivière. Le poisson n'entre ainsi que pour une faible part dans la nourriture, et sa rareté le fait apprécier davantage » (Dreyfus, p. 30). Le gibier aussi est rare : « il faut parfois aller très loin pour trouver la viande dont les Kayapo sont à la fois friands et privés » *(ibid.)*.

A la fin de la saison sèche, le gibier se fait encore plus rare et les produits agricoles manquent parfois. C'est la cueillette qui fournit la nourriture d'appoint. En novembre et décembre, l'effectif du village se disperse pour la cueillette des fruits de piqui qui viennent alors à maturité. Les mois secs (juillet à septembre) correspondent donc à une vie nomade qui se prolonge très avant dans la saison des pluies pour la cueillette du piqui. Mais cette vie nomade n'annonce pas nécessairement la disette : l'expédition annuelle qui a toujours lieu en août-septembre a pour but de « rassembler les victuailles nécessaires aux grandes fêtes de la clôture des rituels qui ont lieu avant la tombée des premières pluies et le recommencement des travaux agricoles ». Quand une épidémie s'abat sur le village, les Indiens pensent que le meilleur remède est le retour à la vie errante, et que la maladie sera chassée par un séjour en forêt : « la nourriture étant plus abondante... ils récupèrent des forces et reviennent en meilleure condition physique » *(ibid.,* p. 33).

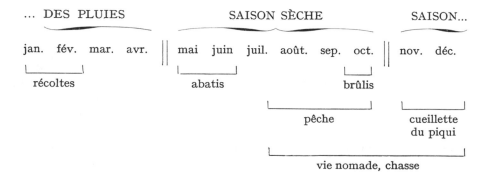

Du climat qui règne en pays timbira, Nimuendaju remarque qu'« il est notablement plus sec que ce n'est le cas dans les régions amazoniennes adjacentes. A la différence des territoires à l'est et au sud-est, le pays est exempt des menaces de la sécheresse, mais il connaît pourtant une franche saison sèche qui dure de juillet à décembre » (Nim. *8*, p. 2). Ces indications ne coïncident pas exactement avec celles du calendrier cérémoniel, lequel divise l'année en deux moitiés : l'une correspond théoriquement à la saison sèche, depuis la récolte du maïs en avril jusqu'en septembre ; l'autre commence avec les travaux agricoles précédant les pluies, et elle occupe le reste de l'année (cf. Nim. *8*, p. 62, 84, 86, 163). Toutes les fêtes importantes ont lieu pendant la période rituelle, dite de la saison sèche, qui est donc aussi celle de la vie sédentaire. Pour cette raison, et bien que les informations dont on dispose ne soient pas toujours claires, il semble que des expéditions de chasse collectives se déroulent pendant les pluies (Nim. *8*, p. 85-86). Cependant, il est aussi fait mention de chasses aux oiseaux de la savane (ema, sariema, falconidés) pendant la saison sèche, et de chasses collectives à la fin de chaque grande cérémonie (*ibid.*, p. 69-70). On ignore presque tout des anciennes conditions de vie, mais il se pourrait que l'opposition spatiale entre la savane sèche et la forêt-galerie bordant les cours d'eau (où l'on pêche, et où sont aussi les plantations) ait tenu·dans la pensée indigène une place égale à celle de l'opposition des saisons dans le temps. La première semble, en tout cas, avoir fortement frappé les observateurs (Nim. *8*, p. 1). Ainsi s'expliquerait peut-être que l'opposition entre bêtes de la forêt et bêtes de la savane, marquée simplement par les mythes apinayé et kraho, s'efface dans la version timbira derrière une autre, plus complexe, en fonction de laquelle les nourritures respectives des animaux rencontrés deviennent :

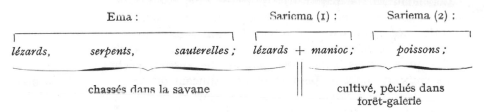

Venons-en maintenant aux Apinayé. « Jadis, sitôt les plantations terminées, les Apinayé partaient en savane où ils vivaient de chasse et de cueillette jusqu'à ce que les récoltes soient mûres. C'était seulement de façon intermittente que telle ou telle famille revenait au village » (Nim. *5*, p. 89). Pendant cette période, des prêtres spécialisés veillaient jalousement sur la croissance des plantes, qu'ils appelaient « leurs enfants ». Une femme qui aurait osé cueillir quoi que ce soit dans son champ, avant la levée de l'interdit, se serait exposée à un sévère châtiment. Quand les récoltes étaient mûres, les prêtres rappelaient les villageois errants. Après une der-

nière chasse collective, les familles rentraient au village, enfin libres
d'exploiter leurs plantations. Ce moment marquait l'ouverture de la période
cérémonielle (*ibid*. p. 90).

Si cette reconstitution des coutumes anciennes était exacte, nous
aurions donc affaire à un nomadisme de la saison des pluies puisque, dans
le Brésil central, on plante à la fin de la saison sèche et que les récoltes
mûrissent quelques semaines ou quelques mois après. Ainsi les Sherenté
défrichent en juin-juillet, brûlent et plantent en août-septembre pour que
la germination bénéficie des premières pluies qui ne tarderont pas à tomber
(Oliveira, p. 394). Ce nomadisme de saison des pluies, dont nous avons
également relevé des traces chez les Timbira, n'est pas exclusif d'un nomadisme de saison sèche où la chasse tient également une grande place, mais
où la pêche représente une activité beaucoup moins importante que ce
n'est le cas au Chaco. Tout cela suggère que l'opposition, si fortement
marquée dans les tribus du Chaco entre période d'abondance et période de
disette (bien plutôt qu'entre deux types de saisons), est formulée par les
tribus du Brésil central en termes socio-économiques : soit comme période
sacrée (cérémonielle) et période profane (sans cérémonies), soit comme
période nomade — solidairement consacrée à la chasse et à la cueillette —
et période sédentaire, placée sous le signe des travaux des champs. Chez les
Apinayé où il semble que les opérations agricoles et celles de la vie nomade
se déroulaient pendant les mêmes mois, elles s'opposaient néanmoins puisque
les unes, sacrées, incombaient à un collège religieux tandis que les autres,
profanes, occupaient la masse de la population. Les récoltes croissaient et
mûrissaient pendant le temps consacré à la cueillette et à la chasse, mais les
deux types d'activité n'en étaient pas moins séparés.

Cependant, il ne paraît pas douteux que, comme les mythes correspondants du Chaco, nos mythes gé se rapportent à la saison sèche. L'inventaire des nourritures que récoltent les animaux rencontrés par le héros
fournit une première indication. Qu'il s'agisse de serpents, lézards et sauterelles qui sont des bêtes de la savane, de poissons pêchés en période de
basses eaux, de noix de palmier et de sapucaia ou de gousses de jatobá,
tous ces produits animaux ou végétaux sont typiques de la saison sèche,
dont on sait, par exemple, que pour les Botocudo du Brésil oriental, c'était
celle de la récolte des noix de sapucaia qui tenait une place importante
dans leur alimentation.

Aussi bien dans la pensée des Timbira que dans celle des Apinayé, la
collecte et le ramassage des produits sauvages étaient associés à la période
de la vie nomade dans la savane. Une transformation marque pourtant le
passage des mythes du Chaco aux mythes gé. Dans le premier cas, miel et
fruits sauvages sont les nourritures de la vie nomade, et le même rôle
incombe au gibier et au miel dans le second. Mais on aperçoit aussitôt la
raison de cette substitution : la collecte des fruits sauvages était une
occupation surtout féminine chez les Gé à l'exception du miel, récolté

par les hommes (Nim. 5, p. 94 ; 8, p. 72-75). Dans la hiérarchie des occupations masculines, on peut donc dire qu'au Chaco, la collecte du miel
l'emportait sur celle des fruits sauvages comme, dans le Brésil central, la
chasse l'emportait sur la collecte du miel :

$$
\left\{
\begin{array}{l}
\text{CHACO} \\
M_{213} \text{ etc.} : \\
miel \ > \ fruits \ sauvages
\end{array}
\right\}
\Rightarrow
\left\{
\begin{array}{ll}
\text{BRÉSIL CENTRAL} & \\
M_{226} : & M_{142} : \\
gibier & gibier \ > \ miel
\end{array}
\right\}
$$

Nous avons envisagé la structure du groupe d'un point de vue formel,
et nous avons rattaché certaines transformations qui s'y font jour aux
caractères écologiques de chaque région, et à plusieurs aspects de la culture
matérielle des populations en cause. Sur ces deux plans, nous avons ainsi
pu résoudre deux difficultés déjà relevées par Nimuendaju à propos de la
version apinayé (M_{142}) : «/Pebkumre'dy/ (deuxième phase de l'initiation)
représente la véritable initiation des guerriers... Les Apinayé rattachent
son origine au même motif traditionnel que les Canella (= Timbira)
associent à leur propre rituel d'initiation des /pepyé/ : le combat livré par
deux frères à un faucon géant. Mais il semble que les rôles des frères soient
inversés, et je pense que l'épisode final s'est diffusé jusqu'aux Apinayé
depuis le nord et qu'il a été postérieurement ajouté : j'entends l'histoire
de l'homme qui a fait rôtir son épouse » (Nim. 5, p. 56). Nous savons cependant que cette histoire appartient au patrimoine gé, puisqu'elle existe
chez les Kraho à l'état de mythe isolé. En vérité, là où Nimuendaju voyait
deux problèmes distincts, nous avons démontré qu'il n'y en a qu'un, dont
les faces s'éclairent mutuellement. C'est parce que le héros apinayé (à la
différence du héros kraho ou du héros timbira) est promis à une fin ignominieuse que son rôle doit être rempli par celui des deux frères que les autres
versions choisissent de faire périr à sa place. Reste à comprendre pourquoi
cette variante requiert l'intervention d'une fille folle de miel devenue l'épouse
du frère condamné. Après nous être livré à une analyse formelle de ces
mythes, puis à leur critique ethnographique, nous devons maintenant les
envisager dans une troisième perspective : celle de leur fonction sémantique.

Nous avons dit à plusieurs reprises, et nous venons encore de rappeler,
que les Gé centraux et orientaux voient, dans le combat des deux frères
contre les oiseaux meurtriers, l'origine de l'initiation des jeunes gens. Cette
initiation offrait un double caractère. D'une part, elle marquait l'accession
des adolescents mâles au statut de chasseurs et de guerriers ; ainsi, chez les
Apinayé, à la fin de la période de réclusion les initiés recevaient de leurs
parrains des massues cérémonielles en échange de gibier (Nim. 5, p. 68-70).
Mais, d'autre part, l'initiation servait de prélude au mariage. Au moins en
principe, les initiés étaient encore célibataires. La jeune fille qui aurait eu
des faiblesses pour l'un d'eux, avant l'initiation, était impitoyablement

châtiée : soumise par les hommes mûrs à un viol collectif le jour où son amant entrait en réclusion, et désormais réduite à l'état de prostituée. Au sortir de l'initiation, les jeunes hommes se mariaient tous le même jour, sitôt la cérémonie terminée (Nim. *5*, p. 79).

Pour un homme, l'événement était d'autant plus marquant que, comme la plupart des Gé, les Apinayé pratiquaient la résidence matrilocale. Le jour du mariage, les futurs beaux-frères traînaient le fiancé hors de sa hutte maternelle et le conduisaient jusqu'à leur propre hutte maternelle, où l'attendait sa promise. Le mariage était toujours monogame et on le tenait pour indissoluble si la jeune épouse était vierge. Chaque famille se chargeait de ramener à la raison celui des conjoints qui manifesterait l'intention de reprendre sa liberté. Aussi, l'enseignement imparti chaque soir aux novices, pendant toute la durée de l'initiation, avait un net aspect pré-marital : « Il était surtout question du mariage — les instructeurs expliquaient comment on devrait choisir sa femme pour ne pas risquer de s'enchaîner à une paresseuse et à une infidèle... » (Nim. *5*, p. 60).

De même chez les Timbira : « Autrefois un jeune homme ne pouvait se marier avant d'avoir accompli le cycle des rites d'initiation et atteint ainsi le statut de /penp/, « guerrier ». A la fin de la dernière cérémonie, les futures belles-mères paradaient, tenant en laisse au bout d'une corde les jeunes guerriers destinés à devenir leurs gendres » (Nim. *8*, p. 200 et pl. 40a). Une célébration collective de tous les mariages avait lieu à la fin de l'initiation (*ibid.*, p. 122). Les exhortations adressées aux novices mettaient constamment l'accent sur la double finalité des rites. Reclus et gavés, les jeunes hommes acquéraient des forces pour les compétitions sportives, pour la chasse et pour la guerre ; constamment entraînés pendant toute la durée de la réclusion au moyen d'épreuves de course à pied et d'expéditions de chasse collectives, ils étaient aussi, pour la première fois, munis du /kopó/, instrument intermédiaire entre l'épieu et la massue qui, dans tout le Brésil central, représente l'arme de guerre par excellence.

L'autre aspect de l'enseignement se rapportait au mariage : éviter les querelles et les disputes qui donnent un mauvais exemple aux enfants, mais aussi savoir déceler les défauts féminins tels que la frivolité, la paresse et le goût du mensonge. On énumérait enfin les devoirs d'un homme envers ses beaux-parents (Nim. *8*, p. 185-186).

De ces aspects du rituel les mythes offrent, si l'on peut dire, un commentaire en action. Mais, selon les versions, certains aspects sont retenus de manière élective et traités en fonction de telle ou telle éventualité. Considérons d'abord le mythe kraho sur le combat avec l'oiseau meurtrier (M_{226}). Il est tout entier centré sur la chasse et sur la guerre. Son héros, Kengunan, est passé maître dans ces deux arts qui se confondent pratiquement en un seul, puisqu'il n'utilise jamais l'arc et les flèches pour chasser, mais seulement l'épieu-massue /kopó/ qui est une arme de guerre, bien que les Timbira l'emploient exceptionnellement pour la chasse au fourmilier

(Nim. *8*, p. 69), usage bien en rapport avec la conclusion originale de leur mythe (M_{227}).

En fait, la majeure partie de la version kraho consiste en une énumération complaisante des vertus du bon chasseur. Sans arc et sans chien, il trouve du gibier là où personne n'en rencontre ; il le tue en quantités prodigieuses et, bien que les pièces de son tableau de chasse soient lourdes, il les porte sans la moindre difficulté. Pourtant il est modeste, prétendant n'avoir rien tué, ou un gibier insignifiant, afin de laisser la surprise et le mérite de la découverte à ses alliés. A ses alliés seulement : car il est marié et réside dans un village étranger où il n'a pas de parents. Surtout, Kenkunan enseigne par son exemple le respect des interdits dont dépend une chasse fructueuse. Le chasseur ne doit pas manger lui-même le gibier qu'il a tué ; ou, s'il le mange, différer au moins l'acte de consommation, et cela de deux façons qui se complètent : dans le temps, en laissant d'abord la viande refroidir ; et dans l'espace, en prenant soin de ne pas la saisir à pleines mains, mais de la piquer au bout d'un bâton pointu : « Les Kraho, commente l'informateur, ne mangent pas le premier animal qu'ils ont tué ; mais seulement s'ils en ont tué beaucoup de la même qualité (= espèce) ; même alors, ils ne prennent pas la viande dans la main, ils la piquent au bout d'un bâton et la laissent refroidir avant de la manger » (Schultz *1*, p. 108).

Chez les Gé, par conséquent, les rites de chasse qu'on enseigne aux novices pendant l'initiation consistent essentiellement dans la pratique de la discrétion. Le chasseur marié songe avant tout à ravitailler ses alliés dont, en raison de la résidence matrilocale, il reçoit l'hospitalité. Il le fait avec générosité et modestie, en ayant soin de déprécier son gibier. De ce gibier, il s'abstient de manger ou ne mange qu'avec mesure, en maintenant la viande à distance par interposition d'une durée et d'un espace médiateurs.

Or, ce retard à la consommation, si l'on peut dire, nous avait déjà paru caractériser les rites de la fête du miel chez les Tupi septentrionaux : Tembé et Tenetehara, qui sont voisins des Gé. Au lieu de consommer immédiatement le miel, on l'accumule, et ce miel, fermenté pendant l'attente, devient de ce seul fait un breuvage *sacré* et *partagé*. Partagé avec des invités venus des villages voisins, et permettant de resserrer l'alliance entre les groupes. Mais aussi sacré, puisque la fête du miel est une cérémonie religieuse qui a pour but d'assurer une chasse abondante pendant l'année ; et dont, par conséquent, la finalité est la même que celle des rites de chasse chez les Gé.

Il se pourrait qu'une même distinction ait existé au Chaco, entre le miel récolté pendant la saison sèche et immédiatement consommé, et celui destiné à la préparation de l'hydromel dont certaines indications suggèrent qu'il était peut-être mis en réserve, puisque selon le témoignage de Paucke (1942, p. 95-96), chez les Mocovi, « la fabrication de l'hydromel avait surtout lieu à partir du mois de novembre, quand la chaleur était intense. La boisson à base de miel et de fruits était bue de jour comme de nuit, et les indigènes vivaient alors dans un état permanent d'ébriété. Ces fêtes réunissaient plus de cent participants, et elles dégénéraient parfois en rixes.

« Pour préparer l'hydromel, on se contentait de suspendre par les coins un cuir séché de jaguar ou de cervidé, et de déverser pêle-mêle dans cette poche le miel avec la cire, auxquels on ajoutait de l'eau. En trois ou quatre jours, le mélange fermentait spontanément à la chaleur du soleil. A moins qu'ils ne fussent nobles, les hommes jeunes et les célibataires étaient exclus du nombre des buveurs, et devaient se contenter du rôle d'échanson » (*ibid.* 1943, p. 197-198).

Il fait froid au Chaco de juillet à septembre. Les textes suggèrent donc que la consommation collective et cérémonielle de l'hydromel était peut-être aussi une consommation différée. En tout cas, les rites écartaient certaines catégories d'hommes qui, comme les chasseurs gé bien que d'une autre manière, ne pouvaient prétendre y participer qu'à *terme* : en l'occurrence, après avoir changé de statut.

De ces conduites différentielles, les Kaingang du sud du Brésil offrent une illustration plus directe. Un informateur a décrit de façon très révélatrice une course en forêt avec deux compagnons en quête de miel. Un arbre est repéré, entouré de feux pour étourdir les abeilles, puis abattu et son tronc creusé à la hache. Dès que le nid d'abeilles apparaît, « nous sortons les rayons et, affamés que nous sommes, nous mangeons leur contenu tout cru : c'est sucré, riche, juteux. Ensuite nous allumons de petits feux pour faire rôtir les cellules pleines de larves et de nymphes. Je n'en reçois pas plus que je puis manger sur-le-champ ». Les deux compagnons se partagent le nid, et celui qui l'a découvert garde la plus grosse part. Car, commente l'enquêteur, « le miel constitue une sorte de plat gratuit (« *free food* »). Quand on découvre un nid, tous ceux qui se trouvent là ont leur part... On ne songerait pas à faire un repas entier avec du miel, mais on s'en régale à n'importe quel moment du jour » (Henry *1*, p. 161-162).

Des Suya du rio Xingu, on dit aussi qu'ils consommaient le miel sur place : « Tous les Indiens plongeaient les mains dans le miel et le léchaient ; ils mangeaient les rayons avec les larves et les amas de pollen. Un petit peu de miel et de larves fut mis en réserve et rapporté au campement » (Schultz *3*, p. 319).

A cette consommation immédiate du miel frais, partagé sur place et mangé à la bonne franquette, s'oppose pourtant, chez les Kaingang, une consommation différée sous forme d'hydromel destiné d'abord aux alliés : « Un homme décide avec ses frères ou ses cousins de faire de la bière pour ses beaux-parents. Ils abattent des cèdres, creusent les troncs en forme d'auge et se mettent en quête de miel. Au bout de quelques jours ils en ont suffisamment. Alors ils envoient leurs femmes chercher de l'eau pour emplir les auges. Ils versent le miel dans l'eau qu'ils portent à ébullition en y jetant des pierres brûlantes... Il faut ensuite broyer dans l'eau les tiges ligneuses d'une fougère appelée /nggign/ et verser dans les auges l'infusion rouge ainsi obtenue, « pour rendre la bière rouge », car les Kaingang disent que sans /nggign/ la bière ne fermenterait pas. L'opération dure plusieurs jours, après quoi on couvre les auges avec des plaques d'écorce et on laisse la bière reposer pendant plusieurs jours supplémentaires. Quand elle commence à bouillonner, les Indiens déclarent qu'elle est /thô/ c'est-à-dire enivrante ou amère, prête pour être bue... » (Henry *1*, p. 162). Cette longue préparation, dont nous avons abrégé les détails, apparaît encore plus complexe quand on tient compte que la fabrication des auges requiert des arbres énormes dont l'abattage constitue à lui seul un travail long et difficile. Et pourtant, il fallait parfois couper plusieurs de ces arbres, jusqu'à ce qu'on ait trouvé un tronc sans fissure d'où la bière risquât de couler. Toute une équipe peinait pour traîner ce tronc parfait jusqu'au village. De même pour creuser l'auge avec des outils rudimentaires, et non sans risque qu'une fuite ne se déclare pendant l'opération ou, pis encore, après que la bière a été mise à fermenter (*ibid.*, p. 169-170).

Chez les Kaingang, il y avait donc deux modes de consommation du miel : l'une immédiate, sans allocation préférentielle, à l'état frais ; l'autre longuement différée pour avoir une provision suffisante et réunir les conditions nécessaires à la préparation, dans le cas du miel fermenté. Or, on se souvient que selon l'informateur, l'hydromel est destiné aux alliés. Outre que la même affectation prioritaire ressort au premier plan des rites de chasse dans les mythes gé, certains détails des mythes du Chaco sur la fille folle de miel suggèrent la même conclusion.

Le lendemain de son mariage, le renard décepteur des Toba rapporte des fruits vénéneux et des rayons vides. Mais sa belle-mère, qui croit le sac plein de miel, s'en empare aussitôt et déclare, comme si la chose allait de soi, qu'avec la récolte de son gendre elle va préparer de l'hydromel pour tous les siens (M_{207}). A sa fille qui lui réclame une variété de miel qu'il ne sait pas récolter, Soleil répond non moins naturellement : « Marie-toi ! » (M_{216})[1]. Ce thème du mariage pour avoir du miel revient, comme un *leit-motiv*, dans tous les mythes de ce groupe. Là aussi, par conséquent, deux modes de consommation du miel sont distingués : d'une part le miel frais, dont la femme se rassasie sur place et librement ; d'autre part, le miel réservé et rapporté : celui-ci appartient aux alliés.

Dès lors, nous comprenons pourquoi les mythes du Chaco vouent la fille folle de miel à une fin lamentable : transformation en animal, ou disparition. Sa gourmandise, son indiscrétion ne fournissent pas une raison suffisante puisque ces défauts ne l'empêchent pas de bien se marier. Mais c'est après son mariage qu'elle commet le crime véritable : elle refuse à sa mère le miel amassé par son mari. M_{212} contient implicitement ce détail et M_{213} le souligne de façon très significative puisque, dans cette version,

1. Chez les Umutina aussi « le miel récolté était toujours partagé conformément à un système fondé sur la parenté. La plus grande part allait à la belle-mère du chasseur, la plus petite à ses fils, et on mettait un peu de miel de côté pour les absents » (Schultz *2*, p. 175).

une héroïne avare est transformée en capivara, tandis que celle de M_{224}, vieille au lieu de jeune, assume la même apparence pour se venger de l'avarice des siens. Par conséquent, la faute de la fille folle de miel consiste à pousser l'égoïsme, la gourmandise ou la rancune *au point d'interrompre le cycle des prestations entre alliés.* Elle retient le miel pour sa consommation particulière, au lieu de le laisser, si l'on peut dire, couler depuis son mari qui le récolte jusqu'à ses parents auxquels il incombe de le consommer.

Nous savions déjà que, d'un point de vue formel, tous les mythes que nous avons considérés jusqu'à présent (qu'ils proviennent des Tupi septentrionaux, des tribus du Chaco, ou des Gé centraux et orientaux) forment un groupe. Mais à présent, nous comprenons pourquoi. Tous ces mythes transmettent en effet le même message, bien qu'ils n'emploient pas le même vocabulaire ni les mêmes tournures grammaticales. Les uns parlent au mode actif, les autres au mode passif. Certains expliquent ce qui se passe quand on fait ce qu'on doit, certains se placent dans l'hypothèse inverse et envisagent les conséquences de faire le contraire de ce qu'on doit. Enfin, s'il s'agit toujours et partout de l'éducation des jeunes gens, le héros de l'histoire peut être un homme ou une femme : femme vicieuse à qui il ne sert de rien, même d'avoir un bon mari ; ou homme vertueux qui réussit son mariage, même en pays ennemi (n'est-ce pas d'ailleurs toujours le cas pour un homme dans une société à résidence matrilocale ?) ou encore, homme éduqué qui se rend triplement coupable : d'avoir choisi pour épouse une femme vicieuse, de s'être révolté contre elle, et d'avoir offensé ses alliés auxquels, avec la chair de leur fille, il offre une « anti-prestation ».

Dans cet ensemble, les mythes gé se signalent par un mouvement dialectique qui leur est propre, car chaque version envisage sous un autre angle l'enseignement imparti aux initiés. Le héros de la version kraho, qui est un maître de la chasse et de la guerre, réussit son mariage de ce seul fait, et, pourrait-on dire, par-dessus le marché. Car s'il a trouvé une bonne épouse, c'est qu'il n'a pas craint de chercher la mort aux mains d'étrangers ; et s'il parvient à conserver sa femme et à atteindre lui-même un âge avancé, c'est qu'il s'est acquis la reconnaissance de ses alliés en les nourrissant abondamment et en détruisant leurs ennemis. La version timbira reproduit approximativement le même schème, mais de façon beaucoup plus faible puisqu'ici, l'accent se déplace : au lieu que le motif pertinent soit l'alliance instaurée, il s'agit plutôt de la filiation révoquée (grands-parents changés en fourmiliers) toujours en vertu de la règle qu'une alliance, même conclue depuis l'enfance et avec des compatriotes, représente un type de lien incompatible avec celui qui résulte de la filiation. Quant à la version apinayé, elle est quadruplement pusillanime en comparaison des deux autres : le rôle de principal protagoniste revient à celui des deux frères que les autres versions mettent à une place humiliée ; le drame se noue à l'occasion d'une collecte de miel, forme plus humble (par rapport à la chasse) des quêtes alimentaires de la saison sèche ; les enseignements évoqués sont ceux relatifs au choix d'une épouse, et non à la conduite de la chasse et de la guerre ; enfin, et à la différence de ce qui se passe ailleurs, le héros ne sait pas profiter de ces enseignements, puisqu'il épouse une femme elle aussi mal élevée.

Que le miel soit ou non cité, il joue partout le rôle de trait pertinent. Les mythes du Chaco font la théorie du miel en le mettant en contraste avec d'autres nourritures végétales et sauvages de la saison sèche. Explicitement ou par prétérition, les mythes gé développent la même théorie à partir d'un contraste entre le miel et le gibier. Chez les Gé, en effet, il n'y avait que le gibier dont la consommation fût soumise à des contraintes rituelles qui la reculaient dans le temps et dans l'espace, tandis que la consommation du miel ne faisait, semble-t-il, l'objet d'aucune réglementation particulière. Sans doute les Apinayé possédaient-ils un rituel des plantes cultivées, mais à l'exception du manioc dont le caractère saisonnier est peu ou n'est pas marqué, celles-ci n'ont pas de place dans un cycle mythologique qui se définit par référence à la saison sèche.

Enfin, chez les Tembé et Tenetehara, la même théorie de la consommation différée est fondée presque entièrement sur le miel, mais pour autant que la consommation différée du miel apparaît comme un moyen de la consommation non différée du gibier : la fête du miel, retardée jusqu'à une certaine époque de l'année, garantira une chasse fructueuse pendant toute l'année.

Dans les mythes du Brésil central, par conséquent, la consommation non différée du miel (dont se rend coupable une femme) s'oppose à la consommation différée du gibier (qui fait le mérite d'un homme). Au Chaco, la consommation non différée du miel (par une femme) ressemble, tout à la fois, à la consommation non différée des fruits sauvages (autrement dit, encore chargés de leur toxicité) par les deux sexes, et elle s'oppose à la consommation différée du miel par un homme qui s'en prive, en effet, pour le profit de ses alliés.

$$\begin{cases} \text{CHACO} \\ M_{213} \text{ etc.} : \\ \textit{miel} > \textit{fruits sauvages} \end{cases} \Rightarrow \begin{cases} \text{BRÉSIL CENTRAL} \\ M_{226} : \qquad M_{142} : \\ \textit{gibier} \qquad \textit{gibier} > \textit{miel} \end{cases}$$

DEUXIÈME PARTIE

LE FESTIN DE LA GRENOUILLE

« *Et veterem in limo ranae cecinere querellam.* »
VIRGILE, *Géorgiques*, I, v. 378.

VARIATIONS 1, 2, 3

A propos du mythe ofaié sur l'origine du miel (M_{192}), nous avons mis en évidence une démarche progressive-régressive dont nous voyons maintenant qu'elle appartient à l'ensemble des mythes jusqu'à présent considérés. D'une certaine façon seulement, le mythe ofaié peut se définir comme un mythe d'origine. Car le miel dont il relate l'acquisition ressemblait peu à celui que les hommes connaissent aujourd'hui. Ce premier miel offrait une saveur constante et uniforme, et il croissait dans des plantations à l'instar des plantes cultivées. Comme on l'avait à portée de la main, à peine mûr il était déjà mangé. Pour que les hommes pussent posséder durablement le miel et jouir de toutes ses variétés, il fallait donc que le miel cultivé disparût au profit du miel sauvage, disponible en quantités beaucoup moindres mais qu'en revanche, on ne parvient pas à épuiser.

D'une manière plus discrète et moins explicite, les mythes du Chaco illustrent le même thème. Au temps jadis, le miel formait l'unique nourriture et il a cessé de remplir ce rôle quand le pic, maître du miel, s'est changé en oiseau et a fui pour toujours la société des humains. Quant aux mythes gé, ils transposent la séquence historique dans les termes d'un contraste actuel entre la chasse, sujette à toutes sortes de règles et constituant donc une quête alimentaire selon la culture, et la collecte du miel librement pratiquée, qui évoque de ce fait un mode d'alimentation naturel.

Il ne faut donc pas s'étonner si, passant maintenant à la Guyane, nous y rencontrons comme ailleurs des mythes sur l'origine du miel, mais qui se rapportent pareillement à sa perte :

M_{233}. *Arawak : pourquoi le miel est si rare à présent.*

Jadis, les nids d'abeilles et le miel abondaient dans la brousse, et un Indien s'était rendu célèbre par son talent à les trouver. Un jour qu'il creusait un tronc à coups de hache pour tirer du miel, il entendit une voix qui disait : « Attention ! Tu me blesses ! » Il poursuivit son travail avec précaution et découvrit au cœur de l'arbre une femme ravissante qui lui dit s'appeler Maba, « miel », et qui était la mère ou l'Esprit du miel. Comme elle était toute nue, l'Indien rassembla un peu de coton dont elle se fit un vêtement et il lui demanda d'être sa femme. Elle y consentit à la condition que son nom ne fût jamais prononcé. Ils furent très heureux pendant de nombreuses années. Et, de même qu'il était universellement tenu pour le meilleur chercheur de miel, elle s'acquit une grande réputation à cause de la façon merveilleuse dont elle préparait le /cassiri/ et le /paiwarri/. Quel que fût le nombre des invités, il lui suffisait d'en préparer une jarre, et cette jarre unique les mettait tous dans l'état d'ébriété souhaité. C'était vraiment une épouse idéale.

Pourtant, un jour qu'on avait tout bu, le mari sans doute éméché, crut bon de s'excuser auprès de ses nombreux invités. « La prochaine fois, dit-il, Maba en préparera davantage. » La faute était commise et le nom prononcé. Aussitôt, la femme se changea en abeille et s'envola malgré les efforts de son mari. Dès lors, la chance de celui-ci disparut. C'est depuis cette époque que le miel est rare et difficile à trouver (Roth *1*, p. 204-205).

Le /cassiri/ est une bière de manioc et de « patates rouges » préalablement bouillis et auxquels on ajoute du manioc mâché par les femmes et les enfants, imprégné de salive et de sucre de canne, pour hâter la fermentation qui dure trois jours environ. La préparation du /paiwarri/ ressemble à l'autre, sauf que cette bière est à base de galettes de manioc préalablement torréfiées. Il faut aussi la consommer plus vite, car sa préparation ne demande que vingt-quatre heures et elle commence à aigrir au bout de deux ou trois jours, à moins qu'on ne lui ajoute du manioc fraîchement torréfié et qu'on renouvelle ensuite les autres opérations (Roth *2*, p. 227-238). Que la préparation des boissons fermentées soit mise à l'actif de la mère du miel est d'autant plus significatif que les Indiens de la Guyane ne fabriquent pas d'hydromel : « Le miel sauvage délayé dans de l'eau peut être consommé comme une boisson, mais il n'y a aucun témoignage suggérant qu'on l'eût laissé fermenter » (*ibid.*, p. 227).

Pourtant, les Indiens de la Guyane sont des experts en matière de boissons fermentées à base de manioc, de maïs ou de fruits divers. Roth n'en décrit pas moins d'une quinzaine (*2*, p. 227-232). Il n'est pas exclu que du miel frais ait été parfois ajouté au breuvage pour le sucrer. Mais, comme cet usage est surtout attesté par les mythes ainsi que nous aurons l'occasion de le montrer, l'association du miel frais et des boissons fermentées semble mieux s'expliquer par les propriétés enivrantes de certains miels, qui les rendent immédiatement comparables à des boissons fermentées. Selon qu'on considère les cultures du Chaco ou celles de la Guyane, on constate donc la persistance du même rapport de corrélation et d'opposition entre le miel frais et les boissons fermentées, bien que le premier joue seul le rôle de terme constant, la place de l'autre terme étant tenue par des bières de compositions diverses. Seule la forme de l'opposition demeure, mais chaque culture l'exprime avec des moyens lexicaux différents.

Un récent ouvrage de Wilbert (9, p. 90-93) contient des variantes warrau ($M_{233b,\ c}$) du mythe que nous venons de résumer. Il n'y est pas question de boissons fermentées. L'épouse surnaturelle procure à son mari une eau délicieuse qui est en réalité du miel, à condition que personne d'autre n'en boive. Mais il commet la faute de tendre la gourde à un compagnon assoiffé qui la réclame, et quand celui-ci, stupéfait, s'écrie « mais c'est du miel ! » le nom prohibé de la femme se trouve avoir été prononcé. Sous prétexte de satisfaire un besoin naturel, celle-ci s'éloigne et disparaît, transformée en miel d'abeilles /mohorohi/. A sa suite, l'homme se change en essaim. Très différente est la version warrau recueillie par Roth :

M_{234}. *Warrau : Abeille et les boissons sucrées.*

Il y avait deux sœurs qui tenaient le ménage de leur frère et lui servaient du /cassiri/, mais, malgré leurs efforts, celui-ci ne valait rien : il était fade et sans goût. Aussi, l'homme ne cessait de se plaindre : que ne rencontrait-il une femme capable de lui préparer une boisson douce comme le miel !

Un jour qu'il se lamentait tout seul dans la brousse, il entendit des pas derrière lui. Il se retourna et aperçut une femme qui lui dit : « Où vas-tu ? Tu as appelé Koroha (l'abeille). C'est mon nom, me voici ! » L'Indien exposa ses ennuis et dit combien ses sœurs et lui-même souhaitaient qu'il se marie. L'inconnue s'inquiéta de savoir si elle serait agréée par sa nouvelle famille, et elle céda finalement devant l'insistance et les assurances de son prétendant. Les gens du village la questionnèrent, mais elle eut soin d'expliquer à ses beaux-parents qu'elle n'était venue que parce que leur fils l'avait priée.

Quand le moment fut venu de préparer la boisson, elle accomplit des merveilles. Il lui suffisait de tremper son petit doigt dans l'eau et de remuer, c'était prêt ! Et la boisson était sucrée, sucrée, sucrée ! On n'avait jamais rien bu de si bon. Dès lors, la jeune femme approvisionna toute sa belle-famille en sirop. Et quand son mari avait soif, elle ne lui offrait l'eau qu'après y avoir plongé son petit doigt pour la sucrer.

Mais l'homme se sentit vite écœuré de ces douceurs, et il commença à quereller sa femme qui se rebiffa : « Tu m'as fait venir exprès pour avoir des boissons sucrées et maintenant tu n'es pas content ? Débrouille-toi ! » Sur ce, elle s'envola. Depuis cette époque, les Indiens doivent se donner beaucoup de mal pour grimper aux arbres, creuser les troncs, tirer le miel et le clarifier, avant de pouvoir s'en servir pour sucrer leurs boissons (Roth *1*, p. 305).

Il est clair que ce mythe transforme le précédent sous le double rapport des liens de parenté et des boissons évoquées, bien qu'il s'agisse chaque fois de bière et d'eau miellée. Dans chaque mythe, en effet, ces boissons sont différemment marquées. Le miel de M_{233} est délicieux, la bière parfaite

— c'est-à-dire très forte, puisqu'elle enivre prise en infimes quantités. Dans M_{234}, c'est l'inverse : l'eau miellée est trop sucrée, donc trop
forte à sa façon puisqu'elle se montre écœurante, tandis que la bière est
faible et insipide. Or, le bon miel et la bonne bière de M_{233} résultent d'une
union conjugale exclusivement ; ils proviennent respectivement d'un mari
et de sa femme en face desquels il n'y a que des « invités », c'est-à-dire une
collectivité anonyme et non qualifiée sous le rapport de la parenté.

A l'opposé du héros de M_{233}, grand producteur de miel que ses talents
rendent universellement célèbre, celui de M_{234} se définit par des traits
négatifs. Consommateur et non producteur, jamais content au surplus, il
est, en quelque sorte, mis entre parenthèses, et la relation familiale vraiment
pertinente rapproche et oppose les belles-sœurs productrices : sœurs du mari,
qui font de la bière trop faible, et femme du frère, qui fait du sirop trop fort :

$$
\begin{array}{c|c}
M_{233}: & M_{234}: \\[1em]
\overbrace{\text{o} = \triangle}\qquad (\text{o}) & \overbrace{\text{o} = (\triangle)}\qquad\quad \text{o} \\[0.5em]
\underbrace{\text{bière }(+)\quad \text{miel }(+)} & \underbrace{\text{miel }(-)}\qquad\qquad \underbrace{\text{bière }(-)}
\end{array}
$$

De plus, le miel abondant et la bière forte sont traités par M_{233} comme
des termes positivement homologues : leur coexistence résulte d'une union
conjugale et elle revêt elle-même l'aspect d'une union logique, tandis que
le miel (trop) abondant et la bière fade de M_{234} sont en rapport logique de
désunion :

$$
M_{233}\left[\text{bière}(+) \cup \text{miel}(+)\right] \Rightarrow M_{234}\left[\text{bière}(-) \,/\!/\, \text{miel}(-)\right]
$$

On se souvient que chez les Kaingang où l'hydromel remplace la bière
de manioc dans la catégorie des boissons fermentées, les mêmes termes
étaient combinés plus simplement. Comme M_{233}, les matériaux kaingang
illustrent une union logique, mais qui s'établit cette fois entre miel frais et
sucré d'une part, et, d'autre part, une boisson fermentée à base de miel
dont les Kaingang disent qu'elle est d'autant mieux réussie qu'elle est plus
« amère », et qu'ils destinent aux alliés. Au lieu des quatre termes du système
guyanais formant deux paires d'oppositions — *doux/écœurant* pour les
boissons sucrées, non fermentées, et : *fort/faible* pour les boissons fermentées
— les Kaingang se contentent de deux termes formant une seule paire
d'oppositions entre deux boissons, qui sont l'une et l'autre à base de miel
frais ou fermenté : *doux/amer*. Mieux que le français, l'anglais offre un équivalent approximatif de cette opposition fondamentale avec le contraste
entre *soft drink* et *hard drink*. Mais ne la retrouvons-nous pas aussi chez

nous, transposée du langage de l'alimentation à celui des rapports sociaux (qui se borne d'ailleurs à remployer des termes dont la connotation première est alimentaire, en les prenant au sens figuré) quand nous mettons en corrélation et en opposition la « lune de miel » et la « lune de fiel » ou « d'absinthe », et introduisons ainsi un triple contraste entre le doux et l'amer, le frais et le fermenté, l'union conjugale totale et exclusive et sa réinsertion dans la trame des rapports sociaux ?

Dans la suite de ce livre, nous montrerons que ces expressions familières et imagées nous rapprochent bien davantage du sens profond des mythes que les analyses formelles, dont on ne peut pourtant se passer fût-ce pour légitimer laborieusement l'autre méthode, que sa naïveté, si on avait dû l'appliquer tout de suite, aurait suffi à discréditer. En fait, ces analyses formelles sont indispensables, car elles permettent seules d'exposer l'armature logique cachée sous des récits d'apparence bizarre et incompréhensible. C'est après qu'elle a été dévoilée que nous pouvons seulement nous offrir le luxe d'un retour à des « vérités premières » dont nous découvrons alors, mais à cette condition, que les deux acceptions qu'on leur prête peuvent être simultanément fondées.

L'opposition : *doux/écœurant*, caractéristique du miel dans les mythes guyanais, existe aussi ailleurs, puisque nous l'avons rencontrée dans un mythe amazonien (M_{202}) avec le motif de l'ogre écœuré de miel, et dans un

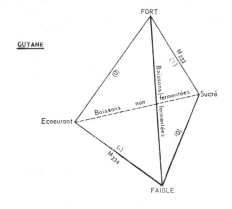

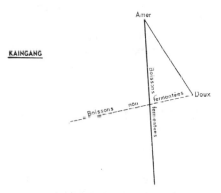

Fig. 11. — *Système des oppositions entre boissons fermentées et boissons non fermentées.*

mythe du Chaco (M_{210}) dont le héros est Renard farci de miel, ce qui est bien la situation du malheureux Indien à la fin de M_{234}. Ce dernier rapprochement, entre des personnages l'un et l'autre incapables de se définir sans ambiguïté par rapport au miel, doit attirer notre attention sur une autre ressemblance des mythes guyanais avec ceux du Chaco. Les premiers représentent la créature surnaturelle, maîtresse du miel, sous les traits d'une demoiselle timide. Toute nue dans M_{233}, son premier souci est de pudeur : il lui faut du coton pour se vêtir. Et, dans M_{234}, elle s'inquiète d'être demandée en mariage : quel accueil lui réservera la famille de son prétendant ? Est-il certain que ce projet sera bien vu ? Or, c'est exactement de la même façon, et presque dans les mêmes termes, que le pic des mythes du Chaco répond à la demande de la fille folle de miel. Par conséquent, il est clair que cette timidité où l'ancienne mythographie n'aurait sans doute vu qu'un enjolivement romanesque, constitue un trait pertinent du système. C'est le pivot autour duquel toutes les autres relations basculent quand on passe du Chaco à la Guyane, mais qui préserve pourtant la symétrie du système. En effet, nous constatons que, des mythes du Chaco relatifs à la fille folle de miel, le mythe guyanais M_{234} dont le héros est un garçon fou de miel offre l'exacte contrepartie. L'héroïne du Chaco compare les mérites respectifs de deux hommes : un mari, et un prétendant éconduit. Le héros guyanais se trouve dans la même situation vis-à-vis d'une épouse et de sœurs. Le prétendant éconduit — Renard — l'est parce qu'il se montre incapable de fournir du bon miel, à la place duquel il n'offre que des fruits toxiques (trop « forts »). Les sœurs poussent leur frère au mariage parce qu'elles sont incapables de faire de la bonne bière et ne peuvent lui offrir que de la bière insipide (trop faible). Dans les deux cas, un mariage résulte soit avec un époux timide, maître du miel, soit avec une épouse timide, maîtresse du miel. Mais ce miel désormais abondant est dénié aux parents de l'autre conjoint, soit parce que l'épouse n'en est pas dégoûtée : elle veut le garder pour elle seule ; soit parce que le mari en est dégoûté : il ne veut plus que sa femme continue à le produire. En conclusion, l'épouse consommatrice ou l'épouse productrice se change en animal : capivara ou abeille. De M_{213} à M_{234} par exemple, on observe donc les transformations suivantes :

M_{213} :		M_{234} :
Renard	⇒	Sœurs
Pic	⇒	Abeille
Fille folle de miel	⇒	Garçon fou de miel

Il faut alors reconnaître que notre remarque de tout à l'heure pose un problème. Si le personnage du héros de M_{234} transforme celui de l'héroïne de M_{213}, comment peut-il également reproduire certains aspects du personnage de Renard ? Cette difficulté sera résolue quand on aura montré que, déjà dans M_{213} et dans les autres mythes du même groupe, une ressemblance existe entre Renard et la fille folle de miel, qui explique que Renard puisse concevoir le projet de personnifier l'héroïne auprès du mari de celle-ci (p. 139, 237).

Pour en arriver là, il faut d'abord introduire une nouvelle variante guyanaise. Car, avec M_{233} et M_{234}, nous sommes loin d'avoir épuisé le groupe guyanais des mythes sur l'origine du miel, dont il est possible d'engendrer toutes les transformations, c'est-à-dire de déduire les contenus empiriques, au moyen d'un seul algorithme défini par les deux opérations suivantes :

Étant admis que, dans les mythes de ce groupe, le principal protagoniste est un animal, le groupe peut être ordonné si et seulement si (←→) :

1) *l'identité de l'animal restant la même dans deux mythes consécutifs, son sexe se trouve inversé ;*

2) *le sexe de l'animal restant le même dans deux mythes consécutifs, sa nature spécifique se trouve « inversée ».*

L'homologie des deux opérations implique évidemment qu'on ait préalablement posé, à titre d'axiome, que la transformation (⇒) d'un animal en un autre se produit toujours au sein d'un couple d'oppositions. Nous en avons fourni suffisamment d'exemples dans *le Cru et le Cuit* pour qu'on nous concède que cet axiome offre au moins une valeur heuristique.

Puisque, dans la dernière version considérée (M_{234}), le principal protagoniste était une abeille, nous commencerons par l'abeille la série de nos opérations.

a) PREMIÈRE VARIATION :

$$[\text{abeille} \Rightarrow \text{abeille}] \, \langle \, \rangle \, [\circ \Rightarrow \triangle]$$

Voici d'abord le mythe :

M_{235}. *Warrau : Abeille devient gendre.*

Il était une fois un Indien qui avait emmené à la chasse ses deux fils et une de ses filles ; les deux autres filles étaient restées au village avec leur mère. Quand le chasseur et ses enfants se furent enfoncés très loin dans la brousse, ils construisirent un abri pour camper.

Le lendemain, la jeune fille avait ses règles, et elle prévint son père qu'elle ne pourrait l'accompagner pour dresser le boucan et faire la cuisine puisqu'il lui était interdit de toucher un ustensile. Les trois hommes allèrent seuls à la chasse mais ils revinrent bredouille. Il en fut de même le lendemain, comme si l'état de la jeune fille leur portait malheur.

Le jour suivant les chasseurs repartirent et la jeune fille, qui se reposait dans son hamac au campement, fut surprise de voir un homme s'approcher et partager sa couche, en dépit du soin qu'elle prit de l'avertir de sa condition et de la résistance qu'elle lui opposa. Mais le garçon eut le dernier mot, et il s'installa auprès d'elle en protestant de la pureté de ses intentions. Certes, il l'aimait depuis longtemps, mais pour le moment il voulait seulement se reposer, et il attendrait le retour du père de la demoiselle pour la demander en mariage de la manière qui convenait.

Ils restèrent donc couchés côte à côte, devisant et formant des projets d'avenir. Le jeune homme expliqua qu'il était un /simoahawara/, c'est-à-dire un membre de la tribu des abeilles. Ainsi qu'il l'avait prévu et annoncé, le père rentrant au campement ne manifesta aucune surprise à la vue d'un homme couché dans le hamac avec sa fille ; et il feignit même de ne rien remarquer.

Le mariage eut lieu le lendemain matin, et Simo dit aux trois hommes qu'ils pouvaient rester couchés et qu'il s'occuperait du ravitaillement. En un instant, il tua une quantité prodigieuse de gibier que les trois Indiens furent incapables de charrier, mais que lui-même rapporta sans effort. Il y avait là de quoi nourrir la famille pendant des mois. Après avoir fait sécher toute cette viande on prit le chemin du retour, chacun portant autant qu'il pouvait et Simo cinq fois plus que les charges des trois hommes réunies, tant il était fort ! Ce qui ne l'empêchait pas de marcher beaucoup plus vite.

La troupe rentra donc au village et Simo s'établit, comme c'est l'usage, dans la hutte de son beau-père. Après qu'il eut fini de défricher et de planter, sa femme donna le jour à un beau garçon. Ce fut aussi à cette époque que ses deux belles-sœurs devinrent pour Simo un sujet de préoccupation. Elles étaient tombées amoureuses de lui, et elles essayaient tout le temps de grimper dans son hamac dont il les chassait aussitôt. Il ne les désirait pas, il n'éprouvait même pas de sympathie pour elles, et il se plaignait à sa femme de la conduite de ses sœurs. Pourtant (commente l'informateur) il n'y avait rien à dire contre celles-ci, puisque les Warrau pratiquent volontiers le mariage polygame avec plusieurs sœurs.

Chaque fois que les trois femmes étaient au bain tandis que Simo gardait le bébé sur la berge, les belles-sœurs essayaient de l'éclabousser, geste d'autant plus pervers que Simo les avait averties que toute eau qui toucherait son corps le brûlerait comme si c'était du feu : elle le ramollirait d'abord, puis le consumerait. En fait, nul ne l'avait jamais vu prendre un bain ; il se lavait avec du miel à la façon des abeilles, mais sa femme était seule à connaître la raison, puisqu'il n'avait dit à personne d'autre qui il était.

Un jour qu'il se tenait sur le rivage avec le bébé dans les bras pendant que les trois femmes se baignaient, les belles-sœurs réussirent à le mouiller. Aussitôt il s'écria : « Je brûle ! Je brûle ! » et il s'envola comme une abeille vers un arbre creux où il fondit en miel, tandis que le bébé se changeait en Wau-uta, qui est la grenouille arboricole (Roth *1*, p. 199-201).

Pour le moment, nous laisserons de côté la rainette, quitte à la retrouver un peu plus tard. Le motif de l'eau, qui brûle et fait fondre le corps de l'homme-abeille, s'explique manifestement, comme le remarque Roth, par l'idée qu'un tel personnage doit être formé de miel et de cire, soit deux substances dont l'une est soluble dans l'eau tandis que le feu fait fondre l'autre. A l'appui, on citera un petit mythe amazonien (M_{236}) construit sur le même thème. Après qu'un chasseur eut été dépecé par les oiseaux, l'Esprit des bois recolla les morceaux du corps avec de la cire, et il prévint son protégé qu'il devrait désormais s'abstenir de boire chaud. Mais celui-ci oublia la défense, la chaleur fit fondre la cire et son corps se désagrégea (Rodrigues *1*, p. 35-38).

Du point de vue des relations familiales et de la répartition des rôles, les personnages de M_{235} se divisent en trois groupes que le diagramme suivant permet aisément de repérer :

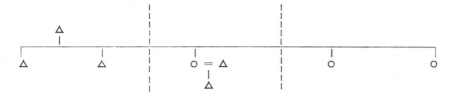

Le groupe central comprend l'héroïne, son mari qui sera transformé en miel et son jeune fils également transformé, mais en grenouille.

Le groupe de gauche, entièrement masculin, est formé de personnages qui sont collectivement décrits comme des chasseurs malchanceux.

Le groupe de droite, entièrement féminin, est celui des deux belles-sœurs. Cette répartition rappelle celle qu'on pouvait observer dans les mythes du Chaco dont nous nous sommes servi pour construire le cycle de la fille folle de miel. Nous avions aussi trois groupes :

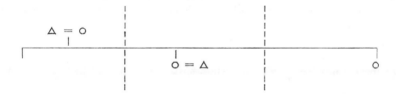

avec, au centre, Renard et la jeune fille qu'il réussit à épouser sous prétexte de fournir le miel qui manque à ses beaux-parents. Le groupe de gauche est donc occupé par des chercheurs de miel malchanceux, non ravitaillés par leur gendre (tandis que dans M_{235} il rassemble des chasseurs malchanceux, mais qu'à l'inverse, leur gendre ravitaille généreusement). Dans les deux cas, le groupe de droite comprend la ou les belles-sœurs, mais au prix d'un autre renversement, puisque c'est tantôt le mari qui délaisse sa femme et veut séduire une belle-sœur peu disposée à le suivre, tantôt les belles-sœurs qui cherchent à séduire un mari obstinément fidèle.

Le renversement du rapport érotique que le mythe instaure entre les alliés est donc lui-même fonction d'un double renversement de leur rapport alimentaire : négatif dans un cas, positif dans l'autre ; et ayant soit le miel, soit la viande pour objet.

En effet, il est remarquable qu'en assumant le sexe masculin dans M_{235}, Abeille devienne un fournisseur de viande (séchée précise le mythe, soit à mi-chemin du cru et du cuit), alors que dans M_{233} et M_{234} où Abeille était du sexe féminin, elle jouait le rôle de fournisseur de miel (sous le rapport du cru) ou de bière (sous celui du cuit). Mais c'est qu'en passant de M_{233}-M_{234} à M_{235} (qui sont tous des mythes guyanais), la signification alimentaire du miel se transforme en signification sexuelle ; c'est-à-dire que le miel, toujours tenu pour « séducteur », l'est ici au sens propre, et là au sens figuré. Cette transformation interne du groupe guyanais n'est pas moins apparente quand on compare M_{235} avec les mythes du Chaco, car il est clair qu'en remontant de ceux-ci au mythe guyanais, les fonctions respectives des femmes alliées s'inversent en même temps que se produit, par rapport à la connotation « séductrice » du miel, un passage du sens propre au sens figuré. Dans les mythes du Chaco, l'épouse est folle de miel au sens propre, c'est-à-dire alimentaire, et la belle-sœur exerce involontairement sur son beau-frère Renard une séduction d'ordre sexuel. Dans M_{235}, c'est le contraire : les belles-sœurs y sont à leur tour folles de miel, mais au sens figuré puisque le mari de leur sœur s'appelle « Miel », et qu'il exerce involontairement sur elles une séduction d'ordre sexuel.

Mais dans ce rôle, elles s'apparentent à Renard, qui, comme elles et par les mêmes entreprises amoureuses, provoque la transformation des autres protagonistes en animaux. De ce point de vue, le groupe apparaît surdéterminé, ce qui risque d'introduire une confusion dans le tableau des commutations où certains termes semblent arbitrairement unis par de multiples rapports. Nous avons évoqué plus haut cette difficulté, et le moment est venu de la résoudre.

On commencera par remarquer que dans M_{235}, les belles-sœurs sont au nombre de deux alors qu'une seule suffirait pour les besoins du récit, comme c'est d'ailleurs le cas dans les mythes toba où nous avons proposé de voir une transformation inverse du mythe guyanais. Ne pourrait-on admettre, à titre d'hypothèse, que ce dédoublement traduit l'ambiguïté inhérente à une conduite susceptible d'être évoquée de deux façons : soit au sens propre, comme entreprise alimentaire, soit au sens figuré, comme entreprise sexuelle puisqu'il s'agit de la possession amoureuse du miel (c'est-à-dire en l'occurrence, d'un personnage dénommé Miel) ? Que les belles-sœurs de M_{235} soient au nombre de deux signifierait alors que le rôle commun qui leur est attribué recouvre en fait une dualité d'aspects. Tout se passe comme si une des belles-sœurs avait pour mission de traduire au sens figuré le rôle de l'héroïne du Chaco, elle aussi folle de miel mais sur le plan alimentaire, tandis que l'autre préserverait de façon littérale la fonction séductrice qui incombe à Renard sur le plan sexuel, mais alors avec échange de rôles, puisque au Chaco, Renard cherche à séduire la sœur de sa femme, et qu'en Guyane, les belles-sœurs cherchent à séduire Abeille, mari de leur sœur.

Cette interprétation ouvre d'intéressantes perspectives quand on l'envisage sous l'angle sociologique. Elle implique, en effet, une relation d'équi-

valence entre une transformation rhétorique et une transformation
sociologique :

Plan rhétorique $\left[\text{sens propre} \Rightarrow \text{sens figuré}\right]$: :

      Plan sociologique $\left[\begin{array}{l}\text{séduction d'une}\\\text{femme par un homme}\end{array}\right] \Rightarrow \left[\begin{array}{l}\text{séduction d'un}\\\text{homme par une femme}\end{array}\right]$

Si d'autres exemples vérifiaient cette relation, nous pourrions conclure
que, dans la pensée indigène, la séduction d'une femme par un homme est
de l'ordre du réel, la démarche inverse de l'ordre du symbolique ou de
l'imaginaire. Contentons-nous pour le moment de cette suggestion, en attendant que d'autres mythes nous obligent à poser les problèmes de l'existence
et de la fonction d'un codage rhétorique (plus bas, p. 144, 147 sq., 239 sq.)

En expliquant la dualité des belles-sœurs par leur ambiguïté fonc-
tionnelle, nous parvenons au moins à lever la confusion qui risquait de
s'introduire dans le tableau des commutations, tel qu'on peut le dresser
à partir du mythe guyanais. Mais nous n'avons pas résolu le problème
d'ensemble, puisqu'il devient indispensable qu'aux deux belles-sœurs de
M_{235} corresponde un rôle dédoublé dans les mythes du Chaco. A cette condition et à cette condition seulement, pourra se refermer le groupe des
transformations.

C'est ici le lieu de rappeler que, dans ces mythes du Chaco, Renard joue
deux personnages : le sien d'abord, quand il essaye d'épouser ou de séduire
la fille folle de miel ; et celui de la fille folle de miel elle-même quand, après
sa disparition, il tente de prendre sa place auprès de son mari. Renard est
donc tour à tour un homme fou (sexuellement) de fille, et une fille folle
(alimentairement) de miel, ce qui, dans la diachronie, constitue une bonne
description analytique de l'attitude synthétique attribuée par M_{235} à une
paire de femmes (analytiquement distinctes sur le plan de la synchronie),
tout à la fois folles d'un homme, et folles de « Miel ».

Au dédoublement diachronique de Renard correspond donc bien le
dédoublement synchronique des belles-sœurs.

Il faut faire un dernier rapprochement. Dans M_{235}, Abeille, vivant,
meurt d'être éclaboussé par l'eau de la rivière (eau terrestre) qui agit sur
lui comme si c'était du feu. Or, on se souvient que, dans les mythes du Chaco,
Renard, mort et desséché sous l'effet de la chaleur solaire, ressuscite quand
il est humecté (= éclaboussé) par la pluie, c'est-à-dire par l'eau céleste.
On voit donc que si, dans les mythes du Chaco, Renard s'oppose à Pic,
et que si Pic, maître du miel dans les mythes du Chaco, est congru à Abeille,
maître de la chasse dans le mythe guyanais, comme on pouvait s'y attendre
Renard du Chaco s'oppose à Abeille guyanais. Et en effet, chacun agit

différemment vis-à-vis d'une fille solitaire et indisposée : l'un essayant, l'autre s'abstenant, de tirer avantage de sa condition. Renard est un chercheur de miel malchanceux, Abeille un chasseur miraculeux : à mi-chemin, par conséquent (et non seulement par ce talent mais aussi par sa force prodigieuse) du héros des mythes du Chaco et de celui des mythes gé : ce qui ne fait pas problème, puisque nous avons précédemment établi que ces derniers mythes sont eux aussi en rapport de transformation avec les mythes « à miel » du Chaco. Mais on voit en même temps sur quelle multiplicité d'axes se distribuent les transformations qui permettent de passer des mythes du Chaco aux mythes guyanais : *miel/ gibier, mâle/ femelle, cru/cuit, conjoint/allié, sens propre/sens figuré, diachronie/synchronie, sec/humide, haut/bas, vie/mort.* Cette multiplicité enlève tout espoir de pouvoir appréhender intuitivement l'architecture du groupe à l'aide d'une représentation diagrammatique qui, dans le cas présent, exigerait de si nombreuses conventions graphiques que sa lecture compliquerait plus qu'elle ne simplifierait les explications.

b) DEUXIÈME VARIATION :

$$\left[\triangle \Rightarrow \triangle\right] \leftrightarrow \left[\text{abeille} \Rightarrow \text{grenouille}\right]$$

En assumant le sexe masculin, Abeille s'est aussi transformée de maîtresse du miel en maître de la chasse. Cette nouvelle fonction persiste au cours de sa transformation en grenouille qui se fait, si l'on peut dire, à parité de sexe. On se souvient que le dernier mythe amorçait déjà cette transformation puisqu'en même temps qu'Abeille perdait ses vertus chasseresses et retournait à sa nature mielleuse, elle abandonnait un fils — donc un individu de sexe masculin — qui se changeait lui-même en grenouille. Par conséquent, Abeille se dédoublait en deux personnages dont l'un régressait à son point de départ (M_{233}, M_{234} : maîtresse du miel) tandis que l'autre progressait jusqu'à la transformation suivante, dont le héros est une grenouille mâle en effet :

M_{237}. *Arawak : histoire d'Adaba.*

Trois frères avaient emmené leur sœur à la chasse. Elle restait au campement pendant qu'ils couraient la brousse en quête de gibier, mais sans jamais rien rapporter si ce n'est parfois un /powis/ (dindon sauvage, portugais : « mutum », *Crax* sp.). Les jours passaient, et les frères étaient toujours aussi malchanceux.

Près du campement, une grenouille arboricole /adaba/ vivait dans un arbre creux qui contenait un peu d'eau. Un jour que la grenouille chantait « Wang ! Wang ! Wang ! », la jeune fille l'interpella : « Après quoi cries-tu ? Tu ferais mieux de cesser ce bruit et de m'apporter de la viande ! » Sur ce, Adaba se tut, se changea en homme et partit dans la brousse. Deux heures plus tard, il revint avec de la viande qu'il dit à la jeune fille de faire cuire, car ses frères ne rapporteraient sûrement rien. Quelle fut leur surprise, quand ils revinrent en effet bredouille, de voir leur sœur empressée à fumer une quantité de viande, tandis qu'un inconnu se reposait dans un de leurs hamacs ! Car l'homme était des plus étranges : il avait le corps rayé jusqu'au bas de ses maigres jambes, et portait un petit cache-sexe de tissu pour seul vêtement. Après un échange de saluts, Adaba s'informa du résultat de la chasse des trois frères et voulut inspecter leurs flèches. En riant, il nettoya la moisissure dont elles étaient couvertes, et il expliqua que c'était cela qui altérait leur course. Il pria alors la jeune fille de filer une ligne de pêche et de la tendre entre deux arbres. Sur son ordre, les frères la visèrent tour à tour et leurs flèches se piquèrent en plein milieu. Adaba chassait lui-même d'une curieuse façon : au lieu de viser l'animal, il tirait sa flèche vers le ciel et c'est en retombant qu'elle se plantait dans le dos du gibier. Les frères apprirent cette technique, et le jour vint très vite où ils ne manquèrent plus leur but. Fiers de leurs prouesses et fiers d'Adaba, ils décidèrent de le ramener au village et d'en faire leur beau-frère. Adaba et son épouse vécurent heureux très longtemps.

Mais un jour, la femme voulut que son mari la suivît au bain qu'elle prenait dans une mare. « Non, dit Adaba, je ne me baigne jamais dans ce genre d'endroit, je ne me baigne que dans les arbres creux où il y a de l'eau. » Alors la femme éclaboussa par trois fois Adaba, puis elle bondit hors de la mare et courut après lui. Mais, quand elle voulut le saisir, il reprit sa forme de grenouille et sautilla jusqu'à l'arbre creux où on le voit maintenant. Quand la femme revint, ses frères s'enquirent d'Adaba et elle se borna à dire qu'il était parti. Mais ils savaient comment et pourquoi, et ils rossèrent sévèrement leur sœur. Sans résultat d'ailleurs : Adaba ne quitta pas son arbre creux pour leur rapporter la chance. Et les frères n'eurent plus jamais autant de gibier (Roth *1*, p. 215).

Le mot arawak /adaba/ correspond au tupi : /cunauaru/ et au carib /kobono-aru/ qui désigne une rainette *(Hyla venulosa)* capable de projeter un fluide caustique. Une variante faible d'origine carib (M$_{237b}$) désigne d'ailleurs l'animal par la forme dialectale /konowaru/. Dans cette variante provenant de la rivière Barama en Guyane anglaise, la femme est célibataire, et elle exprime un jour le regret que la grenouille qu'elle entend chanter dans la brousse ne soit pas un homme ; car il lui rapporterait de la viande. Sitôt dit, sitôt fait. Le chasseur malchanceux dont il est question plus tard est un étranger de passage, que Konowaru guérit en le lavant avec de l'urine. Éclaboussé par sa femme en dépit de ses mises en garde, Konowaru redevient une grenouille (Gillin, p. 195-196).

A propos de cette variante, on notera que, dans toute l'aire guyanaise, les sécrétions épidermiques des rainettes sont utilisées comme onguents magiques par les chasseurs et que leur corps sert à préparer divers talismans (Gillin, p. 181 ; Roth *1*, p. 278-279, 370 ; Ahlbrinck, art. « kunawaru » ; Goeje, p. 48), Ahlbrinck, qui donne une variante kalina que nous examinerons plus loin, précise que la grenouille kunawaru vit habituellement dans le creux d'un arbre et que, « s'il y a de l'eau dans ce creux, elle pousse un cri qui ressemble à celui d'un petit enfant : wa... wa... » *(ibid.)*. C'est bien le même cri dont M_{237} et M_{237b} donnent une transcription phonétique.

L'ethnozoologie de la rainette cunauaru a été discutée dans *le Cru et le Cuit* (p. 270-271, 316). Nous nous bornerons donc à souligner deux points. En premier lieu, cette rainette construit dans le creux des arbres un nid composé de cellules cylindriques où elle dépose ses œufs. Ces cellules sont façonnées par l'animal avec de la résine de breu branco *(Protium heptaphyllum)*. L'eau qui s'amasse dans la cavité de l'arbre remonte dans les cellules qui sont ouvertes par en bas, à la façon d'un entonnoir, et elle recouvre les œufs. La croyance populaire veut que la résine soit sécrétée par le corps de la grenouille et qu'elle serve de talisman pour la pêche et la chasse (Tastevin *2*, art. « cunawaru » ; Stradelli *1*, art. « cunuaru-icyca »).

La zoologie et l'ethnographie expliquent donc pourquoi l'abeille et la rainette sont appelées à former un couple d'oppositions, et pourquoi nous pouvions poser ci-dessus, fût-ce encore à titre d'axiome, que la transformation de l'une en l'autre doit prendre l'aspect d'une inversion. En effet, l'abeille et la rainette font toutes deux leur nid dans les arbres creux. Ce nid est pareillement composé de cellules où l'animal pond ses œufs, et les cellules sont façonnées à partir d'une substance aromatique, cire ou résine, que l'animal sécrète ou qu'il est cru sécréter. Il est sans doute faux que la rainette produise elle-même une résine qu'elle se contente d'amasser et de pétrir, mais on peut en dire autant d'un grand nombre de mélipones qui façonnent leurs cellules avec un mélange de cire et d'argile, cette dernière étant aussi récoltée.

Comparables à tous ces titres, l'abeille et la grenouille diffèrent pourtant sur un point essentiel, qui constitue donc le trait pertinent de leur opposition. L'abeille est du côté du sec (cf. CC, p. 317 et M_{237} : pour elle, l'eau est comme du feu) tandis que la grenouille est du côté de l'humide : l'eau lui est indispensable à l'intérieur de son nid pour assurer la protection des œufs, aussi chante-t-elle quand elle en trouve, et dans toute l'Amérique tropicale (comme aussi dans le reste du monde) le chant de la grenouille annonce la pluie. On peut donc poser l'équation :

$$(\text{abeille} : \text{grenouille}) :: (\text{sec} : \text{humide})$$

Il faut ensuite souligner que les mythes et les rites établissent une connexion entre la rainette et la chasse fructueuse : « Connexion incompréhensible, sauf peut-être en fonction d'une ancienne croyance dans la divinité de ces batraciens attestée dans d'autres régions de la Guyane »

(Roth *1*, p. 278-279). Nous espérons avoir démontré dans *le Cru et le Cuit* que cette connexion s'explique par la capacité qu'a le cunauaru d'émettre un fluide toxique, assimilé par la pensée indigène au poison de chasse dans la préparation duquel le venin des batraciens dendrobates entre parfois (Vellard, p. 37, 146). Émergence de la nature au sein même de la culture, le poison de chasse ou de pêche offre ainsi une affinité particulièrement étroite avec le personnage sociologique du séducteur, ce qui explique que certains mythes fassent du poison le fils de l'animal auquel ce dernier rôle est confié (CC, p. 281-287).

Or, nous avons établi à plusieurs reprises au cours de ce livre que le miel aussi doit être rangé dans la catégorie des séducteurs : soit au sens figuré, comme aliment inspirant une concupiscence quasi érotique ; soit au sens propre, chaque fois que le miel sert à qualifier un personnage entièrement défini par rapport à lui (comme *carence de miel* ou comme *abondance de miel*, c'est-à-dire soit la fille folle de miel des mythes gé et du Chaco, soit Abeille des mythes guyanais). On voit donc que la transformation d'Abeille, maîtresse du miel, en Grenouille, maître de la chasse au poison, s'explique également de cette façon.

Dans M_{237}, Adaba, chasseur prodigieux, utilise une technique particulière de tir à l'arc : il vise en l'air et la flèche retombe sur le gibier dont elle perce l'échine. Il ne s'agit pas là d'un procédé purement imaginaire puisque son emploi est attesté dans les tribus les plus expertes au maniement de l'arc. Les archers de l'Amérique tropicale sont très inégalement doués. Nous avons souvent eu l'occasion de noter la médiocrité des Nambikwara, tandis que les Bororo que nous avons connus témoignaient d'une virtuosité qui avait frappé d'autres observateurs avant nous : « Un Indien trace un cercle sur le sol, d'environ un mètre de diamètre, et il se place à une enjambée du pourtour. Il tire alors verticalement 8 ou 10 flèches, qui retombent toutes dans le cercle. Chaque fois qu'il nous a été donné d'assister à cet exercice, nous avons eu l'impression que les flèches ne pouvaient manquer de retomber sur la tête du tireur ; mais sûr de son adresse, celui-ci restait immobile à son poste » (Colb. *3*, p. 75). Vers 1937-1938, nous avons rencontré dans la vallée du Parana un petit groupe d'Indiens Guarani très acculturés qui, d'après la démonstration qu'ils nous ont faite, semblaient chasser de la même façon, mais cette fois en raison du poids de leurs flèches armées d'une pointe de fer ou d'un morceau de ce métal grossièrement aiguisé. Ces engins mal équilibrés devaient être tirés à courte distance et en leur imprimant une trajectoire fortement incurvée.

Il n'est donc pas exclu que l'expérience fournisse le canevas sur lequel brode le mythe. Mais ce canevas ne pourrait guère servir que de prétexte, puisque l'archer du mythe n'est pas tellement habile que doté d'un pouvoir magique : il ne calcule pas la trajectoire de ses flèches et tire celles-ci au hasard, comme le précise une variante dont on a déjà évoqué un aspect. Dans cette variante (M_{236}), l'Esprit des bois rend un chasseur capable d'atteindre immanquablement les oiseaux sans les viser, mais à la condition de ne jamais tirer en direction d'une volée, sinon les compagnons de l'oiseau tué le vengeraient. C'est ce qui se produit quand le héros viole l'interdit. Mis en pièces par les oiseaux, il ressuscite grâce à son protecteur surnaturel qui recolle avec de la cire le corps morcelé (p. 136-137).

L'intérêt de cette variante réside dans la distinction très claire qu'elle fait entre deux manières possibles d'entendre la notion de « tir au hasard » ; soit absolument : tirer là où il n'y a rien ; ou relativement : tirer dans la direction générale d'une bande, l'incertitude portant alors, non plus sur *l'espèce* de l'animal qui sera tué mais sur *l'individu* qui sera tué entre plusieurs autres dont l'espèce est déjà connue et qui est la même pour tous. Or, il était déjà apparu qu'on pouvait ramener M_{236} à M_{235} en se fondant sur l'homologie des deux oppositions : *eau/feu, miel/cire*. La comparaison avec M_{237}, lui-même transformation de M_{235}, impose maintenant un autre rapprochement entre M_{235} et M_{236}, cette fois sur le plan rhétorique. En effet, l'opposition du sens propre et du sens figuré, que l'analyse de M_{235} avait permis de dégager, offre un modèle adéquat du contraste entre les deux techniques de tir au hasard dans M_{236}, l'une prescrite et l'autre prohibée. Seule la première répond à la définition du tir au hasard entendu au sens propre, puisqu'en l'absence de toute cible il s'agit ici d'un hasard véritable. Mais la seconde, où la cible est simultanément présente et indéterminée, ne relève pas du hasard au même degré ; si on l'appelle comme l'autre, ce ne peut être que de manière figurée.

D'autres aspects du mythe d'Adaba seront discutés de façon plus profitable après que nous aurons introduit les mythes qui illustrent l'étape suivante de la série des transformations.

c) Troisième variation :

$$\left[\text{grenouille} \Rightarrow \text{grenouille}\right] \leftrightarrow \left[\triangle \Rightarrow \bigcirc\right]$$

Cette troisième variation, illustrée par plusieurs mythes d'importance majeure, nous retiendra plus longtemps que les précédentes.

M_{238}. *Warrau : la flèche brisée.*

Un chasseur malchanceux avait deux beaux-frères qui rapportaient chaque jour du gibier en quantité. Las de le nourrir ainsi que sa femme, ils décidèrent de l'égarer sur une piste qui conduisait à l'antre de Jaguar-Noir. A la vue du monstre l'Indien prit la fuite, mais le jaguar le pourchassait et ils se mirent à tourner tous les deux en courant autour d'un arbre énorme. L'homme, qui allait plus vite, réussit à se rapprocher de l'ogre par derrière et il lui coupa les jarrets. Jaguar-Noir ne pouvait plus marcher ; il s'assit. L'Indien lui tira d'abord une flèche dans le cou, puis il l'acheva au couteau.

Ses deux beaux-frères, qui le tenaient en piètre estime, étaient certains qu'il avait trouvé la mort et se réjouissaient. Aussi furent-ils très surpris de son retour, et ils s'excusèrent de l'avoir abandonné en prétextant un malentendu. Au commencement, ils ne voulaient pas croire qu'il eût tué Jaguar-Noir, mais l'homme insista tellement qu'ils consentirent à le suivre jusqu'au lieu du combat en compagnie de leur vieux père. Quand ils virent l'ogre, les trois hommes eurent si peur qu'il fallut que le vainqueur piétinât la carcasse pour que son beau-père consentît à s'en approcher. En récompense de son haut fait, le vieil homme donna à son gendre une autre de ses filles, ses beaux-frères lui construisirent une plus vaste hutte, et il fut proclamé chef du village.

Mais l'homme voulait aussi être consacré grand chasseur de toutes les autres espèces d'animaux. Aussi résolut-il de solliciter l'aide de Wau-uta, la grenouille arboricole. Il se mit en quête de l'arbre qu'elle habitait, et il se tint en dessous en l'appelant et en la suppliant. Le jour finissait et la grenouille ne répondait pas. Il continua ses prières et quand il fit tout à fait noir, il les accompagna de larmes et de gémissements, « car il savait fort bien que s'il pleurait assez longtemps, elle descendrait comme une femme qui commence par se refuser à un homme mais qui, devant ses larmes, finit par le prendre en pitié. »

Il gémissait sous l'arbre quand apparut une troupe d'oiseaux rangés par ordre de taille, du plus petit au plus grand. L'un après l'autre, ils picotèrent ses pieds à coups de bec pour le rendre habile à la chasse. Sans qu'il le sût, Wau-uta commençait en effet à s'intéresser à lui. Après les oiseaux vinrent les rats par ordre de taille, suivis par l'acouri, le paca, le cervidé, le cochon sauvage, puis le tapir. En passant devant l'Indien, chaque animal tirait la langue et léchait ses pieds pour lui donner bonne chance quand il chasserait l'espèce particulière à laquelle l'animal appartenait. Ainsi firent ensuite les félins du plus petit au plus grand, et finalement les serpents qui défilèrent en rampant.

Cela dura toute la nuit, et quand il fit jour, l'homme cessa ses gémissements. Un être inconnu s'approcha. C'était Wau-uta qui portait une flèche d'apparence bizarre : « C'est donc toi qui faisais tout ce bruit la nuit dernière en me tenant éveillée ? Regarde plutôt ton bras, depuis l'épaule jusqu'à la main ! » Le bras était couvert de moisissure et l'autre se trouvait dans le même état. L'homme racla toute la moisissure, car c'était la cause de sa malchance. Sur ce, Wau-uta lui proposa d'échanger leurs flèches ; la sienne était brisée en plusieurs tronçons et réparée. En l'essayant, l'homme réussit pourtant à atteindre une fine liane qui pendait loin de là. Wau-uta lui expliqua que, dorénavant, il lui suffirait de tirer en l'air n'importe où ; et l'Indien s'aperçut qu'en retombant, sa flèche atteignait toujours quelque gibier : d'abord des oiseaux, en allant du plus petit au plus grand, puis un rat, un acouri, etc. jusqu'au tapir ; des félins, des serpents par ordre de taille, exactement comme les animaux avaient défilé au cours de la nuit. Quand il eut parcouru toute la série, Wau-uta ajouta qu'il pouvait conserver la flèche à la condition de ne jamais révéler qui l'avait rendu bon tireur. Après quoi ils se quittèrent.

Notre héros rejoignit donc sa hutte et ses deux femmes. Et il devint aussi fameux comme pourvoyeur du boucan qu'il l'était déjà par le courage dont il avait fait preuve en tuant Jaguar-Noir. Chacun essayait de percer son secret, mais il ne voulait rien dire. Alors ses compagnons l'invitèrent à une grande fête de bière. L'homme s'enivra et parla. Le lendemain matin, quand il eut repris ses esprits, il chercha la flèche que Wau-uta lui avait donnée, mais à la place il n'y avait plus que la sienne. Et toute sa chance disparut (Roth *1*, p. 213-214).

Il existe de ce mythe une longue variante kalina (groupe carib de la Guyane) qui fait exactement charnière entre M_{237} et M_{238}. Dans cette variante (M_{239}) en effet, la grenouille protectrice est un cunauaru mâle, c'est-à-dire de même espèce et de même sexe qu'Adaba, protagoniste de M_{237}. Mais ce cunauaru joue, comme dans M_{238}, le rôle de protecteur d'un chasseur malchanceux et réchappé du Jaguar cannibale (au lieu de l'avoir tué) ; il débarrasse les flèches du chasseur de la moisissure maléfique (comme Adaba, et à la différence de Wau-uta qui décèle la moisissure sur le corps même du chasseur), et il fait de lui un tireur d'élite (sans qu'il soit ici question d'une flèche magique).

La suite du récit nous ramène à M_{237} : le héros revient parmi les siens, mais revêtu d'une nature de grenouille acquise chez les batraciens. Aussi se baigne-t-il seulement dans l' « eau des grenouilles » qui se trouve au creux des arbres. Par la faute de sa femme, il entre en contact avec l'eau où se lavent les humains, en conséquence de quoi son fils et lui se transforment en grenouilles (Ahlbrinck, art. « awarupepe », « kunawaru »).

Le motif des animaux rangés par ordre de taille croissante persiste dans cette variante, mais déplacé. En effet, il se situe pendant le séjour du héros chez le Jaguar cannibale. Celui-ci l'interroge sur l'usage qu'il fait de ses flèches, et il répond qu'il tue des animaux dont il récite la liste, famille après famille, en présentant ses flèches l'une après l'autre et en allant chaque fois du plus petit au plus grand. Au fur et à mesure que la taille de l'animal cité augmente, le Jaguar rit plus fort (cf. Adaba riant à la découverte de la moisissure sur les flèches), car il espère que son interlocuteur va nommer enfin le jaguar et lui donner ainsi un prétexte pour le dévorer. Parvenu à la dernière flèche, le héros nomme le tapir[1], et le Jaguar s'esclaffe pendant deux heures, donnant à l'homme le temps de s'échapper.

---

1. Le texte hollandais dit *buffel*, « buffle » mais c'est le terme qu'Ahlbrinck emploie pour désigner le tapir comme le remarque le traducteur de la version française dans une note à l'article « maipuri ».

Abordons le mythe par ce biais. Tout le groupe dont il fait partie évoque alternativement ou concurremment deux types de conduites : une conduite verbale concernant un nom qu'il ne faut pas prononcer ou un secret qui ne doit pas être trahi ; et une conduite physique vis-à-vis de corps qui ne doivent pas être rapprochés. M_{233}, M_{234}, M_{238}, M_{239} (1re partie) illustrent le premier cas : il ne faut pas prononcer le nom de l'Abeille ou lui reprocher sa nature, trahir le secret de Wau-uta, dire le nom du Jaguar. M_{235}, M_{236}, M_{237}, M_{239} (2e partie) illustrent le second cas : il ne faut pas mouiller le corps de l'abeille ou de la grenouille avec l'eau dont se servent les humains pour se laver. Il s'agit, toujours et partout, d'un rapprochement maléfique entre deux termes. L'un de ces termes est un être vivant, et, selon le caractère verbal ou physique de la conduite évoquée, l'autre terme est soit une chose, soit un mot. On peut donc dire que la notion de rapprochement est prise au sens propre dans le premier cas, et dans le second au sens figuré.

Le terme activement rapproché de l'autre peut lui-même offrir deux caractères. Comme mot (le nom propre) ou comme proposition (le secret), il est compatible avec l'être individuel auquel on l'applique. « Abeille » est bien le nom de l'abeille, « Jaguar » celui du jaguar, et il est également vrai que Maba et Wau-uta sont chacune responsables de leurs bienfaits. Mais s'il s'agit d'une chose (en l'occurrence, l'eau) elle est incompatible avec l'être dont on la rapproche : l'eau des humains est antipathique à l'abeille comme à la grenouille.

En troisième lieu, le rapprochement des deux termes (qu'il soit physique ou verbal) offre, selon les cas, un caractère aléatoire ou ordonné. Dans M_{233} et M_{238}, le héros prononce le nom prohibé involontairement et par mégarde. Dans M_{235} et M_{239}, les belles-sœurs ou la femme ne savent pas pourquoi il leur est interdit d'éclabousser le héros. En revanche, dans M_{239}, le héros énumère des animaux de plus en plus grands, progressivement et dans l'ordre, et c'est dans ce seul cas que le rapprochement maléfique est évité. Notre combinatoire doit donc admettre cette éventualité ; et elle doit prendre aussi en considération les suites désastreuses du rapprochement, mais qui se traduiraient ici par une conjonction (le jaguar mangerait l'homme) et non par une disjonction (transformation de la femme ou de l'homme surnaturels en animal) :

	M_{233}	M_{234}	M_{235}	M_{237}	M_{238}	M_{239}
réel/verbal	—	—	+	+	—	+
compatible/incompatible	+	+	—	—	+	—
ordonné/aléatoire	—	—	—	—	—	+
rapprochement : *produit/évité*	+	+	+	+	+	+
conjonction/disjonction	—	—	—	—	—	—

Ce tableau récapitulatif (où les signes $+$ et $-$ connotent respectivement le premier et le second terme de chaque opposition) n'offre pas d'autre intérêt que celui d'un aide-mémoire provisoire. Il est incomplet parce que

nous y avons inclus partiellement certains mythes. Arrivé à ce point
de l'analyse, il faut maintenant introduire d'autres aspects. En effet,
les remarques précédentes n'ont pas épuisé les ressources de l'opposition
entre système ordonné et système aléatoire. Quand on parcourt la série des
mythes, on constate que son champ d'application est plus vaste que celui
que nous avons jusqu'à présent exploré, et qu'une autre opposition doit
être également mise à son actif. Au début, nous avons affaire à des systèmes
à deux termes : un personnage et le nom qu'il porte, un individu et une
chose qu'il ne supporte pas, puis, à partir de M_{238}, deux individus qui ne se
supportent réciproquement pas (le héros et le jaguar). Jusqu'ici, la relation
négative est donc polaire, comme est polaire (et subjectivement aléatoire)
la relation positive qui s'instaure depuis M_{236} entre un chasseur et son gibier
à la condition qu'il tire en l'air, c'est-à-dire sans qu'apparaisse une connexion
prévisible entre cette conduite et son résultat : un animal sera sans doute
tué, mais l'espèce à laquelle il appartiendra restera inconnaissable jusqu'à
ce que le résultat soit acquis. Nous avons déjà appelé l'attention sur le
caractère semi-aléatoire de la conduite limite que M_{236} prend soin d'inter-
dire : si l'on tire en direction d'une volée, l'incertitude portera sur l'identité
de l'individu qui sera tué, mais non sur l'espèce, et les conditions requises
par l'hypothèse ne seront plus réunies. Aussi les autres oiseaux foncent sur
le coupable et le dépècent.

D'un autre côté, un chasseur qui tire à coup sûr, mais sans savoir quoi,
ne saurait être un chasseur parfait. Il ne suffit pas qu'il tue toujours quelque
chose : sa maîtrise doit s'affirmer sur tout l'univers du gibier. La conduite
du héros de M_{238} traduit admirablement cette exigence : même quand on a
tué le jaguar cannibale, gibier suprême, on n'est pas pour autant un chasseur
consacré : « Il désirait vivement se faire une réputation par son adresse à
chasser tous les autres animaux, en plus de la gloire qu'il s'était acquise
pour avoir délivré le pays de Jaguar-Noir » (Roth *1*, p. 213). Puisque M_{236}
démontre l'impossibilité d'échapper subjectivement, et par des voies
quantitatives, aux insuffisances d'un système polaire, il faut donc que l'issue
soit à la fois objective et qualitative, c'est-à-dire que le caractère subjectivement aléatoire du système (auquel M_{236} prouve qu'on ne saurait
échapper) soit compensé par sa transformation objective de système polaire
en un système ordonné.

Cette transformation du système polaire s'amorce dans le premier
épisode de M_{238}. Les termes opposés ne sont encore que deux : d'un côté
le jaguar, qui est un ogre, de l'autre le chasseur malchanceux, voué à lui
servir de proie. Que se passe-t-il donc ? Le premier pourchasse le second en
tournant autour d'un arbre, et d'absolument définies, leurs positions
respectives deviennent relatives puisqu'on ne sait plus qui court après
l'autre, lequel est chasseur ou chassé. En fuyant devant son persécuteur,
le fuyard le rejoint par derrière et le blesse à l'improviste ; il ne lui reste plus
qu'à l'achever. Bien que le système soit toujours réduit à deux termes, ce

n'est plus un système polaire, il est devenu cyclique et réversible : le jaguar est plus fort que l'homme, l'homme est plus fort que le jaguar.

Reste à observer la transformation, au stade ultérieur, de ce système à deux termes, cyclique et non transitif, en un système transitif comprenant plusieurs termes. Cette transformation s'opère en passant de M_{238} (Ire partie) à M_{239} (Ire partie), puis à M_{238} (2e partie), imbrication qui ne doit pas surprendre puisque nous avons vu que M_{239} est à cheval sur M_{238} et sur M_{237} qui les précède l'un et l'autre dans le cycle des transformations.

Le premier cycle transitif et ordonné apparaît dans M_{239} (Ire partie), sous la forme doublement amortie d'une conduite verbale dont le résultat appelle une expression négative : le héros *n'est pas* mangé par le jaguar bien que celui-ci l'ait obligé à énumérer tous les gibiers, famille après famille, en commençant par les moins importantes et, à l'intérieur de chaque famille, en allant du plus petit animal au plus gros. Comme le héros ne cite pas le jaguar (exprès ou par chance, on ne sait) le jaguar ne tuera pas l'homme en dépit du fait, ici inavoué, que les hommes tuent volontiers les jaguars. A cette conduite verbale du héros, et à la chasse figurée qu'il mime devant le jaguar en présentant successivement toutes ses flèches, succèdent alors dans M_{238} (2e partie), une conduite réelle des animaux et une chasse au sens propre, qui, l'une et l'autre, font intervenir un système zoologique à la fois total et ordonné, puisque, dans les deux cas, les animaux sont rangés en classes, que ces classes sont hiérarchisées depuis les plus inoffensives jusqu'aux plus dangereuses, et que les animaux eux-mêmes sont hiérarchisés au sein de chaque classe du plus petit au plus gros. L'antinomie initiale, qui était celle inhérente à la fatalité (soit négative : termes rapprochés par hasard, qui n'auraient pas dû l'être ; soit positive : chasse magique où le tireur atteint toujours, mais par hasard, un gibier qu'il n'avait pas l'intention particulière de tuer) se trouve ainsi surmontée grâce à l'émergence, *en réponse à une intention subjectivement aléatoire, d'une nature objectivement ordonnée*. L'analyse des mythes confirme que, comme nous l'avons suggéré ailleurs (9, p. 18-19, 291-293), la croyance dans l'efficacité de la magie présuppose un acte de foi dans l'ordre du monde.

Revenant à l'organisation formelle de notre groupe de mythes, on voit maintenant que les indications déjà données doivent être complétées par d'autres. De M_{233} à M_{235}, nous avons affaire à un système à deux termes dont la conjonction — figurée si l'un des termes est un nom ou un jugement prédicatif, réelle si c'est une chose — provoque la disjonction irréversible de l'autre terme, accompagnée de conséquences négatives. Pour surmonter cette antinomie de la polarité, M_{236} envisage un instant une solution qu'il reconnaît fausse puisqu'elle entraîne une conjonction négative : celle du chasseur et des oiseaux, d'où résulte la mort du héros. Ce mythe offre ainsi l'aspect d'une impasse ou d'un cul-de-sac où viennent simultanément buter le sens propre et le sens figuré que les mythes antérieurs utilisaient en alternance. Dans M_{236} en effet, la conjonction de l'homme et des oiseaux se réalise physiquement et doit donc être entendue au sens propre ; mais, comme nous l'avons montré (p. 144) elle résulte de ce que le héros a choisi d'entendre la défense qui lui était faite dans une acception figurée.

La première partie de M_{238} transforme le système polaire en système cyclique sans introduire de nouveaux termes ; cette transformation a lieu au sens propre, puisque les deux adversaires se donnent matériellement la chasse en tournant autour d'un arbre, qui est une chose. Cette poursuite se solde par une conjonction positive dont la portée est encore restreinte : l'homme triomphe du jaguar. Le système cyclique et ordonné apparaît d'abord sous une forme verbale et figurée dans M_{239} (1re partie) où il est sanctionné par une disjonction positive (l'homme échappe au jaguar), puis au sens propre et sous forme réelle dans M_{238} (2e partie) avec pour sanction une conjonction positive dont la portée est maintenant générale : l'homme est devenu le maître de tous les gibiers.

Une dernière dimension reste à considérer : celle où s'inscrit le motif de la moisissure couvrant les flèches (M_{237}, M_{239}) ou les bras (M_{238}) du chasseur malheureux. Comme nous savons qu'en fait M_{239} illustre une transformation intermédiaire entre M_{237} et M_{238}, il faut admettre que la moisissure intéressant les flèches, instruments du chasseur, est une première approximation de celle affectant directement son corps, et que la transition de l'une à l'autre s'opère corrélativement à celle du système encore aléatoire de M_{237} au système intégralement ordonné de M_{238}.

Nous avons indiqué plus haut que les chasseurs guyanais s'oignent volontiers les bras avec les sécrétions de certaines espèces de rainettes. Les Tukuna du rio Solimões observent une pratique analogue à l'occasion des cures chamanistiques. Ils utilisent à cet effet les sécrétions savonneuses, solubles dans l'eau, d'une grenouille arboricole au dos vert vif et au ventre blanc *(Phyllomedusa)*. Frottées sur les bras, ces sécrétions induisent des vomissements purificateurs. Or, comme nous le verrons plus loin, diverses tribus également amazoniennes ont recours à des variétés de miel toxiques pour obtenir le même résultat. Par ce biais, on conçoit déjà que les moisissures dont il est question dans les mythes pourraient être une représentation inversée des sécrétions de la rainette : celles-ci assurent le succès à la chasse, celles-là le préviennent ; la rainette enlève les unes, donne les autres. De plus, nous percevons aussi une liaison indirecte, par une série de transformations, entre le miel qui figure au début du groupe et les moisissures dont il est question à la fin. Nous avons déjà vu comment, des mythes du Chaco aux mythes gé d'une part, et à travers la série des mythes guyanais d'autre part, le miel pouvait se transformer en gibier ; et nous comprenons maintenant qu'à partir du gibier dont les onctions de rainette sont le moyen, celles-ci puissent se transformer en moisissures qui sont un obstacle à la poursuite du gibier.

Faisons ici une remarque. Dans les rites, la rainette est le moyen du gibier au sens propre ; elle joue ce rôle par l'effet d'un rapprochement physique entre son corps et celui du chasseur. Dans les mythes, le rôle de la rainette se maintient, mais il est évoqué sous forme figurée puisque les vertus de la rainette sont morales, non physiques. Dans ces conditions le sens propre subsiste, mais il s'applique aux moisissures qui affectent physiquement le corps du chasseur et qui constituent, en quelque sorte, une rainette inversée. Cette transformation est importante, parce qu'elle nous permet de rattacher indirectement à notre groupe un mythe tukuna dont le seul point commun avec lui semble être le motif des moisissures corporelles :

M_{240}. *Tukuna : le chasseur fou.*

Un chasseur d'oiseaux avait posé ses lacets, mais chaque fois qu'il venait les visiter, il n'y trouvait pris qu'un oiseau sabiá (sorte de grive : Turdidé). Pourtant, ses compagnons ramenaient beaucoup de gros oiseaux tels que mutums (*Crax* sp.) et jacus (*Penelope* sp.). Tous se moquaient du chasseur malchanceux que ces railleries plongeaient dans une profonde mélancolie.

Le jour suivant il n'obtint encore qu'une grive et la rage le prit. Il ouvrit de force le bec de l'oiseau, péta dedans et relâcha la bestiole. Presque aussitôt l'homme devint fou et se mit à délirer. Son bavardage n'avait aucun sens : « il parlait sans arrêt de serpents, de pluie, du cou du fourmilier[1], etc. » Il disait aussi à sa mère qu'il avait faim, et quand elle lui apportait de la nourriture il la refusait en affirmant qu'il avait à peine fini de manger. Il mourut cinq jours plus tard sans cesser de parler. Allongé dans un hamac, son cadavre se couvrait de moisissure et de champignons et il proférait toujours des insanités. Quand on vint pour le mettre en terre, il dit : « Si vous m'enterrez, les fourmis venimeuses vous attaqueront ! » Mais on en avait assez d'attendre, et on l'inhuma bien qu'il continuât toujours de parler (Nim. *13*, p. 154).

Nous avons transcrit presque littéralement ce mythe en raison de l'intérêt du tableau clinique qu'il trace de la folie. Elle se manifeste sur le plan d'une conduite verbale, par un bavardage intempérant et des propos désordonnés qui anticipent d'une manière figurée les moisissures et les champignons dont se couvrira, au propre, le cadavre de l'aliéné. Celui-ci est un chasseur malchanceux, comme les héros des mythes guyanais que nous sommes en train de discuter. Mais tandis que ces derniers se posent en victimes et adressent aux animaux des plaintes verbales, il adopte envers les animaux une conduite physiquement agressive que sanctionne une moisissure figurée : la folie qui est la *conséquence* de son geste insensé, au lieu que ses congénères guyanais se délivrent d'une moisissure réelle qui était la *cause* de leur inaction forcée.

Dans *le Cru et le Cuit*, nous avons précisé à plusieurs occasions la signi-

---

1. L'explication de ce dernier trait est sans doute que les grands fourmiliers semblent privés de cou : leur tête s'inscrit directement dans le prolongement du corps.

fication que la systématique indigène donne à la moisissure et aux champignons. Ce sont des substances végétales relevant de la catégorie du pourri, et dont les hommes se nourrissaient avant l'introduction des arts de la civilisation : agriculture et cuisine. En tant que végétale la moisissure s'oppose donc au gibier, nourriture animale ; de plus l'une est pourrie tandis que l'autre est promis à la cuisson ; enfin, le végétal pourri relève de la nature, la viande cuite, de la culture. Sur tous ces plans, l'opposition s'amplifie entre des termes que les mythes guyanais avaient commencé par rapprocher. En effet, M_{233} évoquait l'union (mais dans le registre des seules nourritures végétales) d'un aliment cru et naturel : le miel, et d'un aliment cuit et culturel : la bière. Or, dans le cas du miel, on peut dire que la nature va au-devant de la culture puisqu'elle offre cette nourriture toute préparée ; dans le cas de la bière, c'est plutôt la culture qui se dépasse elle-même, puisque la bière n'est pas seulement cuite, mais fermentée.

En passant de l'opposition initiale : *cru/fermenté* à l'opposition subséquente : *pourri/cuit*, les mythes obéissent donc à une démarche régressive : le pourri est en deçà du cru comme le cuit est en deçà du fermenté. En même temps, l'écart entre les termes s'accroît puisque l'opposition du début intéressait deux termes végétaux, celle à quoi nous sommes maintenant parvenu un terme végétal et un terme animal. Par conséquent, la médiation de l'opposition régresse aussi.

* *

Nous aborderons maintenant l'étude d'un considérable mythe guyanais dont on connaît plusieurs versions. En dépit d'une intrigue très différente, il est assimilable aux précédents dans la perspective que nous avons adoptée, puisque la grenouille y prend, plus nettement encore, l'aspect d'un personnage féminin.

M_{241}. *Warrau : histoire de Haburi.*

Il y avait une fois deux sœurs, qui pourvoyaient à leurs besoins sans le secours d'aucun homme. Aussi furent-elles très surprises en découvrant un jour toute préparée, la moelle du palmier /ité/ *(Mauritia)* qu'elles s'étaient contentées d'abattre la veille. Comme le même incident se répéta les jours suivants, elles décidèrent de prendre le guet. Au milieu de la nuit, elles virent un palmier /manicole/ *(Euterpe)* s'incliner jusqu'à ce que son feuillage touchât le tronc de l'autre arbre qu'elles avaient laissé simplement entaillé. Alors elles bondirent, saisirent une palme et la supplièrent de se transformer en homme. D'abord réticente, la palme finit par consentir. L'aînée des deux sœurs l'eut pour mari, et elle donna bientôt le jour à un superbe garçon qu'elle appela Haburi.

Le terrain de chasse des femmes était proche de deux mares dont une seulement leur appartenait, et où elles pêchaient. L'autre appartenait à Jaguar et elles recommandèrent à l'homme de ne pas s'en approcher. Il s'y rendit cependant, car la mare du fauve contenait plus de poisson que la leur. Mais Jaguar ne l'entendait pas ainsi : pour se venger, il tua le voleur, prit son apparence et gagna le campement des deux femmes. Il faisait presque nuit. Jaguar portait le panier de sa victime qui contenait le poisson volé. D'une voix qui les surprit par sa force et par sa rudesse, le faux mari dit aux femmes qu'elles pouvaient faire cuire le poisson et le manger, mais que lui-même était trop fatigué pour partager leur repas ; il voulait seulement dormir en tenant Haburi dans ses bras. On lui donna l'enfant et, pendant que dînaient les femmes, il se mit à ronfler si fort qu'on pouvait l'entendre de l'autre rive. Dans son sommeil, il prononça à plusieurs reprises le nom de l'homme qu'il avait tué et qu'il prétendait personnifier. Cet homme s'appelait Mayara-kóto. Cela inquiéta les femmes qui soupçonnèrent quelque traîtrise. « Jamais, dirent-elles, notre mari n'a ronflé si bruyamment, et il ne s'est jamais appelé lui-même par son nom. » Elles retirèrent doucement Haburi des bras du dormeur, glissant un paquet d'écorces à sa place, et elles prirent la fuite avec le bébé, non sans s'être munies d'une torche de cire et d'un fagot.

Tandis qu'elles marchaient, elles entendirent Wau-uta, qui de ce temps-là était une sorcière, et qui chantait en s'accompagnant avec son hochet rituel. Les femmes pressèrent le pas en direction du bruit, car elles savaient qu'elles seraient à l'abri chez Wau-uta. Pendant ce temps le jaguar se réveilla. De se trouver seul avec, au lieu d'un fils, un paquet d'écorces dans les bras le mit fort en colère. Il reprit sa forme animale et s'élança à la poursuite des fuyardes. Celles-ci l'entendirent de loin et précipitèrent leur course. Elles frappèrent enfin à la porte de Wau-uta. « Qui est là ? — C'est nous, les deux sœurs. » Mais Wau-uta refusa d'ouvrir. Alors la mère pinça les oreilles de Haburi pour qu'il pleure. Intéressée, Wau-uta s'informa : « Qu'est-ce que c'est, cet enfant ? Une fille ou un garçon ? — C'est mon Haburi, un garçon », répondit la mère, et Wau-uta s'empressa d'ouvrir la porte et les invita à entrer.

Quand le jaguar arriva, Wau-uta lui dit qu'elle n'avait vu personne, mais, à l'odeur, le fauve connut qu'elle mentait. Wau-uta lui proposa de se rendre compte lui-même en passant la tête par la porte entrebâillée. Cette porte était hérissée d'épines : Wau-uta n'eut qu'à la refermer sur le cou du jaguar pour le tuer. Mais les sœurs se mirent à pleurer leur mari mort et, comme elles n'en finissaient pas, Wau-uta leur dit qu'elles feraient mieux d'aller chercher du manioc à la plantation et de préparer de la bière pour noyer leur chagrin. Elles voulurent emmener Haburi, mais Wau-uta protesta que c'était inutile et qu'elle prendrait soin de lui.

Pendant que les sœurs étaient aux champs, Wau-uta fit grandir l'enfant magiquement jusqu'à ce qu'il devînt un adolescent. Elle lui donna une flûte et des flèches. Sur le chemin qui les ramenait de la plantation, les femmes entendirent la musique et s'étonnèrent,

car elles ne se souvenaient pas qu'il y eût un homme à la maison.
Elles entrèrent timidement et virent un jeune homme qui jouait de
la flûte. Mais où était donc Haburi ? Wau-uta prétendit que l'enfant
s'était élancé pour les rejoindre au moment même où elles s'éloignaient de la cabane, et qu'elle le croyait en leur compagnie. Elle
mentait, car elle avait fait grandir Haburi pour qu'il puisse être son
amant. Et elle feignit même d'aider les deux sœurs à chercher le
petit garçon, non sans avoir ordonné à Haburi de dire qu'elle était
sa mère, et lui avoir expliqué comment il devrait se conduire à
son égard.

Haburi était un tireur d'élite : il ne manquait pas un oiseau.
Wau-uta exigea qu'il lui remît tous les gros oiseaux qu'il tuerait
et qu'il donnât les plus petits aux deux femmes après les avoir elle-
même pollués et souillés. Elle espérait que la mère et la tante de
Haburi, blessées et humiliées, finiraient par s'en aller. Mais, au lieu
de partir, elles s'obstinèrent à chercher l'enfant disparu. Cette
situation dura longtemps ; chaque jour, Haburi apportait à Wau-uta
la grosse volaille et, aux deux femmes, des petits oiseaux tout salis.

Un jour cependant, Haburi manqua pour la première fois son
gibier et la flèche alla se planter dans une branche qui surplombait
la crique où les loutres, oncles du chasseur, venaient prendre le
poisson et manger. L'endroit était joli, bien dégagé, et Haburi s'y
soulagea en prenant soin de recouvrir ses excréments avec des feuilles.
Puis il grimpa dans l'arbre pour récupérer sa flèche. A ce moment
précis les loutres arrivèrent et, sentant la mauvaise odeur, elles
soupçonnèrent tout de suite leur garnement de neveu. Elles le
repérèrent dans l'arbre, lui ordonnèrent de descendre et de s'asseoir,
et elles lui dirent toutes ses vérités : il menait une vie dépravée, il
n'avait pas pour mère la vieille femme mais la jeune, dont la sœur
était par conséquent sa tante. Plus jamais il ne devait répartir les
oiseaux comme il faisait. Au contraire, les gros oiseaux devraient
aller à sa mère qui était l'aînée des deux sœurs et dont il lui faudrait
soiliciter le pardon, en s'excusant d'une méchanceté involontaire.

Haburi se confessa donc à sa mère et il donna les petits oiseaux
malpropres à Wau-uta. Celle-ci se mit en rage, dit à Haburi qu'il
était devenu fou et lui souffla au visage [pour chasser les mauvais
esprits, cf. Roth *1*, p. 164]. Elle était si furieuse qu'elle ne put rien
manger, et pendant toute la nuit elle accabla Haburi de ses récrimi-
nations. Mais, le lendemain, celui-ci distribua de la même façon
sa chasse aux trois femmes et Wau-uta ne le laissa pas en repos.
Aussi décida-t-il de s'enfuir avec sa mère et sa tante.

Haburi façonna une pirogue en cire d'abeilles ; un canard noir
la lui vola pendant la nuit. Il en fit une d'argile, qui fut volée par
un canard d'une autre espèce. En même temps, il avait défriché une
plantation à une vitesse prodigieuse, pour que les femmes puissent
faire pousser le manioc dont ils auraient besoin pendant le voyage.
De temps à autre, Haburi s'éclipsait et fabriquait des pirogues avec
des essences de bois toujours différentes et en variant la forme, mais

chaque fois, un canard d'une nouvelle espèce les volait. La dernière qu'il fit était en bois de bombacée, et celle-là lui resta. Ce fut donc Haburi qui fabriqua la première pirogue et qui apprit aux canards à nager, car au début ils ne savaient pas se maintenir à la surface de l'eau sans le secours des pirogues : « En vérité, commente l'informateur, nous autres Warrau disons que chaque espèce de canard possède une pirogue d'un modèle particulier. »

Chose plus surprenante encore : le lendemain, la dernière pirogue s'était agrandie. Haburi pria les femmes d'y charger les provisions pendant qu'il continuait à planter les boutures de manioc en compagnie de Wau-uta. A la première occasion, il regagna clandestinement la hutte, prit sa hache et ses flèches et se dirigea vers la berge, non sans avoir ordonné aux poteaux de se tenir cois, car, à cette époque, les poteaux parlaient et pouvaient renseigner un visiteur quand le propriétaire de la hutte était absent. Malheureusement, Haburi négligea d'adresser la même recommandation à un perroquet qui se trouvait là, et quand Wau-uta fut de retour, l'oiseau l'instruisit de la direction qu'il avait prise.

Wau-uta s'élança vers la berge et elle y arriva juste au moment où Haburi mettait le pied dans la pirogue où sa mère et sa tante étaient déjà. La vieille retint l'embarcation en criant : « Mon enfant ! Mon enfant ! Ne me quitte pas ! Je suis ta mère ! » et elle ne lâchait pas en dépit des coups de pagaie que les autres lui donnaient sur les doigts, avec une telle force que le plat-bord risquait de voler en éclats. Il fallut donc que Haburi se résignât à suivre Wau-uta, et ils se dirigèrent tous les deux vers un gros arbre où nichaient des abeilles. Haburi creusa une ouverture dans le tronc avec sa hache, et il dit à la vieille dame d'y entrer pour boire le miel. Elle était folle de miel en effet, et, tout en sanglotant sans arrêt à la pensée qu'elle avait failli perdre Haburi, elle s'insinua dans la crevasse que celui-ci s'empressa de reboucher. Et c'est là qu'on la trouve encore aujourd'hui, Wau-uta la grenouille, qui crie seulement dans les arbres creux. Regardez-la bien : vous verrez ses doigts aux extrémités écrasées par les coups quand elle se cramponnait au plat-bord. Écoutez-la : vous l'entendrez pleurer son amant perdu : Wang ! Wang ! Wang ! (Roth *1*, p. 122-125).

Il existe d'autres variantes de ce mythe, que nous examinerons plus loin. Si nous avons utilisé d'abord et presque littéralement traduit celle de Roth, c'est que nulle autre ne met mieux en valeur l'étourdissante création romanesque que constitue le mythe, ne fait mieux ressortir son originalité, sa puissance d'invention dramatique, sa richesse psychologique. En vérité, cette histoire d'un garçon recueilli par une protectrice pleine d'arrière-pensées, qui commence par jouer les mères avant de s'installer dans le rôle d'une vieille maîtresse, mais en prenant soin qu'une certaine équivoque subsiste sur ses sentiments ambigus, il faudra attendre *les Confessions* pour que notre littérature ose l'aborder. Encore Madame de Warens est-elle une

toute jeune femme en comparaison de la grenouille guyanaise à qui son âge
et sa nature animale confèrent un aspect triste et répugnant, dont le texte
du mythe montre qu'il est présent à l'esprit du narrateur. Ce sont des récits
de ce genre (car, dans la tradition orale américaine, celui-ci n'est pas un
exemple unique bien qu'aucun peut-être ne témoigne d'un tel brio) qui
peuvent nous apporter, en une brève et fulgurante illumination, le sentiment
chargé d'une évidence irrésistible que ces primitifs, dont nous manipulons
les inventions et les croyances avec une désinvolture qui conviendrait
seulement à de grossiers ouvrages, savent faire preuve d'une subtilité
esthétique, d'un raffinement intellectuel et d'une sensibilité morale qui
devraient nous inspirer autant de scrupule que de piété. Quoi qu'il en soit,
nous laisserons à l'historien des idées et au critique le soin de poursuivre
ces réflexions sur l'aspect proprement littéraire de notre mythe, et nous
nous tournerons à présent vers son étude ethnographique.

   1. Le récit débute en évoquant la vie solitaire de deux sœurs qui
deviendront les épouses (« notre mari » disent-elles) de l'homme surnaturel
qu'elles ont apitoyé. On se souvient que les pires malheurs du héros de
M_{238} commencent après qu'il a obtenu une deuxième épouse, que ceux du
héros de M_{235} lui viennent d'avoir deux belles-sœurs, enfin que l'héroïne
des mythes du Chaco était affligée de deux prétendants dont la rivalité
entraîne des conséquences désastreuses.

   Nous avons déjà appelé l'attention sur l'importance de cette dupli-
cation qui reflète, sur le plan formel, une ambiguïté qui nous paraît être
une propriété intrinsèque de la fonction symbolique (L.-S. 2, p. 216).
Dans les mythes, cette ambiguïté s'exprime au moyen d'un code rhétorique
jouant perpétuellement sur l'opposition de la chose et du mot, de l'individu
et du nom qui le désigne, du sens propre et du sens figuré. Une version qu'il
nous a été malheureusement impossible de consulter à Paris et que nous
citons de seconde main fait ressortir cette dualité des épouses, puisque
le mythe — réduit d'ailleurs à son épisode initial — prétend expliquer
l'origine du mariage d'un homme avec deux femmes :

M_{242}. *Arawak : origine de la bigamie.*

   Deux sœurs étaient seules au monde. Un homme, le premier
qu'elles aient jamais vu sauf en rêve, descendit du ciel et leur
enseigna l'agriculture, la cuisine, le tissage et tous les arts de la
civilisation. C'est pour cette raison que chaque Indien a maintenant
deux épouses (Dance, p. 102).

Or, presque partout en Guyane (et sans doute aussi ailleurs), la bigamie
implique une différenciation des rôles. La première femme, qui est généralement l'aînée, a des devoirs et des privilèges particuliers. Même si sa
compagne est plus jeune et plus désirable, elle demeure la véritable maîtresse du foyer (Roth 2, p. 687-688). Le texte de M_{241} s'abstient de qualifier

la seconde femme : elle n'est rien qu'une épouse. Tandis que l'autre apparaît sous des rôles bien définis de cultivatrice, de cuisinière et de mère. Dans la bigamie par conséquent, la dualité des femmes n'est pas un simple duel, mais un système polaire et orienté. La seconde femme ne reproduit pas la première. Quand elle fait son entrée, nantie d'attributs surtout physiques, c'est bien la première femme qui se transforme et qui devient une sorte de métaphore de la fonction d'épouse : l'emblème des vertus domestiques.

Nous discuterons plus bas le rôle civilisateur du héros.

2. L'époux surnaturel se manifeste à l'occasion de l'abattage des palmiers pour en extraire la fécule. Vers l'époque où *Mauritia flexuosa* commence à porter des fruits, les Warrau coupent l'arbre et entaillent longitudinalement le tronc pour exposer la moelle fibreuse qui remplit l'intérieur. Le tronc ainsi creusé sert d'auge. On y verse de l'eau tout en triturant la pulpe qui libère une masse considérable d'amidon. On retire alors la fibre et, quand l'amidon s'est déposé en sédiment, on le moule et on fait sécher sur le feu les pains ainsi obtenus (Roth 2, p. 216). L'autre espèce de palmier citée au début du mythe, et dont le feuillage se transforme en homme, est *Euterpe edulis* que les Indiens abattent pour récolter plus facilement les fruits mûrs. Après les avoir ramollis dans une auge pleine d'eau tiède (bouillante elle les durcirait), on écrase les fruits au mortier. La compote se boit fraîche, sucrée avec du miel et allongée d'eau (*ibid.*, p. 233-234).

S'agissant d'un mythe à la fin duquel le miel jouera un rôle déterminant, cette association habituelle des fruits de palmier et du miel évoque d'autant plus les mythes « à miel » du Chaco qu'ici comme là, il s'agit d'aliments sauvages et végétaux. Même si la moelle est disponible pendant la majeure partie de l'année, le choix pour l'abattage du moment où l'arbre commence à fructifier[1] suggère la fin de la saison sèche. Celle-ci est bien marquée dans le delta de l'Orénoque où les précipitations sont au plus bas de septembre à novembre pour atteindre leur maximum en juillet (Knoch, G70 à 75). D'ailleurs, en Guyane, les palmiers connotent la présence de l'eau malgré la sécheresse, comme les fruits sauvages au Chaco mais pas de la même façon : les Indiens tiennent *Mauritia* et *Euterpe* pour un signe certain de la présence

---

1. Sur la fructification saisonnière de *Mauritia flexuosa* : « Les tribus... de la région amazonienne saluent joyeusement l'apparition des fruits mûrs. Elles attendent anxieusement cette période de l'année pour célébrer leurs plus grandes fêtes et, par la même occasion, les mariages convenus d'avance » (Corrêa, art. « burity do brejo »). Consulté sur l'époque de fructification de plusieurs espèces de palmiers sauvages, M. Paulo Bezerra Cavalcante, chef de la Division de Botanique du *Museu Paraense « Emilio Goeldi »*, a bien voulu nous répondre (et nous l'en remercions vivement) que « d'après des observations s'étendant sur plusieurs années, la maturation des fruits a surtout lieu à la fin de la saison sèche ou au début des pluies ». D'après Le Cointe (p. 317-332), en Amazonie brésilienne, la plupart des palmiers sauvages commenceraient à fructifier en février. M. Paulo Bezerra Cavalcante indique cependant le mois de décembre pour les genres *Astrocaryum* et *Mauritia*, celui de novembre pour *Attalea* (juillet, dit même Le Cointe, p. 332) et septembre pour *Oenocarpus*. De toutes façons, ces indications ne sont pas transposables telles quelles au delta de l'Orénoque où règne un climat très différent.

de l'eau à faible profondeur ; quand on n'en trouve nulle part on creuse à
leur pied (Roth 2, p. 227). Enfin, et comme dans les mythes du Chaco sur
l'origine de l'hydromel, l'idée de l'auge ressort au premier plan. Le tronc
de *Mauritia* fournit naturellement une auge où l'on prépare la substance
molle et humide enclose dans cette enveloppe ligneuse, assez dure pour
que les Warrau puissent faire les pilotis de leurs huttes en troncs de
Mauritia flexuosa (Gumilla vol. 1, p. 145). Les fruits d'*Euterpe* sont aussi
préparés dans une auge, mais il s'agit alors d'une auge *autre* et non *propre*,
c'est-à-dire qu'on les déverse dans une auge déjà fabriquée au lieu que
l'auge elle-même expose son contenu au cours de la fabrication. Nous retrouvons donc ici une dialectique du contenant et du contenu dont les mythes
« à miel » du Chaco nous avaient fourni la première illustration. Or, sa
réapparition dans ce nouveau contexte est d'autant plus significative que
si l'héroïne du Chaco joue, dès le début, le rôle d'une jeune fille folle de miel,
celle du mythe de Haburi est une vieille femme qui se révélera folle de miel
à la fin, et qui sera prisonnière d'un arbre creux, autrement dit, d'une auge
naturelle.

Pour les parties qui leur sont communes, les versions récemment
publiées par Wilbert (9, p. 28-44) restent étonnamment proches de la version
de Roth. On notera cependant que, dans les deux versions de Wilbert, c'est
la plus jeune des deux sœurs qui est la mère de Haburi, tandis que la sœur
aînée évoque un personnage masculin : le texte insiste sur sa force physique
et son aptitude aux travaux qui incombent normalement aux hommes, tels
l'abattage des palmiers (cf. plus haut, p. 152).

Ni l'une ni l'autre des versions de Wilbert n'attribuent une origine
surnaturelle au mari des deux sœurs, présent dès le début du récit. L'identité
de l'ogre n'est pas davantage précisée, ni la raison pour laquelle, dans ces
versions, il tue l'Indien, le fait rôtir, et offre la viande aux deux femmes qui
reconnaissent le corps démembré de leur mari au pénis posé au-dessus du
paquet. En dépit de ces divergences, la vocation paternelle de l'ogre est
également soulignée : dans les deux versions Wilbert comme dans la version
Roth, il réclame tout de suite qu'on lui confie le bébé. Les deux sœurs
protègent leur fuite grâce à des obstacles magiquement suscités avec leurs
poils pubiens qu'elles jettent derrière elles. La grenouille tue l'ogre d'un
coup de sabre d'abatis (M_{243}) ou en le transperçant avec une lance depuis
l'anus jusqu'au sommet de la tête (M_{244}). L'épisode des excréments prend
place au village des Siawana, dans la marmite desquels Haburi fait ses
besoins (M_{243}), ou chez la « tante » de Haburi dont il souille pareillement la
nourriture (M_{244}).

A partir de là, les versions Wilbert divergent nettement. La transformation de Wau-uta en grenouille est toujours consécutive à l'ingestion de
miel, mais celui-ci provient d'un gendre de la vieille femme, mari de sa fille :
deux personnages dont on entend parler pour la première fois. M_{243} s'engage
alors dans le récit d'autres aventures de Haburi qui prennent vite un

caractère cosmologique. Le héros rencontre un crâne qui le persécute (cet épisode se retrouve dans un mythe du recueil de Roth que nous examinerons dans un prochain volume ; nous montrerons alors que cet épisode se ramène à une réduplication de l'histoire de la grenouille) puis il tire une flèche qui perce le sol et lui révèle l'existence d'un monde inférieur où règne l'abondance, sous forme de riches palmeraies et de hardes de cochons sauvages. Haburi et ses compagnons entreprennent d'y descendre, mais une femme enceinte reste coincée dans le passage. On la pousse, son anus lâche et devient l'étoile du matin. Ceux qui étaient derrière la femme enceinte ne purent gagner le monde inférieur, et comme c'étaient les meilleurs chamans, l'humanité se trouve aujourd'hui privée de leur aide qui eût beaucoup amélioré son sort. De cette époque date la préparation de la moelle de palmier et l'acquisition par les animaux de leurs caractères spécifiques. L'autre version (M_{244}) plus brève, s'achève avec la transformation de Wau-uta en grenouille. (Cf. aussi Osborn 1, p. 164-166 ; 2, p. 158-159. Brett 1, p. 389-390.)

Aussi bien dans la version Roth que dans les versions Wilbert, par conséquent, l'extraction de la moelle de palmier joue un rôle de premier plan. En vérité, M_{243} se présente comme un mythe sur l'origine de cette préparation culinaire, qui coïncide avec la descente des ancêtres des Warrau sur la terre et l'organisation définitive du règne animal. Cet aspect serait encore renforcé si les Siawana dont il est question dans cette version se confondaient avec les Siawani auxquels se rapporte un autre mythe (M_{244b}) : peuple cannibale subséquemment transformé en arbres ou en poissons-torpilles, et dont la destruction rend les Indiens maîtres des arts de la civilisation au premier rang desquels figurent la technique et les ustensiles qui leur permettront de préparer la moelle de palmier (Wilbert 9, p. 141-145). La prépondérance reconnue à cet aliment s'explique si l'on tient compte que « le palmier moriche mérite vraiment d'être appelé l' « arbre de vie » des Warrau pré-agricoles. Ils utilisent dix parties différentes, ont mis au point une arboriculture très efficace et surtout, ils considèrent la moelle comme la seule nourriture véritablement propre à la consommation humaine, et même digne d'être offerte en sacrifice aux dieux. La moelle de moriche et le poisson sont associés sous le nom de /nahoro witu/ « la nourriture véritable » » (Wilbert 9, p. 16).

3. Seules, les femmes se nourrissent de moelle végétale. Mariées, elles auront aussi du poisson, c'est-à-dire — on vient de le voir au paragraphe précédent — que leur alimentation sera désormais complète, L'ensemble warrau : {amidon - poisson - miel} restitue, dans un contexte différent au point de vue écologique, l'ensemble {fruits sauvages - poisson - miel} dont on a vu qu'il inspirait les mythes du Chaco.

Or, ce poisson provient de deux mares. Comme dans les mythes précédemment étudiés du même groupe, nous avons donc ici deux eaux, semblables au point de vue hydrologique — elles sont stagnantes — mais

6

néanmoins inégalement marquées sous le rapport alimentaire puisqu'une mare contient beaucoup de poisson, l'autre peu. Nous pouvons donc construire « le groupe des deux eaux », et écrire :

$$M_{235}\left[\left(\begin{array}{l}\text{« eau » de}\\ \text{l'abeille }(=\textit{ miel})\end{array}\right):\left(\begin{array}{l}\text{eau des femmes}\\ \textit{(courante)}\end{array}\right)\right]::M_{237}\left[\left(\begin{array}{l}\text{eau de la grenouille}\\ \textit{(stagnante, haute)}\end{array}\right):\left(\begin{array}{l}\text{eau de la femme}\\ \textit{(stagnante, basse)}\end{array}\right)\right]$$

$$::M_{239}\left[\left(\begin{array}{l}\text{eau de la grenouille}\\ \textit{(stagnante, haute)}\end{array}\right):\left(\begin{array}{l}\text{eau de la femme}\\ \textit{(?, basse)}\end{array}\right)\right]$$

$$::M_{241}\left[\left(\begin{array}{l}\text{eau des femmes}\\ \textit{(stagnante, poisson —)}\end{array}\right):\left(\begin{array}{l}\text{eau du jaguar}\\ \textit{(stagnante, poisson +)}\end{array}\right)\right]$$

Le miel n'est pas de l'eau (sauf pour Abeille) mais il stagne. Le mythe souligne indirectement ce trait pertinent en précisant que l'eau adverse est courante, à la différence de toutes les autres variantes où les deux eaux sont définies comme stagnantes, et opposées sous le rapport du haut et du bas, ou sous celui de leur teneur relative en poissons. On peut donc simplifier et écrire :

$$[\text{stagnant}:\text{courant}]::[\text{haut}:\text{bas}]::[\text{poisson }(—):\text{poisson }(+)]$$

soit une opposition horizontale, une opposition verticale, et une opposition de nature, pourrait-on dire, économique.

L'opposition : *eau stagnante/eau courante*, est fortement marquée dans tout le continent américain, et d'abord chez les Warrau. Aux temps jadis, content ces Indiens, les hommes obtenaient leurs épouses des Esprits des eaux auxquels ils donnaient leurs sœurs en échange. Mais ils exigèrent que les femmes fussent isolées pendant la période des règles, contrairement à l'avis de leurs partenaires surnaturels ; depuis lors, ceux-ci n'ont cessé de les persécuter (Roth *1*, p. 241). D'où un grand nombre de prohibitions, notamment celle de laver les cuillers à pot dans l'eau courante : même en voyage, il faut les nettoyer dans la pirogue, sinon une tempête surviendrait (*ibid.* p. 252, 267, 270). On notera à cette occasion que le Jaguar-Noir des mythes est censé provoquer le tonnerre par ses rugissements. Plus au sud, les Mundurucu faisaient une distinction rituelle entre l'eau courante et l'eau stagnante. La première était interdite à la femme de l'Indien proprié-taire d'une tête-trophée et aux membres de la confrérie des tapirs. En conséquence, ces personnes ne pouvaient se baigner dans la rivière ; on leur apportait l'eau à domicile pour se laver (Murphy *1*, p. 56, 61).

La prohibition guyanaise de laver la vaisselle de cuisine, ou de la laver à l'eau courante, se retrouve dans le nord-ouest de l'Amérique du Nord, chez les Yurok qui prescrivent de laver la vaisselle de bois et les mains grasses dans l'eau stagnante, jamais dans l'eau courante (Kroeber *in* Elmendorf, p. 138, n. 78). Le reste du texte suggère que la prohibition pourrait être une application particulière d'un rapport général d'incompatibilité, conçu entre la nourriture et les êtres surnaturels. Dans ce cas, le parallélisme avec les croyances guyanaises serait encore plus net et il apparaîtrait moins risqué de recourir à des exemples américains d'origines diverses, pour tenter d'éclairer la nature de l'opposition entre les deux eaux.

Chez les Twana de Puget Sound, les filles pubères devaient obligatoirement se laver dans l'eau courante pour supprimer le danger de contamination inhérent à leur état (*ibid.*, p. 441). En revanche, les veufs et les veuves « devaient se baigner quotidiennement dans une piscine aménagée en barrant un ruisseau ou une petite rivière... Cette pratique durait au moins un mois lunaire après l'enterrement de l'époux décédé. Elle n'avait pas pour but principal de laver la souillure contagieuse, mais d'empêcher que le survivant ne fût entraîné au pays des morts par le défunt » (*ibid.*, p. 457). Les Toba du Chaco interdisaient les bains de rivière aux accouchées ; seule la lagune leur était permise (Susnik, p. 158). De même que les Mandan opposaient l'eau courante et l'eau stagnante, l'une « pure », l'autre « impure » parce que privée d'écoulement (Beckwith, p. 2), les Guarani du Paraguay réservaient à la seule eau courante l'épithète d'eau « vraie » (Cadogan 6).

A la différence de l'eau stagnante qui est une eau neutralisée, l'eau courante constitue donc le terme marqué. Elle est plus puissante et plus efficace, mais aussi plus dangereuse : habitée par les Esprits ou en relation directe avec eux. Métaphoriquement, nous disons à peu près la même chose quand nous opposons l'« eau vive » et l'« eau morte ». Si donc les Yurok de la Californie astreignent les filles pubères à s'alimenter près des cascades, là où le grondement de la rivière étouffe tous les autres bruits (Kroeber, p. 45), c'est peut-être qu'ils partagent avec les Cherokee du sud-est des États-Unis la croyance que l'eau bruyante est une eau « parlante », véhicule d'un enseignement surnaturel (Mooney, p. 426).

Si cette problématique vaut aussi pour les mythes sud-américains, comme le suggère le parallélisme entre les croyances des deux hémisphères, il résulte que l'eau courante est proscrite parce qu'elle pourrait rompre le lien ténu qui s'est noué entre un personnage surnaturel et un humain. Or, nous avons vu qu'à partir de M_{237}, l'opposition entre eau stagnante et eau courante se transforme en une autre : celle de l'eau relativement haute (puisque la grenouille la cherche au cœur des arbres) et de l'eau relativement basse : les mares où se baignent les humains. Enfin, dans M_{241} cette transformation se poursuit. Au lieu de deux eaux d'inégale hauteur, nous avons affaire à deux eaux identiques sous le rapport vertical, mais l'une inoffensive et pauvre en poisson, l'autre dangereuse et riche sous ce dernier rapport. Les termes de la première opposition s'inversent en même temps que s'opère cette transformation. En effet, de M_{235} à M_{239}, l'eau d'abord stag-

nante, puis haute, était congrue à un personnage surnaturel et bénéfique ;
l'eau d'abord courante, puis basse, à un personnage humain et maléfique.
Dans M_{241}, c'est le contraire, en raison de l'inversion de signe affectant le
partenaire surnaturel qui est ici le Jaguar-Noir, monstre cannibale. Symétriquement, le personnage humain reçoit un rôle bénéfique. C'est donc
l'eau pauvre en poisson, faiblement marquée sous le rapport de la quête
alimentaire, qui correspond à l'eau relativement haute où l'abeille, la grenouille auraient dû continuer à se baigner et où l'homme aurait dû
continuer à pêcher. Car, alors, les choses seraient restées en l'état.

Cette discussion ne semble mener nulle part. Sans elle, cependant, nous
ne serions jamais parvenu à l'hypothèse précédente qui, en y réfléchissant,
est la seule qui permette de découvrir l'armature commune à la grande
version Wilbert et à celle de Roth, les plus riches que nous possédions du
mythe de Haburi. En quoi consiste leur apparente différence ? La version
Roth ne contient pas la partie cosmologique. En revanche, les versions
Wilbert ne contiennent pas l'épisode des deux mares. Or, nous venons de
montrer que cet épisode transforme d'autres mythes guyanais, qui font
partie du même groupe que celui que nous sommes en train de discuter.

Mais en fait, cet épisode et le système de ses transformations ne sont
qu'un déguisement faussement anecdotique, qui dissimule mal le motif
cosmologique auquel la grande version Wilbert donne toute son ampleur.
Dans cet épisode, le mari des deux sœurs renonce à pêcher médiocrement
et sans risque dans une mare qui, nous venons de le voir, correspond à
l'eau stagnante et relativement haute des mythes examinés auparavant,
parce qu'il préfère la pêche abondante, mais périlleuse, d'une autre mare,
laquelle correspond dans les mêmes mythes à l'eau courante et relativement
basse. Or, à la fin de la version Wilbert, Haburi et ses compagnons, ancêtres
des Indiens actuels, font le même choix mais sur une plus grande échelle :
ils renoncent à une vie modeste et tranquille dans le monde supérieur sous
la conduite spirituelle de leurs prêtres, parce que les riches palmeraies et
les hardes de cochons sauvages aperçues dans le monde inférieur leur pro-
mettent une nourriture plus abondante. Ils ne savent pas encore qu'ils
devront conquérir celle-ci au prix de grands dangers figurés par les Esprits
des eaux et des bois, dont le plus redoutable est précisément Jaguar-Noir.

Le personnage surnaturel de la version Roth ne fait donc que reproduire
cette conduite ancestrale, quand il se laisse attirer par l'espoir d'une pêche
plus abondante vers une eau qui connote le bas dans le système de transformations dont elle relève, bien que M_{241} la situe au même niveau que
l'autre, lequel connote le haut en vertu du même raisonnement. A cet égard,
une version ancienne se montre parfaitement explicite : dans le monde
inférieur il y a beaucoup de gibier, mais en revanche l'eau y est rare et le
créateur Kanonatu doit susciter la pluie pour grossir les rivières (Brett 2,
p. 61-62). Dans toutes les versions par conséquent, le ou les protagonistes
se rendent coupables d'une faute morale qui prend l'aspect d'une chute.

Celle du protagoniste de M_{241}, tombé dans les griffes de Jaguar-Noir, transpose métaphoriquement la chute physique et cosmique d'où résulte l'apparition de la première humanité. L'une signifie l'autre, comme le personnage surnaturel des premiers mythes du groupe est signifié par son nom (qu'il eût fallu taire), et comme l'eau qui l'éclabousse (déclaration d'amour dans la plupart des tribus sud-américaines et notamment chez les Warrau) signifie le désir physique des belles-sœurs, tout en ayant valeur de métaphore pour le principal intéressé que l'eau brûle *comme si* c'était du feu.

4. On aura certainement remarqué que les deux sœurs de M_{241} sont placées dans la même situation que l'héroïne des mythes du Chaco (qui a elle-même une sœur), c'est-à-dire entre un mari et le rival de celui-ci. Au Chaco, le rôle du mari incombe à Pic qui est un héros nourricier. Le mari warrau aussi est nourricier, mais de poissons et non de miel. Comme le miel au Chaco, le poisson est en Guyane une nourriture de saison sèche (Roth 2, p. 190) : on pêche mieux quand les eaux sont basses. De plus, le miel apparaîtra en fin du récit.

Le rival du mari est Renard chez les Toba, Jaguar-Noir chez les Warrau, soit dans un cas un décepteur, dans l'autre un ogre terrifiant. A cette différence de nature, une autre correspond sur le plan psychologique. Renard, avons-nous vu, est « fou de femme » ; il a pour mobile la lasciveté. De Jaguar-Noir, le mythe n'affirme rien de tel. En fait, Jaguar-Noir commence par se conduire à l'inverse de Renard, puisqu'il apporte aux femmes une nourriture abondante : poissons dans la version Roth, morceaux rôtis du corps de leur mari dans les versions Wilbert. Ce dernier détail rapproche plutôt Jaguar-Noir du héros gé qui fait rôtir le cadavre de sa femme et l'offre en guise de viande aux parents de celle-ci, parce que la malheureuse s'est montrée trop avide de miel : comme l'homme victime du même sort se montre ici trop avide de poissons. Nous reviendrons sur ce point.

Mais surtout, Jaguar-Noir diffère de Renard par l'absence de toute motivation amoureuse. A peine arrivé chez les femmes, il se dit fatigué et ne pense qu'à dormir après qu'on lui a, sur sa demande, mis le bébé dans les bras : conduite habituelle du bon père indigène qui n'a rien de plus pressé, quand il rentre de la chasse, que de s'étendre dans son hamac pour cajoler son bébé. Le trait est essentiel, car on le retrouve dans toutes les versions. La raison n'est-elle pas que ce détail dévoile le mobile du jaguar, en opposition diamétrale avec celui du renard ? Comme ce dernier était «fou de femme», le jaguar se révèle «fou d'enfant» ; ce n'est point la lasciveté mais la soif de paternité qui l'anime. Après avoir manifesté ses dons de nourricier vis-à-vis des deux femmes, il s'installe dans le rôle de nourrice sèche du bébé.

Cette attitude, paradoxale chez un ogre, requiert évidemment une explication. Elle sera fournie dans un autre chapitre où nous établirons définitivement ce que les mythes gé nous avaient déjà suggéré, à savoir que le domaine du groupe englobe un double système de transformations : celui dont nous suivons le déroulement depuis le début de ce livre et un autre, qui lui est transversal en quelque sorte, et qui le croise précisément au point où nous sommes parvenu. Nous comprendrons alors que le jaguar se conduit ici à la façon d'un père nourricier parce qu'il joue le rôle inverse, dans le groupe perpendiculaire au nôtre : celui d'un séducteur, ravissant des mères à leurs enfants. Un autre mythe guyanais que nous utiliserons plus loin (M_{287}) offre un parfait exemple de ce renversement, puisqu'on y voit les maris trompés assassiner Jaguar-Noir. Si donc, dans M_{241}, le jaguar tue le mari, non le contraire, il faut qu'il ne soit pas un séducteur, mais le contraire (cf. plus bas, p. 253-263).

Comme nous ne sommes pas encore à pied d'œuvre pour mener cette démonstration et pour construire le méta-système intégrant les deux aspects, nous préférons nous contenter provisoirement d'une démonstration différente, fondée sur le parallélisme que nous avons commencé d'établir entre le renard du Chaco et le jaguar guyanais, et qui sera faite *a contrario*.

Renard est un décepteur. Dans *le Cru et le Cuit* (p. 315-316), nous avons indiqué que les mythes qui ont ce type de personnage pour héros sont souvent construits à la façon d'une mosaïque, et par enjambements réciproques de fragments de chaînes syntagmatiques provenant de mythes distincts, sinon même opposés. Il résulte une chaîne syntagmatique hybride dont la construction même traduit, par son ambiguïté, la nature paradoxale du décepteur. S'il en est ainsi dans le cas qui nous intéresse, nous pouvons interpréter le caractère de *séducteur inefficace* dont témoigne Renard comme un résultat de la juxtaposition de deux caractères antithétiques, chacun attribuable à un personnage inverse de Renard à sa façon : soit un *séducteur efficace*, soit le contraire d'un séducteur, donc un *père*, mais qui (par hypothèse) doit alors se montrer *inefficace :*

$$\text{DÉCEPTEUR} \left\{ \begin{array}{l} \text{séducteur} \\ \text{inefficace} \end{array} \right. \begin{array}{l} \nearrow \text{inefficace, mais séducteur}^{(-1)} = \text{père} \\ \searrow \text{séducteur, mais efficace} \left(= \text{inefficace}^{(-1)} \right) \end{array} \left. \begin{array}{l} \\ \\ \end{array} \right\} \text{OGRE}$$

Avec le mythe warrau, nous avons découvert une des deux combinaisons qui définissent l'ogre par opposition au décepteur. Et, comme nous l'avons dit, nous rencontrerons ultérieurement l'autre, dont nous vérifierons alors que la première n'était qu'une transformation. Dès maintenant, il est clair que Renard du Chaco et Jaguar-Noir de la Guyane s'opposent symétriquement en tant que personnages cherchant à incarner leur victime auprès du conjoint de celle-ci. Renard se déguise en femme qu'il a fait disparaître, Jaguar prend l'apparence de l'homme qu'il a tué. Piqué par une fourmi qui s'est assurée *de visu* de son véritable sexe, Renard trahit physiquement *ce qu'il est :* en hurlant d'une voix qu'il ne peut plus déguiser ou en retroussant sa jupe. Bien que Jaguar se montre bon père et bon mari (à l'opposé de Renard, si maladroit dans son rôle d'épouse), il trahit moralement *ce qu'il n'est pas :* en prononçant le nom de sa victime. Cet incident du nom transpose donc un épisode des mythes du Chaco et lui donne une acception figurée. Et il reflète aussi, tout en l'inversant, un incident déjà rencontré dans d'autres mythes guyanais du même groupe (M$_{233}$, M$_{238}$). Là, le personnage surnaturel se disjoignait de son compagnon humain quand on proférait son nom. Ici, les humaines se disjoignent de leur prétendu compagnon surnaturel quand celui-ci profère ce qui (puisqu'il l'énonce lui-même) *ne peut pas être* son nom.

5. La grenouille s'appelle Wau-uta. C'était déjà le nom de la grenouille protectrice du chasseur dans M$_{238}$ et, dans M$_{235}$, de la grenouille arboricole en laquelle se transformait le bébé du héros. D'un bébé changé en animal (sous l'aspect d'une grenouille) nous passons donc, par l'intermédiaire d'une grenouille mâle et chasseresse, à une grenouille femelle et belliqueuse (elle tue le jaguar) qui change un bébé en adulte. Dans les cas précédents, cette grenouille était un cunauaru, et Roth propose la même identification pour la protectrice libidineuse de Haburi dont le cri est d'ailleurs phonétiquement le même que celui attribué par d'autres mythes au cunauaru.

La fuite d'une femme avec son enfant, tous deux pourchassés par des monstres cannibales et trouvant auprès d'une grenouille refuge et protection, forme le thème d'un mythe mundurucu (M$_{143}$), où cette fuite est aussi motivée par la reconnaissance du cadavre rôti du mari. Nous examinerons dans un autre volume les parallèles nord-américains.

Le mythe warrau et le mythe mundurucu se ressemblent également en ce sens que la grenouille y tient le rôle de chaman. Un mythe tukuna attribue au cunauaru l'origine des pouvoirs chamaniques. Il mérite donc d'être cité, ne fût-ce que pour justifier de manière rétroactive l'usage que nous avons fait d'observations relatives à cette tribu afin d'élucider certaines coutumes guyanaises :

M$_{245}$. *Tukuna : origine des pouvoirs chamaniques.*

Une petite fille de deux ans pleurait sans arrêt chaque nuit. Excédée, sa mère la mit dehors et l'enfant continua de pleurer toute seule. Finalement une grenouille cunauaru survint et l'emporta. La fillette demeura auprès de la grenouille jusqu'à ce qu'elle fût devenue une adolescente, et elle apprit de sa protectrice tous les arts magiques, ceux qui guérissent et ceux qui tuent.

Elle retourna ensuite parmi les hommes où la sorcellerie était alors inconnue. Quand elle fut très vieille et incapable de subvenir à ses besoins, elle pria des jeunes filles de lui préparer à manger. Mais celles-ci ne l'aimaient pas et refusèrent. Pendant la nuit, la vieille s'empara des os de leurs jambes. Incapables de se lever, les jeunes filles la virent manger la moelle des os qui était sa seule nourriture.

Quand le crime fut connu, on coupa le cou de la sorcière. Elle recueillit le sang qui ruisselait dans ses mains jointes, souffla dessus

pour le projeter vers le soleil et dit : « L'âme aussi entre en toi ! »
Depuis lors, l'âme de la victime pénètre le corps du meurtrier
(Nim. *13*, p. 100).

Par le motif du bébé larmoyant (voir plus loin, p. 326) ce mythe tukuna
renvoie à un groupe dans lequel une sarigue ou une renarde tiennent le
rôle de l'animal abducteur (CC, p. 277, n. 1). L'enfant larmoyant, qu'on
ne parvient pas à « socialiser », demeure obstinément du côté de la nature
et éveille la concupiscence d'animaux pareillement orientés : fous de miel,
aliment naturel, ou fous de femme ou de garçon, « aliments » sexuels. Par
ce biais et depuis la grenouille, folle d'un garçon mais encore plus folle
de miel, nous pourrions rejoindre la fille folle de miel du Chaco qui est à sa
façon une renarde (sinon le renard ne pourrait prétendre la personnifier) ;
mais fille, aussi, dont un renard est fou. On reviendra sur cette réci-
procité.

6. Dans la version Roth (M_{241}), la grenouille tue le jaguar en refermant
sur lui la porte, hérissée d'épines, qui donne accès à l'arbre creux qu'elle
habite. Cette manœuvre rappelle celle qu'utilisent les protagonistes de
certains mythes du Chaco pour se délivrer aussi d'un jaguar cannibale
après s'être eux-mêmes réfugiés dans un arbre creux : par les fissures du
tronc ils passent des lances sur lesquelles l'ogre se blesse mortellement
(M_{246} ; Campana, p. 320) ; ou encore, par retournement du thème, c'est le
jaguar qui, enfonçant ses griffes dans le tronc, ne peut plus se dégager et
s'offre sans défense aux coups de ses victimes (Toba : M_{23}). Dans les deux
cas il s'agit d'un jaguar femelle, en qui s'est métamorphosée une femme
meurtrière de son mari, alors que le jaguar mâle du mythe guyanais a pris,
devant des femmes, l'apparence de leur mari qu'il a tué.

Les mythes du Chaco qu'on vient de rappeler concernent l'origine du
tabac, qui naîtra du cadavre de la femme-jaguar incinéré. Après être parti
de l'opposition du miel et du tabac et avoir suivi pas à pas le cycle des
transformations illustrées par les mythes sur l'origine du miel, voici donc
que nous découvrons la rotondité de notre globe puisque, parvenu à une
distance déjà appréciable de notre point de départ, nous commençons à
discerner des contours que nous savons être caractéristiques des mythes
sur l'origine du tabac.

Ce n'est pas tout. L'arbre creux qui, dans les mythes du Chaco, sert
de refuge contre le jaguar, est un /yuchan/ *(Chorisia insignis)*, arbre de la
famille des bombacées. C'est également contre les épines qui hérissent le
tronc du /yuchan/ que le renard s'ouvre le ventre dans d'autres mythes du
Chaco ($M_{208-209}$). Bien que, d'après les sources dont nous disposons, le
cunauaru semble toujours choisir pour demeure un arbre d'une autre espèce
(*Bodelschwingia macrophylla* Klotzsch — une tiliacée aux fleurs odorantes
et dont le tronc devient creux quand l'arbre atteint certaines dimensions ;
Schomburgk, vol. II, p. 334), tout se passe comme si le mythe warrau

reconstituait simultanément l'aspect physique et la fonction sémantique de la bombacée du Chaco.

Anticipant la marche du récit, il est donc opportun de souligner que les bombacées joueront un rôle dans notre mythe. Après avoir tenté de fabriquer une pirogue de cire, puis d'argile, et essayé de nombreuses essences d'arbres, le héros parvient à ses fins en utilisant le « silk-cotton tree » qui est une bombacée *(Bombax ceiba, B. globosum)*. Les Warrau employaient effectivement ce bois peu durable, mais qui se prêtait à la fabrication d'énormes pirogues pouvant accommoder 70 à 80 passagers (Roth 2,

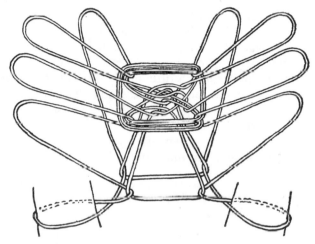

Fig. 12. — *Bombacée. Figure de jeu de ficelle, Indiens Warrau.*
(D'après Roth 2, p. 533, fig. 300.)

p. 613). Une figure de jeu de ficelle évoque l'aspect puissant et trapu de l'arbre au tronc renflé.

Il est particulièrement remarquable que la mythologie du Chaco reflète, sur le plan de l'imaginaire, un aspect réel de la culture de certains Indiens guyanais. Le mythe matako (M_{246}) auquel nous avons déjà fait allusion relate que la population persécutée par le jaguar cannibale chercha refuge dans une arche grande comme une maison, creusée dans un tronc de /yuchan/. Mais, si le mythe matako imagine en l'occurrence une réalité warrau, à son tour cette réalité (et l'origine mythique qu'en propose M_{241}) inversent la fonction originelle de la bombacée telle que la décrivent les mythes du Chaco. Au commencement des temps, avons-nous rappelé plus haut en amorçant cette discussion qui sera poursuivie dans un autre chapitre, un gros arbre /yuchan/ contenait dans son tronc creux toute l'eau et tous les poissons du monde. L'eau était donc dans l'arbre, tandis que l'opération technique transformant le tronc en pirogue engendre la situation inverse : car alors, c'est l'arbre qui est dans l'eau. Nous retrouvons à cette occasion la dialectique du contenant et du contenu, de l'interne et de l'externe, dont la complexité se manifeste de façon particulièrement nette dans la série des contrastes (mythique et mythique, mythique et réel, réel et mythique) illustrée par le rôle des bombacées. En effet, ou bien l'eau et les poissons sont dans l'arbre, les humains en dehors de l'arbre ; ou bien les humains sont dans l'arbre, l'eau en dehors, et les poissons dans l'eau. Entre ces cas extrêmes, le genre de vie de la grenouille cunauaru occupe une place intermédiaire : pour elle, et pour elle seule, « toute l'eau du monde » (puisqu'elle n'en utilise aucune autre) est encore dans l'arbre. Et, si M_{241} met en opposition diamétrale la pirogue de cire d'abeilles et celle en bois de bombacée, n'est-ce pas que pour l'abeille, homologue de la grenouille arboricole sur l'axe du sec et de l'humide (plus haut, p. 142), la cire et le miel remplacent l'eau à l'intérieur de l'arbre, et ne peuvent donc être permutés avec l'arbre dans son rapport avec l'eau[1] ?

7. Il n'y a rien de particulier à dire sur la flûte et les flèches que Wauuta donne au garçon devenu adolescent, sinon que ce sont les attributs normaux de son sexe et de son âge, les flèches pour la chasse, la flûte pour l'amour puisque cet instrument sert à courtiser les filles : il est donc compréhensible que les femmes, qui l'entendent de loin, concluent qu'un homme inconnu d'elles se trouve à la maison. L'épisode des loutres pose des problèmes autrement complexes.

Le dégoût que les excréments de Haburi inspirent aux loutres par leur odeur remet en mémoire une croyance des Tlingit de l'Alaska, qui ne sont pourtant guère voisins des Warrau : « La loutre terrestre, disent-ils, a horreur de l'odeur des déjections humaines » (Laguna, p. 188). Il ne peut pourtant s'agir de la même espèce, en raison de l'éloignement des deux régions et de leurs différences climatiques. Les loutres de M_{241}, qui font dans le mythe une apparition collective, pourraient être de ce fait *Lutra brasiliensis* qui vit en bandes de 10 à 20 individus, plutôt que *Lutra felina* (Ahlbrinck, art. « aware-puya ») qui est une espèce plus petite et solitaire et à laquelle les anciens Mexicains attribuaient des pouvoirs et des dispositions maléfiques comme incarnation de Tlaloc : toujours à l'affût des baigneurs pour les noyer (Sahagun, *Part* XII, p. 68-70, art. « auitzotl »).

Il est impossible, pourtant, de ne pas rapprocher les croyances mexi-

---

1. Cf. Le couteau de cire d'abeille, homologue de « l'eau qui brûle comme du feu » (M_{235}) *in* : Goeje, p. 127.

Dans M_{243}, l'opposition majeure est entre une pirogue d'os, qui coule au fond, et une pirogue faite d'une variété d'arbre /cachicamo/. Dans M_{244}, entre une pirogue faite de bois « de gâteau de miel » (« *sweet mouth wood* ») qui coule, et une pirogue de bois de /cachicamo/.

Le /cachicamo/ *(Calophyllum callaba)* est un guttifère ou clusiacé, au tronc corpulent (comme les bombacés) et dont le bois est réputé imputrescible. Dans les versions Wilbert, Haburi essaye aussi le bois de peramancilla, warrau /ohori/, /ohoru/ donc (Roth 2, p. 82) *Symphonia* sp., *Moronobea* sp., également un guttifère dont la résine, récoltée en énormes quantités et souvent malaxée avec de la cire d'abeille, servait, entre autres usages, à calfater les pirogues.

caines de celles de la Guyane. Un passage de Sahagun nous y oblige :
« Quand la loutre était mécontente parce qu'elle n'avait attrapé personne,
n'avait noyé aucun de nous autres les petites gens, alors on entendait comme
un enfant qui pleurait. Et celui qui l'entendait se disait que c'était peut-
être un enfant en pleurs, qui sait ? un bébé qu'on aurait abandonné. Apitoyé,
il allait à sa recherche, et il tombait aux mains du /auitzotl/, qui le noyait »
(*ibid.* p. 69).

Ce bébé larmoyant, qui se conduit en séducteur perfide, est évidemment
symétrique avec l'insupportable braillard que mettent en scène M_{245} et
d'autres mythes. De plus, la croyance mexicaine trouve de curieux échos
dans des régions américaines dont, au sujet des loutres, la communauté
d'opinion nous avait déjà frappé. Les Indiens Tagish de la Colombie
britannique, proches des Tlingit par la langue et l'habitat, associent dans
le même souvenir la ruée vers l'or du Klondyke en 1898 et un mythe
relatif à une « Dame-Richesse » qui est aussi une femme-grenouille. Parfois,
la nuit, on entend pleurer le bébé qu'elle tient dans les bras. Il faut s'en
emparer et refuser de le rendre à sa mère qu'on asperge d'urine, jusqu'à
ce qu'elle ait excrété de l'or (McClellan, p. 123). Les Tlingit et les Tsimshian
parlent, dans leurs mythes, d'une « Dame du lac » qu'épouse un Indien
dont la sœur reçoit un « habit de richesse », et qui rendra riche quiconque
entendra pleurer son bébé (Boas 2, p. 746 ; cf. Swanton 2, p. 173-175,
366-367). Loutres ou grenouilles, ces sirènes maternelles dont le bébé
profère le chant noient leurs victimes, comme les loutres mexicaines, et
elles partagent avec leurs consœurs guyanaises une même horreur des
déjections. Il n'est pas jusqu'à l'association aux richesses métalliques qui
n'ait son équivalent en Guyane : surprise, la « Dame de l'eau » des Arawak
abandonne sur la berge le peigne d'argent avec lequel elle se coiffait (Roth 1,
p. 242) ; dans les croyances du Brésil méridional, Mboitata, le serpent de
feu, a une passion pour les objets de fer (Orico 1, p. 109).

En Guyane et dans toute la région amazonienne, ces séducteurs aquatiques, mâles ou femelles, prennent volontiers la forme d'un cétacé qui est
généralement le bôto, ou dauphin blanc amazonien (*Inia geoffrensis*).
Selon Bates (p. 309), le bôto faisait l'objet de superstitions si fortes qu'il
était interdit de le tuer (cf. Silva, p. 217 n. 47). L'animal, croyait-on,
prenait parfois l'aspect d'une femme merveilleusement belle, qui attirait
les jeunes gens du côté de l'eau. Mais si l'un d'eux se laissait séduire, elle
le saisissait par la taille et l'entraînait au fond. Au dire des Shipaia (M_{247b}),
les dauphins descendent d'une femme adultère et de son amant, ainsi
transformés par le mari — autrefois enfant maltraité — quand il les
découvre collés l'un à l'autre en conséquence d'un coït prolongé (Nim. 3,
p. 387-388). Plus près des Warrau, les Piapoco du bas Guaviar, bras de
l'Orénoque, croyaient en des Esprits maléfiques qui se tenaient le jour au
fond de l'eau, mais qui sortaient la nuit pour errer çà et là « en criant
comme des petits enfants » (Roth 1, p. 242).

Cette variation du signifiant zoologique est d'autant plus intéressante que le dauphin lui-même oscille entre la fonction de séducteur et une fonction diamétralement opposée qu'il assume de pair avec la loutre. Un célèbre mythe baré (arawak du rio Negro) sur la geste du héros Poronominaré ·(M_{247}) raconte, dans un épisode, comment le dauphin ramena à des proportions plus modestes le pénis du héros, démesurément enflé par les morsures de la vermine qui avait élu domicile dans le vagin d'une séduisante vieille femme (Amorim, p. 135-138). Or, selon un mythe mundurucu (M_{248}) ce sont les loutres qui remplissent le même office auprès d'un Indien dont une grenouille avait allongé le pénis pendant le coït (Murphy *1*, p. 127). D'après son cri, tel que le mythe le transcrit phonétiquement, cette grenouille pourrait être un cunauaru. Un autre mythe mundurucu (M_{255}) que nous analyserons plus bas (p. 173) relate que le soleil et la lune, dans le rôle de maîtres des poissons, firent régresser jusqu'au stade infantile un homme dont le pénis restait flaccide en dépit de toutes les stimulations (Murphy *1*, p. 83-85 ; Kruse *3*, p. 1000-1002).

Tout se passe comme si M_{241} se bornait à consolider ces deux récits en leur donnant une expression métaphorique : pour qu'il devienne plus vite son amant, la grenouille accélère magiquement la croissance du bébé Haburi, elle allonge donc le pénis de celui-ci. Il incombera ensuite aux loutres d'« infantiliser» le héros en lui restituant son enfance oubliée et en le ramenant à des sentiments plus filiaux. Or, les loutres sont aussi des maîtres du poisson : ces animaux, dit Schomburgk (cité par Roth *2*, p. 190), « ont coutume d'aller à l'eau et de rapporter poisson après poisson à l'endroit où ils mangent habituellement. Ils s'attablent seulement quand ils jugent la quantité suffisante. Les Indiens profitent de la situation : ils prennent l'affût près d'un site de pêche, attendent patiemment, et s'emparent du butin quand la loutre retourne à la rivière. » Par conséquent, déféquer en pareil lieu comme fait Haburi n'est pas seulement se montrer mauvais pêcheur. C'est aussi se soulager symboliquement dans la « marmite » des animaux : soit un acte que, chez les Siawana ou chez sa « tante » (M_{243}, M_{244}), le héros accomplit réellement.

Surtout, la technique de pêche décrite par Schomburgk et commentée par Wilbert (*2*, p. 124) n'est peut-être pas sans rapport avec la manière dont Ahlbrinck (art. « aware-puya ») explique le nom kalina de la loutre : « la loutre est l'animal domestique de l'Esprit de l'eau, ce que le chien est aux hommes, la loutre l'est pour l'Esprit ». Car si, en conjuguant toutes ces indications, on pouvait admettre que les Indiens guyanais voient dans la loutre une sorte de « chien de pêche », il serait extraordinairement instructif qu'un mythe ojibwa de l'Amérique du Nord, où l'on retrouve presque mot pour mot l'histoire de Haburi et que nous discuterons dans le prochain volume, attribue le même rôle infantilisateur au chien.

De tout ce qui précède, il résulte que nonobstant la diversité des espèces en cause, certaines croyances relatives aux loutres persistent dans les régions les plus éloignées du Nouveau Monde, depuis l'Alaska et la Colombie britannique jusqu'à la côte atlantique de l'Amérique septentrionale, et, vers le sud, jusqu'à la région guyanaise en passant par le Mexique. Chaque fois adaptées à des espèces locales, sinon même à des genres, ces croyances doivent être très anciennes. Mais il se peut que des observations empiriques leur aient donné ici et là un regain de vitalité. Qu'il s'agisse des loutres marines ou terrestres, on est frappé que non seulement les mythes, mais aussi les naturalistes, reconnaissent des mœurs d'une extrême délicatesse à ces animaux. De la grande loutre sud-américaine *(Pteroneura brasiliensis)*, Ihering remarque (art. « ariranha ») qu'elle répugne à manger la tête et les arêtes des plus gros poissons, et il existe un mythe guyanais (M_{346}) qui explique pourquoi la loutre rejette les pattes des crabes. Quant à la loutre des mers arctiques, elle se caractérise par une très grande sensibilité olfactive et par une intolérance à toute souillure, même petite, qui compromettrait les qualités d'isolant thermique de sa fourrure (Kenyon).

Peut-être faut-il chercher dans cette voie l'origine de la susceptibilité aux odeurs que les Indiens des deux Amériques prêtent aux loutres. Mais, même si les progrès de l'éthologie animale renforçaient cette interprétation, il n'en resterait pas moins vrai que, sur le plan des mythes, la connexion négative, empiriquement attestée entre les loutres et l'ordure, est prise en charge par une combinatoire qui opère de manière souveraine, et qui use du droit de commuter autrement les termes d'un système d'oppositions dont l'expérience avère un seul état parmi d'autres que la pensée mythique s'accorde le privilège de créer.

Un mythe tacana (M_{249}) conte que la loutre, maître des poissons, favorisa des pêcheurs malchanceux en leur révélant l'existence d'une pierre magique enfouie dans ses excréments qui étaient très puants. Pour faire bonne pêche, les Indiens devraient lécher cette pierre et s'en frotter tout le corps (Hissink-Hahn, p. 210-211). Aux hommes qui ne doivent pas être dégoûtés par les excréments puants de la loutre s'opposent, dans la mythologie tacana, le peuple souterrain des nains sans anus qui ne défèquent jamais (ils se nourrissent exclusivement de liquides et surtout d'eau), et qui sont prodigieusement dégoûtés par leur premier visiteur humain quand ils le voient faire ses besoins (M_{250} ; Hissink-Hahn, p. 353-354). Ces nains sans anus sont un peuple de tatous qui vivent sous la terre, comme les loutres vivent sous l'eau. Ailleurs, les loutres font l'objet de croyances similaires. Autrefois, racontent les Trumaï (M_{251}), les loutres étaient des animaux sans anus, qui excrétaient par la bouche (Murphy-Quain, p. 74). Ce mythe du Xingu renvoie à un des mythes bororo sur l'origine du tabac (pour la seconde fois au cours de l'analyse du même mythe, le problème de l'origine du tabac se profile donc à notre horizon) : les hommes qui n'exhalaient pas la fumée du tabac (personnages *bouchés* par en haut au lieu que ce soit par en bas) furent transformés en loutres (M_{27}, CC, p. 113), animaux

qui ont de tout petits yeux précise le mythe, également bouchés par conséquent et privés d'ouverture sur le dehors.

Rassemblant maintenant toutes ces indications, nous pouvons discerner
les contours d'une systématique où les loutres tiendraient une place spéciale
dans la série mythique des personnages percés ou bouchés par en haut ou
par en bas, par devant ou par derrière, et dont l'infirmité positive ou négative intéresse tantôt l'anus ou le vagin, tantôt la bouche, les yeux, les
narines ou les oreilles. Peut-être est-ce parce qu'elles furent jadis bouchées,
et que les fonctions d'excrétion leur étaient inconnues, que les loutres de
M_{241} ont présentement horreur des excréments humains. Mais, de bouchée,
la loutre se transforme en percée dans un mythe waiwai (M_{252}), où les
jumeaux, encore seuls au monde, entreprennent de copuler avec une loutre
per oculos. L'animal indigné proteste qu'il n'est pas une femme, et il ordonne
aux deux frères de pêcher les femmes (congrues donc à des poissons) qui
ont alors des vagins dentés dont ils devront les débarrasser pour qu'elles
ne soient plus impénétrables (Fock, p. 42 ; cf. Derbyshire, p. 73-74),
autrement dit, impossibles à percer. Bouchée par en bas chez les Trumaï,
par en haut chez les Bororo, percée par en haut chez les Waiwai, grâce à
une quatrième transformation la loutre se fait perçante chez les Yabarana,
et par en bas : « Nos informateurs se souvenaient que la loutre était
responsable de la menstruation, mais ils ne pouvaient pas donner d'explication » (M_{253} ; Wilbert *8*, p. 145) :

	Trumaï	Bororo	Waiwai	Yabarana
bouché/percé	+	+	—	—
agent/patient	—	—	—	+
haut/bas	—	+	+	—
devant/derrière	—	+	+	+

Nul doute qu'une recherche méthodique à travers la mythologie sud-
américaine ne livrerait d'autres combinaisons ou, pour des combinaisons
identiques, ne permettrait de définir différemment le « haut » et le « bas »,
le « derrière » et le « devant » (cf. CC, p. 145). Par exemple, un mythe yupa
(M_{254a}) se rapporte à une loutre qu'un pêcheur a adoptée et qui l'approvisionne en gros poisson. Mais elle refuse de pêcher pour les femmes.
Blessée à la tête par son père adoptif, elle saigne abondamment. Pour se
venger, elle quitte les hommes et emmène tous les poissons (Wilbert *7*,
p. 880-881). Selon un mythe catio (M_{254b}), un myocastor (?) *perce* un
homme et le féconde (Rochereau, p. 100-101). Pour le moment, il nous
suffira d'avoir posé le problème et nous passerons tout de suite à un autre,
dont nous ne ferons aussi qu'esquisser les contours.

Si les informateurs yabarana se rappellent vaguement que leurs mythes
établissaient une relation de cause à effet entre la loutre et les règles
féminines, ils ont gardé de façon précise le souvenir d'un récit où un frère
incestueux, subséquemment changé en lune, porte la responsabilité de

l'apparition de cette fonction physiologique (M_{253} ; Wilbert *8*, p. 156).
On pourrait ne voir là qu'une contradiction entre deux traditions, l'une
locale et l'autre très répandue dans les deux Amériques, s'il n'existait des
preuves nombreuses que la pensée indigène commute volontiers la lune et
les loutres dans la même position. Nous avons déjà rapproché (p. 170)
l'épisode des loutres du mythe de Haburi, et plusieurs mythes mundurucu
sur lesquels il convient de s'arrêter à présent. Dans M_{248}, un chasseur se
laisse séduire par une grenouille cunauaru métamorphosée en belle jeune
femme mais qui, au moment de l'orgasme, reprend sa forme batracienne et
étire le pénis de son amant qu'elle tient serré dans son vagin. Quand elle
libère enfin le malheureux, celui-ci implore les loutres qui, sous prétexte
de le soigner, l'affligent d'une incommodité inverse : elles réduisent son
pénis à des dimensions ridicules. Comme nous l'avons montré, cette histoire
exprime au propre celle que M_{241} relate en lui donnant un sens figuré :
d'une part, la vieille grenouille dote Haburi d'un organe et d'appétits hors
de proportions avec son âge véritable ; d'autre part, les loutres rétablissent
la situation, et elles vont plus loin encore quand elles font remonter sa
plus petite enfance à la conscience du héros, au cours de ce qui peut être
considéré comme la première cure psychanalytique de l'histoire...[1].

Or, ce mythe mundurucu auquel nous n'avons fait qu'une brève allusion se montre remarquablement explicite sur tous ces points :

M_{255}. *Mundurucu : origine des soleils de l'été et de l'hiver.*

Un Indien nommé Karuetaruyben était si laid que sa femme
repoussait ses avances et le trompait. Un jour, après une pêche
collective à la nivrée, il était resté seul au bord de l'eau pour réfléchir
tristement sur son sort. Le Soleil et son épouse, la Lune, survinrent.
Ils étaient très poilus, leur voix ressemblait à celle du tapir, et
l'Indien solitaire les vit jeter dans la rivière les têtes et les arêtes
des poissons qui ressuscitaient aussitôt.

Les deux divinités prièrent Karuetaruyben de leur raconter son
histoire. Pour voir s'il disait vrai, le Soleil ordonna à sa femme de le
séduire ; K. n'était pas seulement laid mais impuissant, et son pénis
resta désespérément mou... Alors, le Soleil transforma magiquement K.
en embryon qu'il plaça dans la matrice de sa femme. Trois jours
plus tard, elle donna le jour à un garçon que le Soleil fit grandir et
auquel il accorda une grande beauté. Quand l'opération fut terminée, il lui fit cadeau d'un panier plein de poissons, et lui dit de
retourner à son village et d'épouser une autre femme en abandonnant
celle qui l'avait berné.

Le héros avait un beau-frère, bien fait de sa personne, qui s'appelait Uakurampé. Celui-ci fut stupéfait de la transformation du

---

1. Sans oublier, à l'autre extrémité du Nouveau Monde, le rôle didactique de la
outre lors de l'initiation du chaman, illustré par l'union des langues de l'homme et
de l'animal figurée sur maints hochets haida.

mari de sa sœur et il n'eut de cesse qu'il ne connût son secret pour l'imiter. Mais, quand la Lune entreprit de le séduire, U. eut avec elle des rapports normaux. Pour le punir, le Soleil le fit renaître laid et bossu [ou, selon une autre version, l'enlaidit en lui tirant le nez, les oreilles « et d'autres parties du corps »]. Sur ce, il le renvoya à sa femme sans lui donner de poisson. Selon les versions, la femme dut s'accommoder de ce vilain mari, ou elle ne voulut plus de lui. « C'est ta faute, joua Karuetaruyben sur sa flûte, tu as été trop curieux du vagin de ta mère... »

Les deux héros devinrent respectivement le soleil resplendissant de la saison sèche, et celui, terne et morose, de la saison des pluies (Kruse *3*, p. 1000-1002 ; Murphy *1*, p. 83-86).

Ce mythe, dont nous n'avons retenu que les aspects qui intéressent directement notre analyse (les autres seront repris ailleurs), appelle plusieurs observations. En premier lieu, le soleil et la lune y apparaissent comme des maîtres poilus de la pêche, congrus sous ce rapport aux loutres, et respectueux comme les loutres des têtes et des arêtes de poissons que les loutres ont soin de ne pas manger, et que le soleil et la lune font revivre. En second lieu, ils reconnaissent le héros, non pas à la puanteur de ses excréments comme Haburi, mais grâce à un autre inconvénient physiologique : son impuissance dont témoigne un pénis qui reste petit et mou malgré toutes les sollicitations. Par rapport à M_{241}, nous observons donc ici une double modification du code organique : dans la catégorie anatomique du bas, l'antérieur remplace le postérieur, et les fonctions de reproduction supplantent celles d'élimination ; d'autre part, et comparant cette fois M_{255} et M_{248}, on note une double et remarquable inversion. Dans M_{248}, un pénis trop allongé par la grenouille était transformé par les loutres en pénis trop raccourci, tandis que, dans M_{255}, un pénis qui reste court en présence d'une soi-disant maîtresse bientôt changée en mère (contrastant avec la grenouille de M_{241} qui est une soi-disant mère bientôt changée en maîtresse) sera raisonnablement allongé par le soleil, à la différence de ce qui se passera pour le second héros du même mythe, dont le pénis, raisonnablement long au début, le deviendra trop à la fin (c'est du moins ce que laisse supposer le texte de la version Kruse, cité plus haut)[1]. Les considérations qui précèdent ressortiront mieux dans le tableau ci-contre.

L'homogénéité du groupe est également attestée par les noms du héros de M_{255}. Karuetaruyben signifie « le mâle d'ara rouge aux yeux sanguinolents », mais le héros s'appelle aussi Bekit-tare-bé, « l'enfant mâle qui grandit vite » (Kruse *3*, p. 1001) en raison de sa croissance magiquement induite, qui lui crée un lien supplémentaire avec Haburi.

1. Il serait intéressant de rechercher si le mythe mundurucu ne permettrait pas d'éclairer l'opposition manifeste, dans le panthéon figuré des anciens Maya, entre le jeune et beau dieu solaire et le dieu vieux et vilain au long nez.

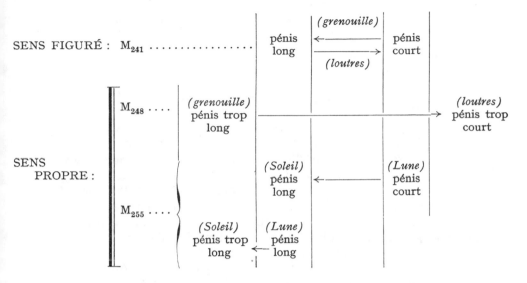

Un mythe de la Bolivie orientale, connu par plusieurs variantes, relève manifestement du même groupe :

M$_{256}$. *Tacana : l'amant de la lune.*

La plantation de coton d'une femme était pillée chaque nuit. Son mari surprit les voleuses : c'étaient deux sœurs célestes, la lune et l'étoile du matin.

L'homme s'éprit de la première, qui était très jolie, mais qui l'éconduisit en lui conseillant de s'intéresser plutôt à sa sœur. Finalement, elle céda non sans recommander à l'homme, avant de coucher avec elle, d'avoir soin de tresser une grande hotte. Pendant le coït, le pénis de l'homme s'allongea énormément. Il devint si grand que son propriétaire dut le mettre dans la hotte où le membre se lova comme un serpent et déborda même par-dessus.

Ainsi chargé, l'homme retourna au village et raconta ce qui lui était arrivé. La nuit, son pénis sortit de la hotte et se mit à vagabonder en quête de femmes avec lesquelles il copulait. Tout le monde avait très peur et un Indien, dont la fille avait été attaquée, monta la garde. Quand il vit le pénis pénétrer dans sa hutte, il trancha l'extrémité qui se changea en serpent. L'homme au long pénis mourut, et le serpent devint la mère des termites qu'on entend siffler aujourd'hui. Dans d'autres versions, le pénis est coupé par son propriétaire, par la lune, ou par les femmes attaquées (Hissink-Hahn, p. 81-83).

Il existe donc un rapport de corrélation et d'opposition entre la paire : *loutre/grenouille* et d'autres paires homologues : *soleil/lune, soleil d'été/*

soleil d'hiver (dans M_{255} où la lune est d'ailleurs la femme du second), *étoile du matin/lune* (dans M_{256}), etc.

Prenons maintenant la question sous un nouvel angle. On se souvient que, dans M_{241}, le héros prépare sa fuite en inventant la pirogue. Les premières embarcations qu'il fabrique sont volées par les canards qui, à cette époque, ne savaient pas encore nager, et qui acquerront précisément cet art en utilisant — en s'incorporant pourrait-on dire — les pirogues faites par Haburi. Or, on connaît au Chaco des mythes dont les protagonistes sont d'une part les canards, d'autre part le soleil et la lune, et qui contiennent aussi le motif du personnage démasqué par la puanteur de ses excréments soit, sous trois aspects différents, des mythes qui reproduisent l'ensemble guyano-amazonien que nous venons d'examiner :

M_{257}. *Matako : origine des taches de la lune.*

Le Soleil chassait les canards. Transformé lui-même en canard, armé d'un filet, il plongeait dans la lagune et submergeait les oiseaux. Chaque fois qu'il en capturait un, il le tuait sans que les autres canards s'en aperçussent. Quand il eut fini, il distribua ses canards à tous les villageois et donna un vieux volatile à son ami Lune. Mécontent, celui-ci décida de chasser pour son compte en employant la même technique que Soleil. Mais, dans l'intervalle, les canards étaient devenus méfiants. Ils firent leurs besoins et obligèrent Lune, déguisé en canard, à les imiter. A la différence de ceux des canards, les excréments de Lune étaient très puants. Les oiseaux reconnurent Lune et l'attaquèrent en masse. Ils lui griffèrent et écorchèrent le corps, de sorte que leur victime fut presque étripée. Les taches de la Lune sont les cicatrices bleues que les griffes des canards ont laissées sur son estomac (Métraux *3*, p. 14-15).

Métraux (*5*, p. 141-143) cite deux variantes de ce mythe dont l'une, chamacoco, remplace les canards par des « autruches » *(Rhea) ;* l'autre, de provenance toba, substitue le renard décepteur à la lune. En dépit de leurs différences, tous ces mythes forment un groupe dont on peut définir l'armature sans trahir sa complexité. Certains mythes rendent compte de l'origine des taches de la lune ou de la lune même : corps céleste que, surtout sous son aspect masculin, la philosophie naturelle des Indiens d'Amérique rend responsable de la menstruation. Les autres mythes concernent aussi un processus physiologique, consistant dans l'allongement ou le raccourcissement du pénis entendu au sens propre ou au sens figuré, et pareillement associé à la lune prise cette fois sous son aspect féminin.

Il s'agit donc toujours d'un événement définissable par référence à la maturité physiologique, intéressant tantôt le sexe féminin, tantôt le sexe masculin, et que les mythes décrivent, dans ce dernier cas, à l'endroit ou à l'envers. Impuissant ou doté d'un pénis trop court, l'homme est symboliquement dans l'enfance ou bien il y retourne. Et quand il s'en éloigne de manière excessive ou précipitée, le caractère abusif de ce départ se manifeste soit par un pénis trop long, soit par des excréments (trop) puants. Qu'est-ce à dire, sinon que chez l'homme les selles puantes[1] correspondent au même

1. Il y aurait beaucoup à dire sur la sémantique des excréments. Dans des pages mémorables, Williamson (p. 280-281) a mis en évidence une opposition présente à l'esprit des Mafulu de la Nouvelle-Guinée, entre les rebuts de cuisine et les excréments. Les pôles de cette opposition s'inversent selon que la personne en cause est un adulte ou un très jeune enfant. Les adultes ne se soucient pas de leurs excréments, mais les rebuts de leur cuisine, impropres à la consommation, doivent être soigneusement conservés de peur qu'un sorcier ne s'en empare, puis jetés à l'eau pour assurer leur innocuité. S'il s'agit de jeunes enfants, c'est le contraire : on ne prête pas attention aux rebuts incomestibles de la cuisine qu'on leur destine, mais on prend soin de recueillir leurs excréments et de les mettre en lieu sûr. Des observations plus récentes ont fait connaître les édifices spéciaux où les indigènes des montagnes de Nouvelle-Guinée conservent les excréments des bébés (Aufenanger). Tout se passe donc comme si, en deçà et au delà de la nourriture assimilable, les résidus faisaient partie intégrante du consommateur, mais *ante* ou *post factum* selon l'âge. Nous rejoignons ainsi notre interprétation de certains usages des Penan de Bornéo qui semblent considérer que la nourriture d'un jeune enfant fait partie intégrante de sa personne (L.-S. *9*, p. 262-263, note) :

ADULTE

parties non assimilables	parties assimilées	parties non assimilées

ENFANT

Certaines indications suggèrent que les Indiens sud-américains conçoivent une opposition du même type, mais qu'ils la déplacent de l'enfant au mourant lequel, par rapport à l'adulte dans la force de l'âge, est un symétrique du « naissant ». Les Siriono de Bolivie recueillent dans un panier les vomissements et les excréments des grands malades aussi longtemps que dure l'agonie. Quand on enterre le mort, le contenu du panier est vidé près du tombeau (Holmberg, p. 88). Il se pourrait que les Yamamadi, qui vivent entre les rios Purus et Jurua, aient observé une pratique inverse puisqu'ils construisaient une sorte de rampe allant de la hutte jusqu'à la forêt : peut-être chemin des âmes, mais peut être aussi aide donnée au malade pour qu'il se traîne dehors où faire ses besoins (Ehrenreich, p. 109).

Le problème de la sémantique des excréments devrait être abordé pour l'Amérique, depuis le contraste entre des mythes septentrionaux sur un bébé prodigieux capable de manger ses propres excréments, et les versions méridionales où un non moins prodigieux bébé se nourrit de sang menstruel (catio, *in* : Rochereau, p. 100). D'autre part, si les excréments sont difficilement séparables du corps de l'enfant, il en est de même pour le bruit : en terme de code acoustique, les hurlements insupportables d'un bébé, qui fournissent le thème de mythes précédemment résumés (p. 165) équivalent aux excréments malodorants sur le plan du code olfactif. Ils sont donc mutuellement substituables en vertu de la congruence fondamentale du vacarme avec la puanteur, déjà démontrée dans *le Cru et le Cuit* et que nous aurons d'autres occasions d'invoquer.

Ce rapprochement apporte une indication supplémentaire sur la position sémantique de la loutre : parce qu'un faux adulte élimine des excréments puants, la loutre le renvoie vers sa mère ; parce qu'un enfant « faux » (il crie sans motif) émet des hurlements stridents, la grenouille, la sarigue ou la renarde l'éloignent de sa mère. Nous savions déjà par M_{241} que la loutre et la grenouille étaient en opposition diamé-

type de phénomène que, chez la femme, les règles illustrent plus normalement ?

Si cette hypothèse est exacte, il résulte que Haburi, héros de M_{241},
parcourt un cycle inverse de celui d'une fille depuis la naissance jusqu'à la
puberté. Pathologiquement adulte, il sera rendu par les loutres à la nor-
malité de son enfance, tandis qu'une fillette doit à l'intervention de la lune
d'atteindre une maturité normale, mais signalée par la venue des règles
lesquelles possèdent intrinsèquement un caractère pathologique, puisque
la pensée indigène tient le sang menstruel pour une ordure et un poison.
Cette démarche régressive du mythe confirme un caractère que nous avons
reconnu dès le début à tous ceux qui relèvent du même groupe, et que nous
allons maintenant vérifier d'une nouvelle façon.

En effet, nous ne nous sommes pas encore occupé des canards. Ces
oiseaux tiennent une place particulièrement importante dans les mythes
de l'Amérique du Nord et, pour bien faire, il faudrait construire leur
système en s'appuyant sur la mythologie des deux hémisphères. Au point
où nous en sommes, l'entreprise serait prématurée et nous nous contenterons, dans le seul contexte sud-américain, de présenter deux ordres de
considérations.

En premier lieu, M_{241} fait d'un héros protégé par une grenouille l'ordonnateur involontaire d'un secteur du règne animal. Chaque type de pirogue
qu'il invente lui est volé par des canards d'une espèce déterminée qui
acquièrent, en se l'appropriant, leur aptitude à la natation ainsi que leurs
caractères distinctifs. On saisit par là un lien de parenté directe entre M_{241}
et M_{238} où un autre chasseur, également protégé par une grenouille, devenait
l'auteur involontaire de l'organisation du règne animal pris cette fois dans
sa totalité. De l'ensemble des animaux dans M_{238}, hiérarchisés par taille
et par famille, on passe dans M_{241} à une famille animale particulière, diver-
sifiée en espèces. D'un mythe à l'autre, par conséquent, l'ambition taxi-
nomique s'appauvrit et s'effrite. Reste à voir pourquoi et comment.

L'organisation zoologique et naturelle à laquelle pourvoit M_{238} résulte
d'une carence culturelle : elle ne se serait jamais produite si le héros n'avait
été un chasseur incapable. Au contraire, dans M_{241}, elle résulte d'une
conquête culturelle : celle de l'art de la navigation, dont l'invention était
requise pour que les canards pussent s'incorporer des objets techniques
— les pirogues — auxquels ils sont redevables de leur aspect actuel. Cette
conception implique que les canards ne font pas partie du règne animal à
titre originel. Dérivés d'œuvres culturelles, ils témoignent, au sein même
de la nature, d'une régression locale de la culture.

---

trale, et la remarque qui précède permet de généraliser ce rapport. Pour pousser plus
loin l'analyse, il conviendrait de comparer la loutre à d'autres animaux (le plus
souvent des oiseaux) qui, aussi bien en Amérique du Sud qu'en Amérique du Nord,
révèlent son origine véritable à un enfant transporté loin des siens, et élevé par des
êtres surnaturels qui se prétendent ses parents.

Certains nous soupçonneront de solliciter le mythe. Pourtant, on retrouve la même théorie dans un mythe tupi provenant du bas Amazone (M_{326a}) qui sera résumé et discuté plus tard, et dont il suffira d'extraire provisoirement un motif : par suite de la violation d'un interdit, les choses se transformèrent en animaux : le panier engendra le jaguar, le pêcheur et sa pirogue se changèrent en canard : « de la tête du pêcheur naquirent la tête et le bec, de la pirogue son corps, et des pagaies, ses pattes » (Couto de Magalhães, p. 233).

Les Karaja racontent (M_{326b}) que le démiurge Kanaschiwué donna au canard une pirogue d'argile en échange du bateau métallique à moteur que l'oiseau lui céda (Baldus 5, p. 33). Dans le mythe du déluge des Vapidiana (M_{115}) un bec de canard transformé en pirogue permet à une famille de surnager (Ogilvie, p. 66).

De même encore, un mythe taulipang (M_{326c}) transforme un homme en canard après qu'il a été dépouillé des instruments magiques qui travaillaient la terre tout seuls *(self-working agricultural implements)*. Si ses beaux-frères ne s'étaient pas rendus coupables de la disparition de ces merveilleux outils, les hommes n'auraient pas besoin de peiner dans les champs (K.-G. 1, p. 124-128). Le parallélisme avec M_{241} est manifeste : dans un cas, le héros fait les canards, puis disparaît avec les arts de la civilisation ; dans l'autre, le héros devient canard quand disparaissent les arts d'une « super-civilisation », terme dont nous verrons qu'il qualifie parfaitement les arts déniés aux Indiens par Haburi, puisque ces arts sont ceux des Blancs[1]. Le rapprochement de ces mythes montre donc que ce n'est pas fortuitement et par un caprice du narrateur que dans les deux premiers, les canards font figure de pirogues qui ont dégénéré en animaux[2]. Du même coup, nous comprenons pourquoi, dans un mythe sur la démarche régressive duquel nous avons souvent insisté, le rôle du héros en tant qu'ordonnateur de la création se trouve restreint à un domaine limité : celui où, selon les idées indigènes, cette création prend précisément la forme d'une régression. Que cette régression se produise de la culture vers la nature pose un autre problème, dont, pour finir avec les canards, nous ajournerons momentanément la solution.

En effet, si les canards sont congrus aux pirogues sous le rapport de la culture, dans l'ordre de la nature ils entretiennent un rapport de corrélation et d'opposition avec les poissons. Ceux-ci nagent sous l'eau, alors que les mythes en cours de discussion expliquent pourquoi les canards, en leur qualité d'ex-pirogues, nagent sur l'eau. Pêcheurs de poissons dans les mythes mundurucu, le soleil et la lune sont pêcheurs de canards dans les mythes du Chaco. Pêcheurs et non chasseurs, puisque les mythes prennent soin de décrire la technique employée : les canards sont pêchés au filet par un personnage qui a pris leur apparence et nage au milieu d'eux. Qui plus est, cette pêche se fait de haut en bas : les oiseaux capturés sont entraînés vers le fond, alors que la pêche aux poissons, et plus précisément celle que pratiquent les loutres, se fait de bas en haut : en retirant les poissons de l'eau pour les déposer sur la berge.

M_{241} décrit Haburi comme un chasseur d'oiseaux exclusivement. C'est quand il en manque un pour la première fois qu'il s'accroupit et laisse tomber ses excréments à l'endroit où mangent les loutres. Cette « anti-pêche » aux poissons, productrice d'excréments au lieu d'aliments, se fait donc de haut en bas comme la pêche aux canards, et non de bas en haut. Et elle offense les loutres, pour autant que celles-ci sont des pêcheurs de poissons.

Il importe donc de savoir s'il existe un terme qui entretienne avec les poissons un rapport corrélatif de celui qu'entretiennent les canards avec les pirogues. Un mythe déjà évoqué (M_{252}) nous le fournit, et précisément par l'intermédiaire de la loutre. Quand les jumeaux ignorants des femmes prétendirent satisfaire leur appétit sexuel dans les yeux de la loutre, celle-ci leur expliqua qu'elle n'était pas une femme, mais que les femmes se trouvaient dans l'eau où les héros culturels devraient les pêcher. Que les premières femmes furent des poissons, ou que, s'étant querellées avec leurs maris, elles décidèrent de se transformer en poissons, autant de thèmes illustrés par des mythes si nombreux qu'on nous dispensera d'en dresser l'inventaire. Comme les canards sont des ex-pirogues, les femmes sont des ex-poissons. Si les uns constituent une régression de la culture vers la nature, les autres sont une progression de la nature vers la culture, l'écart entre les deux règnes restant cependant très petit dans chaque cas.

Ainsi s'explique que les loutres, qui se nourrissent de poissons, entre-tiennent avec les femmes des rapports marqués au sceau de l'ambiguïté et de l'équivoque. Dans un mythe bororo (M_{21}) les loutres se font les complices des femmes contre leurs maris, et les approvisionnent en poisson à condition qu'elles cèdent à leurs désirs. Inversement, un mythe yupa déjà résumé (M_{254a}) précise que la loutre pêchait pour l'Indien qui l'avait adoptée, mais refusait de rendre le même service aux femmes. Partout, donc, les loutres sont des hommes, ou du parti de l'homme ; d'où l'indignation de la loutre du mythe waiwai, quand les deux niais veulent se servir d'elle comme d'une femme. Encore s'y prennent-ils à l'envers.

Nous avons vu qu'en inventant la pirogue, Haburi différencie les espèces de canards. Il ordonne ainsi la nature rétroactivement et partiellement. Mais en même temps, il contribue de façon décisive à la culture, et on pourrait croire que le caractère régressif du mythe se trouve démenti par ce biais. Les versions anciennes de Brett aident à résoudre cette difficulté. Dans la transcription de cet auteur, Haburi porte le nom de Aboré, et il est présenté comme le « père des inventions ». S'il n'avait pas dû fuir sa vieille épouse, les Indiens auraient joui de bien d'autres fruits de son ingéniosité, notamment des vêtements tissés. Une variante signalée par Roth va même jusqu'à raconter que la fuite du héros s'est terminée au pays des Blancs (à l'île de Trinidad, dit M_{244}) qui lui sont ainsi redevables de leurs arts (Roth *1*, p. 125). S'il fallait identifier Haburi ou Aboré des Warrau au dieu que les anciens Arawak appelaient Alubiri ou Hubuiri, on devrait attacher une signification du même ordre à la remarque de Schomburgk que « ce personnage ne se souciait pas beaucoup des hommes » (*ibid.*, p. 120). A l'exception de la navigation, seul art de civilisation que semblent s'attribuer les indigènes, c'est bien en effet de la perte de la culture — ou d'une culture supérieure à la leur — qu'il s'agit.

Or, les versions de Brett (M_{258}), plus pauvres à tous égards que celles de Roth et de Wilbert, offrent le grand intérêt d'être, en quelque sorte, transversales au groupe des mythes guyanais et à celui des mythes gé dont l'héroïne est une fille folle de miel, comme au Chaco. Aboré était marié à une vieille grenouille, Wowtā, qui avait pris l'apparence d'une femme pour le capturer quand il était tout enfant. Elle l'envoyait sans cesse chercher du miel pour lequel elle avait une passion. Excédé, il finit par se débarrasser d'elle en l'emprisonnant dans un arbre creux. Après quoi il se sauva dans une pirogue de cire qu'il avait fabriquée en cachette. Son départ priva les Indiens de beaucoup d'autres inventions (Brett *1*, p. 394-395 ; *2*, p. 76-83).

En parvenant au terme de cette trop longue variation, il convient de signaler que, dans ses deux parties successives (illustrées par M_{237} à M_{239}, et M_{241} à M_{258} respectivement) elle entretient un rapport de transformation, qui mériterait une étude spéciale, avec un important mythe karaja (M_{177}) où des chasseurs malchanceux sont la proie des singes guariba, à l'exception de leur jeune frère au corps ulcéreux, rejeté par sa mère (cf. M_{245}) et nourri d'ordures par son grand-père. Guéri par un serpent, il obtient la protection d'une grenouille en échange de caresses illusoires, et devient un chasseur miraculeux grâce à des sagaies données par la grenouille, une pour chaque type de nourriture, et dont il faut atténuer la force en les enduisant d'un onguent qui équivaut donc à une sorte de poison de chasse inversé. Bien que le héros eût interdit qu'on touchât à ses armes magiques, un de ses beaux-frères s'empara de la sagaie à miel (dont la récolte se trouve ici assimilée à une chasse, contrairement au mythe ofaié M_{192} qui l'assimilait à l'agriculture), et provoqua par sa maladresse l'apparition d'un monstre qui massacra tout le village (Ehrenreich, p. 84-86). On discutera ce mythe dans un autre contexte et à propos d'autres versions (plus bas, p. 342).

VARIATIONS 4, 5, 6

d) Quatrième variation :

[○ ⇒ ○] ↔ [grenouille ⇒ jaguar]

Nous sommes maintenant familiers avec le personnage et les mœurs de la grenouille arboricole cunauaru. Il nous reste pourtant à apprendre que, selon les Tupi de la vallée de l'Amazone, cette grenouille peut se transformer en jaguar, /yawarété-cunawarú/ (Tastevin *2*, art. « cunawarú »). D'autres tribus partagent la même croyance (Surára *in :* Becher *1*, p. 114-115). Les Oayana de la Guyane appellent le jaguar mythique — bleu selon les Tupi, noir en Guyane (cf. M_{238}) — /Kunawaru-imö/ « Grand Cunauaru » (Goeje, p. 48).

Les mythes permettent de faire en plusieurs étapes l'analyse de cette transformation.

M_{259}. *Warrau : la fiancée de bois.*

Nahakoboni, dont le nom signifie « celui qui mange beaucoup », n'avait pas de fille, et, quand il fut devenu vieux, il commença à se faire du souci. Sans fille, pas de gendre ; qui donc prendrait soin de lui ? Aussi, il sculpta une fille dans le tronc d'un prunier ; comme il était très habile, la jeune femme fut d'une beauté merveilleuse et tous les animaux vinrent la courtiser. Le vieillard les éconduisit l'un après l'autre, mais quand Yar, le Soleil, se présenta, Nahakoboni pensa qu'un tel gendre méritait qu'on l'éprouvât.

Il lui imposa donc diverses tâches sur le détail desquelles nous ne nous attarderons pas, sauf pour une d'elles qui inverse la technique magique de chasse enseignée par la grenouille dans M_{238}, puisque ici le héros devra atteindre sa cible bien que l'ordre lui soit donné de viser au dessus (cf. plus haut, p. 145). Quoi qu'il en soit, le Soleil s'en tire avec honneur et obtient en mariage la belle Usi-diu (litté-ralement : anglais « *seed-tree* »). Mais quand il veut lui prouver son amour il découvre que c'est impossible, l'auteur de ses jours ayant, en sculptant la jeune fille, oublié un détail essentiel qu'il s'avoue maintenant incapable d'ajouter. Yar consulte l'oiseau bunia ; il lui promet son aide, se laisse prendre et cajoler par la demoiselle, et profite d'une occasion favorable pour percer l'ouverture manquante, dont il faudra ensuite extraire un serpent qui s'y trouvait. Désormais, rien ne s'oppose plus au bonheur des jeunes gens.

Le beau-père était fort irrité que son gendre se fût permis de critiquer son œuvre et qu'il eût appelé l'oiseau bunia pour la retoucher. Il attendit patiemment l'heure de se venger. Quand vint le temps des plantations, il détruisit magiquement plusieurs fois de suite le travail de son gendre ; mais celui-ci réussit à cultiver son champ avec le concours d'un Esprit. Ayant aussi achevé de construire une cabane pour son beau-père en dépit des maléfices du vieillard, il put enfin se consacrer à son foyer et, pendant longtemps, sa femme et lui vécurent très heureux.

Un jour, Yar décida de partir en voyage vers l'ouest. Comme Usi-diu était enceinte, il lui conseilla de faire des petites étapes. Elle n'aurait qu'à suivre ses traces en ayant soin de prendre toujours à droite ; d'ailleurs, il éparpillerait des plumes sur les pistes tournant à gauche pour éviter la confusion. Tout alla bien au début, mais la femme fut perplexe en arrivant à un endroit d'où le vent avait balayé les plumes. Alors l'enfant qu'elle portait au giron se mit à parler et lui indiqua le chemin ; il lui demanda aussi de cueillir des fleurs. Pendant qu'elle se baissait, une guêpe piqua la jeune femme au-dessous de la taille. Elle voulut la tuer, manqua son but et se frappa elle-même. L'enfant qu'elle portait dans son ventre crut que le coup lui était destiné. Vexé, il refusa de guider sa mère, et celle-ci s'égara complètement. Enfin, elle arriva à une grande cabane dont le seul habitant était Nanyobo (nom d'une grosse grenouille) qui lui apparut sous l'aspect d'une très vieille et très forte femme. Après avoir restauré la voyageuse, la grenouille la pria de l'épouiller, mais en faisant attention de ne pas écraser la vermine entre ses dents, car elle était vénéneuse. Recrue de fatigue, la jeune femme oublia la recommandation et procéda comme de coutume. Elle tomba morte aussitôt.

La grenouille ouvrit le cadavre et tira non pas un mais deux superbes garçons, Makunaima et Pia, qu'elle éleva tendrement. Les enfants grandirent, commencèrent à chasser les oiseaux, puis les poissons (en les fléchant) et le gros gibier. « N'oubliez surtout pas, leur disait la grenouille, de faire sécher votre poisson au soleil, pas sur le feu. » Pourtant elle les envoyait ramasser du bois et, quand ils revenaient, le poisson était toujours cuit à point. A la vérité, la grenouille vomissait les flammes et les réingurgitait avant le retour des deux frères, de sorte que ceux-ci ne voyaient jamais de feu. Piqué par la curiosité, un des garçons se changea en lézard et espionna la vieille. Il la vit vomir le feu et extraire de son cou une substance blanche qui ressemblait à l'amidon du *Mimusops balata*. Dégoûtés par ces pratiques, les frères décidèrent de tuer leur mère adoptive. Après avoir défriché un champ ils l'attachèrent à un arbre qu'ils avaient laissé au milieu ; ils amoncelèrent un bûcher tout autour et l'enflammèrent. Tandis que la vieille brûlait, le feu qui était dans son corps passa dans les fagots du bûcher, lesquels étaient de bois /hima-heru/ (*Gualtheria uregon* ? cf. Roth *2*, p. 70) dont on tire aujourd'hui le feu par friction (Roth *1*, p. 130-133).

Wilbert donne une courte version de ce mythe (M_{260}), réduit à l'épisode de la femme sculptée, fille de Nahakoboni, dont plusieurs oiseaux s'exercent successivement à briser l'hymen. Certains échouent parce que le bois est trop dur ; ils gardent de leur tentative un bec courbé ou cassé. Un autre réussit, et le sang de la jeune femme emplit une marmite où plusieurs espèces d'oiseaux viennent s'oindre de sang d'abord rouge, puis blanc, puis noir. Ils acquièrent ainsi leur plumage distinctif. L' « oiseau-laid » vint en dernier, c'est pourquoi ses plumes sont noires (Wilbert *9*, p. 130-131).

Quelques remarques sur cette variante. Le motif de la fiancée sculptée dans un tronc d'arbre se retrouve dans des régions très éloignées du continent : depuis l'Alaska chez les Tlingit (M_{261}, où la femme reste muette, donc bouchée par en haut au lieu de par en bas ; cf. Swanton *2*, p. 181-182)[1] jusqu'en Bolivie où il fait l'objet d'un mythe tacana (M_{262}) qui s'achève de façon dramatique : la poupée animée par le diable entraîne son mari humain dans l'au-delà (Hissink-Hahn, p. 515). Chez les Warrau même, on le retrouve ($M_{263a,\,b}$) sous la forme de l'histoire d'un jeune célibataire qui sculpte une femme dans un tronc de palmier *Mauritia*. Elle l'approvisionne de nourriture qu'il prétend être de l'ordure, mais ses compagnons découvrent et détruisent la statue à coups de hache (Wilbert *9*, p. 127-129). L'essence végétale mentionnée dans ces derniers mythes renvoie évidemment au « mari de bois » dont il est question au début de M_{241}, instaurant ainsi une première liaison avec les autres mythes du groupe.

Par ailleurs, une analogie apparaît, au moins sur le plan sémantique, entre l'« oiseau-laid » de M_{260} et le bunia de M_{259}, désigné couramment sous le nom d'« oiseau-puant » (*Opistho comus, Ostinops* sp., Roth *1*, p. 131 et 371). La position de cet oiseau dans les mythes a été discutée ailleurs (CC, p. 192-193, 211, 275 n. 1) et nous n'y reviendrons pas. En revanche, on notera la façon dont M_{260} développe le motif de l'oiseau introduit par M_{259}, au point que la version Wilbert se présente comme un mythe sur la diffé-

---

1. Nous ne citons les Tlingit qu'à titre d'exemple. Pour des raisons qui achèveront de se dévoiler dans le quatrième volume de cette série (s'il est écrit un jour), nous souhaitons dès maintenant attirer l'attention sur les affinités particulières qu'offrent les mythes de l'Amérique tropicale avec ceux de la côte Pacifique de l'Amérique du Nord. Mais, en fait, le motif de la statue ou de l'image qui s'anime connaît, en Amérique du Nord, une distribution sporadique qui va depuis les Eskimo du détroit de Bering jusqu'aux Micmac et aux Iroquois et qui, passant par les Plaines, s'étend au sud jusqu'aux Pueblo.

renciation des oiseaux selon l'espèce, amplifiant ainsi l'épisode de M_{241}, consacré à la différenciation des canards. Enfin, la version Wilbert rejoint un groupe de mythes sur l'origine de la couleur des oiseaux (surtout M_{172} où l'oiseau dernier venu, qui est le cormoran, devient également noir) dont nous avons montré dans *le Cru et le Cuit* qu'on pouvait l'engendrer par transformation des mythes sur l'origine du poison de chasse ou de pêche. Nous retrouvons ici la même armature, mais engendrée par une série de transformations au point de départ desquelles se placent des mythes sur l'origine du miel. Il résulte qu'une homologie doit exister dans la pensée indigène entre le miel et le poison, comme l'expérience l'avère puisque les miels sud-américains sont parfois vénéneux. Sur le plan proprement mythique, la nature de la connexion se dévoilera plus tard.

Il convient également de rapprocher la version Wilbert d'un mythe du Chaco déjà étudié (M_{175} : CC, p. 311-314) qui suit une marche remarquablement parallèle, puisque, dans ce mythe, les oiseaux acquièrent leur plumage distinctif pour avoir débouché le corps du décepteur dont jaillit le sang avant l'ordure. Comme dans la version Wilbert, cette ordure noircit les plumes d'un oiseau laid, en l'occurrence le corbeau.

Ce parallélisme serait incompréhensible s'il ne reflétait une homologie entre le décepteur toba ou le renard matako, et la fiancée de bois du mythe guyanais. Et on ne voit pas comment s'introduirait cette homologie, sinon par l'intermédiaire de la fille folle de miel dont nous avons suggéré à plusieurs reprises (et dont nous démontrerons définitivement) qu'elle est elle-même homologue avec le renard ou le décepteur. Il faut donc que la fiancée de bois soit une transformation de la fille folle de miel. Comment et pourquoi, cela reste à expliquer. Pour le moment, il vaut mieux introduire d'autres variantes du mythe guyanais, sans lesquelles il serait difficile d'aborder les problèmes de fond.

M_{264}. *Carib : la grenouille, mère du jaguar.*

Il y avait jadis une femme, grosse des jumeaux Pia et Makunaima. Avant même d'être nés ceux-ci voulurent visiter leur père le Soleil, et ils prièrent leur mère de prendre la route qui menait à l'ouest. Ils se chargeraient de la guider, mais il fallait aussi qu'elle leur cueillît de jolies fleurs. La femme cueillait donc çà et là. Un obstacle la fit trébucher, elle tomba et se blessa ; elle blâma ses enfants. Vexés, ceux-ci refusèrent de lui indiquer le chemin, la femme se perdit et parvint épuisée à la cabane de Kono(bo)-aru, la grenouille qui annonce la pluie, dont le fils jaguar était redouté pour sa cruauté.

La grenouille eut pitié de la femme et la cacha dans une jarre à bière. Mais le jaguar flaira la chair humaine, découvrit la femme et la tua. En dépeçant le cadavre, il trouva les jumeaux et les confia à sa mère. D'abord enveloppés dans du coton, les enfants grandirent vite et atteignirent l'âge adulte en un mois. La grenouille leur donna alors des arcs et des flèches et leur dit d'aller tuer l'oiseau /powis/ (*Crax* sp.) qui était, expliqua-t-elle, coupable du meurtre de leur mère. Les garçons firent donc un massacre de /powis/ ; en échange de la vie sauve, le dernier oiseau leur révéla la vérité. Furieux, les frères se firent des armes plus efficaces avec lesquelles ils tuèrent le jaguar et sa mère la grenouille.

Ils se mirent en route et parvinrent à un bosquet de « *cotton-trees* » (sans doute des bombacés), au centre duquel se trouvait une cabane où logeait une vieille femme qui était en réalité une grenouille. Ils s'établirent auprès d'elle. Tous les jours ils allaient à la chasse et quand ils rentraient, ils trouvaient du manioc cuit. Pourtant, on ne voyait aucune plantation alentour. Les frères espionnèrent donc la vieille et découvrirent qu'elle extrayait l'amidon d'une plaque blanche qu'elle avait entre les épaules. Refusant toute nourriture, les frères invitèrent la grenouille à s'étendre sur un lit de coton auquel ils mirent le feu. La grenouille fut grièvement brûlée ; c'est pourquoi sa peau offre aujourd'hui une apparence plissée et rugueuse.

Pia et Makunaima reprirent la route à la recherche de leur père. Ils passèrent trois jours avec une femelle de tapir qu'ils voyaient s'absenter pour revenir grosse et grasse. Aussi la suivirent-ils jusqu'à un prunier qu'ils secouèrent très fort, faisant tomber toutes les prunes, vertes ou mûres. Furieux que sa nourriture soit gâchée, la bête les battit et s'en alla. Les frères la poursuivirent pendant une journée entière. Ils la rejoignirent enfin et convinrent d'une tactique : Makunaima couperait la route au tapir et lui décocherait une flèche-harpon quand il rebrousserait chemin. Mais Makunaima se prit dans la corde qui lui coupa une jambe. Par une nuit claire on peut toujours les voir : le tapir forme les Hyades, Makunaima les Pléiades, et plus bas, le baudrier d'Orion figure la jambe coupée (Roth *1*, p. 133-135).

La signification du codage astronomique sera discutée plus tard. Pour relier immédiatement ce mythe au groupe de la fille folle de miel, nous citerons une variante vapidiana sur l'origine d'Orion et des Pléiades :

M$_{265}$. *Vapidiana : la fille folle de miel.*

Un jour, la femme de Bauukúre lui coupa la jambe. Il monta au ciel où il devint Orion et le baudrier. Pour le venger, son frère emprisonna l'épouse criminelle dans un arbre creux, puis il monta aussi au ciel où il devint les Pléiades. Quant à la femme, elle fut changée en serpent-mangeur-de-miel (Wirth *1*, p. 260).

En dépit de la brièveté de cette version, on aperçoit qu'elle se situe à l'intersection de plusieurs mythes : celui de Haburi d'abord, puisqu'on peut supposer que, comme la vieille grenouille, l'héroïne est pleine d'idées lubriques (qui l'incitent à se débarrasser de son mari). Et elle est aussi folle de miel, sinon elle n'accepterait pas de pénétrer dans un arbre creux et ne se transformerait pas en animal fou de miel. Les deux mythes se terminent d'ailleurs par la disjonction du héros : horizontale dans M_{241}, verticale dans M_{243} (mais de haut en bas) et verticale aussi dans M_{265} (cette fois de bas en haut). Plus directement encore, le motif de la femme folle de miel renvoie à la version Brett du mythe d'Aboré, père des inventions (M_{258}), qui offre une sorte de raccourci ramenant aux mythes gé. Commune enfin à M_{264} et M_{265}, l'histoire de l'homme à la jambe coupée, origine d'Orion et des Pléiades, relève d'un vaste ensemble que *le Cru et le Cuit* n'a pu qu'effleurer. Si cet ensemble déborde sur celui dont les mythes de la fille folle de miel nous ont paru former le noyau, c'est évidemment à cause d'une équivalence entre la femme lascive, prête à se laisser séduire par un amant trop rapproché (le beau-frère) ou trop éloigné (le tapir, que M_{264} investit d'une autre fonction), et la femme friande de miel, qui ne respecte pas la décence vis-à-vis d'un aliment, lui aussi séducteur. Nous analyserons cette liaison complexe plus en détail, mais pour qu'on puisse la retenir provisoirement comme hypothèse de travail, il faut au moins qu'on pressente que les quatre étapes de la disjonction des héros culturels, séparés d'un tapir femelle après s'être successivement séparés de deux grenouilles, et après avoir été séparés de leur mère, s'expliquent, en fin de compte, parce que ces trois animaux et la femme elle-même se ramènent à autant de variantes combinatoires du personnage de la fille folle de miel. Nous étions déjà parvenu à cette hypothèse pour ce qui concerne la fiancée de bois et nous n'aurons garde d'oublier que, dans M_{259}, la mère des dioscures fut d'abord fiancée de bois.

M_{266}. *Macushi : la fiancée de bois.*

Furieux qu'on braconnât dans ses étangs de pêche, le Soleil en confia la surveillance au lézard d'eau, puis au caïman. Ce dernier était le voleur, et il continua de plus belle. Finalement le Soleil le prit sur le fait et lui taillada le dos à coups de couteau, formant ainsi ses écailles. En échange de la vie sauve, le caïman promit sa fille au Soleil. Seulement, il n'avait pas de fille et dut en sculpter une dans le tronc d'un prunier sauvage. Laissant au Soleil le soin de l'animer si elle lui plaisait, le saurien alla se cacher dans l'eau et attendit les événements. Ainsi le voit-on faire depuis.

La femme était incomplète, mais un pic qui cherchait sa nourriture lui perça un vagin. Abandonnée par son mari le Soleil, la femme partit à sa recherche. L'histoire continue comme dans M_{264}, sauf qu'après le meurtre du jaguar, Pia retire de ses entrailles les débris du corps de sa mère et la ressuscite. La femme et ses deux fils se réfugient chez une grenouille qui extrait le feu de son corps et qui réprimande Makunaima quand elle le voit dévorer les braises qu'il aimait beaucoup. Makunaima décide alors de partir. Il creuse un canal qui s'emplit d'eau, invente la première pirogue et s'y embarque avec les siens. Les deux frères apprennent de la grue l'art de faire le feu par percussion, et ils accomplissent d'autres prodiges. Ce sont eux, notamment, qui provoquèrent l'apparition des cascades en entassant les rochers dans les rivières pour retenir les poissons. Ils devinrent ainsi des pêcheurs plus habiles que la grue, ce qui suscita maintes querelles entre Pia d'une part, la grue et Makunaima d'autre part. Finalement ils se séparèrent, et la grue emmena Makunaima en Guyane espagnole.

Pia et sa mère vécurent donc seuls, voyageant, cueillant des fruits sauvages et pêchant, jusqu'au jour où la mère fatiguée se retira au sommet du Roraima. Alors Pia renonça à la chasse et entreprit d'enseigner aux Indiens les arts de la civilisation. C'est à lui qu'on est redevable des sorciers-guérisseurs. Finalement, Pia rejoignit sa mère sur le Roraima où il séjourna pendant un certain temps. Avant de la quitter, il lui dit que tous ses vœux seraient exaucés pourvu qu'en les formulant, elle penche la tête et se couvre le visage de ses mains. C'est ce qu'elle fait encore à présent. Quand elle est triste et pleure, la tempête se lève sur la montagne et ses larmes ruissellent en torrents le long des pentes (Roth *1*, p. 135).

Cette version permet de boucler deux fois le groupe. D'abord elle renvoie à M_{241} :

$$
\left[\!\left[
\begin{array}{l}
M_{241} : \text{Jaguar-Noir} \\[2em]
M_{266} : \text{Soleil}
\end{array}
\right\}
\begin{array}{c}
\text{maître des poissons,} \\
\text{volés par}
\end{array}
\left\{
\begin{array}{l}
\text{« MARI de bois de } palmier \text{ »…} \\[2em]
\text{caïman…}
\end{array}
\right.\right.
$$

$$
\left[\!\left[
\begin{array}{l}
M_{241} : \\[2em]
M_{266} :
\end{array}
\right\}
\text{échangé}
\left\{
\begin{array}{l}
\text{contre lui-même, par Jaguar qui le mange.} \\[2em]
\text{contre « FEMME de bois de } prunier \text{ » par Soleil qui la féconde.}
\end{array}
\right.\right.
$$

$$
\left[\!\left[
\begin{array}{l}
M_{241} : \text{Jaguar pourchasse} \\[2em]
M_{266} : \text{Soleil abandonne}
\end{array}
\right\}
\text{une femme}
\left\{
\begin{array}{l}
\text{sauvée par les cris} \\[2em]
\text{perdue par le mutisme}
\end{array}
\right\}
\text{d'un enfant}
\right.
$$

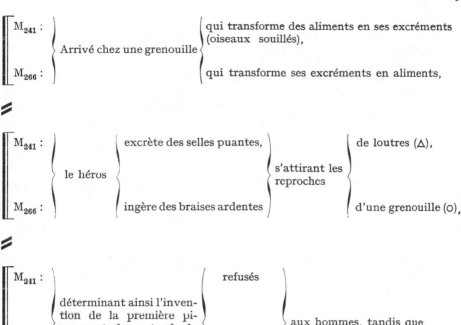

M_{241} :

Arrivé chez une grenouille

qui transforme des aliments en ses excréments (oiseaux souillés),

M_{266} :

qui transforme ses excréments en aliments,

$\neq$

M_{241} :

le héros

excrète des selles puantes,

s'attirant les reproches

de loutres (△),

M_{266} :

ingère des braises ardentes

d'une grenouille (○),

$\neq$

M_{241} :

déterminant ainsi l'invention de la première pirogue et des arts de la civilisation, arts qui sont :

refusés

aux hommes, tandis que

M_{266} :

impartis

$\neq$

M_{241} : la grenouille est enfermée dans l'arbre (eau interne) :

M_{266} : la femme est isolée sur la montagne (eau externe) :

origine de la saison des pluies.

Brett donne une version arawak (M_{267}) où figurent explicitement les loutres dont on n'a pas oublié le rôle dans M_{241}. Ces loutres détruisaient les barrages de pêche du Soleil ; le caïman voulut les imiter, mais fut pris. Pour avoir la vie sauve, il dut donner une femme à son vainqueur (Brett 2, p. 27-28). Le caïman, la loutre et la fiancée de bois sont également associés par les Cubeo :

M_{268}. *Cubeo : la fiancée de bois.*

Kuwai, le héros culturel, sculpta une femme dans le tronc d'un arbre /wahokakü/ dont l'oiseau Konéko [autre version : la grand-mère du héros] perça le vagin. La fille était ravissante, et Kuwai vécut heureux auprès d'elle jusqu'au jour où elle fut enlevée par un

Esprit /mamüwü/. Kuwai s'assit sur une branche d'arbre et pleura. La loutre le vit, l'interrogea, et le conduisit au fond des eaux où le héros put reconquérir sa femme. Poursuivi par un Esprit furieux, il s'enfuit et ne revint jamais plus.

[Dans une autre version, la femme prend un serpent boa pour amant. Kuwai les surprend et tue l'animal, dont il fait manger à sa femme le pénis coupé en quatre morceaux qu'elle croit être des petits poissons. Quand elle apprend le meurtre de son amant, la femme se retransforme en arbre] (Goldman, p. 148).

Le récit où intervient le caïman (M_{269}) se rapporte vraisemblablement à une autre épouse de Kuwai, puisqu'il précise que celle-ci était fille d'un ancien de la tribu. Un jour qu'elle dormait dans son hamac, Kuwai envoya Caïman quérir un brandon pour allumer une cigarette. Caïman vit la femme et voulut copuler avec elle. Elle résista. Il réussit pourtant à monter sur elle, mais elle dévora toute la partie antérieure de son estomac, et son pénis aussi. Kuwai arriva et dit à Caïman qu'il l'avait prévenu. Il prit une petite natte carrée, s'en servit pour raccommoder le ventre de l'animal et le jeta à l'eau en remarquant : « Toujours, tu seras mangé » (Goldman, p. 182).

Que les deux femmes — celle de bois et l'autre — sont deux variantes combinatoires d'un même mythe ressort bien des équations :

a) F^1 (enlevée par un Esprit des eaux) $\equiv$ F^2 (attaquée par un caïman) ;

b) F^1 (séduite par un serpent boa auquel elle cède) $\equiv$ F^2 (séduite par un caïman auquel elle résiste)

c) F^1 (mange le pénis du serpent) $\equiv$ F^2 (mange le pénis du caïman).

D'autre part, l'ensemble M_{268}-M_{269} permet de relier directement M_{266}-M_{267} et M_{241} :

M_{241} :	Le héros civilisateur a perdu :	sa mère	selon la chair,	chassée	par un Esprit aquatique :
M_{268} :		sa femme	selon le bois,	capturée	

$\equiv$

M_{241} : Grenouille, maîtresse de la pluie (eau céleste).	Le héros s'assied sur une branche d'arbre,	laisse tomber	ses excréments ;
M_{268} : Esprit des eaux (eau terrestre).			ses larmes ;

$\equiv$

M_{241} : à sa mère.

ce dont s'émeut une loutre, qui le ramène — Pour fuir l'Esprit aquatique, — le héros civilisateur disparaît.

M_{268} : à sa femme.

Relions maintenant M_{266} à M_{269} :

M_{266} : Un caïman voleur — de la nourriture (ALIMENTAIRE) / de la femme (SEXUELLE) — du héros civilisateur,

M_{269} :

$$\neq$$

M_{266} : obtient la vie sauve

M_{269} : manque périr — par le moyen d'une fiancée de bois, femme du héros,

$$\neq$$

M_{266} : passivement — impénétrable : vagin bouché. (SEXUEL) / bouche dévorante. (ALIMENT.) — Le coupable du vol...

M_{269} : activement

$$\neq$$

M_{266} : ... alimentaire — est mutilé — au dos. / au ventre. — La mutilation...

M_{269} : ... sexuel

$$\neq$$

M_{266} : ... est infligée — par le héros. | Le caïman — s'enfuit (actif) / est jeté (passif) — au fond de l'eau.

M_{269} : ... est réparée

7

La boucle unissant M_{241} et $M_{266-269}$ est relativement courte, puisqu'aussi bien au point de vue géographique que dans la série des transformations, il s'agit de mythes voisins. Plus remarquable est l'autre boucle qui, en dépit de la distance géographique et — si l'on peut dire — logique, replie le mythe macushi sur ceux du Chaco dont l'héroïne est une fille folle de miel, bien que du premier mythe, ce personnage soit apparemment absent :

$M_{216-217}$: Le Soleil mange sa nourriture, des poissons qui sont des caïmans. ⎫ La fille du Soleil... ⎫
M_{266}　　 : Le caïman mange les poissons, nourriture du Soleil. ⎫ La fille du caïman... ⎫ est affligée d'une carence...

$M_{216-217}$: ... d'ordre alimentaire. Comblée... ⎫ en possession de miel, *etc.*
M_{266}　　 : ... d'ordre sexuel. Percée... ⎫ par Pic en quête de nourriture, *etc.*

La liaison entre mythes guyanais et mythes du Chaco apparaîtra encore plus forte si l'on tient compte que, dans les premiers, les relations des deux frères Pia et Makunaima sont les mêmes que celles de Pic et de Renard, dans les seconds : Makunaima est, en effet, le vil séducteur de la femme de son frère aîné (K.-G. *1*, p. 42-46).

Nous retombons donc sur l'équivalence, plusieurs fois invoquée, de la fiancée de bois et de la fille folle de miel. Mais, autant cette équivalence est facile à concevoir quand cette dernière a pour substitut une femme pareillement folle, mais de son corps, autant elle semble exclue dans le cas de la fiancée de bois qui, privée d'un attribut essentiel de la féminité, devrait être affligée du tempérament opposé. Pour résoudre la difficulté, et progresser du même coup dans l'interprétation des mythes que cette quatrième variation tente de mettre en ordre, il convient de reprendre les choses au début.

La fille folle de miel est une gloutonne. Or, nous avons vu que dans M_{259}-M_{260}, le père et auteur de la fiancée de bois porte le nom de Nahakoboni qui signifie : le glouton. Glouton de quoi ? D'abord, sans doute, de nourriture, car certaines des épreuves qu'il impose au prétendant consistent à lui fournir des quantités prodigieuses de viande et de boisson. Mais ce trait ne suffit pas à expliquer complètement la psychologie du personnage, ni pourquoi il tient rancune à son gendre d'avoir confié à l'oiseau bunia le soin de parfaire la fille qu'il était lui-même incapable d'achever. Là-dessus, le texte du mythe apporte de grandes lumières à condition, comme toujours, de le lire scrupuleusement et de tenir chaque détail pour pertinent. Nahakoboni se fait vieux et il lui faut un gendre. En effet, chez les Warrau matrilocaux, le gendre s'établit auprès de ses beaux-parents et leur doit des prestations de travail et de nourriture en échange de la femme qu'il a reçue. Mais, pour Nahakoboni, ce gendre doit être un prestataire, il ne doit pas être un époux. Le vieillard le veut *tout pour lui* : cheville ouvrière d'une famille domestique et non point fondateur d'une famille conjugale, car ce que le mari donnerait à la seconde, le gendre le retirerait inévitablement à la première. En d'autres termes, si Nahakoboni est glouton de nourriture, il l'est plus encore de services : c'est un beau-père fou de gendre. Il faut donc d'abord que celui-ci ne réussisse jamais à s'acquitter de ses obligations, ensuite et surtout que la fille livrée en mariage soit affectée d'une carence ne nuisant pas à sa fonction de médiatrice de l'alliance, mais empêchant que pour elle, le gendre de son père puisse devenir un mari. Cette épouse, négativée au départ, offre une analogie saisissante avec l'époux de la fille folle de miel, à cette différence près que la négativité de l'un se manifeste sur le plan psychologique (c'est-à-dire au figuré), celle de l'autre sur le plan physique, donc au propre. Anatomiquement parlant, la fiancée de bois n'est pas une femme, mais le moyen pour son père d'avoir un gendre. Moralement parlant, Pic des mythes du Chaco n'est pas un homme. L'idée du mariage le terrorise, il est uniquement préoccupé de l'accueil que lui feront ses beaux-parents : il ne veut donc être qu'un gendre, mais, comme mari — et prenant cette fois l'expression au sens métaphorique — il est « de bois ».

Or, les mythes du Chaco ont soin de dépeindre le personnage du Soleil sous deux aspects. C'est d'abord un père incapable de fournir à sa fille le miel qu'elle aime ; incapable, donc, de la « combler » dans un sens alimentaire, comme le père de la fiancée de bois est incapable de l'évider sexuellement. En second lieu, le Soleil des mythes du Chaco est un glouton, obsédé par une nourriture exclusive : les poissons /lewo/ semblables à des caïmans, au point d'envoyer son gendre à la mort pour les pêcher. Cette double et radicale inversion des mythes guyanais, dans lesquels un beau-père glouton met à l'épreuve un soleil gendre, peut être représentée ainsi :

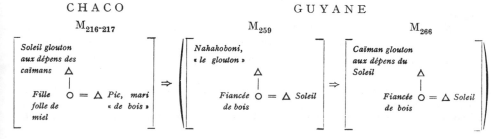

A travers les mythes de la Guyane, on aperçoit donc l'image des mythes du Chaco dont on était parti, mais renversée : le Soleil père devient un Soleil gendre, c'est-à-dire que la relation de parenté pertinente passe de la filiation à l'alliance. Le Soleil examinateur devient un Soleil examiné. L'inertie morale du mari se change en inertie physique de la femme. La fille folle de miel se transforme en fiancée de bois. Enfin et surtout, les mythes du Chaco s'achèvent sur l'assèchement des lacs et sur la mise des poissons-caïmans hors de l'eau, tandis que les mythes guyanais montrent, en conclusion, le caïman rejeté, ou cherchant refuge, dans l'eau.

A plusieurs reprises, nous avons vérifié que le caïman s'opposait aux loutres. Cette opposition ressortira encore mieux si l'on remarque que les loutres jouent le rôle d'animaux volubiles : elles renseignent ou enseignent. En revanche, les Indiens de l'Amérique tropicale professent que les caïmans n'ont pas de langue. La croyance est attestée chez les Arawak de la Guyane (Brett *1*, p. 383) ; comme dit le texte versifié :

> « *Alligators — wanting tongues —*
> *Show (and share) their father's wrongs* »[1]

(Brett 2, p. 133).

Les Mundurucu ont un récit du même type (M_{270}). Le caïman était un glouton qui dévorait ses gendres successifs. Pour sauver le dernier venu, les Indiens lancèrent dans la gueule de l'ogre une pierre chauffée au rouge qui lui consuma la langue. Depuis, le caïman est privé de cet organe et il a une pierre dans le ventre (Kruse *2*, p. 627).

D'autre part, les loutres sont des rivales du Soleil dans des mythes où celui-ci fait figure de maître de la pêche ou des barrages de pêche. Aussi bien en Guyane qu'au Chaco, la pêche est une activité de saison sèche, ce qu'entre beaucoup d'indications du même genre atteste le début d'un mythe arekuna : « A cette période, toutes les rivières s'asséchèrent et il y eut grande abondance de poisson... » (K.-G. *1*, p. 40). Au contraire, le caïman, qui a besoin d'eau, joue dans les mythes du Chaco le rôle de maître de la pluie. Également associées à l'eau, les deux espèces sont aussi opposées quant à l'eau ; à l'une il en faut beaucoup, à l'autre peu.

Dans les mythes waiwai consacrés à l'origine de la fête Shodewika (M_{271}, M_{288}), il est question d'une femme qui a un serpent boa pour animal familier. Mais elle ne lui donne à manger que des petits rongeurs et garde pour elle le gros gibier (cf. M_{241}). Furieux, le serpent l'avale et se sauve au fond des eaux. Le mari obtient l'assistance des loutres, qui emprisonnent le

---

1. Vue contraire à celle des anciens Égyptiens qui portaient le manque de langue au crédit du saurien : « Il est seul entre tous les animaux qui n'a point de langue, à cause que la parole divine n'a point besoin de voix ni de langue » (Plutarque, § xxxix).

serpent en coupant la rivière de rapides et de chutes (cf. M_{266}). Elles retirent les ossements de la femme du ventre du serpent et le tuent. Son sang rougit la rivière. En s'y baignant, les oiseaux acquièrent de vives couleurs qu'une pluie subséquente, dont chaque espèce se protège plus ou moins bien, délave partiellement. C'est ainsi que les oiseaux obtinrent leur plumage distinctif (Fock, p. 63-65 ; cf. Derbyshire, p. 92-93). Le sang du serpent ($\equiv$ pénis, cf. M_{268}) dévoreur de la femme joue donc ici le même rôle que le sang de la femme « dévorée » par l'oiseau en quête de nourriture (M_{260}), quand il lui perce accidentellement un vagin. Si donc M_{271}, comme déjà M_{268}-M_{269}, oppose les loutres au serpent boa, consommateur au lieu de séducteur de la femme, il est digne de remarque que les Tacana, qui inversent volontiers les grands thèmes mythiques de l'Amérique tropicale, mettent loutres et caïmans en corrélation plutôt qu'en opposition : ce ne sont pas des adversaires, mais des alliés (Hissink-Hahn, p. 344-348, 429-430)[1].

La discussion qui précède n'a que la valeur d'une esquisse. Il ne faut pas se dissimuler, en effet, que l'analyse exhaustive du groupe se heurte à des obstacles considérables, qui tiennent à la multiplicité et à la diversité des axes requis pour tenter d'ordonner les mythes. Comme tous les autres du même groupe, ceux que nous sommes en train de considérer font appel à des oppositions rhétoriques. La consommation est entendue, tantôt au sens propre (alimentaire) tantôt au sens figuré (sexuel), et parfois les deux ensemble ainsi qu'il arrive dans M_{269} où la femme mange réellement son séducteur pendant que celui-ci la « mange » dans l'acception où les langues sud-américaines prennent aussi ce terme, c'est-à-dire en copulant. De plus, les liaisons entre les termes opposés par paire relèvent de la synecdoque (le caïman mange les poissons qui *font partie* de la nourriture du Soleil), ou de la métaphore (le Soleil a pour seule nourriture des poissons qui sont *comme* des caïmans). Enfin, ces relations déjà complexes peuvent être non réflexives, mais entendues toutes au sens propre ou toutes au sens figuré ; ou réflexives, mais prises l'une au sens propre, l'autre au sens figuré : situation illustrée par l'étrange union érotico-alimentaire du caïman et de la fiancée de bois dans M_{269}. Si l'on décide, à titre d'expérience, de simplifier les équations en négligeant les oppositions de caractère méta-linguistique, on peut intégrer les personnages les plus caractéristiques des mythes du Chaco et de la Guyane au moyen d'un diagramme :

---

1. La paire crocodile-loutre apparaît également dans le Sud-Est asiatique, et cette rencontre est d'autant plus curieuse qu'on trouve aussi dans cette région du monde, en sus de maints autres thèmes qui lui sont communs avec l'Amérique, une histoire de mariage d'un humain avec une femme-abeille, perdue parce que son mari a violé l'interdiction qu'elle lui avait faite de mentionner sa présence (Evans, *texte n° 48*). Sur la paire crocodile-loutre, cf. aussi le texte suivant : « Ce sont des hommes méchants, incestueux. Ils font comme le cheval avec le serpent, comme le crocodile avec la loutre, comme le lièvre avec le renard... » (Lafont, *texte n° 45*).

$$\text{GUYANE} \left\{ \begin{array}{c} \textit{Caïman :} \ \triangle \\ | \\ \textit{Fiancée de bois :} \ \bigcirc = \triangle \qquad : \textit{Soleil} \\ | \\ \textit{Fille folle de miel :} \ \bigcirc \ = \triangle : \textit{Pic} \end{array} \right\} \text{CHACO}$$

Au Chaco, le Soleil se nourrit aux dépens des « caïmans », et ceux-ci aux dépens de Pic, gendre du Soleil. En Guyane, le caïman se nourrit aux dépens du Soleil, et le Pic aux dépens (mais en fait au profit) de la femme de celui-ci : la fiancée de bois. Chez les Cubeo enfin, le caïman et la fiancée de bois se nourrissent (lui métaphoriquement, elle par synecdoque) l'un de l'autre. Du point de vue de l'éloignement spatial et temporel des termes, par conséquent, l'écart est maximum dans les mythes du Chaco, minimum dans ceux des Cubeo, et les mythes guyanais se situent au milieu. Or, ce sont aussi les mythes du Chaco et les mythes cubeo dont les conclusions respectives se reproduisent le plus exactement, tout en offrant l'une de l'autre une image renversée. A la fin de M_{216}, le Soleil envoie son gendre à l'eau pour pêcher des poissons-caïmans, mais ceux-ci mangent l'oiseau. Soleil assèche alors le lac avec du feu, ouvre la gueule du monstre et libère son gendre, qui est en quelque sorte « dé-mangé ». Dans M_{269}, le Soleil envoie le caïman au feu (chercher un brandon), et sa femme le mange. Soleil rebouche alors l'abdomen béant de la victime, et jette le caïman à l'eau où, dorénavant, il sera chassé pour être mangé.

Nous n'avons pas de renseignements sur la chasse au caïman chez les Cubeo, mais nous sommes mieux informés pour la Guyane où les conditions météorologiques (au moins dans la partie orientale) diffèrent peu de celles qui règnent dans le bassin du Uaupés. En Guyane, le caïman constitue une importante ressource alimentaire, car on mange ses œufs et sa chair, surtout celle de la queue (qui est blanche et de goût très fin, comme nous l'avons souvent constaté). Selon Gumilla (cit. par Roth *2*, p. 206), la chasse au caïman avait lieu en hiver, quand le poisson était rare du fait de la montée des eaux. Au sujet des Yaruro de l'intérieur du Venezuela, les informations sont moins claires : le petit caïman *Crocodilus babu* serait chassé pendant toute l'année, sauf de mai à septembre, période des plus grandes pluies (Leeds). Cependant, le même contraste, souligné par Gumilla, entre pêche au poisson et chasse au caïman, semble ressortir de la remarque de Petrullo (p. 200) que les Yaruro pêchent « quand ils ne trouvent ni crocodiles ni tortues ».

S'il était permis de généraliser cette opposition[1], elle nous fournirait peut-être la clé du renversement qui se produit quand on passe des mythes du Chaco aux mythes guyanais. Les premiers ont trait au miel, récolte

---

1. Sans chercher pourtant à l'étendre au delà de l'aire guyanaise. Les Siriono, qui sont de grands chasseurs de caïmans mais de piètres pêcheurs, se livrent à ces deux occupations surtout pendant la saison sèche (Holmberg, p. 26-27).

de saison sèche, qui est aussi celle de la pêche au Chaco, en Guyane et dans le bassin du Uaupés.

Les mythes guyanais transforment ceux du Chaco sur deux axes. Ils disent au figuré ce que les autres disent au propre. Et au moins dans son dernier état, le message qu'ils transmettent ne concerne pas tant le miel — produit naturel dont l'existence avère la continuité du passage de la nature à la culture — que les arts de la civilisation qui témoignent en faveur de la discontinuité des deux ordres, ou encore l'organisation du règne animal en espèces hiérarchisées, qui installe la discontinuité au sein même de la nature. Or, les mythes guyanais débouchent sur la *chasse* au caïman, occupation de la saison *pluvieuse* et, comme telle, incompatible avec la *pêche* dont sont maîtres le Soleil (préposé à la saison *sèche*) et les loutres (homologues du Soleil sous le rapport de l'eau), et qui peuvent donc, à un double titre, s'opposer au caïman.

* *

Cependant, les premiers mythes guyanais que nous avons examinés se rapportaient expressément au miel. Nous devons donc retrouver au sein même des mythes guyanais, exprimées d'une manière encore plus vigoureuse, les transformations qui nous sont d'abord apparues quand nous comparions les mythes du Chaco avec certains seulement de ces mythes guyanais. De ce point de vue, il convient d'accorder une attention particulière à l'essence du bois dont est fait le fiancé dans M_{241}, et partout ailleurs, la fiancée. Quand le motif est apparu pour la première fois, c'est-à-dire dans M_{241} (puis dans $M_{263a, b}$) le fiancé ou la fiancée provenaient d'un tronc de palmier : *Euterpe* ou *Mauritia*. En revanche, dans M_{259}, M_{266}, il est question du tronc du prunier sauvage *(Spondias lutea)*. Entre ces deux familles on aperçoit de multiples oppositions.

L'une comprend des palmiers, l'autre des anacardiacées. Le tronc du palmier est mou au dedans, tandis que celui du prunier est dur. Les mythes insistent fortement sur cette opposition, particulièrement les versions Wilbert où les oiseaux déforment ou cassent leur bec sur le bois de l'arbre (M_{260}), tandis que les compagnons du mari brisent aisément à coups de hache le tronc du palmier $(M_{263a, b})$. En troisième lieu, et bien que les fruits du palmier *Mauritia* soient aussi consommés, c'est la moelle extraite du tronc qui forme la nourriture de base des Warrau, tandis que les fruits seuls du prunier peuvent être mangés. Quatrièmement, la préparation de la moelle constitue une activité complexe, qu'un mythe (M_{243}) décrit dans les plus grands détails parce que l'acquisition de cette technique est le symbole de l'accession à la culture. Le palmier *Mauritia flexuosa* pousse sans doute à l'état sauvage, mais les Warrau exploitent si méthodiquement les palmeraies qu'on a pu parler à ce sujet d'une « arboriculture » véritable. On se souvient que la moelle de palmier est la seule nourriture commune aux dieux et aux hommes. Par tous ces attributs, *Mauritia* s'oppose à *Spondias*, puisque le prunier pousse complètement à l'état sauvage, et que ses fruits servent à la fois de nourriture aux humains et aux animaux, comme le rappelle M_{264} dans l'épisode du tapir[1]. Enfin, et surtout, la pulpe comestible du tronc (facile à ouvrir) du palmier soutient une opposition de nature saisonnière avec les fruits du prunier — dont le tronc est difficile à percer.

Cette opposition se manifeste de deux façons. D'abord, le tronc du prunier n'est pas seulement dur : on le croit aussi imputrescible. C'est, dit-on, le seul arbre dont la tortue redoute qu'il s'abatte sur elle. S'agissant d'autres essences, il lui suffirait d'attendre patiemment que le bois pourrisse pour se libérer. Mais le prunier ne pourrit pas : même déraciné il bourgeonne, et de nouvelles branches lui poussent qui emprisonnent la tortue (Ihering, art. « jaboti » ; Stradelli *1*, art. « tapereyua-yua »). Spruce (vol. I, p. 162-163) qui désigne la même anacardiacée du nom scientifique : *Mauria juglandifolia* Bth., souligne qu'« elle possède une grande vitalité et qu'un piquet fait de ce bois s'enracine presque toujours et devient arbre. » Or, on sait qu'un palmier abattu, ou simplement privé de son bourgeon terminal, ne repousse pas.

En second lieu, et dans le cas de *Mauritia flexuosa* (qui est, chez les Warrau, le palmier le plus fortement « marqué »), Roth indique que l'extraction de la moelle a lieu quand les arbres commencent à fructifier (*2*, p. 215). A propos de cette remarque, nous avons déjà noté (p. 157, n. 1) que les palmiers sud-américains portent des fruits au début de la saison des pluies et même parfois pendant la saison sèche. De son côté, Wilbert précise que la moelle reste disponible sous forme d'aliment frais « pendant la plus grande partie de l'année » (*9*, p. 16), mais cette divergence n'affecte pas nécessairement la position sémantique de la moelle de palmier dans les mythes. On se souvient qu'à propos de ceux du Chaco, nous nous sommes heurté à une difficulté du même type, résultant de l'association préférentielle du manioc, pourtant disponible pendant toute l'année, avec les nourritures de la saison sèche. C'est que le manioc, disions-nous alors, étant disponible *même* pendant la saison sèche, se trouve plus fortement marqué sous le rapport de cette saison que sous celui de la saison des pluies où sont plus fortement marquées les nourritures disponibles pendant cette seule période de l'année. A cet égard, on notera que les Warrau désignent du même mot /aru/ la pulpe de manioc et celle de palmier, et que M_{243}, M_{244} les associent étroitement.

En ce qui concerne la maturation des fruits de *Spondias lutea*, nous avons des indications précises pour la région amazonienne grâce au beau commen-

---

1. Plus restreinte, l'opposition de *Spondias* et de *Euterpe* résulte de l'absence de compétition entre les humains et les animaux autour de ce palmier dont les fruits sont cueillis durs et doivent être ramollis dans l'eau tiède, ainsi que nous l'avons expliqué.

taire de Tastevin à la suite de plusieurs mythes tupi sur lesquels nous reviendrons. L'étymologie avancée par cet auteur et par Spruce *(l. c.)* du nom vernaculaire du prunier sauvage : /tapiriba/ /tapereba/ ; tupi /tapihira-hiwa/ « arbre du tapir », nous semble, en raison de sa résonance mythique (cf. par exemple M_{264}), plus vraisemblable que celle dérivée de /tapera/, « terrain vague, site abandonné ». Les fruits de *Spondias* mûrissent fin janvier, soit en pleine saison des pluies amazonienne (Tastevin *1*, p. 247) et, en Guyane, à la fin de celle des deux saisons des pluies qui dure de la mi-novembre à la mi-février.

En même temps, donc, qu'on passe d'un arbre contenant dans son *tronc* une nourriture *interne*, à un autre portant sur ses *branches* une nourriture *externe*, ce qu'on pourrait appeler le « centre de gravité » météorologique des mythes se déplace de la saison sèche vers la saison des pluies ; soit un déplacement de même nature que celui que nous avions dû envisager pour rendre compte, au sein des mythes guyanais, du passage de la collecte du miel et de la pêche, activités économiques de la saison sèche, à la chasse au caïman, activité de la saison des pluies ; et de même nature aussi que le déplacement observé en comparant les mythes du Chaco et les mythes guyanais : dans les premiers, l'*eau retirée* aux caïmans (saison sèche) transforme, dans les seconds, une *eau imposée* (saison des pluies). C'est, d'ailleurs, l'arrivée de la saison des pluies qu'annoncent explicitement la fin de la version macushi (M_{266}) et implicitement la fin de la version carib (M_{264}) puisque, dans toute l'aire guyanaise, l'apparition des Pléiades marque le début de l'année et l'arrivée des pluies.

Un autre aspect de l'opposition : *palmier/prunier* doit retenir l'attention. Issus d'un tronc de palmier, la fiancée ou le fiancé de bois sont des nourrisseurs. Ils ravitaillent leur conjoint en moelle (fiancée de $M_{263a, b}$) ou en poisson (fiancé de M_{241}), et nous savons que l'ensemble : moelle-poisson, constitue aux yeux des Warrau la « nourriture véritable » (Wilbert *9*, p. 16). Mais, quand elle est issue d'un tronc de prunier, la fiancée de bois joue le rôle d'amante, non de nourrice. De plus, c'est une amante négative (elle est impénétrable) au lieu d'être une nourrice positive. Attaquée à la hache, la nourrice sera détruite, l'amante parachevée. Symétriquement, si le prunier apparaît comme une source de nourriture (dans M_{264}), cette nourriture n'existe que pour être refusée (aux deux frères, par le tapir).

On aperçoit tout de suite qu'envisagée dans cette perspective, la série des « fiancées de bois » est incomplète et qu'il faut la replacer dans le plus vaste ensemble dont *le Cru et le Cuit* avait commencé l'exploration. L'étoile épouse d'un mortel des mythes gé (M_{87}-M_{93}) cumule en sa personne les deux rôles d'amante impénétrable (en raison de sa chasteté) et de nourrice (comme introductrice des plantes cultivées, corrélatives de *Mauritia* qui est, dans l'ordre des plantes sauvages, l'équivalent des plantes cultivées)[1].

---

1. Brett avait déjà souligné que chez les Warrau, l'exploitation de *Mauritia flexuosa* tenait lieu d'une agriculture véritable (*1*, p. 166, 175).

Or nous avons montré dans le volume précédent (p. 187-188) que ce groupe de mythes gé était transformable en un groupe de mythes tupi-tukuna, où l'épouse surnaturelle provient du fruit, frais ou pourri, d'un arbre. Il y a donc toute une série d'épouses, pourrait-on dire, « végétales » :

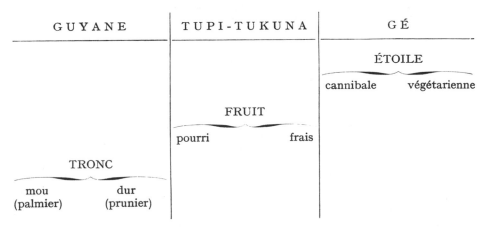

GUYANE	TUPI-TUKUNA	GÉ
		ÉTOILE cannibale végétarienne
	FRUIT pourri frais	
TRONC mou dur (palmier) (prunier)		

Les personnages centraux sont des amantes négatives soit au moral, soit au physique. Elles seront, celle-ci percée pour son bien, celles-là violées pour leur mal. Dans les deux cas, le responsable est un dieu-sarigue, bête puante, ou un oiseau qu'on appelle précisément « le puant ». Il n'est que plus remarquable que la demoiselle, qui commence son existence humaine de cette façon, devienne jusque dans les mythes guyanais une mère de jumeaux capables de parler au giron, en laquelle se reconnaît l'héroïne d'un célèbre mythe tupi (M_{96}) : celle qui, pour s'être égarée chez un individu subséquemment transformé en sarigue, à la suite du refus de la guider que lui oppose le premier enfant dont elle est grosse, se verra par les œuvres de son séducteur bientôt dotée d'un second. Ainsi, les héroïnes moyennes sont déflorées ou violées par des bêtes puantes. Quant à celles qui occupent les pôles, ce sont elles-mêmes des sarigues. Nous avons fait cette démonstration dans *le Cru et le Cuit* à propos d'Étoile, épouse d'un mortel, et nous constatons maintenant que la situation se répète à l'autre extrémité de l'axe : comme Étoile, la fiancée de palmier est une nourrice. Et elles seront toutes deux détruites par des acolytes de leur époux : sexuellement dans le cas d'Étoile violée par ses beaux-frères ; alimentairement dans celui de la fiancée de bois, déchiquetée par les compagnons de son amant pour s'emparer de la nourriture qu'elle contient.

L'étude de cet ensemble paradigmatique, que nous avons simplifié à l'extrême mais où une enquête plus poussée découvrirait d'autres paliers, mériterait d'être entreprise pour elle-même et de façon indépendante[1].

1. Notamment à partir du texte complet d'un mythe kalapalo (M_{47} *in :* Baldus *4*, p. 45) où l'on note l'intéressante transformation : *femme sans vagin ⇒ femme à dents de piranhas*, qui lui permettent de manger les poissons crus.

Nous nous contenterons d'attirer l'attention sur un point. Les mythes guyanais que nous venons d'analyser (M_{259}, M_{264}, M_{266}), rapportés au reste de la mythologie sud-américaine, offrent une construction singulière en ce sens que leur seconde partie — le voyage de la mère des jumeaux — reproduit de façon presque littérale la première partie du grand mythe tupi évoqué au paragraphe ci-dessus. Ce renversement nous apporte une preuve supplémentaire que l'itinéraire suivi depuis le début de ce livre contourne, si l'on peut dire, la mythologie sud-américaine par derrière. En fait, nous le savions depuis qu'étaient réapparus, au terme de notre exploration des mythes sur l'origine du miel, des mythes sur l'origine du tabac dont nous étions tout proche au départ. Mais si la boucle se noue sur le mythe des jumeaux que, par deux fois, nous avons rencontré en chemin, ce ne peut être que parce que la terre de la mythologie est ronde, autrement dit, parce qu'elle constitue un système clos. Seulement, dans la perspective où nous sommes maintenant placé, nous apercevons tous les grands thèmes mythiques à l'envers, ce qui rend leur interprétation plus laborieuse et plus complexe, un peu comme s'il fallait déchiffrer le sujet d'une tapisserie d'après les fils enchevêtrés qu'on voit paraître au dos et qui confondent l'image mieux lisible que, dans le Cru et le Cuit, nous contemplions à l'endroit.

Mais que signifient envers et endroit ? Et le sens des faces n'eût-il pas été simplement retourné si nous avions décidé de commencer par l'autre bout ? Nous espérons montrer qu'il n'en est rien et que l'envers et l'endroit sont définis objectivement par la problématique indigène, aux yeux de laquelle la mythologie de la cuisine se déroule dans le bon sens, qui est celui du passage de la nature à la culture, tandis que la mythologie du miel procède à contre-courant, en régressant de la culture à la nature ; soit deux trajets unissant les mêmes points, mais dont la charge sémantique est très différente et entre lesquels il n'existe par conséquent pas de parité.

Rassemblons donc les traits fondamentaux de cette dernière mythologie. Elle se rapporte à ce qu'on pourrait appeler un *détournement d'allié*, sans qu'il s'agisse partout du même type d'allié et sans que le coupable occupe toujours la même place dans la constellation d'alliance. L'héroïne du Chaco détourne à son profit personnel les prestations (de miel) que son mari devait d'abord aux parents de celle-ci. Inversement, le beau-père glouton du mythe guyanais (M_{259}) détourne à son profit les prestations qu'après s'être libéré envers lui, son gendre aurait désormais dues à sa fille. Entre les deux, et inversant d'alimentaire en sexuel le système des prestations aux alliés, les belles-sœurs de M_{235} cherchent à détourner l'amour que le mari porte à sa femme, et la vieille grenouille de M_{241} en fait autant, sur le plan alimentaire et sur le plan sexuel, avec les prestations alimentaires que le héros devait à sa mère, et avec les prestations sexuelles qu'il aurait dues à une épouse légitime qui ne serait pas une maîtresse et ne se ferait pas passer pour une mère. A l'occasion d'une alliance, par conséquent, le coupable cherche à « court-circuiter » ses parents, son enfant, ou son allié. C'est le commun dénominateur sociologique du groupe. Mais en même temps, il existe un commun dénominateur cosmologique dont la formule est plus complexe. Selon que le personnage principal est une femme (qui remplit une marmite du sang de sa défloration) ou un homme (qui fait de même avec ses excréments malodorants) — attestant l'un et l'autre que l'accession à la pleine féminité ou à la pleine masculinité implique une régression à l'ordure — une structure d'ordre fait son apparition soit sur le plan de la nature (mais qui va en s'épuisant), soit sur le plan de la culture (mais qui va en s'éloignant). L'organisation naturelle s'épuise, la discontinuité dont elle offre le spectacle n'est qu'un vestige d'une continuité antérieure et plus riche, puisque les oiseaux eussent tous été rouges si le sang de la défloration n'avait laissé derrière lui un résidu de bile et d'impuretés, ou si la pluie ne l'avait par endroits délavé. Et la culture s'éloigne vers le haut (M_{243}) ou vers le loin (M_{241}, M_{258}) puisque les hommes eussent été mieux pourvus en secours spirituels et en arts de la civilisation si leur descente du monde supérieur n'avait été malencontreusement interrompue par une femme grosse d'enfant, ou si, par le fait d'une grenouille pleine de miel, le héros civilisateur n'avait été obligé de les abandonner. Deux femelles, sexuellement ou alimentairement grosses, interrompent donc la médiation que l'évacuation sexuelle du sang, ou l'évacuation alimentaire des excréments, ont au contraire précipitée.

*
* *

Pourtant, en dépit de cette armature commune, des différences apparaissent au sein du groupe, et il est indispensable de les élucider.

Comparons d'abord, du point de vue de leur construction, les trois mythes du recueil de Roth sur lesquels repose essentiellement notre quatrième variation, c'est-à-dire le mythe warrau de la fiancée de bois (M_{259}), le mythe carib de la grenouille mère du jaguar (M_{264}), enfin le mythe macushi de la fiancée de bois (M_{266}).

Dans le mythe warrau, les avatars de l'héroïne se succèdent selon un plan d'une admirable régularité : parachevée par l'oiseau bunia (qui la perce), elle est engrossée par le soleil (qui la remplit). Elle avale ensuite imprudemment la vermine (qui la remplit aussi), et la grenouille vide son cadavre des jumeaux qui l'emplissaient.

Le second et le troisième épisode connotent donc le remplissage soit par en bas, soit par en haut ; l'un passif, l'autre actif ; et quant aux conséquences, celui-ci négatif (entraînant la mort de l'héroïne), celui-là positif (lui permettant de donner la vie).

Maintenant, peut-on dire que les épisodes 1) et 4) s'opposent aux précédents, en ce sens qu'ils connoteraient le vidage contrastant avec le remplissage ? Cela ne semble pas douteux pour le quatrième épisode où le corps de l'héroïne est effectivement vidé des enfants qu'il contenait. Mais le premier épisode, qui consiste dans l'ouverture du vagin absent, ne semble pas assimilable à l'autre *stricto sensu*.

Tout se passe comme si la pensée mythique avait perçu cette difficulté et s'était aussitôt employée à la résoudre. En effet, la version warrau introduit un incident qui peut paraître superfétatoire à première vue seulement. Pour que l'héroïne devienne une femme véritable, il ne suffit pas que l'oiseau bunia l'ait ouverte ; il faut aussi que son père se remette au travail (bien qu'il ait proclamé son incompétence tout juste avant) en extrayant du vagin fraîchement creusé un serpent qui créait un obstacle supplémentaire à la pénétration. L'héroïne n'était donc pas seulement bouchée, mais pleine ; et l'incident du serpent n'a pas d'autre fonction apparente que de transformer le percement en vidage. Cela une fois admis, la construction du mythe se résume dans le schéma suivant :

1) héroïne percée par un oiseau, permettant l'évacuation du serpent	*passif*	bas, antérieur	héroïne vidée	(+)
2) héroïne engrossée par le soleil	*passif*	bas, antérieur	héroïne remplie	(+)
3) héroïne ingérant une vermine mortelle	*actif*	haut, antérieur	héroïne remplie	(—)
4) héroïne éventrée par une grenouille	*passif*	bas, antérieur	héroïne vidée	(—)

Si l'on tient compte, comme nous l'avons fait dans le schéma, que les épisodes 2) et 4) forment une paire (puisque la grenouille *vide* le corps de l'héroïne des mêmes enfants dont le Soleil l'avait *empli*), il s'ensuit que les épisodes 1) et 3) doivent également former une paire, soit : *serpent évacué par en bas, passivement, avec résultat bénéfique/vermine ingérée par en haut, activement, avec résultat maléfique*. Dans cette perspective, le mythe consiste en deux séquences superposables, chacune formée de deux épisodes qui s'opposent entre eux *(héroïne vidée/remplie ; héroïne remplie/vidée)* et dont chacun s'oppose à l'épisode de l'autre séquence auquel il fait pendant.

Pourquoi ce redoublement ? Nous connaissons déjà au moins une raison, car nous avons vérifié à plusieurs reprises que l'opposition du sens propre et du sens figuré était une constante du groupe. Or, ici, les deux premiers épisodes racontent au figuré ce que les deux derniers expriment au propre : l'héroïne est d'abord rendue « mangeable » (= copulable) pour être « mangée ». Ensuite de quoi, elle est rendue mangeable (tuée) pour être, dans les autres versions, effectivement mangée.

Mais la lecture attentive du mythe suggère que le redoublement des séquences pourrait avoir une autre fonction. Il semble en effet que la première partie du mythe — dont on n'oubliera pas que le Soleil est le héros — se déroule suivant un cycle saisonnier dont les épreuves imposées au Soleil-gendre marquent les étapes : chasse, pêche, brûlis, plantations, érection d'une hutte ; tandis que la seconde partie, qui débute à propos de la marche vers l'ouest du Soleil, évoque plutôt un cycle journalier. Ainsi formulée, l'hypothèse peut paraître fragile, mais la comparaison avec les autres versions lui apportera un début de confirmation en attendant que, dans un volume ultérieur, nous démontrions à l'aide d'autres mythes l'importance du contraste entre la périodicité saisonnière et la périodicité journalière et l'étroite concordance qui se vérifie entre cette opposition et celle des « genres » dans la construction du récit[1].

Enfin, et toujours à propos de M_{259}, on notera que, sur le plan étiologique, le mythe semble avoir une fonction et une seule : celle d'expliquer l'origine de la technique de production du feu par friction.

Considérons maintenant la façon dont les Carib (M_{264}) racontent la même histoire qu'ils abordent, on s'en souvient (p. 185), directement par sa deuxième partie. La séquence journalière (voyage en direction du soleil) passe donc au début. Ce n'est pas tout : corrélativement à la suppression de la première partie, une nouvelle partie s'ajoute à la seconde, consacrée aux aventures des deux frères chez une autre grenouille, puis chez le tapir-femelle. Il y a donc toujours deux parties, et il semble bien que celle placée ici en dernier, faite d'épisodes successifs, restitue le cycle saisonnier : chasse, brûlis, récolte de fruits sauvages qui commencent à mûrir en janvier. Si cette interprétation est exacte, l'ordre des deux séquences, saisonnière et journalière, s'inverse en passant de la version warrau à la version carib.

Cette inversion de l'ordre des séquences s'accompagne d'un bouleversement du système des oppositions qui nous ont servi pour définir dans leurs rapports réciproques les quatre avatars de l'héroïne. Le second avatar occupe maintenant la première place, puisque le récit commence quand l'héroïne est enceinte des œuvres du Soleil, tandis que le quatrième (corps de l'héroïne vidé des enfants qu'il contenait) reste inchangé. Mais, entre ces deux épisodes extrêmes, deux épisodes nouveaux viennent s'insérer, soit un nᵒ 2 : l'héroïne se cache dans une jarre (qu'elle remplit) ; et un nᵒ 3 : on la « vide » hors de ce récipient. Qu'est-ce à dire ? La version warrau traite constamment l'héroïne à la façon d'un « contenant » alternativement vidé (épisodes 1 et 4), et rempli (épisodes 2 et 3). Au contraire, la version carib la définit au moyen d'une relation d'opposition : *contenant/contenu*, par rapport à laquelle l'héroïne joue le rôle d'agent ou de patient, étant elle-

---

1. Cf. dès maintenant notre compte rendu d'enseignement, *Annuaire du Collège de France*, 64ᵉ année, Paris 1964, p. 227-230. Sur le lien entre la saison sèche et les épreuves imposées au gendre, voir Preuss *I*, p. 476-499.

même tantôt un contenant, tantôt un contenu, avec des effets bénéfiques ou maléfiques :

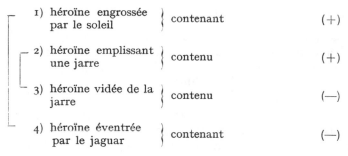

Ce sont donc à présent les épisodes 1) et 4) d'une part, 2) et 3) d'autre part, qui forment paire. Au sein de chacune des deux séquences, les épisodes se reproduisent sous réserve de l'inversion du contenant et du contenu alors que, d'une séquence à l'autre, les épisodes qui se répondent forment un chiasme.

Or, les deux transformations de la structure mythique que nous avons repérées à des niveaux différents, l'un formel et l'autre sémantique, correspondent à une troisième transformation qui se situe sur le plan étiologique. La version carib prétend seulement expliquer l'origine de certaines constellations : Hyades, Pléiades et Orion[1], dont on sait que, dans cette région du monde, elles présagent le changement de saison. Aux nombreuses indications déjà données en ce sens (CC, p. 224-225) on ajoutera le témoignage d'Ahlbrinck (art. « sirito »), qui se rapporte à des populations guyanaises de langue et de culture carib : « Lorsque *sirito*, la Pléiade, est visible le soir (au mois d'avril), on entend des coups de tonnerre. Car Sirito est en colère parce que les hommes ont coupé une jambe à Ipétiman [Orion]. Et Ipétiman approche. Ipétiman paraît au mois de mai. »

Admettons donc que M_{264} se rapporte implicitement au début de la « grande » saison des pluies (la Guyane connaît quatre saisons, deux pluvieuses et deux sèches), laquelle s'étend de la mi-mai à la mi-août. Cette hypothèse offre deux avantages. D'abord, elle met en correspondance la version carib (M_{264}) et la version macushi (M_{266}) qui se rapporte explicitement à l'origine des pluies et des tempêtes : provoquées par la tristesse intermittente de l'héroïne dont les larmes ruissellent en torrents le long de pentes de la montagne après qu'elle a été s'établir au sommet du Roraima. En second lieu, nous pouvons vérifier objectivement, par ses références astronomiques et météorologiques, notre hypothèse antérieure que les mythes présentement examinés retracent, mais à l'envers, un itinéraire que les mythes gé et bororo, étudiés dans *le Cru et le Cuit*, nous avaient fait

1. Comme fait aussi, pour les Pléiades uniquement, une variante tupi (M_{264b}) recueillie par Barbosa Rodrigues (*1*, p. 257-262).

parcourir à l'endroit. En effet, la tentative pour intégrer les mythes gé et bororo offrant un caractère saisonnier aboutissait à une équation :

a) Pléiades-Orion:Corbeau :: saison sèche:saison des pluies.

Or, nous vérifions maintenant que, dans les mythes guyanais, l'ensemble Pléiades-Orion annonce la saison des pluies. Qu'en est-il alors de la constellation du Corbeau ? Quand elle culmine le soir au mois de juillet, on l'associe à une divinité responsable des violents orages qui marquent la saison des pluies déjà sur son déclin (cf. CC, p. 237 ; et, sur la mythologie des orages de la période juillet-octobre dans la mer des Caraïbes et la Grande Ourse — dont l'ascension droite est voisine de celle du Corbeau —, Lehmann-Nitsche *3*, p. 126-128) ; tandis qu'en Guyane également, le lever de la Chevelure de Bérénice (même ascension droite que la Grande Ourse et le Corbeau) connote la sécheresse. Soit donc l'équation, inverse de la précédente :

b) Pléiades-Orion:Corbeau :: saison des pluies:saison sèche.

Nous rejoignons ainsi la version macushi (M_{266}) dont on vient de voir qu'elle se rapporte de manière explicite à l'origine de la saison des pluies. Mais ce n'est pas tout, car, à la différence des deux mythes précédemment discutés, M_{266} possède une double fonction étiologique. Comme mythe d'origine de la saison des pluies, il coïncide avec M_{264} ; comme mythe d'origine d'une technique de production du feu (qu'enseigne la grue aux héros), il coïncide avec M_{259}.

Il y a pourtant deux différences. L'allusion aux pluies qu'on trouve dans M_{266} est *diurne* (on voit couler les larmes formant les torrents) alors que celle faite par M_{264} est *nocturne* (visibilité de certaines constellations). Et si M_{259} évoque la production du feu par *friction* (avec deux morceaux de bois), M_{266} s'intéresse, lui, à la production du feu par *percussion* (avec deux pierres), technique aussi connue des indigènes guyanais.

Par conséquent et comme on pouvait s'y attendre, M_{266} consolide en un seul mythe des épisodes qui appartenaient en propre à chacune des deux autres versions. Il commence par l'histoire de la fiancée de bois qui manque à la version carib, et il finit par les aventures des jumeaux, postérieures au séjour chez la grenouille, qui manquent à la version warrau. Mais ce faisant, il inverse tous les détails : mise à l'épreuve du beau-père au lieu du gendre ; percement de l'héroïne par le pic au lieu du bunia. Victime du jaguar anthropophage, celle-ci ne meurt pas, mais ressuscite. Le héros dévore les braises, frustrant ainsi la grenouille. On remarquera aussi que le bunia warrau agit par lasciveté, le pic macushi en cherchant sa nourriture : il mange donc l'héroïne au sens propre. Symétriquement, dans la seconde partie de la version macushi, le jaguar ne la mange que de façon figurée, puisqu'il succombe avant d'avoir digéré sa proie et que celle-ci ressuscite à peine tirée du ventre du fauve (cf. plus haut, p. 187).

La synthèse des versions warrau et carib, opérée par la version macushi au prix de multiples renversements, révèle que sur le trajet du retour, on rencontre des mythes qui se rapportent simultanément à deux origines : celle du feu et celle de l'eau, situés donc à la même « latitude » mythique que les mythes bororo (M_1) et sherenté (M_{12}) rencontrés à l'aller, et au sujet desquels la même dualité étiologique s'était déjà affirmée. La version macushi offre donc une occasion particulièrement favorable pour faire le point.

Les trois mythes M_{259}, M_{264}, M_{266} se rapportent, soit à l'origine du feu sur le plan de la culture (friction ou percussion), soit à celle de l'eau sur le plan de la nature (saison des pluies), soit aux deux ensemble.

Or, avant que le feu produit par des techniques culturelles n'apparût, il existait déjà selon des voies naturelles : vomi par un animal, la grenouille, qui relève elle-même de l'eau. Symétriquement (et sur ce point, l'apport de M_{266} est capital) avant que l'eau produite selon un moyen naturel (la pluie) n'apparût, elle existait déjà à titre d'œuvre culturelle, puisque Makunaima, véritable ingénieur des travaux publics, la fait d'abord surgir dans un canal creusé par ses soins et où il lance la première pirogue[1]. Or Makunaima, mangeur de braises ardentes, relève du feu comme la grenouille relève de l'eau. Les deux systèmes étiologiques sont symétriques.

Dans nos mythes, par conséquent, la saison des pluies fait son entrée sous la forme d'un passage de la nature à la culture. Cependant, chaque fois, le feu (primitivement contenu dans le corps de la grenouille) ou l'eau (subséquemment contenue dans le corps de la mère) se répandent : l'un dans les arbres, d'où on tirera les bâtons à faire le feu, l'autre à la surface de la terre, dans le réseau hydrographique naturel (s'opposant au réseau artificiel d'abord créé par le démiurge). Il s'agit donc toujours d'une dispersion. Le caractère fondamentalement régressif de tous les mythes du groupe est à nouveau vérifié.

Comment, alors, expliquer l'ambiguïté de nos mythes, dont on voit déjà qu'elle résulte de leur double fonction étiologique ? Pour répondre à cette question, il faut se pencher sur le personnage de la grue qui, dans M_{266}, démontre aux héros la technique de la production du feu par percussion.

L'oiseau désigné par Roth sous le nom anglais « *crane* » joue un rôle important dans les mythes guyanais. Comme on le verra plus loin ($M_{327-328}$), c'est lui qui apporte aux hommes, ou permet que soit rapporté par l'oiseau-mouche, le tabac qui poussait dans une île réputée inaccessible. Or, un autre mythe carib du recueil de Roth (*I*, p. 192) débute de la façon suivante : « Il y avait une fois un Indien qui aimait beaucoup fumer : que ce soit le matin, à midi ou le soir, on le voyait prendre un bout de coton, battre des pierres l'une contre l'autre, faire du feu et allumer son tabac. » Il semble donc que, par l'intermédiaire de la grue, la technique de production du feu par percussion et le tabac soient liés.

En transportant l'oiseau-mouche jusqu'à l'île au tabac, la grue, qui le

---

1. Les mythes de création des Yaruro font aussi, du creusement des rivières, la condition préalable de l'apparition de l'eau (Petrullo, p. 239).

tient serré entre ses cuisses, le souille de fiente (Roth *1*, p. 335) ; c'est donc un oiseau porté à la défécation. Peut-être faut-il rapprocher cette connotation ordurière des mœurs alimentaires des grands échassiers, qui se nourrissent des poissons morts abandonnés par les eaux quand arrive la saison sèche (cf. M_{331} et Ihering, art. « jabiru »). Dans les rites funéraires des Arawak de la Guyane, un emblème représentant la grue blanche *(white crane)* était solennellement promené lors de l'incinération des petits os des défunts (Roth *2*, p. 643-650). Les Umutina appellent un épisode de leurs cérémonies funéraires du nom du martin-pêcheur (Schultz *2*, p. 262). Enfin, et puisque l'un au moins de nos mythes (M_{264}) recourt au codage astronomique, on n'aura garde d'oublier que plus au sud, entre autres chez les Bororo et les Matako, une partie de la constellation d'Orion porte le nom d'un échassier, tandis que les Carib des Antilles appelaient « le Crabier » (sorte de petit héron) une étoile faisant vraisemblablement partie de la Grande Ourse et censée commander au tonnerre et aux ouragans (Lehmann-Nitsche *l. c.*, p. 129). Si cette rencontre n'était pas l'effet du hasard, elle fournirait une illustration supplémentaire de l'inversion du système des constellations sur lequel nous avons déjà appelé l'attention (p. 206).

Quoi qu'il en soit, l'entrée en scène de la grue dans M_{266}, au titre d'introductrice de la production du feu par percussion (et ailleurs du tabac), renforce l'hypothèse selon laquelle les mythes sur l'origine du miel iraient, en quelque sorte, « au devant » des mythes sur l'origine du tabac dont les thèmes caractéristiques émergent l'un après l'autre dans la série des transformations : jaguar cannibale tué par un tronc épineux, loutres figurant des personnages « bouchés » (M_{241}). Du même coup s'éclaircirait l'ambiguïté de mythes qui fonctionnent simultanément comme mythes d'origine du feu (par friction ou percussion) et comme mythes d'origine de l'eau (saison des pluies et réseau hydrographique). Car, s'il était vrai, ainsi que nous espérons l'avoir démontré, que le tabac fumé offre une affinité avec le feu et le miel dilué avec l'eau, on comprendrait pourquoi des mythes simultanément préoccupés par l'étiologie du miel et par celle du tabac (se transformant en fait d'un type dans l'autre), manifestent cette ambiguïté en laissant apercevoir l'origine du feu, élément congru au tabac, à travers — si l'on peut dire — l'origine de l'eau, élément congru au miel. Dans les mythes gé sur l'origine du feu (M_7 à M_{12}), le jaguar figurait au titre de maître du feu et de la viande cuite, dans un temps où les hommes devaient se contenter de viande crue ; et c'était la femme humaine du jaguar qui témoignait de dispositions cannibales. Les mythes guyanais inversent toutes ces propositions, puisque les techniques de production du feu (et non plus le feu lui-même) y sont conquises ou inventées par des héros humains, en conséquence de la dévoration de leur mère par un jaguar cannibale.

Les mythes parlent de deux techniques : friction ou giration, et percussion. Selon M_{259}, le feu actuellement produit par friction était primitivement celui que *vomissait* la grenouille, et M_{266} relate de son côté que l'instigatrice de la technique par percussion fut la grue, oiseau qu'un autre mythe guyanais afflige d'une forte propension à *déféquer*. Or, entre les deux mythes, un troisième joue un rôle intermédiaire :

M_{272}. *Taulipang : origine du feu.*

Jadis, quand les hommes ignoraient encore le feu, vivait une vieille femme nommée Pelénosamó. Elle amassait du bois dans son âtre et s'accroupissait dessus. Les flammes jaillissaient alors de son anus et le bois s'allumait. Elle mangeait son manioc cuit tandis que les autres l'exposaient à la chaleur du soleil. Une fillette trahit le secret de la vieille. Comme elle ne voulait pas donner le feu, on lui lia les bras et les jambes, on l'installa au-dessus du bois et on lui ouvrit de force l'anus. Alors, elle excréta le feu et celui-ci se transforma en pierres /watò/ (= feu) qui font du feu quand on les bat l'une contre l'autre (K.-G. *1*, p. 76 et vol. III, p. 48-49).

Si l'on s'en tient aux deux propositions mythiques que le feu produit par friction était primitivement vomi, celui produit par percussion excrété, on aboutit à l'équation :

$$\text{friction : percussion :: bouche : anus}$$

Mais en fait, il y a plus à tirer des matériaux dont nous disposons, car ils se prêtent à une déduction qui, pour notre méthode, offre la valeur d'un test.

On sait que la technique de production du feu par giration (ou par friction) possède, un peu partout dans le monde et certainement en Amérique du Sud, une connotation sexuelle : le bois passif est dit femelle, celui auquel on imprime un mouvement de rotation ou de va-et-vient est dit mâle. La rhétorique du mythe transpose ce symbolisme sexuel immédiatement et universellement perçu en lui donnant une expression imaginaire, puisque l'acte sexuel (copulation) est remplacé par un mouvement intéressant l'appareil digestif (vomissement). Ce n'est pas tout : la femelle, passive sur le plan symbolique, devient active sur le plan imaginaire, et les organes respectivement concernés sont là le vagin, ici la bouche, définissables en fonction d'une opposition entre bas et haut, tout en étant l'un et l'autre antérieurs (sur un axe dont l'autre pôle est occupé par les orifices postérieurs) :

Plan symbolique		*Plan imaginaire*
o, passive	⇒	o, active
antérieur	⇒	antérieur
bas	⇒	haut

Pour la technique de production du feu par percussion, l'ethnographie ne fournit pas de représentations symboliques dont l'évidence intuitive et la généralité soient comparables à celles que nous venons d'évoquer. Mais M_{272}, renforcé par la position récurrente qu'occupe la grue dans les mythes (vieille femme excrétant, oiseau excrétant, l'un et l'autre maîtres du feu produit par percussion), nous met en mesure de déduire le symbolisme inconnu de cette technique *à partir de son expression imaginaire seule donnée*. Il suffira d'appliquer les mêmes règles de transformation que dans le cas précédent où elles étaient vérifiables empiriquement. Soit les équations :

Plan imaginaire		*Plan symbolique*
○, active	⇒	○, passive
postérieur	⇒	postérieur
bas	⇒	haut

Quel est donc l'organe qui puisse se définir comme postérieur et haut, dans un système où la position : postérieur et bas, est occupée par l'anus, celle : antérieur et haut, par la bouche ? Nous n'avons pas le choix ; ce ne peut être que l'oreille, comme nous l'avons d'ailleurs démontré à propos d'un autre problème (CC, p. 145). Il résulte que, sur le plan de l'imaginaire (c'est-à-dire sur le plan du mythe), le vomissement est le terme corrélatif et inverse du coït, et la défécation le terme corrélatif et inverse de la communication auditive.

On voit aussitôt de quelle façon l'expérience vérifie l'hypothèse obtenue déductivement : la percussion est sonore, la friction silencieuse. Ainsi s'explique, du même coup, que la grue soit l'initiatrice de la première. Une certaine incertitude plane sur l'identité de l'oiseau appelé « *crane* » par Roth. Une traduction littérale suggère la grue, mais diverses indications de notre source (Roth *1*, p. 646-647 ; *2*, p. 338) pourraient faire conclure à des espèces de héron, notamment le butor honoré *(Botaurus tigrinus)*. Mais, même si Roth avait appliqué le nom de la grue à un héron, la confusion n'en serait que plus révélatrice car, d'un bout à l'autre du continent américain et aussi ailleurs, les mythes se plaisent à évoquer la grue à cause de sa voix criarde[1] ; et les ardéidés dont il pourrait s'agir aussi doivent leur nom

---

1. Les grues semblent du même avis puisqu'on cite le cas d'un de ces oiseaux qui, privé de son congénère, avait contracté un attachement sentimental pour une cloche de fer dont le son lui rappelait le cri de l'absent (Thorpe, p. 416).
Sur la voie criarde de la grue dans les mythes d'Amérique du Nord, cf. Gatschet (p. 102) : « la grue du Canada est de tous les oiseaux celui qui crie le plus et le plus fort », et la croyance chippewa que les membres du clan de la grue ont une voix puissante et fournissent les orateurs de la tribu (Kinietz *in :* L.-S. *9*, p. 154).
Pour la Chine, cf. Granet (p. 504, n. 2) : « Le son du tambour s'entend jusqu'à Lo-yang lorsque *une grue blanche* [italiques du texte] pénètre en volant dans la Porte du Tonnerre, » et la référence à l'oiseau Pi-fang, qui « ressemble à une grue, danse sur une patte et produit le feu » (p. 526).
Ces rapprochements sont d'autant plus légitimes qu'il existe un fondement anatomique, donc objectif, à la réputation bruyante faite aux gruidés : « La plupart des espèces présentent chez le mâle (pas toujours chez la femelle) une convolution de la

scientifique, dérivé de *botaurus* > butor, à leur cri pareil, dit-on, au mugissement d'un bœuf ou d'un taureau, sinon même à celui d'un fauve... La technique de production du feu la plus fortement marquée sous le rapport du bruit est donc le fait d'un oiseau bruyant.

Elle est aussi rapide alors que l'autre est lente. Cette double opposition entre : *rapide, bruyant* et : *lent, silencieux*, renvoie à celle, plus fondamentale, que nous avons fait ressortir dans *le Cru et le Cuit* entre ce que nous appelions le monde brûlé et le monde pourri ; nous la retrouvions alors au sein même de la catégorie du pourri où elle se reflète dans deux modalités qui sont respectivement celle du moisi (lent, silencieux) et du corrompu (rapide, bruyant) : cette dernière sanctionnée précisément par le charivari. En même temps, donc, que nous rencontrons de nouveau dans les mythes l'opposition canonique de l'origine de l'eau (congrue au pourri) et de celle du feu (congru au brûlé), nous voyons symétriquement apparaître au sein de la catégorie du brûlé, deux modalités culturelles : friction et percussion, dont les positions symboliques respectives reflètent en langage de métonymie (puisqu'il s'agit de deux causes réelles du même effet) celles qu'au sein de la catégorie du pourri occupaient métaphoriquement (les significations étant alors d'ordre moral) les modalités naturelles du moisi et du corrompu. Pour s'en convaincre, il suffira de comparer le schéma de CC p. 344, avec celui-ci, qui lui fait exactement pendant :

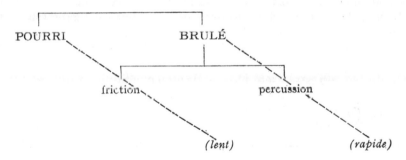

Ce passage de la métaphore à la métonymie (ou le contraire), plusieurs fois illustré dans les pages qui précèdent et déjà signalé dans d'autres travaux (L.-S. *8, 9, 10*) est typique de la manière dont se déroule une suite de transformations par inversion quand les stades intermédiaires sont suffisamment nombreux. Même dans ce cas, par conséquent, il est impossible qu'une parité réelle apparaisse entre le point de départ et le point d'arrivée, exception faite de la seule inversion génératrice du groupe : en équilibre sur un axe, le groupe manifeste son déséquilibre sur un autre axe. Cette contrainte inhérente à la pensée mythique sauvegarde son dyna-

---

trachée ; celle-ci pénètre en arrière des clavicules dans un vide de la crête du sternum » (A. L. Thompson, p. 61).

misme en même temps qu'elle lui interdit d'atteindre un état véritablement stationnaire. En droit sinon en fait, le mythe ne possède pas d'inertie.

Nous trouvons donc ici une illustration sous forme d'un cas particulier, de la relation canonique que nous écrivions en 1955 de la façon suivante (L.-S. *5*, p. 252) :

$$f_x{}_{(a)} : f_y{}_{(b)} :: f_x{}_{(b)} : f_{(a-1)}{}_{(y)}$$

Il convenait de la citer au moins une fois pour qu'on se convainque que depuis lors, elle n'a pas cessé de nous guider.

e) Cinquième variation :

$$[\text{jaguar} \Rightarrow \text{jaguar}] \leftrightarrow [\circ \Rightarrow \triangle]$$

Dans les mythes qui précèdent, la grenouille figure en qualité de mère du jaguar. A la solution de ce paradoxe ethno-zoologique, nous avons déjà contribué de deux façons : en montrant que la grenouille et l'abeille entretiennent un rapport de corrélation et d'opposition sur l'axe dont la saison des pluies et la saison sèche forment les pôles, et en décelant une autre correspondance, cette fois entre l'abeille et le jaguar, puisque ce félin joue le rôle de maître du miel dans les mythes tenetehara et tembé (M_{188}. M_{189}). Si la grenouille est congrue à l'humide et l'abeille au sec, on comprend en effet qu'au titre de maîtresse de l'eau céleste (= annonciatrice des pluies), la grenouille puisse être complémentaire du jaguar, dont la position de maître du feu terrestre a été indépendamment établie et qui est lui-même commutable avec l'abeille.

Mais pourquoi les Tupi septentrionaux font-ils du jaguar un maître du miel ? Revenons en arrière et considérons les quatre animaux que les mythes qualifient simultanément sous le rapport de l'eau et du miel :

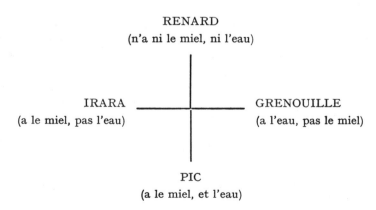

RENARD
(n'a ni le miel, ni l'eau)

IRARA   GRENOUILLE
(a le miel, pas l'eau)   (a l'eau, pas le miel)

PIC
(a le miel, et l'eau)

Soit :

	eau	*miel*
renard	—	—
irara	—	+
grenouille ..	+	—
pic	+	+

Puisque la grenouille (en l'occurrence, le cuanauaru) possède l'eau, elle doit être inverse du jaguar, qui a le feu, en vertu de l'équation : eau = feu [(-1)] (cf. CC, p. 197-199). Par conséquent, si le mythe entreprend de qualifier aussi ces deux animaux sous le rapport du miel, ce ne pourra être qu'en respectant cette inversion principale : d'où il résulte que, la grenouille n'ayant pas le miel, le jaguar l'a. Cette déduction restitue l'armure, non seulement des mythes tenetehara et tembé, mais aussi du mythe warrau (M_{235}) qui pose que, sous le rapport du miel, l'eau *est* le feu (plus haut, p. 136).

Notre interprétation implique que dans ces mêmes mythes une correspondance soit vérifiable sur un autre plan entre la grenouille (maîtresse de l'eau céleste) et le caïman dont la position sémantique est celle d'un maître de l'eau terrestre (CC, p. 196). Le caïman apparaît dans M_{266} comme transformation du vieillard *glouton* de M_{259} : et il est également symétrique avec la grenouille *gloutonne* de M_{241} : celle-ci vole le (futur) héros civilisateur à sa mère pour en faire un mari capable de la satisfaire sexuellement, celui-là donne sa fille, incapable de le satisfaire sexuellement, au (futur) père du héros civilisateur.

Après avoir élucidé les règles présidant à la transformation de la grenouille en jaguar, nous pouvons aborder la cinquième variation, au cours de laquelle une grenouille (mère du) jaguar fait place à un jaguar mâle.

M_{273}. *Warrau : l'enfant volé.*

En l'absence d'un Indien parti à la chasse, sa femme se déchargea sur la vieille grand-mère du soin de leur petite fille qui commençait à peine à marcher, et dont les pleurs la dérangeaient dans sa besogne de cuisinière. Quand elle voulut reprendre l'enfant, la grand-mère protesta qu'il ne lui avait pas été confié, et la pauvre femme comprit qu'un jaguar habilement déguisé l'avait ravi.

Toutes les recherches pour retrouver l'enfant furent vaines et les parents se résignèrent à sa perte. Quelques années plus tard, ils commencèrent à constater d'étranges disparitions : un jour les colliers, un autre les bandelettes de coton, puis les provisions de moelle de palmier, le cache-sexe, les pots... C'était le jaguar qui venait secrètement la nuit pour équiper la fillette, car il la chérissait comme si elle eût été de sa race. Il la nourrissait de viande et, dès qu'elle fut formée, il se mit à lécher le sang de ses règles à la façon des jaguars et des chiens qui aiment flairer les organes féminins. Les deux frères du jaguar en faisaient autant, et la jeune fille trouvait cette conduite bien étrange.

Elle résolut donc de s'enfuir et demanda où était le chemin conduisant à son village. Comme le jaguar se méfiait, elle lui remontra qu'il se faisait vieux et qu'il mourrait bientôt ; ne devrait-elle pas retourner alors chez ses parents ? Ainsi persuadé, le jaguar la renseigna d'autant plus volontiers qu'il craignait qu'après sa mort, ses deux frères ne voulussent la dévorer.

Quand vint le moment qu'elle s'était fixé, la jeune fille prétendit qu'elle ne pouvait retirer du feu une énorme marmite pleine de viande, et dont la chaleur l'empêchait d'approcher. Le jaguar s'empressa, et tandis qu'il tenait la marmite entre ses pattes, elle la renversa sur lui. Le fauve ébouillanté tomba, hurla de douleur et mourut. Les frères entendirent les cris sans y prêter d'importance : ils pensèrent seulement que le vieux prenait du bon temps avec sa maîtresse. Rien ne pouvait être plus faux car, en fait, il ne l'avait jamais possédée.

La jeune fille courut jusqu'au village où elle se fit reconnaître des siens. Elle expliqua qu'il fallait fuir, car les frères du jaguar allaient arriver pour se venger, et personne ne leur échapperait. Les Indiens se préparèrent donc au départ et décrochèrent les hamacs. Un cousin de la fille plaça dans le sien une lourde pierre à aiguiser dont il pensait avoir l'usage. Mais, au moment de balancer le hamac par-dessus son épaule comme on fait pour le transporter, il ne pensa plus à la pierre dont le choc inattendu lui brisa la colonne vertébrale et le tua. Ses compagnons étaient si pressés de s'enfuir qu'ils abandonnèrent son cadavre (Roth *1*, p. 202-203).

Roth fait une amusante remarque à propos de ce mythe. Comme il s'étonnait d'une conclusion si abrupte, l'informatrice lui répondit qu'en arrivant au village, les deux jaguars n'y trouvèrent qu'un cadavre. Il n'y avait plus personne pour observer la suite des événements et les relater plus tard. Comment donc aurait-elle pu les connaître ?

Mais, si l'on retourne ce raisonnement, la conclusion s'éclaire : arrivés au village, les deux jaguars y trouvèrent au moins un cadavre, et on peut supposer qu'ils le mangèrent en lieu et place de la jeune fille (qu'ils auraient mangée, prédit le mythe, si elle était restée en leur compagnie). Pour comprendre l'importance de ce détail, il suffit de rappeler que, dans les mythes gé sur l'origine du feu (de cuisine), le jaguar donnait la viande cuite aux hommes dont il avait reçu une épouse humaine. Or, ici le jaguar a ravi aux hommes (et non reçu d'eux) une humaine dont il n'a pas fait son épouse ; corrélativement, au lieu que les hommes acquièrent la viande animale cuite, ce sont eux qui cèdent la viande humaine crue.

Pour se convaincre que tel est bien le sens de la conclusion jugée énigmatique par Roth, il suffit de comparer terme à terme le mythe warrau et le groupe des mythes gé sur l'origine du feu (M_7-M_{12}), en notant que comme la plupart des Gé, les Warrau sont matrilinéaires, et qu'à l'inverse de ce qui se passerait dans une société patrilinéaire, la mère compte chez eux pour une parente, non pour une alliée :

M_7 à M_{12} : Un beau-frère ($\triangle$, allié)

M_{273} : Une mère ($\bigcirc$, parente)

irrité(e) par

un garçon

une fillette,

l'abandonne,

croit-il, définitivement.

croit-elle, provisoirement.

M_7 à M_{12} : Le garçon est recueilli

M_{273} : La fillette est enlevée

par un jaguar

qui élimine

qui recherche

l'ordure...

M_7 à M_{12} : ... externe dont il (le garçon) s'était nourri ;

M_{273} : ... interne, dont elle (la fille) le nourrira ;

et qui nourrit l'enfant de viande,

lui donnant des biens culturels que les hommes ne possèdent pas.

volant aux hommes, pour les lui donner, des biens culturels qu'il ne possède pas.

M_7 à M_{12} : L'épouse humaine du jaguar

M_{273} : L'humaine, non épouse du jaguar

utilise la viande cuite à des fins meurtrières,

la déniant au garçon.

la « prodiguant » au jaguar.

M_7 à M_{12} : Femme du jaguar tuée ;

M_{273} : Jaguar tué ;

retour au village, dont les habitants

visitent

fuient

les jaguars.

M_7 à $_{12}$:	Les hommes obtiennent la viande animale cuite	par le moyen	d'une bûche embrasée, volontairement chargée par des animaux qui ont fait la preuve de la solidité de leur échine.
M_{273} :	Les jaguars obtiennent la viande humaine crue		d'une pierre « à mouiller », involontairement chargée par un homme, et qui brise sa trop faible échine.

Au sujet de la dernière opposition : *pierre/bûche embrasée*, on notera qu'il s'agit ici d'une pierre à aiguiser, qu'on utilise normalement mouillée (opposition : *eau/feu*). De plus, nous avons démontré ailleurs (CC, p. 161) qu'à travers tout ce système mythologique, la pierre est une expression métaphorique de la chair humaine, alors que la bûche embrasée est un équivalent métonymique de la viande cuite (la cause pour l'effet). Non seulement la conclusion de M_{273}, mais chacun de ses détails, sont donc complètement motivés.

*   *
*

Le tableau qui précède montre que M_{273} est en opposition diamétrale avec les mythes gé sur l'origine du feu par lesquels avait (dans *le Cru et le Cuit*) débuté notre croisière autour du globe de la mythologie sud-américaine. Nous nous trouvons donc présentement aux antipodes de notre point de départ. En effet, si la cuisine jouait un rôle doublement conjonctif dans ces premiers mythes (entre ciel et terre, et entre alliés) elle figure deux fois dans M_{273} et toujours avec un rôle disjonctif : d'abord responsable de l'abandon d'un enfant par sa mère trop préoccupée de cuisiner pour son mari — et qui, par conséquent, croit ses devoirs d'alliée (épouse et cuisinière) incompatibles avec ceux qui lui incombent au titre de parente (mère et nourrice) ; responsable, ensuite, de la mort d'un jaguar qui n'est ni père ni mari, mais nourricier ; et qui succombe ébouillanté par le contenu d'une marmite, victime de la maladresse intentionnelle d'une cuisinière.

Mais si, au lieu de nous transporter idéalement et d'un seul coup jusqu'à notre point de départ, nous essayons de revenir lentement sur nos pas, d'autres liaisons apparaissent qui forment autant de « bretelles », comme disent les topographes, permettant de relier directement notre mythe à plusieurs de ceux que nous avons considérés. Ces raccourcis passent nécessairement au dedans de la sphère : d'où il résulte que la terre des mythes n'est pas seulement ronde, mais creuse.

Puisque M_{273} est un mythe warrau, on pourrait se contenter d'expliquer la dilection du jaguar pour le sang menstruel par la croyance particulière à ce groupe tribal qu'à la différence des hommes, les Esprits surnaturels n'en sont pas dégoûtés (plus haut, p. 160). Il est de fait que la mythologie warrau évoque volontiers les incommodités féminines ; ainsi M_{260} où les oiseaux teignent leurs plumes du sang de la défloration, et M_{235} où — sans aller aussi loin que le jaguar de M_{273} — un Esprit masculin nommé Abeille ne craint pas le contact d'une fille indisposée ; attitude, soit dit en passant, qui prouve que la commutation du jaguar et de l'abeille existe ailleurs que chez les Tupi septentrionaux (plus haut, p. 212).

Pourtant, l'intrigue de M_{273} ne peut être complètement expliquée en faisant appel aux idées particulières qu'entretiennent les Warrau au sujet de la menstruation. Nous avons rencontré en chemin un mythe tukuna (M_{245}) également relatif à une fillette pleurnicheuse et délaissée par sa mère, qu'une grenouille (transformation du jaguar ainsi qu'il a été démontré au cours de la quatrième variation) enlève et élève, et à qui elle enseigne les pouvoirs chamaniques. Adulte et revenue parmi les siens, cette femme se nourrit exclusivement de moelle humaine, où l'on peut voir une transformation du sang menstruel de M_{273} sous la double condition :

a) M_{273} $\left[\text{jaguar (animal cannibale)}\right]$ $\Rightarrow$ M_{245} $\left[\text{grenouille (animal non-cannibale)}\right]$

b) M_{273} $\left[\text{héroïne « cannibalisée »}\right]$ $\Rightarrow$ M_{245} $\left[\text{héroïne « cannibalisante »}\right]$

D'autre part, une preuve supplémentaire de la « transparence » progressive de la mythologie du miel à la mythologie du tabac, s'ajoutant à toutes celles que nous avons déjà données, résulte d'un autre rapprochement de M_{273}, cette fois avec le mythe tereno sur l'origine du tabac (M_{24}). Dans ce mythe qui a été résumé et discuté ailleurs (CC, p. 108 sq.) et dont il a fallu déjà invoquer une variante matako (M_{246}, p. 166) pour connecter la mythologie warrau et celle du Chaco, une femme subséquemment changée en jaguar (alors que le jaguar warrau s'était d'abord changé en femme) tente d'empoisonner son mari en le nourrissant de sang menstruel (à l'inverse du jaguar warrau qui se délecte du sang menstruel de sa « non-femme »).

Or, ce mythe tereno est aussi (avec M_{20}) l'un des tout premiers où nous ayons rencontré le miel, qui joue ici (comme nous l'avons montré dans la première partie de ce livre) le rôle d'opérateur de l'origine du tabac. Ce miel est chaque fois toxique soit pour une raison externe (violation d'un tabou par les ramasseurs dans M_{20}), ou pour une raison interne (fœtus de serpent incorporés, dans M_{24}). Que la cause invoquée soit morale ou physique, ce miel est donc une *ordure*. Au contraire, pour le jaguar de M_{273} le sang menstruel — cette ordure — est un *miel*. En effet, sa conduite comme jaguar voleur d'une petite fille (abandonnée parce qu'elle criait trop), glouton de son sang menstruel, reproduit celle de la grenouille de M_{241}, prompte à recueillir (parce qu'il criait trop) un petit garçon, et gloutonne du miel qu'il lui propose. Selon le cas, cette gloutonnerie provoque ou facilite la fuite de l'enfant adopté. Et nous avons indépendamment établi que dans la cinquième variation, le jaguar est une transformation de la grenouille, héroïne de la troisième.

Quel rapport peut-il y avoir entre le miel et le sang menstruel ? En premier lieu, ce sont des substances élaborées comme la nourriture cuite, mais par l'effet de ce qu'on pourrait appeler une « cuisine naturelle ». Dans la systématique indigène, ainsi que nous l'avons expliqué, le miel provient d'une cuisine naturelle d'ordre végétal, et il est clair que la cuisine naturelle d'où provient le sang menstruel est, elle, d'ordre animal. Nous obtenons ainsi une première corrélation, à laquelle s'ajoute immédiatement une seconde. En évitant avec la jeune fille qu'il a enlevée tout autre contact physique que celui consistant à savourer son sang menstruel, le jaguar de M_{273} transpose en termes alimentaires une relation sexuelle. Il inverse ainsi simplement la conduite des deux sœurs de M_{235} qui voudraient « enlever » leur beau-frère parce qu'elles ressentent en termes sexuels (éprises qu'elles sont d'un homme appelé Miel) une relation qui devrait demeurer sur le plan alimentaire. N'est-ce pas, d'ailleurs, pour mieux attester la réalité de cette transformation que le jaguar, protagoniste de M_{273}, a deux frères comme la protagoniste de M_{235} a deux sœurs ? Les deux frères de M_{273} ne se contentent pas du sang menstruel émis par l'héroïne ; ils veulent aussi la manger. Les deux sœurs de M_{235} ne se contentent pas du miel produit par le héros ; elles veulent aussi, mais érotiquement parlant, le « manger ».

Entre miel et sang menstruel, on aperçoit enfin une troisième connexion, qui tient au fait sur lequel nous avons plusieurs fois insisté (et nous y reviendrons encore) que les miels sud-américains sont souvent toxiques. Pour ce qui les concerne, l'écart se fait donc très petit entre les catégories du délicieux et du vénéneux. De la part des Warrau qui entretiennent des doutes métaphysiques sur le bien-fondé des interdits relatifs aux femmes indisposées (plus haut, p. 160 et 217), le rapprochement avec le miel n'a donc rien qui puisse étonner.

Une dernière remarque à propos de ce mythe. Quand nous avons évoqué la problématique du sang menstruel (de la femme) et des excréments puants (de l'homme) au cours de la troisième variation (p. 176), nous avons mis en évidence un double mouvement dont les mythes soulignent le parallélisme. D'une part, la maturation physiologique implique une régression à l'ordure qu'en termes de code auditif, la condition du bébé pleurard illustre de son côté. D'autre part, l'émergence d'un ordre, qu'il soit naturel ou culturel, résulte toujours de la désagrégation d'un ordre supérieur et dont l'humanité ne conserve que les lambeaux. Cette interprétation n'est-elle pas démentie par M_{273} ? En effet, l'héroïne est un bébé pleurard au début, et loin que la puberté la fasse régresser à l'ordure, il semble qu'au contraire elle lui ajoute un attribut séducteur. Mais cette séduction due au sang menstruel s'exerce sur un jaguar, comme le mythe a grand soin de le préciser : « Il était resté jaguar, et il continuait à faire ce que font les jaguars et les chiens » (Roth *1*, p. 202). Qu'est-ce que cela veut dire ? En opposition diamétrale avec les mythes gé sur l'origine de la cuisine, M_{273} ne peut être, de ce fait, qu'un mythe sur l'origine du régime alimentaire le plus complètement opposé : celui où l'animal mange l'homme au lieu que ce soit l'homme qui mange l'animal, et où l'homme est mangé cru tandis que l'animal est mangé cuit. Et c'est bien sur cette horrible scène qu'avant qu'elle ne commence, le mythe baisse discrètement le rideau. Il s'agit donc pour lui d'expliquer non la désintégration d'un ordre à peine formé, mais la formation d'un désordre qui, dans un système mythologique où le personnage du jaguar-cannibale tient un rôle de premier plan, peut être durablement intégré. Par conséquent, la séquence parallèle (celle de la maturation physiologique) doit être aussi inversée. Sous tous les rapports, la nouvelle perspective où se place le mythe n'est pas moins accablante que l'autre.

f) SIXIÈME VARIATION :

$$\left[\text{jaguar} \Rightarrow \text{jaguar}\right] \leftrightarrow \left[\triangle \Rightarrow \circ\right]$$

Voyons d'abord le mythe :

M_{274}. *Arawak : le jaguar changé en femme.*

Jadis, un homme n'avait pas son égal pour la chasse aux cochons sauvages. Il tuait chaque fois cinq ou six bêtes, alors que le jaguar, qui poursuivait aussi la harde, n'en prenait guère plus d'une ou deux. Aussi le jaguar décida de se changer en femme, et sous sa nouvelle apparence il aborda le chasseur et lui demanda son secret. « C'est l'effet d'un long exercice », répondit ce dernier. Alors la femme-jaguar lui proposa le mariage, mais connaissant sa nature véritable, l'Indien hésitait. Elle réussit pourtant à le convaincre qu'ils tueraient ensemble beaucoup plus de cochons que chacun séparément.

Pendant longtemps ils furent heureux. La femme se montrait bonne épouse car, en plus de la cuisine et du fumage de la viande, elle excellait à la chasse. Un jour, elle demanda à son mari s'il avait encore ses parents, de la famille, et sur sa réponse affirmative elle suggéra une visite au village où, sans doute, on le croyait mort. Elle connaissait le chemin, conduirait son mari, mais à condition qu'il lui promît de ne jamais dévoiler son origine.

Ils arrivèrent donc au village en apportant beaucoup de cochons. La mère de l'Indien voulut tout de suite savoir d'où venait cette charmante épouse. Sans autres précisions, il se borna à dire qu'il l'avait rencontrée par hasard dans la forêt. Chaque jour le couple rapportait une quantité prodigieuse de gibier, et les villageois conçurent des soupçons. D'abord l'Indien ne consentit à rien révéler, mais sa mère se tourmentait tant qu'il finit par lui confier son secret.

Les autres l'arrachèrent à la vieille à force de l'enivrer. La femme-jaguar, qui avait tout entendu sans être vue, conçut une telle humiliation qu'elle s'enfuit en rugissant. On ne la revit plus. Son pauvre mari eut beau courir la brousse en l'appelant partout. Jamais, jamais elle ne répondit (Roth *1*, p. 203-204).

Deux observations s'imposent, l'une sur la forme de ce mythe, l'autre sur son contenu.

Considérons d'abord l'ensemble des équations qui nous ont servi à engendrer les six variations :

1) [abeille ⇒ abeille] ↔ [○ ⇒ △]
2) [△ ⇒ △] ↔ [abeille ⇒ grenouille]
3) [grenouille ⇒ grenouille] ↔ [△ ⇒ ○]
4) [○ ⇒ ○] ↔ [grenouille ⇒ jaguar]
5) [jaguar ⇒ jaguar] ↔ [○ ⇒ △]
6) [jaguar ⇒ jaguar] ↔ [△ ⇒ ○]

Il est clair que la dernière n'est pas du même type que les autres. Au lieu d'ouvrir la voie à une nouvelle transformation, elle ne fait qu'annuler l'opération immédiatement antérieure de sorte que, prises ensemble, les équations 5 et 6 engendrent une transformation identique : l'une remplaçait un jaguar féminin par un jaguar masculin, l'autre retransforme le jaguar masculin en jaguar féminin. Comme une couturière qui termine son ouvrage, replie le bord du tissu et le coud par derrière à la partie invisible pour que l'ensemble ne s'effiloche pas, le groupe se parachève en rabattant la sixième transformation sur la cinquième à la façon d'un ourlet.

Si nous envisageons maintenant le contenu du mythe, nous voyons qu'il ne se contente pas de finir le groupe à une de ses extrémités : c'est en totalité qu'il referme le groupe sur lui-même et fait de lui un système clos. Après toute une série de transformations qui nous avaient progressivement éloigné de leur point de départ, nous y sommes à présent revenu. Sous la seule réserve de la transformation d'une femme-abeille en femme-jaguar, M_{274} raconte exactement la même histoire que M_{233}, M_{234}, qui avaient fourni aux six variations leur « thème ».

Dans les trois mythes, les époux ont une vocation identique : le mari de l'abeille est lui-même le meilleur collecteur de miel de sa tribu, le mari de la femme-jaguar est un chasseur sans pareil, mais de cochons seulement, car il lui arrive d'être surpassé pour les autres gibiers. Or, si le miel est évidemment le terme médiateur entre l'abeille et l'homme, nous avons expliqué ailleurs (CC, p. 92-116) pourquoi le cochon sauvage (sans doute *Dicotyles torquatus* dans M_{274} où l'espèce n'est pas précisée ; mais *D. labiatus* vit en hardes si nombreuses que cinq ou six bêtes ne constitueraient pas un tableau de chasse très imposant) tient une place comparable entre l'homme et le jaguar. Sans doute l'Indien de M_{233}, M_{234} sollicite la femme surnaturelle, alors que c'est l'inverse dans M_{274}. Mais ici comme là, l'héroïne manifeste la même sollicitude envers ses alliés : l'une après le mariage, l'autre avant. Nous avons démontré la valeur topique de ce trait, qui permet de consolider en un seul groupe les mythes dont l'héroïne est une fille marquée sous le rapport du miel (qu'elle en soit avide ou prodigue) en Guyane et dans le Chaco, et qui fournit donc une preuve supplémentaire que M_{274} en fait également partie.

Mais si la sixième variation ramène purement et simplement au thème tout en attestant, par sa fonction réduplicative, qu'il est inutile de chercher plus loin, et que le groupe, arrêté à une de ses extrémités, est au surplus un groupe clos, le caractère statique ainsi reconnu au groupe ne contrevient-il pas au principe que nous avons rappelé à la fin de la quatrième variation, selon lequel toute transformation mythique serait marquée par un déséquilibre qui est à la fois le gage de son dynamisme et le signe de son incomplétude ?

Pour résoudre cette difficulté, il convient de rappeler l'itinéraire très particulier que les transformations successives du thème nous ont imposé. Tous ces mythes, avons-nous dit, ont moins trait à une origine qu'à une perte. D'abord la perte du miel, primitivement disponible en quantités illimitées et devenu maintenant difficile à trouver (M_{233}-M_{235}). Puis la perte du gibier, jadis abondant et rendu rare et dispersé (M_{237}-M_{239}). Perte, ensuite, de la culture et des arts de la civilisation selon l'histoire de Haburi (M_{241}, M_{258}), « père des inventions », qui dut déserter les hommes pour échapper aux entreprises de la grenouille. Et finalement, une perte plus grave encore que toutes les autres : celle des catégories logiques hors desquelles l'homme ne peut plus conceptualiser l'opposition de la nature et de la culture ni surmonter la confusion des contraires : le feu de cuisine est vomi, la nourriture exsudée ($M_{263, 264, 266}$), la distinction s'abolit entre l'aliment et l'excrément (M_{273}), entre la quête alimentaire du jaguar anthropophage et celle de l'homme ($M_{273, 274}$).

Comme un crépuscule des dieux, par conséquent, les mythes décrivent cet effondrement inéluctable : depuis un âge d'or où la nature était docile à l'homme et prodigue envers lui, en passant par un âge d'airain où l'homme disposait des idées claires et des oppositions bien tranchées par le moyen desquelles il pouvait encore maîtriser le milieu, jusqu'à un état d'indistinction ténébreuse où rien ne peut être incontestablement possédé et moins encore conservé, parce que tous les êtres et les choses sont mêlés.

Cette marche universelle à la confusion qui est aussi une chute vers la nature, si caractéristique de nos mythes, explique leur structure en fin de compte stationnaire. Celle-ci atteste donc, mais d'une autre façon, la présence d'un écart constitutif entre le contenu du mythe et sa forme : les mythes ne réussissent à illustrer une décadence qu'au moyen d'une structure formelle stable, pour la même raison que des mythes, qui aspirent à maintenir l'invariance à travers une série de transformations, sont contraints de recourir à une structure en porte à faux. Le déséquilibre est toujours donné mais, selon la nature du message, il se manifeste par l'impuissance de la forme à se plier aux inflexions du contenu, vis-à-vis duquel elle se situe tantôt en deçà : constante si le message est régressif ; tantôt au delà : progressive si le message est constant.

Au début de ce livre, nous sommes parti de l'hypothèse que le miel et le tabac forment une paire d'oppositions et que, par conséquent, la mythologie du miel et celle du tabac doivent se répondre symétriquement. Nous pressentons maintenant que cette hypothèse est incomplète car, du point de vue de leurs fonctions mythiques respectives, le miel et le tabac entretiennent des relations plus complexes. La suite du travail montrera qu'en Amérique du Sud, la fonction du tabac consiste à refaire ce que la fonction du miel a défait, c'est-à-dire rétablir entre l'homme et l'ordre surnaturel une communication que la puissance séductrice du miel (qui n'est autre que celle de la nature) l'a conduit à interrompre : « Le tabac aime écouter les récits mythiques. C'est pour cela, disent les Kogi, qu'il pousse près des habitations » (Reichel-Dolmatoff, vol. II, p. 6o). Les changements à vue que les six variations ont, en quelque sorte, opérés sous nos yeux ressemblent donc aux oscillations rapides de la lame d'un ressort dont une extrémité seule est fixe et dont l'autre, brusquement libérée par la rupture du câble qui la tendait, vibre dans les deux sens avant de s'immobiliser. Seulement, ici encore, c'est à l'envers que l'événement se déroule : sans le tabac qui la maintient tendue vers le surnaturel, la culture réduite à elle-même ne peut que fluctuer indécise de part et d'autre de la nature. Au bout d'un certain temps, son élan s'amortit et sa propre inertie l'immobilise au seul point où la nature et la culture se trouvent, si l'on peut dire, en équilibre naturel, et que nous avons défini par la collecte du miel.

En un sens, par conséquent, tout était joué et consommé dès la première variation puisqu'elle avait le miel pour objet. Les autres n'ont fait que tracer, avec une précision croissante, les limites d'une scène laissée vide après la fin du drame. Il importe donc assez peu qu'elles eussent été plus ou moins nombreuses. Comme ces accords qui terminent les symphonies de Beethoven et dont on se demande toujours pourquoi l'auteur en a voulu tellement et ce qui l'a détourné d'en mettre plus, elles ne concluent pas un développement en cours. Celui-ci avait déjà épuisé toutes ses ressources, mais il fallait aussi qu'un moyen métalinguistique permît d'envoyer un signal de fin de message, obtenu par l'encadrement de sa phrase ultime dans le système, rendu pour une fois présent, des tons qui avaient contribué, pendant toute la durée de la transmission, à mieux rendre ses nuances en le modulant de plusieurs façons.

TROISIÈME PARTIE

AOÛT EN CARÊME

« *Rura ferunt messes, calidi quum sideris' aestu*
deponit flavas annua terra comas.
Rure levis verno flores apis ingerit alveo,
compleat ut dulci sedula mollo favos.
Agricola assiduo primum satiatus aratro
cantavit certo rustica verba pede.
Et satur arenti primum est modulatus avena
carmen, ut ornatos diceret ante Deos.
Agricola et minio suffusus, Bacche, rubenti
primus inexperta ducit ab arte choros. »

TIBULLE, *Élégies*, I, L. II.

I

LA NUIT ÉTOILÉE

A la différence de M_{259}, M_{266}, la version carib (M_{264}) ne fait pas allusion à l'origine du feu. La grenouille se borne à extraire la farine d'une macule blanche qu'elle porte entre les épaules ; elle ne vomit ni n'excrète le feu et ne périt pas sur un bûcher, mais sur un lit de coton enflammé. Le feu ne peut donc pas se répandre dans les arbres ; ses effets restent inscrits dans le corps même du batracien dont la peau brûlée conservera un aspect rugueux et ridé. Cette absence d'un facteur étiologique, que des versions parallèles mettent au premier plan, est toutefois compensée par la présence d'un autre dont il n'est pas question dans M_{259}, M_{266} : l'origine de certaines constellations. On se rappelle que le tapir devient les Hyades, Makunaima les Pléiades, et sa jambe coupée, le baudrier d'Orion.

Un mythe guyanais, vraisemblablement akawai, que nous avons résumé et discuté ailleurs (M_{134}, CC, p. 249-250), fait naître les Pléiades des viscères d'un Indien assassiné par son frère, dans l'espoir d'obtenir la femme du défunt. Entre ces deux versions, divers mythes guyanais fournissent une transition d'autant plus plausible que, chaque fois, Orion représente le membre coupé, et les Pléiades le reste du corps : là où sont les viscères, par conséquent. Dans le mythe taulipang (M_{135}), les Pléiades annoncent une pêche fructueuse, comme font les Pléiades réduites aux seuls viscères de M_{134}. Et, chez les Arekuna (M_{136}), l'amputation du héros survient après qu'il a eu assassiné sa belle-mère qui, comme la grenouille de M_{264}, lui servait une nourriture excrétée. Dans le Cru et le Cuit (p. 246-252), nous avons longuement discuté cette assimilation symbolique des Pléiades aux viscères ou à la partie du corps contenant les viscères, signalé sa présence dans des régions très éloignées du Nouveau Monde, et montré que, du point de vue anatomique, l'opposition pertinente était entre : viscères (les Pléiades) et : os long (Orion)[1].

Figurées par les viscères ou une partie du corps contenant les viscères, dans la région guyanaise les Pléiades présagent donc une abondance de

[1]. Certaines variantes guyanaises identifient les Pléiades avec la tête et non avec les viscères, mais l'opposition subsiste sous la forme : arrondi/allongé.

poisson. Or, ce n'est pas la première fois que nous rencontrons un thème « viscéral » : le cycle de la fille folle de miel lui faisait aussi une place. Renvoyant le lecteur à II, 2 pour de plus amples détails, nous nous contenterons de rappeler les mythes toba et matako (M_{208}, M_{209}) où le décepteur perd ses viscères qui se transforment en lianes comestibles, pastèques et fruits sauvages, ou bien encore (M_{210}) dont les vomissures (sorties des viscères comme ceux-ci sortent de la cage thoracique et de la cavité abdominale) donnent naissance aux pastèques.

Dans M_{134}, l'éviscération du héros détermine l'apparition des Pléiades (au ciel) et des poissons (dans l'eau). Dans M_{136} (et dans le mythe de référence M_1) l'apparition des plantes aquatiques (sur l'eau) résulte aussi d'une éviscération. Derrière ces métamorphoses on discerne un double axe d'oppositions : d'une part entre haut et bas, puisque les étoiles flottent en haut, « sur l'air », comme les plantes aquatiques flottent en bas, sur l'eau ; et d'autre part, entre contenant et contenu, puisque l'eau contient les poissons, tandis que les pastèques (et en général les fruits et légumes de la saison sèche) contiennent l'eau. L'éviscération déterminant l'origine des pastèques dans M_{208}-M_{210}, et l'éviscération déterminant l'arrivée des poissons dans M_{134}, sont d'autant mieux comparables que la pêche et la cueillette de fruits sauvages ont lieu surtout pendant la saison sèche. Sans doute, M_{134} ne contient qu'une allusion à peine perceptible au motif de la fille folle de miel : voulant se débarrasser de la femme après le mari, l'Indien meurtrier persuade celle-ci de s'introduire dans un arbre creux (c'est-à-dire un endroit où l'on cherche habituellement le miel) mais sous le prétexte de capturer un agouti (Roth 1, p. 262)[1]. Si M_{134} se borne à associer le motif des viscères et celui de l'origine des Pléiades, les variantes taulipang (M_{135}) et Vapidiana (M_{265}) — où c'est la femme qui est éprise de son jeune beau-frère, à l'inverse de M_{134} — associent, elles, le motif de l'origine des Pléiades et celui de la fille folle de miel : pour venger son frère mutilé et transformé en Pléiade, le héros de M_{135} emprisonne la veuve, qui s'est imposée en mariage, dans un arbre creux où elle avait imprudemment introduit sa tête pour manger le miel à même le nid. Sur quoi, il se change

---

1. L'agouti n'est pas mis là au hasard. Car nous savons que, dans les mythes de la Guyane (Ogilvie, p. 65), il alterne avec le tapir dans le rôle de maître de l'arbre de vie. Mais pas de la même façon semble-t-il : maître actuel des fruits sauvages, le tapir était donc aussi le maître des plantes cultivées du temps que celles-ci poussaient sur un arbre à l'état sauvage, tandis que l'agouti, pilleur de plantes cultivées, paraît actuellement exercer sur elles un droit de priorité : les Indiens du rio Uaupés commencent la cueillette du manioc par la périphérie du champ, pour tromper, disent-ils, l'agouti venu de la brousse avoisinante qui s'imagine qu'il n'y a plus rien à voler (Silva, p. 247). D'autre part, dans les mythes où l'agouti est le premier maître de l'arbre de vie, il tient un grain de maïs caché dans sa *dent creuse*, terme qu'on peut placer au sommet d'un triangle dont les autres sommets seraient respectivement occupés par le capivara *dentu* et le fourmilier *édenté*. Tout se passe donc comme si, pour la pensée mythique, l'agouti servait à accrocher la demi-valence sémantique du tapir égoïste et glouton à une autre valence, dont le capivara et le fourmilier expriment chacun une moitié.

avec ses enfants en /araiuág/, animal mangeur de miel[1] (cf. plus haut, p. 71) non sans avoir préalablement incendié sa hutte (K.-G. *1*, p. 55-60). Or, on se souvient que dans un mythe du Chaco (M_{219}), le séducteur — incendiaire de son village selon un autre mythe (M_{219b} : Métraux 5, p. 138) — subit le même châtiment qu'ici la séductrice.

Enfin, la version arekuna (M_{136}) rassemble les trois motifs des viscères surnageant (origine des plantes aquatiques), de l'épouse meurtrière mutilant son mari (qui monte au ciel et devient la Pléiade), et du châtiment de la femme murée dans un arbre creux (pour s'être montrée trop avide de miel).

La récurrence du motif des viscères surnageant ou suspendus, dans les mythes de la Guyane et dans ceux du Chaco, permet d'étendre à l'ensemble du groupe une conclusion que nous avions déjà envisagée en comparant, dans une autre perspective, certains mythes guyanais avec les mythes du Chaco. Partout, en effet, il s'agit de la rupture d'un lien d'alliance, causée par une concupiscence irrépressible qui peut être de nature alimentaire ou de nature sexuelle, mais qui demeure identique à elle-même sous ces deux aspects puisqu'elle a pour objet tantôt le miel, aliment « séducteur », tantôt un personnage séduisant, baptisé « Miel » par plusieurs mythes guyanais.

Au Chaco, une relation entre gendre et beaux-parents se trouve neutralisée par une épouse trop avide. Situation inverse de celle qu'illustre un mythe guyanais (M_{259}) où c'est un beau-père trop avide qui neutralise une relation entre sa fille et son gendre. Dans d'autres mythes guyanais, une relation entre alliés (respectivement beau-frère et belle-sœur) se trouve neutralisée du fait de l'élimination du mari par son frère (M_{134}) ou par sa femme (M_{135}). Enfin, dans M_{136} qui paraît aberrant quand on l'aborde dans le même esprit, un allié neutralise une relation entre parents, puisque le gendre tue la mère de sa femme, qui le nourrit (alors que, normalement, ce devrait être l'inverse). Mais ce retournement du cycle des prestations s'éclaire quand on remarque que la nourriture est *excrétée* : antinourriture qui constitue donc, de la part de la belle-mère, une anti-prestation. Enfin, le système général des transformations nous a été donné à partir d'une nourriture privilégiée : le miel, et d'une situation sociologique également privilégiée : celle de la femme trop avide, que ce soit de miel (Chaco) ou d'une liaison illicite (Guyane), ou encore (Guyane) des deux ensemble.

Si nous essayons de prendre une vue d'ensemble du système et de dégager ses aspects fondamentaux, nous pouvons donc dire qu'il a pour originalité propre de recourir simultanément à trois codes : un code alimentaire dont les symboles sont les nourritures typiques de la saison sèche ; un code astronomique qui renvoie à la marche journalière ou saisonnière de certaines constellations ; enfin, un code sociologique construit autour du thème de la fille mal élevée, traîtresse envers ses parents ou son mari, mais

---

1. Mais que les hommes ne mangent pas, c'est-à-dire un « non-gibier ». Dans M_{265} c'est la femme qui est changée en bête mangeuse de miel (un serpent).

toujours en ce sens qu'elle se montre incapable de remplir la fonction de médiatrice de l'alliance qui lui est assignée par le mythe.

Les codes 2) et 3) ressortent au premier plan des mythes guyanais, et nous avons vu que le code 1), bien qu'estompé, s'y manifeste doublement : d'une part, dans la connexion des Pléiades avec la remontée de poissons, d'autre part dans la transformation de l'héroïne, d'abord folle de son beau-frère, en fille folle de miel à la fin. Dans les mythes du Chaco, les codes 1) et 3) sont les plus ostensibles mais, outre que le code 2) transparaît sous le motif des fruits et légumes de la saison sèche engendrés par les viscères du décepteur (alors qu'en Guyane, les viscères de la victime du décepteur engendrent simultanément les Pléiades et les poissons), l'hypothèse de l'existence d'un code astronomique serait encore renforcée dans le cas envisagé plus haut (p. 96) où l'héroïne, métamorphosée en capivara, représenterait la constellation d'Ariès. En effet, Ariès devance de peu les Pléiades, et celles-ci devancent de peu Orion. Nous aurions donc, avec un léger décalage du Chaco sur la Guyane, deux paires de constellations. Dans chaque paire, la première constellation annoncerait chaque fois l'apparition de la seconde, qui occuperait toujours la position fortement marquée. Orion tient certainement une place exceptionnelle dans le code astronomique de la Guyane, et on sait que les tribus du Chaco prêtent une importance majeure aux Pléiades et célèbrent leur retour par de grandes cérémonies :

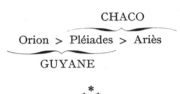

CHACO

Orion > Pléiades > Ariès

GUYANE

*

Tout cela devait être rappelé pour que nous puissions aborder le problème essentiel que pose l'analyse de ces mythes : celui de la convertibilité réciproque des trois codes. En simplifiant à l'extrême, on peut le formuler ainsi : qu'y a-t-il de commun entre la quête du miel, la constellation des Pléiades, et le personnage de la fille mal élevée ? Nous essaierons de connecter le code alimentaire et le code astronomique, puis le code alimentaire et le code sociologique, enfin le code sociologique et le code astronomique, et nous espérons que·la preuve de l'homologie des trois codes résultera de cette triple démonstration.

Ce sont les mythes guyanais qui se réfèrent aux Pléiades de la façon la plus explicite. Il convient donc de commencer le travail en établissant le calendrier saisonnier de cette partie de l'Amérique, ainsi que nous l'avons déjà fait pour le Chaco et le plateau brésilien. La chose n'est pas facile, car les conditions météorologiques, et surtout le régime des pluies, varient de la côte à l'intérieur et de la partie occidentale à la partie orientale. L'opposition simple entre une saison sèche et une saison des pluies n'existe guère que dans la Guyane anglaise et le centre du Venezuela, où les précipitations augmentent jusqu'en juillet pour atteindre leur point le plus bas en novembre. A l'ouest du delta de l'Orénoque, le contraste est moins marqué et les pluies plus tardives. De l'autre côté de la Guyane anglaise, on observe un régime plus complexe puisque chaque saison se dédouble. Comme ce rythme à quatre temps prévaut aussi dans l'intérieur jusqu'aux bassins du rio Negro et du Uaupés (bien qu'il y pleuve toute l'année et que les contrastes y soient moins fortement marqués[1]), c'est à cette configuration que nous prêterons surtout attention (fig. 13).

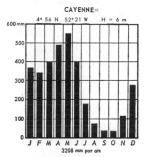

On distingue généralement en Guyane une « petite saison sèche » de mars à mai, une « grande saison des pluies » de juin à septembre, une « grande saison sèche » de septembre à novembre, et une « petite saison des pluies » de décembre à février. Comme, en fait, les pluies ne sont jamais absentes cette nomenclature appelle quelques réserves. Les pluies augmentent ou diminuent selon l'époque de l'année, mais, selon la région considérée, c'est entre les mois d'août et de novembre que se situe la période la plus sèche, qui est aussi celle de la pêche (Roth 2, p. 717-718 ; K.-G. 1, p. 40 ; Bates, p. 287-289) et de la maturation de divers fruits sauvages (Fock, p. 182-184).

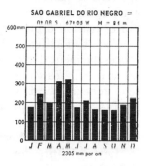

Fig. 13. — Régime des pluies en Guyane et dans le bassin du rio Negro (D'après Knoch, p. G 85.)

Les Indiens associent aux Pléiades plusieurs moments de ce complexe calendrier, et ils prêtent à leurs conjonctures observables des valeurs également significatives bien qu'opposées. Encore visibles en avril, le soir, à l'horizon occidental, les Pléiades annoncent les pluies d'orage (Ahlbrinck, art. « sirito ») et, quand

1. A San Carlos de rio Negro, Keses distingue une saison des pluies (de juin à août) et une saison sèche (de décembre à mars) unies par des saisons intermédiaires qu'il appelle « montée » et « baisse » des eaux, caractérisées par des pluies irrégulières et des violentes tempêtes. Toujours sur le rio Negro, à São Gabriel, c'est-à-dire plus au sud et en territoire brésilien, les pluies seraient les plus fortes en décembre-janvier et en mai (Pelo rio Mar, p. 8-9 ; Normais, p. 2). A l'ouest, dans la vallée du Uaupés, elles atteindraient leur point le plus bas à deux moments de l'année : de juin à août, et de décembre à février (Silva, p. 245). Sur le rio Demini, affluent de la rive gauche du rio Negro, Becher (1) distingue seulement deux saisons : les pluies vont d'avril à septembre, la sécheresse d'octobre à mars. Il pleut toute l'année chez les Waiwai de la frontière du Brésil et de la Guyane anglaise, mais Fock mentionne tout de même deux saisons des pluies : une grande, de juin à août, et une petite en décembre, interrompues par une sécheresse relative en septembre-novembre et en janvier-février (cf. Knoch, l. c.). Les nombreuses indications fournies par des auteurs tels que Wallace, Bates, Spruce et Whiffen ne sont pas toujours faciles à interpréter, en raison de la brièveté relative de leur séjour qui ne leur permettait pas d'établir des moyennes.

elles disparaissent en mai, elles présagent la recrudescence de la saison
pluvieuse (K.-G. *1*, p. 29). Resurgissant le matin, à l'est, en juin (ou en juillet
à 4 heures du matin, Fock, *ibid*.), elles augurent la sécheresse (K.-G. *1*,
ibid. ; Crevaux, p. 215) et commandent le début des travaux des champs
(Goeje, p. 51 ; Chiara, p. 373). Leur lever à l'est, en décembre, après le coucher
du soleil, annonce l'année nouvelle et le retour des pluies (Roth *2*, p. 715).
Les Pléiades connotent ainsi tantôt la sécheresse, tantôt la saison pluvieuse.

Il semble que cette ambivalence météorologique se reflète sur un autre
plan. « Saluées avec joie » (Crevaux) quand elles réapparaissent en juin,
les Pléiades savent aussi se faire redoutables : « Les Arawak nomment les
Pléiades /wiwa yo-koro/ « Étoile-mère », et ils croient que, quand elles sont
très brillantes — en d'autres termes « méchantes » — lors de leur première
apparition (en juin), les autres étoiles seront semblables et beaucoup de
gens mourront pendant l'année » (Goeje, p. 27). Les hommes doivent à
l'intervention d'un serpent céleste (Persée) de ne pas succomber en masse
à « l'éclat mortifère » des Pléiades (*ibid*., p. 119). Selon les Kalina, il y eut
successivement deux constellations des Pléiades. La première fut dévorée par
un serpent, un autre serpent pourchasse la seconde et se lève à l'est quand elle
se couche à l'ouest. La fin des temps surviendra lorsqu'il la rejoindra. Mais
les Pléiades, tant qu'elles existent, empêchent que les mauvais esprits ne
combattent les hommes en formations régulières : elles les contraignent à
agir de façon incohérente et en ordre dispersé (*ibid*., p. 118, 122-123).

Cette dualité des Pléiades évoque immédiatement des faits andins.
Dans le grand temple du soleil, au Cuzco, le centre de l'autel était flanqué
d'images superposées : à gauche le soleil, Vénus en capacité d'étoile du soir,
et les Pléiades d'été sous leur forme visible, donc « brillantes » ; à droite la
lune, Vénus comme étoile du matin, et les Pléiades d'hiver, cachées derrière
les nuages. La Pléiade d'hiver, appelée aussi « Seigneur de la maturation »,
connotait la pluie et l'abondance. Celle d'été, « Seigneur des maladies »
et plus spécialement de la malaria humaine, présageait la mort et la souf-
france. Aussi la fête /oncoymita/, qui célébrait l'apparition des Pléiades au
printemps, comprenait des rites de confession, des offrandes de *cavia* et
de lamas, et des onctions sanglantes (Lehmann-Nitsche *7*, p. 124-131).

D'autre part, les conceptions kalina renforcent une hypothèse déjà
formulée sur le caractère de signifiant privilégié qui s'attache à la paire
Orion-Pléiades en Amérique et dans plusieurs régions du monde. Nous
avons suggéré (CC, p. 226-232) qu'en raison de leurs configurations respectives, les deux constellations, solidaires dans la diachronie puisque leurs
levers se suivent à quelques jours d'intervalle, s'opposent néanmoins dans
la synchronie où elles se situent, les Pléiades du côté du continu, Orion du
côté du discontinu. Il s'ensuit que les Pléiades peuvent offrir une signification bénéfique pour autant qu'elles sont le signe avant-coureur d'Orion,
sans perdre la connotation tout à la fois maléfique et morbide que la pensée
sud-américaine prête au continu (CC, p. 285-286) et qui se trouve mise

seulement à leur crédit quand elle s'affirme au détriment des mauvais esprits.

On possède des preuves plus directes de l'affinité des Pléiades avec les épidémies et le poison. Selon une croyance amazonienne, les serpents perdent leur venin quand disparaissent les Pléiades (Rodrigues *1*, p. 221, n. 2). Cette ambiguïté met la constellation de plain-pied avec le miel qui comme elle est nanti d'une double valence, et peut être simultanément désiré et redouté.

Dans le grand mythe d'origine des Guarani du Paraguay, la mère des dieux parle ainsi : « Sous les herbes touffues des prairies éternelles, j'ai rassemblé les abeilles /eichú/ *(Nectarina mellifica)* afin qu'ils (les hommes) puissent se rincer la bouche avec du miel quand je les rappelle à moi » (Cadogan *3*, p. 95). Cadogan souligne que le mot /eichú/ désigne à la fois une espèce d'abeilles et les Pléiades. En fait, les *Nectarina* sont des guêpes (Ihering, art. « enchú ») dont le miel est souvent toxique ; le même, précisément, que l'héroïne des mythes du Chaco aime à la folie et que son père le Soleil se montre incapable de lui procurer sans le secours d'un mari. On voit par là que dans ces mythes, le codage astronomique ressort encore mieux que nous ne l'avions supposé.

Le miel de *Nectarina*, qui joue un rôle purificateur dans les rites des Guarani du sud, avait la même fonction en Amazonie où les officiants du culte de Jurupari l'employaient pour vomir. Stradelli traduit (*1*, p. 416) l'expression /ceucy-irá-cáua/ : « espèce d'abeilles qui piquent cruellement ; miel qui, à certaines périodes de l'année, provoque de forts vomissements. » Le même auteur définit de la façon suivante la locution /ceucy cipó/ « liane de Ceucy » : « espèce de liane dont les racines et la tige broyées au mortier servent à préparer une potion que prennent pour se purifier, les veilles de fête, ceux qui joueront des instruments de musique sacrés... Cette boisson fait fortement vomir » (p. 415). Or, en Amazonie, le terme /ceucy/ (cyucy, ceixu ; cf. guarani : eichú) désigne la constellation des Pléiades. Depuis le Paraguay jusqu'aux rives de l'Amazone, par conséquent, le miel et les Pléiades sont associés dans la langue et dans la philosophie.

Mais, en Amazonie, il s'agit de bien autre chose qu'un produit naturel et qu'une constellation. Comme nom propre, Ceucy désigne aussi l'héroïne d'un célèbre mythe que nous devons joindre au dossier :

M_{275}. *Amazonie : origine du culte de Jurupari.*

Dans des temps très anciens où régnaient les femmes, le Soleil, indigné de cet état de choses, voulut y remédier en trouvant dans une humanité réformée et soumise à sa loi une femme parfaite qu'il pût prendre pour compagne. Il lui fallait un émissaire. Aussi fit-il en sorte qu'une vierge nommée Ceucy fût fécondée par la sève de l'arbre cucura ou puruman (*Pourouma cecropiaefolia*, une moracée) ruisselant sur ses seins [ou plus bas, selon de moins chastes versions]. L'enfant, nommé Jurupari, arracha le pouvoir des mains des femmes et le restitua aux hommes. Pour affirmer l'indépendance de ces derniers, il leur prescrivit de célébrer des fêtes dont les femmes seraient exclues, et il leur enseigna des secrets qu'ils devraient se transmettre de génération en génération. Ils mettraient à mort toute femme qui les surprendrait. Ceucy fut la première victime de cette impitoyable loi édictée par son fils qui, aujourd'hui encore, continue sa quête d'une femme suffisamment parfaite pour devenir l'épouse du Soleil, mais sans réussir à la trouver (Stradelli *1*, p. 497).

On connaît plusieurs variantes de ce mythe, dont certaines sont considérablement développées. Nous ne les examinerons pas en détail, car elles paraissent relever d'un autre genre mythologique que les récits populaires, relativement homogènes par le ton et l'inspiration, que nous rassemblons ici pour fournir la matière de notre recherche. Il semble que quelques enquêteurs déjà anciens, au premier rang desquels figurent Barbosa Rodrigues, Amorim, Stradelli, aient pu encore recueillir, dans le bassin amazonien, des textes ésotériques relevant d'une tradition savante, et comparables sous ce rapport à ceux plus récemment obtenus par Nimuendaju et Cadogan chez les Guarani méridionaux. Malheureusement, nous ne savons rien ou presque des anciennes sociétés indigènes qui furent jadis établies sur le moyen et le bas Amazone. Le témoignage laconique d'Orellana qui descendit le fleuve jusqu'à l'estuaire en 1541-1542, et surtout l'existence de traditions orales que leur extrême complexité, l'artifice qui préside à leur composition, leur ton mystique permettent d'attribuer à des écoles de sages et d'érudits, plaident en faveur d'un niveau d'organisation politique, sociale et religieuse bien plus haut que tout ce qu'on a pu observer depuis. L'étude de ces précieux documents, vestiges d'une véritable civilisation commune à l'ensemble du bassin amazonien, demanderait à elle seule un volume, et exigerait le recours à des méthodes spéciales où la philologie et l'archéologie (l'une et l'autre encore dans les limbes pour l'Amérique tropicale) devraient fournir leur contribution. Peut-être sera-ce possible un jour. Sans nous risquer sur ce terrain mouvant, nous nous bornerons à extraire des diverses variantes les éléments épars qui intéressent directement notre démonstration.

Après que Jurupari eut ordonné ou toléré que sa mère fût mise à mort parce qu'elle avait jeté les yeux sur les flûtes sacrées, il la fit monter au ciel où elle devint la constellation des Pléiades (Orico *2*, p. 65-66). Dans les tribus des rios Branco et Uaupés (Tariana, Tukano : M_{276}), le législateur, qui s'appelle Bokan ou Izy, révèle lui-même son origine surnaturelle au moyen d'un mythe inclus dans le mythe, véritable « récit du Graal » avant la lettre. Son père, explique-t-il, fut un grand législateur nommé Pinon, né d'une vierge cloîtrée qui avait fui sa prison pour trouver un mari, et que le Soleil avait miraculeusement fécondée. De retour parmi les siens avec ses enfants, Dinari (c'est le nom de la femme) obtint de son fils qu'il mît fin à la claustration des filles, et celui-ci y consentit, non sans exclure du nombre des bénéficiaires sa sœur Meênspuin dont la chevelure s'ornait de sept étoiles. Comme la jeune fille se languissait de n'avoir point de mari, pour la guérir de ce désir et préserver sa vertu, Pinon la fit monter au ciel où elle devint Ceucy, la Pléiade, et lui-même se changea en une constellation pareille à un serpent (Rodrigues *1*, p. 93-127 ; texte intégral : *2*, vol. II, p. 13-16, 23-35, 50-71).

Par conséquent, chez les Tupi-Guarani et d'autres populations exposées à leur influence, le mot /ceucy/ désigne : 1) une guêpe au miel toxique induisant les vomissements ; 2) la constellation des Pléiades envisagée sous un aspect féminin, stérile, coupable, sinon même mortifère ; 3) une vierge soustraite à l'alliance : soit miraculeusement fécondée, soit changée en étoile pour l'empêcher de se marier.

Cette triple acception du terme suffirait déjà à fonder la corrélation des codes alimentaire, astronomique et sociologique. Car il est clair que le personnage de Ceucy inverse sur les trois plans celui de la fille folle de miel, tel que l'illustrent les mythes guyanais. Cette dernière engloutit au mépris des convenances, et par gourmandise bestiale, un miel ailleurs vomi dans un but de purification ; elle est responsable de l'apparition des Pléiades sous un aspect mâle et fécond (abondance de poissons) ; enfin c'est une mère (parfois même de nombreux enfants) qui abuse du mariage en commettant l'adultère avec un allié.

Mais en fait, le personnage de Ceucy est plus complexe. Nous avons déjà vu qu'il se dédouble en mère rendue miraculeusement féconde, violatrice des interdits, et en vierge contrainte de devenir étoile par la toute-puissance des interdits qui s'opposent à son mariage. Or, une autre tradition amazonienne dépeint Ceucy sous l'aspect d'une vieille gloutonne, ou d'un Esprit éternellement torturé par la faim :

M₂₇₇. *Anambé : l'ogresse Ceucy.*

Un adolescent pêchait au bord d'un ruisseau. Survint l'ogresse Ceucy. Elle aperçut le reflet du garçon dans l'eau, voulut l'attraper dans son filet. Cela fit rire le garçon qui trahit ainsi l'endroit où il se cachait. La vieille le fit déloger par les guêpes et les fourmis venimeuses, et l'emporta dans son filet pour le manger.

Prise de pitié, la fille de l'ogresse délivra le prisonnier. Il essaya d'abord d'apaiser la vieille en tressant des paniers aussitôt transformés en animaux qu'elle dévorait [cf. M₃₂₆ₐ], puis il pêcha pour elle d'énormes quantités de poissons. Finalement, il prit la fuite. Poursuivi par l'ogresse changée en oiseau cancan [*Ibycter americanus ?*], le héros chercha successivement refuge auprès des singes tireurs de miel qui le cachèrent dans un pot, des serpents surucucú [*Lachesis mutus*] qui voulurent le manger, de l'oiseau macauan [*Herpetotheres cachinans*] qui le sauva, enfin de la cigogne tuiuiú [*Tantalus americanus*] qui le déposa à proximité de son village où, malgré ses cheveux blanchis par les ans, il se fit reconnaître de sa mère (Couto de Magalhães, p. 270-280).

Ce mythe offre un double intérêt. D'abord, on y reconnaîtra une proche variante d'un mythe warrau (M_{28}) résumé et discuté au début du premier volume de ces *Mythologiques* (CC, p. 117 sq.) et dont il est significatif que, rappelé impromptu à notre attention, il faudra le reprendre dans la suite de ce travail pour résoudre un problème que le moment n'est pas encore venu d'aborder (cf. plus bas, p. 390). Or, le mythe warrau M_{28} se rapportait aux Pléiades, dont l'ogresse de M_{277} porte le nom tupi : il expliquait leur origine en même temps que celle des Hyades et d'Orion. C'est-à-dire qu'il remplissait la même fonction étiologique qui incombe, chez les Carib de la Guyane, à M_{264} où une autre gloutonne, le tapir femelle, s'engraisse de fruits sauvages sans en laisser aux héros.

En second lieu, l'ogresse de M_{277}, qui *est* la constellation des Pléiades, fait transition entre la première Ceucy (celle de M_{275}), gloutonne métaphorique — non pas de nourriture, mais des secrets masculins — et l'héroïne taulipang de M_{135}, gloutonne de miel au sens propre dans la seconde partie du mythe mais qui, dès le début, prend l'allure d'une ogresse métaphorique, avide des caresses de son jeune beau-frère et qui, en mutilant son mari dans l'espoir de le tuer, détermine l'apparition des Pléiades sous un aspect masculin et nourricier. En effet, l'homme changé en constellation promet au héros une nourriture abondante : « Désormais tu auras beaucoup à manger ! »

Par conséquent, l'héroïne taulipang intervient à la façon d'une métonymie des Pléiades ; celles-ci sont l'effet, elle est la cause. Et elle procure ainsi au héros, sans le vouloir et sous forme de ces poissons dont les Pléiades annoncent l'arrivée, la même nourriture que dans M_{277} une ogresse *nommée* « Pléiade » (métaphore)[1] et, dans M_{28}, une ogresse *cause* des Pléiades (métonymie), retirent au héros pour qu'elles-mêmes puissent les manger.

On peut ordonner ces transformations dans un diagramme :

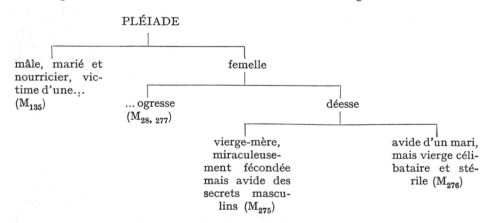

---

1. Vérifiant une fois de plus que, pour la pensée indigène, le nom propre constitue **une** métaphore de la personne. Cf. plus haut, p. 138 et plus bas, p. 280.

Dans le diagramme, en effet, les fonctions situées aux deux extrémités (en haut et à gauche, en bas et à droite) sont symétriques et inverses, tandis que les autres correspondent à des états intermédiaires avec, à chaque passage, alternance du sens propre et du sens figuré.

*
* *

Nous tenterons maintenant de mettre directement en corrélation le code alimentaire et le code sociologique, et nous commencerons par une remarque. Dans les mythes guyanais M_{134} à M_{136}, la position de l'héroïne semble instable au point d'acquérir, selon les cas, des significations diamétralement opposées. Objet des entreprises coupables de son beau-frère dans M_{134}, elle devient, dans M_{135}-M_{136}, coupable des mêmes entreprises envers lui. Elle apparaît ainsi tantôt comme une vestale, tantôt comme une bacchante dont le mythe trace le vigoureux portrait.

M_{135}. *Taulipang : origine des Pléiades* (détail).

... Waiúlale (nom de la femme) était couchée dans son hamac. Elle se leva quand vint son jeune beau-frère (instruit par un oiseau du sort barbare réservé à son aîné) et elle lui servit de la bière de manioc. Il demanda où était son frère ; elle répondit qu'il cueillait des fruits. Tout triste, le jeune homme s'étendit et la femme se coucha sur lui. Il voulut se lever, mais elle l'emprisonna dans le hamac. La nuit tomba. La femme ne le laissait pas sortir, la maudite, même pas pour uriner.

Pendant ce temps, son époux hurlait de douleur dans la brousse. Mais elle disait au garçon : « Ne t'occupe pas de ton frère ! Peut-être est-il à la pêche. Quand il reviendra, je m'en irai du hamac ! » Le garçon savait tout puisque l'oiseau le lui avait raconté.

En pleine nuit, il prétexta qu'il avait faim et pria la femme de lui chercher du ragoût pimenté, car il voulait se débarrasser d'elle, le temps d'aller uriner. Alors, le blessé qui s'était traîné jusqu'à la hutte cria : « Oh, mon frère ! Cette femme m'a coupé la jambe à la hache ! Tue-la ! » Le garçon demanda à la femme : « Qu'as-tu donc fait à mon frère ? — Rien, répondit-elle, je l'ai laissé qui pêchait et cueillait des fruits ! » Et, bien que l'autre continuât de hurler de douleur au dehors, elle remonta dans le hamac et enlaça le garçon si fort qu'il ne pouvait pas bouger. Pendant ce temps le blessé, par terre devant la hutte, s'écriait : « Mon frère ! Mon frère ! secours-moi, mon frère ! » Mais celui-ci ne pouvait pas sortir. Jusqu'au milieu de la nuit, le blessé gémit ainsi. Alors, son frère lui dit : « Je ne puis t'aider ! Ta femme ne me laisse pas quitter le hamac ! » Elle avait même fermé et amarré la porte avec des cordes. Et le garçon ajouta à l'adresse de son aîné : « Je te vengerai un jour ! Tu souffres là dehors ! Un jour, il faudra que ta femme souffre aussi ! » Il la frappa, mais sans réussir à se libérer (K.-G. *1*, p. 56-57).

C'est pourtant la même femme, ici criminelle et férocement lubrique, qui, dans la variante akawai (M_{134}), repousse son beau-frère assassin et se conduit en mère attentive et en veuve inconsolable. Mais aussi, cette version prend grand soin de la désolidariser du miel : si l'héroïne consent à s'introduire dans un arbre creux, c'est seulement pour dénicher un agouti. L'ambiguïté que nous avons reconnue au miel, d'une part en raison de son double aspect sain et toxique (le même miel pouvant être l'un ou l'autre, selon la condition et la saison), d'autre part en raison de son caractère de « nourriture toute prête » qui fait de lui une charnière entre la nature et la culture, explique l'ambiguïté de l'héroïne dans la mythologie du miel : elle aussi peut être « toute nature » ou « toute culture », et cette ambivalence entraîne l'instabilité de son personnage. Pour s'en convaincre, il faut revenir un instant aux mythes du Chaco relatifs à la fille folle de miel, qui nous ont servi de point de départ.

On se souvient que ces mythes développent simultanément deux intrigues et mettent en scène deux protagonistes. Nous avons vu aussi que l'héroïne folle de miel — au point de neutraliser son mari dans sa fonction d'allié — est réductible à une transformation de l'héroïne guyanaise, folle de son beau-frère et qui neutralise — en détruisant son mari — la relation d'alliance qui fait obstacle à ses coupables desseins. Or, l'autre protagoniste des mythes du Chaco, Renard ou le décepteur, cumule les deux rôles : il est à la fois fou de miel, et fou de sa belle-sœur (véritable quand c'est la sœur de sa femme, métaphorique quand c'est la femme d'un compagnon). Par conséquent, les mythes du Chaco s'ordonnent d'une manière analogue à celle qu'illustre le diagramme de la p. 234, qui nous avait servi pour ordonner les mythes parallèles de la Guyane :

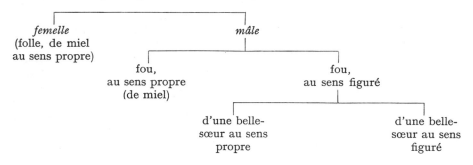

On objectera peut-être que le mot « fou » désigne au sens propre l'aliénation mentale, de sorte que le diagramme l'emploierait toujours au sens figuré. Nous rappellerons donc que nous avons convenu, dans toute notre discussion, d'affecter le sens propre à l'appétit alimentaire, le sens figuré à l'appétit sexuel. L'opposition : *propre/figuré* n'intéresse pas le mot « fou », mais les deux formes de folie qu'il sert à désigner. C'est pourquoi nous l'avons partout fait suivre d'une virgule.

La comparaison des deux diagrammes inspire plusieurs remarques. Ils se complètent, puisque chacun applique l'analyse dichotomique à un seul des deux pôles de l'opposition entre les sexes : le pôle femelle pour le premier diagramme, le pôle mâle pour le second. Alternés dans l'un, le sens propre et le sens figuré sont consécutifs dans l'autre. Enfin, la relation unissant le pôle mâle du premier diagramme, ou le pôle femelle du deuxième, au terme qui est chaque fois le plus proche, relève de la contiguïté dans un cas (rapport de cause à effet), de la ressemblance dans l'autre (femme et homme pareillement fous de miel, au sens propre).

Il résulte de l'analyse qui précède que, bien qu'antagonistes dans le récit, l'héroïne folle de miel et le décepteur (à forme humaine ou animale) sont réellement homologues : ils sont eux-mêmes dans un rapport de transformation. C'est la raison profonde qui explique que le décepteur puisse revêtir l'aspect de l'héroïne et tenter de se faire passer pour elle. Voyons cela de plus près.

Toute la différence entre le décepteur (captateur de miel et de sa belle-sœur) et l'héroïne (captatrice de miel et captée par le décepteur) tient au fait qu'il est homme — agent sous le rapport du miel —, elle femme — agie sous le rapport du miel —, puisque le miel se déplace des preneurs vers les donneurs (de femme) par le moyen de la femme qui instaure entre eux cette relation. Le décepteur n'a pas le miel, l'héroïne l'a. L'un exprime le miel négativement, l'autre positivement mais seulement en apparence, car elle néantise le miel pour les autres, et assume sa présence à son seul profit.

Si le décepteur est l'incarnation masculine et négative d'une conjoncture dont l'aspect positif requiert une incarnation féminine, on comprend qu'il en vienne à assumer un rôle de travesti : homme, il est la cause présente du miel absent, et peut se transformer en femme pour autant que celle-ci est la cause de l'absence du miel présent. Si, donc, le décepteur prend la place de l'héroïne disparue, c'est que celle-ci est au fond une déceptrice : une renarde[1]. Loin de faire problème, le travesti de Renard permet au mythe de rendre manifeste une vérité impliquée. Cette ambiguïté de l'héroïne du Chaco, fille séduite mais dont, sur un autre plan, le personnage se confond avec celui de son séducteur, fait écho à l'ambiguïté de son homologue guyanaise.

On peut mener la même démonstration à partir des mythes gé qui, nous l'avons dit, entretiennent aussi un rapport de transformation avec les mythes du Chaco, et doivent donc faire de même avec les mythes guyanais.

Ces mythes soulevaient une difficulté : pourquoi un héros qui se distingue surtout par ses vertus semble-t-il pris de folie subite dans les versions apinayé (M_{142}) et kraho (M_{225}), tuant et rôtissant sa femme pour servir

1. Le bébé pleurard recueilli par une grenouille dans M_{245}, par une grenouille folle de miel dans M_{241}, l'est par une renarde dans d'autres mythes guyanais (M_{144}-M_{145}) et aussi dans les mythes de la Terre de Feu (CC, p. 277, n. 1).

la chair de la malheureuse à ses parents abusés ? Les parallèles guyanais permettent de trancher la question en recourant à une autre méthode que celle que nous avions alors utilisée, mais qui confirmera nos premières conclusions :

M_{278}. *Warrau : histoire de l'homme changé en oiseau.*

Il y avait une fois un Indien qui partageait la même hutte que sa femme et les deux frères de celle-ci. Un jour que le ciel était couvert et que la pluie menaçait, il remarqua à haute voix que la pluie le faisait toujours bien dormir. Sur ce, il se coucha dans son hamac et la pluie se mit à tomber. Pleine de bonnes intentions, la femme pria ses frères de l'aider à ligoter son mari et à le mettre dehors. La nuit durant ils le laissèrent sous la pluie. Quand il se réveilla à l'aube, l'homme dit qu'il avait bien dormi et demanda qu'on détachât ses liens. Il était fou de rage, mais le cachait. Pour se venger de sa femme, il l'emmena à la chasse, lui fit amasser du bois et construire un boucan en prétextant qu'il allait tuer un caïman, habitué de la mare voisine. Mais dès que la femme eut terminé, il la tua, trancha la tête et découpa le reste du corps dont il fit fumer les morceaux. Il plaça la viande dans un panier qu'il avait tressé entre-temps et qu'il alla déposer à quelque distance du village, selon l'usage des chasseurs. A côté du panier, il dressa un pieu supportant la tête de sa victime dont le nez s'ornait d'une broche en argent, et il la tourna de façon que les yeux parussent regarder vers le village. Il rapporta seulement le foie fumé qui lui valut un chaleureux accueil de la part de ses beaux-frères, et que ceux-ci s'empressèrent de manger.

L'Indien leur conseilla d'aller à la rencontre de leur sœur qui était, prétendit-il, lourdement chargée. Quand ils virent la tête, ils coururent à toutes jambes jusqu'au village. Le meurtrier s'était enfui dans une pirogue, et il avait pris soin de détacher toutes les autres pour que le courant les entraînât. Les frères réussirent à récupérer une embarcation et donnèrent la chasse au fuyard. Presque rejoint, celui-ci sauta à terre et grimpa dans un arbre en criant : « Votre petite sœur est là où je l'ai laissée ! » Les frères tentèrent de le frapper, mais il s'était déjà changé en une espèce de mutum (un gallinacé, *Crax* sp.) dont le cri semble dire : « Ici-petite-sœur ! » (Roth *1*, p. 201-202).

On connaît plusieurs variantes de ce mythe. Dans la version kalina que Koch-Grünberg transcrit d'après Penard (M_{279a} K.-G. *1*, p. 269), le héros est protégé dans sa fuite par deux oiseaux, *Ibycter americanus* (cf. M_{277}) et *Cassidix oryzivora*. Après que ses beaux-frères l'eurent rejoint, ils lui coupèrent la jambe et leur victime décida de se changer en constellation : celle d'Orion, « qui appelle le soleil et le supporte. » Ahlbrinck (art. « petï ») donne d'autres versions, dont l'une (M_{279b}) identifie les oiseaux secourables à *Crotophaga ani* et *Ibycter americanus*. L'épisode ou ils figurent sera discuté dans le prochain volume. Pour une comparaison générale, on se reportera à K.-G. *1*, p. 270-277. Une version warrau (M$_{279d}$) s'achève par un massacre (Osborn *3*, p. 22-23).

Qu'un gallinacé figure au titre de variante combinatoire d'une constellation ne peut surprendre, en raison du caractère « nocturne » que nous avons reconnu à ces oiseaux (CC, p. 210). Dans M$_{28}$, le baudrier d'Orion porte le nom de « mère des tinamidés » (Roth *1*, p. 264-265). Nous ne savons malheureusement pas si l'espèce particulière à laquelle se réfère M$_{279a}$ est celle « qui chante régulièrement la nuit toutes les deux heures, de sorte que le mutum représente, pour les indigènes, une sorte d'horloge de la forêt » (Orico *2*, p. 174), ou celle qui se fait entendre à l'aube (Teschauer, p. 60), toutes habitudes qu'on peut interpréter comme une imploration du soleil. D'autre part, l'idée suggérée par les dernières lignes de M$_{279a}$, qu'Orion pourrait être une contrepartie nocturne du soleil et son « support », pose le problème des phénomènes célestes, respectivement diurne et nocturne, mis en corrélation par la pensée indigène. Nous l'avons déjà rencontré sur notre chemin et partiellement résolu dans un cas particulier : celui de l'arc-en-ciel et d'une zone obscure de la Voie lactée (CC, p. 252-253). Mais rien, actuellement, n'autorise à étendre le même raisonnement au soleil et à tout ou partie d'Orion. On fera preuve d'une égale prudence à propos de la remarque suggestive d'Ahlbrinck *(l. c.)* que le nom du héros de M$_{279b}$ désigne un homme perverti.

D'autres mythes de la même région assimilent le mutum à la Croix du Sud au lieu d'Orion, parce que, dit Schomburgk (*in :* Teschauer, *l. c.* ; cf. Roth *1*, p. 261) une espèce *(Crax tomentosa)* commence à chanter au début du mois d'avril, peu avant minuit, heure où culmine cette constellation. C'est pourquoi les Indiens Arekuna l'appellent /paui-podolé/ « le père du mutum » (K.-G. *1*, p. 61-63, 277). Roth parle aussi d'une constellation en forme de jambe de femme coupée, que des tinamidés saluent de leurs cris quand elle devient visible à l'horizon avant l'aurore (*1*, p. 173). Mais il ne s'agit plus des mêmes oiseaux. De toutes les façons, à l'époque où la Croix du Sud culmine avant minuit, Orion reste encore visible à l'horizon occidental peu après le coucher du soleil. On peut donc associer l'oiseau qui se fait alors entendre soit à l'une, soit à l'autre constellation.

Nous n'avons pas introduit ce groupe de mythes à cause de ses implications astronomiques, mais pour une autre raison. En effet, les mythes prennent explicitement à leur compte une opposition grammaticale à laquelle il nous avait paru indispensable de recourir pour formuler une hypothèse dont nous constatons maintenant qu'elle était objectivement fondée, puisque M$_{278}$ et M$_{279a, b}$, etc. racontent *ipsis verbis* l'histoire d'une femme qui s'est attiré la haine de son mari *pour avoir entendu au sens propre ce qu'il avait voulu dire au sens figuré*. Le texte d'Ahlbrinck est particulièrement clair à ce sujet : « Il y avait une fois un Indien. Un jour, il déclara : « Sous une pluie pareille, je vais bien dormir cette nuit. » Sa femme interpréta mal ces paroles et dit à son frère : « Mon mari est stupide, il veut dormir sous la pluie. » Quand vint le crépuscule, les frères ligotèrent le mari dans son hamac et l'exposèrent à la pluie. Le lendemain matin, celui-ci était blanc comme un linge et tout à fait furieux... » (*l. c.*, p. 362).

Nous observons ainsi, sur le plan rhétorique, le suprême avatar d'un personnage qui s'était d'abord manifesté à nous sur le plan culinaire. La faute de la fille folle de miel consistait en une avidité excessive qui provoquait la désocialisation d'un produit naturel, devenu objet de consommation immédiate alors que cette consommation eût dû être différée pour que le miel pût servir de prestation entre des groupes d'alliés. Toujours sur le plan culinaire, les mythes gé transposaient cette situation à la viande, dont les tribus de ce groupe retardent aussi la consommation en la frappant de plusieurs interdits. La transformation de la conduite alimentaire en conduite linguistique, telle que l'opèrent $M_{278-279}$, implique donc que dans la philosophie indigène, le sens propre corresponde à une « consommation du message » immédiate, selon les voies de la nature, et le sens figuré, selon celles de la culture, à une consommation différée[1].

Ce n'est pas tout. L'histoire contée par les mythes guyanais confirme le rapprochement que nous avons déjà fait (p. 102 sq.) entre les mythes gé qui leur sont homologues et le célèbre groupe de mythes où la ou les héroïnes, séduites par un tapir, doivent manger (= consommer au sens propre) le pénis ou la viande de l'animal avec qui elles copulaient (= qu'elles consommaient au sens figuré). La comparaison avec M_{279} prouve que la règle de transformation d'un groupe dans l'autre est encore plus simple que nous ne l'avions suggéré :

	CODE	FAUTE DE LA FEMME	CHATIMENT
$M_{156-160}$ (tapir séducteur)	*alimentaire*	entendre au figuré ce qu'il fallait entendre au propre	/manger/... ... /un « preneur »/... .../illégitime/... .../naturel/
$M_{278-279}$	*linguistique*	entendre au propre ce qu'il fallait entendre au figuré	/être mangée par/... .../des « donneurs »/... .../légitimes/... .../culturels/

Si nous élargissons ce paradigme pour y inclure, d'une part l'héroïne gé de M_{142}, M_{225}, tuée à cause de sa gloutonnerie (de miel) et offerte comme

---

1. Un petit mythe cavina (M_{279e}) va dans le même sens, puisqu'une femme s'y change en singe après avoir ébouillanté son petit frère qu'elle a cru bon de mettre à la marmite parce que leur mère lui avait ordonné de faire sa toilette avec de l'eau bien chaude (Nordenskiöld *3*, p. 289).

viande par un mari à ses alliés, d'autre part l'alliée (belle-mère) de M_{136} qui est aussi tuée, bien que pour des raisons exactement opposées — car elle est le contraire d'une gloutonne : productrice de poissons, mais excrétés et donc constituant une anti-nourriture — nous obtenons un système généralisé où l'alliance reçoit des qualifications inverses selon que l'allié considéré est mâle ou femelle. Pour une femme, l'allié mâle peut être un humain (selon la culture) ou un animal (selon la nature) ; pour un homme, l'alliée femelle peut être une épouse (selon la nature) ou une belle-mère (selon la culture, puisque le gendre n'a pas de rapports physiques avec elle, seulement moraux)[1]. Que, dans cette philosophie d'homme, l'une des deux femmes oublie l'absence de parité entre les sexes, et la nourriture métaphorique de la femme lui servira de nourriture véritable, la fille servira de nourriture à sa mère, ou bien la mère « anti-nourrira » métonymiquement son gendre et sera, comme sa fille, tuée.

Or, les mythes proclament que la cause première de cette véritable pathologie de l'alliance matrimoniale provient du miel immodérément convoité. Depuis M_{20} — où, par ses ardeurs, un couple trop passionné corrompait le miel et le rendait impropre à servir de prestation entre des beaux-frères — en passant par M_{24} qui inverse cette configuration à la fois sur le plan alimentaire et sur le plan sociologique — puisqu'un miel autrement souillé provoque la rupture d'un couple désuni — c'est toujours sur l'incompatibilité du tête-à-tête des époux (c'est-à-dire l'aspect naturel du mariage) avec leur rôle de médiateurs dans un cycle d'alliance qui correspond à son aspect social, qu'épiloguent inlassablement les mythes.

Le renard du Chaco peut bien séduire la fille ; mais il ne saurait faire un gendre parce qu'il est incapable de fournir du miel à ses beaux-parents. Et la fille folle de miel du Chaco et du Brésil central, habile à trouver un mari, empêche celui-ci d'être aussi un gendre et un beau-frère, en prétendant consommer toute seule le miel par le moyen duquel il pourrait assumer sa condition d'allié. Partout, donc, l'héroïne est une captatrice libidineuse des prestations d'alliance ; et puisque le miel est un produit naturel auquel elle ne permet pas de remplir une fonction sociale, elle fait, en quelque sorte, retomber l'alliance matrimoniale au niveau de l'union physique. En évoquant son triste destin, les mythes prononcent donc la condamnation sociologique (mais qu'ils traduisent dans les termes d'un code alimentaire) de cet *abus de la nature* que nous tolérons s'il est bref, et que nous qualifions en recourant au même code : puisque nous l'appelons « lune de miel ».

Il y a pourtant une différence. Dans notre langue figurée, la « lune de miel » désigne la courte période durant laquelle nous permettons aux époux

---

1. Sauf, bien entendu, dans le cas de mariage polygame avec une femme et sa fille d'un précédent lit, car cet usage n'est pas inconnu en Amérique du Sud (L.-S. *3*, p. 379) et notamment en Guyane. Cependant, les mythes sur lesquels nous nous appuyons proviennent de tribus carib et warrau, où le tabou de la belle-mère était strictement observé (Roth *2*, p. 685 ; Gillin, p. 76).

de se consacrer exclusivement l'un à l'autre : « La soirée et une partie de la nuit sont consacrées aux plaisirs ; et le jour un mari répète les serments d'un amour éternel, ou détaille le plan d'un avenir délicieux » (*Dictionnaire des proverbes*, art. « lune de miel »). En revanche, nous appelons « lune de fiel » ou « lune d'absinthe » l'époque où commencent les mésententes, quand le couple se réinsère dans la trame des rapports sociaux. Pour nous, par conséquent, le miel est tout entier du côté du doux ; il se situe à l'extrémité d'un axe dont l'autre pôle est occupé par l'amer, que symbolisent le fiel et l'absinthe en lesquels on peut donc voir des antithèses du miel.

Dans la pensée sud-américaine, au contraire, l'opposition du doux et de l'amer est inhérente au miel. D'une part en raison de la distinction, imposée par l'expérience, entre les miels d'abeille et de guêpe, respectivement sains ou toxiques à l'état frais ; et, d'autre part, à cause de la transformation du miel d'abeille qui devient amer quand on le fait fermenter, et d'autant plus que l'opération est mieux réussie (cf. plus haut, p. 123). Cette ambivalence prêtée au miel se retrouve jusque dans des cultures qui ignorent l'hydromel. Ainsi, en Guyane, la bière de maïs, de manioc ou de fruits sauvages, normalement amère, est rendue douce par addition de miel frais. Et dans les cultures méridionales à hydromel, ce breuvage est dit « amer », mais alors par opposition avec le miel frais. Au pôle du « fermenté » correspond donc tantôt la bière de miel, amère, tantôt la bière amère à moins qu'on ne lui ajoute du miel ; positivement ou négativement, de manière explicite ou par prétérition, le miel demeure impliqué[1].

Selon les cas, par conséquent, le miel peut être élevé au-dessus de sa condition naturelle de deux façons. Sur le plan sociologique et sans trans-

---

1. Les Machiguenga, tribu péruvienne de la région du rio Madre de Dios, n'ont qu'un mot pour désigner le sucré et le salé. Ils racontent (M_{280}) qu'une créature surnaturelle, « douce comme le sel », avait un mari qui n'arrêtait pas de la lécher. Excédée, elle le changea en abeille /siiro/ qui, aujourd'hui encore, se montre avide de la sueur humaine.

La femme se remaria avec un Indien qu'elle nourrissait de poissons bouillis. Étonné d'une nourriture si abondante, l'homme surveilla son épouse et découvrit qu'elle évacuait les poissons par l'utérus (cf. M_{136}), ce dont il fut fort dégoûté. Comme il lui en faisait le reproche, la femme le changea en oiseau-mouche qui se nourrit du nectar des fleurs et d'araignées. Elle se transforma elle-même en un roc de sel où, depuis lors, les Indiens vont s'approvisionner (Garcia, p. 236).

Ce mythe montre que, dans une culture dont la langue assimile les saveurs respectives du sel et du miel : 1) la femme-abeille de $M_{233-234}$ devient une femme-sel ; 2) l'héroïne est excédée de l'avidité de son mari au lieu que le mari soit excédé de la générosité de sa femme ; 3) le mari, non la femme, se change en abeille ; 4) celle-ci est une consommatrice de sueur (salée) au lieu de productrice de miel (sucré). En outre, l'absence d'opposition linguistique entre deux saveurs confondues dans une même catégorie sensible (qui est sans doute celle du savoureux) va de pair avec la fusion de deux personnages distincts ailleurs : la femme-abeille qui nourrit son mari d'une substance positive qu'elle sécrète (le miel), et la mère de la femme avide de miel, qui nourrit son gendre d'une substance négative qu'elle excrète (les poissons). Une analyse de la mythologie du sel dans les deux Amériques permettrait aisément de montrer que le sel, substance minérale et pourtant comestible, se situe, pour la pensée indigène, à l'intersection de l'aliment et de l'excrément.

formation physico-chimique, le miel reçoit une affectation privilégiée qui fait de lui la matière par excellence des prestations dues aux alliés. Sur le plan culturel et par transformation physico-chimique, le miel frais immédiatement consommable sans précautions rituelles devient, grâce à la fermentation, un breuvage religieux destiné à une consommation différée. *Socialisé* dans un cas, le miel est *culturalisé* dans l'autre. Les mythes choisissent telle ou telle formule en fonction de l'infrastructure techno-économique, ou bien ils les cumulent quand celle-ci leur en laisse la liberté. Et de manière corrélative, le personnage qui nous est d'abord apparu sous les traits de la fille folle de miel se définit grâce à l'une ou l'autre de ces deux dimensions ; tantôt régulièrement socialisée (elle a fait un bon mariage) mais culturellement déficiente (elle ne laisse pas au miel le temps de fermenter) et désocialisant son époux ; tantôt foncièrement asociale (éprise de son beau-frère, meurtrière de son mari) mais doublement en règle avec sa culture : puisqu'on ne fait pas d'hydromel en Guyane, et que rien ne s'oppose à ce que le miel soit aussitôt consommé.

***

Le troisième point de notre programme consistera à mettre directement en corrélation le code sociologique et le code astronomique. Pour cela, nous passerons d'abord rapidement en revue les points de coïncidence entre l'histoire de la fille folle de miel du Chaco, chez les Gé, et en Guyane, et le mythe amazonien de Ceucy.

A travers ses multiples avatars, la fille folle de miel conserve le même caractère, bien qu'il se manifeste tantôt dans ses manières de table, tantôt dans sa conduite amoureuse : c'est une *fille mal élevée*. Or, le mythe de Ceucy et ses variantes de la région du Uaupés se présentent tous comme les mythes fondateurs d'un *système d'éducation des filles* particulièrement sévère, puisqu'il exige que soit mise à mort la malheureuse, coupable volontairement ou par accident d'apercevoir les instruments de musique réservés aux rites masculins. La version du rio Uaupés (M_{276}) fait bien ressortir cet aspect, car on n'y trouve pas moins de trois codes promulgués par des législateurs successifs, où sont énumérés les fêtes marquant les étapes de la puberté des filles, l'épilation obligatoire de celles-ci, le jeûne auquel elles sont astreintes après l'accouchement, la stricte fidélité, la discrétion et la réserve qu'elles doivent observer vis-à-vis de leur époux, etc. (Rodrigues *2*, p. 53, 64, 69-70).

D'autre part, on n'aura garde d'oublier que, chez les Gé centraux et orientaux, l'histoire de la fille folle de miel relève du cycle mythologique relatif à l'initiation des jeunes hommes. Ces récits les préparent non seulement aux travaux économiques et militaires, mais aussi au mariage ; et ils remplissent cette fonction édifiante en peignant, à l'intention des novices, le portrait d'une fille mal élevée. Le mythe de Ceucy adopte la même perspective, puisqu'il donne un fondement unique aux incapacités frappant les femmes et aux rites qui sont le privilège des hommes. Pour l'essentiel, ces incapacités et ces prérogatives se font, en effet, complément.

Qu'il y a là un aspect absolument fondamental de nos mythes, et qu'ils nous font accéder à un état décisif de la pensée humaine dont, par le monde, d'innombrables mythes et rites attestent la réalité, le troisième volume de ces *Mythologiques* achèvera de le montrer. Tout semble se passer comme si, dans une submission mystique des femmes à leur empire, les hommes avaient aperçu pour la première fois, mais d'une manière encore symbolique, le principe qui leur permettra un jour de résoudre les problèmes que pose le nombre à la vie en société ; comme si, en subordonnant un sexe à l'autre, ils avaient tracé l'épure des solutions réelles mais encore inconcevables ou impraticables pour eux, qui consistent, tel l'esclavage, dans l'assujettissement d'hommes à la domination d'autres hommes. Le côté « Malheurs de Sophie » de l'histoire de la fille folle de miel ne doit pas faire illusion. En dépit d'une fadeur apparente qui explique le peu d'attention prêté jusqu'ici à son mythe, le personnage assume, à lui tout seul, le destin d'une moitié de l'espèce humaine parvenue à cet instant fatal où va l'atteindre une incapacité dont, aujourd'hui encore, les conséquences ne sont pas effacées mais qui, suggèrent hypocritement les mythes, eût été sans doute évitable si une demoiselle intempérante avait su faire taire son appétit.

Contentons-nous, pour le moment, de ce coin de rideau levé sur la scène du drame, et reprenons la comparaison. Dans un groupe de mythes, l'héroïne engloutit allègrement le miel, dans l'autre elle porte le nom d'un miel toxique aussi vite vomi que mangé. Les variantes guyanaises la dépeignent sous les traits d'une créature malfaisante, qui détermine du dehors l'apparition des Pléiades revêtant un aspect mâle et nourricier. Au contraire, le cycle de Ceucy la montre elle-même déterminée comme Pléiade, aspect féminin auquel les Indiens guyanais prêtent une valeur sinistre. Le caractère bénéfique renvoie aux poissons que les Indiens savent pêcher en énormes quantités à l'aide de plantes vénéneuses, le caractère maléfique aux épidémies qui tuent les hommes en grand nombre. Par ce biais, la conclusion apparemment aberrante de M_{279d} (plus haut, p. 239), qui consiste dans une lutte fratricide au cours de laquelle « beaucoup d'Indiens moururent » retrouve sa place dans le groupe en même temps qu'elle s'ajoute, comme un nouvel exemple, à des mythes du même type (M_2, M_3) qui nous ont précisément servi, dans *le Cru et le Cuit* (p. 284-287), à démontrer l'homologie de la pêche au poison et des épidémies.

On se souvient que les mythes sud-américains mettent l'arc-en-ciel, ou le serpent arc-en-ciel, à l'origine du poison de pêche et des épidémies en raison du caractère maléfique que la pensée indigène attribue au chromatisme pris au sens du règne des petits intervalles. Par l'effet d'une simple variation d'écart entre ses termes, ce règne engendre un autre règne : celui des grands intervalles, qui se manifeste à trois niveaux d'ampleur inégale : la discontinuité universelle des espèces vivantes, les ravages dus aux maladies d'où résulte une population humaine clairsemée, et l'action parallèle exercée sur le peuple des poissons par la pêche à la nivrée (CC, p. 261-287). Or, la distribution groupée mais apparemment aléatoire des étoiles formant la constellation des Pléiades met, avec l'arc-en-ciel, celle-ci du côté du continu (CC, p. 228-232) : semblable à un fragment de Voie lactée perdu dans le ciel, elle est symétrique avec ce fragment de ciel obscur égaré au milieu de la Voie lactée dont nous avons montré (CC, p. 252-253) qu'il jouait le rôle de contrepartie nocturne de l'arc-en-ciel, d'où la triple transformation :

$$\begin{bmatrix} continu \\ diurne \end{bmatrix} 1 \left(\frac{\text{lumière chromatique}}{\text{lum. achromatique}} \right) \Rightarrow \begin{bmatrix} continu \\ nocturne \end{bmatrix} 2 \left(\frac{\text{lumineux}}{\text{obscur}} \right) \Rightarrow 3 \left(\frac{\text{obscur}}{\text{lumineux}} \right)$$

D'ailleurs, on a vu (p. 66, 230) qu'il existe une affinité directe entre le premier terme (arc-en-ciel) et le dernier (Pléiades), sous réserve d'une double opposition : *diurne/nocturne*, et : *journalier/saisonnier*. L'un et l'autre annoncent l'arrêt de la pluie, soit pendant un moment de la journée, soit pendant une période de l'année. On pourrait presque dire qu'à une échelle temporelle plus restreinte, l'arc-en-ciel est une constellation des Pléiades diurne.

Nous terminerons la comparaison des deux cycles mythiques (fille folle de miel, et Ceucy) en notant que, dans les versions guyano-amazo-niennes, la première est une femme mariée et mère de famille, séductrice lascive du frère de son mari, tandis que l'autre est une vierge cloîtrée que son propre frère transforme en constellation pour sauvegarder sa vertu.

Or, dans cette perspective, l'élargissement de la comparaison s'impose. Nous connaissons un cycle mythique dont l'héroïne se situe à égale distance des deux autres : mariée mais chaste, et violée par le ou les frères de son mari. Il s'agit d'Étoile, épouse d'un mortel (M_{87}-M_{92}) qui, sous tous les autres rapports aussi, transforme simultanément le personnage de la fille folle de miel et celui de Ceucy :

1) C'est une fille *trop bien élevée* qui consent à être une nourrice, non une épouse.

2) Elle vomit le maïs, prototype des *plantes cultivées*, à la figure (M_{88}) ou dans la bouche (M_{87a}) de son mari, au lieu de lui arracher le miel de la bouche (fille folle de miel) ou d'être elle-même un miel destiné à être vomi (Ceucy) ; et nous n'oublierons pas que la pensée indigène assimile le miel à un *fruit sauvage*.

3) Étoile descend volontairement du ciel pour devenir l'épouse d'un humain, tandis que Ceucy illustre le cas inverse d'une héroïne féminine changée malgré elle en étoile *pour qu'elle ne puisse pas* devenir l'épouse d'un humain, et que la fille folle de miel — peut-être changée en étoile dans les mythes du Chaco *pour avoir mal été* l'épouse d'un futur humain (puisqu'elle lui a seulement permis d'être un mari et non un gendre) — change elle-même son époux en étoile dans les versions guyanaises parce que, désireuse de le remplacer par son frère, elle condamne donc le premier à être seulement un allié, non un mari.

4) Enfin, Étoile se montre d'abord nourricière, comme la Pléiade sous son aspect masculin, puis mortifère comme cette constellation sous son aspect féminin. Or, Étoile remplit la première fonction quand elle se manifeste pour la première fois aux hommes, et la seconde au moment de les quitter, donc, en un sens, à son « lever » et à son « coucher ». Elle inverse ainsi la signification des Pléiades pour les Indiens guyanais, puisque la constellation nourricière, annonçant l'arrivée des poissons, semble être celle visible le soir à l'horizon occidental, d'où il résulterait que les Pléiades sont mortifères à leur lever.

Toutes ces transformations, qui permettent d'intégrer dans notre groupe le cycle d'Étoile épouse d'un mortel, entraînent une importante conséquence. Nous savons qu'Étoile est une sarigue, d'abord de forêt dans sa capacité nourricière, de savane ensuite au titre de bête souillée et souillante, donneuse de mort après qu'elle a eu donné la vie aux hommes en leur révélant les plantes cultivées (CC, p. 172-195). Or, le personnage de la sarigue est également codé en termes de code astronomique et de code alimentaire, auquel nous faisons ainsi retour en bouclant le cycle de nos démonstrations. Du point de vue astronomique, la sarigue offre une affinité avec les Pléiades puisque, selon un mythe du rio Negro (M_{281} ; cf. CC, p. 224 n. 1), la sarigue et le caméléon choisirent le jour du premier lever des Pléiades pour cautériser leurs yeux avec des piments et s'exposer à l'action bienfaisante du feu. Mais la sarigue se brûla la queue qui est restée pelée depuis (Rodrigues *1*, p. 173-177). D'autre part, la sarigue porte en Guyane le même nom que l'arc-en-ciel (CC, p. 255 sq.) ce qui confirme par une autre voie l'équation de la p. 245.

En second lieu et surtout, les mythes établissent un lien entre la sarigue et le miel. Nous le montrerons de deux façons.

Dans une version au moins du célèbre mythe tupi des jumeaux (Apapo-cuva, M_{109}), la sarigue joue le rôle de mère nourricière ; après la mort de leur mère l'aîné ne sait comment alimenter son petit frère. Il implore la sarigue qui prend soin, avant de se faire nourrice, de nettoyer les sécrétions fétides de sa poitrine. Pour la remercier, le dieu lui donne la poche marsupiale et lui promet qu'elle accouchera sans douleur (Nim. *1*, p. 326 ; variante mundurucu *in :* Kruse *3*, t. 46, p. 920). Or, des Guarani méridionaux

connaissent une variante de ce mythe où le miel remplace le lait suspect
de la sarigue :

M_{109b}. *Guarani du Parana : le miel nourricier* (détail).

Après le meurtre de leur mère, l'aîné des jumeaux, Derekey,
ne sut que faire de son cadet, Derevuy, qui n'avait rien à manger
et qui pleurait de faim. Derekey tenta d'abord de reconstituer le
corps de la morte mais son petit frère se précipita sur les seins à
peine formés avec une telle voracité qu'il détruisit tout l'ouvrage.
Alors l'aîné découvrit du miel dans un tronc d'arbre, et il éleva au
miel son cadet.
     Les abeilles appartenaient à l'espèce /mandassaia/ ou /caipota/
[une sous-espèce de *Melipona quadrifasciata*, dont le miel est particulièrement recherché]. Quand les Indiens trouvent un nid de ces
abeilles, ils ne mangent jamais les larves, et ils laissent une quantité
de miel suffisante pour les nourrir ; cela, par gratitude envers les
abeilles qui ont nourri le dieu (Borba, p. 65 ; cf. Baré, Stradelli *1*,
p. 759 ; Caduveo, Baldus *2*, p. 37).

Dans l'ensemble, et surtout par sa conclusion, l'épisode est si étroitement parallèle à M_{109} qu'on peut affirmer que la sarigue nourricière et
les abeilles sont en rapport de transformation. Cela ressort encore mieux
d'un épisode antérieur du même mythe, repris par la plupart des autres
versions. A un moment où on doit supposer que la sarigue était encore
dépourvue de poche marsupiale, la mère des jumeaux se conduit elle-même
comme si elle en avait une, car elle converse avec son ou ses enfants bien
que ceux-ci soient au giron. Or, la communication s'interrompt — autrement
dit, la matrice cesse de jouer le rôle de poche marsupiale — à la suite d'un
incident que M_{109b} relate en ces termes : « L'enfant au giron demanda à sa
mère de lui donner des fleurs. Elle les cueillait çà et là quand elle fut piquée
par une guêpe qui y buvait du miel... » (Borba, *l. c.*, p. 64). En dépit de
l'éloignement et de la différence de langue et de culture, une version warrau
(M_{259}) préserve scrupuleusement cette leçon : « La mère avait déjà cueilli
plusieurs fleurs rouges et jaunes, quand une guêpe la piqua en dessous de
la taille. Elle essaya de la tuer, la manqua et se frappa elle-même. L'enfant
au giron reçut le coup et se crut visé ; vexé, il refusa de continuer à guider
sa mère » (Roth *1*, p. 132 ; cf. Zaparo *in :* Reinburg, p. 12).
     Par conséquent, de même que la sarigue réelle, bonne nourrice, est
congrue au miel d'abeille, la mère mauvaise nourrice, sarigue figurée, l'est
à la guêpe dont on sait que le miel est aigre, sinon toxique. Cette analyse
ne fait pas seulement apercevoir une première liaison entre la sarigue et le
miel. Elle fournit aussi une explication, qui s'ajoute à celle que nous avons
déjà donnée (p. 201), de la résurgence du mythe des jumeaux dans un cycle
en apparence très différent dont le point de départ est l'origine (ou la perte)
du miel.

Pour la seconde démonstration, il convient de se référer à un ensemble de mythes partiellement examinés dans *le Cru et le Cuit* (M_{100}-M_{102}) et dans le présent livre (p. 67), où la tortue s'oppose, tantôt au tapir, tantôt au caïman ou au jaguar, tantôt enfin au sarigue. Dans ces récits, la tortue, le sarigue, ou tous les deux, sont enterrés par un adversaire, ou s'ensevelissent volontairement pour prouver leur résistance à la faim.

Il n'est pas nécessaire d'entrer dans le détail de mythes qui nous intéressent surtout ici parce qu'ils font usage de points de repère saisonniers : périodes de l'année où l'on trouve en abondance tels ou tels fruits sauvages. Nous y avons fait allusion (p. 198 sq.) à propos des prunes, *Spondias lutea*, qui mûrissent en janvier-février, époque où la terre détrempée par les pluies est déjà assez molle pour que le tapir puisse piétiner et ensevelir la tortue. Celle-ci parvient à se libérer à la fin des pluies, quand le sol est devenu un bourbier (M_{282} ; Tastevin *1*, p. 248-249). Le même auteur fournit une variante sur laquelle on s'arrêtera plus longtemps, car elle illustre un type de mythe qui se répète depuis le Brésil central jusqu'en Guyane :

M_{283a}. *Amazonie (région de Teffé) : la tortue et le sarigue.*

Un jour, le sarigue vola la flûte de la tortue. Celle-ci voulut d'abord le poursuivre, mais incapable de courir assez vite, elle changea d'idée et se procura du miel, dont elle enduisit son anus après s'être caché la tête dans un trou.

Le sarigue aperçut le miel qui reluisait, et crut que c'était de l'eau. Il y mit la main, lécha, et constata son erreur. Mais le miel était délicieux, le sarigue y fourra la langue. A ce moment, la tortue serra les fesses et le sarigue fut fait prisonnier. « Lâche ma langue ! » criait-il. La tortue n'y consentit qu'après avoir récupéré sa flûte.

Un autre jour, le sarigue défia la tortue à qui resterait le plus longtemps enterré sans nourriture. La tortue commença, et elle se tint ensevelie jusqu'à ce que les prunes fussent mûres et tombassent au pied des arbres. Ensuite vint le tour du sarigue, jusqu'à ce que les ananas sauvages eussent mûri. Au bout d'un mois, le sarigue voulut sortir, mais la tortue lui dit que les ananas commençaient à peine à grandir. Deux mois encore se passèrent, et le sarigue ne répondit plus. Il était mort, seules des mouches s'échappèrent quand la tortue ouvrit le trou (Tastevin *l. c.*, p. 275-286).

Il s'agit, note Tastevin, de la tortue /yauti/ femelle de *Testudo tabulata* et plus grande que le mâle, qui est appelé /karumben/.

Dans toute l'aire amazonienne, le mâle et la femelle de chaque espèce de tortue semblent porter des noms différents. Ainsi, pour *Cinosteron scorpioides* (?) yurara (f.)/kapitari (m.) et pour *Podocnemis* sp. : tarakaya(f.)/ anayuri (m.).

L'origine de la flûte de la tortue fait le sujet d'un autre mythe :

M_{284}. *Amazonie (région de Teffé) : la tortue et le jaguar.*

Après que la tortue a tué le tapir en lui mordant les testicules (M_{282}) elle ne peut éviter que le jaguar vienne réclamer sa part du festin. En fait, le fauve profite de ce qu'elle est allée chercher du bois pour voler toute la viande. A la place, il laisse seulement ses excréments.

La tortue se lance alors à sa poursuite et rencontre des singes qui l'aident à grimper dans l'arbre dont ils mangent les fruits. Puis ils l'abandonnent.

Passe le jaguar, qui invite la tortue à descendre. Elle lui demande de fermer les yeux, se laisse choir sur sa tête et lui brise le crâne.

Quand le cadavre du jaguar est putréfié, la tortue s'empare du tibia, s'en fait une flûte dont elle joue, et chante : « Du jaguar l'os est ma flûte. Fri ! Fri ! Fri ! »

Un autre jaguar survient, qui croit que la tortue le provoque, et la menace. Elle ne réussit pas à le convaincre que les paroles de sa chanson étaient différentes de celles qu'il a entendues. Le jaguar bondit, la tortue se cache dans un trou, fait croire au jaguar que sa patte restée visible est une racine. Le jaguar poste un crapaud en sentinelle, la tortue l'aveugle de sable et s'enfuit. De retour, le jaguar creuse en vain, et se console en dévorant le crapaud (Tastevin *l. c.*, p. 265-268 ; Baldus *4*, p. 186).

En transformant ce mythe on reviendrait aisément à M_{55} (cf. CC, p. 135-136). Nous laisserons ce soin à d'autres, par crainte de nous engager sur une route très différente de celle que nous entendons suivre maintenant, et où nous risquerions de nous trouver confronté à un immense problème : celui de l'origine mythique des instruments de musique. Comme on le verra plus loin, nous n'éviterons pas le problème complètement. Il y aurait un intérêt certain à explorer cette voie, qui ramènerait à M_{136} où un héros mutilé, montant au ciel, joue d'une flûte qui sonne : tin ! tin ! tin ! (K.-G. *1*, p. 57) alors qu'applaudissant ailleurs à son triomphe sur ses adversaires, la tortue fait : weh ! weh ! weh ! en battant des mains (M_{101}). Dans la plupart des mythes du cycle de la tortue, la flûte d'os (peut-être à mettre en opposition avec la flûte de bambou) semble être le symbole d'une disjonction (cf. plus bas, p. 272).

Mais revenons à M_{283} qui exploite d'autres oppositions : entre la tortue et le sarigue, entre les prunes et les ananas. Nous savons par M_{282} que les prunes mûrissent au temps des pluies ; par conséquent, l'ensevelissement de la tortue dure depuis la fin de la saison sèche jusqu'à la saison pluvieuse, pendant la période de l'année où, précise le mythe, les pruniers fleurissent, fructifient et perdent leurs fruits. Il faut donc que l'ensevelissement du sarigue prenne place pendant l'autre partie de l'année, et, comme il doit cesser quand les ananas sont mûrs, que cette occurrence se produise à la fin de la saison sèche. Tastevin ne fournit pas d'indication à ce sujet, mais,

nous souvenant des succulentes cueillettes d'ananas sauvages que nous
fîmes en août-septembre 1938 sur les premiers versants du bassin amazonien
(L.-S. *3*, p. 344), nous tenons cette hypothèse pour très vraisemblable.
Dans le nord-ouest du bassin amazonien, les ananas sont particulièrement
abondants au mois d'octobre qui correspond à la période la plus sèche, et
c'est alors qu'on célèbre la fête dite « des ananas » (Whiffen, p. 193).

Or, le concours de jeûne inspiré par l'opposition des prunes et des
ananas, fait suite à un autre épisode qu'il reproduit partiellement : celui
du vol de la flûte au cours duquel, raconte le mythe, la tortue ne parvient
pas à enduire son adversaire de résine (Tastevin, *l. c.*, p. 276, 279, 283)
ou de cire (Couto de Magalhães, p. 20 du *Curso ;* le mot tupi est /iraiti/
dont, selon Montoya à propos de l'homophone guarani, le sens étymolo-
gique serait : nid de miel), pour enfin réussir à l'enduire de miel. Soit le
tableau :

1.	cire	miel
2.	prunes	ananas

où la colonne de gauche rassemble des êtres vis-à-vis desquels le sarigue
est en position forte, celle de droite des êtres vis-à-vis desquels il est en
position faible : incapable de résister au miel, ou incapable de résister
(jusque) aux ananas. Pourquoi ces termes sont-ils eux-mêmes groupés
en paires ? Comme les prunes, la cire permet de durer depuis la pluie jusqu'à
la saison sèche, elle est le véhicule affecté à l'itinéraire menant de l'humide
au sec : cela, nous le savons depuis l'histoire de Haburi ou Aboré, inventeur
de la première pirogue qui fut précisément *de cire*, et que les hommes
reçurent l'ordre du « père des inventions » de copier dorénavant en bois
(Brett *2*, p. 82). Car qu'est-ce que la pirogue, sinon le moyen de surmonter
l'humide avec le sec ? Le miel et les ananas permettent d'effectuer le trajet
inverse, du sec vers l'humide, puisque ce sont des récoltes sauvages de la
saison sèche comme le précise, pour le miel, la transcription versifiée du
mythe d'Aboré en son début :

> « *Men must hunt for wild bees while the sun says they may* »

(Brett, l. c., p. 76)

Ce n'est pas tout. Des variantes de M_{283}, où le caïman joue le rôle de
voleur de flûte au lieu du sarigue, contiennent un détail exactement super-
posable à celui sur lequel s'achève M_{283} : pour obliger le caïman à rendre la
flûte, la tortue se cache dans un trou en laissant seulement apparaître son
derrière enduit de miel « d'où, de temps en temps, échappait une abeille
en volant : zum... » (M_{283b} ; Ihering, art. « jaboti »). A la tortue dont le
corps « changé en miel » laisse échapper les abeilles, et triomphant ainsi
du sarigue, correspond donc, dans la deuxième partie du mythe, la tortue
triomphant définitivement du sarigue, mais parce que le corps de celui-ci

s'est changé en pourriture d'où s'échappent les mouches (« à viande » et non plus « à miel »). Autrement dit, la tortue est rendue par le miel supérieure au sarigue, et, par la pourriture, celui-ci est rendu inférieur à la tortue. En effet, la sarigue est une bête putride tandis que la tortue, animal qui hiberne, est réputée imputrescible (CC, p. 184-185).

Que peut-on conclure de ces mythes ? Le groupe précédemment examiné transformait le lait de la sarigue en miel, le marsupial en abeille ; mais à la condition que la sarigue se fût préalablement libérée d'une pourriture que son corps engendre naturellement. Ici, le sarigue obéit à une transformation inverse : il est intégralement assimilé à la pourriture, mais, en fin de compte, parce qu'il s'est d'abord laissé capter par le miel. Pourtant, il a su résister à la cire, qui représente la partie sèche et imputrescible du nid des abeilles, dont le miel forme (en raison de l'opposition que le mythe introduit entre les deux termes) la partie humide et putrescible. La menace de la cire fait donc varier le sarigue dans un sens contraire à sa nature de bête putride, l'attrait du miel, dans un sens conforme à cette nature qu'il porte même à son comble en l'assumant comme charogne. D'une part, le miel s'établit dans une position intermédiaire entre celles de la cire et de la pourriture, confirmant une nature ambivalente sur laquelle nous avons maintes fois insisté. D'autre part, cette nature ambivalente rapproche le miel de la sarigue, elle aussi ambivalente en sa double capacité de marsupial, donc bonne nourrice, et de bête puante. Délivrée de cette tare, la sarigue tend vers le miel avec quoi elle se confond par ressemblance ; car, alors, elle n'est plus qu'une mamelle merveilleusement propre dont s'écoule le lait, doux comme le miel. Gloutonne de miel et cherchant à se fondre en lui, mais cette fois par contiguïté — au point de plonger sa langue dans le derrière de la tortue — elle est le contraire d'une nourrice, et du fait que ce premier attribut disparaît, l'autre s'accroît jusqu'à l'envahir toute entière. C'est bien, d'ailleurs, ce qu'exprime à sa façon le cycle tupi-guarani du mythe des jumeaux, puisque le sarigue y figure deux fois. D'abord, ainsi que nous venons de le voir, au titre de femelle, et dans un emploi nourricier. Et, plus tard, en qualité d'un homme appelé « Sarigue », dont le rôle est purement sexuel (cf. M_{96}). Or, si la sarigue femelle prend soin de se laver, son homonyme masculin sent mauvais (cf. M_{103}).

Le groupe que nous avons considéré dans son ensemble se ferme donc sur une homologie entre le renard du Chaco et le sarigue tupi-guarani. A l'épouse du Soleil, abandonnée enceinte par son mari et séduite par Sarigue, correspond au Chaco la fille du Soleil, abandonnée par son mari alors qu'elle est indisposée, et que Renard tente vainement de séduire. Sarigue est un faux mari qui se fait passer pour vrai, Renard un faux mari qui se fait passer pour (la femme du) vrai, et tous deux se trahissent, l'un par son odeur animale (alors qu'il prétend être un humain ou un animal différent), l'autre par sa rudesse masculine (alors qu'il prétend être une femme). Ce n'est donc pas complètement à tort que d'anciens auteurs ont donné au sarigue le nom portugais du renard : *raposa*. La problématique indigène suggérait déjà que l'un pouvait être une variante combinatoire de l'autre. Liés tous deux à la saison sèche, pareillement gloutons de miel et dotés d'une semblable lubricité sous leur aspect masculin, ils diffèrent seulement quand on les envisage *sub specie feminae :* la sarigue peut devenir bonne mère à condition de se débarrasser d'un attribut naturel (sa mauvaise odeur), tandis que, même paré d'attributs artificiels (faux sexe et faux seins) le renard ne réussit qu'à faire une grotesque épouse. Mais n'est-ce pas parce que la femme, éternellement sarigue et renarde[1], est incapable de surmonter sa nature contradictoire et d'atteindre à une perfection qui, si elle était concevable, mettrait seulement un terme à la quête de Jurupari ?

---

1. On a montré (p. 237) que l'héroïne du Chaco, séduite par un renard, est elle-même une renarde ; et nous venons de voir (p. 247) que l'héroïne tupi-guarani se révèle être, si l'on peut dire, une sarigue « avant la lettre », ultérieurement séduite par un sarigue.

II

BRUITS DANS LA FORÊT

Dans la pensée indigène, l'idée du miel recouvre toutes sortes d'équivoques. D'abord au titre de mets naturellement « cuisiné » ; puis en raison de ses propriétés qui le font doux ou aigre, sain ou toxique ; enfin parce qu'il peut être consommé frais ou fermenté. Nous avons vu comment ce corps, qui rayonne l'ambiguïté par toutes ses facettes, se reflète lui-même dans d'autres corps pareillement ambigus : la constellation des Pléiades, alternativement mâle ou femelle, nourricière et mortifère ; la sarigue, mère puante ; et la femme elle-même, dont on n'est jamais sûr qu'elle demeurera bonne mère et épouse fidèle puisqu'on risque de la voir se changer en ogresse lubrique et meurtrière, à moins de la réduire à la condition de vierge cloîtrée.

Nous avons également constaté que les mythes ne se bornent pas à exprimer l'ambiguïté du miel par le moyen d'équivalences sémantiques. Ils recourent aussi à des procédés métalinguistiques, quand ils jouent sur la dualité du nom propre et du nom commun, de la métonymie et de la métaphore, de la contiguïté et de la ressemblance, du sens propre et du sens figuré. Entre le plan sémantique et le plan rhétorique, M_{278} forme charnière, car la confusion du sens propre et du sens figuré est mise explicitement au compte d'un personnage du mythe et fournit le ressort de l'intrigue. Au lieu d'affecter la structure, elle s'incorpore à la matière du récit. Pourtant, quand une femme, qui finira tuée et mangée, commet la faute d'entendre au sens propre ce qui fut dit au sens figuré, elle observe une conduite symétrique avec celle de la maîtresse du tapir dont la faute consiste à donner le sens figuré d'un coït à cette consommation de l'animal qui ne peut normalement s'entendre qu'au sens propre : c'est-à-dire une consommation alimentaire, par l'homme, de son gibier. Pour son châtiment, elle devra donc consommer au propre, c'est-à-dire manger, le pénis du tapir qu'elle croyait pouvoir consommer au sens figuré.

Mais pourquoi, selon les cas, faut-il que la femme mange le tapir ou que la femme elle-même soit mangée ? Nous avons déjà répondu partiellement à cette question (p. 103). La distinction des deux codes, sémantique et rhétorique, permet toutefois de la traiter plus à fond. Si l'on considère, en effet, que les mythes oscillent constamment entre deux plans, l'un symbolique et l'autre imaginaire (plus haut, p. 209), on peut résumer l'analyse qui précède au moyen d'une équation :

$$\frac{[plan\ symbolique]}{(\text{ingestion de miel})} : \frac{[plan\ imaginaire]}{(\text{cannibalisme familial})} : :$$

$$\frac{[plan\ symbolique]}{(\text{ingestion de tapir})} : \frac{[plan\ imaginaire]}{(\text{coït avec tapir})} : :$$

$$(\text{sens propre}) : (\text{sens figuré}).$$

Dans le cadre de ce système global, les deux sous-ensembles mythiques — notés (*a*) pour le tapir séducteur, (*b*) pour la fille folle de miel — se consacrent chacun à une transformation locale :

a) [consommation *figurée* du tapir] ⇒ [consommation *propre* du tapir]
b) [consommation *propre* du miel] ⇒ [cannibalisme familial, comme consommation *figurée*]

Introduisons maintenant une nouvelle opposition : *actif/passif*, correspondant au fait que, dans le cycle du tapir séducteur, la femme est métaphoriquement « mangée » par le tapir (en raison d'une exigence de symétrie puisqu'il est établi que c'est elle qui le mange au sens propre), et que, dans le cycle de la fille folle de miel, l'héroïne activement coupable d'une gloutonnerie empiriquement observable, mais qui *symbolise* ici sa mauvaise éducation, devient l'objet passif d'un repas cannibale et familial, dont la notion est toute *imaginaire*. Soit :

a) [figuré, passif] ⇒ [propre, actif]
b) [propre, actif] ⇒ [figuré, passif]

Si, comme nous l'avons postulé, les deux cycles sont entre eux dans un rapport de complémentarité, il faut donc bien que, dans le second cas, la femme et non quelque autre protagoniste, soit mangée.

C'est seulement en entendant les mythes de cette façon qu'il est possible de réduire à un commun dénominateur tous les récits dont l'héroïne est une fille folle de miel, soit que, comme au Chaco, elle se montre effectivement gloutonne de cette nourriture, soit que les mythes la décrivent d'abord concupiscente d'un allié par mariage (M_{135}, M_{136}, M_{298}) ou d'un enfant adoptif (M_{245}, M_{273}) et parfois, des deux ensemble ($M_{241,\ 243,\ 244}$; M_{258}) en poussant jusqu'à son extrême limite l'idée même de lune de miel, comme, plus près de nous, les vers de Baudelaire l'illustrent par la manière dont eux aussi cumulent les liens de parenté dans la personne de l'aimée :

> « Mon enfant, ma sœur
> Songe à la douceur
> D'aller là-bas vivre ensemble ! »

Ainsi unifié, le cycle de la fille folle de miel se consolide avec celui du tapir séducteur, ce qui permet de rendre compte de leur intersection empirique. En effet, l'un et l'autre contiennent le motif du personnage démembré et boucané, traîtreusement servi aux siens à l'instar d'un banal gibier.

Pourtant, à ce stade de l'argumentation, une double difficulté se présente. Car il ne servirait à rien d'avoir épuré la matière mythique en montrant que certains mythes peuvent être ramenés à d'autres mythes grâce à des règles de transformation, si ce travail faisait surgir des clivages au sein de mythes où, quand on en prenait une vue naïve, on ne décelait pas une telle complexité. Or, tout se passe comme si, au cours même de leur fusion dans notre creuset, les personnages du tapir séducteur et de la fille folle de miel manifestaient, chacun pour son compte, une dualité de nature qui n'était pas immédiatement perceptible, de sorte que la simplicité gagnée sur un plan risque d'être compromise sur l'autre.

Considérons d'abord le personnage du tapir. Dans ses entreprises érotiques, il incarne la nature séductrice, congrue au miel. En effet, sa puissance sexuelle attestée par un énorme pénis sur la taille duquel insistent complaisamment les mythes, n'a de comparable, dans le code alimentaire, que la puissance séductrice du miel pour lequel les Indiens éprouvent une véritable passion.

La relation de complémentarité, que nous avons découverte entre le cycle du tapir séducteur et celui de la fille folle de miel, prouve que, selon la théorie indigène, le miel joue bien ce rôle de métaphore alimentaire, remplaçant la sexualité du tapir dans l'autre cycle. Et cependant, quand on envisage les mythes où le tapir est qualifié comme sujet par le code alimentaire (et non plus sexuel), son caractère s'inverse : ce n'est plus un amant qui comble sa maîtresse humaine, et parfois la nourrit en lui donnant des fruits sauvages à profusion, mais un égoïste et un glouton. Par conséquent, au lieu d'être congru au miel comme dans le premier cas, il devient congru à la fille folle de miel qui, vis-à-vis de ses parents, témoigne du même égoïsme et de la même gloutonnerie.

Plusieurs mythes de la Guyane font du tapir le premier maître de l'arbre aux nourritures dont il tient secret l'emplacement (cf. M_{114} et CC, p. 192-195). Et on se souvient que, dans M_{264}, les jumeaux Pia et Makunaima trouvent successivement refuge auprès de deux animaux qu'on peut dire « anti-nourriciers ». La grenouille l'est par excès, car elle fournit en abondance des aliments qui sont en réalité ses excréments ; le tapir l'est par défaut, quand il dissimule aux héros l'emplacement du prunier sauvage, des fruits tombés duquel il s'engraisse.

La maîtresse du tapir accuse exactement la même divergence. Sur le plan alimentaire, c'est une mauvaise épouse et une mauvaise mère qui, toute à sa passion, néglige de cuisiner pour son mari et d'allaiter son enfant (M_{150}). Mais, sexuellement parlant, c'est une gloutonne. Par conséquent, loin de compliquer notre tâche, la dualité propre au principal acteur de chaque cycle vient à l'appui de notre thèse ; étant toujours du même type, elle confirme plutôt qu'elle n'infirme l'homologie que nous avions postulée. Or, cette homologie se manifeste bien par le moyen d'une relation de complémentarité : sur le plan érotique le tapir est prodigue, si sa maîtresse humaine est avide ; sur le plan alimentaire, c'est le tapir qui est avide, tandis que sa maîtresse, prodigue à son endroit dans une version (M_{159}), démontre ailleurs par son incurie que, pour elle, le domaine alimentaire est non marqué.

Consolidés l'un avec l'autre, le cycle de la fille folle de miel et celui du tapir séducteur forment donc un méta-groupe dont les contours reproduisent, à plus grande échelle, ceux que nous avions tracés dans la deuxième partie en nous guidant seulement d'après un des deux cycles. La présence, au niveau du méta-groupe, des dimensions rhétorique et érotico-alimentaire, est suffisamment ressortie de la précédente discussion pour qu'il soit inutile d'insister davantage. Mais la dimension astronomique est aussi présente, et le cycle du tapir séducteur s'y réfère de deux façons.

La première est sans doute implicite. Outrées que leurs maris les aient contraintes de consommer la chair de leur amant, les femmes décident de déserter leur foyer et elles se changent en poissons (M_{150}, M_{151}, M_{153}, M_{154}). Il s'agit donc, dans des versions qui sont toutes amazoniennes, d'un mythe sur l'origine ou l'abondance des poissons, phénomène que des mythes provenant de l'aire guyano-amazonienne mettent au crédit des Pléiades. En ce sens, par conséquent, comme les Pléiades, le tapir séducteur est responsable de l'abondance des poissons. Le parallélisme entre l'animal et la constellation se renforce, si l'on tient compte que la constellation des Pléiades, c'est-à-dire la Ceucy des Tupi amazoniens, est une vierge cloîtrée que son frère changea en étoile *pour mieux préserver sa virginité* (M_{275}). En effet, les Mundurucu (qui sont des Tupi amazoniens) font du tapir séducteur un avatar de Korumtau, fils du démiurge, à qui son père imposa cette transformation parce que, garçon cloîtré, *il avait perdu sa virginité*. Telle est du moins la suite de M_{16}, dont on trouvera le début dans CC, p. 65 et 93.

La déduction qui précède reçoit directement sa confirmation des mythes guyanais appartenant au cycle du tapir séducteur, ce qui montre, soit dit en passant, que Roth a trop hâtivement invoqué une influence européenne ou africaine pour expliquer que, dans le Nouveau comme dans l'Ancien Monde, Aldébaran soit comparé à l'œil d'un gros animal : tapir ou taureau (Roth *1*, p. 265) :

M_{285}. *Carib (?) : le tapir séducteur.*

Une Indienne, mariée depuis peu, rencontra un jour un tapir qui lui fit une cour assidue. Il avait, dit-il, pris une forme animale pour l'approcher plus facilement quand elle allait aux champs, mais si elle consentait à le suivre vers l'est jusqu'au point où le ciel et la terre se rejoignent, il retrouverait son apparence humaine et il l'épouserait.

Ensorcelée par l'animal, la jeune femme feignit de vouloir aider son mari qui allait cueillir des avocats *(Persea gratissima)*. Pendant qu'il grimpait dans l'arbre, elle lui trancha la jambe d'un coup de hache et s'enfuit (cf. M_{136}). Bien qu'il perdît son sang en abondance, le blessé parvint à transformer magiquement un de ses cils en oiseau qui alla chercher du secours. La mère du héros parvint à temps sur les lieux du drame. Elle soigna son fils et le guérit.

Pourvu d'une béquille, l'infirme se mit à la recherche de sa femme, mais les pluies avaient effacé toutes les traces. Il réussit cependant à la rejoindre, en observant les pousses d'avocatier qui avaient germé là où elle avait mangé les fruits et jeté les noyaux. La femme et le tapir étaient ensemble. Le héros tua l'animal d'un coup de flèche et lui coupa la tête. Puis il supplia sa femme de revenir avec lui, sinon il la poursuivrait éternellement. La femme refusa et continua son chemin, précédant l'âme de son amant, tandis que le mari courait derrière. Parvenue à l'extrémité de la terre, la femme s'élança dans le ciel. Quand la nuit est claire, on peut toujours la voir (les Pléiades), près de la tête du tapir (les Hyades avec l'œil rouge : Aldébaran) et juste derrière, le héros (Orion, où Rigel correspond à la partie supérieure de la bonne jambe) qui leur donne la chasse (Roth *1*, p. 265-266).

La mention de l'avocatier et des noyaux d'avocats pose un problème qui sera traité au volume suivant. Bornons-nous donc ici à souligner : 1) le parallélisme de ce mythe avec M_{136} où une épouse dissolue coupe aussi la jambe de son mari ; 2) le fait que les deux mythes se rapportent à l'origine des Pléiades, seules ou avec des constellations voisines. Dans un cas, le corps du mari mutilé devient la Pléiade, sa jambe, le baudrier d'Orion ; dans l'autre cas, la femme elle-même devient la Pléiade, la tête du tapir les Hyades, et Orion figure le mari (moins sa jambe coupée) (cf. M_{28} et M_{131b}). Le mythe du tapir séducteur recourt donc bien à un code astronomique pour transmettre un message à peine différent de celui que transmettent les mythes d'origine des Pléiades, qui proviennent aussi de la même région.

Mais c'est surtout le code sociologique qui mérite de retenir l'attention. Mieux encore que les autres, il démontre la complémentarité des deux cycles, tout en les replaçant dans un ensemble beaucoup plus vaste qui est celui même que ces *Mythologiques* ont entrepris d'explorer. La fille folle de miel du mythe guyanais (M_{136}), et la maîtresse du tapir qu'on voit paraître dans d'autres mythes, sont l'une et l'autre des épouses adultères ; mais elles le sont de deux façons qui illustrent les formes extrêmes que ce crime peut revêtir : soit avec un beau-frère qui représente la tentation la plus proche, soit avec une bête de la forêt qui représente la tentation la plus éloignée. En effet, l'animal relève de la nature, tandis que le beau-frère, dont la proximité résulte de l'alliance matrimoniale et non d'un lien de consanguinité qui serait encore biologique, relève exclusivement de la société :

(tapir : beau-frère) : : (lointain : proche) : : (nature : société)

Ce n'est pas tout. Les lecteurs du *Cru et le Cuit* se souviendront sans doute que le premier groupe de mythes que nous ayons introduits (M_1 à M_{20}) et dont, en un sens, nous ne faisons ici que reprendre le commentaire, concernaient également le problème de l'alliance. Mais entre ces mythes et ceux que nous considérons à présent, une différence majeure se fait jour. Dans le premier groupe, les alliés étaient surtout des frères de femmes et des maris de sœurs, c'est-à-dire respectivement des donneurs et des preneurs. Pour autant que toute alliance implique le concours de ces deux catégories, il s'agissait de beaux-frères mutuellement inévitables, dont l'intervention offre un caractère organique et dont, par conséquent, les conflits sont une expression normale de la vie en société.

Dans le second groupe, au contraire, l'allié n'est pas un partenaire obligatoire, mais un concurrent facultatif. Que le beau-frère de la femme soit par elle séduit ou qu'il joue lui-même le rôle de séducteur, c'est toujours un frère du mari : membre du groupe social, certes, mais dont l'existence n'est pas requise pour que l'alliance se noue et qui, dans la constellation domestique, fait figure de terme contingent. Parmi les enseignements que les Baniwa impartissent aux novices figure celui de « ne pas poursuivre les femmes de leurs frères » (M_{276b}). Une vue théorique de la société implique en effet que tout homme, pour être assuré d'obtenir une épouse, doit pouvoir disposer d'une sœur. Mais rien n'exige qu'il ait un frère. Comme l'expliquent les mythes, cela peut même devenir gênant.

Sans doute le tapir est-il un animal, mais dont les mythes font un « frère » de l'homme, puisqu'il l'évince de la possession de son épouse. Seule différence : si, du fait qu'il existe, le frère humain se trouve automatiquement inséré dans la constellation d'alliance, le tapir y pénètre de façon brutale et imprévue, en vertu de ses seuls attributs naturels et comme séducteur à l'état pur, c'est-à-dire comme un terme socialement nul (CC, p. 282). Dans le jeu social de l'alliance, l'intrusion du beau-frère humain est accidentelle[1], celle du tapir prend les proportions d'un scandale. Mais que les mythes se penchent sur les conséquences d'un état de fait ou sur celles qu'entraîne la subversion d'un état de droit, c'est bien toujours, comme nous l'avons suggéré, d'une pathologie de l'alliance qu'ils s'occupent. On observe ainsi un décalage sensible par rapport aux mythes qui nous avaient

---

1. De même pour la belle-sœur homologue, c'est-à-dire la sœur de la femme que mettent en scène des mythes du Chaco (M_{211}) et de la Guyane (M_{235}), dont nous avons montré que les mythes où figure le frère du mari accomplissent la transformation. Dans le cycle du tapir séducteur, il peut s'agir, aussi par transformation, d'une femelle séductrice ($M_{144, 145}$, M_{158}).

servi de point de départ dans *le Cru et le Cuit*. Ces premiers mythes, axés sur les termes fondamentaux de la cuisine (au lieu de ces véritables paradoxes culinaires que constituent, chacun à sa façon, le miel et le tabac), traitaient en effet de la physiologie de l'alliance. Or, pas plus que la cuisine ne peut exister sans feu et sans viande, l'alliance ne peut s'instaurer à défaut de ces beaux-frères à part entière que sont les frères des femmes et les maris des sœurs.

On contestera peut-être que le feu et la viande soient des conditions nécessaires de la cuisine au même titre, car s'il n'est pas de cuisine sans feu, on met bien d'autres choses à la marmite que du gibier. Pourtant, fait digne de remarque, la constellation d'alliance où figurent le ou les frères du mari au titre d'agents pathogènes est apparue dans notre enquête avec le cycle d'Étoile épouse d'un mortel, qui traite de *l'origine des plantes cultivées* (M_{87}-M_{92}), soit une origine logiquement postérieure à celle de la cuisine, et dont un mythe ($M_{92}^{\bullet}$) a même soin de préciser qu'elle lui a succédé dans le temps (CC, p. 175).

En effet, la cuisine opère une médiation du premier ordre entre la viande (naturelle) et le feu (culturel), tandis que les plantes cultivées — qui résultent déjà, à l'état cru, d'une médiation de la nature et de la culture — ne subissent, du fait de la cuisson, qu'une médiation partielle et dérivée. Les anciens concevaient cette distinction, puisqu'ils pensaient que l'agriculture impliquait déjà une cuisine. Avant de semer il fallait faire cuire, « *terram excoquere* », les mottes du champ retourné en les exposant à l'ardeur du soleil (Virgile, *Géorgiques*, II, v. 260). Ainsi, la cuisson proprement dite des céréales relevait d'une cuisine au deuxième degré. Sans doute les plantes sauvages peuvent-elles aussi servir à l'alimentation, mais, à la différence de la viande, beaucoup sont consommables crues. Les plantes sauvages constituent donc une catégorie imprécise, peu propre à illustrer une démonstration. Menée parallèlement à partir de la *cuisson* de la viande et de la *culture* des plantes alimentaires, cette démonstration mythique débouche dans le premier cas sur l'avènement de la culture, dans l'autre sur l'avènement de la société ; et les mythes affirment que celle-ci est postérieure à celle-là (CC, p. 193-195).

Que peut-on conclure ? Comme la cuisine envisagée à l'état pur (cuisson de la viande), l'alliance envisagée à l'état pur — c'est-à-dire impliquant exclusivement des beaux-frères dans le rapport de donneur et de preneur[1] — exprime, pour la pensée indigène, l'articulation essentielle de la nature et de la culture. En revanche, c'est avec la naissance d'une économie néoli-

---

1. L'un incarnant toujours à ses propres yeux la culture, tandis que les mythes rejettent l'autre dans la nature ; soit, en termes de code culinaire, un maître du feu de cuisine, et, selon les cas, tantôt un consommateur de viande crue (le jaguar de M_7-M_{12}), tantôt un gibier promis à la cuisson (les cochons de M_{16}-M_{19}). L'équivalence :

$$(donneur : preneur) :: (feu\ de\ cuisine : viande)$$

a été analysée dans CC, p. 92-115.

thique entraînant la multiplication des peuples et la diversification des langues et des coutumes (M_{90}) qu'apparaissent, selon les mythes, les premières difficultés de la vie sociale qui résultent de l'accroissement de la population, et d'une composition des groupes familiaux plus hasardeuse que ne l'eût admis la belle simplicité des modèles[1]. Voilà deux siècles, dans le *Discours sur l'origine de l'inégalité*, Rousseau n'avait pas dit autre chose, et nous avons souvent appelé l'attention sur ces vues profondes et injustement décriées. Le témoignage implicite des Indiens sud-américains, tel que nous l'avons dégagé de leurs mythes, ne peut certes pas faire autorité pour rétablir Rousseau à sa vraie place. Mais, outre qu'il rapproche singulièrement de la philosophie moderne ces récits bizarres où l'on ne songerait guère, sur la foi de leur apparence, à chercher de si hautes leçons, on aurait tort d'oublier que, quand l'homme raisonnant sur lui-même se voit astreint à formuler les mêmes suppositions, malgré les circonstances extraordinairement dissemblables dans lesquelles s'exerce sa réflexion, la probabilité est grande pour que cette convergence plusieurs fois répétée d'une pensée et d'un objet qui est aussi le sujet de cette pensée, dévoile quelque aspect essentiel, sinon de l'histoire de l'homme, au moins de sa nature à quoi son histoire est liée. En ce sens, la diversité des voies qui ont conduit consciemment Rousseau, et inconsciemment les Indiens sud-américains, à faire les mêmes spéculations sur un très lointain passé, ne prouve rien, sans doute, au sujet de ce passé, mais prouve beaucoup au sujet de l'homme. Or, si l'homme est tel qu'il ne puisse échapper, en dépit de la diversité des temps et des lieux, à la nécessité d'imaginer pareillement sa genèse, celle-ci ne peut avoir été en contradiction avec une nature humaine qui s'affirme à travers les idées récurrentes qu'ici et là, les hommes entretiennent sur leur passé.

**

Revenons aux mythes. On a vu qu'au niveau du méta-groupe formé par les cycles du tapir séducteur et de la fille folle de miel, subsiste une ambiguïté qui était déjà manifeste à de plus humbles niveaux. Puisqu'il s'agit donc d'un caractère structural du méta-groupe, il convient de prêter une attention particulière à une de ses modalités qui semble, à première vue, n'apparaître que dans le cycle du tapir séducteur, où elle emprunte les moyens d'un code acoustique que nous n'avons pas encore eu l'occasion de considérer.

Presque tous les mythes dont l'héroïne se laisse séduire par un animal,

---

1. Dont on peut dire, par conséquent, que l'inspiration est d'essence paléolithique, sans impliquer par là, mais sans exclure, que la théorie indigène de l'alliance, telle qu'elle s'exprime dans les règles d'exogamie et de préférence pour certains types de parents, doive remonter à une période aussi ancienne de la vie de l'humanité. Nous avons évoqué ce problème dans une conférence : « *The Future of Kinship Studies* », *Proceedings of the Royal Anthropological Institute of Great Britain and Ireland for 1965*, p. 15-16.

le plus souvent un tapir, parfois aussi un jaguar, un serpent, un caïman
— en Amérique du Nord un ours — décrivent soigneusement la manière
dont s'y prend la femme pour faire comparaître son amant. De ce point de
vue, on peut les classer en deux groupes, selon que la femme énonce le nom
propre de l'animal et lui lance donc une convocation personnelle, ou qu'elle
se contente d'un message anonyme qui consiste souvent en coups frappés
sur un tronc d'arbre, ou sur une écuelle en calebasse, retournée et posée
sur l'eau.

Comme exemples du premier groupe, nous énumérerons quelques mythes.
Kayapo-Kubenkranken (M_{153}) : l'homme-tapir se nomme Bira ; Apinayé
(M_{156}) : les maîtresses du caïman s'écrient : « Minti ! Nous sommes là ! »
Mundurucu (M_{49}) : le nom du serpent séducteur est Tupasherébé ; (M_{150}) :
le tapir séducteur survient quand les femmes l'appellent par son nom,
Anyocaitché ; (M_{286}) : au paresseux-femelle dont il est épris, le héros crie
« Araben ! Viens à moi ! » (Murphy 1, p. 125 ; Kruse 2, p. 631). Les futures
amazones guyanaises (M_{287}) appellent le jaguar séducteur par son nom,
Walyarimé, qui devient ensuite leur cri de ralliement (Brett 2, p. 181).
A la femme qu'il courtise, le tapir de M_{285} dit « qu'il se nomme Walya »
(id., p. 191). Le serpent que, dans un mythe waiwai ($M_{271,\,288}$) une femme
élève comme animal familier, s'appelle Pétali (Fock, p. 63). Le caïman
séducteur des Karaja (M_{289}) a nom Kabroro, les femmes lui tiennent un
long discours auquel il réplique car, de ce temps-là, les caïmans parlaient
(Ehrenreich, p. 83-84). Le mythe ofaié (M_{159}) ne mentionne pas de nom du
tapir, mais sa maîtresse le fait venir en appelant « Benzinho, o benzinho »,
litt. : petit-béni. Les mythes tupari sur le même thème (M_{155}) disent que
les femmes lançaient au tapir « un appel charmeur » et que par la suite
« elles répétèrent les mêmes paroles » (Caspar 1, p. 213-214). Parfois, d'ailleurs, ces noms propres ne sont que le nom commun de l'animal transformé
en terme d'adresse (M_{156}, M_{289}), ou un surnom (M_{285}, M_{287}).

Le second groupe comprend des mythes provenant parfois des mêmes
tribus. Kraho (M_{152}) : la femme appelle le tapir en frappant sur un tronc
de palmier buriti. Tenetehara (M_{151}) : sur un tronc d'arbre, ou (M_{80}) s'agissant du grand serpent, sur une calebasse (Urubu) ou en frappant du pied
(Tenetehara). Pour faire venir leur amant, les maîtresses mundurucu du
serpent (M_{290}) frappent sur une calebasse retournée et posée sur l'eau :
pugn... (Kruse 2, p. 640). De même en Amazonie (M_{183}), pour que le serpent
arc-en-ciel sorte de l'eau. En Guyane (M_{291}) les deux sœurs appellent leur
amant tapir en mettant les doigts dans la bouche et en sifflant (Roth 1,
p. 245 ; cf. Ahlbrinck, art. « iriritura »). L'appel est également sifflé dans
les mythes tacana, mais c'est du séducteur tapir ou serpent qu'il émane
(Hissink-Hahn, p. 175, 182, 217), inversion sur laquelle on reviendra
(plus bas, p. 283).

Il serait facile d'allonger la liste grâce à d'autres exemples. Ceux que
nous avons cités suffisent pour établir l'existence de deux types d'appel en

rapport avec l'animal séducteur. Ces types sont nettement contrastés, puisqu'ils se ramènent soit à une conduite linguistique (nom propre, nom commun transformé en nom propre, paroles charmeuses), soit à une conduite également sonore, mais non linguistique (calebasse, arbre, sol frappés ; sifflement).

De prime abord, on serait tenté d'expliquer ce dualisme en renvoyant à des coutumes par ailleurs attestées. Chez les Cubeo du rio Uaupés, le tapir (que les Indiens disent chasser seulement depuis qu'ils ont des fusils) représente à lui seul la catégorie du gros gibier : « On prend l'affût près d'un ruisseau, là où le terrain est salifère. Le tapir s'y rend en fin d'après-midi, toujours par le même chemin, et ses traces sont profondément marquées dans le sol boueux. Les vieilles traces forment un labyrinthe, mais les fraîches se reconnaissent à l'aspect de la bouse qui les parsème. Quand un Indien repère des traces fraîches, il les signale à ses compagnons. C'est toujours un tapir particulier qu'on va tuer après l'avoir bien observé, et on parle de lui comme d'une personne » (Goldman, p. 52, 57). En compagnie des Tupi-Kawahib du rio Machado, nous avons nous-même participé à une chasse où l'appel cogné jouait un rôle : pour faire croire au cochon, au jaguar ou au tapir que des fruits mûrs tombaient d'un arbre et les attirer vers l'embuscade, on frappait le sol avec un bâton, à intervalles réguliers : poum... poum... poum... Les paysans de l'intérieur du Brésil donnent à ce procédé le nom de chasse au *batuque* (L.-S. *3*, p. 352).

En mettant les choses au mieux, ces usages ont pu inspirer les récits mythiques, mais ils ne permettent pas de les interpréter de façon satisfaisante. Sans doute les mythes se réfèrent à une chasse (au tapir, par les hommes), mais leur point de départ est différent ; l'appel à la calebasse, qui constitue la forme la plus fréquente, ne reproduit pas un usage attesté ; enfin, une opposition existe entre les deux types d'appel, et c'est cette opposition qu'il faut expliquer, non chaque appel pris en particulier.

Si les deux types s'opposent, chacun entretient pour son compte une relation avec l'une ou l'autre des deux conduites, également opposées, dont nous avons discuté le rôle à propos des mythes guyanais sur l'origine du miel ($M_{233-234}$). Pour appeler l'animal séducteur (qui est aussi un malfaiteur), il faut, soit prononcer son nom, soit frapper quelque chose (sol, arbre, calebasse posée sur l'eau). Au contraire, dans les mythes que nous venons d'évoquer, pour retenir le bienfaiteur (ou la bienfaitrice) il faut s'abstenir de prononcer son nom, ou ne pas frapper quelque chose (en l'occurrence, l'eau avec quoi les séductrices cherchent à l'éclabousser). Or, les mythes précisent que le bienfaiteur ou la bienfaitrice ne sont pas des séducteurs sexuels, mais des êtres pudiques et réservés, sinon même timides. Nous avons donc affaire à un système qui comprend deux conduites linguistiques, consistant respectivement à dire et à ne pas dire, et deux conduites non linguistiques, positivement ou négativement qualifiées. Selon le cas considéré, les valeurs des deux conduites s'inversent au sein de chaque paire : la conduite homologue de celle qui attire le tapir chasse le miel, la conduite homologue de celle qui retient le miel n'attire pas le tapir. Or, nous n'oublierons pas que si le tapir est un séducteur sexuel, le miel est un séducteur alimentaire :

Pour se conjoindre *au séducteur sexuel :*	*Pour ne pas se disjoindre* *du séducteur alimentaire :*
1) prononcer son nom ;	1) ne pas prononcer son nom.
2) frapper (quelque chose) ;	2) ne pas frapper (l'eau).

Toutefois, nous avons noté que, dans le cycle de l'animal séducteur, un appel sifflé remplace parfois l'appel cogné. Pour pouvoir progresser dans l'analyse, il convient donc de déterminer aussi sa position dans le système.

Comme les Indiens du Uaupés (Silva, p. 255, n. 7) et les Siriono de Bolivie (Holmberg, p. 23), les Bororo communiquent entre eux à distance au moyen d'un langage sifflé qui ne se réduit pas à quelques signaux conventionnels, mais qui semble plutôt accomplir une véritable transposition de la parole articulée, de sorte qu'il peut servir à transmettre les messages les plus divers (Colb. 3, p. 145-146 ; E.B., vol. I, p. 824). Un mythe y fait allusion :

M$_{292a}$. *Bororo : origine du nom des constellations.*

Un Indien accompagné de son petit garçon chassait en forêt, quand il aperçut dans la rivière une dangereuse raie à crochets qu'il s'empressa de tuer. L'enfant avait faim et pria son père de la faire cuire. Le père y consentit de mauvaise grâce, car il aurait préféré poursuivre sa pêche. Il alluma un petit feu et, dès qu'il y eut un peu de braises, il posa le poisson dessus après l'avoir enveloppé de feuillage. Puis il retourna à la rivière, laissant l'enfant près du feu.

Au bout d'un moment, l'enfant croit le poisson cuit et appelle son père. De loin, celui-ci l'exhorte à prendre patience, mais l'incident se répète et le père excédé revient, tire le poisson du feu, l'inspecte et constatant qu'il n'est pas cuit, le jette à la figure de son fils et s'en va.

Brûlé et aveuglé par les cendres, l'enfant se met à pleurer. Chose étrange, des cris et des rumeurs lui font écho dans la forêt. Le père terrifié s'enfuit et l'enfant, pleurant de plus belle, empoigne une pousse de /bokaddi/ (= bokuadd'i, bokwadi, arbre jatobá : *Hymenea* sp.) qu'il appelle « grand-père » et qu'il supplie de s'élever et de l'élever avec lui. Aussitôt, l'arbre grandit, tandis qu'on entend un terrible vacarme à son pied. C'étaient les Esprits /kogae/, qui ne s'éloignaient jamais de l'arbre dans les branches duquel se trouvait maintenant l'enfant. De son refuge, celui-ci observa pendant la nuit que chaque fois qu'une étoile ou qu'une constellation se levait, les Esprits la saluaient par son nom au moyen du langage sifflé. L'enfant eut soin de retenir tous ces noms qui étaient alors inconnus.

Profitant d'un moment d'inattention des Esprits, l'enfant pria l'arbre de décroître, et dès qu'il put sauter à terre il s'enfuit. C'est par lui que les hommes apprirent le nom des constellations (Colb. *3*, p. 253-254).

On ne sait pas grand chose des Esprits /kogae/ ; sinon qu'une plante non identifiée, servant de talisman pour la chasse, ainsi qu'un instrument à anche, sont désignés par une locution où figure le mot /kogae/, mais sans doute, dans le second cas, en raison d'un lien entre cette famille d'Esprits, le décor particulier de l'instrument de musique en question et le clan /badegeba cebegiwu/ de la moitié Cera (cf. E.B., vol. I, p. 52, 740). A cause de cette incertitude, et aussi pour ne pas alourdir l'exposé, nous renoncerons à reconnaître l'itinéraire qui, par un ensemble de transformations assez simples, permettrait de revenir directement de M_{292a} à M_2, c'est-à-dire presque à notre point de départ[1] (voir tableau page suivante).

Notons seulement — car nous en aurons besoin par la suite — que la transformation pertinente semble être :

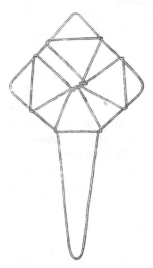

Fig. 14. — La raie à crochets. Figure de jeu de ficelle, Indiens Warrau. (D'après Roth 2, p. 543, fig. 318.)

$$M_2 \quad\quad M_{292}$$
$$\text{(ordure)} \Rightarrow \text{(vacarme)}$$

En effet, l'enfant de M_2 qui, changé en oiseau, souille son père de la fiente qu'il laisse choir sur

1. Pour légitimer ce brusque retour en arrière, nous indiquerons que les Bororo voient dans la raie à crochets la métamorphose d'un Indien exaspéré par les moqueries dont ses petits camarades couvrent son fils (Colb. *3*, p. 254-255). Ce mythe (M_{292b}) relève donc d'un groupe du « père vindicatif » dont font également partie M_2 et M_{15-16}, M_{18}, et où le changement de soi-même en raie venimeuse répond au changement des autres en cochons, et à celui du tapir en « autre » (cf. CC, p. 214-218, 278-279). Or, on peut démontrer que la queue de la raie représente, aussi bien en Amérique du Nord qu'en Amérique du Sud, un pénis séducteur inversé. Pour l'Amérique du Sud, cf. M_{247} (épisode où le tapir *hostile au héros séducteur* périt embroché sur un éperon de raie, Amorim, p. 139) et le mythe shipaia (M_{292c}) de l'homme qui meurt pendant le coït avec une fille-raie, transpercé par ses piquants (Nim. *3*, p. 1031-1032). Les Warrau du Venezuela comparent la raie venimeuse à une jeune femme (Wilbert *9*, p. 163). Selon les Baniwa, la raie a son origine dans le placenta de Jurupari (M_{276b}). Chez les Karaja, la raie venimeuse forme un système avec le poisson piranha et le dauphin, eux-mêmes respectivement associés au vagin denté et au pénis séducteur (cf. Dietschy 2). Pour l'Amérique du Nord, on se référera surtout aux Yurok et à d'autres tribus californiennes, qui comparent la raie à l'appareil génital féminin (le corps figure l'utérus et la queue le vagin), et dont un mythe (M_{292d}) fait de la Dame-Raie une séductrice irrésistible qui capture le démiurge pendant le coït en emprisonnant son pénis entre ses cuisses, et parvient ainsi à l'éloigner définitivement du monde des humains (Erikson, p. 272 ; Reichard, p. 161), ce qui est aussi le sort final du démiurge Baitogogo, héros de M_2.

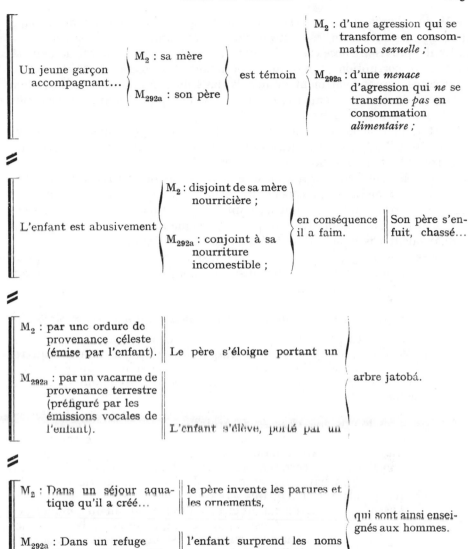

son épaule *(de haut)*, l'importune *(de loin)* dans M_{292} par des appels hors de propos. Le jeune héros de M_{292} fournit donc une nouvelle illustration du bébé pleurard, que nous connaissons pour l'avoir déjà rencontré dans M_{241}, M_{245}, et qui se présentera encore sur notre chemin. D'autre part, la *fiente* (excrétion) d'un tout *petit* oiseau, tombée de *haut*, se change en arbre *énorme* qui détermine le père à partir au *loin ;* symétriquement, les *pleurs* (sécrétion) d'un *petit* enfant se changeant en vacarme *énorme* qui détermine le père à partir au *loin,* et l'enfant lui-même à aller en *haut.* Or, l'ordure de M_2 joue le rôle de cause première pour l'apparition de l'eau dont la place, dans la culture bororo, est extraordinairement ambiguë : l'eau versée sur la tombe provisoire accélère la décomposition des chairs, elle est donc génératrice de corruption et d'ordure ; pourtant, les ossements lavés, peints et décorés, seront finalement immergés dans un lac ou une rivière qui leur serviront de dernière demeure, car l'eau est le séjour des âmes : condition et moyen de leur immortalité.

Sur le plan acoustique, le langage sifflé semble participer de la même ambiguïté : il appartient à des esprits qui sont les auteurs d'un terrifiant vacarme (dont nous venons de montrer qu'il est congru à l'ordure, après avoir établi dans *le Cru et le Cuit* que, sous forme de charivari, il l'est à la « corruption » morale) ; et cependant, le langage sifflé, plus près du bruit que de la parole articulée, impartit une information que cette parole eût été incapable de transmettre puisque, à l'époque du mythe, les hommes ne connaissaient pas le nom des étoiles et des constellations.

Au sens de M_{292a} par conséquent, le langage sifflé est plus et mieux qu'un langage. Un autre mythe explique aussi en quoi il est mieux, mais cette fois semble-t-il, parce qu'il est moins :

M_{293}. *Bororo : pourquoi les épis de maïs sont maigres et petits.*

Il y avait jadis un Esprit nommé Burékoïbo dont les champs de maïs étaient d'une beauté incomparable. Cet Esprit avait quatre fils, et il confia à l'un d'eux, Bopé-joku, le soin de la plantation. Celui-ci fit de son mieux, et chaque fois que les femmes venaient cueillir du maïs, il sifflait : « fi, fi, fi, » pour exprimer sa fierté et sa satisfaction. En vérité, il était digne d'envie le maïs de Burékoïbo, avec ses lourds épis chargés de grains...

Un jour, une femme cueillait du maïs tandis que, comme à son habitude, Bopé-joku sifflotait gaiement. Or, la femme, qui mettait à sa cueillette une certaine brutalité, fut blessée à la main par un épi qu'elle arrachait. Égarée par la douleur, elle injuria Bopé-joku et lui reprocha ses sifflements.

Aussitôt, le maïs que faisait croître l'Esprit en sifflant commença à se faner et sécha sur pied. C'est depuis cette époque, et par la vengeance de Bopé-joku, que le maïs ne germe plus spontanément dans la terre et que les hommes doivent le cultiver à la sueur de leur front.

Pourtant, Burékoïbo leur promit qu'il les favoriserait d'une bonne récolte à la condition qu'au moment des semailles, ils soufflent vers le ciel en l'implorant. Il ordonna aussi à son fils de visiter les Indiens quand ils sèmeraient, et de les questionner sur leur travail. Ceux qui répondraient grossièrement récolteraient peu.

Bopé-joku se mit en route et demanda à chaque cultivateur ce qu'il faisait. Tour à tour, ils répondirent : « Tu vois ! Je prépare mon champ ! » Le dernier lui donna une bourrade et l'injuria. A cause de cet homme, le maïs ne pousse plus aussi beau qu'avant. Mais l'Indien qui espère récolter des épis « gros comme des régimes de fruits de palmier » implore toujours Burékoïbo et lui offre les prémices de son champ (Cruz 2, p. 164-166 ; E. B., vol. I, p. 528, 774).

Les Tembé, qui sont des Tupi septentrionaux, ont un mythe très voisin :

M_{294}. *Tembé : pourquoi le manioc croît lentement.*

Jadis, les Indiens ignoraient le manioc. A sa place, ils cultivaient le /camapú/. Un jour qu'un Indien préparait sa plantation, le démiurge Maíra survint et lui demanda ce qu'il faisait. Non sans rudesse, l'homme refusa de répondre. Maíra partit, et tous les arbres qui entouraient la parcelle défrichée tombèrent et la recouvrirent de leurs branches. Furieux, l'homme se mit à la poursuite de Maíra dans l'intention de le tuer avec son couteau. Comme il ne le trouvait pas et pour passer sa rage sur quelque chose, il lança une calebasse en l'air et tenta de l'atteindre au vol. Mais il manqua son coup, le couteau lui perça la gorge et il mourut.

Maíra rencontra un autre homme, qui sarclait ses /camapú/, et qui lui répondit courtoisement quand le démiurge s'enquit de l'objet de son travail. Alors celui-ci transforma tous les arbres autour du champ en plants de manioc, et il enseigna à l'homme la manière de les planter. Puis il l'accompagna jusqu'à son village. Ils étaient à peine arrivés que Maíra dit à l'homme d'aller arracher le manioc. L'homme hésita et fit valoir que la plantation venait tout juste d'être terminée. « Soit, dit Maíra, tu n'auras du manioc que dans un an. » Et il partit (Nim. 2, p. 281).

Commençons par élucider la question du /camapú/. Les Guarayu, qui sont des tupi-guarani de la Bolivie orientale, racontent (M_{295a}) que la femme du Grand Aïeul se nourrissait exclusivement de /cama á pu/ ; mais cette alimentation ne parut pas assez substantielle, et il créa le manioc, le maïs et la banane-légume, *platano* (Pierini, p. 704). Avant l'invention de l'agriculture, disent (M_{296}) les Tenetehara, parents des Tembé, les hommes vivaient de /kamamô/, une solanée de la forêt (Wagley-Galvão, p. 34, 132-133). Il n'est pas certain que /kamamô/ et /camapú/ désignent la même plante, puisque Tastevin (2, p. 702) cite à la suite, comme des plantes différentes, /camamuri/ et /camapú/. Mais le /camapú/ (*Psidalia edulis*, Stradelli 1, p. 391 ; *Physalis pubescens*) est aussi une solanée, dont la position sémantique s'éclaire par un mythe tukuna (M_{297}) où il est dit que les /camapú/ sont les premiers fruits spontanés qu'on voit pousser en bordure des plantations (Nim. 13, p. 141). Il s'agit donc d'une nourriture végétale placée à l'intersection des plantes sauvages et des plantes cultivées, et telle que l'homme peut la repousser vers l'un ou dans l'autre domaine selon qu'il adopte une conduite verbale violente ou tempérée. De même, un mythe commun aux Chimane et aux Mosetene (M_{295b}) explique que les animaux sauvages sont d'anciens humains qui se montrèrent discourtois (Nordenskiöld 3, p. 139-143).

Envisagé dans cette perspective, le mythe tembé comprend trois séquences : celle des injures, qui accomplit la transformation du jardin en jachère, et donc des /camapú/ en plantes sauvages ; celle des paroles courtoises, qui transforment les /camapú/ en manioc prodigieux ; enfin, celle des paroles méfiantes qui transforment le manioc prodigieux en manioc ordinaire :

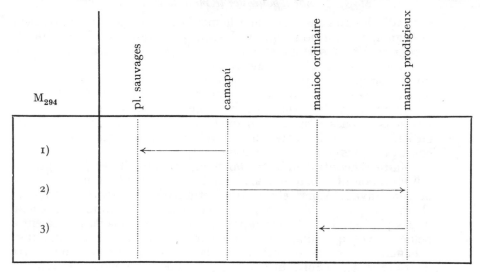

Le mythe bororo comprend quatre séquences qui balayent un champ sémantique plus large puisque, du point de vue des moyens linguistiques, le langage sifflé se situe au delà des paroles courtoises, et du point de vue des résultats agricoles, l'absence de maïs est en deçà d'une récolte de /camapú/. A l'intérieur du champ sémantique commun aux deux mythes, on note aussi une différence de découpage : M_{293} oppose l'injure exclamée à l'injure tenant lieu de réplique, tandis que M_{294} oppose deux types de réponses injurieuses, l'une ostensible et l'autre voilée :

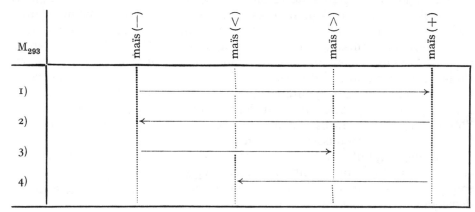

Quoi qu'il en soit de ces nuances, qui mériteraient une analyse plus poussée, les deux mythes sont étroitement parallèles, puisqu'ils mettent en corrélation des conduites acoustiques et des façons agricoles. D'autre part, si l'on note que M_{293} se fonde sur une opposition majeure entre injures et langage sifflé, et M_{294} sur une opposition également majeure entre injures et paroles courtoises, (tandis que M_{292a} met en œuvre une seule opposition, entre vacarme et langage sifflé), on obtient quatre types de conduites acoustiques qui s'ordonnent de la façon suivante :

$$^1 \textit{vacarme,} \quad ^2 \textit{paroles injurieuses,} \quad ^3 \textit{paroles courtoises,} \quad ^4 \textit{langage sifflé}$$

mais qui ferment néanmoins un cycle, puisque nous avons vu que le sifflement occupe, par ailleurs, une position intermédiaire entre le langage articulé et le bruit.

On notera aussi que tous ces mythes évoquent la perte d'une agriculture miraculeuse dont l'agriculture actuelle est le vestige. En ce sens, ils reproduisent l'armature des mythes d'origine du miel, eux aussi évocateurs de sa perte, et qui l'attribuent également à une conduite linguistique immodérée : prononcer un nom qu'il eût fallu taire, et donc déplacer le langage articulé du côté du bruit alors que son bon usage l'eût mis du côté du silence. Nous entrevoyons ainsi l'ébauche d'un plus vaste système que l'analyse d'un autre mythe permettra de préciser :

M_{298}. *Machiguenga : origine des comètes et des aérolithes.*

Il y avait autrefois un Indien qui vivait avec sa femme et un fils qu'il tenait d'un précédent mariage. Inquiet de ce qui pouvait se passer entre le garçon et sa marâtre quand il était absent, il décida de marier son fils et partit dans un pays très lointain pour lui trouver une épouse. Ce pays était habité par des Indiens anthropophages qui le capturèrent et arrachèrent ses entrailles afin de les faire griller et de les manger. Il réussit pourtant à se sauver.

De son côté, la femme projetait d'empoisonner son mari, car elle aimait son beau-fils et souhaitait vivre avec lui. Elle confectionna donc un ragoût infect *(menjunje de bazofias)* et le livra aux fourmis pour qu'elles l'imprègnent de venin. Mais l'homme était un sorcier et il devina ce qu'elle tramait. Avant de revenir, il envoya un esprit messager sous l'apparence d'un petit garçon qui dit à la femme : « Que prépares-tu contre mon père ? Pourquoi le hais-tu ? Pourquoi veux-tu le tuer ? Apprends donc ce qui lui est arrivé : on a mangé ses intestins et, bien que cela ne se voie pas, il n'a plus rien dans le ventre. Pour lui refaire des intestins, tu dois préparer une potion avec un morceau de /mapa/ [tubercule cultivé, Grain, p. 241], du fil de coton et de la pulpe de calebasse. » Sur quoi le messager disparut.

Quelques jours plus tard, l'Indien arriva, épuisé par le voyage. Il pria sa femme de lui donner à boire, et elle lui servit une boisson de /istéa/ (bière de manioc). Aussitôt il se mit à perdre son sang et son ventre apparut comme une plaie béante. Terrifiée par ce spectacle, la femme courut se cacher dans un arbre creux /panáro/ (non identifié) qui se dressait au milieu du jardin. L'Indien, fou de douleur, voulait tuer sa femme et lui criait : « Où es-tu ? Sors, je ne te ferai rien ! » Mais la femme avait peur, et elle ne bougeait pas.

De ce temps-là, les plantes comestibles parlaient, mais elles articulaient mal. Au manioc, à la /magana/ [« *platano* », Grain, *l. c.*] l'homme demanda « où se cachait leur mère » et comme les plantes ne répondaient pas, il les arracha et les jeta dans la brousse. La /éa/ [tubercule cultivé, Grain, *l. c.*] fit de son mieux pour le renseigner en bafouillant, et il ne comprit pas ce qu'elle lui disait. Il courait en tous sens, guetté par sa femme qui ne quittait pas son abri.

Finalement, l'homme étripé rentra dans sa cabane, prit un bambou, le frappa sur le sol avec une pierre et l'enflamma. Il s'en fit une queue et contemplant le ciel il se dit : « Où vais-je aller ? Là-haut, j'y serai bien ! » Et il s'envola, transformé en comète. Les aérolithes sont les gouttes de sang incandescentes qui s'échappent de son corps. Parfois, il s'empare des cadavres et les transforme en comètes pareilles à lui (Garcia, p. 233-234).

Ce mythe capital retiendra notre attention à plusieurs titres. En premier lieu, c'est un mythe d'origine des comètes et des aérolithes, donc de corps célestes erratiques qui, à l'inverse des étoiles et des constellations de M_{292a}, ne peuvent être, aux yeux des Indiens, identifiés et dénommés. Or, nous avons montré que M_{292} est une transformation de M_2, et il est clair que M_{298} relève aussi du même groupe : il débute par un inceste comme M_2, et met en scène comme M_{292} un héros qui a « le ventre creux » bien que, selon les cas, l'expression doive s'entendre au propre ou au figuré : père étripé (M_{298}) ou fils affamé (M_2, M_{292}).

Le père de M_{298}, qui veut tuer sa femme incestueuse, revient de très loin, allégé d'organes vitaux qui sont une partie intégrante de son individu. Le père de M_2, qui a tué sa femme incestueuse, s'en va au loin, accablé sous le poids d'un arbre qui est un corps étranger. Cet arbre *plein* est une *conséquence* du meurtre de la femme incestueuse qui, dans M_{298}, échappe au meurtre au *moyen* d'un arbre *creux*. M_{298} se propose d'expliquer le scandale cosmique que constitue l'existence de planètes erratiques. En revanche, M_{292} et M_2 parachèvent l'ordre du monde : M_{292} sur le plan cosmologique, en dénombrant et en dénommant les corps célestes ; M_2 sur le plan sociologique en introduisant les parures et les ornements grâce auxquels les clans et les sous-clans pourront être dénombrés et dénommés (cf. CC, p. 58-62)[1].

1. Par une autre voie, nous avions déjà démontré que M_2 appartenait au cycle du tapir séducteur (CC, p. 278 et la note 1, p. 264 du présent livre) que nous savons relever du même groupe que le cycle de la fille folle de miel.

Il conviendrait, mais ce n'est pas ici notre propos, d'examiner certains parallèles

Enfin, dans les deux cas, la mortalité humaine joue un rôle, puisqu'elle apparaît tantôt comme le moyen, tantôt comme la matière de l'introduction d'un ordre social (M_2) ou d'un désordre cosmique (M_{298}).

Tout ce qui précède a été envisagé du point de vue du héros. Mais l'héroïne de M_{298} est aussi pour nous une vieille connaissance, car elle évoque simultanément deux personnages dont nous avons établi qu'ils ne font qu'un. D'abord, l'épouse adultère et meurtrière de plusieurs mythes du Chaco qui, dans la version tereno (M_{24}) empoisonnait son mari avec son sang menstruel comme la femme machiguenga se prépare à le faire avec des détritus culinaires imbibés de venin. Or, à cette opposition : *ordure interne/ordure externe*, une autre correspond dans les mythes : l'héroïne tereno est prise au piège dans une fosse (M_{24}) ou, d'après d'autres versions, un arbre creux (M_{23}, M_{246}). Un arbre, creux aussi, sert non de piège, mais de refuge, à l'héroïne machiguenga. Par conséquent, selon que le corps de l'héroïne est ou non un réceptacle à poison, un autre réceptacle abrite ses victimes ou l'abrite elle-même. Et, dans ce dernier cas, elle trouve sa perte au dehors (M_{23}) ou bien son salut au dedans (M_{298}).

La récurrence du motif de l'arbre creux nous a précédemment servi pour connecter l'histoire de la femme-jaguar qui, sous l'effet du miel piquant[1] (responsable de sa transformation) donne naissance au tabac, et celle de la femme folle de miel qui triomphe du jaguar grâce à un arbre creux et épineux (piquant par le dehors), mais se change en grenouille à cause de son emprisonnement dans un arbre creux plein de miel (et donc, doux par dedans).

Or, cette femme folle de miel est incestueuse elle aussi, que ce soit avec un fils adoptif ($M_{241, 243, 244}$; M_{258}) comme l'héroïne machiguenga, ou ($M_{135-136}$) avec un jeune beau-frère. Comme l'héroïne machiguenga aussi, elle rêve de tuer son mari ; mais ici, les procédés s'inversent d'une manière tout à fait saisissante et qui démontrerait, s'il en était besoin, le peu de liberté dont dispose la création mythique.

La femme recourt au couteau dans un cas, au poison dans l'autre. Avec le couteau, l'héroïne guyanaise ampute son mari et réduit donc son corps à la partie contenant les viscères (sur cette interprétation, cf. plus haut, p. 225). Avec le poison, ou tout au moins cette variante combinatoire du poison déjà préparé que constitue le non-remède, administré au lieu du remède prescrit, l'héroïne machiguenga fait en sorte que le corps de son

___

nord-américains de M_{298} : ainsi le mythe pawnee qui fait provenir les météores du corps d'un homme tué et *décervelé* par des ennemis (Dorsey 2, p. 61-62), et certains détails des mythes diegueño et luiseño relatifs aux météores. D'une façon générale, la théorie des météores repose sur une série de transformations :

$$corps\ morcelé \Rightarrow tête\ séparée \Rightarrow crâne\ décervelé \Rightarrow corps\ éviscéré,$$

qui demanderait une étude spéciale.

1. Piquant, le miel de M_{24} l'est doublement : au sens propre, puisque le mari y a mêlé des serpentaux ; et au sens figuré, puisqu'il provoque des démangeaisons.

mari demeure éviscéré. Dans les mythes guyanais (M_{135}, M_{136}), le corps viscéral devient la constellation éminemment significative que sont les Pléiades pour les Indiens de cette région. Dans le mythe machiguenga, le corps éviscéré devient comète ou aérolithes, que leur caractère erratique situe dans une catégorie opposée. Sous leur aspect masculin, les Pléiades apportent aux hommes les poissons dont ils se nourrissent. Sous son aspect masculin, la comète prive les hommes de plantes comestibles et elle se nourrit d'eux : en recrutant parmi les cadavres.

Un dernier détail mettra le point final à notre reconstruction. Pour accomplir sa transformation en comète, le héros machiguenga fixe à son postérieur un bambou qu'il a préalablement enflammé en le frappant avec une pierre. Pendant qu'il se transforme en Pléiade, le héros taulipang porte à sa bouche une flûte de bambou dont il joue sans arrêt : « tin, tin, tin » en s'élevant dans les airs (K.-G. *1*, p. 57). Puisque cette flûte est en bambou, elle entretient un rapport de corrélation et d'opposition, non seulement avec le *bambou* frappé du mythe machiguenga (dont on comprendra plus loin l'importance), mais aussi avec la *flûte* d'os dont s'enorgueillit la tortue de M_{283}-M_{284}[1] et avec le sifflotement — mais sans instrument de musique — du dieu agraire de M_{293} ; enfin, dans M_{292}, avec la dénomination des étoiles au moyen du langage sifflé[2].

D'ailleurs, un rite sur lequel on aimerait être mieux informé existe chez les Arawak de la Guyane, qui rassemble tous les éléments du complexe que nous venons d'inventorier car il met simultanément en cause l'agriculture, le lever des Pléiades, et les deux conduites linguistiques qu'il sera commode de nommer dorénavant « appel sifflé » et « réponse cognée » : « Quand les Pléiades se lèvent avant l'aube et que la saison sèche est imminente, l'esprit Masasikiri commence sa tournée pour prévenir les Indiens qu'ils doivent préparer leurs champs. Il émet un sifflement d'où vient son surnom : Masaskiri [*sic*]. Quand les gens l'entendent la nuit, ils frappent leur coutelas avec quelque objet, pour produire un son de cloche. C'est leur façon de remercier l'esprit de les avoir avertis » (Goeje, p. 51)[3]. Ainsi, le retour des Pléiades s'accompagne d'un échange de signaux acoustiques dont l'opposition n'est pas sans évoquer formellement celle des techniques de production du feu par friction et percussion dont, à propos de mythes de la même région, nous avons signalé la fonction pertinente (p. 210). La « réponse cognée » est, en effet, une percussion sonore comme

1. Comme ce second aspect sera laissé de côté, nous nous bornerons à indiquer qu'il conviendrait de l'interpréter à partir d'un épisode de M_{276} ; transformation en instruments de musique des os de Uairy — le fourmilier, cf. Stradelli *1*, art. « mayua » — qui a livré aux femmes le secret des rites masculins (cf. plus haut, p. 232).
2. On notera que, dans M_{247}, le sifflement du paresseux dans le silence nocturne est opposé au chant que, capable encore de s'exprimer, cet animal prétendait adresser aux étoiles (Amorim, p. 145).
3. Selon P. Clastres (communication personnelle), les Guayaki non agricoles croient en un Esprit décepteur, maître du miel, et armé d'un arc et de flèches dérisoires en fougère. Cet Esprit s'annonce par des sifflements, est mis en déroute par le vacarme.

l'autre ; et, dans M_{298}, elle provoque l'ignition du corps frappé. Ce n'est donc probablement pas de façon arbitraire que les mythes guyanais sur l'origine des Pléiades (conçue d'abord sous l'aspect d'un départ conditionnant leur prochain retour) inversent l'appel sifflé et la réponse cognée sur trois axes : couteau frappant, au lieu de couteau frappé ; et réponse sifflée à la place d'un appel, mais figurée par un air de flûte où le sifflotement des dieux agraires bororo et arawak peut épanouir toutes ses ressources. Si cette hypothèse est exacte, on pourra l'étendre au mythe tembé (M_{294}) où le cultivateur mal élevé se tue accidentellement en essayant de transpercer avec son couteau frappant (au lieu de frappé, comme chez les Arawak de la Guyane, pour répondre poliment au dieu) une calebasse fraîchement cueillie (donc pleine et dépourvue de sonorité, par opposition à cet objet sonore par excellence que serait la même calebasse séchée et évidée). Enfin, on n'aura garde d'oublier que si dans les mythes le tapir reçoit le plus souvent un appel cogné, la pensée indigène compare son cri à un sifflement (M_{145}, CC, p. 309). Et il arrive qu'on siffle aussi pour l'attirer (Ahlbrinck, art. « wotaro » § 3 ; Holmberg, p. 26 ; Armentia, p. 8).

Après avoir trouvé, dans une croyance des Arawak de la Guyane, une raison supplémentaire pour incorporer le mythe machiguenga à l'ensemble de ceux que nous sommes en train d'examiner, il est sans doute opportun de rappeler que les Machiguenga appartiennent eux-mêmes à un vaste groupe de tribus péruviennes qui sont de langue arawak. Avec les Amuesha, Campa, Piro, etc. ils forment une couche de population d'allure archaïque, dont l'arrivée dans la Montaña semble remonter à une date très ancienne.

Revenons maintenant au mythe M_{298}, qui définit une conduite linguistique des plantes vis-à-vis des hommes, au lieu que ce soit des hommes vis-à-vis des plantes (M_{293}, etc.), mais que, sous ce dernier rapport, un autre mythe machiguenga permet de compléter. Comme ce mythe est très long, nous le résumerons à l'extrême hors la partie qui intéresse directement notre exposé.

M_{299}. *Machiguenga : origine des plantes cultivées.*

Jadis il n'y avait pas de plantes cultivées. Les hommes se nourrissaient de terre à poterie qu'ils faisaient cuire et qu'ils avalaient à la manière des poules, car ils étaient privés de dents.

C'est Lune qui donna aux hommes les plantes cultivées et qui leur apprit à mastiquer. En effet, il instruisit de tous ces arts une jeune fille indisposée qu'il visitait en secret et qu'il finit par épouser.

Plusieurs fois de suite, Lune fit féconder sa femme humaine par un poisson, et celle-ci donna le jour à quatre fils : le soleil, la planète Vénus, le soleil du monde inférieur et le soleil nocturne (invisible, mais dont les étoiles tirent leur éclat). Ce dernier fils était si brûlant qu'il embrasa les entrailles de sa mère ; elle mourut en accouchant[1].

---

1. Sur un « bébé brûlant », fils du soleil, cf. Cavina *in :* Nordenskiöld *3*, p. 286-287, et Uitoto *in :* Preuss *1*, p. 304-314, où le soleil brûlant consume sa mère adultère

La belle-mère indignée injuria son gendre et lui dit qu'après avoir tué sa femme, il ne lui manquait plus que de la manger. Lune réussit pourtant à la ressusciter mais, dégoûtée de la vie sur terre, elle décida d'y laisser son corps et de transporter son âme dans le monde inférieur. Lune fut profondément affligé et, puisque sa belle-mère l'avait mis au défi, il mangea le cadavre après avoir peint le visage en rouge, instaurant un rite funéraire toujours en vigueur. La chair humaine lui parut délicieuse. Ainsi, par la faute de la vieille, Lune devint un mangeur de cadavres, et il résolut de s'en aller au loin.

Son troisième fils élut domicile dans le monde inférieur. C'est un soleil faible et maléfique, qui envoie la pluie quand les Indiens défrichent, pour les empêcher de faire les brûlis. Avec ses autres fils, Lune monta au ciel. Mais le dernier-né était trop chaud ; sur la terre les pierres même éclataient. Son père l'installa au firmament, si haut que nous ne pouvons plus le voir. Seuls la planète Vénus et le soleil vivent maintenant auprès de la lune, leur père.

Celui-ci construisit dans une rivière un piège si perfectionné que tous les cadavres qu'elle charrie tombent dedans[1]. Un crapaud surveille le piège et, chaque fois qu'un cadavre est pris, il alerte Lune par ses coassements répétés /Tantanaróki-iróki, tantanaróki-iróki/, littéralement : « le crapaud tantanaróki et son œil ». Alors Lune accourt et tue le cadavre [sic] à coups de massue. Il coupe les mains et les pieds, les fait rôtir et les mange. Il transforme le reste en tapir.

Il n'y a plus sur la terre que les filles de Lune, c'est-à-dire les plantes que cultivent les Indiens et dont ils tirent leur subsistance : manioc, maïs, banane-légume [Musa normalis], patate douce, etc. A ces plantes qu'il a créées et qui l'appellent « père » pour cette raison, Lune continue de porter un intérêt vigilant. Si les Indiens gâchent ou jettent le manioc, éparpillent ses épluchures ou le nettoient mal, la fille-manioc pleure et se plaint à son père. S'ils mangent le manioc sans accompagnement ou simplement assaisonné de piment, la fille se fâche et dit à son père : « Ils ne me donnent rien, ils me laissent toute seule, ou bien ils ne me donnent que du piment dont je ne supporte pas l'ardeur. » En revanche, si les Indiens ont soin de ne pas laisser perdre le manioc et de rassembler toutes les épluchures en un lieu où il est interdit de marcher, alors la fille est contente. Et quand on mange le manioc avec de la viande ou du poisson, qui sont des nourritures de qualité, elle va dire à son père : « Ils me traitent bien, ils me donnent tout ce que je veux. » Mais ce qu'elle

---

qui cherche à le rejoindre au ciel. On discutera ce groupe dans un autre volume, à propos des parallèles nord-américains. Sans entrer dans le détail, on admettra que la mère aux entrailles brûlées (par l'enfant dont elle accouche, c'est-à-dire le plus proche parent imaginable) transforme le père au corps éviscéré ou l'homme au crâne décervelé (par de lointains ennemis) ; cf. p. 270, n. 1.

Le personnage civilisateur de Lune joue un rôle central dans la pensée des Siriono (Holmberg, p. 46-47) dont les mythes, en dépit de leur pauvreté, renvoient clairement aux grands mythes arawak de l'aire guyano-amazonienne, notamment M_{247}.

1. Les Machiguenga jettent sans cérémonie les morts à la rivière (Farabee 2, p. 12).

aime par-dessus tout, c'est qu'on fasse d'elle une bière enrichie de salive et bien fermentée.

Les autres filles de Lune réagissent pareillement à la manière dont les hommes les traitent. Ceux-ci n'entendent pas leurs pleurs ni leurs témoignages de satisfaction. Mais ils s'efforcent de les contenter, car ils savent que, s'ils les rendaient malheureuses, Lune les rappellerait auprès de lui et qu'eux-mêmes devraient se nourrir de terre, comme autrefois (Garcia, p. 230-233).

Depuis qu'en 1913, Rivet a découvert certaines ressemblances lexicales entre la langue bororo et les dialectes otuké de Bolivie, on admet que la culture bororo pourrait avoir, en Amérique du Sud, des affinités occidentales. Une comparaison de M_{293} et de M_{299} renforce considérablement cette hypothèse, car ces mythes offrent des analogies très frappantes. Dans les deux cas, il s'agit de l'origine des plantes cultivées et des rites qui président soit à leur production (Bororo), soit à leur consommation (Machiguenga). Cinq divinités agraires sont à l'origine de ces rites : un père et ses quatre fils. Le mythe bororo passe la mère sous silence, le mythe machiguenga s'empresse de l'éliminer. Chez les Machiguenga, le père est la lune, ses fils « les soleils » ; et l'*Encyclopédie Bororo*, en présentant deux résumés d'une variante de M_{293} qui figurera dans le second volume impatiemment attendu, précise que le père, Burékoïbo, n'est autre que le soleil, Méri (« *Espírito, denominado tambem Méri* », *l. c.*, art. « Burékoïbo » ; cf. aussi *l. c.*, p. 774). Dans les deux mythes, le troisième fils remplit le rôle de spécialiste des travaux agricoles, soit qu'il les favorise (Bororo) ou qu'il les entrave (Machiguenga). Toutefois, cette légère divergence est encore moins marquée qu'il ne semble, puisque, dans le mythe bororo, ce fils châtie explicitement les cultivateurs irrespectueux par de mauvaises récoltes, et que le mythe machiguenga admet implicitement que les pluies, survenant à l'époque des brûlis et responsables de mauvaises récoltes, peuvent être le châtiment de consommateurs irrespectueux.

Soleil du monde inférieur, le troisième fils du mythe machiguenga est un esprit chthonien et maléfique. Celui du mythe bororo s'appelle Bopéjoku, de Bopé : esprit mauvais (cf. E.B., art. « maeréboe » : *Os primeiros [espíritos malfazejos] são chamados comumente apenas bópe, assim que esta forma, embora possa indicar qualquer espírito, entretanto comumente designa apenas espíritos maus* », p. 773). Le sens de /joku/ n'est pas clair, mais on notera qu'au moins un homonyme figure en composition, dans le nom d'une espèce d'abeilles /jokûgoe/ qui nidifient sous la terre ou dans des termitières abandonnées (E.B. vol. I, art. « jokúgoe »). Il ne semble actuellement pas possible de tirer parti du nom des autres fils dans le mythe bororo, sinon peut-être que le nom de l'aîné : Uarudúdoe, correspondant à celui du premier-né machiguenga (appelé Puriáchiri, « celui qui réchauffe »), suggère une dérivation analogue de /waru > baru/ « chaleur » (cf. bororo /barudodu/ « réchauffé).

Dans le mythe machiguenga, il n'est pas question du langage sifflé qui, selon les Bororo, assurait jadis la croissance spontanée du maïs prodigieux. Mais, à l'autre extrémité du champ sémantique, les Machiguenga vont plus loin que les Bororo en n'excluant pas que les plantes cultivées puissent complètement disparaître au cas où elles recevraient un mauvais traitement :

RÉCOLTE : SUPERLATIVE	BONNE	MAUVAISE	NULLE
M$_{293}$: langage sifflé	langage courtois	langage injurieux	
M$_{299}$:	traitement courtois		traitement injurieux

Du mythe bororo au mythe machiguenga, on observe donc une remarquable transformation, du langage plus ou moins courtois parlé aux plantes en une cuisine plus ou moins soignée dont ces mêmes plantes font l'objet. On ne saurait mieux dire que, comme nous l'avons plusieurs fois suggéré (L-.S. 5, p. 99-100 ; 12, *passim*), la cuisine est un langage dans lequel chaque société code des messages qui lui permettent de signifier au moins une partie de ce qu'elle est. Nous avons précédemment démontré que le langage injurieux constituait, parmi les conduites linguistiques, celle qui se rapprochait le plus de cette conduite non linguistique qu'est le vacarme, à tel point que les deux conduites apparaissent commutables dans de nombreux mythes sud-américains, et aussi dans la tradition européenne comme l'attestent, chez nous aussi, le simple bon sens et d'innombrables façons de parler. *Le Cru et le Cuit* nous avait fourni l'occasion d'établir une homologie directe entre la mauvaise cuisine et le vacarme (CC, p. 299)[1] : nous voyons maintenant qu'une homologie existe aussi entre le langage châtié et la cuisine soignée. Il est donc facile de déterminer le terme problématique désigné par x dans l'équation proposée à la page 317 du précédent volume : si le bruit correspond dans les mythes à un abus de la nourriture cuisinée, c'est pour autant qu'il est lui-même un abus du langage articulé. On pouvait s'en douter, et la suite de ce livre achèvera de le prouver.

Pourtant, d'une certaine façon, le mythe bororo et le mythe machiguenga ne se reproduisent pas : ils se complètent. Selon les Bororo, en effet, l'homme pouvait parler aux plantes (au moyen du langage sifflé) à une époque où celles-ci étaient des êtres personnels, capables de comprendre ces messages et de croître spontanément. A présent, cette communication est interrompue, ou plutôt elle se perpétue par l'intermédiaire d'une divinité agraire qui parle aux hommes, et à qui les hommes répondent bien ou mal.

---

1. Cf. en français le double sens de mots tels que « gargote » et « boucan ». A l'appui de l'équivalence déjà établie entre l'éclipse et l'anticuisine (CC, p. 302-305, 306), on peut invoquer, dans le présent contexte, la croyance botocudo que les éclipses surviennent quand le soleil et la lune se disputent et échangent des injures. Alors ils deviennent noirs de rage et de honte (Nim. 9, p. 110)

Le dialogue s'établit donc entre le dieu et les hommes, les plantes n'en sont plus que l'occasion.

Chez les Machiguenga, c'est l'inverse. Filles du dieu, donc êtres personnels, les plantes dialoguent avec leur père. Les hommes ne disposent d'aucun moyen pour surprendre ces messages : « *Los machiguengas no perciben esos lloros y regocijos* » (Garcia, p. 232) ; mais, comme c'est d'eux qu'on parle, ils en sont tout de même l'occasion. Cependant, la possibilité théorique d'un dialogue direct existait aux temps mythiques, où les comètes n'avaient pas encore fait leur apparition dans le ciel. Mais, à cette époque, les plantes n'étaient que des demi-personnes, douées de langage bien qu'affligées d'une élocution défectueuse qui leur interdisait de l'employer pour la communication.

Complétés l'un par l'autre, les mythes restituent donc un système global à plusieurs axes. Les Salésiens indiquent que le langage sifflé des Bororo remplit deux fonctions principales : assurer la communication entre les interlocuteurs trop éloignés pour qu'ils puissent conduire une conversation normale ; ou bien éliminer des tiers indiscrets, qui comprennent la langue bororo mais n'ont pas été instruits dans les arcanes du langage sifflé (Colb. 3, p. 145-146 ; E.B., vol. I, p. 824). Celui-ci offre donc à la communication des possibilités tout à la fois plus amples et plus limitées. Super-langage pour les interlocuteurs directs, c'est un infra-langage pour les tiers.

Le langage parlé par les plantes possède des caractères exactement opposés. Adressé à cet interlocuteur direct : l'homme, c'est un bredouillage incompréhensible (M_{298}) ; tandis que le langage clair laisse l'homme à l'écart. Il ne le perçoit pas, bien qu'il n'y soit question que de lui (M_{299}). Langage sifflé et paroles indistinctes forment donc un couple d'oppositions.

Bororo, M_{292} :

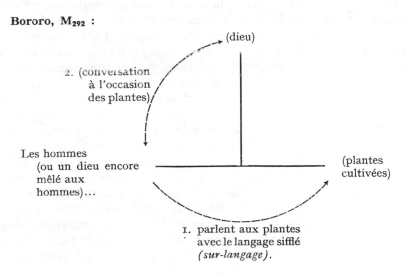

Machiguenga, M_{298}-M_{299} :

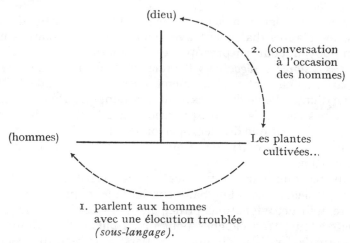

1. parlent aux hommes
avec une élocution troublée
(sous-langage).

Note. — On observera que le langage sifflé des Bororo est un *super-langage* pour les interlocuteurs, un *infra-langage* pour les tiers. Symétriquement, le langage des plantes de M_{298}-M_{299} est un *infra-langage* pour les interlocuteurs (M_{298}) mais un *super-langage* pour les tiers (M_{299}).

L'absence de flûte à trous chez les Bororo est d'autant plus remarquable que ces Indiens fabriquent des instruments à vent d'une certaine complexité, notamment des trompes et des clarinettes composées d'un tube à anche et d'un résonateur mais qui, comme leurs flûtes, ne produisent qu'un son. Sans doute faut-il mettre cette ignorance (ou, plus vraisemblablement, cette proscription) en rapport avec le développement exceptionnel du langage sifflé : ailleurs, la flûte à trous sert surtout à transmettre des messages. On possède de nombreux témoignages à ce sujet, provenant surtout de la vallée de l'Amazone où les chasseurs et les pêcheurs jouaient sur la flûte de véritables *leitmotive* pour annoncer leur retour, leur succès ou leur insuccès, et le contenu de leur carnier (Amorim, *passim*). En pareil cas, les Bororo recourent au langage sifflé (cf. M_{26} ; CC, p. 111).

Jouer de la flûte se dit en tukano « pleurer » ou « se plaindre » au moyen de cet instrument (Silva, p. 255). Chez les Waiwai « il y a toute raison de croire que les mélodies jouées sur la flûte remplissent un programme... et que la musique... sert à décrire des situations variées » (Fock, p. 280). En approchant un village étranger, les visiteurs s'annoncent par des sifflements brefs et puissants ; mais c'est au son de la flûte qu'on convoque des invités (*ibid.*, p. 51, 63, 87). Dans la langue des Kalina de la Guyane, on « fait crier » la trompe, mais on « donne la parole » à la flûte : « Quand on joue de la flûte ou d'un autre instrument de musique produisant des sons multiples, on dit plutôt /eruto/, procurer du langage, de la parole, à quelque chose... Le même mot /eti/ désigne le nom propre d'une personne, le cri spécifique d'un animal, et l'appel de la flûte ou du tambour » (Ahlbrinck, *index* ; et les art. « eti », « eto »). Un mythe arekuna (M_{145}) appelle « flûte » le cri distinctif de chaque espèce animale.

Ces assimilations sont importantes, car nous avons montré dans *le Cru et le Cuit*, précisément à propos de M_{145}, que le cri spécifique est l'homologue, sur le plan acoustique, du pelage ou plumage distinctifs, qui témoignent eux-mêmes de l'introduction dans la nature d'un règne des grands intervalles par morcellement du continu primitif. Si l'usage des noms propres joue le même rôle, c'est donc parce qu'il instaure entre les personnes une discontinuité, succédant à la confusion régnante entre des individus biologiques réduits à leurs attributs naturels. De même, l'usage de la musique se surajoute à celui du langage, toujours menacé de devenir incompréhensible s'il est parlé à trop grande distance ou si le locuteur est affligé d'une mauvaise articulation. Elle remédie à la continuité du discours au moyen d'oppositions mieux tranchées entre les tons, et de schèmes mélodiques impossibles à confondre parce qu'on les perçoit globalement.

Certes, nous savons aujourd'hui que la nature du langage est discontinue, mais la pensée mythique ne la conçoit pas ainsi. Il est d'ailleurs remarquable que les Indiens sud-américains jouent surtout sur sa plasticité. L'existence, ici et là, de dialectes propres à chaque sexe prouve que ce ne sont pas seulement les femmes Nambikwara qui aiment déformer les mots pour les rendre incompréhensibles, et préfèrent à l'élocution claire un bredouillage comparable à celui des plantes du mythe machiguenga (L. S. *3*, p. 295). Les Indiens de la Bolivie orientale « aiment emprunter des mots étrangers, d'où résulte... que leur langue change continuellement ; les femmes ne prononcent pas le /s/ qu'elles changent toujours en /f/ » (Armentia, p. 11). Il y a plus d'un siècle, Bates écrivait (p. 169) à l'occasion d'un séjour chez les Mura : « Quand les Indiens, hommes et femmes, bavardent entre eux, ils semblent se complaire à inventer de nouvelles prononciations et à déformer les mots. Tout le monde rit de ces créations argotiques, et les nouveaux termes sont souvent adoptés. J'ai fait la même observation au cours de longs voyages par eau avec des équipages indiens. »

On rapprochera par jeu ces observations d'une lettre, d'ailleurs truffée de mots portugais, écrite par Spruce d'un village du Uaupés à son ami Wallace, déjà rentré en Angleterre : « N'oubliez pas de me dire quels progrès vous accomplissez dans la langue anglaise et si vous pouvez déjà vous faire comprendre des indigènes... » Remarque que Wallace commente en ces termes : « Lors de notre rencontre à São Gabriel... nous nous étions aperçus qu'il nous était devenu impossible de converser en anglais sans recourir à des expressions et mots portugais qui représentaient environ un tiers de notre vocabulaire. Même quand nous décidions de ne parler qu'anglais, nous n'y réussissions que pour quelques minutes et à grand'peine et, dès que la conversation s'animait ou qu'il fallait raconter une anecdote, le portugais faisait sa rentrée ! » (Spruce, vol. I, p. 320). Cette osmose linguistique, bien connue des voyageurs et des expatriés, a dû jouer un rôle considérable dans l'évolution des langues américaines et dans les conceptions linguistiques des indigènes sud-américains. Selon la théorie des Kalina recueillie par Penard (*in* : Goeje, p. 32) : « les voyelles changent plus vite que les consonnes, car elles sont plus minces, plus légères et plus coulantes que les résistantes consonnes ; en conséquence, leurs /yumu/ se ferment plus vite, c'est-à-dire qu'elles retournent à leur source plus rapidement[1]. Ainsi, les mots et les langues se défont et se refont au cours des temps. »

Si le langage relève du règne des petits intervalles, on comprend que la musique, qui substitue son ordre propre à la confusion de l'autre, apparaisse comme une *parole masquée*, nantie de la double fonction que les sociétés sans écriture assignent au masque : dissimulation de l'individu qui le porte, tout en lui conférant une plus haute signification. Comme le nom propre, qui joue le rôle d'une véritable métaphore de l'être individuel du fait qu'il transforme celui-ci en personne (L.-S. 9, p. 284-285), la phrase mélodique est une métaphore du discours.

**

Nous ne pouvons ni ne voulons étendre cette analyse, qui soulève le problème trop vaste du rapport entre le langage articulé et la musique. D'ailleurs, les pages qui précèdent suffisent pour faire pressentir l'économie générale du code acoustique dont les mythes rendent l'existence et la fonction manifestes. Les propriétés de ce code n'apparaîtront que progressivement, mais, pour faciliter leur intelligence, nous croyons bon d'en faire dès maintenant l'esquisse approximative sous forme d'un schéma qu'on pourra préciser, développer et rectifier au besoin (fig. 15).

Les termes du code se distribuent sur trois niveaux. En bas, on trouve les divers types d'appels adressés par la ou les femmes adultères au tapir séducteur (ou d'autres animaux qui tiennent lieu de variantes combinatoires du tapir) : appel nommé, appel sifflé et appel cogné, mettant en connexion un humain et un autre être, qui relève exclusivement de la nature en sa double qualité d'animal et de séducteur. Ces trois types de conduites acoustiques offrent donc le caractère de *signaux*.

Le niveau moyen rassemble des conduites linguistiques : langage sifflé, paroles courtoises, paroles injurieuses. Ces paroles surgissent dans un dialogue entre un ou plusieurs hommes, et une divinité qui a revêtu la forme humaine. Ce n'est sans doute pas le cas du langage sifflé tel qu'on l'emploie couramment, mais, dans les deux mythes bororo où il joue un rôle (M_{292}, M_{293}), il donne accès du plan culturel (celui du langage articulé)

---

1. Le sens du mot /yumu/ n'est pas clair. On l'a diversement traduit par « esprit » ou « père » ; cf. la discussion sur l'emploi de ce terme chez Penard *in* : Ahlbrinck, art. « sirito ». Dans le contexte, /yumu/ semble évoquer l'idée d'un cycle. Sur le sens de /yumu/ et ses emplois, cf. Goeje, p. 17.

au plan surnaturel, puisque des dieux ou des esprits l'utilisent pour communiquer avec des plantes surnaturelles (celles qui poussaient jadis toutes seules) ou des étoiles, qui sont des êtres surnaturels.

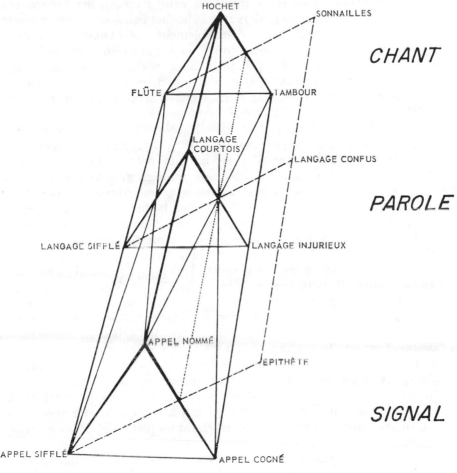

Fig. 15. — Structure du code acoustique.

Enfin, les trois types d'instruments de musique placés au niveau supérieur relèvent du chant, soit qu'eux-mêmes chantent ou qu'ils accompagnent le chant, lequel s'oppose au discours parlé comme celui-ci s'oppose à un système de signaux.

Malgré son caractère provisoire (ou à cause de lui), ce schéma appelle plusieurs remarques.

En premier lieu, nous avons mis le hochet et le tambour en corrélation et en opposition avec la flûte, bien que les deux premiers instruments ne soient encore apparus dans les mythes que d'une manière discrète et sous une forme, pourrait-on dire, voilée. Le hochet, au travers de sa transformation inverse dans M_{294} : calebasse fraîche et pleine (au lieu d'être séchée et évidée), et que le héros tente (mais en vain) d'embrocher sur son couteau à la façon d'un bilboquet, alors que le hochet consiste en une calebasse enfilée sur un bâton auquel elle est durablement fixée. Quant au tambour, que nous avons rencontré à l'occasion d'un commentaire linguistique du mot kalina /eti/ désignant l'appel de la flûte et du tambour (p. 279), il nous est obscurément présent depuis le début de ce livre. Ce tambour est en effet le tambour-de-bois, fait d'un tronc d'arbre évidé et fendu sur un côté : soit un objet du même type que l'arbre creux servant de réceptacle naturel au miel, et qui joue le rôle d'abri ou de piège dans plusieurs mythes. Un mythe matako (M_{214}) rapproche expressément l'auge creusée dans un tronc d'arbre, où l'on prépare l'hydromel, et le tambour-de-bois : « Les Indiens creusèrent une plus grande auge et burent toute la bière. C'est un oiseau qui façonna le premier tambour. Il le battit toute la nuit et le matin venu, il se changea en homme » (Métraux 3, p. 54). Ce rapprochement prendra bientôt tout son sens. Quant à la position sémantique du hochet, elle ressortira à un stade ultérieur de l'exposé.

En deuxième lieu, il a été suggéré plus haut que le langage confus (adressé au héros humain par les plantes, dans le mythe machiguenga M_{298}) est en opposition diamétrale avec le langage sifflé (parlé aux plantes par le dieu à forme humaine dans le mythe bororo M_{293}, dont on a démontré la symétrie avec l'autre). Nous avons donc mis le langage confus à une place en retrait des autres conduites linguistiques, car il s'agit d'un infra-langage incapable d'assurer la communication. Mais en même temps, cette place se trouve être à égale distance du langage courtois et du langage injurieux, ce qui convient parfaitement au ressort dramatique de M_{298} : les plantes, qui jouent le rôle de destinateur dans un dialogue impossible, veulent être courtoises ; mais leur message est reçu par son destinataire comme s'il était injurieux, puisqu'il se venge en arrachant les plantes et en les expulsant du jardin.

La question se pose aussitôt de savoir si les deux niveaux extrêmes peuvent admettre des termes dont la position soit homologue à celle qu'occupe le langage confus au niveau moyen. Il semble bien que les mythes et les rites fournissent les termes satisfaisant aux conditions requises. Dans le cycle du tapir séducteur, l'héroïne appelle parfois l'animal en proférant une épithète qui peut être soit le nom commun de l'animal, élevé à la dignité de nom propre, soit un adjectif qualificatif exprimant seulement l'état d'âme de la locutrice. Soit deux types de termes qui portent en eux un germe de confusion : dans un cas, il n'est pas clair si l'animal est interpellé comme une personne ou dénommé comme une chose ; et, dans l'autre cas, l'identité du destinataire reste indéterminée.

Cette ambiguïté inhérente à l'épithète, quel qu'en soit le type, l'oppose à l'appel sifflé dont l'ambivalence offre au contraire un caractère iconique (au sens que Peirce donne à ce mot) : en sifflant pour appeler le tapir, on reproduit physiquement l'appel de cet animal. Nous avons vu (p. 261) que les mythes tacana remplacent l'appel sifflé par une annonce sifflée. Par conséquent, l'épithète se situe bien au niveau inférieur du schéma, entre l'appel nommé (quand l'animal possède un véritable nom propre) et l'appel cogné, et en retrait de l'un et de l'autre à cause de son ambiguïté.

Considérant maintenant le niveau supérieur, nous remarquerons que l'organologie sud-américaine inclut un instrument de musique dont la position est également ambiguë : les sonnailles, fixées aux jambes des danseurs ou à un bâton frappé contre le sol. Faites de coquilles de noix ou de sabots d'animaux enfilés sur une corde et qui produisent un bruissement quand ils se heurtent, les sonnailles sont, au point de vue typologique, voisines des hochets dont le bruissement résulte du heurt contre la paroi d'une calebasse des graines ou des cailloux qu'elle contient. Mais, au point de vue fonctionnel, les sonnailles s'apparentent plutôt au tambour puisque leur agitation — au surplus moins contrôlée que ne l'est par la main celle du hochet — résulte indirectement d'un battement (de la jambe, ou du bâton). Intentionnel et discontinu dans sa cause mais aléatoire par son résultat, le jeu des sonnailles se situe donc, comme le langage confus, en retrait ; mais aussi, pour les raisons qu'on vient de dire, à égale distance du tambour-de-bois et du hochet.

Sur les sonnailles, les Uitoto ont des idées qui confirment indirectement l'analyse précédente. Cet instrument de musique tient une grande place dans leurs danses, à côté de la flûte et du tambour, et il est censé représenter des animaux, surtout des insectes : libellules, guêpes et frelons (Preuss 1, p. 124-133, 633-644), émetteurs d'un bourdonnement ambigu puisque, selon les régions, les indigènes le codent en termes tantôt de paroles chantées, tantôt d'appel cogné (CC, p. 301, n. 1).

Entre les trois niveaux du schéma, on devine enfin un réseau compliqué de connexions transversales, certaines parallèles entre elles, d'autres obliques. Voyons d'abord les connexions parallèles, qui correspondent chacune à une arête du prisme. Sur une arête, on trouve de bas en haut, par ordre d'intensités croissantes, l'appel cogné, le langage injurieux, le jeu du tambour, qui sont les types de conduite acoustique ayant objectivement la plus nette affinité avec la catégorie du bruit, bien que, ne l'oublions pas, le tambour sache être, tout à la fois, le terme le plus sonore et le plus linguistique de la série : « Les tambours-de-bois des Boro et des Okaina... servent à transmettre des messages concernant la date, le lieu et l'objet des fêtes. Les exécutants ne semblent pas utiliser un code ; ils essayent plutôt de représenter le son des mots à l'aide des tambours, et les Indiens m'ont toujours dit qu'ils faisaient les mots sur le tambour » (Whiffen, p. 216, 253).

La deuxième arête groupe dans l'ordre le signal sifflé, le langage sifflé, et le jeu de la flûte. Cette succession assure le passage du sifflement monotone au sifflement modulé, puis à la mélodie sifflée. Il s'agit donc d'un axe musical, défini par le recours à la notion de tonalité.

Sur la troisième arête, on trouve réunies des conduites essentiellement linguistiques puisque l'appel nommé est un signal lancé au moyen d'un mot (ce qui l'oppose aux deux autres) et que le langage courtois correspond, comme disent les mythes, au mode d'emploi le plus complètement linguistique du langage (par opposition au langage injurieux, cela va de soi, mais aussi au langage sifflé dont nous avons vu que, super-langage sur un plan, il est infra-langage sur un autre). Quant au hochet, c'est de tous les instruments de musique celui dont la fonction linguistique est la plus nette. Sans doute la flûte parle, mais surtout le langage des hommes qui lui « donnent » la parole (plus haut, p. 278). S'il est vrai que les sonnailles et le tambour transmettent aux hommes des messages divins : « la sonnaille dit ses paroles à haute voix aux hommes, ici sur la terre » (Preuss, *l. c.*), cette fonction s'exerce concurremment avec celle d'un appel lancé par des hommes à d'autres hommes : « Par le son du tambour on fait venir les autres » *(ibid.).* Et combien plus éloquent est le discours divin s'il est émis par le hochet, peint pour imiter le visage du dieu ! (Zerries *3, passim*). Selon la théorie linguistique des Kalina à laquelle nous nous sommes déjà référé, les phonèmes de la langue reposent à la surface du hochet : « Le cercle, avec six rayons inscrits, est le symbole des cinq voyelles *a, e, i, o, u,* avec en plus le *m*... Le hochet est un globe à l'intérieur duquel les cailloux représentent les idées fondamentales, et dont la surface externe exprime l'harmonie des sons du langage » (Goeje, p. 32).

Passons maintenant aux connexions obliques. Dans l'épaisseur du prisme figuré par le schéma, quatre diagonales délimitent deux tétraèdres isocèles dont les pointes se compénètrent. Celui dont la pointe est dirigée vers le haut rassemble sur ses sommets l'ensemble des trois appels et le hochet, soit quatre termes entre lesquels nous verrons qu'il existe un double rapport de corrélation et d'opposition. Sans anticiper sur un développement ultérieur, il suffira d'indiquer que les appels font comparaître au sein de la société humaine (et pour son plus grand malheur puisque la perte des femmes en résultera), un animal, être naturel. Au contraire, pour le bonheur de la société, le hochet fait comparaître des êtres surnaturels, esprits ou dieux.

L'autre tétraèdre, dont la pointe se dirige vers le bas, rassemble sur sa base les trois instruments de musique et, traversant le plan du langage articulé, son quatrième sommet rencontre l'appel nommé, qui constitue en effet la forme d'appel la plus linguistique. Cette configuration renvoie à des remarques antérieures (p. 280). La musique, disions-nous alors, est la transposition métaphorique de la parole, de même que le nom propre sert de métaphore à l'individu biologique. Ce sont donc les quatre termes ayant valeur de métaphore qui se trouvent ainsi regroupés, tandis que les quatre autres ont valeur de métonymie : le hochet est le dieu réduit à sa tête, le côté vocalique manque au langage partiel qu'il émet, dont les affinités sont toutes consonantiques puisqu'il consiste en micro-bruits ; quant aux appels, ils se réduisent aussi, mais d'une autre façon, à une partie ou à un moment du discours. C'est seulement au niveau moyen que ces aspects métaphorique et métonymique s'équilibrent ; en effet, il s'agit ici du discours entendu au sens propre et, sous trois modalités différentes, chaque fois présent dans son intégralité.

III

RETOUR DU DÉNICHEUR D'OISEAUX

Une longue enquête sur la mythologie du miel nous a conduit, dans le cadre d'un plus vaste système dont nous ne faisons qu'esquisser les contours, à mettre en corrélation et opposition ce qu'il nous est apparu commode d'appeler l' « appel cogné » et l' « appel (ou la réponse) sifflé ». Mais, en fait, l' « appel cogné » aurait dû depuis longtemps éveiller notre attention ; et précisément à propos d'un des premiers mythes relatifs au miel qu'il nous a été donné de discuter.

Revenons donc à la page 108 du *Cru et le Cuit*. Un mythe (M_{24}) des Indiens Tereno, qui sont des arawak méridionaux établis dans le nord-ouest du Chaco à la frontière de la Bolivie, du Paraguay et du Brésil, concerne un homme qui découvre que sa femme l'empoisonne avec son sang menstruel. Il part chercher du miel, le mélange avec la chair d'embryons de serpents extraits du corps d'une femelle tuée au pied d'un arbre où se trouvaient aussi des abeilles. Après avoir absorbé cette mixture, la femme se transforme en jaguar et donne la chasse à son mari qui, pour lui échapper, assume le rôle du dénicheur d'oiseaux de M_1, M_{7-12}. Pendant que l'ogresse court après les perroquets qu'il lui lance, l'homme descend de l'arbre et s'enfuit en direction d'une fosse où sa femme tombe et se tue. De son cadavre naît le tabac.

Nous avions introduit ce mythe et ses variantes matako (M_{22}) et toba-pilaga (M_{23}), pour démontrer l'existence d'un cycle menant du feu destructeur (d'un jaguar) au tabac, du tabac à la viande (par M_{15}, M_{16}, M_{25}), et de la viande au feu de cuisine, donc constructeur, obtenu du jaguar (par M_7-M_{12}). Ce cycle définit donc un groupe clos, dont les opérateurs sont le jaguar, le cochon sauvage et le dénicheur d'oiseaux (CC, p. 92-115). Il n'avait pas été nécessaire de relever alors un détail de M_{24} qui, compte tenu des considérations précédentes, doit maintenant venir au premier plan : le héros frappe ses sandales l'une contre l'autre[1] « pour trouver le miel plus facilement » ; autrement dit, il adresse au miel un « appel cogné » qui a pour résultat de lui procurer non seulement le miel, mais un serpent.

1. La plupart des populations du Chaco connaissaient l'usage de sandales à semelles de bois ou de cuir.

Quelle peut être la signification symbolique de cette pratique à laquelle nous allons voir que d'autres mythes font écho, sans que les observations disponibles permettent, semble-t-il, de la corroborer directement ?

Plusieurs mythes des Tacana de la Bolivie orientale, partiellement utilisés au début de ce travail (M_{194}-M_{197}) relatent les démêlés de deux frères divins, les Edutzi, avec des melero (au Brésil : irára, *Tayra barbara*) porteurs d'un petit tambour qui résonne chaque fois qu'ils (ou elles) sont battus. Pour soustraire ses filles à ces mauvais traitements (cependant, bien mérités, puisque les filles trahissent leurs divins maris, soit comme épouses, soit comme cuisinières), le melero les transforme en aras. C'est l'origine du tambour rituel des prêtres tacana, tendu de peau d'irára et frappé pendant le culte pour communiquer avec les Edutzi (Hissink-Hahn, p. 109-110). Ici aussi, par conséquent, une connexion apparaît entre la quête du miel dont, comme leur nom espagnol l'indique, les melero sont les maîtres[1], et une forme d'appel cogné.

Que le vaste groupe culturel et linguistique dont font partie les Tacana relève ou non de la famille arawak — car la question est controversée — sa position n'en demeure pas moins significative entre des voisins septentrionaux et occidentaux qui sont de langue arawak, et au sud et à l'est, les vestiges d'un ancien peuplement aussi arawak, dont les Tereno sont les derniers témoins. En effet, tout se passe comme si le mythe tereno qui vient d'être rappelé formait un trait d'union entre des mythes typiques du Chaco relatifs à l'origine du tabac, et un groupe de mythes tacana où le héros se fait dénicheur d'oiseaux mais qui, pour autant qu'on puisse juger (s'agissant d'une mythologie exposée à trois siècles de contacts ininterrompus avec le christianisme), se réfère plutôt à l'origine des rites de chasse et de cuisine. Sous ce rapport, les mythes tacana renvoient aux mythes gé que nous avons étudiés dans la première partie (III, *B*) et dont l'héroïne est une fille folle de miel, rôle dévolu à la femme du héros dans le mythe tereno. L'affinité des mythes tacana et des mythes gé est aussi confirmée par l'épisode, récurrent ici et là, sur l'origine du fourmilier remplaçant l'origine du jaguar (Chaco), ou l'origine des mœurs alimentaires du jaguar (mythes gé sur l'origine du feu de cuisine, M_7-M_{12}), puisque nous avons indépendamment établi (CC, p. 197-199) que ces animaux sont inversés au sein d'un couple.

M_{300a}. *Tacana : histoire du dénicheur d'oiseaux.*

Un Indien mauvais chasseur, mais agriculteur expert, vivait avec sa femme, la mère et les frères de celle-ci. Sa belle-famille le maltraitait parce qu'il ne rapportait jamais de gibier. Pourtant, il était seul à l'approvisionner de manioc, de maïs et de bananes.

---

1. Le fourmilier, qui va bientôt faire sa rentrée, est aussi appelé dans quelques régions de langue espagnole, melero « marchand de miel », ou colmenero, « apiculteur » (Cabrera e Yepes, p. 238-240).

Un jour, ses beaux-frères le firent monter dans un arbre sous prétexte d'y dénicher des œufs d'aras ; puis ils coupèrent la liane qui lui avait servi à se hisser et l'abandonnèrent, non sans avoir frappé les racines de l'arbre pour faire sortir du tronc creux la /ha bacua/ « serpent-perroquet » *(Boa constrictor)* qui l'habitait, comptant bien qu'elle dévorerait leur victime.

Blotti à l'extrémité d'une branche (ou suspendu à la liane coupée) affamé et épuisé, l'homme résiste toute la journée et toute la nuit [autres versions : 3, 8 ou 30 jours] aux attaques du serpent. Il entend un bruit *qu'il croit d'abord être celui d'un chercheur de miel* [souligné par nous], mais qui provient en fait de l'Esprit des bois Deavoavai frappant les racines des grands arbres avec ses coudes puissants (ou avec sa massue), pour faire sortir les boas dont il se nourrissait. L'Esprit tire une flèche qui se transforme en liane. L'homme s'en sert pour redescendre, mais il est inquiet sur le sort que son sauveteur lui réserve. Deavoavai tue alors le serpent et, chargé de l'énorme masse de viande, il se dirige vers sa demeure en compagnie de l'homme qu'il a invité à le suivre.

L'Esprit habite sous les racines d'un grand arbre. Sa maison est pleine de viande et sa femme [tapir ou grenouille selon les versions] intervient pour qu'il consente à débarrasser son protégé de l'indolence qui l'empêchait d'être un grand chasseur, et que l'Esprit extrait en effet de son corps sous forme d'exhalaisons puantes ou d'une masse molle [selon les versions].

Deavoavai fait don au héros régénéré de provisions inépuisables. Il ajoute un plat spécialement destiné aux méchants alliés et composé de poissons [pêchés par l'Esprit à la nivrée, ou en frappant ses jambes avec le dos de ses mains] mélangés à la graisse du cœur du serpent. L'ingestion de cette nourriture maléfique provoque leur transformation, d'abord en aras, puis en /ha bacua/, serpents-aras que Deavoavai tuera et mangera les jours suivants (Hissink-Hahn, p. 180-183. Deuxième version p. 183-185 (qui restreint le groupe des alliés aux deux beaux-frères)).

Avant d'examiner une troisième version, plus complexe, nous croyons utile de déblayer le terrain en présentant plusieurs remarques.

La parenté du mythe tacana et du mythe tereno n'est pas douteuse. Dans les deux cas, il s'agit d'un héros maltraité (physiquement ou moralement) par une alliée (sa femme) ou des alliés (mère et frères de femme) et qui, dans des circonstances sans doute différentes, se trouve réduit à l'état de dénicheur d'oiseaux persécuté par un ogre (jaguar ou serpent). Dans un cas, la transformation de l'alliée en ogre résulte de l'ingestion d'une mixture de miel et de serpents ; dans l'autre cas, l'ingestion d'une mixture de poisson et de graisse de serpent provoque la transformation des alliés en serpents de même espèce que l'ogre. L'appel cogné joue partout un rôle : pour obtenir le miel, et les petits serpents par-dessus le marché ; pour obtenir les poissons qui, mélangés à la graisse de serpent, tiendront la place du miel ; et pour obtenir les gros serpents. Le texte du mythe tacana renforce encore cette connexion, puisque l'appel cogné de l'Esprit Deavoavai est attribué d'abord par le héros à un chercheur de miel (comme c'est effectivement le cas dans le mythe tereno). Mais si c'eût été un simple chercheur de miel, celui-ci n'aurait pu sauver le héros en raison de sa situation désespérée qui requérait une intervention surnaturelle. Il résulte que Deavoavai, maître de la forêt (Hissink-Hahn, p. 163), initiateur des techniques et des rites (ibid., p. 62-63), est pareil à un super-chercheur de miel, et donc que les serpents-aras qu'il cherche sont eux-mêmes de l'ordre d'un miel élevé à la suprême puissance. Inversement, avec une puissance plus réduite, l'Indien chercheur de miel est en position de maître de la forêt.

Un mythe toba (M_{301}) parle d'un serpent géant qu'attire le bruit des chercheurs de miel éventrant les arbres à coups de hache. Il exige d'eux du miel frais directement versé dans sa gueule, et les dévore. Ce serpent s'annonce par un grand bruit : brrrumbrrummbrum ! (Métraux 5, p. 71). Tel que le transcrit notre source, ce bruit évoque celui des rhombes ; on y reviendra. De même, les serpents-ogres du mythe tacana crient ou sifflent en s'approchant, et ils sont aussi excités par le bruissement du feuillage quand le vent se lève. A travers toutes ces descriptions, l'opposition entre l'appel cogné, et la réponse ou l'appel sifflés, se maintient donc dans le cadre plus large d'un contraste entre bruit discontinu et bruit continu.

Transformation du mythe tereno, le mythe tacana l'est aussi de celui du dénicheur d'oiseaux (M_1) à la verticale duquel, aimerait-on dire, nous avons manifestement passé en abordant l'autre; dans ce survol (auquel ce volume nous oblige) de l'ensemble mythique que le volume précédent nous avait fait parcourir dans l'autre sens. M_1 et M_{300a} ont le même point de départ : un conflit entre alliés par mariage, là un père et un fils (la société bororo étant matrilinéaire) ici des frères de femme et un mari de sœur (respectant donc les transformations gé de M_1, mais au prix d'une inversion des rôles puisque c'est maintenant le mari de la sœur, non le frère de la femme, qui tient la place de dénicheur d'oiseaux) :

	Le dénicheur d'oiseaux :	Son persécuteur .
Bororo (M_1) :	fils de femme	mari de mère
Gé ($M_.$-M_{12}) :	frère de femme	mari de sœur
Tacana (M_{300a}) :	mari de sœur	frère de femme

Cette « transformation dans une transformation » s'accompagne d'une autre dans le déroulement du récit, opposant cette fois le mythe tacana aux mythes bororo et gé, comme on peut s'y attendre puisque les Tacana sont patrilinéaires à la différence de l'ensemble Bororo-Gé (Sherenté exceptés, chez qui la transformation prévisible se manifeste sur un autre axe, cf. CC, p. 199-202). Par conséquent, la différence du codage sociologique des mythes bororo et gé, envisagée sous ce seul angle, ne traduit pas une véritable opposition.

Aussi bien dans le mythe bororo et dans les mythes gé, le héros qui a atteint le sommet d'un arbre ou d'un rocher, ou qui est parvenu à mi-hauteur d'une paroi rocheuse, ne peut redescendre parce que son compagnon resté en bas a retiré la perche ou l'échelle qui avait permis l'ascension. Ce qui se passe dans le mythe tacana est beaucoup plus complexe : grâce à une liane, le héros a atteint le sommet d'un grand arbre ; son compagnon grimpe alors le long d'une autre liane ou d'un petit arbre proche, d'où il coupe la première liane assez haut pour que sa victime ne puisse sauter à terre ; après quoi il redescend et, selon une version, prend même soin d'abattre l'arbre grâce auquel il a perpétré son forfait. Une troisième version combine les deux formules : le héros grimpe d'abord en haut d'un palmier où il peut saisir une liane dont il s'aidera pour s'élever jusqu'au sommet d'un plus grand arbre. Sur ce, son beau-frère lui coupe la retraite en abattant le palmier.

Il semble donc que le mythe tacana veuille brouiller la relation simple que les mythes bororo et gé conçoivent entre les deux hommes : l'un en haut, l'autre en bas ; et que, pour y parvenir, il invente un procédé compliqué selon lequel un des protagonistes reste en haut, tandis que l'autre doit presque le rejoindre et redescendre après. Il ne peut s'agir d'un hasard, les principales versions se montrant particulièrement vétilleuses sur ce point. De plus, le motif est repris et exploité dans l'épisode suivant où le héros cherche à éviter le serpent, qui grimpe à l'arbre pour le rejoindre, en descendant aussi bas que possible le long de la liane coupée, de sorte que, cette fois, le héros se trouve relativement plus bas, et son nouveau persécuteur relativement plus haut[1].

---

1. C'est à cette inversion que la mythologie tacana doit sans doute de pouvoir enchaîner le motif du dénicheur d'oiseaux à celui de la visite au monde souterrain. Une version (M_{300b}) relate qu'un Indien était si paresseux que son beau-frère (frère de femme), excédé d'avoir à le nourrir, résolut de s'en débarrasser. Il le fit donc descendre *par une liane* dans le terrier d'un tatou sous prétexte de capturer l'animal ; puis il boucha l'entrée et s'en fut. Recueilli par le tatou, l'homme fait la connaissance des /Idsetti deha/, peuple de nains sans anus qui se nourrissent exclusivement de bouillon et de l'odeur des mets. Soit que le héros ne parvienne pas à doter les nains de l'orifice manquant, soit que ceux-ci éprouvent du dégoût à le voir déféquer et à respirer la mauvaise odeur, il obtient du tatou d'être reconduit parmi les siens. Auparavant, le tatou lui avait enseigné une méthode de chasse, consistant à se plonger dans une marmite d'eau bouillante et à ressortir par le fond dont l'eau s'écoule en même temps. Le chasseur se trouve alors dans un pays giboyeux où il n'a d'autre peine que de tuer les animaux et de faire rôtir la viande que sa femme retirera de la

Un ensemble de transformations apparaissent aussitôt, mais qui diffèrent eu égard au mythe bororo et aux mythes gé.

Dans le mythe tacana comme dans le mythe bororo, le héros doit son salut à une liane dont il fait cependant des usages opposés : soit en se hissant jusqu'au sommet de la paroi rocheuse (haut du haut), soit en s'accrochant à l'extrémité inférieure (bas du haut). En dépit de cette différence, l'emploi d'une liane crée une parenté certaine entre les deux mythes auxquels on serait même tenté de reconnaître une origine commune, sur la foi d'un épisode qui se retrouve pratiquement identique dans l'un et dans l'autre, sans que la chaîne syntagmatique semble l'imposer.

Privé de fondement après l'attaque des vautours, incapable de se nourrir, le héros bororo se souvient d'un conte de sa grand-mère où la même difficulté était surmontée au moyen d'un postérieur artificiel fait de pulpe végétale. Or, dans une version qui sera bientôt résumée (M_{303}), le héros tacana se souvient des récits que lui faisait sa grand-mère sur la manière convenable d'appeler à l'aide l'Esprit des bois qui viendra le délivrer. Dans les deux cas, par conséquent, une conduite tantôt anale, tantôt orale, intervient dans le mythe sous l'effet d'un autre mythe, appris d'une grand-mère. Le procédé narratif est assez rare pour suggérer entre les mythes bororo et tacana une parenté non seulement logique, mais réelle.

Il est d'ailleurs possible d'aller plus loin dans cette direction. En comparant M_1 à d'autres mythes bororo, nous avions formulé l'hypothèse que son héros était un « confiné », c'est-à-dire un garçon qui, près d'atteindre l'âge où les jeunes Indiens rejoignent la société des hommes, refusait de se détacher du monde maternel et féminin. Or, quelle est la faute initiale du héros tacana ? Dans une société où, semble-t-il, l'agriculture proprement dite incombait aux femmes (Schuller ; Farabee 2, p. 155, à propos des Tiatinagua qui sont un sous-groupe de la famille tacana), il se montre chasseur incapable, mais expert aux travaux des champs ; il assume donc un rôle féminin. Il frustre ainsi ses alliés qui, d'un point de vue fonctionnel, ne gagnent avec lui rien de plus (et surtout rien d'autre) que ce qu'ils obtenaient auparavant de la femme qu'ils lui ont pourtant cédée. En recourant à la résidence matrilocale, contrairement à la réalité ethnographique (Farabee 2, p. 156), le mythe renforce cette interprétation.

Un autre mythe tacana envisage l'hypothèse symétrique d'une femme qui prétend assumer un rôle masculin :

marmite après que lui-même en sera ressorti. Le méchant beau-frère veut l'imiter, mais comme il ne possède pas le peigne magique donné par le tatou, il meurt ébouillanté (Hissink-Hahn, p. 351-355).

On notera que le héros du mythe bororo M_1 est un dénicheur d'oiseaux dont les vautours dévorent le fondement, de sorte qu'il est incapable de garder la nourriture ingérée : c'est un personnage (trop) percé, tandis que le héros de M_{300b}, excavateur de tatou, est un personnage perceur et (bien) percé par rapport aux nains qui, eux, sont des personnages (trop) bouchés. La transformation du bouilli en rôti ou, plus exactement, la médiation du rôti par le bouilli, pose des problèmes que le temps n'est pas encore venu d'aborder.

M$_{302}$. *Tacana : la femme folle de viande.*

Il y avait une femme qui voulait manger de la viande, mais son mari, mauvais chasseur, rentrait toujours bredouille. Elle décida donc de chasser seule et partit sur la trace d'un cervidé qu'elle poursuivit pendant plusieurs jours sans le rejoindre, et qui était un homme transformé. Celui-ci tenta de convaincre la femme que, comme lui avait dit son mari en cherchant à la détourner de son projet, les cervidés couraient trop vite pour elle ; et il lui proposa le mariage. Mais la femme décida de rentrer chez elle où son interlocuteur l'avertit qu'elle n'arriverait jamais.

En fait, elle continua sa chasse qui avait déjà duré, non pas trois jours à ce qu'elle croyait, mais trois ans. L'homme-cervidé la rattrapa, la transperça avec ses bois et abandonna le cadavre dont un jaguar mangea la chair moins la peau, qui se changea en un fourré touffu de plantes des marais. Les œufs de poux qui étaient dans sa chevelure devinrent le riz sauvage, et sa cervelle donna naissance aux termites et à leur maison.

D'abord égayé par la présomption de sa femme, l'homme partit enfin à sa recherche. En chemin, il rencontra plusieurs oiseaux rapaces qui l'informèrent du sort de la malheureuse. Dorénavant, ajoutèrent-ils, chaque fois qu'un être humain passerait devant une termitière entourée d'herbes marécageuses, il entendrait siffler les termites. En dépit du conseil des oiseaux, l'homme voulut poursuivre sa quête. Parvenu au bord d'une grande rivière, il fut entraîné par les eaux et mourut enseveli dans la vase. De son corps naquirent deux capivaras, un mâle et une femelle, qui répandaient une puissante odeur. C'est l'origine de ces animaux (Hissink-Hahn, p. 58-59).

Ce mythe offre un double intérêt. A travers des distances très considérables, il permet de relier des mythes du Chaco (Toba, M$_{213}$; Mocovi, M$_{224}$) et du Venezuela (Warrau, M$_{223}$), relatifs à une ou plusieurs femmes frustrées et (ou) désobéissantes, subséquemment changées en capivaras. Sans doute est-ce le mari qui subit maintenant cette métamorphose en animal aquatique, tandis que la femme se change en plantes aquatiques (auxquelles s'ajoutent, pour des raisons qui restent à découvrir, les termites siffleurs des marais)[1]. Le mythe bororo du dénicheur d'oiseaux (M$_1$) vient à la rescousse, pour expliquer cette divergence dans le système des transformations.

En effet — et c'est le second point — les deux mythes se recoupent partiellement puisque, ici et là, un allié (épouse ou père) traître à sa fonction en abandonnant qui un mari, qui un fils, subit pareil châtiment : transpercé par la ramure d'un cervidé, dévoré par des animaux cannibales (jaguar ou

---

1. Cette métamorphose sanctionne toujours la démesure : ici, d'une femme qui veut faire l'homme, ailleurs (M$_{256}$) d'un homme qui cherche à tirer avantage de son long pénis pour jouer les surhommes, ou encore d'un enfant qui témoigne d'une cruauté choquante (Hissink-Hahn, p. 81-83, 192-193).

poissons piranhas) ; les restes (périphériques : peau, œufs de poux, cervelle ; ou centraux : viscères) donnant naissance aux plantes des marais. Et si le mythe tacana change en capivara l'homme disjoint de sa femme chasseresse (mais qui cherche obstinément à la rejoindre malgré les conseils des oiseaux), c'est à la façon d'un autre mythe bororo (M_{21}) où des femmes pêcheuses, disjointes de leurs maris (et qui veulent le rester), métamorphosent ceux-ci en cochons. La femme tacana refuse de céder aux avances de l'homme-cervidé qui l'eût pourtant approvisionnée en viande. Dans une version de M_{21}, les femmes bororo sont ravitaillées en poisson par les loutres, qui sont des hommes, parce qu'elles ont cédé à leurs avances (Rondon, p. 167).

Quand nous avons comparé, dans *le Cru et le Cuit*, les mythes bororo et gé sur l'origine des cochons sauvages, une transformation de nature sociologique nous a permis de réduire leurs différences. La ligne de rupture potentielle qui passe, chez les Gé, entre le frère et la sœur mariée, se situe chez les Bororo entre la femme et le mari :

$$[\text{Gé}] \quad (\triangle \overset{\#}{} \circ = \triangle) \quad \Rightarrow \quad [\text{Bororo}] \quad (\circ \# \triangle)$$

Si on avait le droit de remonter des mythes tacana à une structure sociale mal connue, et qui ne paraît actuellement plus observable, on aurait affaire chez ces Indiens à une situation empirique d'un troisième type et qui serait, en fait, à cheval sur les deux autres. A l'origine de cette situation, on ne trouverait pas un état de tension, mais une volonté de rapprochement qui neutralise les écarts techniques entre les sexes : l'homme veut être cultivatrice comme son épouse ; la femme veut être chasseur comme son mari. De cet appétit d'indistinction résulte sans doute une rupture, mais dérivée, car elle se situe cette fois (M_{300a}) entre mari de sœur et frère de femme, lequel répugne à trouver dans le mari de sa sœur un simple doublet de celle-ci :

$$M_{300a} \left[\triangle \overset{\#}{} (\circ) = \triangle \right] \quad \Rightarrow \quad M_{302} \left[\text{gibier} \,/\!/\, (\triangle) \equiv \circ \right]$$

(Sur la transformation : *beau-frère* ⇒ *gibier*, cf. CC, p. 92-100).

La comparaison des paires animales respectivement utilisées par M_{21} et M_{302} fait admirablement ressortir l'ambiguïté de la pensée tacana au sujet de l'opposition des sexes, puisque les animaux qu'elle emploie sont des mixtes :

Bororo (M_{21}) :	poissons	‖	cochons
Tacana (M_{302}) :		capivaras ‖	cervidé

En effet, les poissons pêchés par les femmes bororo de M_{21} sont entièrement du côté de l'eau, les cochons en quoi se changent leurs maris, entièrement du côté de la terre, sinon même des animaux chthoniens. Mais les
capivaras, rongeurs amphibies, illustrent l'union de l'eau (terrestre) et de
la terre ; tandis que les cervidés, animaux féminins pour les Bororo (Colb. *1*,
p. *23*), les Jivaro (Karsten *2*, p. *374*), les Mundurucu (Murphy *1*, p. *53*), les
Yupa (Wilbert *7*, p. *879*), les Guarani (Cadogan *4*, p. *57*), etc. — sous ce
rapport aussi opposés aux cochons, animaux masculins[1] — ont une affinité
avec le ciel atmosphérique, et illustrent l'union de l'eau (céleste) et de la
terre. Peut-être pourrait-on expliquer de la même manière que l'ogre
tacana, remplaçant le jaguar gé dans les mythes « à dénicheur d'oiseaux »,
soit lui aussi un mixte : serpent-perroquet, réalisant l'union de la terre et
de l'air, et confronté comme le cervidé de M_{302} à un adversaire qui, pour
être tantôt homme et tantôt femme, n'entend cependant pas renoncer à
l'autre aspect.

Toutes ces hypothèses offrent un caractère qu'on pourrait appeler
mythico-déductif ; elles reposent sur une critique, au sens kantien du terme,
d'un corps de mythes dont on se demande à quelles conditions une structure
sociale supposée inconnue serait propre à les engendrer ; et sans céder à
l'illusion qu'ils pourraient seulement la refléter. Mais, bien que nous ne
sachions pas grand chose sur les institutions anciennes des Tacana, il est
possible d'y trouver certaines corroborations indirectes de nos hypothèses,
qui leur confèrent au moins une présomption de vérité.

Les tribus du groupe tacana pratiquaient une double initiation des
garçons et des filles, avec des rites de mutilation corporelle conçus, semble-
t-il, pour affirmer une équivalence des sexes en dépit de leur apparente
diversité. Le même couteau de bambou servait à couper le frein du pénis
chez les garçons, à fendre l'hymen chez les filles (Métraux *13*, p. 446). Une
conduite répréhensible avait pour sanctions parallèles le supplice des
fourmis si le coupable était une femme, celui des guêpes si c'était un homme
(Hissink-Hahn, p. 373-374). Et, bien que la vue des idoles et des objets
du culte fût interdite aux femmes cavina, celles-ci avaient le rare privilège
de jouer de la flûte, tandis que les hommes chantaient (Armentia, p. *13*).
Ce souci d'égalitarisme devant les rites va bien dans le sens d'une commuta-
tivité des sexes à laquelle les mythes tacana semblent confusément aspirer.

Il se pourrait aussi que cette forme particulière de dualisme, telle qu'elle
s'exprime de différentes façons dans les rites et dans les mythes, s'expliquât
par la position des Tacana (et de leurs voisins du groupe linguistique panoan),
qui les met à l'intersection des basses cultures de la forêt tropicale et de
celles du plateau andin. Si les mythes que nous avons considérés jusqu'à
présent offrent beaucoup de points communs avec ceux du Chaco et du

---

1. La forme de l'opposition n'est cependant pas constante, puisque les Kogi
assimilent les cochons et les tatous à des êtres féminins, pour la raison que ces animaux
travaillent la terre (Reichel-Dolmatoff, I, p. 270).

Brésil central, ils en diffèrent aussi par la présence dans les versions tacana d'un protagoniste divin, membre d'un panthéon complexe qui n'a pas son équivalent chez les tribus de basse culture, et où certains dieux portent même des noms quechua. Au XVIIe siècle, il y avait encore des objets de provenance péruvienne dans les temples carrés que les Tacana élevaient dans des endroits isolés (Métraux, *l. c.*, p. 447).

En raison du rôle que ces divinités sont appelées à jouer, toutes les fonctions mythiques se trouvent, en quelque sorte, décalées d'un rang ; mais sans que ce glissement vers le haut entraîne une perturbation des fonctions qui doivent demeurer assurées. Les mythes tacana s'en tirent, si l'on peut dire, en faisant correspondre deux demi-termes à une fonction. Considérons, par exemple, la transformation : les aras mangés par le jaguar (dans les mythes gé : M_{7-12}) se changent en serpents mangés par une divinité (dans les mythes tacana : M_{300a}, M_{303}) laquelle illustre donc la transformation tacana du jaguar gé (en tant qu'ogre imaginaire et sauveteur réel). Ce groupe n'est pas homogène, puisque la transformation des aras en serpents constitue un *épisode intérieur* au mythe tacana tandis que la transformation du jaguar en divinité résulte d'une *opération extérieure* faite sur ce mythe au moyen des mythes gé. Pour surmonter la difficulté et obtenir une relation réelle d'équivalence entre les mythes, il faut admettre qu'en raison de l'irruption d'un protagoniste divin dans la série tacana, la correspondance s'établit entre trois termes tacana et deux termes gé, selon la formule :

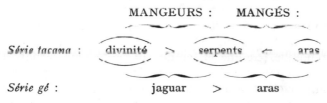

En effet, dans la série tacana, la divinité est un mangeur de serpents et le serpent un mangeur d'hommes, bien que des humains changés d'abord en aras puis en serpents soient eux-mêmes mangés par la divinité. Dans la série gé, le jaguar remplace le serpent (à titre d'ogre virtuel) et se conduit comme la divinité (sauveteur réel), et les aras sont mangés par le jaguar de la même façon que, chez les Tacana, les serpents-aras le sont par la divinité.

Nous saisissons peut-être ici la raison profonde pour laquelle les serpents tacana doivent être logiquement des mixtes : serpents et oiseaux. Comme serpents, ils inversent un terme des mythes gé (à cause de leur subordination à un terme de rang supérieur au leur), comme aras, ils reproduisent l'autre terme. Mais surtout, nous vérifions une fois de plus que l'analyse structurale apporte une aide aux reconstructions historiques. Les spécialistes des Tacana admettent en effet que ces Indiens pourraient avoir une origine orientale : venus, par conséquent, d'une zone de basses cultures et soumis tardivement à l'influence andine qui aurait surimposé son panthéon à un fonds plus ancien. Notre interprétation va exactement dans le même sens. On peut ajouter, sur la foi de la première différence que nous avons relevée entre le mythe bororo et le mythe tacana dont le héros est un dénicheur d'oiseaux, que le procédé compliqué, auquel le second mythe fait appel pour assurer l'isolement du héros, serait aisément explicable s'il résultait d'une transformation de l'épisode correspondant des mythes bororo et gé. Rendue inévitable par le respect d'une contrainte supplémentaire, cette complication apparaîtrait gratuite et incompréhensible si elle était l'effet d'une transformation en sens inverse.

*
* *

Revenons à notre point de départ, c'est-à-dire M_{300a} dont nous savons déjà qu'il transforme trois mythes ou groupes de mythes : $\{M_1\}$, $\{M_7\text{-}M_{12}\}$, $\{M_{22}\text{-}M_{24}\}$, auxquels on peut dès à présent ajouter un quatrième groupe $\{M_{117}, M_{161}\}$ en raison du double motif de la transformation en grand chasseur d'un héros misérable, prisonnier au sommet d'un arbre dont il réussit à descendre par une liane (qui est aussi un *ficus* dans les mythes tacana, Hissink-Hahn, p. 178 ; cf. CC, p. 187, n. 1), dont l'apparition a été magiquement suscitée.

Or, ce dernier aspect renvoie à un cinquième groupe de mythes, longuement analysé au cours de ce travail, et provenant cette fois de la région guyanaise ($M_{237\text{-}239}$). Le point de départ est le même. Un piètre chasseur vivait en résidence matrilocale ; ses beaux-frères cherchent à se débarrasser de lui en le livrant à un monstre cannibale. Un protecteur surnaturel à forme de grenouille (comme la femme du protecteur surnaturel dans une des versions tacana) le débarrasse de la pourriture (puanteur chez les Tacana) d'où provenait sa malchance, et lui fait don de flèches miraculeuses (qu'on tire sans viser en Guyane, ou munies d'une pointe émoussée dans les mythes tacana). Si donc le dénicheur d'oiseaux est un maître de l'eau chez les Bororo, un maître du feu de cuisine chez les Gé, il apparaît chez les Tacana, et à l'instar du héros guyanais, sous l'aspect d'un maître de la chasse dont dépend, au même titre que l'eau (pour ce qui est du bouilli) et du feu (pour ce qui est du rôti) l'existence même de la cuisine qui requiert la viande comme matière, non moins que le feu et l'eau comme moyens.

Une version du mythe tacana du dénicheur d'oiseaux met bien cette nouvelle fonction en lumière. Nous passerons rapidement sur la première partie qui reproduit assez exactement M_{300a}, tout en signalant que la divinité protectrice s'appelle ici Chibute. Du point de vue qui nous intéresse, cette différence peut être négligée puisque Chibute, fils de la sœur de Deavoavai et d'un homme-singe (Hissink-Hahn, p. 158-162), forme avec son oncle maternel une paire semi-dioscurique dont les termes sont aisément commutables : « Bien qu'ils figurent comme personnages distincts dans le panthéon tacana, Chibute et Deavoavai sont ici complémentaires et ils ont la même fonction sémantique, ce qui autorise la transcription : Chibute/ Deavoavai, pour désigner ce personnage double » (*ibid.*, p. 178). Après que la belle-mère du héros a consommé la nourriture maléfique et s'est changée en serpent /ha bacua/, son mari part à sa recherche accompagné de ses fils :

M₃₀₃. *Tacana : l'éducation des garçons et des filles.*

Les trois hommes s'égarèrent et, rencontrant des cochons sauvages, les fils suivirent ces animaux et se transformèrent en leurs pareils. Le beau-père du héros continua sa quête. Affamé, il mangea son bras gauche. Soudain, Chibute apparut, lui reprocha sa méchanceté et lui dit qu'il ne retournerait plus chez les humains, mais périrait sous leurs coups. Changé en grand fourmilier, il errerait sans but sur la terre, vivrait sans femme, engendrerait et procréerait seul ses enfants.

Ému par les pleurs de sa femme, le héros part maintenant sur la trace de ses beaux-parents. Chibute lui montre la vieille transformée en serpent, condamnée à mourir de faim, et le fourmilier qu'il lui apprend à tuer, non avec l'arc et les flèches, mais à coups de massue. Le héros exprime alors le désir de savoir chasser, et Chibute lui enseigne comment façonner un arc dans cette partie du tronc du palmier chima jaune (*Guilielma* sp.) qui fait face au levant[1], ainsi que la corde et deux types de flèches. Et en effet, l'homme devient le meilleur des chasseurs.

On lui confie des élèves arriérés qu'il instruit à son tour avec l'aide de Chibute. Pour cette deuxième génération, le dieu lève certaines restrictions d'ordre magique (se limiter à fabriquer deux flèches par an) mais en ajoute d'autres d'aspect technique. On passe ainsi de l'art de la chasse comme don surnaturel à sa pratique séculière, astreinte à toutes sortes de précautions et de soins que le mythe énumère trop minutieusement pour qu'il soit possible de les reproduire en détail. Résumons donc : lavages nocturnes à l'eau parfumée avec des feuilles de l'arbuste /emarepana/ (non identifié) dont les effluves se répandront dans la forêt[2], tir obligé du premier gibier qui

---

1. Au sujet d'une prescription analogue des Yurok de la Californie, qui façonnaient seulement leurs arcs en bois d'if et dans la partie du tronc exposée vers le haut de la pente selon certains informateurs, ou selon d'autres, vers la rivière, Kroeber remarque avec une condescendance amusée : «Voilà bien le genre de contraintes imprévisibles que ces Indiens adorent s'imposer » (*in :* Elmendorf, p. 87, n. 10). Mais, en France même et de nos jours, les vanniers limousins savent que les perches de châtaigniers ne sont pas aussi faciles à travailler selon qu'elles proviennent des fonds ou des pentes, ou même de pentes différemment exposées (Robert, p. 158). Dans un autre ordre d'idées, les ouvriers chargés du flottage des bois sur les cours d'eau affirment qu'en pleine lune, les troncs sont rejetés vers la rive, alors qu'en nouvelle lune ils restent dans l'axe du courant (Simonot, p. 26, n. 4). Du fait que ses raisons nous échappent, un savoir n'est pas automatiquement à reléguer au rang des superstitions.

2. Les Tunebo employaient une racine odorante pour attirer les cervidés, et les Cuna faisaient le même usage d'une plante appelée /bisep/ (Holmer-Wassen, p. 10). Les chasseurs indiens de la Virginie s'oignaient le corps de racine d'*Angelica*, « *the*

se présente, estomac donné à la femme de l'instructeur, le reste de
la viande aux vieux parents des chasseurs. Ces derniers n'offriront
jamais de viande à leur instructeur, mais iront l'aider dans sa
plantation...

Les jeunes chasseurs avaient deux sœurs, dont l'aînée plaisait
au fils du héros et qu'il souhaitait épouser. A nouveau convoqué
rituellement par le cri : huu ! huu ! poussé entre les mains formant
porte-voix, Chibute expliqua que le prétendant devait amasser du
bois à la porte de ses futurs beaux-parents, et que la jeune fille irait
s'y approvisionner si elle était consentante. Le mariage eut lieu selon
le rituel édicté par Chibute, et dont le mythe donne une description
détaillée.

Quand la femme fut enceinte, elle apprit de son beau-père
comment connaître à l'avance le sexe de l'enfant et quelles précautions prendre pour que l'accouchement soit facile et le garçon
vigoureux. Afin que celui-ci ne pleure pas sans arrêt, dorme la nuit,
n'ait pas de bosses sur la tête, etc., le mythe énumère d'autres
prescriptions ou prohibitions dont nous simplifierons la liste : bains
dans une eau additionnée de sève de liane /rijina/ (non identifiée) ;
interdiction de consommer la viande du singe hurleur rouge (pour
la mère), du jaguar ou la queue du singe hurleur noir (pour l'enfant) ;
de toucher les œufs bleus d'un oiseau des bois ainsi que la plante des
pieds du coati (pour l'enfant). Viennent ensuite les préceptes relatifs
à la fabrication des flèches, aux techniques de chasse, aux indices
permettant de retrouver son chemin dans la forêt, à la cuisson du
gibier (viande rouge rôtie, estomac de cochon cuit à l'étuvée)[1].

Toujours par l'intermédiaire du héros, Chibute enseigna ensuite
au jeune couple les techniques du filage, du tissage et de la poterie
dégraissée avec l'écorce calcinée de l'arbre /caripé/ (une chryso-
balanée ; cf. Whiffen, p. 96 et n. 3).

[Par référence aux termites siffleurs de M$_{302}$, il est intéressant
de noter que le mari devra *siffler* en coupant le bois destiné à faire
la tige du fuseau, et que la planche servant de support au fuseau,
pour que celui-ci tourne vite, sera recouverte par la femme de cendres
d'une *termitière* préalablement incendiée par son mari.]

Après que Chibute eut conseillé de convoquer l'araignée pour
donner des leçons de filage à la jeune femme, il se chargea de lui

---

hunting root » et, contrairement à l'habitude, ils se mettaient alors sous le vent du
cervidé, certains que l'odeur le ferait s'approcher (B. G. Hoffman). Dans ce cas aussi,
il semble s'agir d'une technique positive plutôt que d'une croyance magique. On
n'oserait en dire autant de la coutume sherenté consistant à percer les oreilles des
garçonnets pour y enfiler un bâtonnet de bois léger, dans l'intention de les rendre bons
chasseurs et de les immuniser contre les maladies (Vianna, p. 43-44).

1. Ce traitement différentiel d'un viscère remet en mémoire une observation de
Whiffen pour les tribus de la région entre les rios Issa et Japura : « Selon les Indiens,
ce serait agir en bête que de manger le foie, les rognons et autres entrailles du gibier,
à moins qu'on ne les accommode en soupe ou en ragoût » (p. 130, cf. aussi p. 134).
Les morceaux indignes d'être rôtis ou fumés restent donc consommables, à la condition qu'ils soient bouillis.

apprendre comment fabriquer un métier à tisser avec ses accessoires, préparer les bains de teinture, couper et coudre les vêtements destinés aux deux sexes. Il dit aussi que le chasseur devrait se parer de certaines plumes, porter une gibecière contenant les concrétions de poils, de cailloux et de graisse trouvées dans l'estomac ou le foie de plusieurs gros animaux, prendre bien soin d'enterrer le foie du cochon sauvage à l'endroit même où on l'aurait abattu (pour que les congénères de l'animal y reviennent) et de faire au Maître des cochons l'offrande d'une sacoche tissée et ornée de motifs symboliques, afin que celui-ci n'éloigne pas son troupeau, mais le laisse dans les lieux salifères où les chasseurs tueront beaucoup d'animaux[1].

Le chapitre de la chasse se clôt sur l'énoncé de divers signes prémonitoires du succès ou de l'échec. Après quoi, le dieu passe à la pêche, qui demande un arc et des flèches sans empenne, confectionnés avec des matières premières et selon des techniques appropriées. Les barrages, les nasses, la préparation du poison de pêche, le transport et la cuisson du poisson, sont longuement discutés. Enfin, le mythe se termine par des préceptes sportifs à l'usage du bon chasseur : bains quotidiens, exercices de tir à l'arc sur des termitières (mais seulement quand la lune est dans son croissant) ; prohibitions alimentaires (cervelle de cochon, foie de tortue) ou prescriptions (cervelle de singes *Ateles* et *Cebus*, cœur de /pucarara/ et de tortue mangés crus) ; bonnes manières (ne jamais manger les restes des repas laissés dans les marmites) ; façon correcte de préparer et de porter son matériel ; peintures corporelles, etc. A toutes ces instructions, conclut le mythe, Chibute ajouta beaucoup d'autres que le héros devrait transmettre à son fils et à ses descendants (Hissink-Hahn, p. 165-176).

Que serait ce, si la liste avait été complète ! Car, même sous sa forme fragmentaire, il y a plus d'ethnographie dans ce mythe que n'en pourrait recueillir un observateur après des mois, sinon des années de séjour dans une tribu. Chaque rite, prescription ou prohibition justifierait une étude critique et comparative. Nous n'en donnerons qu'un exemple, choisi parce qu'il intéresse plus directement que d'autres l'analyse en cours.

Pour connaître le sexe de l'enfant encore au giron, le dieu prescrit aux parents de confronter leurs rêves. S'ils ont rêvé tous deux d'un objet rond, tel le fruit du genipa *(Genipa americana)*, du motacú (un palmier : *Attalea* sp.) ou de l'assaï (autre palmier : *Euterpe oleracea*), un fils leur naîtra ; une fille si leur rêve évoquait un objet allongé, racine de manioc ou banane.

Les associations libres de sujets appartenant à notre culture donneraient sans doute le résultat opposé : rond pour une fille, allongé pour un garçon. Or, il est facile de vérifier qu'en règle générale, la symbolique sexuelle des

1. Ce passage vient à l'appui d'une déduction de CC, p. 116, où nous avions formulé l'hypothèse que le cochon était simultanément conçu comme viande et comme maître de la viande. Des prescriptions de chasse identiques existaient chez les Yuracaré.

Indiens sud-américains, quels que soient ses moyens lexicaux, reste homologue à celle des Tacana, et par conséquent inverse de la nôtre. En voici
quelques exemples qui concernent aussi le sexe du futur enfant. Si, disent
les Waiwai de la Guyane, on entend siffler le pic /swis-sis/ l'enfant sera un
garçon ; mais si l'oiseau cogne /tororororo/, une fille (Fock, p. 122 ; cf. Derbyshire, p. 157). En Équateur, les Catio irritent la mante-prieuse : les
deux pattes avancées en manière de riposte présagent une fille, une seule
un garçon (Rochereau p. 82). Cette symbolique est à rapprocher du clas-
sement par sexe des tambours-de-bois amazoniens : le gros tambour, qui
émet des notes basses, est femelle : le petit aux notes hautes est mâle
(Whiffen, p. 214-215)[1]. On a donc une série d'équivalences :

femelle : mâle :: long : rond :: cogné : sifflé :: entier : demi :: grand : petit :: grave : aigu

   Dans *le Cru et le Cuit* (p. 138), nous avions déjà dégagé une opposition
entre vulves allongée et arrondie, inhérente au sexe féminin. Mais, si l'on
prend garde que le mythe mundurucu (M_{58}) auquel nous nous référions
affirme que les jolies vulves sont les plus rondes (Murphy *1*, p. 78), on
aboutit à une proposition :

         (femme désirable) plus : moins :: *(vulve)* ronde : allongée,

qui paraîtrait contradictoire avec la précédente, à moins qu'on ne garde
présente à la mémoire la répulsion pour le corps féminin, latente chez les
Indiens sud-américains, et qui ne le leur rend désirable, sinon même tolé-
rable, que s'il se situe, quant à son odeur et quant à ses fonctions physio-
logiques, en deçà de la pleine manifestation de toutes ses virtualités (CC,
p. 190-191, 274-277).
   On peut sans doute simplifier la première série d'équivalences, en considérant que l'opposition entre sifflé et cogné redouble celle, également de
nature acoustique, entre notes aiguës et notes graves ; mais le problème
subsiste de savoir pourquoi les femmes sont conçues comme plus « consé-
quentes » que les hommes, dirait la langue populaire en subsumant toutes
les oppositions. Il semble que la pensée sud-américaine suive ici une
démarche analogue à celle des tribus des montagnes de la Nouvelle-Guinée
pour qui l'opposition entre les sexes est très fortement marquée, et qui la

---

   1. Moins symbolique et plus rationalisée, la méthode des Kaingang-Coroado se
rapproche davantage de notre systématique. Ils présentent une massue au petit
fourmilier ; s'il l'accepte, l'enfant sera un garçon, s'il la refuse, une fille (Borba, p. 25).
Nous ne prétendons pas que l'équation ci-dessus soit applicable à la symbolique de
toutes les tribus. Ainsi les Umutina semblent faire exception en distinguant les fruits
du palmier bacaba do campo (*Oenocarpus* sp.) en « mâles » et « femelles » selon qu'ils
sont allongés ou courts respectivement (Schultz *2*, p. 227 ; Oberg, p. 108), et les Baniwa
prêtent des bras « aplatis » aux hommes, des bras « arrondis » aux femmes (M_{276b}).
Mais ce sont précisément ces différences entre les systèmes de représentations qui
mériteraient d'être étudiées de plus près qu'on ne l'a fait jusqu'à présent.

justifient par la croyance que les femmes ont la chair disposée « verticalement » le long des os, tandis que les hommes l'ont « horizontalement », c'est-à-dire dans le sens transversal par rapport à l'axe des os. A cette différence anatomique, les femmes doivent d'atteindre la maturité plus vite que les hommes, de se marier en moyenne dix ans plus tôt, et même adolescentes, de pouvoir contaminer par leur sang menstruel les garçons qui, au même âge, restent particulièrement vulnérables, du fait que le statut social et moral d'hommes adultes leur est encore dénié (Meggitt, p. 207 et 222, n. 5, 6).

Or, en Amérique du Sud aussi, une opposition : *longitudinal/transversal*, formulée en d'autres termes, servait à traduire des différences d'autorité et de statut. Les anciennes tribus de la région du rio Negro reconnaissaient les chefs au port d'un cylindre de pierre dure, foré dans toute sa longueur, c'est-à-dire parallèlement à l'axe du cylindre ; tandis que les pendentifs des gens du commun, également cylindriques, étaient perforés transversalement. Nous retrouverons plus loin cette distinction, qui n'est pas sans analogie avec celle des bâtons de rythme, creux ou pleins selon le sexe de l'exécutant chez les Guarani méridionaux. En effet, on peut admettre qu'un cylindre perforé dans le sens de la longueur est relativement plus creux que le même cylindre perforé dans le sens de la largeur, et dont la masse est pleine presque complètement.

Après avoir donné un exemple de la richesse et de la complexité des commentaires que justifierait chacune des croyances, coutumes, rites, prescriptions et prohibitions dont M_{303} offre la liste, retournons au mythe envisagé d'un point de vue plus général. Nous avons vu qu'en plus des groupes $\{M_1\}$, $\{M_{7-12}\}$, $\{M_{22-24}\}$, $\{M_{117}$ et $M_{161}\}$, il transformait le groupe guyanais $\{M_{237-239}\}$. Ce n'est pas tout ; car, après avoir noté au passage la référence fugitive à $\{M_{15-18}\}$ (transformation des méchants beaux-frères en cochons sauvages), il convient maintenant d'examiner la dernière transformation illustrée par le mythe tacana : celle du groupe des mythes gé $\{M_{225-228}$ et $M_{232}\}$ dont on se souvient qu'ils se rapportent aussi à l'origine du fourmilier, et à l'éducation des garçons comme chasseurs et (ou) comme guerriers.

Dans *le Cru et le Cuit*, nous avions mis un mythe de ce groupe (M_{142}) en rapport de transformation implicite (par l'intermédiaire de M_5, lui-même transformation de M_1) avec le mythe du dénicheur d'oiseaux, au moyen d'une équivalence entre la disjonction horizontale *(amont/aval)* et la disjonction verticale *(ciel/terre)* de leurs héros respectifs (CC, p. 262-265). En passant maintenant des mythes gé aux mythes tacana où, sans qu'elle subisse de distorsion, nous retrouvons l'image du dénicheur d'oiseaux, nous obéissons donc toujours à l'obligation de refaire en sens inverse l'itinéraire déjà parcouru.

Après leur disjonction, volontaire ou involontaire, horizontale ou verticale, aquatique ou céleste, les héros gé et tacana affrontent des ogres : falconidés chez les Gé, serpents-perroquets chez les Tacana. L'opposition entre oiseaux rapaces et perroquets étant constante dans la mythologie sud-américaine sous la forme : (oiseaux) *carnivores/frugivores*, le système ethno-zoologique commun aux deux groupes de mythes serait clos si, de même que le jaguar gé et celui du Chaco sont des mangeurs de perroquets, les faucons gé pouvaient être rangés dans le genre *Herpetotheres* qui groupe des mangeurs de serpents. Mais, dans une version au moins, un des oiseaux est un *Caprimulgus*, non un faucon, et ailleurs le genre des falconidés demeure indéterminé.

Quoi qu'il en soit, partout les animaux cannibales répondent à un appel cogné : émanant soit des ennemis du héros (puis du dieu secourable) dans les mythes tacana, soit, dans les mythes gé, du héros lui-même (cf. aussi M_{177} *in :* Krause, p. 350, où le héros bat l'eau : tou, tou, tou... pour provoquer la venue des aigles meurtriers). Tantôt un seul des grands-parents ou tous les deux se transforment en fourmiliers ($M_{227, 228, 230}$), tantôt le père, ou le père et la mère, de la femme du héros subit le même sort (M_{229}, M_{303}). Nous avons discuté, p. 110-113, les oppositions ou transformations :

a) capivara *(longues dents)*/fourmilier *(édenté)* ;

b) grands-parents ⇒ fourmiliers *(mangeurs de termitières)* ;
   tête du héros   ⇒ termitière ;
   beaux-parents   ⇒ mangeurs de fourmilier ;

On retrouve un ensemble comparable chez les Tacana :

beau-père   ⇒ fourmilier (M_{303}) ;
cervelle de la femme ⇒ termitière (M_{302}) ;
parents du héros   ⇒ mangeurs de fourmilier (M_{303}) ;

pour deux mythes M_{302} et M_{303}, dont l'un se rapporte à l'origine du capivara, l'autre à celle du fourmilier. Enfin, aussi bien dans le groupe tacana que dans le groupe gé, un mythe (M_{226}, M_{303}) se détache des autres, et offre le caractère d'un véritable traité sur l'initiation. Mais en même temps, une différence apparaît, qui nous fournira la solution d'une difficulté méthodologique et théorique sur laquelle il convient d'abord d'appeler l'attention.

L'enquête à laquelle nous nous livrons depuis le début du précédent volume procède à la manière d'un balayage du champ mythique, commençant en un point arbitrairement choisi pour se poursuivre méthodiquement, de long en large et de haut en bas, de droite à gauche et de gauche à droite, pour rendre perceptibles certains types de relations entre des mythes qui occupent des positions consécutives sur une même ligne, ou entre ceux qui se situent sur des lignes différentes, tout en étant placés au-dessus ou au-dessous les uns des autres. Mais, dans les deux cas, une distinction subsiste entre le balayage lui-même, qui constitue une opération, et les mythes qu'il éclaire successivement ou périodiquement, et qui sont l'objet de cette opération.

Or, tout se passe comme si, à l'occasion de M_{303}, le rapport entre l'opération et son objet venait à s'inverser, et cela de deux façons. D'abord, le balayage primitivement horizontal apparaît tout à coup vertical. Ensuite et surtout, M_{303} se définit par un ensemble de points privilégiés dans le champ et son unité comme objet devient insaisissable, en dehors de l'acte même du balayage dont le mouvement indécomposable relie ces points entre eux : le balayage représente donc maintenant le corps mythique M_{303}, et les points balayés, la série des opérations que nous exécutons sur lui :

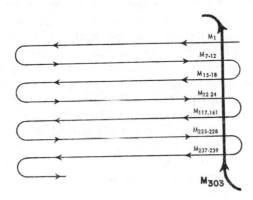

La première explication qui vient à l'esprit, pour rendre compte de ce double renversement à la fois géométrique et logique, est qu'un système mythique n'est accessible que dans le devenir : non pas inerte et stable, mais en perpétuelle transformation. Il y aurait donc toujours plusieurs espèces de mythes présentes simultanément dans le système, les unes primitives (relativement au moment où se fait l'observation), les autres dérivées. Tandis que les unes se maintiendraient encore intactes en certains points, elles ne seraient plus décelables ailleurs que par fragments. Là où l'évolution est le plus avancée, les éléments libérés par le processus de décomposition des vieux mythes se trouveraient déjà incorporés dans de nouvelles combinaisons

En un sens, cette explication va de soi puisqu'elle invoque des faits difficilement contestables : les mythes se démantèlent et, comme disait Boas, de nouveaux mythes naissent de leurs débris. Cependant, elle ne peut satisfaire complètement, car il est clair que le caractère primaire ou dérivé que nous serions ainsi portés à attribuer à tel ou tel mythe ne lui appartiendrait pas de façon intrinsèque, mais serait largement fonction de l'ordre de présentation. Nous avons montré dans *le Cru et le Cuit* (p. 9-14), que cet ordre est inévitablement arbitraire, puisque les mythes ne se préjugent pas mais explicitent de façon spontanée le système de leurs relations réciproques. Eussions-nous donc choisi d'examiner M_{303} en premier, pour des raisons tout aussi contingentes que celles qui ont valu le numéro 1 au mythe bororo du dénicheur d'oiseaux, que celui-là, au lieu de l'autre, aurait manifesté les singulières propriétés sur lesquelles nous concentrons présentement notre attention. D'ailleurs, nous ne les rencontrons pas ici pour la première fois. Déjà à propos d'autres mythes (ainsi M_{139}) il nous avait fallu faire appel à des notions telles que celles d'intersection, de coupe transversale et d'armatures juxtaposées (CC, p. 258-260).

La difficulté du problème vient donc de l'obligation où nous sommes de tenir simultanément compte de deux perspectives. Celle de l'histoire est absolue et indépendante de l'observateur, puisque nous devons admettre qu'une coupe opérée à un moment quelconque dans la matière mythique emporte toujours avec elle une certaine épaisseur de diachronie, du fait que cette matière, hétérogène dans la masse au regard de l'histoire, est formée d'un conglomérat de matériaux qui n'ont pas évolué au même rythme et sont donc différemment qualifiés sous le rapport de l'avant et de l'après. L'autre perspective relève d'une analyse structurale qui, par quelque bout qu'elle commence, sait qu'elle se heurtera toujours, après un certain temps, à une relation d'incertitude faisant de tout mythe examiné tard, à la fois une transformation locale des mythes qui l'ont immédiatement précédé, et une totalisation globale de tout ou partie des mythes compris dans le champ de l'investigation.

Cette relation d'incertitude est sans doute la rançon qu'il faut payer pour prétendre à la connaissance d'un système clos : au début, on apprend beaucoup sur la nature des relations unissant les éléments d'un système dont l'économie générale reste obscure ; et à la fin, des relations devenues redondantes renseignent davantage sur l'économie du système qu'elles ne font apparaître de nouveaux types de liens entre les éléments. Il semble donc qu'on ne puisse jamais connaître les deux choses à la fois, et qu'il faille se contenter de recueillir des informations qui porteront, soit sur la structure générale du système, soit sur les rapports spéciaux entre tels ou tels de ses éléments, mais jamais sur les deux ensemble. Et pourtant, un des types de connaissance précède nécessairement l'autre, puisqu'on ne pourrait s'attaquer directement à la structure sans disposer au préalable d'un nombre suffisant de rapports entre les éléments. Par conséquent, quel que soit le point de départ empirique choisi, les résultats changeront de nature au fur et à mesure que l'enquête progressera.

Mais, d'un autre côté, il est impossible que ces résultats soient entièrement et exclusivement soumis aux limitations internes de l'analyse structurale. Car, s'il en était ainsi, le caractère primaire ou secondaire de mythes qui appartiennent à des sociétés bien réelles n'aurait qu'une valeur relative, et dépendrait de la perspective choisie par l'observateur. Il faudrait alors renoncer à tout espoir de faire déboucher l'analyse structurale sur des hypothèses historiques. Ou plutôt, celles-ci se réduiraient à des illusions d'optique vouées à se dissiper, sinon même à s'inverser, chaque fois qu'il prendrait fantaisie au mythologue de disposer autrement ses matériaux.

Or, nous avons à plusieurs reprises avancé des interprétations dont nous affirmions que n'étant pas réversibles ou l'étant à trop grand prix, elles permettaient d'affirmer de deux mythes, non pas relativement mais dans l'absolu, que l'un représentait un état antérieur, l'autre un état postérieur, d'une transformation qui n'aurait pu se produire à contresens.

Pour tâcher de surmonter la difficulté, considérons M_{303} dans son rapport à tous les autres mythes ou groupes de mythes dont il opère la transformation. Sans doute nous apparaît-il simultanément comme un membre particulier du groupe de ces transformations, et comme une expression privilégiée du groupe qu'il résume en lui autant et plus que nous ne parvenons à le compléter grâce à lui. Cette situation paradoxale résulte de la pluei-dimensionnalité du champ mythique, que l'analyse structurale explore (rn même temps qu'elle le constitue) par un mouvement en spirale. D'aboed linéaire, une série enroulée sur elle-même se consolide en plan, lequrl engendre à son tour un volume. Par conséquent, les premiers mythes étudiés se réduisent presque entièrement à une chaîne syntagmatique dont le message doit être déchiffré par référence à des ensembles paradigmatiques qu'à ce stade les mythes ne fournissent pas encore, et qu'on doit rechercher en dehors du champ mythique, c'est-à-dire dans l'ethnographie. Mais plus tard, et à mesure que, par son action catalysante, l'étude rend manifeste la structure cristalline du champ et son volume, un double phénomène se produit. D'une part, les rapports paradigmatiques intérieurs au champ se multiplient beaucoup plus vite que les rapports externes qui atteignent même un plafond, dès lors que toutes les informations ethnographiques disponibles ont été rassemblées et exploitées, de sorte que le contexte de chaque mythe consiste de plus en plus dans d'autres mythes, et de moins en moins dans les coutumes, croyances et rites de la population particulière dont provient le mythe en question. D'autre part, la distinction, claire au début, entre une chaîne syntagmatique interne et un ensemble paradigmatique externe, tend à s'abolir théoriquement et pratiquement puisque une fois le champ mythique engendré, l'axe arbitraire choisi pour son exploration définira à la fois la série qui, pour les besoins de la cause, jouera le rôle de chaîne syntagmatique, et les relations transversales en chaque point de la série, qui fonctionneront comme des ensembles paradigmatiques. Selon la perspective adoptée par l'analyste, une série quelconque pourra donc servir de chaîne syntagmatique ou d'ensemble paradigmatique, et ce choix initial déterminera le caractère (syntagmatique ou paradigmatique) de toutes les autres séries. Tel est bien le phénomène mis en évidence au cours de l'analyse de M_{303}, puisque la chaîne syntagmatique formée par ce mythe se convertit en ensemble paradigmatique pour l'interprétation de n'importe lequel des mythes qu'il transforme, mais dont le groupe formerait à son tour un ensemble paradigmatique propre à éclairer M_{303} si nous avions commencé notre enquête par l'autre bout.

Tout cela est vrai, mais néglige cependant un aspect de M_{303} qui le différencie dans l'absolu des autres mythes dont nous l'avons rapproché, sans qu'au stade présent de la discussion nous puissions attribuer à cette différence une origine logique ou historique, et sans que nous devions, par conséquent, nous laisser intimider par l'antinomie de la structure et de l'événement. En effet, tous les mythes dont nous avons reconnu l'appartenance au même groupe que M_{303} se réfèrent à l'éducation des garçons ou à l'éducation des filles, mais jamais aux deux ensemble (ou s'ils le font comme M_{142}, M_{225}, c'est dans l'hypothèse spéciale, et de ce fait également restrictive, d'un pareil *manque* d'éducation). De ce point de vue, M_{303} innove, car il consiste en un traité d'éducation mixte conviant à s'asseoir, sur les bancs de la même école, l'Émile de la famille gé et la Sophie des tribus guyano-amazoniennes.

Ce caractère original de M_{303} confirme d'abord l'hypothèse sur la réversibilité des sexes dans la pensée et les institutions tacana à laquelle nous étions parvenu de façon purement déductive[1]. Chez ces Indiens, l'accession des garçons et des filles à l'âge adulte ne résulte pas d'un écart différentiel rituellement instauré entre les sexes, et tel que l'un soit désormais tenu pour supérieur à l'autre. Au contraire, les deux sexes doivent être promus ensemble, par l'effet d'une opération qui minimise leurs différences anatomiques, et grâce à un enseignement simultanément imparti qui souligne une indispensable collaboration (ainsi l'intervention répétée du mari au cours de la fabrication et de l'emploi du fuseau, bien que le filage soit une occupation féminine).

En second lieu, un décalage apparaît entre M_{303} et les mythes que nous avons rangés dans le même groupe : il est à la fois comme eux, et plus qu'eux. D'un problème qui offre en théorie deux aspects, ces mythes n'envisageaient qu'un seul alors que M_{303} s'efforce de les juxtaposer et de les mettre sur le même pied. Il est donc logiquement plus complexe et transforme, en droit, plus de mythes que chacun de ces mythes ne le fait en particulier. Allons plus loin : pour autant que la mythologie du miel, qui

1. De cette réversibilité, M_{303} fournit une illustration particulièrement frappante avec l'épisode de la transformation du beau-père en fourmilier qui, dorénavant, vivra isolé, sera privé de femme, engendrera et procréera seul ses enfants. En effet, la croyance courante en Amérique du Sud depuis le rio Negro (Wallace, p. 314) jusqu'au Chaco (Nino, p. 37) veut qu'il n'existe pas de fourmilier mâle et que tous les individus, appartenant au sexe féminin, se fécondent seuls sans intervention d'un autre agent. Le lien du mythe tacana avec l'aire guyanaise est encore renforcé par la transformation des fils du beau-père en cochons, puisque les Kalina appellent, à cause d'une rayure de son pelage, le grand fourmilier « père des pécaris à collier » (Ahlbrinck, art. « pakira »). Quoi qu'il en soit de ce dernier détail, la transformation tacana du fourmilier femelle, concevant par ses propres moyens, en un mâle capable de concevoir et d'accoucher, montre bien que ces Indiens affectent les sexes d'un coefficient d'équivalence qui les rend commutables dans les deux sens avec la même facilité.

Nous n'avons pas rencontré la croyance au fourmilier mono-sexué chez les Toba, mais elle est indirectement attestée par le fait qu'aujourd'hui encore, ces Indiens dirigent ailleurs leur battue quand ils trouvent les excréments du grand fourmilier, persuadés que cet animal vit en solitaire et que sa présence exclut celle de tous les autres animaux (Susnik, p. 41-42).

nous a servi de fil conducteur, a pour protagoniste une fille mal élevée, à partir du moment où elle se transforme en mythologie de chasse, l'héroïne se change en un héros qui est un garçon bien (ou mal) élevé. On obtient ainsi un méta-groupe dont les termes sont transformables les uns dans les autres, sous réserve de la valence masculine ou féminine du personnage principal et du type d'activité techno-économique évoqué. Mais tous ces mythes demeurent, en quelque sorte, à l'état de semi-mythes, dont la synthèse reste à faire par imbrication de leurs séries respectives au sein d'un mythe unique qui prétendrait combler la carence (sous l'aspect de laquelle une éducation, spécialement conçue pour un sexe, ne saurait manquer d'apparaître à l'autre), en recourant à la tierce solution d'une éducation égale pour tous, et donnée, autant que possible, en commun. Telle est précisément la solution tacana, peut-être mise en pratique dans les anciennes coutumes, en tout cas rêvée dans leurs mythes et par eux endossée.

Nous ignorons quel type d'évolution historique peut être responsable de la coexistence, empiriquement attestée, de principes opposés d'éducation en des points différents de l'Amérique tropicale. La solution mixte des Tacana (et sans doute de leurs voisins panoan, réunis avec eux dans la même famille linguistique macro-panoan selon la classification récente de Greenberg) représente-t-elle une forme plus ancienne, qui aurait engendré par fission les rites d'initiation masculine des Gé et ceux, dont l'orientation est surtout féminine, des tribus de l'aire guyano-amazonienne (et, à un moindre degré, du Chaco) ? Ou faut-il concevoir l'hypothèse inverse d'une conciliation ou d'une synthèse, accomplie par les Tacana et les Pano sur la base de traditions opposées entre elles, mais qu'une migration d'ouest en est leur aurait permis de connaître et d'adopter ? L'analyse structurale ne résout pas ces problèmes. Au moins a-t-elle le mérite de les poser et même de suggérer qu'une solution est plus vraisemblable que l'autre, puisque la comparaison sur le plan formel que nous avons faite d'un épisode de M_{303} et de l'épisode correspondant de M_1, M_{7-12}, nous a conduit à penser que le mythe tacana pouvait dériver des mythes bororo-gé, mais que l'hypothèse inverse se heurterait à d'énormes difficultés. Dans ce cas, l'idéal d'éducation mixte des Tacana pourrait procéder d'un effort pour adapter une tradition orientale d'initiation masculine à une tradition occidentale mettant surtout l'accent sur l'éducation des filles. Cet effort aurait abouti au remaniement, afin de les intégrer dans un système global, de mythes jadis rattachés à l'une ou à l'autre tradition, mais dont le caractère de transformation réciproque atteste qu'ils s'étaient eux-mêmes déjà différenciés à partir d'un fonds plus ancien.

QUATRIÈME PARTIE

LES INSTRUMENTS DES TÉNÈBRES

« Nunc age, naturas apibus quas Iuppiter ipse
addidit expediam, pro qua mercede canoros
Curetum sonitus crepitantiaque aera secutae
Dictaeo caeli regem pauere sub antro. »

VIRGILE, *Géorgiques*, IV, v. 149-152.

LES INSTRUMENTS DES TÉNÈBRES

I

LE VACARME ET LA PUANTEUR

Les considérations générales qui précèdent ne doivent pas faire perdre de vue le problème qui nous a ramené vers le mythe tereno du dénicheur d'oiseaux (M_{24}) et qui nous a conduit à le rapprocher des mythes tacana sur le même thème ($M_{300\text{-}303}$). Il s'agissait de comprendre, dans ces mythes, la récurrence d'un « appel cogné » ailleurs adressé au tapir, animal séducteur, et maintenant au miel, aliment également séducteur, transformé chez les Tacana (mais sans que la liaison cesse d'être perceptible) en un animal dévorateur, le serpent-ara. Si l'on souhaitait une comparaison, externe à la mythologie tacana, pour confirmer l'unité du groupe, elle serait amplement fournie par le mythe tereno qui combine les trois termes : miel, serpent, ara, pour parvenir à la notion d'un miel destructeur (par adjonction de chair de serpent) entraînant la transformation de la consommatrice en jaguar dévorateur — précisément d'aras ou de perroquets — et aussi d'hommes, alors que dans le mythe tacana, l'homme est en position de mangeur (dénicheur d'œufs) d'aras.

Ce mythe tereno, où le miel porté à une puissance négative par l'adjonction de chair de serpent joue le rôle de moyen, propose d'expliquer l'origine du tabac, lequel est au delà du miel comme le sang menstruel (dont la femme se sert pour empoisonner son mari) est en deçà. Sur le système polaire constitué par le tabac et le miel, nous avons déjà donné de nombreuses indications et nous y reviendrons plus loin. Quant à l'opposition du miel et du sang menstruel, nous l'avons aussi rencontrée dans des mythes qui attribuent des valeurs variables au rapport entre les deux termes : ces valeurs peuvent se rapprocher quand le maître du miel est un personnage masculin, qui n'éprouve pas de dégoût pour une jeune fille indisposée (M_{235}) ; elles s'inversent, tout en restant éloignées l'une de l'autre, au terme de la série de transformations qui nous a conduit du personnage de la fille folle de miel (ou de son corps) au jaguar chaste, mais fou de sang menstruel (M_{273}).

Un autre lien apparaît entre le mythe tereno et un groupe de mythes tacana que nous avons plusieurs fois évoqués ($M_{194-197}$). Dans M_{197}, les filles de l'irára (« melero », animal maître du miel) nourrissent leurs maris avec une bière à laquelle elles ont mêlé leurs excréments ; elles se conduisent donc en empoisonneuses de leurs maris, comme l'héroïne du mythe tereno. Quand il eut découvert les manœuvres criminelles de sa femme, l'Indien tereno partit chercher du miel, instrument de sa vengeance, et il entre-choqua ses sandales pour le trouver plus facilement. Pareillement instruits, les maris tacana rossèrent leurs femmes, faisant ainsi résonner : pung, pung, pung... les petits tambours-de-bois qu'ils avaient accrochés au dos de leurs épouses (M_{196})[1]. Averti par le bruit et pour soustraire les femmes à ces mauvais traitements, leur père les transforma en aras :

	poison :	*appel cogné :*	*conséquence de la vengeance:*
M_{24} :	sang menstruel	cause (du moyen) de vengeance	femme changée en (jaguar) mangeur d'aras ;
M_{197} :	excréments	résultat (du moyen) de vengeance	femmes changées en aras ;

Un rapport plus direct existe entre le sang menstruel, l'excrément et le miel. Dans M_{24}, le mari administre à sa femme du miel empoisonné en échange, si l'on peut dire du sang menstruel qu'il a reçu d'elle ; dans M_{197}, la cuisinière échange (avec elle-même) les excréments qu'elle mêle à la bière, contre le miel qu'elle aurait dû normalement employer.

Par conséquent, et pour obscur que soit encore l'épisode de l' « appel cogné », sa présence dans le mythe tereno, corroborée par d'autres mythes, ne semble pas explicable par des causes particulières ou fortuites. On ne peut pas davantage invoquer quelque vestige d'un usage technique (faire du bruit pour éloigner l'essaim) ou magique (anticiper, en imitant leur bruit, les coups de hache du chercheur de miel après qu'il a localisé l'essaim) puisque ces interprétations, dépourvues de fondement ethnographique, seraient inapplicables à l' « appel cogné » tel que nous l'avons trouvé décrit chez les Tacana, dans un contexte mythique transformé.

Si le geste d'un chercheur de miel heurtant ses sandales l'une contre l'autre n'est pas réductible à des causes accidentelles, ou à une intention technique ou magique en rapport direct avec sa quête, quelle place revient donc dans le mythe à l'emploi d'un bruiteur improvisé ? Pour tenter de résoudre ce problème, qui ne met pas seulement en cause un détail appa-remment infime d'un très court mythe, mais derrière lequel se profile toute la théorie des appels et, par delà, le système entier des instruments de musique, nous allons introduire deux mythes des Indiens Tukuna, qui

---

1. Les Kalina de la Guyane aussi utilisent la peau de l'irára pour tendre les tam-bours de petit format (Ahlbrinck, art. « aira »).

vivent sur les rives du rio Solimões entre 67 et 70° long. O., et dont on classe actuellement la langue avec celle des Tucano plus au nord :

M₃₀₄. *Tukuna : la famille changée en jaguars.*

Un homme âgé et sa femme partirent avec d'autres hommes on ne sait où, peut-être dans l'autre monde. Le vieillard apprit à ses compagnons comment tirer une flèche sur un tronc de /tururi/. A peine l'arbre était-il touché qu'une bande d'écorce se détachait de haut en bas. Chacun choisissait un morceau d'écorce et le martelait pour l'élargir, le peignait de taches noires imitant celles du jaguar et s'en revêtait. Ainsi transformés en jaguars, les chasseurs couraient la forêt en massacrant et en mangeant les Indiens. Mais d'autres surprirent leur secret et résolurent de les exterminer. Ils tuèrent le vieillard alors qu'il les attaquait, déguisé en jaguar. Sa femme les entendit prononcer le nom du meurtrier ; elle le poursuivit sous l'apparence d'un jaguar et le mit en pièces.

Le fils de la vieille avait deux enfants. Un jour, celle-ci accompagna son fils et d'autres chasseurs jusqu'à un endroit où poussaient des /envieira/, arbres à fruits dont les toucans se nourrissent. Chaque chasseur choisit un arbre et y grimpa pour tuer les oiseaux à la sarbacane. Tout à coup, la vieille surgit sous la forme d'un jaguar et elle dévora les oiseaux morts tombés au pied de l'arbre où son fils était installé. Quand elle fut partie, l'homme descendit pour ramasser les oiseaux qui restaient. Il voulut ensuite remonter dans l'arbre, mais une épine lui blessa le pied et il s'accroupit pour l'extraire. A ce moment, la vieille bondit sur sa nuque et le tua. Elle préleva le foie, l'enveloppa de feuilles et le rapporta à ses petits-fils en prétendant que c'était un champignon d'arbre. Mais les enfants, rendus méfiants par l'absence de leur père, inspectèrent la marmite et reconnurent un foie humain. Ils suivirent leur grand-mère dans la forêt, et la virent se changer en jaguar et dévorer le cadavre de leur père. Un des garçons enfonça dans l'anus de l'ogresse une lance, dont la pointe était faite d'une dent de cochon sauvage. Elle prit la fuite, et les enfants inhumèrent les restes de leur père dans un terrier de tatou.

Ils étaient déjà de retour à la cabane quand la vieille survint en gémissant. Comme ils feignaient de s'inquiéter, elle expliqua qu'elle s'était blessée en tombant sur une souche dans la plantation. Mais les enfants examinèrent la blessure et reconnurent le coup de lance. Ils allumèrent un grand feu derrière la cabane et se procurèrent un tronc creux de l'arbre /ambaúva/ dont ils fendirent longitudinalement une extrémité, de façon que les deux langues de bois claquent l'une contre l'autre en vibrant quand ils jetteraient le tronc par terre. Ils causèrent ainsi un terrible vacarme jusqu'à ce que la vieille sortît de la cabane, furieuse de tout ce bruit autour d'une malade. Aussitôt ils l'empoignèrent, la jetèrent dans le brasier où elle brûla vive (Nim. *13*, p. 147-148).

Avant d'analyser ce mythe, nous donnerons quelques éclaircissements d'ordre botanique et ethnographique. Il est question de trois types d'arbres dans M_{304} : /tururi/, /envieira/, /ambaúva/. Le premier nom, auquel ne correspond aucune essence bien définie, désigne « plusieurs espèces de *Ficus* et d'artocarpes » (Spruce, I, p. 28) ; on utilise la partie interne de leur écorce pour faire des vêtements et des réceptacles. /Envieira/ (envira, embira) désigne sans doute des *Xylopia* à écorce fibreuse servant à confectionner des amarres, ligatures et bandoulières, et porteurs de graines aromatiques appréciées des toucans, dit le mythe, et que les Kalina de la Guyane enfilent en colliers (Ahlbrinck, art. « eneka », 4, § c). L'/ambaúva/ ou /embaúba/, littéralement « non-arbre » (Stradelli *1*, art. « embayua »), ou comme diraient nos forestiers « faux bois », est une *Cecropia*. Le nom tupi recouvre plusieurs espèces dont la plus fréquemment citée dans la littérature est *Cecropia peltata*, l'arbre-à-tambour (Whiffen, p. 134, n. 3 ; 141, n. 5), ainsi nommé parce que son tronc naturellement creux se prête à la confection de cet instrument, de même qu'à celle du bâton de rythme et de la trompe (Roth *2*, p. 465). Enfin, l'écorce fibreuse des *Cecropia* donne des cordages résistants (Stradelli, *l. c.*).

Le mythe introduit donc une triade d'arbres, tous utilisés pour la confection de vêtements et d'ustensiles d'écorce et dont l'un fournit aussi la matière, naturellement ouvrée, de plusieurs instruments de musique. Or, les Tukuna, qui font la caisse de leurs tambours (de peau) en bois d'embaúba (Nim. *13*, p. 43), associent étroitement la musique et les masques d'écorce battue, qui jouent un grand rôle dans leurs fêtes, et dont ils ont poussé l'art à un très haut degré. On soupçonne déjà que M_{304} pose un problème particulier (mais qui reste pour le moment obscur) en rapport avec la préparation des masques et des costumes d'écorce. Cet aspect ressortira encore plus nettement après qu'on aura rappelé qu'à la conclusion des fêtes, les visiteurs déguisés sous des habits d'écorce de /tururi/ garnis de franges de /tururi/ ou d'/envira/ (envieira) tombant presque jusqu'au sol, les abandonnaient à leurs hôtes, dont ils recevaient en retour des présents de viande fumée (Nim. *13*, p. 84). Or, dans le mythe également, le port d'un costume d'écorce, transformant le chasseur en jaguar, le met en position d'acquéreur de viande : humaine, certes, et non animale ; mais l'écorce, matière première du costume, relève aussi d'une catégorie exceptionnelle en son genre, puisqu'elle a été obtenue par un moyen magique : « chassée », non arrachée de l'arbre, et qu'elle se présente tout de suite sous la forme de longs rubans, au lieu qu'il faille laborieusement la décoller du tronc (Nim. *13*, p. 81).

Compte tenu de l'éloignement géographique, la régularité des transformations qui permettent de passer du mythe tukuna aux mythes du Chaco (M_{22-24}) sur l'origine du jaguar et du tabac est tout à fait saisissante :

M_{304} : Une mère | changée en jaguar, et dont | le fils | est grimpé dans un arbre,
M_{22-24} : Une épouse | | le mari |

≡

M_{304} : pour chasser | des oiseaux, | toucans, | dévore les oiseaux, | morts.
M_{22-24} : pour dénicher | | aras ou perroquets, | tombés | vivants.

≡

M_{304} : | La femme tue l'homme, rapporte | le *foie* à ses petits-fils | qui reconnaissent son origine.
M_{22-24} : | | la *tête* à ses fils |

≡

M_{304} : | La femme-jaguar est détruite par le feu.
M_{22-24} :

Pour interpréter correctement l'épisode de M_{304} où le héros, blessé au pied par une épine, succombe à l'attaque du jaguar pendant qu'il essaye d'extraire la cause de son mal, on rappellera que M_{246}, qui relève du même groupe que M_{22-24}, fait périr l'ogresse changée en jaguar sur un tronc d'arbre hérissé de lances semblables à des épines (d'ailleurs retransformées en épines dans M_{241}, de même que l'ogresse de M_{24} succombe pour avoir ingéré du miel *piquant*, et qui provoque des démangeaisons). On notera également que si l'héroïne de M_{24} empoisonne son mari avec son sang menstruel, celle de M_{304} rapporte à ses petits-enfants le foie de leur père, c'est-à-dire un organe que les Indiens sud-américains croient formé de sang coagulé et jouant, chez les femmes, le rôle de réservoir du sang menstruel.

Une interprétation satisfaisante des autres transformations demanderait qu'on ait d'abord élucidé la position sémantique des toucans. L'entreprise s'annonce difficile car ces oiseaux figurent assez peu dans les mythes. Nous ne ferons donc qu'esquisser une hypothèse, sans prétendre l'établir définitivement.

On appelle toucan plusieurs espèces du genre *Rhamphastos*, caractérisées par un bec énorme, mais très léger en raison de sa contexture poreuse sous un tégument corné. Ces oiseaux sautillent de branche en branche plus souvent qu'ils ne volent. Leur plumage est presque entièrement noir, sauf le camail brillamment coloré et très recherché pour l'ornementation. Et

Fig. 16. — Toucans. Dessin de Valette.
(D'après Crevaux, l. c., p. 82.)

pas seulement par les Indiens, puisque le manteau de cour de l'empereur du Brésil Pedro II, qu'on peut toujours admirer au musée de Rio de Janeiro, est fait des plumes jaunes et soyeuses du toucan.

Cet usage ornemental des plumes incite à rapprocher le toucan du perroquet et de l'ara, auxquels son régime alimentaire l'oppose partiellement. Alors que les psitaccidés sont frugivores, le toucan est omnivore et consomme indifféremment des fruits, des graines et des petits animaux tels que rongeurs et oiseaux. M_{304} évoque un goût particulier du toucan pour les graines aromatiques, à rapprocher de son nom allemand : *Pfefferfresser*, « mangeur-de-poivre » moins surprenant que Ihering (art. « tucano ») n'incline à le juger, d'autant que Thevet (t. II, p. 939a, b) fait du toucan un « mange-poivre », propagateur des piments par les graines que contiennent ses déjections.

Jusqu'à présent, nous avons toujours rencontré une opposition majeure, dans le registre des oiseaux, entre psittacidés et aquilinés (les aigles véritables n'existent pas en Amérique du Sud). Les indications qui précèdent suggèrent qu'entre ces deux termes polaires, le toucan occupe une position intermédiaire : il sait être carnivore comme les rapaces et porte sur une partie de son corps des plumes aussi éclatantes que celles des perroquets[1]. Mais c'est évidemment l'opposition mineure entre aras et toucans qui doit retenir notre attention puisqu'elle intervient seule dans l'ensemble mythique que nous sommes en train de considérer. De ce point de vue, la prédilection du toucan pour les graines aromatiques de l'/envieira/ semble jouer dans M_{304} le rôle de trait pertinent.

En effet, un des mythes sur l'origine du miel, examinés au début de ce livre, mettait en scène un Indien aussi assiégé par des jaguars alors qu'il dénichait des aras, mangeurs de fleurs au doux nectar (M_{189}). Or, nous connaissons un mythe où le toucan joue un rôle de premier plan, vraisemblablement après avoir reçu son bec démesuré en punition de sa gloutonnerie (Métraux 2, p. 178 et n. 1). Dans ce mythe (M_{305b}) un chercheur de miel réussit, grâce aux conseils du toucan, à tuer (en allumant un feu sur sa nuque) le démiurge Añatunpa qui offrait en pâture tous les chercheurs de miel à l'ogre Dyori (Nordenskiöld 1, p. 286). Si donc $M_{188-189}$ changent les jaguars en chercheurs de miel, M_{305b} change un chercheur de miel en jaguar (qui, lui aussi, attaque ses adversaires à la nuque). Simultanément, des aras persécutés se changent en toucan secourable, transformation dont l'association respective de l'ara à une nourriture douce, et du toucan à une nourriture relevée, serait peut-être propre à fournir la clé. Tous les termes de M_{304} reproduiraient ainsi ceux de M_{22-24} en leur donnant une expression plus marquée.

Ces réflexions n'offriraient guère d'intérêt si elles ne contribuaient à éclairer d'autres aspects. Dans le tableau de la page 315, nous n'avons mis en parallèle que la partie centrale des mythes, laissant de côté

---

1. On citera à l'appui un passage du mythe vapidiana sur l'origine de la mort (M_{305a}). Le toucan était l'oiseau familier du démiurge et quand mourut le fils de son maître, il le pleura si fort qu'il déteignit : « Si, depuis tant d'années le chagrin ne lui avait tiré des flots de larmes, ses vives couleurs d'orange, de noir, de rouge et de vert ne seraient pas en grande partie délavées. Et il aurait autour des yeux plus qu'un anneau d'un bleu pâli, de la largeur de l'ongle du petit doigt » (Ogilvie, p. 69). Sous le rapport du plumage, le toucan fait ainsi figure de perroquet décoloré.

En Guyane, le petit toucan semble être l'objet d'une prohibition comparable à celle frappant la viande de sarigue chez les Gé (CC, p. 177) : celui qui consommerait la chair de cet oiseau, disent les Kalina, mourrait « encore en beauté », ou comme nous dirions nous-mêmes, à la fleur de l'âge (Ahlbrinck, art. « kuyakén »).

le début de M_{304}, consacré à l'origine du pouvoir de transformation en jaguar, et la fin de $M_{23\text{-}24}$ (M_{22} ne contient pas cet épisode), consacrée à l'origine du tabac. Or, dans ces derniers mythes, le tabac naît du jaguar, comme dans M_{304} le jaguar naît, en quelque sorte, de l'invention des costumes d'écorce. Le port des costumes d'écorce et l'absorption du tabac offrent deux moyens pour entrer en communication avec le monde surnaturel. L'abus d'un des moyens provoque la mort d'une femme sur un bûcher dans M_{304}. La mort d'une femme sur un bûcher provoque dans $M_{23\text{-}24}$ l'apparition de l'autre moyen, mais, selon M_{24} (cf. aussi M_{27}), d'abord sous forme d'abus : les premiers détenteurs du tabac prétendaient fumer seuls, c'est-à-dire sans partager avec les autres, ou sans chercher à communiquer avec les Esprits.

Si la fumée de tabac adresse une invitation courtoise aux Esprits bienveillants c'est — explique un autre mythe tukuna (M_{318}) que nous examinerons plus loin — grâce à la fumée asphyxiante du piment que les hommes exterminèrent un peuple d'Esprits maléfiques et cannibales et purent les inspecter à loisir. Les costumes d'écorce qu'on fabrique depuis s'inspirent de leur apparence et permettent de les incarner. En fait, la cérémonie d'initiation des filles, où les visiteurs se rendent costumés et feignent d'attaquer et de détruire les cabanes de leurs hôtes, symbolise un combat livré par les humains pour protéger la jeune fille pubère des Esprits qui la menacent pendant cette période critique de sa vie (Nim. *13*, p. 74, 89). On voit donc par quel chemin on peut rétablir une correspondance complète entre le mythe tukuna M_{304} et les mythes du Chaco sur l'origine du tabac. La fumée du piment est le contraire de la fumée du tabac, mais comme elle fut, si l'on peut dire, échangée avec les Esprits surnaturels contre les costumes d'écorce (ceux-ci ayant été obtenus grâce à l'administration de celle-là), elle représente aussi leur inverse, et l'usage mystique des costumes d'écorce se trouve donc, idéologiquement parlant, du même côté que l'usage du tabac.

Reste la récurrence, moins surprenante qu'il ne semblait de prime abord, d'un bruiteur du type claquoir dans M_{24} et dans M_{304}. Le bruiteur de M_{24} est un instrument de fortune servant à trouver le miel, lequel est l'instrument des avatars successifs de l'ogresse qui s'achèvent par sa destruction sur un bûcher. Le bruiteur de M_{304} conduit directement l'ogresse au même bûcher. Mais il s'agit cette fois d'un instrument véritable, bien qu'il n'ait pas d'équivalent dans l'organologie tukuna — pourtant une des plus riches de l'Amérique tropicale — et qui relève d'un type si rare dans cette région du monde que l'ouvrage classique d'Izikowitz ne cite (p. 8-9) sous la rubrique des *clappers* : « morceaux de bois frappés l'un contre l'autre », que deux références dont l'une est douteuse, et dont l'autre se rapporte à l'imitation du cri d'un oiseau. Il semble donc que le mythe tukuna ait conçu un instrument imaginaire, dont il décrit soigneusement la fabrication[1].

---

1. Un engin du même type, mais à l'usage de lance-pierre, est pourtant signalé chez les Tukuna, les Aparai, les Toba et les Sherenté (Nim. *13*, p. 123 et n. 23).

Pourtant l'instrument existe, sinon chez les Tukuna, au moins chez les Bororo qui lui donnent exactement la même forme, sauf qu'ils le font en bambou au lieu du tronc creux de l'embaúba. En langue bororo, l'instrument se nomme /parabára/, terme qui désigne aussi une sorte de petite oie sauvage, à cause, dit E.B. (vol. I, p. 857-858), de la ressemblance entre le cri de cet oiseau et le claquement des bambous. L'explication n'est pas convaincante, car on interprète aussi le nom vernaculaire de *Dendrocygna viaduta* /irerê/ comme une onomatopée, et la comparaison du cri de cet oiseau avec un sifflement (Ihering, art. « irerê ») ne le rapproche guère d'une suite de claquements secs.

On hésite aussi sur la place et sur le rôle du /parabára/ dans le rituel bororo. D'après Colbacchini (*2*, p. 99-100 ; *3*, p. 140-141) ces instruments, faits de perches de bambou fendues longitudinalement sur 30 à 50 cm et produisant, quand on les agite, des sons de hauteurs différentes selon que l'entaille va plus ou moins loin, seraient utilisés dans la cérémonie d'investiture du nouveau chef, qui a toujours lieu à l'occasion de rites funéraires. Le nouveau chef incarne le héros Parabára, inventeur des instruments du même nom, et il s'assied sur la sépulture pendant que les danseurs des deux sexes font cercle autour de lui, secouant les bambous qu'ils déposent enfin sur la tombe. Le /parabára/ figure au nombre des présents offerts au nouveau chef (qui provient toujours de la moitié Cera) par les membres de la moitié alterne, Tugaré.

L'*Encyclopédie Bororo* précise que la célébration du rite des /parabára/ est un privilège du clan apiboré de la moitié Tugaré. Les officiants, qui personnifient les Esprits /parabára/, pénètrent dans le village par l'ouest, chacun tenant des deux mains une longue perche de bambou refendu ; ils se dirigent vers la sépulture dont ils font plusieurs fois le tour, et ils s'asseyent pendant que le chef du rituel, appelé Parabára Eimejera (et non pas un chef de village en cours d'intronisation comme l'indiquaient les sources antérieures), annonce son arrivée aux membres des deux moitiés, accompagné par le crépitement des bambous. Quand il a fini, les officiants déposent les bambous sur la tombe et s'en vont (E.B., vol. I, art. « aroe-etawujedu », p. 159).

Comme l'*Encyclopédie* ne fait pas mention des /parabára/ à propos de l'investiture des chefs, il est probable qu'en raison de la concomitance obligatoire de ce rituel avec une cérémonie funéraire, les Salésiens ont d'abord cru devoir associer à l'un ce qui revenait à l'autre. Une cérémonie funéraire, non accompagnée d'investiture, a été observée et photographiée dans un village du rio São Lourenço (autre que celui où nous avons séjourné il y a trente ans mais dans la même région, éloignée de celle contrôlée par les missions). Quinze jours environ après l'inhumation provisoire sur la place centrale du village, des danseurs costumés, personnifiant des êtres mythiques, inspectent le cadavre pour voir si la décomposition des chairs est assez avancée. A plusieurs reprises ils concluent négativement, comme il est nécessaire pour que les cérémonies suivent leur cours. L'un de ces personnages, le corps enduit d'argile blanche, tourne en courant autour de la tombe dont il essaye de faire sortir l'âme du mort en l'appelant. Pendant ce temps, d'autres hommes agitent des perches de bambou refendues et font entendre des claquements secs (Kozak, p. 45)[1].

Il est probable que ce danseur enduit de boue personnifie l'/aigé/ : monstre aquatique à l'aspect terrifiant, et dont les rhombes imitent le cri. Si sa démarche a bien pour objet, comme le suggère notre source, d'inviter l'âme du mort à quitter la tombe, donc le village, pour suivre les êtres mythiques dans l'au-delà, le claquement des /parabára/ pourrait hâter ou saluer cette disjonction qui est aussi (selon le point de vue où l'on se place) une conjonction. On ne tentera pas d'aller plus loin dans l'interprétation du rituel bororo, avant la publication du second volume de l'*Encyclopédie* qui inclura peut-être le mythe, encore inédit, sur l'origine du /parabára/. Notons seulement que, d'après un renseignement donné à Nordenskiöld, les Yanaigua de Bolivie utilisaient un instrument du type claquoir dans certaines cérémonies (Izikowitz, p. 8). Les Tereno du sud de Mato Grosso ont aussi une danse avec bâtons entrechoqués, dite *bate pau* en portugais, mais on ignore sa signification (Altenfelder Silva, p. 367-369). Également appelée *bate pau* par les paysans voisins, une fête des Kayapo-Gorotiré dite /men uêmôro/ a été récemment observée. Disposés en file par deux, les jeunes hommes tournent en rond et frappent l'un contre l'autre des bâtons de 50 cm de longueur environ. La danse dure toute la nuit et se termine par des accouplements avec une très jeune femme, « maîtresse de la fête », héritière de cet office en ligne paternelle par les femmes : elle le tient donc d'une sœur de père et le transmettra à une fille de frère. Il va de soi que cette femme ne peut plus prétendre à la virginité. Selon l'usage kayapo, elle n'a donc droit qu'à un mariage de seconde classe. Pourtant, le rite du *bate pau* intervient à l'occasion de ces mariages rares et recherchés où la fiancée, encore impubère, est officiellement vierge (Diniz, p. 26-27).

---

1. Comme les Bororo, plusieurs peuplades du sud de la Californie ont un rituel funéraire d'une extrême complexité, destiné à empêcher le mort de revenir parmi les vivants. Deux danses en font partie, dites respectivement « tournoyante » et « pour l'extinction des feux ». Au cours de cette dernière, les chamans étouffent les feux avec leurs pieds et leurs mains et, dans les deux danses, ils entrechoquent des bâtons (Waterman, p. 309, 327-328 et pl. 26, 27 ; Spier *1*, p. 321-322).
Or, sans nul doute, la Californie est la terre d'élection des instruments de type /parabára/ qu'on rencontre depuis les Yokuts au sud jusqu'aux Klamath qui vivent dans l'État d'Oregon (Spier *2*, p. 89). Appelé « *clap rattle* », ou « *split rattle*» par les ethnologues américains, sa présence est signalée aussi chez les Pomo (Loeb, p. 189), les Yuki et les Maidu (Kroeber, p. 149, 419 et pl. 67). Les Nomlaki (Goldschmidt, p. 367-368) le font en sureau, ce bambou des régions tempérées. Kroeber (p. 823, 862) déclare cet instrument typique de la Californie centrale, où il aurait été utilisé seulement pour les danses, mais jamais pour les rites de puberté et les cérémonies des chamans. Chez les Klamath, qui l'auraient emprunté aux tribus de la rivière Pit plus au sud, son emploi serait limité à la « *Ghost dance* », culte messianique apparu vers 1870 (Spier *2*, *l. c.*).

Il se pourrait que les Guarani méridionaux aient employé le même type de bruiteurs dans leurs rites, car les Mbya décrivent une importante divinité tenant dans chaque main un bâton qu'elle agite et frappe contre l'autre. Schaden (5, p. 191-192), qui rapporte l'information, suggère que ces deux bâtons croisés sont peut-être à l'origine de la fameuse croix guarani, qui a si vivement frappé l'imagination des anciens missionnaires.

C'est en tapant du pied que les Uitoto croient établir le contact avec les ancêtres chthoniens qui montent à fleur de terre pour contempler les fêtes données en leur honneur et qui les célèbrent eux-mêmes avec des « vraies » paroles, pendant que les hommes parlent au moyen des instruments de musique (Preuss 1, p. 126). Un mythe matako (M_{306}) raconte qu'après l'incendie qui ravagea la terre, un petit oiseau /tapiatson/ battit son tambour près de la souche brûlée d'un arbre zapallo (*Cucurbita* sp.) comme font les Indiens quand mûrit l'algaroba (*Prosopis* sp.). Le tronc se mit à grandir et devint un bel arbre couvert de feuilles, qui protégea de son ombre la nouvelle humanité (Métraux 3, p. 10 ; 5, p. 35).

Ce mythe nous rapproche singulièrement de M_{24} où le claquement des sandales avait aussi pour objet de hâter la conjonction du héros et d'un autre « fruit » sauvage : le miel. Dans la mythologie tacana, un autre oiseau : le pic — que nous savons être un maître du miel — tambourine avec son bec sur le pot de terre d'une femme, pour guider son mari égaré (M_{307} ; Hissink-Hahn, p. 72-74 ; cf. aussi Uitoto *in* : Preuss 1, p. 304-314). Dans $M_{194-195}$, le même rôle conjoncteur incombe au pic, soit qu'il ramène un mari vers sa femme ou qu'il aide les frères divins à regagner le monde surnaturel. Il serait intéressant de comparer de plus près la fonction conjonctive du tambourinage dans M_{307} avec celle que remplit, dans le mythe d'origine des Guarani méridionaux (M_{308}), le crépitement des graines éclatant dans le feu et dont la force explosive suffit à transporter le cadet des frères divins de l'autre côté de l'eau où se trouve déjà son aîné (Cadogan 4, p. 79 ; Borba, p. 67). Nous nous contenterons de signaler le problème, et le triple renversement du même motif chez les Bororo (M_{46}) : frères rendus aveugles par l'éclatement bruyant des ossements de leur grand-mère jetés au feu (*disj./conj. ; animal/végétal ; dans l'eau/par-dessus l'eau ;* variante kalapalo (M_{47}) : les deux frères sont respectivement le soleil et la lune, et le second, après avoir eu le nez arraché par un des os de sa grand-mère projeté hors du feu où « ils dansaient en faisant tic-tic », décide de monter au ciel ; cf. CC, p. 132, 179). Une étude complète de ce motif devrait recourir aux versions nord-américaines, tel le mythe zuni du rituel d'hiver où les hommes rentrent en possession du gibier ravi par les corbeaux grâce à l'éclatement bruyant d'une poignée de sel jetée au feu (M_{309} ; Bunzel, p. 928)[1].

---

1. Les Timbira ont une danse accompagnée de claquements de mains pour éloigner les parasites des récoltes (Nim. 8, p. 62). Les femmes Pawnee du haut Missouri bat-

Sous des formes très diverses, par conséquent, une suite de bruits discontinus, tels ceux engendrés par le tambourinage, l'entrechoc de morceaux de bois, le crépitement dans le feu, ou le claquement de perches refendues, joue un rôle obscur dans le rituel et dans les représentations mythiques. Les Tukuna, dont un mythe nous a mis sur la piste du /parabára/ bororo bien qu'eux-mêmes ignorent cet instrument, utilisent au moins dans une occasion des bâtons entrechoqués. On sait l'importance extrême que ces Indiens prêtent aux rites de puberté des filles. Or, dès qu'une jeune fille perçoit les signes de sa première menstruation, elle se dépouille de tous ses ornements, les accroche bien en évidence aux poteaux de la hutte, et va se cacher dans un buisson voisin. Quand sa mère arrive, elle voit les ornements, comprend ce qui s'est passé et part à la recherche de sa fille. Celle-ci répond à ses appels en frappant l'un contre l'autre deux morceaux de bois sec. La mère s'empresse alors d'élever une cloison autour de la couche de la jeune fille et elle l'y conduit après que la nuit est tombée. A partir de ce moment et pour deux ou trois mois, la fille restera recluse, sans se faire voir ni entendre de qui que ce soit à l'exception de sa mère et de sa tante paternelle (Nim. *13*, p. 73-75).

Ce retour aux Tukuna fournit une occasion propice pour introduire un mythe sans la connaissance duquel M$_{304}$ ne peut être discuté plus avant :

M$_{310}$. *Tukuna : le jaguar mangeur d'enfants.*

Depuis longtemps, le jaguar Peti tuait les enfants. Chaque fois qu'il entendait un enfant pleurer parce que ses parents l'avaient laissé seul, le fauve prenait l'apparence de la mère, enlevait le petit et lui disait : « Colle ton nez sur mon anus ! » Il tuait alors sa victime par une émission de gaz intestinaux, après quoi il la mangeait. Le démiurge Dyai décida de prendre la forme d'un enfant. Muni de sa fronde, il se posta au bord d'un sentier et commença à pleurer. Peti survint, le mit sur son dos et lui ordonna de coller son nez contre son anus, mais Dyai eut soin de se détourner. Le jaguar avait beau péter, cela ne servait à rien. Chaque fois, il courait plus vite. Des gens qu'il croisa lui demandèrent où il emmenait « notre père » (le démiurge). Comprenant alors qui il portait, Peti pria Dyai de descendre, mais celui-ci refusa. Le fauve reprit sa course et traversant une grotte, il pénétra dans l'autre monde, toujours suppliant Dyai de s'en aller.

Sur l'ordre du démiurge, le jaguar retourna à l'endroit de leur rencontre. Il y avait là un arbre /muirapiranga/ dont le tronc était foré d'un trou aux parois bien lisses. Dyai y enfonça les bras du jaguar et les amarra solidement. Avec ses pattes qui ressortaient de l'autre côté, le fauve empoigna son bâton de danse, un bambou creux, et il se mit à chanter. Il appela la chauve-souris pour qu'elle vienne essuyer son derrière. D'autres démons, également membres

taient bruyamment l'eau avec leurs pieds à l'occasion de la plantation et de la récolte des haricots (Weltfish, p. 248).

du clan du jaguar, accoururent à leur tour et lui donnèrent à manger. Aujourd'hui encore, parfois, on entend le vacarme qu'ils font au lieu dit /naimèki/, dans une parcelle de forêt secondaire proche d'une ancienne plantation... (Nim. *13*, p. 132).

A la triade botanique de M_{304}, ce mythe ajoute un quatrième arbre, le /muirapiranga/ ou /myra-piranga/, litt. «bois rouge». Cet arbre, de la famille des légumineuses et du genre *Caesalpina*, n'est autre que le fameux «bois de braise» auquel le Brésil doit son nom. Très dur et fin de grain, il se prête à beaucoup d'usages. Les Tukuna l'emploient concurremment avec l'os pour faire la baguette du tambour (Nim. *13*, p. 43). Le tambour-de-peau tukuna est certainement d'origine européenne, et un autre instrument de musique apparaît dans le mythe, où il fait pendant au tronc creux refendu de M_{304} : le bâton de rythme /ba:'/ma/, réservé au clan du jaguar et peut-être à quelques autres, est une longue perche de bambou *(Gadua superba)* mesurant jusqu'à 3 mètres. L'extrémité supérieure porte une entaille de 30 cm environ, qui représente une gueule de caïman dentu ou édenté selon que l'instrument est dit «mâle» ou «femelle». Au-dessous de la gueule, on voit un petit masque de démon ; des sonnailles et des ornements en plumes de faucon sont fixées le long du bambou. Ces instruments vont toujours par paire, un mâle et un femelle. Les exécutants se font face et frappent le sol obliquement en croisant leurs bambous. Comme les cloisons internes n'ont pas été enlevées, la sonorité reste faible (Nim. *13*, p. 45)[1].

Nous avons précédemment rassemblé en un seul groupe les mythes tembé-tenetehara sur l'origine (de la fête) du miel ($M_{188-189}$), les mythes du Chaco sur l'origine du tabac (M_{23-24}, M_{246}), et le mythe sur l'origine des costumes d'écorce (M_{304} qui renverse le vrai mythe d'origine, comme on le verra plus loin). Cette opération résultait d'une triple transformation :

a) jaguars :   pacifiques ⇒ agressifs ;
b) oiseaux :   aras, perroquets, perruches ⇒ toucans ;
c) nourriture des oiseaux : fleurs douces ⇒ graines aromatiques.

Le rapport de transformation que nous allons bientôt observer entre M_{304} et M_{310} permet, sans plus attendre, de renforcer le lien qui unit les mythes du Chaco et les mythes tukuna. Car si, comme il est déjà clair, l'instrument de musique de M_{310} transforme celui de M_{304}, ils renvoient ensemble au tronc creux (transformé en fosse creuse dans M_{24}) qui, dans

1. Très faible aussi doit être le bruit, comparé à une « sourde rumeur », par lequel les Bororo, frappant le sol avec des nattes enroulées, annoncent le départ des monstres aquatiques /aigé/, pour que femmes et enfants puissent sortir impunément des huttes où ils se tenaient cachés. On notera que les acteurs représentant l'/aigé/ cherchent à bousculer les garçons en cours d'initiation, que soutiennent leurs parrain et parents masculins pour prévenir une chute qui serait de très mauvais augure (E. B., vol. I, p. 661-662). Cet épisode semble une transposition presque littérale de certains détails de l'initiation des filles chez les Tukuna (Nim. *13*, p. 88-89).

M_{23}, M_{246}, sert de refuge aux victimes du jaguar cannibale et cause la perte de celui-ci, soit la transformation :

$$M_{23}, M_{246} \text{ (arbre creux)} \Rightarrow M_{304} \text{ (tronc refendu)} \Rightarrow M_{310} \text{ (bambou creux)}$$

Ce groupe de transformations est homogène sous le rapport des instruments de musique : le tronc refendu et le bambou creux sont l'un et l'autre des bruiteurs et nous avons indépendamment vérifié que, dans les mythes du Chaco, une homologie existe entre le tronc évidé, l'auge à hydromel, et le tambour (plus haut, p. 90). On reviendra sur cet aspect.

Superposons maintenant M_{304} et M_{310}. Au premier coup d'œil, un réseau complexe de relations apparaît ; car, si les chaînes syntagmatiques des deux mythes se reproduisent de la manière habituelle moyennant certaines transformations, elles engendrent, sur un point de leur coïncidence, un ensemble paradigmatique équivalent à une partie de la chaîne syntagmatique d'un mythe bororo (M_5) que nous avons montré, tout au début du précédent volume, être une transformation du mythe de référence (M_1). Tout se passe donc comme si notre recherche, s'enroulant en spirale, après être revenue par un mouvement rétrograde vers son point de départ, reprenait momentanément sa marche progressive en infléchissant sa courbe le long d'un ancien trajet (voir le tableau de la page ci-contre).

Par conséquent, selon la perspective où l'on se place, M_{304} s'articule avec M_{310}, ou chacun d'eux s'articule séparément avec M_5 ; ou encore, les trois mythes s'articulent ensemble. Si l'on osait consolider en un « archimythe » (comme les linguistes parlent d'« archi-phonèmes ») l'ensemble des mythes du Chaco sur l'origine du jaguar et (ou) du tabac, on obtiendrait une autre série parallèle aux précédentes :

une épouse et mère, changée en jaguar,	dévoratrice de mari et d'enfants,	empoisonneuse de son mari avec son sang menstruel,	périt *dans* une fosse ou *sur* un tronc creux hérissé de lances (ou retenue prisonnière par ses griffes enfoncées).

Nous retrouvons donc le problème, déjà discuté, de la réversibilité réciproque d'une chaîne syntagmatique constituée par un seul mythe, et d'un ensemble paradigmatique obtenu en pratiquant une coupe verticale à travers les chaînes syntagmatiques superposées de plusieurs mythes, unis entre eux par des rapports de transformation. Mais, dans le cas présent, on peut au moins entrevoir le fondement sémantique d'un phénomène dont nous avions seulement envisagé l'aspect formel.

On se souvient que M_5, dont la chaîne syntagmatique paraît ici recouper celle d'autres mythes, rend compte de l'origine des maladies qui, sous une

M_5 : Une grand-mère hostile cherche à tuer son petit-fils, sous prétexte de nourrir l'enfant d'anti-nourriture (gaz intestinaux) ; enfonce son bras dans un arbre perforé. Les enfants inhument leur père mort dans un terrier de tatou.

M_{310} : Un jaguar changé en mère dévoratrice d'enfant,

M_{304} : Une grand-mère changée en jaguar, sous prétexte de nourrir des petits-enfants d'anti-nourriture (champignon de bois) ; reçoit un coup de lance qui lui perfore l'anus. Morte, elle est inhumée dans un terrier de tatou.

forme maléfique et privative, assurent le passage de la vie à la mort, et mettent en conjonction l'ici-bas et l'au delà. Tel est bien le sens des autres mythes, car le tabac remplit une fonction analogue sous une forme bénéfique et positive, comme aussi, dans M_{310}, l'usage (peut-être s'agit-il même de l'origine) du bâton de rythme, ce que le rituel tukuna permet de vérifier puisqu'il s'agit cette fois d'un instrument réel. L'instrument imaginaire de M_{304} (mais qui a réellement sa place dans l'organologie américaine) remplit une fonction inverse, de disjonction au lieu de conjonction. Cependant, cette fonction est bénéfique et positive comme l'autre. Elle ne s'exerce pas à l'encontre de démons asservis, grâce à l'imitation de leur apparence physique par les costumes d'écorce, ainsi que fait le rituel, ou — selon M_{310} — à l'encontre d'un démon effectivement prisonnier d'un tronc d'arbre enserrant ses poignets à la façon d'une cangue, mais à l'encontre de démons qui, par un usage démesuré des arbres à écorce, ont échappé à tout contrôle : non simulacres de démons conjurés par des hommes, mais hommes changés en vrais démons.

Nous disposons donc d'une base assez ferme pour étendre la comparaison au delà de la zone centrale des trois mythes M_5, M_{304}, M_{310}, et pour essayer d'intégrer certains aspects, propres à tel ou tel mythe, mais dont la position semble à première vue marginale. Voyons d'abord l'épisode initial du bébé pleurard dans M_{310}, puisque ce petit personnage est pour nous une vieille connaissance et, qu'ayant déjà, à propos d'autres exemples, substantiellement avancé sur la voie de son interprétation, on nous excusera plus volontiers peut-être de céder au caprice d'un rapide *excursus* dans une mythologie lointaine où la physionomie du pleurnicheur est mieux discernable, parce qu'il y tient un rôle de premier plan. Nous ne chercherons pas à justifier ce procédé ; nous reconnaissons qu'il est inconciliable avec un sain emploi de la méthode structurale. Nous n'invoquerons pas même en sa faveur, dans ce cas très particulier, notre intime persuasion que la mythologie japonaise et la mythologie américaine exploitent, chacune pour son compte, un très vieux fonds paléolithique qui fut jadis le patrimoine commun de groupes asiatiques appelés ultérieurement à jouer un rôle dans le peuplement de l'Extrême-Orient et dans celui du Nouveau Monde. Sans envisager de telles hypothèses, que l'état actuel de la science ne permettrait pas de contrôler, il nous suffira de plaider les circonstances atténuantes : nous nous permettons rarement ce genre d'écart et, s'il nous arrive d'y céder, c'est surtout en guise d'artifice et parce que l'écart apparent joue en fait le rôle d'un raccourci, pour établir un point qui aurait pu l'être autrement, mais de façon plus lente et plus laborieuse, et au prix d'un effort supplémentaire pour le lecteur.

M₃₁₁. *Japon : le « bébé » pleurard.*

Après la mort de son épouse et sœur Izanami, le dieu Izanagi partagea le monde entre ses trois enfants. A sa fille Amaterasu le soleil, née de son œil gauche, il remit le ciel. A son fils Tsuki-yomi la lune, né de son œil droit, il remit l'océan. Et il remit la terre à son autre fils Sosa-no-wo, né de sa morve.

A cette époque, Sosa-no-wo était déjà dans la force de l'âge, et une barbe lui avait poussé, longue de huit empans. Pourtant il négligeait ses devoirs de maître de la terre et ne faisait que gémir, pleurer et écumer de rage. A son père qui s'inquiétait, il expliqua qu'il pleurait parce qu'il voulait aller rejoindre sa mère dans l'autre monde. Alors Izanagi conçut de la haine pour son fils et le chassa.

Car lui-même avait tenté de revoir la morte, et il savait que celle-ci n'était plus qu'un cadavre gonflé et purulent où perchaient huit dieux-tonnerres : sur la tête, la poitrine, le ventre, le dos, les fesses, les mains, les pieds, et sur la vulve...

Avant de s'exiler dans l'autre monde, Sosa-no-wo obtint de son père l'autorisation de monter au ciel pour dire adieu à sa sœur Amaterasu. Mais là, il s'empressa de polluer les rizières, et Amaterasu scandalisée résolut de se cloîtrer dans une grotte et de priver le monde de sa lumière. En châtiment de ses méfaits, son frère fut définitivement banni dans l'autre monde où il parvint après de nombreuses tribulations (Aston, vol. I, p. 14-59).

Il est intéressant de comparer ce fragment très résumé d'un mythe considérable avec certains récits sud-américains[1] :

M₈₆ₐ. *Amazonie : le bébé pleurard.*

Le jaguar noir Yuwaruna avait épousé une femme qui ne songeait qu'à séduire les frères de son mari. Irrités, ceux-ci la tuèrent et comme elle était enceinte, ils ouvrirent le ventre du cadavre d'où sortit un petit garçon qui sauta dans l'eau.

Capturé non sans peine, l'enfant ne cessait de pleurer et de hurler « à l'instar d'un bébé qui vient de naître ». On convoqua tous les animaux pour le distraire, mais la petite chouette réussit seule à le calmer en lui révélant le mystère de sa naissance. Dès lors, l'enfant ne songea plus qu'à venger sa mère. Il tua l'un après l'autre tous les jaguars, puis il s'éleva dans les airs où il devint l'arc-en-ciel. C'est parce que les humains endormis n'entendirent pas ses appels que la durée de leur vie est désormais abrégée (Tastevin *3*, p. 188-190 ; cf. CC, p. 169-171).

---

1. Et aussi nord-américains, tel ce passage d'un mythe des Dené Peaux-de-lièvre qu'on retrouvera au volume suivant : « De son union avec sa sœur Kuñyan, (le démiurge) eut un fils, un fils maussade, qui pleurait sans cesse » (Petitot, p. 145).

Les Chimane et les Mosetene possèdent un mythe (M_{312}) presque identique : délaissé par sa mère, un enfant ne cessait de pleurer ; ses larmes se changèrent en pluie que, métamorphosé lui-même en arc-en-ciel, il parvint à dissiper (Nordenskiöld *3*, p. 146). Or, dans le Nihongi aussi, l'expulsion définitive de Sosa-no-wo vers l'autre monde s'accompagne de pluies torrentielles. Le dieu demande un abri qu'on lui refuse et, pour se protéger, il invente le chapeau à larges bords et le manteau imperméable en paille verte. Depuis lors, on ne doit pas pénétrer dans la maison de quelqu'un qui serait ainsi accoutré. Avant de gagner son dernier séjour, Sosa-no-wo tue un serpent meurtrier (Aston, *l. c.*). En Amérique du Sud, l'arc-en-ciel *est* un serpent meurtrier.

M_{313}. *Cashinawa : le bébé pleurard.*

« Un jour, une femme enceinte s'en fut à la pêche. Pendant ce temps, un orage éclata et le fruit de ses entrailles disparut. Quelques mois plus tard l'enfant apparut déjà grandelet : c'était un pleurnichard obstiné qui ne laissait personne vivre et dormir en paix. On le jeta à la rivière. A son contact, elle sécha instantanément. Quant à lui, il disparut et monta au ciel » (Tastevin *4*, p. 22).

Se fondant sur un mythe analogue des Peba, Tastevin suggère qu'il pourrait s'agir ici de l'origine du soleil. On se souvient qu'un mythe machiguenga (M_{299}) distingue trois soleils : le nôtre, celui du monde inférieur, et celui du ciel nocturne. A l'origine, ce dernier était un bébé brûlant qui fit périr sa mère pendant qu'elle lui donnait le jour, et que son père la lune dut éloigner de la terre afin qu'elle ne fût pas embrasée. Quant au second soleil, il alla comme Sosa-no-wo rejoindre sa mère morte dans le monde inférieur, où il devint un maître de la pluie malfaisante. Le cadavre de la mère de Sosa-no-wo est répugnant, celui de la mère du soleil chthonien est, au contraire, si appétissant qu'il fournit le menu du premier repas cannibale.

Japonais ou américains, tous ces mythes restent étonnamment fidèles à un même schème : l'enfant pleurard est un bébé abandonné par sa mère, ou posthume, ce qui avance seulement la date de l'abandon ; ou bien encore, il s'estime délaissé indûment, bien que déjà parvenu à un âge où un enfant normal n'exige plus l'attention continuelle de ses parents. Ce désir immodéré d'une conjonction familiale, que les mythes situent volontiers sur le plan horizontal (quand il résulte de l'éloignement de la mère), entraîne partout une disjonction de type cosmique, et verticale : l'enfant pleurard monte au ciel où il engendre un monde *pourri* (pluie, souillure, arc-en-ciel cause des maladies, vie brève) ; ou, dans les variantes symétriques, pour *ne pas* engendrer un monde *brûlé*. Tel est au moins le schème des mythes américains, qu'on retrouve dédoublé et inversé dans le mythe japonais où c'est en fin de compte le dieu pleurard qui s'éloigne, puisque sa seconde disjonction prend l'aspect d'une pérégrination. Nonobstant cette différence, on ne sera pas embarrassé pour reconnaître, derrière le personnage de l'enfant pleurnicheur, celui du héros asocial (en ce sens qu'il refuse de se laisser socialiser), tenacement attaché à la nature et au monde féminin : le même qui, dans le mythe de référence, commet l'inceste pour retourner au sein maternel et qui, dans M_5, bien qu'en âge de rejoindre la maison des hommes, reste cloîtré dans la hutte familiale. En raisonnant d'une tout autre façon, nous étions parvenu à la conclusion que M_5, mythe sur l'origine des maladies, se rapportait implicitement à l'origine de l'arc-en-ciel, cause des maladies (CC, p. 252-256). De cette inférence, nous obtenons maintenant une confirmation supplémentaire grâce à l'équivalence, que nous venons de découvrir, du garçon cloîtré et du bébé pleurard que les mythes placent à l'origine du même phénomène météorique.

Avant de dégager les conséquences de ce rapprochement, il faut s'arrêter un instant sur un épisode de M_{310} : celui où la chauve-souris vient essuyer le derrière du jaguar, amateur, on s'en souvient, de bébés pleurards, et qui les asphyxie avec ses gaz intestinaux. Il n'est pas facile d'élucider la position des chauves-souris dans les mythes, en l'absence presque constante d'indication sur l'espèce. Or, l'Amérique tropicale compte neuf familles et une centaine d'espèces de chiroptères, différentes par la taille, l'aspect et le régime alimentaire : certaines sont insectivores, d'autres frugivores, d'autres enfin (*Desmodus* sp.) suceuses de sang.

On peut donc s'interroger sur la raison de la transformation, illustrée par un mythe tacana (M_{195}), d'une des deux filles du « melero » (qui sont des femmes-aras multicolores dans M_{107}) en chauve-souris : soit que l'espèce visée se nourrisse de nectar comme c'est parfois le cas, soit qu'elle gîte dans des arbres creux à l'instar des abeilles, ou pour toute autre raison. A l'appui de cette connexion, on fera valoir qu'un mythe uitoto (M_{314}), où le motif de la fille folle de miel fait une apparition fugitive, remplace le miel par des chauves-souris cannibales (Preuss 1, p. 230-270). D'une façon générale, cependant, les mythes associent surtout ces animaux au sang et aux orifices corporels. Les chauves-souris arrachent à un Indien le premier éclat de rire parce qu'elles ignorent le langage articulé et ne peuvent communiquer avec les humains que par des chatouillements (Kayapo-Gorotiré, M_{40}). Les chauves-souris sortent de la cavité abdominale d'un ogre qui dévorait les jeunes gens (Sherenté, M_{315a} ; Nim. 7, p. 186-187). Les vampires *Desmodus rotundus* naissent du sang de la famille, massacrée par les Indiens, du démon Aétsasa qui les décapitait pour faire des têtes réduites (Aguaruna, M_{315b} ; Guallart, p. 71-73). Marié à une humaine et furieux qu'elle lui ait refusé à boire, un démon chauve-souris décapite les Indiens et entasse les têtes dans l'arbre creux où il demeure (Matako, M_{316} ; Métraux 3, p. 48).

Les Kogi de la Sierra de Santa Marta, en Colombie, conçoivent une association plus précise entre la chauve-souris et le sang menstruel : « Est-ce que la chauve-souris t'a mordue ? — demandent les femmes pour savoir si l'une d'elle est indisposée. Les jeunes hommes disent d'une fille nubile qu'elle est déjà femme, puisque la chauve-souris l'a mordue. En haut de chaque hutte, le prêtre place une petite croix de fil qui représente à la fois la chauve-souris et l'organe féminin » (Reichel-Dolmatoff, vol. I, p. 270). Tout en s'inversant, le symbolisme sexüel se maintient chez les Aztèques, pour qui la chauve-souris a son origine dans le sperme de Quetzalcoatl[1].

En quoi tout cela nous intéresse-t-il ? *Généralement tenue pour responsable d'une ouverture corporelle et d'une émission de sang, la chauve-souris se transforme, dans* M_{310} *en responsable d'une fermeture corporelle et d'une résorption d'excréments.* Cette triple transformation prend tout son sens quand on remarque qu'elle s'applique à un jaguar, et surtout à un jaguar ravisseur d'enfants pleurards. Car nous connaissons cet ogre : il nous est apparu pour la première fois dans un mythe warrau (M_{273}) où, sous l'apparence d'une grand-mère (mère dans M_{310}, mais retransformant la grand-mère-jaguar de M_{304}), un jaguar ravit un enfant pleurard et, quand la fillette a grandi, se nourrit de son sang menstruel (au lieu d'émettre lui-même des pets, pour tuer l'enfant et s'en nourrir). Par conséquent, vis-à-vis d'une humaine le jaguar de M_{273} agit comme s'il était une chauve-souris, tandis que dans M_{310}, la chauve-souris observe vis-à-vis du jaguar une conduite corrélative et inverse de celle qu'il ferait sienne, si le jaguar eût été un être humain.

Or, M_{273} appartient au même groupe de transformations que les mythes sur l'origine du miel. De son côté, M_{310} appartient au même groupe de transformations que les mythes sur l'origine du tabac. En passant du miel au tabac, on vérifie donc l'équation :

a) *(sang menstruel)*   *(excréments)*
$$[\text{jaguar : fille indisposée}] :: [\text{chauve-souris : jaguar}]$$

par où l'on retrouve ce que pouvait indépendamment apprendre la comparaison de M_{273} et de M_{24} (mythe sur l'origine du tabac, où une femme-jaguar empoisonne son mari avec son sang menstruel) :

b) *(origine du miel)*   *(origine du tabac)*
$$[\text{sang menstruel : aliment}] :: [\text{sang menstruel : excrément}]$$

autrement dit : si le miel est un conjoncteur des extrêmes, le tabac est un disjoncteur des termes intermédiaires par consolidation des prochains.

Après cet intermède de la chauve-souris, nous pouvons revenir au bébé larmoyant.

Les deux mythes tukuna M_{304}, M_{310}, ont en commun le thème du cannibalisme et celui de l'ordure ; soit que, dans M_{304}, la grand-mère-jaguar tente de faire passer le foie de son fils mort — viscère congru au sang, et plus particulièrement au sang menstruel — pour un champignon d'arbre qui serait aussi une anti-nourriture (CC, p. 175, 183, 184) ; soit que, dans

----

1. En Australie existe la croyance que la chauve-souris naît du prépuce coupé lors de l'initiation, et que cet animal connote la mort (Elkin, p. 173, 305).

M_{310}, un jaguar usurpant le rôle d'une mère contraigne l'enfant à inhaler les gaz sortis de son derrière breneux. Mais, qu'ils se nourrissent de chair humaine ou de sang menstruel, ou qu'inversement ils administrent des substances pourries en guise de nourriture, les jaguars warrau et tukuna appartiennent à la grande famille des animaux férus de braillements enfantins, qui inclut aussi le renard et la grenouille : cette dernière avide aussi de chair fraîche mais prise au sens métaphorique, puisque au delà du bébé pleurard, elle convoite l'adolescent dont elle fera son amant.

Nous retrouvons par ce biais l'équivalence, déjà vérifiée d'autre façon (p. 264), entre les cris — c'est-à-dire le vacarme — et l'ordure : termes mutuellement convertibles selon que le mythe choisit un code acoustique, alimentaire ou sexuel pour s'exprimer. Le problème posé par le motif du bébé pleurard revient donc à demander pourquoi un mythe donné préfère coder en termes acoustiques un mythème — le personnage du garçon cloîtré — codé dans d'autres mythes au moyen de l'inceste réel (M_1) ou symbolique (M_5).

Le problème reste entier pour des mythes tels que M_{243}, M_{245}, M_{273}. Mais, dans le cas qui nous occupe, on entrevoit une réponse possible. En effet, les deux mythes tukuna relatifs au jaguar cannibale mettent pareillement en vedette des instruments de musique, l'un imaginaire, l'autre réel, mais qui, par leur fonction sémantique et par leur type organologique, forment un couple d'oppositions. L'instrument de M_{304}, que nous avons rapproché du /parabára/ bororo, n'est qu'un tronc d'arbre naturellement creux, refendu sur une partie de sa longueur, et qu'on fait vibrer en le frappant obliquement sur le sol ou en le jetant par terre. Le bruit résultant écarte de la société des humains un être lui-même humain, mais qui s'est changé en démon. L'instrument de M_{310}, bâton de rythme manié par le jaguar prisonnier, consiste en une perche de bambou (graminée que les Indiens sud-américains ne classent, pas plus que les botanistes, avec les arbres) elle aussi naturellement creuse, qu'on fait résonner en la frappant verticalement sur le sol, sans la lâcher. L'emploi de cet instrument procure au jaguar un résultat symétrique avec celui qu'on vient d'attribuer au claquoir. Le bâton de rythme conjoint un être démoniaque, qui s'était changé en humain, à d'autres démons : il attire ceux-ci à proximité des hommes, au lieu d'éloigner celui-là d'eux.

Ce n'est pas tout. Le bâton de rythme lui-même manifeste un double rapport de corrélation et d'opposition avec un autre instrument de musique, qui nous tient une compagnie discrète depuis le début de ce livre et que nous avons vu paraître à l'arrière-plan des mythes sur l'origine du miel : nous voulons dire le tambour, aussi fait d'un tronc creux auquel les mythes prêtent des fonctions très diverses : tronc creux où nichent les abeilles, tronc creux servant d'auge à hydromel, tambour-de-bois (transformation de l'auge selon M_{214}), refuge pour les victimes du jaguar cannibale, et piège pour ce même jaguar ainsi que pour la fille folle de miel... Le tambour-de-bois et le bâton de rythme sont l'un et l'autre des cylindres creux : court et gros, ou bien long et étroit. L'un reçoit passivement les coups d'une baguette ou d'un maillet, l'autre s'anime aux mains d'un exécutant dont il amplifie et prolonge le geste, conduisant jusqu'au sol inerte le coup qui le fera résonner. Si donc le claquoir s'oppose à la fois au bâton de rythme et au tambour — parce que ceux-ci sont creux à l'intérieur et dans toute leur longueur, tandis qu'il est fendu de l'extérieur, transversalement, et sur une partie seulement de sa longueur — le tambour et le bâton de rythme s'opposent l'un à l'autre en tant qu'ils sont respectivement plus large ou plus étroit, plus court ou plus long, patient ou agent.

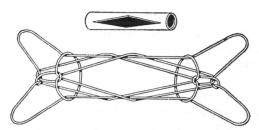

Fig. 17. — Le miel, ou l'arbre creux.
Figure de jeu de ficelle, Indiens Warrau.
(D'après Roth 2, p. 525, fig. 288.)

Que l'opposition majeure, dans ce système triangulaire, soit celle du tambour et du claquoir résulte indirectement d'un mythe warrau dont il suffira d'extraire un épisode.

M₃₁₇. *Warrau : une aventure de Kororomanna.*

Un Indien nommé Kororomanna tua un jour un singe guariba. Il se perdit en revenant au village et dut passer la nuit sous un abri improvisé. Bientôt il s'aperçut qu'il avait mal choisi son campement, en plein milieu d'une route fréquentée par les démons. On reconnaît de telles routes au bruit que les démons, perchés dans les arbres qui les bordent, ne cessent de faire la nuit en frappant les branches et les troncs, produisant ainsi toutes sortes de craquements secs.

Kororomanna était bien ennuyé ; d'autant que le cadavre du singe commençait à gonfler sous l'effet des gaz qui s'accumulaient à l'intérieur. De peur que les démons ne volent son gibier, Kororomanna, armé d'un bâton, devait le garder près de lui malgré l'odeur. Il s'endormit enfin, mais fut réveillé par le bruit des démons cognant contre les arbres. Il eut alors envie de se moquer d'eux, et répondit à chaque coup en frappant le ventre du singe avec son bâton. Cela faisait autant de boum, boum, qui résonnaient comme un tambour [les Warrau utilisent le cuir de singe guariba pour tendre leurs tambours de peau].

D'abord intrigués par ces bruits dont la puissance surpassait les leurs, les démons finirent par découvrir Kororomanna qui riait aux éclats d'entendre une bête morte péter si vigoureusement. Le chef des démons se désolait de ne pouvoir faire un bruit aussi beau. Mais, à la différence des mortels, les démons ont une tache rouge en guise d'anus ; ils sont donc bouchés par en bas. Qu'à cela ne tienne : Kororomanna accepte de percer l'arrière-train du démon. Et il enfonce le bois de son arc avec une telle force qu'il traverse tout le corps et le fait ressortir par la tête du patient. Le démon maudit Kororomanna pour l'avoir tué et jure que ses compagnons le vengeront. Après quoi, il disparaît (Roth *1*, p. 126-127).

Cet épisode d'un très long mythe confirme l'existence d'une opposition entre le tambour, instrument humain (doté même ici d'une nature organique) et le bruit « démoniaque » des bâtons cognés ou entrechoqués[1]. Il faut donc que le bâton de rythme se situe entre les deux : instrument rituel et convocateur des démons, à l'instar des costumes d'écorce que M_{304} met en opposition avec le claquoir du type /parabára/.

Ouvrons ici une parenthèse à propos du bâton de rythme.

Les Guarani méridionaux conçoivent une opposition majeure entre le bâton de commandement, symbole du pouvoir, attribut masculin, taillé dans le cœur de l'arbre *Holocalyx balansae*, et le bâton de rythme en bambou, attribut féminin (Cadogan *3*, p. 95-96). L'instrument de musique masculin est alors le hochet. Cette opposition, souvent avérée par la littérature, reçoit une illustration particulièrement convaincante d'une planche de l'ouvrage de Schaden *(4)*, *Aspectos fundamentais da cultura guarani* (Pl. XIV de la 1re éd.), où l'on voit une rangée de cinq Indiens Kaiova (dont un petit garçon) tenant d'une main la croix, de l'autre le hochet, et suivis de quatre femmes frappant chacune le sol avec un tronçon de bambou[2]. Il semble que pour les Apapocuva comme pour les Guarayu plus au nord, l'usage du bâton de rythme ait eu une fonction spéciale : faciliter l'ascension au ciel du héros civilisateur, ou de la tribu tout entière (Métraux *9*, p. 216). On soupçonne ainsi l'existence, chez les Guarani méridionaux, d'un système ternaire d'instruments dont deux seulement sont des instruments de musique, et dotés de fonctions complémentaires : le bâton de commandement pour rassembler les hommes (ce qui est aussi la fonction sociale du tambour-de-bois au nord de l'Amazone), le hochet pour abaisser les dieux près des hommes, le bâton de rythme pour élever les hommes près

1. Tel que le décrit le mythe warrau, le bruit causé par les démons n'est pas sans évoquer celui que de bons observateurs attribuent au jaguar : « Très caractéristique est le claquement sec et répété par lequel le jaguar trahit sa présence, en agitant nerveusement ses oreilles et en produisant ainsi, de façon plus étouffée, un bruissement de castagnettes » (Ihering, art. « onça »). D'après un conte de la région du rio Branco, le jaguar fait du bruit la nuit parce qu'il marche chaussé, tandis que le tapir marche pieds nus, et silencieusement (Rodrigues *1*, p. 155-156).

2. Les Tacana de Bolivie appellent « femelle » la flèche en bambou (creux), « mâle » celle en bois de palmier (plein) (Hissink-Hahn, p. 338).

des dieux. Nous avons déjà fait état de l'hypothèse de Schaden, selon laquelle la croix de bois guarani pourrait représenter deux bâtons, jadis distincts et entrechoqués. Enfin, l'opposition guarani entre bâton plein, insigne de commandement masculin, et tube creux, instrument liturgique féminin, évoque celle (p. 301), que certaines tribus amazoniennes utilisent à des fins sociologiques, entre les cylindres de pierre dure servant de pendentifs, selon qu'ils sont perforés longitudinalement (creux) ou transversalement (pleins).

Nous voyons ainsi se déployer une dialectique du creux et du plein où plusieurs modalités illustrent chaque terme. Nous nous sommes borné à signaler certains thèmes, et quelques directions que pourrait prendre la recherche, surtout dans l'intention de mieux faire saisir la manière dont cette dialectique opère au sein des mythes. Or, ces mythes font beaucoup plus qu'opposer dans leurs conclusions respectives des instruments de musique réductibles à un tube creux ou à un bâton refendu. L'instrument que chaque mythe introduit à la fin soutient une relation originale avec un « mode de l'arbre » que le mythe définit à une autre étape du récit.

En effet, M_{304} et M_{310} soumettent un ou plusieurs arbres à des opérations bien distinctes. Dans M_{304} des arbres (mais d'abord un seul) sont dépouillés de leur écorce ; dans M_{310} un arbre est troué. A un tronc épluché longitudinalement s'oppose donc un tronc perforé transversalement. Si nous complétons cette opposition par celle déjà notée entre les instruments de musique apparaissant dans les deux mythes et qui sont aussi « faits de troncs », nous obtenons un système à quatre termes :

	M_{304} :	M_{310} :
arbres :	tronc épluché	tronc perforé
instruments à percussion :	tronc refendu	tronc creux

Il est clair que ces relations forment un chiasme. Le tronc perforé et le tronc refendu se répondent, en ce sens que chacun présente une ouverture perpendiculaire à l'axe du tronc, mais tantôt médiane, tantôt terminale, et soit interne, soit externe. Le rapport de symétrie unissant le tronc épluché et le tronc creux est plus simple, puisqu'il se ramène à une inversion du dehors et du dedans : l'arbre dépouillé de son écorce demeure à l'état de cylindre intérieur plein, à l'extérieur duquel il n'y a plus rien, tandis que le bambou consiste en une enveloppe extérieure pleine, au dedans de laquelle il n'y a que du creux, c'est-à-dire rien :

TRONC ÉCORCÉ

BAMBOU

Que la double opposition : *vide externe/plein interne*, et : *vide interne/ plein externe*, soit une propriété invariante du groupe résulte bien de la façon dont M$_{310}$ s'y prend pour inverser l'origine « véritable » des masques d'écorce, telle que les Tukuna la racontent dans un troisième mythe :

M$_{318}$. *Tukuna : origine des masques d'écorce.*

Les démons vivaient jadis dans une grotte. Pour faire la fête, ils attaquèrent de nuit un village, volèrent les provisions de viande fumée, et tuèrent tous les habitants dont ils traînèrent les cadavres jusqu'à leur antre pour les manger.

Sur ces entrefaites, un groupe de visiteurs arrivèrent au village. Étonnés qu'il fût désert, ils suivirent les traces du macabre transport qui les conduisirent à l'entrée de la grotte. Les démons voulurent attaquer les gêneurs, mais sans succès. Les Indiens n'insistèrent pas et rentrèrent chez eux.

Un autre groupe de voyageurs campaient dans la forêt. Il y avait parmi eux une femme enceinte, qui accoucha. Ses compagnons décidèrent de bivouaquer sur place jusqu'à ce qu'elle fût en état de reprendre la route. Mais le gibier manquait. Tout le monde s'endormit le ventre creux. Au milieu de la nuit, on entendit le grignotement caractéristique d'un rongeur. C'était un énorme paca *(Coelogenys paca)* qu'on encercla et qu'on tua.

Tous mangèrent cette viande, sauf l'accouchée et son mari. Le lendemain, les hommes partirent à la chasse, laissant au campement la mère et le bébé. La femme vit alors un démon qui s'approchait. Il lui dit que le paca tué la nuit précédente était son fils, et que les démons allaient venir pour le venger. Ceux qui ne l'avaient pas consommé devraient, pour avoir la vie sauve, grimper à un arbre d'une espèce déterminée, en arrachant l'écorce derrière eux.

Quand les chasseurs rentrèrent, personne n'ajouta foi à son récit ; on se moqua même d'elle. Et quand, entendant les appels de trompe et les hurlements des démons, elle voulut alerter ses compagnons, ceux-ci dormaient si profondément qu'elle ne parvint même pas à les réveiller en les brûlant avec sa torche de résine. Elle mordit son mari, qui se leva enfin et la suivit comme un somnambule. Tenant l'enfant, tous deux grimpèrent à l'arbre que la femme avait eu soin de repérer, et ils arrachèrent l'écorce en dessous d'eux. Quand le jour fut venu, ils descendirent de leur refuge et retournèrent au campement : il n'y avait plus personne, les démons avaient massacré les dormeurs. Le couple regagna le village et raconta ce qui s'était passé.

Sur le conseil d'un vieux sorcier, les Indiens plantèrent beaucoup de piments. Quand ils furent mûrs, ils les cueillirent et les transportèrent près de la grotte des démons dont ils fermèrent l'entrée avec des troncs de paxiuba barriguda (un palmier au tronc renflé : *Iriartea ventricosa*), sauf à un endroit où ils allumèrent un grand feu. Ils y jetèrent d'énormes quantités de piments, de façon que la fumée pénétrât dans la grotte.

Bientôt, on entendit un terrible vacarme. Les Indiens permirent aux démons qui n'avaient pas participé au festin cannibale de sortir. Mais tous ceux qui avaient mangé de la chair humaine périrent dans la grotte ; on les reconnaît encore à la raie rouge traversant leurs masques. Quand le bruit eut cessé, et après qu'un esclave Yagua, envoyé en éclaireur, eut trouvé la mort aux mains de quelques démons survivants, les Tukuna pénétrèrent dans la grotte et notèrent soigneusement l'aspect caractéristique des diverses espèces de démons : aspect que les costumes d'écorce reproduisent aujourd'hui (Nim. *13*, p. 80-81).

Sans entreprendre ici l'analyse détaillée de ce mythe, qui nous éloignerait trop de notre sujet, nous nous bornerons à attirer l'attention sur l'épisode de l'écorce arrachée. Une jeune mère ($\neq$ vieille grand-mère de M_{304}), respectueuse, ainsi que son mari, des interdits alimentaires auxquels ils sont pareillement astreints après la naissance de l'enfant (Nim. *13*, p. 69) ($\neq$ vieux couple adonné au cannibalisme, M_{304}), réussit à échapper aux démons cannibales ($\neq$ à se changer en démons cannibales, M_{304}) en écorçant un arbre au fur et à mesure qu'elle y monte, *et donc de bas en haut :* tandis que les humains changés en démons de M_{304} parviennent à ce résultat en écorçant un arbre *de haut en bas*. L'opposition principale de la p. 334 reste inchangée, et la symétrie inversée de M_{304}, M_{318} (démons, déchaînés ou domestiqués par le port des costumes d'écorce) est fonction d'une opposition supplémentaire, manifestement introduite pour les besoins de la cause : celle du sens de l'écorçage, qui se fait de haut en bas, ou bien de bas en haut.

Puisqu'il s'agit d'une technique réelle, on peut rechercher comment les Indiens procèdent pour écorcer les troncs. Ni dans un sens ni dans l'autre au témoignage de Nimuendaju qui a observé et décrit les Tukuna : ils abattent l'arbre, coupent une section de longueur convenable, et martèlent l'écorce pour la détacher du bois. Après quoi, ils retirent l'écorce en la retournant comme un gant ; ou plus souvent, ils la fendent sur toute la longueur pour obtenir une pièce rectangulaire moins difficile à travailler qu'un tube (Nim. *13*, p. 81)[1]. La technique semble identique chez les Arawak de la Guyane (Roth *2*, p. 437-438) qui en furent peut-être les initiateurs (Goldman, p. *223*). Par rapport à l'infrastructure techno-économique, on renverra donc les deux mythes dos à dos. L'un n'est pas plus « vrai » que l'autre, mais, ayant à envisager deux implications complémentaires d'un rituel qui, s'il est pris au sérieux, expose les spectateurs (et les officiants eux-mêmes) à un danger certain — car que se passerait-il, si les démons personnifiés par les danseurs masqués reprenaient tout à coup leur viru-

---

1. Nimuendaju signale cependant une technique d'écorçage de haut en bas, limitée à l'arbre /matamatá/ (*Eschweilera* sp.), que M_{304} étend au /tururi/ (*Couratari* sp. ?). Cf. Nim. *13*, p. 127 et p. 147, n. 5.

lence ? — il leur a fallu concevoir une technique imaginaire, mais qui, à la différence de la technique réelle, peut admettre des manières de faire opposées.

***

En s'aidant d'instruments réels ou imaginaires, les mythes, convenablement ordonnés, semblent déployer sous nos yeux un vaste groupe de transformations qui rassemble diverses manières, pour un tronc d'arbre ou un bâton, *d'être creux :* cavité naturelle ou artificielle, orifice longitudinal ou transversal, ruche, auge, tambour, bâton de rythme, tube d'écorce, claquoir, cangue... Dans cette série, les instruments de musique occupent une position moyenne entre des formes extrêmes qui relèvent soit de l'abri, comme la ruche, soit du piège, comme la cangue. Et les masques, les instruments de musique, ne sont-ils pas eux-mêmes, chacun à leur façon, des abris ou des pièges, parfois même les deux ensemble ? Le claquoir de M_{304} joue le rôle de piège tendu au démon-jaguar ; le démon-jaguar de M_{310}, prisonnier d'une cangue, obtient grâce au bâton de rythme la protection de ses congénères. Les costumes-masques en écorce, dont M_{318} retrace l'origine, sont des abris pour les danseurs qui les revêtent, tout en leur permettant de capter la puissance des démons.

Or, depuis le début de ce livre, nous avons eu constamment affaire à des arbres creux servant d'abris ou de pièges. La première fonction prédomine dans les mythes sur l'origine du tabac, puisque les personnages persécutés par le jaguar cannibale se réfugient au creux d'un arbre. La seconde fonction l'emporte dans les mythes sur l'origine du miel où tantôt le renard, tantôt la fille folle de miel, tantôt enfin la grenouille sont emprisonnés dans semblable cavité. Mais, pour ces derniers, l'arbre creux ne deviendra piège que parce qu'il était d'abord refuge pour les abeilles. Inversement, si l'arbre creux offre un refuge providentiel aux victimes du jaguar dans les mythes sur l'origine du tabac, il se transformera en piège où périra le fauve cherchant à le forcer.

Il serait donc plus exact de dire que le motif de l'arbre creux fait la synthèse de deux aspects complémentaires. Ce caractère invariant ressort encore mieux quand on remarque que les mythes utilisent toujours des arbres du même genre, ou des arbres de genres différents mais qui offrent cependant entre eux des ressemblances significatives.

Tous les mythes du Chaco que nous avons passés en revue se réfèrent à l'arbre /yuchan/ dont le tronc creux abrite les enfants ou les concitoyens de la femme changée en jaguar, sert à préparer la première auge à hydromel, et devient le premier tambour ; où le démon chauve-souris entasse les têtes coupées de ses victimes, où le renard fou de miel est emprisonné ou sur lequel il s'étripe, etc. L'arbre /yuchan/, en espagnol : palo borracho, est, en portugais du Brésil, la barriguda, « arbre pansu ». C'est une bombacée (*Chorisia insignis* et espèces voisines), triplement caractérisée par son tronc renflé qui lui donne l'aspect d'une bouteille, les épines longues et dures qui le hérissent, enfin le duvet blanc et soyeux qu'on recueille dans ses fleurs.

L'arbre qui joue le rôle de piège pour la fille folle de miel est plus difficile à identifier. Nous le connaissons avec précision, seulement dans le cas limite où la grenouille arboricole cunauaru incarne l'héroïne : en effet, ce batracien habite le tronc creux de *Bodelschwingia macrophylla* Klotzsch (Roth *1*, p. 125), qui n'est pas une bombacée comme les *Ceiba* et *Chorisia*, mais, sauf erreur, une tiliacée. En Amérique du Sud, cette famille comprend des arbres à bois léger et au tronc souvent creux, comme les bombacées, et dont les Bororo utilisent une espèce *(Apeiba cymbalaria)* pour faire les cache-sexe féminins en écorce battue (Colb. *3*, p. 60). Il semble donc que l'ethno-botanique indigène constitue en grande famille des arbres pareillement qualifiés par leur bois léger et par leur fréquente transformation en cylindres creux, soit naturellement et en dedans, soit artificiellement et en dehors : grâce à l'industrie humaine qui vide, si l'on peut dire, un tube d'écorce de son tronc[1].

Dans cette grande famille, les bombacées doivent d'autant plus retenir l'attention qu'elles figurent au premier plan de mythes guyanais qui relèvent du même groupe que tous ceux que nous avons jusqu'à présent examinés.

M$_{319}$. *Les filles désobéissantes.*

Deux jeunes filles refusent de suivre leurs parents invités à une fête de boisson. Restées seules dans la hutte familiale, elles reçoivent la visite d'un démon qui habite le tronc creux d'un arbre voisin. Cet arbre est un /ceiba/. Le démon tue un perroquet d'un coup de flèche et prie les jeunes filles de l'accommoder ; ce qu'elles font volontiers.

Après le dîner, le démon suspend son hamac, invite la plus jeune sœur à l'y rejoindre. Comme cela ne lui dit rien, elle se fait remplacer par son aînée. Pendant la nuit, elle entend d'étranges bruits et des grognements qu'elle croit d'abord être des témoignages d'amour. Mais le vacarme augmente ; la jeune fille ranime le feu, va voir ce qui se passe. Le sang s'écoule du hamac où sa sœur gît morte, perforée par son amant. Elle devine alors qui il est vraiment et, pour échapper au même sort, elle se cache sous un tas d'épis de maïs couverts de moisissures, qui pourrissent dans un coin. Par surcroît de prudence, elle menace l'Esprit de la Pourriture, s'il venait à la trahir, de ne plus jamais lui donner de maïs. En fait, l'Esprit était si occupé à dévorer le maïs qu'il ne répondit pas au démon qui le questionnait. Incapable de trouver où se cachait la jeune fille, surpris par le jour, le démon dut regagner son logis.

---

1. Mme Claudine Berthe, spécialiste d'ethno-botanique, a bien voulu nous signaler que plusieurs botanistes modernes classent les bombacées avec les tiliacées, ou très près.

A midi seulement, la jeune fille osa quitter son abri ; elle se précipita au devant de sa famille qui revenait de la fête. Instruits des événements, les parents remplirent de piments vingt paniers, les déversèrent autour de l'arbre et mirent le feu au tas. Asphyxiés par la fumée, les démons sortirent de l'arbre les uns après les autres, sous l'aspect de singes guariba. Enfin, parut le meurtrier que les Indiens assommèrent. Depuis lors, la fille survivante voulut bien obéir à ses parents (Roth *1*, p. 231).

Dans l'armature de ce mythe, on retrouve aisément celle des mythes guyanais relatifs à une fille laissée seule au campement pendant que sa famille va à la chasse ou en visite chez les voisins ($M_{235, 237}$). Mais, au lieu que l'Esprit visiteur soit chaste, nourricier et respectueux du sang menstruel, il s'agit ici d'un démon libidineux, sanguinaire et meurtrier. Dans les mythes de ce groupe qui ont un héros masculin, la moisissure joue un rôle néfaste et disjoint le chasseur de son gibier. Dans le présent mythe où le principal protagoniste est une femme (elle-même, vis-à-vis du démon, en position de gibier), la moisissure, devenue protectrice, recouvre le corps de la victime et non plus du persécuteur. L'héroïne de M_{235} choisit l'isolement parce qu'elle est indisposée, donc source de pourriture. Elle se montre ainsi respectueuse des convenances, à la différence des deux héroïnes de M_{319} qui refusent sans cause légitime d'accompagner leurs parents, et sont seulement mues par un esprit d'insubordination. Au lieu, donc, de raconter l'histoire d'une fille bien élevée, récompensée par le miel, M_{319} raconte l'histoire d'une fille mal élevée, que la fumée urticante du piment devra venger[1]. Or, dans ce groupe dont nous venons d'évoquer les termes extrêmes, caractérisés par une inversion radicale de tous les motifs, un autre mythe trouve aussi sa place, mais cette fois en position moyenne :

M_{320}. *Carib : origine du tabac.*

Un homme vit un Indien à pattes d'agouti qui disparaissait dans un arbre /ceiba/. C'était un Esprit de la forêt. On entassa autour de l'arbre du bois, des piments et du sel, et on y mit le feu. L'Esprit apparut à l'homme au cours d'un rêve et lui dit de se rendre trois mois plus tard là où il avait succombé. Une plante pousserait parmi les cendres. Avec ses larges feuilles macérées, on préparerait une liqueur qui procurerait des transes. C'est au cours de sa première transe que l'homme connut tous les secrets de l'art du guérisseur (Goeje, p. 114).

Un mythe de même provenance (M $_{321}$; Goeje, p. 114) donne à croire que l'homme visité par l'Esprit n'a pas voulu participer à l'érection du bûcher et qu'il reçoit le tabac en récompense de sa pitié. Mais qu'on doive

---

1. Selon les Tukuna, l'Esprit de l'arbre /ceiba/ blesse les femmes indisposées avec des flèches ; et les bains d'eau pimentée sont le meilleur antidote contre les contaminations dues au sang menstruel (Nim. *13*, p. 92, 101).

ou non faire une place à l'Esprit secouru entre l'Esprit secourable de M_{235} et l'Esprit hostile de M_{319}, il est clair que le mythe carib sur l'origine du tabac clôt un cycle, puisque le personnage masculin à pattes d'agouti (rongeur végétarien et gibier parfaitement inoffensif), des cendres duquel naît le tabac destiné à être bu, après que lui-même a été pris au piège dans un tronc creux de /ceïba/, renvoie tout droit au personnage féminin de M_{24}, dont la tête, avant le corps, prend l'aspect du jaguar : animal carnivore et offensif des cendres duquel naît le tabac à fumer, après une vaine tentative pour tuer ses victimes réfugiées dans le tronc creux d'une bombacée. Si la boucle se referme, c'est cependant au prix de certaines transformations qu'il importe d'examiner.

L'arbre joue partout le rôle de terme invariant, et cette fascination exercée sur la pensée mythique, depuis la Guyane jusqu'au Chaco, par des arbres de la famille des bombacées, ne tient pas seulement à certains caractères objectifs et dignes d'attention : tronc renflé, bois léger, fréquence d'une cavité interne. Si les Carib n'abattent pas le /ceïba/ (Goeje, p. 55) c'est que, non seulement chez eux, mais depuis le Mexique jusqu'au Chaco, cet arbre possède une contrepartie surnaturelle : arbre du monde, contenant dans son tronc creux l'eau primordiale et les poissons, ou arbre du paradis... Fidèle à notre méthode, nous n'aborderons pas ces problèmes d'étymologie mythique, qui nous obligeraient d'ailleurs, dans ce cas particulier, à étendre l'enquête aux mythes de l'Amérique centrale. Puisque l'arbre /ceïba/ ou des essences voisines constituent des termes invariants de notre groupe, il nous suffira, pour déterminer leur sens, de confronter les ensembles contextuels où ils sont appelés à figurer.

Dans les mythes du Chaco sur l'origine du tabac, le tronc creux d'une bombacée sert de refuge ; il sert de piège dans les mythes guyanais sur l'origine du tabac. Mais le rôle dévolu à l'arbre creux est mixte dans les mythes guyanais dont l'héroïne est une fille folle de miel (que ce soit de façon directe ou transformée) : tantôt refuge et tantôt piège, et parfois l'un et l'autre au sein du même mythe (cf. par exemple M_{241}). D'autre part, une opposition secondaire apparaît entre le miel, qui se trouve à l'intérieur de l'arbre, et la fumée de piments qui s'élève tout autour.

Fort de cette première série, on peut en construire une seconde. Dans M_{24}, le miel rendu piquant par l'adjonction de serpenteaux entretient avec le tabac fumé le même rapport que, dans M_{320}, la fumée piquante du piment entretient avec un « miel » de tabac[1].

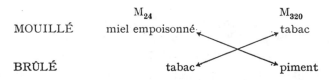

i. Dans la préparation duquel le sel joue un rôle, d'où sa mention par M_{321}.

En même temps qu'une boucle se referme, le transfert du tabac, de la catégorie du brûlé à celle du mouillé, crée un chiasme. Deux conséquences résultent. D'abord, nous pressentons que la mythologie du tabac est double selon qu'il s'agit de tabac fumé ou bu, et selon que sa consommation offre un aspect profane ou sacré, de même que nous avions observé, à propos de la mythologie du miel, une dualité liée à la distinction du miel frais et du miel fermenté. En second lieu, nous constatons une fois de plus que quand l'armature se maintient, c'est le message qui se transforme : M_{320} reproduit M_{24}, mais parle d'un autre tabac. La déduction mythique présente toujours un caractère dialectique : elle ne progresse pas en cercle, mais en spirale. Quand on croit se retrouver au point de départ, on n'y est jamais absolument et totalement, mais sous un certain rapport. Il serait plus exact de dire qu'on passe à la verticale du lieu d'où l'on était parti. Mais que ce passage se fasse plus haut ou plus bas, il suppose une différence où gît l'écart significatif entre le mythe initial et le mythe terminal (en prenant ces termes dans un sens relatif à un trajet). Enfin, selon la perspective adoptée, cet écart se situe au niveau de l'armature, du code, ou du lexique.

Considérons maintenant la série des animaux. Nous ne reviendrons pas sur le rapport de corrélation et d'opposition des termes extrêmes : grenouille et jaguar, qui a déjà été élucidé (p. 212). Mais que peut-on dire de la paire moyenne formée par les singes guariba de M_{319}, et l'agouti de M_{320} ? Ce dernier animal est un rongeur *(Dasyprocta aguti)* dont des mythes guyanais font le maître égoïste des fruits de l'arbre primordial (plus haut, p. 226). Quant au singe hurleur guariba *(Alouatta* sp.) c'est un générateur d'ordure : métaphoriquement, en vertu de l'assimilation du vacarme et de la corruption que nous avons démontrée par d'autres voies (p. 264) ; et réellement, puisque le singe hurleur est un animal incontinent qui laisse tomber ses excréments du haut des arbres, à la différence du paresseux qui peut se retenir pendant plusieurs jours, et prend soin de descendre à terre pour déféquer toujours au même endroit (Tacana, $M_{322-323}$; Hissink-Hahn, p. 39-40 ; cf. CC, p. 321)[1]. Dans les danses qui accompagnent leur festival Shodewika, les Waiwai, qui sont des Carib vivant à la frontière de la Guyane anglaise et du Brésil, personnifient divers animaux. Les danseurs costumés en singes hurleurs grimpent dans la charpente de la hutte collective et s'accroupissent, feignant d'évacuer des pelures de bananes sur la tête des spectateurs (Fock, p. 181). On peut donc admettre que l'agouti et le singe hurleur guariba s'opposent, comme accapareur d'aliment et dispensateur d'excrément.

Or, le rôle de gibier démoniaque dévolu au singe hurleur par les mythes guyanais se retrouve presque inchangé dans un important mythe karaja

---

1. L'opposition du singe hurleur et du paresseux a fourni l'argument d'un de nos cours du Collège de France en 1964-65, cf. *Annuaire*, 65e année, 1965-1966, p. 269-270.

(M$_{177}$) auquel nous nous sommes jusqu'à présent contenté de faire de brèves allusions. Il est d'autant plus opportun d'y revenir que ce mythe, dont le héros appartient à la famille des « chasseurs maudits », de M$_{234}$-M$_{240}$, et relève ainsi du groupe de la fille folle de miel, nous ramènera de façon imprévue au problème du claquoir.

M$_{177a}$. *Karaja : les flèches magiques.*

Dans la forêt vivaient deux grands singes hurleurs, qui tuaient et mangeaient les chasseurs. Deux frères voulurent les détruire. Ils rencontrèrent sur leur route une femme-crapaud qui promit de leur apprendre comment triompher des monstres, mais à la condition qu'ils la prissent pour femme. Les frères se moquèrent d'elle et poursuivirent leur chemin. Bientôt ils aperçurent les singes, armés comme eux de sagaies. Le combat s'engagea, mais chaque frère fut touché à l'œil et mourut.

Un troisième frère vivait dans la hutte familiale. Son corps était couvert de plaies et d'ulcères. Seule sa grand-mère consentait à le soigner. Un jour qu'il chassait les oiseaux, il perdit une flèche et voulut la retrouver. Elle était tombée dans un trou de serpent. Le maître des lieux sortit, interrogea le garçon, connut sa misère. Pour le guérir, il lui fit cadeau d'un onguent noir sur lequel il devrait garder le secret.

Bientôt rétabli, le héros résolut de venger la mort de ses frères. Le serpent lui donna une flèche magique et lui recommanda de ne pas repousser les avances de la femme-crapaud. Pour la satisfaire, il lui suffirait de simuler le coït entre les doigts et les orteils de la pauvre créature.

Ainsi fit le héros, qui reçut en échange le conseil de laisser d'abord tirer les singes et, quand viendrait son tour, de viser les yeux. Les animaux morts restèrent suspendus par la queue aux branches. Il fallut envoyer un lézard pour les décrocher.

Le héros alla ensuite remercier le serpent. Celui-ci lui offrit des flèches magiques qui avaient le pouvoir de tuer et de rapporter tous les gibiers, et même de récolter les fruits de la forêt, le miel et bien d'autres choses. Il y avait autant de flèches que d'espèces animales et de produits, et aussi, dans une calebasse, une substance dont il fallait oindre les flèches pour qu'elles ne reviennent pas avec trop de force sur le chasseur.

Grâce aux flèches du serpent, le héros pouvait maintenant obtenir tout le gibier et le poisson qu'il voulait. Il se maria, construisit une hutte, défricha une plantation. Mais, bien qu'il eût recommandé à sa femme de ne confier ses flèches à personne, elle se laissa abuser par son propre frère. Celui-ci tira d'abord avec succès des cochons sauvages et des poissons, mais il oublia d'oindre la flèche à miel ; en revenant vers lui, elle se changea en une tête monstrueuse aux multiples gueules armées de dents. La tête se jeta sur les Indiens et les tua.

Alarmé par les cris, le héros accourut de sa plantation et réussit à éloigner le monstre. La moitié du village avait péri. Quand il fut informé du drame, le serpent le jugea irréparable. Il convia son protégé à une pêche au poisson pirarucu *(Arapaima gigas)*, et lui dit de ne pas omettre de l'alerter si une de ses filles venait à le pousser. C'est ce qui se passa, mais le héros oublia la recommandation du serpent. Celui-ci se changea alors en poisson pirarucu, et l'homme fit de même. Quand les Indiens les pêchèrent tous deux, le serpent réussit à s'échapper par un trou du filet, mais l'homme-poisson fut traîné sur la grève où un pêcheur essaya de l'assommer. Le serpent vint à la rescousse, l'aida à sortir du filet et lui rendit forme humaine. Il lui expliqua qu'il avait été puni de n'avoir rien dit quand la jeune fille l'avait touché (Ehrenreich, p. 84-86).

Krause (p. 347-350) a recueilli deux variantes de ce mythe ($M_{177b, c}$). L'épisode de la pêche au pirarucu n'y figure pas, ou, s'il y figure, c'est sous une forme à peine reconnaissable. Nous nous contenterons donc de renvoyer le lecteur à l'intéressante discussion de Dietschy *(2)* en signalant, pour qui voudrait entreprendre une étude complète du mythe, la conclusion analogue de M_{78}. D'autres différences portent sur la composition de la famille du héros, délaissé par ses parents et confié à son grand-père qui le nourrit d'épluchures et d'arêtes de poisson. M_{177a} lui fait épouser sa tante. Les deux variantes doublent la victoire sur les singes d'une autre victoire, remportée sur deux oiseaux de proie que le héros provoque en battant l'eau : tou, tou... (cf. $M_{226-227}$). Cet élément, commun aux mythes des Gé orientaux, suggère qu'ici et là, nous avons affaire à un mythe fondateur de l'initiation des garçons qui, chez les Karaja, se déroulait aussi en plusieurs étapes (Lipkind 2, p. 187).

L'intérêt du mythe tient à ses références multiples qui renvoient aux Gé et aux tribus guyanaises ($M_{237-239}$, $M_{241-258}$), très particulièrement aux Kachúyana puisque, comme nous l'avons déjà souligné, M_{177} inverse le mythe d'origine du curare de cette dernière population (M_{161}) en introduisant (mais aussi à l'occasion de démêlés avec des singes hurleurs pleins d'intentions hostiles) la notion d'un *poison à l'envers :* onguent destiné à affaiblir des flèches prodigieuses, pour que l'excès de leur force ne se retourne pas contre le chasseur. Il est intéressant de noter que ces super-flèches font passer du côté de la chasse la collecte des produits sauvages et du miel, que le mythe assimile ainsi à un gibier. Les connaissances actuelles sur les Karaja ne permettent pas de tenter une interprétation qui, par la force des choses, ne pourrait être que spéculative. Traitant les interstices des doigts et orteils comme si c'étaient des orifices véritables, M_{177} renvoie enfin à des mythes du Chaco où l'héroïne est aussi un batracien (M_{175}), et à un mythe tacana (M_{324}) qui contient également ce motif.

Les versions Krause modifient la version Ehrenreich sur un point qui nous importe au premier chef. Au lieu de flèches magiques (qui sont en fait

des sagaies) le serpent (ou le protecteur à forme humaine de $M_{177b, c}$) donne
au héros deux instruments également magiques : un projectile en bois
appelé /obiru/, et un objet fait de deux baguettes de canna brava (une
anonacée), l'une claire, l'autre foncée, collées ensemble sur toute leur longueur
avec de la cire, et ornées de plumes noires à une extrémité. Cet instrument
se nomme /hetsiwa/.

En frappant *(schlägt)* ces objets, ou en battant l'air avec eux, le héros
suscite un grand vent. Des serpents /uohu/, mot qui signifie aussi « vent »,
« flèche », surgissent et pénètrent dans le /hetsiwa/. Alors le vent apporte
des poissons, des cochons sauvages et du miel, que le héros distribue à la
ronde et dont il consomme le reste en compagnie de sa mère. Un jour qu'il
est à la pêche, un enfant s'empare de l'/obiru/ et conjure les serpents, mais
il ne sait pas les faire rentrer dans le /hetsiwa/. Les serpents (ou les vents)
se déchaînent et tuent la population du village, y compris le héros qui ne
peut maîtriser les monstres sans le secours de l'/obiru/. Ce massacre met fin
à l'humanité (Krause, *l. c.*).

A la différence du claquoir de M_{304} pour les Tukuna, l'/obiru/ et le
/hetsiwa/ ont, chez les Karaja, une existence réelle et un emploi attesté.
Le premier est une sagaie lancée au moyen d'un propulseur. M_{177} suggère
que cette arme put être jadis utilisée pour la chasse au singe, mais au début
du XXe siècle ce n'était plus qu'un engin de sport et, sous la forme où on
l'a observé, vraisemblablement emprunté aux tribus du Xingu (Krause,
p. 273 et fig. 127). Le /hetsiwa/, objet purement magique servant à éloigner
la pluie, pose des problèmes d'interprétation très complexes en raison de la
grosseur inégale et des couleurs différentes des deux baguettes, et aussi sur
le plan linguistique. La baguette la plus épaisse, peinte en noir, s'appelle
/kuoluni/, /(k)woru-ni/, mot qui désigne le poisson électrique selon Krause
et Machado, mais que, dans ce cas particulier, Dietschy *(l. c.)* incline à
rattacher au terme général /(k)o-woru/, « magie ». Le nom de la baguette
mince et blanchâtre /nohõdémuda/ est douteux, sauf pour le terme /nohõ/
qui désigne le pénis.

Selon Krause, on appelle aussi /hetsiwa/ un objet magique en cire servant à jeter des sorts et figurant une créature aquatique en laquelle cet
auteur reconnaît le poisson électrique. Dietschy a établi de façon très
convaincante qu'il s'agissait du dauphin. Nous hésitons pourtant à rejeter
totalement l'hypothèse d'une affinité symbolique entre le /hetsiwa/ du
premier type, ou la baguette noire qui le compose, et le poisson électrique.
Celui-ci porte en karaja le même nom que l'arc-en-ciel, soit un phénomène
météorique qui, comme l'objet magique, met fin à la pluie. Le maniement
du /hetsiwa/, curieusement évocateur de celui de la massue-épieu des
Nambikwara qui s'en servent pour couper et écarter les nuées orageuses,
renvoie aussi à un mythe arawak plus au nord, où le poisson électrique
remplit la même fonction :

M_{325}. *Arawak : le mariage du poisson électrique.*

Un vieux sorcier avait une fille si belle qu'il était très exigeant pour lui donner un mari. Il refusa successivement le jaguar et beaucoup d'autres animaux. Enfin apparut Kasum, le poisson électrique (*Electrophorus electricus*, une gymnote) qui se vanta de sa force. Le vieillard se moqua de lui, mais quand il eut touché le prétendant et éprouvé la violence du choc, il se ravisa et l'accepta pour gendre, avec mission de contrôler le tonnerre, l'éclair et la pluie. Quand la tempête approcha, Kasum divisa les nuages sur sa droite et sur sa gauche, et les éloigna respectivement vers le sud et vers le nord (Farabee 5, p. 77-78).

L'intérêt du rapprochement s'explique par le rôle dévolu aux poissons dans la mythologie des Karaja, qui tirent de la pêche presque toute leur subsistance. On a vu paraître le pirarucu à la fin de M_{177a}. Cet énorme poisson, le seul que les Karaja pêchent au filet (Baldus 5, p. 26), s'oppose de ce fait à tous les autres, pêchés à la nivrée, ainsi qu'au serpent qui, selon M_{177a}, se fait un jeu de passer au travers des mailles du filet. A cette première dichotomie entre le serpent et le poisson pirarucu, une seconde correspond. Un mythe karaja (M_{177d}) attribue l'origine des pirarucu à deux frères dégoûtés de leurs femmes et qui se changèrent en poissons *Arapaima gigas*. L'un fut mangé par les cigognes parce qu'il était mou (donc pourri ; cf. M_{331}), l'autre, dur comme la pierre, survécut et devint le masque /laténi/ qui terrifie les femmes et les enfants (Baldus 6, p. 213-215 ; Machado, p. 43-45). Ces hommes déçus par l'amour avec des humaines, changés en pirarucu, inversent la ou les femmes du cycle du tapir séducteur, passionnément éprises d'un animal, et qui se changèrent en poissons, lesquels s'opposent dans leur ensemble à la catégorie spéciale que forment les pirarucu.

Mais revenons au /hetsiwa/. Si l'on compare les versions Ehrenreich et Krause de M_{177}, on constate qu'il est presque partout question de deux types d'objets. Le ou les /obiru/ servent dans $M_{177a, b}$ à « appeler » le gibier et le miel, tandis qu'il incombe à l'onguent magique selon M_{177a}, au /hetsiwa/ selon M_{177b}, de neutraliser les périls inhérents à cet appel. A condition de négliger M_{177c} (version très écourtée où le /hetsiwa/ cumule les deux fonctions), il résulte que le /hetsiwa/ de M_{177b} joue le même rôle que l'onguent de M_{177a}, qui est un poison inversé.

Or, le /hetsiwa/ est lui-même un instrument inversé par rapport au claquoir de M_{304} ou au /parabára/ : les deux bâtons dont il est fait, et qui sont collés ensemble sur toute leur longueur, *ne peuvent pas* être frappés l'un contre l'autre. Le cas n'est pas unique. Une forme très voisine l'illustre chez les Sherenté dont, par certains aspects, la culture présente avec celle des Karaja de singulières affinités. Nimuendaju (6, p. 68-69 et pl. III) décrit et reproduit un objet rituel appelé /wabu/, que les Indiens fabriquent à quatre exemplaires, deux grands /wabu-zauré/, et deux petits /wabu-rié/, pour la fête du grand fourmilier (plus haut, p. 110). Chacun consiste en deux rachis de palmes burity *(Mauritia)* peints en rouge et fixés l'un contre l'autre par des chevilles saillantes. Aux deux bouts de celle du haut pend un pompon très allongé en fibres d'écorce. Les quatre porteurs de /wabu/accompagnent les danseurs masqués jusqu'au lieu de la fête, puis se séparent en paires dont l'une prend position à l'est, l'autre à l'ouest du terrain de danse.

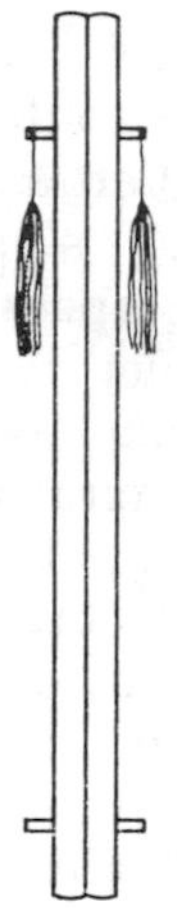

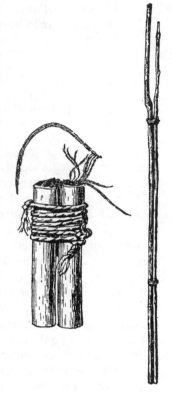

Nous ne sommes malheureusement pas renseignés sur la signification des /wabu/ et leur fonction dans le rituel. Mais leur ressemblance matérielle avec le /hetsiwa/ est d'autant plus frappante qu'il existe deux types de /wabu/, un grand et un petit, et que Krause reproduit (fig. 182a, b) deux types d'instruments rituels karaja formés de bâtons accolés.

Dans l'état actuel de nos connaissances, l'hypothèse selon laquelle le /hetsiwa/ et le /wabu/ représenteraient des claquoirs, en quelque sorte paralysés, doit être avancée avec une extrême prudence. Mais l'existence de conceptions analogues chez les anciens Égyptiens lui confère

Fig. 18. — Représentation schématique du /wabu/. (D'après Nimuendaju 6, pl. III.)

Fig. 19.
Les deux /hetsiwa/. (D'après Krause, l. c., p. 333.)

une certaine crédibilité. Nous n'ignorons pas que le témoignage de Plutarque est souvent suspect. Aussi ne prétendons-nous pas restituer des croyances authentiques, car il nous importe peu que les représentations auxquelles nous allons nous référer aient leur origine chez des sages égyptiens dignes de foi, chez quelques informateurs de Plutarque, ou chez cet auteur même. Le seul point digne d'attention à nos yeux est, qu'après avoir plusieurs fois noté que les démarches intellectuelles attestées dans l'œuvre de Plutarque offraient un curieux parallélisme avec celles que nous restituions nous-même à partir de mythes sud-américains, et que, par conséquent, en dépit de l'écart des temps et des lieux, nous devions admettre qu'ici et là, des esprits humains avaient travaillé de même façon, une nouvelle convergence apparaisse à propos d'une hypothèse que, n'était le rapprochement qu'elle autorise, nous n'aurions sans doute pas osé avancer.

Voici donc le texte de Plutarque : « Davantage Manethus dit, que les Égyptiens feignent de Jupiter, que ses deux cuisses se prirent et unirent tellement ensemble, qu'il ne pouvait plus marcher, en sorte que de honte il se tenait en solitude, mais qu'Isis les lui coupa, et les divisa ensemble, tellement qu'elle le fit marcher droit à son aise. Laquelle fable donne couvertement à entendre que l'entendement et la raison de Dieu marchent invisiblement, et secrètement procèdent à génération par mouvement : ce que montre et donne taisiblement à entendre le Seistre qui est la crécerelle d'airain, dont on use es sacrifices d'Isis, qu'il faut que les choses se secouent, et ne cessent jamais de remuer, et quasi s'éveillent et se croulent, comme si elles s'endormaient ou languissaient : car ils disent qu'ils détournent et repoussent Typhon avec ces Seistres, entendant que la corruption liant et arrêtant la nature, le mouvement derechef la délie, relève et remet sus par la génération » (§ XXXII). N'est-il pas saisissant que les Karaja, dont la magie et les problèmes qu'elle pose nous ont conduit jusqu'à Plutarque, aient élaboré un récit parfaitement symétrique avec le sien ? De leur démiurge Kanaschiwué, ils racontent qu'il fallut jadis lier les bras et les jambes pour éviter que, libre de ses mouvements, il ne détruisît la terre en provoquant des inondations et d'autres désastres (Baldus 5, p. 29)[1].

En dépit de son obscurité, le texte ancien introduit une nette opposition, d'une part entre le silence et l'immobilité symbolisés par deux membres normalement distincts et pourtant soudés ensemble, d'autre part le mouvement et le bruit symbolisés par les sistres. A la différence du premier terme et comme en Amérique du Sud, seul le second terme est un instrument de musique. Comme en Amérique du Sud aussi, cet instrument de musique (ou son inverse) sert à « détourner ou repousser » une puissance de la nature (à moins qu'à des fins criminelles il ne serve à l'attirer) : ici Typhon, c'est-à-dire Seth ; là, le tapir ou le serpent séducteur, le serpent-arc-en-ciel lié à la pluie, la pluie même, ou les démons chthoniens.

*
* *

Le sistre proprement dit est un instrument de musique peu répandu en Amérique du Sud. Nous avons recueilli chez les Caduveo des sistres conformes à la description qu'en avaient déjà donnée d'autres observa-

---

1. Dans cette perspective il conviendrait aussi de reprendre l'examen du célèbre épisode d'Aristée (Virgile, *Géorgiques*, L. IV) où Protée (correspondant au Typhon de Plutarque) doit être garrotté et ce pendant la saison sèche : « *Iam rapidus torrens sitientis Sirius Indos* », afin qu'il consente à révéler au berger le moyen de retrouver le miel perdu en conséquence de la disparition d'Eurydice, maîtresse sinon du miel comme l'héroïne de $M_{233-234}$, de la lune de miel indiscutablement ! Engloutie par un serpent d'eau monstrueux (*ibid.*, v. 459), Eurydice inverse l'héroïne de M_{326a} engendrée par un serpent d'eau et qui se refuse à la lune de miel, du temps que les animaux, doués de la parole, n'auraient eu cure d'un Orphée.

teurs : bâton fourchu aux deux branches reliées par une corde, sur laquelle sont enfilés quelques disques jadis taillés dans l'os ou la coquille, actuellement en métal. Un instrument semblable existe chez les Yaqui du nord du Mexique. On ne connaît pas d'autres exemples américains (Izikowitz, p. 150-151).

Mais, à défaut du sistre, nous disposons d'une autre base pour comparer les représentations mythiques du Nouveau et de l'Ancien Monde. Car le lecteur aura sans doute remarqué qu'il existe une étrange analogie entre les moyens mis en œuvre par l'appel cogné dans les mythes sud-américains : résonateur de calebasse ou tronc d'arbre frappés, bâtons entrechoqués, claquoir, et un complexe liturgique de l'Ancien Monde, connu sous le nom d'instruments des ténèbres. L'origine de ces instruments et de leur emploi à Pâques, du jeudi au samedi de la semaine sainte, pose de nombreux problèmes. Sans prétendre intervenir dans un débat difficile et qui échappe à notre compétence, nous nous contenterons d'évoquer quelques points généralement admis.

Dans les églises, il semble que les cloches fixes soient apparues tard : vers le VIIᵉ siècle environ. Leur mutisme obligatoire du jeudi au samedi saints ne paraît attesté (et encore, seulement à Rome) que vers le VIIIᵉ siècle. A la fin du XIIᵉ et au début du XIIIᵉ siècle, la prohibition aurait gagné d'autres pays européens. Mais la raison du silence des cloches et de leur remplacement temporaire par d'autres sources de bruit n'est pas claire. Le prétendu voyage à Rome, responsable de l'absence momentanée des cloches, pourrait n'être qu'une explication *a posteriori*, qui repose d'ailleurs sur toutes sortes de croyances et de représentations ayant les cloches pour objet : êtres animés doués de voix, capables de sentir et d'agir, aptes à recevoir le baptême. En plus de leur rôle pour convoquer les fidèles, les cloches remplissent une fonction météorologique et même cosmique. En vibrant, elles chassent la tempête, dissipent les nuées et la grêle, détruisent les maléfices.

Selon Van Gennep que nous avons suivi jusqu'à présent (t. I, vol. III, p. 1209-1214), les instruments des ténèbres substitués aux cloches comprennent le martelet, la crécelle, le claquoir ou heurtoir à poignée, une forme de castagnettes appelée « livre », la matraca (tablette que viennent frapper, quand on l'agite, deux plaques mobiles disposées de chaque côté), le sistre de bois sur ficelle ou anneau. D'autres instruments, comme le batelet et d'énormes crécelles, constituaient de véritables mécaniques. Tous ces engins remplissent des fonctions théoriquement distinctes, mais souvent mêlées dans la pratique : faire du bruit dans l'église ou au dehors ; convoquer les fidèles pendant l'absence des cloches ; accompagner les tournées de quête entreprises par les enfants. Selon certains témoignages, les instruments des ténèbres serviraient aussi à évoquer les prodiges et les bruits terrifiants qui ont marqué la mort du Christ.

Pour la Corse (Massignon), on cite des instruments à vent (trompe marine, sifflet de bois ou, plus simplement, coups de sifflet émis entre les doigts) à côté de divers instruments ou techniques de percussion : autel et bancs de l'église frappés avec un bâton, planches mises en pièces à coups de massue, heurtoirs à poignée, claquettes, crécelles de plusieurs types dont l'un appelé /raganetta/, « rainette » et l'autre, en roseau, qui ressemble à un /parabára/ perfectionné par substitution d'une roue dentée en bois à l'une des lames du bambou refendu. L'appellation « rainette » se retrouve dans d'autres régions.

En France, les engins des ténèbres comprenaient des objets usuels : chaudrons ou casseroles de métal frappés, sabots de bois martelant le sol, maillets de bois frappant sol et objets ; des bâtons à extrémité refendue ou des faisceaux de branchages, frappant sol et objets ; des frappements de mains ; enfin des instruments de musique de divers types : à corps solide vibrant, en bois (heurtoir, crécelle, claquette, planche martelée par un dispositif, sistre) ; en métal (sonnailles, grelots, hochets), ou à membrane (tambour à friction tournoyant) ; ou des instruments à air vibrant (sifflets à bec et à eau, corne, conque, cor, trompe, hautbois).

Dans les Hautes-Pyrénées, l'auteur de cette classification a étudié la fabrication et l'emploi d'un tambour à friction tournoyant appelé /toulouhou/ (Marcel-Dubois, p. 55-89). Une vieille boîte de conserve sans fond ou un cylindre d'écorce forme le résonateur : caisse ouverte d'un côté, tendue sur l'autre d'une membrane en peau de mouton ou en vessie, elle-même maintenue par une ligature. Deux trous percés au centre de la membrane permettent le passage d'une boucle de corde dont les bouts libres sont fixés par un nœud coulant autour d'une baguette munie d'une gorge, et servant à manipuler l'instrument. Après avoir enduit cette gorge de salive, l'exécutant saisit le manche et imprime un mouvement de rotation à l'instrument. La corde vibre et émet une sorte de vrombissement qualifié de « bourdonnant » ou de « crissant » selon que la corde est de ficelle ou de crin. Au sens propre, le mot /toulouhou/ désigne le frelon et le bourdon. Mais ailleurs, le même instrument porte le nom d'autres animaux : insectes (cigale, sauterelle) ou batraciens (rainette, crapaud). Le nom allemand *Waldteufel*, « diable des bois », évoque même le mythe warrau M$_{317}$ où des diables des bois s'affligent d'être si mal pourvus en instruments musicaux.

Bien que le rituel ordonne que les cloches restent muettes depuis la collecte de la messe du jeudi saint jusqu'au Gloria de celle du samedi suivant (Van Gennep, *l. c.*, p. 1217-1237 ; Marcel-Dubois, p. 55), il semble que l'Église se soit toujours montrée hostile aux instruments des ténèbres et qu'elle ait cherché à restreindre leur emploi. Pour cette raison, Van Gennep admet leur origine folklorique. Sans nous demander si le vacarme des ténèbres survit comme un vestige de coutumes néolithiques ou même paléolithiques, ou si sa récurrence dans des régions très éloignées montre seulement que, confronté ici et là aux mêmes situations, l'homme réagit à l'aide d'expressions symboliques qui lui sont proposées, sinon même imposées, par les mécanismes profonds qui règlent partout sa pensée, nous accepterons la thèse prudente de Van Gennep et nous invoquerons un parallèle à l'appui : « En Chine... vers le début du mois d'avril, certains fonctionnaires appelés Sz'hüen couraient jadis le pays armés de claquoirs de bois... pour rassembler la population et lui ordonner d'éteindre tous les foyers. Ce rite marquait le début d'une saison dite Han-shih-tsieh ou « du manger froid ». Pendant trois jours, les foyers restaient éteints, en attendant qu'on rallumât le feu nouveau, rite solennel qui avait lieu le cinquième ou le sixième jour du mois d'avril, plus précisément le 105ᵉ jour après le solstice d'hiver. Avec une grande pompe, les mêmes fonctionnaires célébraient cette cérémonie durant laquelle ils obtenaient du ciel le feu nouveau, en concentrant sur de la mousse sèche les rayons du soleil au moyen d'un miroir de métal ou d'un morceau de cristal. Les Chinois appellent ce feu « céleste », et c'est lui qu'ils emploient obligatoirement pour les sacrifices ; tandis que le feu obtenu par friction de deux morceaux de bois, dit « terrestre », doit servir à la cuisson et aux autres usages domestiques... Ce rite de renouvellement du feu remonte à une époque très ancienne... (au moins) 2 000 ans avant J.-C. » (Frazer *4*, citant diverses sources : vol. 10, p. 137). A deux reprises, Granet (p. 283, 514) évoque brièvement ce rite, en se référant au *Tcheou li* et au *Li ki*.

Si nous faisons état d'une ancienne coutume chinoise (dont on connaît des parallèles en Orient et en Extrême-Orient), c'est qu'elle nous intéresse à plusieurs titres. D'abord, elle semble s'inspirer d'un schème relativement simple et facile à dégager : pour que puisse être capté *ici-bas* le feu d'*en haut* il faut que chaque année se produise une conjonction du ciel et de la terre, périlleuse pourtant et presque sacrilège, puisque le feu céleste et le feu terrestre sont régis par un rapport d'incompatibilité. L'extinction des feux terrestres, annoncée ou commandée par les claquoirs, joue donc le rôle de condition requise. Elle crée le vide nécessaire pour que la conjonction du feu céleste et de la terre puisse avoir lieu sans danger.

L'inquiétude dont on ne saurait se défendre en allant chercher si loin un terme de comparaison trouve quelques raisons de s'apaiser grâce à un rapprochement qui s'impose : celui du rite chinois archaïque et d'une cérémonie récente des Indiens Sherenté, que nous avons déjà analysée et dont nous avons montré l'importance pour nos problèmes (CC, p. 295-297, 320). Là aussi, il s'agit d'un rite du feu nouveau, précédé par l'extinction des foyers domestiques et par une période de mortifications. Ce feu nouveau doit être obtenu du soleil, nonobstant le péril auquel les hommes s'exposent en se rapprochant de lui ou en le rapprochant d'eux. Le même contraste persiste aussi entre le feu céleste, sacré et destructeur, et le feu terrestre, profane et constructeur puisque c'est celui du foyer domestique. Pour que la comparaison soit complète, nous aurions sans doute besoin de retrouver les claquoirs de bois chez les Sherenté. Leur présence n'est pas attestée ; mais au moins avons-nous constaté que ces Indiens possèdent un instrument rituel, le /wabu/, où des considérations très différentes de celles qui sont en ce moment les nôtres nous ont incité à reconnaître un claquoir inversé (p. 346). Surtout, le rituel sherenté du grand jeûne fait une place de choix à un autre type de bruiteurs : des guêpes surnaturelles, qui se manifestent aux officiants par un bourdonnement caractéristique : ken ! -ken ! -ken-ken-ken-ken ! (CC, p. 320, n. 1). Or, si la tradition chinoise mentionne seulement le claquoir, et la tradition sherenté, les guêpes, nous avons vu qu'en Europe, le tambour à friction tournoyant — que les Pyrénéens appellent d'un nom qui signifie « bourdon » ou « frelon » — figure à côté du claquoir parmi les instruments des ténèbres, et peut même le remplacer.

Poursuivons notre effort pour élucider un schème mythique et rituel dont nous commençons à soupçonner qu'il pourrait être commun à des cultures très éloignées les unes des autres, et à des traditions très diverses. Comme la Chine archaïque et certaines sociétés amérindiennes, l'Europe a célébré jusqu'à une date récente un rite d'extinction et de renouvellement des foyers domestiques, précédé par des privations alimentaires et par l'emploi des instruments des ténèbres. Cet ensemble prenait place juste avant Pâques : de sorte que les « ténèbres », qu'on faisait régner à l'église pendant l'office du même nom, pouvaient symboliser aussi bien l'extinction des foyers domestiques que la nuit qui tomba sur terre au moment de la mort du Christ.

Dans tous les pays catholiques, l'usage voulait que le samedi, veille de Pâques, on éteignît les lumières dans les églises et qu'on allumât un feu nouveau soit avec un briquet, soit à l'aide d'une loupe. Frazer a rassemblé de nombreux exemples montrant que ce feu servait à renouveler celui des foyers domestiques. Il cite un poème latin du XVIe siècle dans sa traduction anglaise d'époque, dont nous extrayons quelques vers significatifs :

> « *On Easter Eve the fire all is quencht in every place,*
> *And fresh againe from out the flint is fecht with solemne grace*
>
> . . . .
>
> *Then Clappers ceasse, and belles are set againe at libertée,*
> *And herewithall the hungrie times of fasting ended bée.* »

En Angleterre, les cloches restaient silencieuses depuis le jeudi saint *(Maundy Thursday)* jusqu'au dimanche de Pâques à midi, et des bruiteurs de bois les remplaçaient (Frazer, *l. c.*, p. 125). Dans plusieurs régions de l'Europe, le retour de l'abondance avait également pour symbole des « jardins d'Adonis » préparés aux approches de Pâques (Frazer *4*, vol. 5, p. 253 *sq.*).

Or, cette abondance revenue, ce n'est pas seulement depuis le jeudi saint qu'elle avait fui : sa perte remonte à une date plus lointaine, qui est exactement celle du lendemain du mardi gras. Du point de vue des symboles acoustiques et de leur référence alimentaire, il faut donc distinguer trois

moments. Les instruments des ténèbres accompagnent l'ultime période du
carême, c'est-à-dire celle où, ayant duré le plus longtemps, sa rigueur atteint
un paroxysme. De ce carême, les cloches carillonnant à nouveau le jour de
Pâques marquent le terme. Mais avant même qu'il ne débute, un usage
exceptionnel et immodéré des cloches avait convié la population à profiter
du dernier jour d'abondance : la cloche sonnée le matin du mardi gras était
connue en Angleterre sous le nom de *pancake bell*, « cloche aux crêpes ».
La débauche culinaire dont elle donnait le signal et faisait presque l'obligation, trouve une illustration aussi pittoresque qu'intraduisible dans une
poésie populaire de 1684 :

> « *But hark, I hear the pancake bell,*
> *And fritters make a gallant smell ;*
> *The cooks are baking, frying, boyling,*
> *Carving, gormandising, roasting,*
> *Carbonading, cracking, slashing, toasting.* »

(WRIGHT and LONES, p. 9 ; cf. p. 8-20).

Pour la France, Van Gennep insiste avec raison sur l'aspect culinaire
cérémoniel du cycle Carnaval-Carême, trop négligé par les théoriciens, mais
que la pensée populaire juge suffisamment important pour qu'elle dénomme
le mardi gras ou le premier dimanche du carême d'après leur mets caractéristique, l'un *jour des crêpes* ou des *crozets*, l'autre *dimanche des beignets*,
des *bugnes*, ou des *pois frits*. Ainsi, à Montbéliard, les mets du mardi gras
comprenaient le matin du *pelai* (millet) ou du *paipai* (riz au lait), et le soir
de la viande de porc, jambon, bajoue ou *bon-jésus* (gros intestin rempli de
viande et de boyaux hachés) avec un plat de choucroute. Ailleurs, le repas
du mardi gras se distinguait d'ordinaire des autres par l'abondance des
viandes de toutes sortes, certains morceaux ayant été réservés pour ce jour
et devant être accommodés selon des recettes plus complexes que pour les
autres repas. Le bouillon gras, qui servait aussi pour des aspersions rituelles,
la bouillie, les crêpes sautées dans une poêle graissée, les beignets frits dans
la graisse ou dans l'huile sont des mets typiques du mardi gras. La confection obligatoire des crêpes n'est attestée, en France, que dans le tiers du
territoire le plus au nord (Van Gennep, tome I, vol. III, p. 1125-1130 et
carte XII).

Si nous reconnaissons l'hostilité de l'Église envers des usages qu'elle
a toujours condamnés comme païens, pour les débarrasser de la teinture
chrétienne que l'Europe a vainement tenté de leur donner, et si nous cherchons à atteindre la forme commune aux exemples américain, chinois et
européen, retenus parmi d'autres qui auraient pu aussi bien nous servir
et dont Frazer a dressé l'inventaire, nous aboutissons en somme à ceci :

Une vaste enquête sur la place et le rôle de la mythologie du miel dans
l'Amérique tropicale a imposé à notre attention un usage acoustique de

prime abord inexplicable : l'entrechoc bruyant des sandales par le collecteur de miel de M_{24}[1]. Partant à la recherche de termes de comparaison, nous avons rencontré d'abord le claquoir de M_{304}, instrument imaginaire sans doute, mais qui nous a mis sur la piste d'instruments réels du même type et dont l'existence en Amérique du Sud était passée presque inaperçue. Réels ou imaginaires, ces instruments offrent, au double point de vue organologique et symbolique, l'équivalent de ce que sont les instruments des ténèbres de la tradition européenne, dont un rite archaïque atteste aussi la présence en Chine.

Avant d'aller plus loin, ouvrons une parenthèse sur un point d'organologie. Les engins européens des ténèbres comprennent des instruments à corps solide vibrant, et d'autres à air vibrant. Ainsi se trouve levée l'hypothèque que faisait peser sur nos interprétations la dualité des appels lancés à l'animal séducteur par l'héroïne de nombreux mythes sud-américains : appels tantôt cognés sur la paroi bombée d'une demi-calebasse posée à la surface de l'eau, sur un tronc d'arbre, ou sur le sol, tantôt sifflés par imitation du cri de l'animal. Pour son compte, l'ethnographie européenne admet la même ambiguïté, parfois en un seul lieu et à une occasion bien déterminée. En Corse, « armés de bâtons, les enfants frappent fortement sur les bancs de l'église, ou bien, mettant deux doigts dans la bouche, ils sifflent à qui mieux mieux. Ils représentent les juifs pourchassant le Christ » (Massignon, p. 276). Nous reviendrons sur cette observation (p. 355).

Ce n'est pas tout. Au long de notre travail, nous avons constaté que la pensée indigène associait les mythes sur l'origine du miel à la saison sèche, ou bien — en l'absence de saison sèche — à une période de l'année connotant également la disette. A ce codage saisonnier s'ajoute un autre, de nature acoustique, dont nous sommes maintenant en mesure de préciser certaines modalités.

La conjonction du chercheur de miel avec l'objet de sa quête — substance placée entièrement du côté de la nature puisqu'il n'est pas nécessaire, pour la rendre consommable, de la soumettre à la cuisson — ou celle de la femme avec un animal séducteur dont la position sémantique est la même que celle du miel, aliment séducteur, risquent l'une et l'autre de disjoindre totalement le personnage humain de la culture, donc de la société. Soulignons au passage que le concept de conjonction disjonctive n'est pas contradictoire, puisqu'il renvoie à trois termes dont le second se conjoint

---

1. On pourrait sans doute penser au charivari pour empêcher le départ des abeilles, attesté dans l'Antiquité par de nombreux auteurs dont Billiard (*2*, p. 382-383) donne la liste, et qui est peut-être encore pratiqué dans certaines régions. Mais, remarque Billiard, « les uns pensaient que ce bruit réjouissait les abeilles, les autres au contraire qu'il les effrayait.» Avec Layens et Bonnier (p. 148-149), il estime donc « qu'il n'est d'aucune utilité, » ou n'a d'autre utilité que d'affirmer publiquement les droits du poursuivant : « ce qui est peut-être la seule explication plausible de cette coutume tant de fois séculaire » (Billiard *1*, année 1899, n° 3, p. 115). On comprendra mieux par la suite que le charivari aux abeilles n'est interprétable que comme application des engins des ténèbres à un cas particulier.

au premier par le même mouvement qui le disjoint du troisième. Cette captation d'un terme par un autre aux dépens d'un tiers (cf. CC, p. 292-295), trouve dans M_{24} une expression acoustique sous la forme du claquement des sandales, de même qu'un autre mythe du Chaco (M_{301}) signale l'opération inverse, de disjonction conjonctive, au moyen d'un bruit exactement opposé : le brrrumbrrrummbrum ! du serpent se préparant à engloutir les chercheurs de miel à la suite du miel qu'il leur a extorqué.

En citant ce mythe (p. 289), nous remarquions que le cri du serpent évoque celui des rhombes. Les mythes sud-américains ne sont certes pas les seuls où s'observe une relation de congruence entre le serpent et le pénis, mais ils exploitent méthodiquement toutes ses ressources, par exemple quand ils illustrent un rapport de corrélation et d'opposition entre le serpent « tout en pénis » et sa maîtresse humaine « toute en matrice » : femme qui peut abriter dans sa matrice son amant ou son enfant déjà grand, et dont tous les autres orifices corporels sont béants, laissant échapper le sang menstruel, l'urine et jusqu'aux éclats de rire (CC, p. 132 *sq.*). De cette paire fondamentale, le tapir, « gros pénis », et la sarigue, « grande matrice » (sous la forme directe d'une bonne nourrice ou sous celle figurée d'une femme adultère) illustrent seulement une variante combinatoire où les termes sont moins marqués (cf. CC, p. 255-256).

Que les faits mélanésiens et australiens aient indépendamment conduit à proposer une interprétation phallique du symbolisme des rhombes (Van Baal) renforce encore notre conviction que l'appel cogné du chercheur de miel tereno, le rugissement du serpent toba, forment une paire de termes contrastés. En effet, nous sommes parti de l'hypothèse que l'un était congru à l'appel cogné ou sifflé de la maîtresse du tapir, l'autre au son tiré des rhombes. Cette hypothèse se trouve maintenant étayée par l'assimilation du premier à un appel, lancé par une femme « au grand vagin » (dans un sens métaphorique) à un animal réellement pourvu d'un gros pénis, et par l'assimilation du second à un avertissement donné aux femmes (mais qui ne sont alors pourchassées qu'afin d'être mieux chassées) par le rhombe, qui est un pénis figuré. Par conséquent, dans un cas la puissance de la nature conjoint les sexes au préjudice de la culture : la maîtresse du tapir est perdue pour son époux légitime, parfois même la gent féminine tout entière l'est pour la société. Dans l'autre cas, la puissance de la culture disjoint les sexes au préjudice de la nature qui prescrit leur union ; temporairement au moins, les liens familiaux sont rompus pour permettre à la société des hommes de se former.

Revenons un instant aux faits pyrénéens. Le /toulouhou/ tourne autour d'un axe, comme le rhombe, et les deux instruments se ressemblent par la sonorité, bien qu'ils soient très différents au point de vue organologique. Dans la pratique rituelle pourtant, le /toulouhou/ joue un rôle analogue à celui que nous venons de reconnaître au rhombe en procédant de façon purement déductive, mais que, de son côté, l'observation ethnographique atteste par d'innombrables exemples en Amérique du Sud (Zerries 2), en Mélanésie et en Australie (Van Baal) et en Afrique (Schaeffner). L'usage du /toulouhou/ est réservé aux garçons qui s'en servent avant et pendant la messe du vendredi saint, pour terrifier les femmes et les filles. Or, le rhombe existe dans les sociétés pyrénéennes, mais jamais au titre d'engin des ténèbres : instrument de carnaval dans le Labourd et au Béarn, ou servant à écarter les juments des parcs à moutons (Marcel-Dubois, p. 70-77). Sur le plan organologique, l'opposition se maintient donc entre le rhombe et les instruments des ténèbres bien que, sur le plan symbolique, la fonction réservée au rhombe par les sociétés sans écriture se retrouve, dans une société européenne, dissociée du rhombe et rattachée à l'instrument des ténèbres qui lui ressemble le plus. En dépit de cette différence mineure sur laquelle on aimerait connaître l'avis des spécialistes, le contraste fondamental subsiste et peut être formulé dans les mêmes termes. Utilisé hors de l'église et avant la messe, à l'exclusion des autres instruments des ténèbres, le /toulouhou/ fonctionne comme un rhombe : il vise à disjoindre les femmes (ainsi conjointes à la nature) de la société des hommes (culture), libre de se rassembler seule dans l'enceinte sacrée. Mais, utilisé dans l'église et pendant la messe, concurremment avec les autres engins des ténèbres, son rôle se confond avec le leur qui est (si on peut généraliser l'interprétation tirée des faits corses par Mlle Massignon) de symboliser la conjonction des ennemis du Christ (nature) avec le Sauveur, lequel se trouve alors disjoint de la culture.

Laissons provisoirement le rhombe pour considérer à nouveau le double codage, saisonnier et acoustique, de l'ensemble que nous étions en train de discuter. D'abord le codage saisonnier. On le discerne partout, que ce soit sous forme réelle, en Amérique du Sud, avec l'opposition objective de deux périodes de l'année : l'une marquée par la disette et l'autre par l'abondance ; sous forme conventionnelle (mais ritualisant sans doute une expérience réelle) en Europe, où l'on peut assimiler le carême à une disette instaurée ; enfin, sous une forme presque virtuelle dans la Chine archaïque où la saison du « manger froid » n'excédait pas quelques jours. Mais, pour virtuelle qu'elle soit, l'opposition chinoise est conceptuellement la plus forte puisqu'elle s'établit entre le feu absent et le feu présent, et il en est de même chez les Sherenté. Ailleurs, en Amérique du Sud, l'opposition se situe entre une période d'abondance, et une période de disette durablement vécue sans être nécessairement mimée pendant un laps de temps plus ou moins long. C'est la même opposition que nous retrouvons en Europe, transposée sous la forme d'un contraste entre les jours où l'on mange gras et la période du carême. Par conséquent, en passant de Chine en Europe, l'opposition majeure s'affaiblit :

$$[\text{feu présent/feu absent}] \Rightarrow [\text{gras/maigre}],$$

et, en passant du Nouveau Monde (quelques exemples mis à part, tel celui des Sherenté) à l'Ancien, l'opposition se miniaturise, puisque les 5 ou 6 jours du « manger froid » chinois, ou ceux moins nombreux encore du triduum chrétien, reproduisent en raccourci une plus longue période qui s'étend, en Europe, sur toute la durée du carême, depuis la fin du mardi gras jusqu'au dimanche de Pâques. Si l'on néglige ces différences et les éventuels redoublements, le système sous-jacent se ramène à trois paires d'oppositions d'amplitude décroissante qui s'ordonnent logiquement sans que s'effacent les correspondances entre leurs termes respectifs :

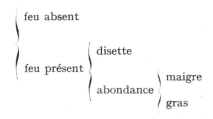

Qu'il s'agisse de l'absence du feu chez les anciens Chinois et chez les Sherenté, de la période de disette ailleurs en Amérique du Sud, ou de l'absence du feu, coïncidant avec le carême à son paroxysme dans la tradition européenne, il est clair que toutes ces conjonctures offrent des caractères communs : la cuisine est abolie de façon réelle ou symbolique ; pendant une période variant de quelques jours à une saison entière, un contact immédiat se trouve rétabli entre l'humanité et la nature, comme à l'époque mythique où le feu n'existait pas encore et où les hommes devaient manger leur nourriture crue, ou hâtivement exposée aux rayons du soleil qui était alors plus proche de la terre. Mais cette conjonction immédiate de l'homme et de la nature peut prendre elle-même deux aspects : soit que la nature se dérobe et que des privations d'abord supportables s'aggravent jusqu'à la famine ; soit que, sous une forme naturelle et non pas culturelle (qu'autoriserait seulement la cuisine), elle prodigue des nourritures de remplacement : fruits sauvages et miel. Ces deux éventualités, l'une et l'autre fonction d'une immédiateté conçue sur le mode négatif ou positif, correspondent à ce que nous avons appelé, dans *le Cru et le Cuit*, le monde pourri et le monde brûlé. Et brûlé, le monde l'est en effet symboliquement, ou risque théoriquement de l'être, quand par le moyen d'une loupe ou d'un miroir (Ancien Monde), ou par la présentation de fibres au messager pyrophore du soleil (Nouveau Monde), les hommes tentent de ramener sur terre le feu céleste pour allumer les foyers éteints. De même, ce miel superlatif que serait le miel cultivé entretient, là où il pousse, une chaleur intolérable (M_{192}). Inversement, nous avons vu que le miel sauvage, donc naturel, et son correspondant métaphorique, l'animal séducteur, portent en eux une menace de corruption.

Parvenu à ce stade de la démonstration, on devrait vérifier qu'il existe une corrélation univoque entre l'appel cogné (ou sifflé) et la voix des rhombes d'une part, le monde brûlé et le monde pourri d'autre part. En effet, tout ce qui précède semble établir, non seulement la pertinence de chacune de ces paires d'oppositions considérée en elle-même, mais aussi leur convenance réciproque. Pourtant, nous allons voir qu'ici les choses se compliquent sérieusement.

*
* *

Prenons le cas des Bororo. Ils connaissent un engin des ténèbres : le /parabára/, et ils possèdent aussi le rhombe. Que celui-ci connote le monde pourri est hors de doute. Le rhombe, appelé par les Bororo /aigé/, imite le cri d'un monstre du même nom, censé vivre dans les rivières et les lieux marécageux. Cet animal figure dans certains rites sous l'aspect d'un danseur enduit de boue des pieds à la tête. Le futur prêtre connaît sa vocation au cours d'un rêve où l'/aigé/ l'étreint sans qu'il ressente de la crainte ou du dégoût soit de l'odeur du monstre, soit de celle des cadavres décomposés (Colb. *3*, p. 130, 163 ; E.B., vol. I, art. « ai-je », « aroe et-awaraare »). Il est beaucoup plus difficile de se prononcer sur le symbolisme du /parabára/, dont on ne sait presque rien. L'instrument imaginaire de M_{304}, qui appartient à la même famille, sert à attirer un démon hors de la hutte, donc à le disjoindre du village habité, pour le conjoindre au bûcher où il périra. Sur la foi des observations que nous avons rapportées (p. 319), on serait tenté d'attribuer la même signification au rite bororo du /parabára/, car il s'insère dans des pratiques dont le but paraît être de s'assurer que l'âme a définitivement quitté la sépulture provisoire creusée au centre du village. Mais c'est seulement dans les mythes qu'il arrive aux Bororo de finir sur le bûcher. En fait, les ossements des morts, lavés pour enlever les chairs, sont noyés.

L'opposition du rhombe et du /parabára/ reflète donc moins celle du monde pourri et du monde brûlé que deux démarches possibles vis-à-vis du monde pourri. L'/aigé/ annoncé par le rugissement des rhombes vient de l'eau, l'âme déterminée par le claquement des /parabára/ s'y dirige. Mais il ne s'agit pas de la même eau dans chaque cas. Celle où vit l'/aigé/ est boueuse et sent les cadavres décomposés, tandis que les ossements nettoyés, peints et ornés de plumes, ne troubleront pas la limpidité du lac ou de la rivière où ils seront immergés.

Pour les Sherenté, dont les mythes offrent une grande symétrie avec ceux des Bororo (CC, p. 199-202) et posent en termes de feu des problèmes que les mythes bororo traduisent en termes d'eau, le rhombe n'est pas la voix d'un Esprit surgissant, mais l'appel qui le convoque. Cet Esprit est céleste, non aquatique. Il personnifie la planète Mars, compagnon de la lune comme Vénus et Jupiter le sont du soleil (Nim. *6*, p. 85). Il semble donc que le rhombe sherenté soit associé au mode le moins « embrasé » du ciel, le rhombe bororo au mode le plus « putréfié » de l'eau. En fait, les

Sherenté qualifient aussi par rapport à l'eau les deux modes du ciel, l'un diurne, l'autre nocturne. Pendant les rites du Grand Jeûne, les prêtres de Vénus et de Jupiter offrent aux officiants de l'eau claire dans des écuelles de calebasse, respectivement *Lagenaria* et *Crescentia*, tandis que les prêtres de Mars offrent de l'eau croupie dans une écuelle ornée de plumes (Nim. *6*, p. 97). Soit les équivalences :

Bororo   *Sherenté*
(eau sale : eau propre) : : | (nuit : jour) : : (eau sale : eau propre) |

La formule est révélatrice, pour autant que la « longue nuit », évoquée par tant de mythes sud-américains, renvoie certainement au monde pourri comme les mythes sur la conflagration universelle renvoient au monde brûlé. Mais alors, la conclusion ne s'impose-t-elle pas que le rhombe, non le claquoir, joue le rôle d'engin « des ténèbres » en Amérique, et que l'autre instrument appartient à une catégorie opposée que nous n'avons pas su identifier ? En passant de l'Ancien Monde au Nouveau, seule la forme de l'opposition demeurerait constante, et les contenus seraient inversés.

Pourtant, on ne saurait se satisfaire de cette solution, car un mythe amazonien met les ténèbres en connexion avec un instrument sans doute imaginaire, mais du point de vue organologique, plus proche du claquoir et de la crécelle que du rhombe :

M_{326a}.   *Tupi amazonien : origine de la nuit.*

Autrefois la nuit n'existait pas. Il faisait constamment jour. La nuit dormait au fond des eaux. Et les animaux n'existaient pas non plus, car les choses elles-mêmes parlaient.

La fille du Grand Serpent avait épousé un Indien, maître de trois fidèles serviteurs. « Éloignez-vous, leur dit-il un jour, car ma femme refuse de coucher avec moi. » Mais ce n'était pas leur présence qui gênait la jeune femme. Elle ne voulait faire l'amour que de nuit. Elle expliqua à son mari que son père détenait la nuit, et qu'il fallait envoyer les serviteurs la quérir.

Quand ils arrivèrent en pirogue chez le Grand Serpent, celui-ci leur remit une noix de palmier tucuman *(Astrocaryum tucuman)* bien close, et leur recommanda de ne l'ouvrir sous aucun prétexte. Les serviteurs rembarquèrent et furent bientôt surpris d'entendre du bruit dans la noix : ten, ten, ten... xi..., comme font maintenant les grillons et les petits crapauds qui chantent la nuit. Un serviteur voulut ouvrir la noix, les autres s'y opposèrent. Après beaucoup de discussions et quand ils furent parvenus très loin de la demeure du Grand Serpent, ils se réunirent finalement au milieu de la pirogue, allumèrent un feu, firent fondre la résine qui bouchait la noix. Aussitôt la nuit tomba, et toutes les choses qui étaient dans la forêt se transformèrent en quadrupèdes et en oiseaux, toutes celles qui étaient dans la rivière en canards et en poissons. Le panier se fit jaguar, le pêcheur et sa pirogue devinrent canard : la tête de l'homme fut pourvue d'un bec, la pirogue devint le corps, les rames les pattes...

L'obscurité qui régnait fit comprendre à la fille du Serpent ce qui s'était passé. Quand parut l'étoile du matin, elle décida de séparer la nuit du jour. A cet effet, elle transforma deux pelotes de fil en oiseaux respectivement cujubim et inhambu [un cracidé et un tinamidé, qui chantent à intervalles réguliers pendant la nuit ou pour saluer l'aube ; sur ces « oiseaux-horloges », cf. CC, p. 210 et n. 1]. Pour les punir, elle métamorphosa en singes les serviteurs désobéissants (Couto de Magalhães, p. 231-233. Cf. Derbyshire, p. 16-22).

Ce mythe soulève des problèmes complexes. Ceux qui concernent la triade des serviteurs seront discutés au volume suivant. Pour le moment, nous considérerons surtout la triple opposition qui donne son armature au mythe. Celle entre jour et nuit est patente. Elle sous-entend deux autres. D'abord entre conjonction et disjonction des sexes, puisque le jour impose celle-ci tandis que la nuit est la condition de celle-là ; puis entre conduite linguistique et conduite non linguistique : quand le jour était continu, tout parlait, même les bêtes et les choses, et c'est au moment précis où la nuit fit son apparition que les choses devinrent muettes et que les animaux ne s'exprimèrent plus que par des cris.

Or, cette première apparition de la nuit résulte, dans le mythe, de l'imprudence dont se rendent coupables les serviteurs en jouant d'un instrument qui est littéralement un engin des ténèbres, puisqu'il les contient et qu'elles s'échappent de son orifice débouché pour se répandre sous la forme d'animaux nocturnes et bruyants — insectes et batraciens — qui sont précisément ceux dont le nom désigne les engins des ténèbres dans l'Ancien Monde : grenouille, crapaud, cigale, sauterelle, grillon, etc. L'hypothèse selon laquelle une catégorie correspondant à celle de nos engins des ténèbres existerait parmi les représentations mythiques du Nouveau Monde, trouve une confirmation décisive dans la présence, au nombre de ces représentations, d'un engin qui est effectivement tel et qui l'est au sens propre, alors que, chez nous, les engins similaires ne méritent cette acception que de manière figurée.

Mais, si l'engin des ténèbres de M_{326a} relève de la nuit, et si cette dernière apparaît dans le mythe comme une condition requise pour l'union des sexes[1], il s'ensuit que l'instrument préposé à leur désunion, le rhombe, doit être implicitement lié au jour qui remplit la même fonction. Nous aurions

---

1. Mais pas de n'importe quelle façon. Si la nuit est une condition requise pour la communication sexuelle, par un mouvement en retour servant à rétablir l'équilibre, il semble qu'elle interdise entre les mêmes partenaires la communication linguistique. Tel est au moins le cas chez les Tucano où la conversation peut se dérouler de jour entre des interlocuteurs des deux sexes, mais de nuit entre interlocuteurs du même sexe seulement (Silva, p. 166-167, 417). Les individus de sexe opposé échangent donc entre eux des mots ou des caresses, mais pas les deux ensemble, ce qui serait un abus de communication.

donc une quadruple corrélation entre la nuit, l'union des sexes, les conduites non linguistiques, l'engin des ténèbres, s'.opposant terme pour terme à celle du jour, de la désunion des sexes, d'une conduite linguistique généralisée, et du rhombe. Outre qu'on voit mal comment le rhombe pourrait connoter une conduite linguistique, cette manière de poser le problème ne ferait qu'inverser la difficulté que nous avions rencontrée à propos des Bororo et des Sherenté. Il nous était apparu que chez ces Indiens, le rhombe relevait de la nuit, ce qui, du point de vue d'une interprétation générale, renvoyait les instruments des ténèbres (dont nous avions constaté qu'ils s'opposaient au rhombe) du côté du jour. Et maintenant, le rattachement plus normal des instruments des ténèbres à la nuit risque de nous obliger à mettre le rhombe du côté du jour, en contradiction avec tout ce que nous avions admis. Il faut donc regarder les choses de plus près.

M_{326a} ne mentionne pas le rhombe. Mais il évoque une ère où la nuit était gardée par un grand serpent (dont, chez les Toba, le cri ressemble à celui du rhombe) et où elle « dormait au fond des eaux » (comme le monstre aquatique que les Bororo nomment /aigé/ « rhombe », et dont le rhombe sert à imiter le cri). Nous savons aussi que, presque partout où le rhombe existe, il sert à disjoindre le genre féminin et à le rejeter du côté de la nature, hors du monde sacré et socialisé. Or, M_{326a} provient des Tupi septentrionaux, c'est-à-dire d'une culture et d'une région où les mythes décrivent le grand serpent comme un être phallique concentrant en lui tous les attributs de la virilité, à une époque où les hommes eux-mêmes en étaient dépourvus. Ils ne pouvaient donc pas copuler avec leurs femmes, réduites à solliciter les services du serpent. Cet état de choses cessa quand le démiurge coupa le corps du serpent en tronçons qu'il utilisa pour doter chaque homme du membre qui lui manquait (M_{80}). Par conséquent, la mythologie tupi fait du serpent un pénis (socialement) disjoncteur, notion que la fonction et le symbolisme du rhombe nous avaient déjà imposée. Et c'est bien aussi cette fonction que le Grand Serpent assume dans M_{326a}, au titre de père abusif et non de séducteur débauché : il a cédé sa fille mais gardé la nuit, à défaut de laquelle le mariage ne peut être consommé. Par ce biais, M_{326a} se rattache à un groupe de mythes précédemment examinés ($M_{259-269}$) où un autre monstre aquatique livre à l'homme qu'il accepte pour gendre — et qui, dans certaines versions, se trouve précisément être le soleil, c'est-à-dire la lumière du jour — une épouse incomplète, de ce fait impossible à pénétrer : fille sans vagin, symétrique des hommes sans pénis de M_{80}, et inverse de l'héroïne au trop grand vagin (symboliquement parlant) du cycle du tapir séducteur, animal au gros pénis dont nous avons montré (p. 354) qu'il était une variante combinatoire du grand serpent « tout en pénis », lequel ramène à notre point de départ.

Nous laisserons à d'autres le soin d'explorer cette boucle, car, dès qu'on s'arrête sur les liaisons mythiques, on découvre que le réseau dessine un graphe d'une si forte « connexité » qu'à vouloir épuiser tous ses détails, le chercheur désespère de progresser. Dans son état actuel, l'analyse structurale des mythes est trop malhabile pour qu'une course en avant, même incertaine de son but et précipitée, ne soit pas préférable (puisqu'il faut encore choisir) à une démarche lente et assurée qui permettra un jour de refaire posément, et en inventoriant toutes ses richesses, un itinéraire que nous ne prétendons que jalonner.

Si les précédents rapprochements sont légitimes, nous entreverrons peut-être l'issue de nos difficultés. Mettons, en effet, le rhombe du côté de la nuit dont, sous l'aspect du serpent, il est le maître ; et reconnaissons que l'engin des ténèbres s'y trouve aussi. Mais, dans chaque cas, il ne s'agit pas exactement de la même nuit puisque, pareilles seulement dans l'excès, la nuit du rhombe se dérobe au jour, tandis que celle de l'engin des ténèbres l'envahit. Par conséquent, à proprement parler, ni l'une ni l'autre ne s'opposent au jour, mais à cette alternance empiriquement vérifiée où, loin de s'exclure, le jour et la nuit sont unis par un rapport de médiation réciproque : le jour médiatise le passage de la nuit à la nuit, et la nuit le passage du jour au jour. Si, de cette chaîne périodique dotée d'une réalité objective, les termes « nuit » sont soustraits, il n'y aura plus que le jour, culturalisant, si l'on peut dire, la nature, sous la forme d'une extension abusive des conduites linguistiques aux animaux et aux choses. Inversement, si les termes « jour » sont expulsés de la chaîne, il n'y aura plus que la nuit, naturalisant la culture par transformation des produits de l'industrie humaine en animaux. Le problème qui nous avait arrêté trouve sa solution dès lors que nous reconnaissons la valeur opératoire d'un système à trois termes : jour seul, nuit seule, et alternance régulière des deux. Ce système comprend deux termes simples plus un terme complexe, consistant en une relation harmonieuse entre les premiers. Il fournit le cadre à l'intérieur duquel les mythes d'origine, que ce soit du jour ou de la nuit, se répartissent en deux espèces distinctes, selon qu'ils mettent le jour ou la nuit au commencement de l'alternance actuelle. On distinguera donc les mythes à préalable nocturne, et les mythes à préalable diurne. M_{326a} appartient à la deuxième catégorie. Or, le choix initial entraîne une importante conséquence, puisqu'il concède obligatoirement la préséance à l'un des deux termes. Dans le cas, qui nous intéresse seul ici, des mythes à préalable diurne, il n'y avait d'abord que le jour et si la nuit existait, c'était disjointe du jour et, en quelque sorte, dans les coulisses. Dès lors, l'autre éventualité ne peut plus se réaliser sous une forme exactement symétrique. Le jour était jadis là où la nuit n'était pas ; et quand la nuit le remplacera (avant que ne s'instaure leur régulière alternance), ce ne pourra être qu'en régnant où le jour était *avant elle*. Nous comprenons ainsi pourquoi, dans cette hypothèse, le « long jour » résulte d'un *état initial* de disjonction, la « longue nuit », d'un *acte subsidiaire* de conjonction.

Sur le plan formel, ces deux situations correspondent donc bien à celles que nous avions antérieurement distinguées sous les noms de monde pourri et de monde brûlé. Mais, depuis le moment où nous avons conçu cette distinction, quelque chose s'est passé dans les mythes. Sans que nous nous en apercevions ou presque, ils ont évolué d'un domaine spatial à un registre temporel et, qui plus est, de la notion d'un espace absolu à celle d'un temps relatif. A la théorie de cette transformation capitale, notre troisième volume sera presque entièrement consacré. Nous nous contenterons ici de dégager un aspect limité.

Dans l'espace absolu auquel se réfèrent les mythes sur l'origine de la cuisine, la position haute est occupée par le ciel ou le soleil, la position basse par la terre. Avant que le feu de cuisine n'apparût comme terme médiateur entre ces extrêmes (les unissant tout en les maintenant à distance raisonnable), leurs rapports ne pouvaient être que déséquilibrés : trop proches l'un de l'autre, ou bien trop éloignés. La première éventualité renvoie au monde brûlé qui connote le feu et la lumière. La seconde renvoie au monde pourri, qui connote l'obscurité et la nuit.

Mais M_{326a} s'inscrit dans un temps relatif, où le terme médiateur n'est pas un être ou un objet distinct qui s'interpose entre des termes extrêmes. La médiation consiste plutôt dans l'équilibre de termes auxquels le caractère d'extrêmes n'est pas inhérent, mais peut seulement résulter de l'altération du rapport qui les unit. Si le mythe considéré est à préalable diurne, l'éloignement de la nuit, c'est-à-dire sa disjonction du jour, assure le règne de la lumière, et son rapprochement (ou conjonction au jour) celui de l'obscurité. Par conséquent, et selon que le mythe se place dans l'hypothèse d'un espace absolu ou d'un temps relatif, les mêmes signifiés (conjonction et disjonction) requerront des signifiants opposés. Mais ce renversement ne sera pas plus pertinent que ne serait celui du nom des notes de la gamme résultant d'un changement de clé. En pareil cas, ce qui compte d'abord n'est pas la position absolue des notes sur ou entre les lignes, mais la figure de la clé inscrite en tête de la portée.

Rhombe et instrument des ténèbres sont les signifiants rituels d'une disjonction et d'une conjonction non médiatisées qui, transposées dans une autre tessiture, ont pour signifiants conceptuels le monde pourri et le monde brûlé. De ce que les mêmes signifiés, pour autant qu'ils consistent en rapports entre des objets, peuvent, quand ces objets ne sont pas les mêmes, admettre des signifiants opposés, il ne s'ensuit pas que ces signifiants opposés soient entre eux dans un rapport de signifiant et de signifié.

En formulant cette règle, nous ne faisons rien d'autre qu'étendre au domaine de la pensée mythique le principe saussurien du caractère arbitraire du signe linguistique, à ceci près que le champ d'application du principe acquiert une dimension supplémentaire, en raison du fait sur lequel nous avons appelé l'attention ailleurs (L.-S. 9, p. 31) que, dans l'ordre du mythe et du rituel, les mêmes éléments peuvent indifféremment jouer le rôle de signifié et de signifiant, et se remplacer l'un l'autre dans chaque fonction.

En dépit ou à cause de cette complication, la pensée mythique se montre si respectueuse du principe qu'elle a soin d'allouer au rhombe et à l'engin des ténèbres (qui, formellement parlant, font une paire) des champs sémantiques bien distincts. Pourquoi, un peu partout dans le monde, le rhombe a-t-il pour fonction privilégiée de chasser les femmes ? La raison n'est-elle pas qu'il lui serait pratiquement impossible de signifier la disjonction de la nuit et du jour — règne du jour en pleine nuit — à la différence de l'engin des ténèbres qui les conjoint ? De cette conjonction, l'éclipse fournit au moins une illustration empirique, et quand on les envisage dans cette perspective, les « ténèbres » apparaissent comme une sorte particulière d'éclipse, que connote une sorte particulière de charivari (CC, p. 292-295). L'emploi du rhombe ne se borne pas à inverser cette relation ; il la transpose en expulsant tous les termes féminins de la chaîne périodique des alliances matrimoniales. Mais n'est-ce pas pour autant que celle-ci offre, sur le plan sociologique, un équivalent de la chaîne cosmologique formée par l'alternance régulière du jour et de la nuit ?

$$\left(\begin{array}{c} \triangle = \bigcirc \quad \triangle = \bigcirc \quad \triangle = \bigcirc \quad \triangle = \bigcirc \quad etc. \end{array} \right) \equiv \left(\begin{array}{c} \text{jour-nuit, jour-nuit, jour-nuit, jour nuit, etc.} \end{array} \right)$$

On peut donc dire que la société, temporairement réduite par le rhombe à ses éléments masculins après que les éléments féminins ont été isolés et rejetés, est comme le cours du temps réduit au jour. Inversement, les Kayapo, qui ne semblent pas connaître le rhombe (Dreyfus, p. 129) utilisent les bâtons entrechoqués pour signifier une conjoncture symétrique avec celle ailleurs associée au rhombe : puisqu'il s'agit chez eux de l'instauration du lien conjugal entre un homme et une femme, et de rites de promiscuité (plus haut, p. 320). Enfin, si les engins des ténèbres peuvent connoter la conjonction du jour et de la nuit, et celle aussi des sexes, nous savons déjà qu'ils connotent l'union du ciel et de la terre. Sous ce dernier rapport, il serait intéressant d'étudier le rôle dévolu aux bruiteurs dans les fêtes saluant le retour des Pléiades. Nous reviendrons plus bas sur les cérémonies du Chaco, et nous nous bornerons à signaler, sur la côte nord-ouest du Pacifique, la substitution des claquoirs aux hochets (réservés au rituel d'hiver) lors de la fête de printemps /meitla/ où les Kwakiutl arborent un ornement figurant les Pléiades (Boas 3, p. 502 ; Drucker, p. 205, 211, 218 ; cf. aussi Olson, p. 175 et Boas 2, p. 552-553).

II

L'HARMONIE DES SPHÈRES

Il résulte de ce qui précède que le rhombe et l'engin des ténèbres ne sont pas les opérateurs d'une conjonction ou d'une disjonction pure et simple. Plutôt, on devrait dire que les deux instruments opèrent une conjonction *avec* la conjonction ou la disjonction mêmes : ils conjoignent le groupe ou le monde à l'éventualité de l'un ou l'autre de ces rapports, qui ont pour caractère commun d'exclure la médiation. Si le code acoustique forme un système, il faut donc qu'un troisième type d'instrument existe, qui connote l'acte de médiation.

Nous savons quel est cet instrument dans la tradition européenne. En effet, celle-ci établit un réseau complexe de relations entre les instruments des ténèbres et les cloches, selon que celles-ci sont absentes ou présentes et, dans ce dernier cas, marquées ou non marquées :

	ENGINS DES TÉNÈBRES / (CLOCHES :
marquées / non marquées .... ; absentes	/ présentes)
mardi gras / .... *carême* .... *(triduum)*	*dimanche de Pâques*

On se propose de montrer, d'abord qu'en Amérique du Sud le ou les hochets en calebasse (car ils vont habituellement par paires) représentent l'instrument de la médiation ; et ensuite que de manière comparable aux engins des ténèbres qui sont apparus liés au miel, nourriture excellente de ce carême tropical que figure la saison sèche, les hochets entretiennent une relation symétrique avec le tabac.

M_{327}. *Warrau : origine du tabac et des pouvoirs chamaniques (1).*

Depuis longtemps, un Indien avait pour femme une habile ouvrière en hamacs, mais qui demeurait stérile. Il prit donc une deuxième épouse dont il eut un enfant nommé Kurusiwari. Celui-ci ne cessait d'importuner la faiseuse de hamacs et de la gêner dans son travail. Un jour, elle le repoussa rudement. L'enfant tomba et pleura, puis il quitta la hutte sans que personne le remarque, pas même ses parents qui, couchés ensemble dans un hamac, avaient sans doute d'autres idées.

Il était tard quand on s'inquiéta de lui. Ses parents se mirent à sa recherche et le trouvèrent dans une hutte voisine où il jouait avec d'autres enfants. Les nouveaux arrivants s'expliquèrent, une conversation animée s'engagea avec leurs hôtes. Quand l'Indien et sa femme s'avisèrent de prendre congé, leur petit garçon avait à nouveau disparu, de même que l'enfant de la maison qui s'appelait Matura-wari. L'épisode se répéta dans une autre hutte avec le même résultat. Les deux garçons étaient partis, cette fois en compagnie d'un troisième nommé Kawai-wari.

Voici donc maintenant six parents en quête de trois enfants. Un jour se passe et le troisième couple abandonne. Le lendemain, le second couple en fait autant. Les enfants, qui étaient déjà très loin, s'étaient liés d'amitié avec les guêpes. De ce temps-là, elles parlaient et ne piquaient pas. Ce furent ces mêmes enfants qui ordonnèrent aux guêpes noires de piquer, et aux rouges de donner la fièvre par-dessus le marché.

Finalement, le premier couple rejoignit les enfants au bord de la mer. Ils étaient devenus de grands garçons. Quand on les pria de rentrer, le premier enfant qui était leur chef refusa, arguant qu'il avait été maltraité par sa marâtre et négligé par ses parents. Ceux-ci pleurèrent et supplièrent, sans obtenir de leur fils davantage que la promesse d'apparaître quand ils bâtiraient un temple et l' « appelleraient » avec du tabac. Sur ce, les trois enfants traversèrent l'océan, et les parents retournèrent au village où le père éleva le temple prescrit. Mais il eut beau brûler des feuilles de papayer, de cotonnier et de caféier, cela ne servit à rien : les feuilles n'étaient pas assez « fortes ». A cette époque, les hommes ne possédaient pas le tabac qui poussait dans une île au milieu de l'océan. On l'appelait l' « île sans hommes », car seules des femmes l'habitaient. Le père affligé envoya un échassier [« gaulding bird » : *Pilerodius*] quérir des graines ; il ne revint pas, et les autres oiseaux marins qu'il expédia ensuite connurent le même sort. La gardienne du champ de tabac les avait tous tués.

L'Indien demanda conseil à son frère, qui lui procura l'aide d'une grue. Celle-ci alla dormir sur la plage pour partir de bon matin. Un oiseau-mouche s'enquit de sa mission et proposa de l'accomplir seul. Malgré les efforts de la grue pour le dissuader, il prit son vol à l'aube. Quand la grue moins pressée l'eut rejoint, elle vit qu'il était tombé à l'eau, en grand danger de se noyer. Elle le repêcha et le plaça entre ses cuisses. Tout allait bien maintenant pour l'oiseau-mouche qui voyageait confortablement, mais quand la grue se soulagea, il eut la figure toute souillée [cf. M_{310}]. Il résolut alors de voler seul et arriva bon premier. La grue consentit à l'attendre pendant qu'il s'emparait des graines. Si petit et si rapide était l'oiseau-mouche que la gardienne du tabac ne réussit pas à le tuer.

Les deux oiseaux, qui avaient maintenant vent arrière, volèrent de conserve jusqu'au village où l'oiseau-mouche remit les graines au maître de la grue, qui les donna à son frère en lui apprenant comment planter le tabac, traiter les feuilles et choisir l'écorce pour rouler la cigarette. Il lui ordonna aussi de cueillir des calebasses et retint seulement celle qui avait poussé du côté est du tronc (cf. p. 297). L'homme se mit à chanter en s'accompagnant avec le hochet. Son fils et les deux autres garçons apparurent. Ils étaient devenus les trois Esprits du tabac, qui répondent toujours à l'appel du hochet. Car le père était lui-même devenu le premier chaman, pour avoir tant pleuré la perte de son enfant et s'être si fort langui (Roth *1*, p. 334-336).

On peut traiter comme variante un autre mythe warrau sur le même thème :

M_{328}. *Warrau : origine du tabac et des pouvoirs chamaniques (2).*

Un Indien nommé Komatari voulait avoir du tabac qui, de ce temps-là, poussait dans une île en pleine mer. Il s'adressa d'abord à un homme qui vivait seul sur la grève, et qu'il croyait à tort être le maître du tabac. Un oiseau-mouche se mêla à leur discussion et proposa d'aller chercher des feuilles de tabac. Mais il se trompa et rapporta des fleurs. L'homme de la grève partit alors pour l'île, réussit à tromper la surveillance des gardiens, et revint avec sa pirogue pleine de feuilles et de graines dont Komatari remplit son panier. L'inconnu quitta Komatari sans avoir consenti à dire comment il s'appelait. A l'autre de deviner, quand il serait devenu un sorcier.

Komatari refusa de partager le tabac avec ses compagnons. Il suspendit les feuilles sous la toiture de sa hutte et les confia à la garde des guêpes. Celles-ci se laissèrent soudoyer par un visiteur qui leur offrit du poisson et vola une partie des feuilles de tabac. Komatari s'en aperçut, congédia les guêpes, sauf une espèce dont il fit ses gardiens. Puis il défricha un coin de forêt pour y planter les graines.

Il obtint alors de quatre Esprits, qu'il rencontra successivement et qui refusèrent tous de dire leur nom, le calebassier, les plumes et le filet qui garniraient le premier hochet, les cailloux qui le feraient résonner. Avisés par le héros que le hochet terminé servirait à les détruire, les Esprits se vengèrent en suscitant les maladies. Mais peine perdue : grâce au hochet, Komatari guérit tous les malades, sauf un trop gravement atteint. Il en sera toujours ainsi : le sorcier-guérisseur connaîtra des succès et des échecs. Naturellement, Komatari savait maintenant le nom de tous les Esprits. Le premier rencontré, qui lui avait donné le tabac, s'appelait Wau-uno (Anura en arawak), « Grue blanche » (Roth *1*, p. 336-338).

Consacrés à l'origine des pouvoirs chamaniques, ces deux mythes les envisagent manifestement sous deux aspects complémentaires : comparution des Esprits tutélaires ou expulsion des Esprits maléfiques. L'oiseau *Pilerodius* qui, dans M_{327}, échoue à rapporter le tabac, est l'incarnation d'un des Esprits responsables des maladies (Roth *1*, p. 349). Dans les deux cas, la conjonction ou la disjonction s'opère grâce à la médiation des hochets et du tabac. On voit déjà que, comme nous l'avions annoncé, ces deux termes sont liés.

Dans les deux mythes, la grue et l'oiseau-mouche forment paire, et la valeur respective de chaque oiseau s'inverse selon que le mythe envisage le chamanisme sous l'un ou sous l'autre aspect. L'oiseau-mouche est supérieur à la grue dans M_{327} ; il lui est inférieur dans M_{328}. Cette infériorité se manifeste dans la préférence naïve que, conformément à sa nature, il donne aux fleurs sur les feuilles et les graines. En revanche la supériorité dont il fait preuve dans M_{327} n'est acquise qu'au prix d'un démenti infligé à sa nature. Normalement associé à la sécheresse (CC, p. 211-212) et à la bonne odeur (Roth *1*, p. 371), l'oiseau-mouche de M_{327} risque de se noyer et a le visage souillé de fiente. La « route au tabac » passe par l'ordure. En le rappelant, M_{327} atteste la réalité objective du cheminement qui, partant du miel (lui-même à la limite de l'excrément et du poison), nous a conduit au tabac. En somme, la route de l'oiseau-mouche fut la nôtre, et la transformation graduelle de mythes sur l'origine du miel en mythes sur l'origine du tabac, dont nous avons décrit les étapes tout au long de ce livre, se projette doublement, et en miniature, dans les mythes guyanais qui métamorphosent le plus petit des oiseaux, de *consommateur de miel* en *producteur de tabac*.

Des deux mythes warrau, M_{327} est certainement le plus complexe ; nous le suivrons de préférence à l'autre. Deux femmes y jouent un grand rôle : l'une habile ouvrière mais stérile, l'autre féconde. Dans la mythologie des Tacana, que nous avons plusieurs fois rapprochée de celle des régions septentrionales de l'Amérique du Sud, les paresseux femelles mariées à des humains font les meilleures tisserandes (M_{329} ; Hissink-Hahn, p. 287). La même indication ressort du mythe waiwai sur l'origine de la fête Shodewika (M_{288}) : jadis, seuls les Indiens et les paresseux *(Choloepus)* savaient confectionner les costumes de fibres (Fock, p. 57 et n. 39, p. 70).

Comment expliquer un talent à quoi les mœurs de cet animal ne semblent guère le prédisposer ? Sans doute parce que la position habituelle du paresseux, suspendu par les pattes, la tête en bas, à une branche, évoque l'image du hamac. Des mythes sur l'origine du paresseux confirment que cette ressemblance n'est pas passée inaperçue : ils disent que le paresseux est un hamac transformé, ou un homme couché dans son hamac (M_{330}, Mundurucu, Murphy *1*, p. 121 ; M_{247}, Baré, Amorim, p. 145). Mais deux traits significatifs de M_{327} permettent d'aller plus loin sur la voie de l'interprétation : d'une part, le paresseux n'est pas expressément désigné ; d'autre part, la femme qui le remplace dans le rôle de bonne tisserande forme paire avec une autre, qualifiée de féconde sans autre précision.

Nous avons indiqué plus haut (p. 341) que le paresseux est un très petit mangeur qui ne défèque qu'une ou deux fois par semaine, par terre et toujours au même endroit. Ces mœurs ne pouvaient manquer de retenir l'attention des Indiens, qui donnent une importance majeure au contrôle des fonctions d'excrétion. Commentant l'usage des indigènes qui se font vomir au réveil pour éliminer toute nourriture ayant séjourné la nuit dans l'estomac (cf. CC, p. 247), Spruce (vol. II, p. 454) observe que « les Indiens ne mettent pas le même empressement à aller de bon matin à la selle qu'à libérer leur estomac. Bien au contraire, partout en Amérique du Sud, j'ai remarqué que l'Indien, qui a une dure journée de travail devant lui et pas grand-chose à manger, préfère retarder l'évacuation jusqu'à la nuit tombée. En effet, il sait mieux que l'homme blanc contrôler ses besoins naturels, et semble respecter la même maxime qu'un Indien de San Carlos m'a formulée dans un espagnol approximatif en disant : *Quien caga de mañana es guloso*, celui qui va à la selle le matin est un glouton. » Les Tucano donnent à cette relation un sens plus large et métaphorique, quand ils prohibent que le fabricant de pirogues ou de filet aille à la selle avant d'avoir achevé son travail de peur que l'engin ne soit troué (Silva, p. 368 et *passim*).

Dans ce domaine comme dans d'autres, céder à la nature, c'est se montrer un mauvais membre de la société. Mais alors, il peut résulter, au moins sur le plan du mythe, que l'être le mieux capable de résister à la nature sera *ipso facto* le plus doué sous le rapport des aptitudes culturelles. La rétention qui, chez l'habile ouvrière de M_{327}, est rendue manifeste par sa stérilité, transpose dans un autre registre — celui de la fonction reproductrice — la rétention qui caractérise le paresseux sur le plan des fonctions d'élimination. Génitalement constipée mais bonne tisserande, la première femme s'oppose à la seconde dont la fécondité semble avoir pour contrepartie l'indolence, puisqu'on la voit batifoler en plein jour avec son mari[1].

Ces remarques appellent deux autres. En premier lieu, nous avons déjà noté que, sous le rapport de la défécation, le paresseux s'oppose au singe hurleur qui se soulage à tout moment du haut des arbres. Comme son nom l'indique, ce singe hurle, mais surtout aux changements de temps :

Guariba na serra
Chuva na terra,

« Quand on entend le guariba dans les collines, il va pleuvoir sur la terre », affirme le dicton populaire (Ihering, art. « guariba ») en accord avec

---

1. Les anciens croyaient également qu'il y avait un rapport entre l'état de tisserande et les aptitudes amoureuses ; mais ils le concevaient proportionnel et non inverse : « ... Les Grecs descrioient les tisserandes d'estre plus chaudes que les autres femmes : à cause du mestier sédentaire qu'elles font, sans grand exercice du corps... De celles icy je pourrois aussi dire que ce trémoussement que leur ouvrage leur donne ainsi assises les esveille et sollicite... » (Montaigne, *Essais*, L. III, ch. XI).

la croyance bororo que ce singe est un Esprit de la pluie (E.B., vol. I, p. 371). Or, c'est aussi un refroidissement subit qui incite le paresseux à descendre à terre pour faire ses besoins : « Quand le vent souffle, le paresseux marche », disent les Arawak (Roth *1*, p. 369) et un naturaliste a pu obtenir d'un paresseux captif des selles régulières tous les cinq jours, en mouillant d'eau froide son arrière-train (Enders, p. 7). Par conséquent, le singe hurleur et le paresseux sont des animaux « barométriques », mais qui honorent leur état, l'un par ses excrétions, l'autre par ses hurlements. Au titre de mode du vacarme, ceux-ci sont une transposition métaphorique de l'ordure (plus haut, p. 177 n. 1, 264).

Ce n'est pas tout. Le singe hurleur crie bruyamment et en bande, au lever et au coucher du jour. Solitaire, le paresseux émet pendant la nuit un cri faible et musical « pareil à un sifflement tenant le ré dièse pendant plusieurs secondes » (Beebe, p. 35-37). Selon un ancien auteur, le paresseux crie la nuit « ha, ha, ha, ha, ha, ha » (Oviedo y Valdes, *in* : Britton, p. 14). Toutefois, la description fait penser qu'il s'agit peut-être ici de *Choloepus* et non de *Bradypus*, c'est-à-dire du grand au lieu du petit paresseux auquel se rapporte l'autre observation.

Si l'on tient compte que, d'après les mythes tacana ($M_{322-323}$), toute violence faite au paresseux dans l'exercice normal de ses fonctions d'élimination entraînerait une conflagration universelle — croyance dont nous avons retrouvé l'écho en Guyane (cf. CC, p. 321, n. 1) mais alors par exposition de l'humanité aux périls résultant de la conjonction du feu céleste et de la terre — on sera tenté de reconnaître, derrière l'aspect acoustique de l'opposition du singe hurleur et du paresseux, l'un doté d'un cri « terrifiant » au dire des Akawai (Brett *2*, p. 130-132), l'autre condamné à un discret sifflement selon un mythe baré (Amorim, p. 145), celle même entre le rhombe, engin « hurleur », et les instruments des ténèbres.

Venons maintenant au second point, qui nous ramènera au texte même des mythes guyanais sur l'origine du tabac. Telle que nous venons de l'élucider, la nature de l'opposition entre les deux femmes de M_{327} met la première, stérile et douée uniquement du point de vue de la culture, en contraste avec la fille folle de miel des mythes du Chaco et de la Guyane. A celle-ci, l'autre femme apparaît homologue car elle se montre aussi lascive et féconde (cf. M_{135}). En revanche, et comme il est normal en passant de mythes sur l'origine du miel à des mythes sur l'origine du tabac, la position de l'enfant pleurard, terme commun aux deux groupes, s'inverse radicalement. Là, l'enfant est chassé parce qu'il pleure, ici, il pleure parce qu'il est chassé. Dans le premier cas, c'est la femme assimilable à la fille folle de miel qui le chasse, importunée par ses cris ; dans l'autre cas, la femme dont le rôle s'oppose à celui de la fille folle de miel est responsable, alors que celle qui tient ce rôle demeure indifférente aux cris de l'enfant. Enfin, tandis que le bébé pleurard « normal » reste près de la hutte, appelant sa mère jusqu'à ce qu'un animal congru à la fille folle de miel — renarde ou grenouille — le ravisse, son symétrique de M_{327} s'éloigne délibérément, et va faire amitié avec les guêpes /marabunta/.

Cette appellation générique est trop vague pour qu'on puisse affirmer que les espèces visées sont productrices de miel et qu'elles s'opposent ainsi aux animaux ravisseurs, que les mythes déclarent goulus de miel. Mais la démonstration est possible d'autre façon. Remarquons d'abord que M_{327} et M_{328}, où les guêpes jouent des rôles peu différents, traitent de l'origine du chamanisme. Or, le sorcier guyanais possède un pouvoir spécial sur les guêpes, qu'il disperse, sans qu'elles le piquent, en frappant le nid du bout des doigts (Roth $\mathit{1}$, p. 341)[1]. Chez les Kayapo plus au sud, nous avons déjà relevé l'existence d'un combat rituel contre les guêpes.

Selon M_{327} et M_{328}, les guêpes devinrent venimeuses en conséquence des relations particulièrement étroites qu'elles avaient nouées avec les chamans ou leurs Esprits tutélaires. Cette transformation, opérée par l'enfant pleurard de M_{327} et par le héros de M_{328}, reproduit celle qu'un mythe botocudo (M_{204}) attribue à l'irára, animal féru de miel. Par ce biais, nous retrouvons donc une opposition entre les guêpes — transformées par un personnage tenant lieu de l'irára du mythe botocudo — et les animaux ravisseurs, au surplus mangeurs de miel, c'est-à-dire congrus à l'irára sous certaines conditions que nous avons mentionnées (p. 212).

Ce rapprochement nous ramène assez loin en arrière. Moins loin cependant que nous découvrons être, après avoir remarqué que M_{327} impute le manque de tabac, dont souffrent les hommes, à des femmes célibataires qui le gardent dans une île : des amazones, par conséquent, et « folles de tabac ». Or, plusieurs mythes guyanais et quelques mythes gé rattachent l'origine des amazones à la séparation des sexes qui a suivi le meurtre du jaguar ou du caïman (variantes combinatoires du tapir séducteur) que les femmes ont pris pour amant (M_{156}, M_{287}). Nous avons établi que ces femmes représentaient elles-mêmes une variante de la fille folle de miel, transposée en terme de code sexuel. Les présents mythes confirment cette démonstration : en quittant leurs maris, les amazones apinayé emportent les haches cérémonielles ; celles des mythes warrau monopolisent le tabac qui, comme les haches, est un symbole culturel. Pour se conjoindre au tapir, au caïman

1. Mais non sans avoir préalablement frotté ses doigts sous ses aisselles. Les Tukano font de même quand ils découvrent un nid de guêpes : « l'odeur met les guêpes en fuite et les Indiens s'emparent du nid plein de larves ; le nid sert d'assiette, on y verse de la farine qu'on mange avec les larves » (Silva, p. 222, n. 53). Les Cubeo (Goldman, p. 182, n. 1) associent dans leur langue les poils et le tabac : « poil » se dit /pwa/, et les poils des aisselles sont appelés /pwa butci/, « poils-tabac ». Les mêmes Indiens procèdent à l'incinération rituelle des cheveux coupés ; ils les brûlent donc, comme on brûle le tabac pour fumer.

ou au jaguar — c'est-à-dire à la nature — les femmes adultères recourent soit à la calebasse *cognée*, soit au *nom* propre de l'animal par elles imprudemment *divulgué*. De manière symétrique, le pouvoir surnaturel du chaman warrau s'exprime par le hochet qui est une calebasse *secouée*, et par le *nom* des Esprits dont ils ont *percé* le secret.

Les mythes warrau sur l'origine du tabac contiennent un épisode qui nous ramène plus loin encore, jusqu'au tout début de notre recherche. En effet, la quête de l'oiseau-mouche traversant une grande étendue d'eau pour s'emparer du tabac dans une île surnaturelle, et afin que celui-ci puisse être associé aux hochets, renvoie à M_1 où nous avons rencontré pour la première fois le même motif, sous la forme d'une quête, incombant également à l'oiseau-mouche, et qui le conduit aussi dans une île surnaturelle pour y chercher, non le tabac mais les hochets eux-mêmes : instruments musicaux que, pour se disjoindre avec succès des Esprits, le héros devra s'abstenir de faire sonner ; alors qu'ici, c'est à condition de les faire résonner que les hommes pourront, à leur gré, convoquer les bons Esprits et chasser les mauvais.

Un examen superficiel ferait croire que la quête de l'oiseau-mouche constitue le seul élément commun à M_1 et à M_{327}. En vérité, l'analogie des deux mythes est beaucoup plus profonde.

De l'interprétation que nous avons déjà proposée du personnage du bébé pleurard, il résulte en effet qu'en termes de code acoustique, celui-ci reproduit le héros de M_1. Tous deux refusent de se disjoindre de leur mère bien qu'ils expriment leur attachement par des moyens différents : conduite vocale ou conduite érotique, l'une passive, l'autre active. Or, le petit garçon de M_{327} est un enfant pleurard, mais inversé, et nous pouvons donc attendre de sa part une conduite inverse de celle du héros de M_1. Celui-ci répugne à rejoindre la maison des hommes, donc à devenir un membre adulte de la société. L'autre témoigne d'un intérêt précoce pour les œuvres de la culture, et plus précisément celles qui incombent aux femmes, puisque la confection des hamacs, dont il se mêle indiscrètement, est un travail féminin.

Les deux héros sont des garçons, l'un déjà grand mais dont la conduite incestueuse accuse l'infantilisme moral, l'autre encore petit mais que son esprit d'indépendance amènera vite à la maturité physique. Chaque fois, leur père a deux épouses : la mère de l'enfant, et une marâtre. Dans M_1, l'enfant se conjoint à celle-là, dans M_{327} il est disjoint par celle-ci. Au couple incestueux de M_1 correspond le couple conjugal de M_{327} ; aux griefs du père, lésé dans ses droits conjugaux par son fils, correspondent les griefs du fils, lésé dans ses droits filiaux par son père. On notera en effet que si, dans le mythe bororo, le père se plaint que son garçon l'ait supplanté amoureusement (donc comme un adulte), auprès de son épouse, dans le mythe warrau, le fils se plaint que ses parents, trop occupés amoureusement l'un de l'autre, n'aient pas prêté attention à ses cris enfantins.

Le père offensé de M_1 cherche d'abord à perdre son fils du côté de l'eau ;

trois animaux secourables aident le garçon et font pendant aux trois enfants de M_{327} qui traversent volontairement la mer. On objectera que le héros de M_{327} est l'un de ces trois enfants, alors que le héros de M_1 obtient l'aide de trois animaux sans se confondre avec aucun d'eux. On a donc ici quatre personnages, et là trois. Mais c'est qu'en raison de leur symétrie inversée, une double difficulté surgit pour que les deux mythes suivent une démarche parallèle. D'une part, le héros de M_1 reviendra physiquement parmi les siens, celui de M_{327} ne reviendra qu'« en esprit ». D'autre part, le premier *rapportera* la pluie et l'orage qui seront donc la *conséquence* de son retour, tandis que le tabac *cherché* au loin sera la *cause* du retour de l'autre. Pour sauvegarder la symétrie, il faut donc que, dans M_{327}, le même personnage soit à la fois absent (puisqu'il s'agit de le faire revenir) et présent (puisqu'il a une mission à effectuer).

M_{327} résout la difficulté en dédoublant les rôles. Dans la première partie, le rôle du héros est tenu par un petit enfant, dans la seconde partie, il l'est par un petit oiseau. Mais, si, comme nous le suggérons, l'oiseau-mouche est un doublet du héros, nous comprenons que, dès la première partie où un seul personnage assume virtuellement les deux rôles, aux trois enfants (dont l'un va se transformer en oiseau-mouche) de M_{327} doivent correspondre les quatre personnages de M_1, soit un enfant et trois animaux (dont un oiseau-mouche), puisque, par rapport à M_{327}, l'enfant et l'oiseau-mouche ne font qu'un :

M_1 : (garçon)   oiseau-mouche   pigeon   sauterelle

M_{327} : garçon[1]   (oiseau-mouche)   garçon[2]   garçon[3]

Dans la suite du récit, le héros de M_1 subit une disjonction verticale alors qu'il s'occupe à dénicher des aras qui (M_7-M_{12}) le couvriront de fiente. Au cours de sa disjonction horizontale, celui de M_{327} fait alliance avec des guêpes, qui seront par lui rendues venimeuses. Soit une quadruple opposition :

(aras/guêpes), *(hostilité/amitié)*, (héros = OBJET *d'ordure*/SUJET *de venin*)

L'opposition entre insectes venimeux et oiseaux souillants nous avait déjà permis (CC, p. 320 et n. 1) de transformer un mythe parintintin (M_{179}) dans les variantes gé du mythe du dénicheur d'oiseaux (M_7-M_{12}), qui concernent l'origine du feu (terrestre) de cuisine, alors que M_1, lui-même transformation de ces mythes, concerne l'origine de l'eau (céleste). Nous venons maintenant de transformer dans M_1 un autre mythe, et nous constatons que la torsion primitive de M_1 par rapport à M_7-M_{12} se trouve préservée dans la nouvelle transformation de la manière suivante :

$$a) \quad \frac{M_7\text{-}M_{12}}{\left(\text{origine du feu}\right)} \quad \Rightarrow \quad \frac{M_1}{\left(\text{origine de l'eau}\right)}$$

$$b) \quad \frac{M_{179}}{\left(\text{objet de venin}\right)} \quad \Rightarrow \quad \frac{M_{7\text{-}12}}{\left(\text{objet d'ordure}\right)}$$

$$c) \quad \frac{M_1}{\left(\text{ennemi des aras}\right)} \quad \Rightarrow \quad \frac{M_{327}}{\left(\text{ami des guêpes}\right)}$$

$$d) \quad \frac{M_{327}}{\left(\text{sujet de venin}\right)} \quad \Rightarrow \quad \frac{M_{7\text{-}12}}{\left(\text{objet d'ordure}\right)}$$

En tenant compte de la dislocation que nous avons signalée plus haut, et qui entraîne dans M_{327}, à titre de conséquence, le chevauchement partiel de deux épisodes consécutifs de M_1, considérons la séquence de M_{327} consacrée au voyage de l'oiseau-mouche.

Cette séquence se subdivise en trois parties : 1) l'oiseau-mouche part seul, tombe à l'eau et manque se noyer ; 2) la grue le repêche, le cale entre ses cuisses où il voyage en toute sécurité mais a le visage souillé de fiente ; 3) l'oiseau-mouche repart seul et conquiert finalement le tabac.

Un mot d'abord au sujet de la grue. Malgré l'incertitude où nous sommes sur l'espèce ainsi désignée par les mythes guyanais, nous avons pu établir plus haut (p. 210) qu'il s'agit d'un échassier aquatique à voix criarde, émetteur de vacarme et métaphoriquement d'ordure, comme son rôle dans M_{327} le corrobore à sa façon. Mais, si les échassiers aquatiques sont des sources de bruit et donc des producteurs métaphoriques d'ordure, dans la réalité ils soutiennent avec l'ordure un rapport corrélatif et inverse, en qualité d'oiseaux charognards, grands amateurs de poissons morts (cf. p. 208). Préposés à la *résorption orale* de l'ordure, ils sont ainsi associés étroitement au paresseux, que nous savons adonné à la *rétention anale* dans les mythes qui font une place à cet édenté. Les Ipurina, qui croient avoir pour ancêtre le paresseux, racontent qu'à l'origine des temps, les cigognes faisaient bouillir dans une marmite solaire et mangeaient toutes les ordures et pourritures qu'elles s'employaient à ramasser par le monde. La marmite déborda, répandant une eau brûlante qui détruisit tous les êtres vivants, sauf le paresseux qui réussit à grimper en haut d'un arbre et repeupla la terre (M_{331} ; Ehrenreich, p. 129 ; cf. Schultz 2, p. 230-231)[1]. Cette histoire éclaire un épisode du mythe d'origine des Jivaro, où le paresseux tient le même rôle d'ancêtre de l'humanité. Car, si l'aigrette vole les deux œufs dont l'un donnera naissance à Mika, future épouse du paresseux Uñushi (M_{332} ; Stirling, p. 125-126), ne serait-ce pas que, pour les Jivaro comme pour les tribus du nord-ouest amazonien et de la Guyane, les œufs d'oiseaux constituent une nourriture prohibée en raison de « leur caractère fétal, donc impur » (Whiffen, p. 130 ; cf. Im Thurn, p. 18), qui les rend

---

1. Cet arbre est un malvacé, proche parent des tiliacés et des bombacés selon la botanique moderne (cf. p. 338, n. 1), d'où une transformation de l'eau interne bénéfique en eau externe maléfique, que nous ne discuterons pas pour ne pas allonger la démonstration.

congrus à l'ordure ? Une variante aguaruna (M_{333a}) semble le confirmer : elle fait naître le soleil d'un œuf, extrait par l'ogre Agempi du cadavre de la femme qu'il a tuée et subséquemment volé par un canard (Guallart, p. 61). De quatre œufs retirés des entrailles de la sœur du héros Lune, deux sont pourris selon un mythe maquiritaré (M_{333b} ; Thomson, p. 5).

Comme charognards, les oiseaux aquatiques ont, quant à l'eau, un rôle étroitement homologue à celui que les mythes assignent, quant à la terre, aux vautours. Nous pouvons donc admettre qu'il existe une correspondance entre les trois épisodes du voyage de l'oiseau-mouche dans M_{327}, et les trois moments de l'aventure du héros de M_1. Soit :

$$\left[\begin{array}{l} M_1 : \\ M_{327} : \end{array}\right\} \text{héros disjoint verticalement} \left\{\begin{array}{l} \text{en haut,} \\ \text{en bas,} \end{array}\right\} \text{sur l'axe : ciel} \left\{\begin{array}{l} \text{terre ;} \\ \text{eau ;} \end{array}\right.$$

$$\neq$$

$$\left[\begin{array}{l} M_1 : \text{ vautours} \\ M_{327} : \text{grue} \end{array}\right\} \text{secourable(s)} \left\{\begin{array}{l} \textit{après}/\text{qu'ils ont } \textit{dévoré}/\text{le } \textit{derrière}/\text{du héros } \textit{empuanti}/^{[1]} \\ \textit{avant}/\text{qu'elle ne } \textit{défèque}/\text{au } \textit{visage}/\text{du « héros »} \textit{ parfumé}/ \end{array}\right.$$

***

De part et d'autre de l'ensemble paradigmatique formé par les mythes $M_1^{\cdot}$ à M_{12}, inventorié au début de notre enquête, il existe donc deux mythologies du tabac. Celle que des exemples provenant du Chaco nous ont surtout permis d'illustrer cherche le moyen du tabac dans la notion d'un feu terrestre et destructeur, en corrélation et opposition avec le feu de cuisine, terrestre aussi mais constructeur, dont les mythes gé ($M_{7\text{-}12}$) retracent l'origine. L'autre mythologie du tabac, que nous avons rencontrée chez les Warrau, cherche le moyen du tabac dans la notion d'une eau terrestre dominée (l'océan, que les oiseaux parviennent à traverser), elle-même en corrélation et opposition avec une eau céleste et dominatrice (la pluie et l'orage) à l'origine de laquelle se réfère le mythe bororo (M_1).

Par rapport à l'ensemble paradigmatique initial, les deux mythologies du tabac occupent donc des positions symétriques (fig. 20) avec cependant une différence : la relation des mythes warrau à M_1 suppose une transformation à deux torsions — eau *terrestre/céleste, dominée/dominatrice* —

---

1. Puisque l'oiseau-mouche sent bon naturellement, tandis que, dans M_1, les urubus furent attirés par l'odeur de pourriture émanant des lézards morts dont s'était chargé le héros. Le redoublement : lézards, vautours-urubus, dans M_1, comme modes respectivement passif et actif de la pourriture, a son équivalent dans M_{327} avec le redoublement : « *gaulding bird* », grue, soit deux échassiers liés à la pourriture et échouant dans leur mission, l'un passivement, l'autre activement.

tandis que celle des mythes du Chaco à l'ensemble $M_{7\text{-}12}$ est plus simple — feu terrestre *dominé/dominateur* — requérant seulement une torsion. Arrêtons-nous un moment sur ce point.

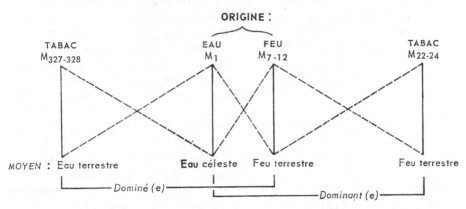

Fig. 20. — *Système des rapports entre mythes du tabac fumé* (à droite) *et mythes du tabac bu* (à gauche).

Au début de ce livre, nous avons analysé et discuté un mythe des Iranxé, géographiquement voisins des Bororo, qui transformait de façon très simple un mythe sur l'origine de l'eau (M_1) en mythe sur l'origine du tabac (M_{191}). Dans les mythes warrau, nous avons donc affaire à une transformation au second degré. La disparité s'explique, si l'on tient compte de facteurs culturels. Toute l'Amérique tropicale au sud de l'Amazone, incluant donc les territoires des Iranxé, des Bororo et des tribus du Chaco, ignorait la consommation du tabac sous forme d'infusion ou de décoction. Si l'on néglige l'usage sporadique du tabac chiqué, on peut dire que, dans cette région, le tabac était seulement fumé : ce qui le met en congruence avec le feu, non avec l'eau. Au sein de la sous-catégorie du tabac fumé, nous avons cependant relevé un dédoublement qui se manifeste, sur le plan des mythes, par la distinction entre un « bon » et un « mauvais » tabac (M_{191}), ou entre un bon et un mauvais usage du tabac (M_{26}, M_{27}). M_{191} se présente même, essentiellement, comme un mythe sur l'origine du mauvais tabac.

Quant à M_{27}, c'est un mythe sur l'origine du mauvais usage du tabac qui, dans ce cas (et par opposition à M_{26}), provient de l'eau. Au contraste entre la nature du tabac et son emploi (qui est de l'ordre de la culture) correspond donc un contraste entre deux types de relation que le tabac peut entretenir avec l'eau, l'une métaphorique (transformation affectant des mythes) l'autre métonymique (provenance aquatique du tabac selon le mythe). La relation à l'eau constitue l'aspect invariant, comme si des mythes, originaires d'une région où le tabac n'est pas bu, avéraient la réalité de l'usage absent en reconnaissant deux espèces de tabac à fumer, ou deux manières de les fumer, dont, par des voies différentes, l'une est toujours congrue à l'eau.

L'intérêt de ces remarques n'est pas purement formel. Sans doute contribuent-elles de façon non négligeable à l'entreprise de réduction que nous nous sommes assignée, puisqu'elles permettent de ramener des mythes à d'autres mythes, et donc de simplifier, par l'emploi d'un petit corps de règles qui sont partout les mêmes, un tableau dont la complexité et le désordre paraissaient décourageants. Mais, au delà de l'illustration supplémentaire d'une méthode dont le lecteur juge peut-être que nous nous acharnons inutilement à élargir le champ, nous accédons à une vision plus claire de l'histoire des populations américaines et des relations concrètes qui les unissent. Car, si les mythes de tribus très diverses révèlent une connaissance confuse d'usages attestés seulement en dehors de leur habitat traditionnel, c'est la preuve que la distribution et la condition récentes de ces tribus ne nous enseignent rien ou presque sur leur passé. L'analyse des mythes sud-américains montre que, de manière sans doute inconsciente, les populations « savent » trop de choses les unes sur les autres pour que nous n'admettions pas que leur répartition actuelle a fait suite à des répartitions différentes, produits de brassages innombrables qui se sont succédé au cours des temps. Les écarts que nous pouvons observer entre les cultures, l'éloignement géographique des habitants, ne sont pas des faits offrant une signification intrinsèque, et moins encore des preuves à l'appui d'une reconstitution historique. Ces différences superficielles reflètent seulement l'image appauvrie d'un devenir très ancien et très complexe, à l'instant où la découverte du Nouveau Monde l'a brusquement figée.

Les considérations qui précèdent aideront à surmonter une difficulté que soulève l'analyse des mythes warrau. En accord avec leur provenance géographique, nous avons situé ceux-ci dans le domaine mythique du tabac bu. Limitée au sud par l'Amazone, l'aire de distribution de ce mode de consommation offre un aspect discontinu, avec des seuils nettement marqués : « Les Indiens du Uaupés font d'énormes cigares, mais au sud du Japura, on ne fume pas le tabac, on le lèche » (Whiffen, p. 143). Il s'agit alors de tabac macéré, broyé et épaissi avec de l'amidon de manioc, formant une sorte de sirop. Le tabac véritablement bu après macération ou ébullition se rencontre depuis les Jivaro jusqu'aux Kagaba (Preuss 3, n° 107, 119), dans la Montaña, et dans trois zones guyanaises : Bas-Orénoque, cours supérieur du rio Branco et région du Maroni.

Or, en fait, c'est au tabac fumé que semblent se rapporter les mythes warrau. M_{327} le souligne à deux reprises : d'abord quand le père du héros brûle vainement des feuilles de diverses plantes en guise du tabac manquant ; et ensuite quand son frère lui apprend à confectionner une cigarette avec le tabac rapporté par l'oiseau-mouche. On sait que la position culturelle des Warrau constitue une sorte d'énigme. L'existence chez eux de temples et d'un culte véritablement religieux, celle d'une hiérarchie de prêtres et de sorciers-guérisseurs, semblent renvoyer à des influences andines. En revanche, les groupes de la partie centrale du delta de l'Orénoque ont une culture très rudimentaire qui les apparente aux tribus dites « marginales », et ils ne consomment pas le tabac (Wilbert 4, p. 246-247). Qu'on choisisse de voir en eux des régressifs ou des témoins d'une condition archaïque, on demeure embarrassé par des discordances qui invitent à rechercher au dehors, dans les tribus de la Guyane centrale, un terme de comparaison possible avec les mythes warrau :

M$_{334}$. *Arekuna : origine du tabac et des autres drogues magiques.*

Un petit garçon avait emmené ses quatre jeunes frères dans la forêt. Ils rencontrèrent des oiseaux /djiadjia/ (non identifiés) dont le cri veut dire : « plus loin ! plus loin ! » Bien qu'ils eussent emporté des provisions de bouche, les enfants n'avaient pas mangé et ils voulurent tuer les oiseaux qui se laissaient facilement approcher. Pourtant, ils les manquèrent. En poursuivant leur gibier, ils s'éloignèrent de plus en plus et finirent par arriver à la plantation où travaillaient les serviteurs de Piai'man, le maître du tabac. Effrayés par les flèches, ceux-ci prièrent les enfants de faire attention à ne pas leur crever les yeux. D'oiseaux qu'ils étaient, ils se changèrent en humains pour que les enfants les acceptent en qualité de parents et consentent à vivre avec eux.

Mais Piai'man revendiqua les enfants parce que les oiseaux /djiadjia/, qui les avaient entraînés jusque là, étaient son bien. Il entreprit de faire d'eux des sorciers-guérisseurs, et jour après jour, il leur administra des boissons émétiques. Isolés dans une petite hutte où les femmes ne pouvaient les voir, les enfants vomissaient dans l'eau d'une cascade, « pour absorber ses bruits » et dans une grande pirogue. Après avoir ingéré toutes sortes de préparations à base d'écorces ou « âmes » de divers arbres, les enfants, qui étaient devenus très maigres et avaient perdu conscience, reçurent enfin des installations nasales de jus de tabac et subirent une douloureuse épreuve consistant dans le passage de cordelettes en cheveux, enfilées par les narines et retirées par la bouche, à travers le nez et l'arrière-gorge.

Vers la fin de l'initiation, deux des enfants violèrent un interdit, perdirent leurs yeux et furent changés en Esprits nocturnes. Les trois autres devinrent des sorciers accomplis, et ils vieillirent près de leur maître. Ils étaient tout chauves quand celui-ci les renvoya dans leur village. Non sans peine, ils se firent reconnaître de leurs parents. Vexés d'être trouvés trop vieux par une jeune femme qu'ils désiraient, ils la pétrifièrent et transformèrent les membres de leur propre famille en Esprits. Ce sont ces Esprits qui font maintenant pousser en dix jours le tabac des sorciers-guérisseurs, sans qu'il soit nécessaire de le planter[1]. On distingue trois variétés de ce tabac. Il est très fort (K.-G. *1*, p. 63-68).

---

1. Au nombre de ces esprits /mauari/ figurent les amazones qui, dans M$_{327}$, sont les maîtresses du tabac (cf. K.-G. *1*, p. 124).

Ce mythe fait apparaître le motif de l'eau sous une forme assez discrète — absorption par les novices des voix de la cascade, qui semblent émaner de trois chanteurs, en raison de leur inégale hauteur — mais partout ailleurs en Guyane, l'association du tabac et des hochets avec l'eau est constante, aussi bien chez les Arawak que chez les Carib. Les premiers racontent (M_{335}) comment le chef Arawânili obtint de Orehu, déesse des eaux, le calebassier, les cailloux du fond de la mer (pour garnir le hochet) et le tabac, grâce auxquels il pourrait combattre Yauhahu, l'Esprit malin responsable de la mort (Brett 2, p. 18-21). Selon les Carib (M_{336}), le premier sorcier-guérisseur, Komanakoto, entendit un jour des voix qui venaient de la rivière ; il plongea, et vit des femmes ravissantes qui lui enseignèrent leurs chants et lui firent don du tabac et du hochet de calebasse tout préparé, avec ses cailloux et son manche (Gillin, p. 170). Les Kalina garnissent leurs hochets de petits cailloux blancs et noirs trouvés dans l'eau (Ahlbrinck, art. « püyei », § 38).

Pour le reste, l'analogie avec M_{327} est certaine. Trois enfants, ou cinq enfants réduits à trois, se disjoignent volontairement de leurs parents et vont vers le pays du tabac, entraînés ou relayés par des oiseaux. Ile en plein océan, ce pays du tabac est surveillé par des gardiens ; clairière dans la forêt, des esclaves le cultivent. Selon que le maître du tabac est homme ou (groupe de) femme(s), il se montre accueillant ou hostile. Encore faut-il souligner que, dans le premier cas, cet homme a une épouse qui cherche à contrecarrer son zèle d'initiateur : « elle ne voulait pas s'occuper des enfants. » S'il n'eût tenu qu'à elle, le maître du tabac n'aurait jamais réussi à le leur procurer. En effet, chaque fois qu'il tente d'aller cueillir le tabac dans la montagne, elle s'arrange pour l'obliger à revenir avant qu'il n'ait atteint son but. Plus tard dans le récit, une autre femme témoigne aux héros vieillis la même hostilité, en leur refusant cette fois, non pas le tabac (qu'ils possèdent), mais l'eau.

Or, il est clair que le mythe arekuna se rapporte au tabac bu et à d'autres narcotiques absorbés par voie buccale. Bien que leur nombre soit considérable (le mythe en énumère une quinzaine), il est tentant de les ramener à une triade fondamentale correspondant à celle des enfants, puisque plusieurs spécialistes de la Guyane concordent pour distinguer trois types de sorciers-guérisseurs, respectivement associés au tabac, au piment, et à l'arbre /takina/ ou /takini/ (Ahlbrinck, art. « püyei », § 2 ; Penard, in : Goeje, p. 44-45). Cet arbre pourrait être *Virola* sp., une myristacée d'où l'on tire plusieurs substances narcotiques (cf. Schultes 1, 2). Selon un informateur kalina, le principe actif du /takini/ se trouverait dans la sève laiteuse administrée au novice et qui provoquerait un délire épouvantable (Ahlbrinck, *ibid.*, § 32). Par conséquent, en dépit de sa référence unique au tabac fumé, qui pourrait s'expliquer par l'effet d'une distorsion résultant de la position particulière des Warrau dans l'ensemble des cultures guyanaises, la présence de trois enfants dans M_{327}, et d'une pluralité de démons dans M_{328}, permet, semble-t-il, de rattacher ces deux mythes à un groupe guyanais concernant l'origine de boissons narcotiques, au nombre desquelles figure le tabac macéré dans l'eau.

Dans le même sens, nous ferons valoir un dernier ordre de considérations Les héros des mythes guyanais sur l'origine du tabac sont des enfants. Disjoints de leurs parents, initiateurs du chamanisme par l'exemple qu'ils donnent (M_{328}, M_{334}) ou par les exigences qu'ils formulent (M_{327}), ils deviennent finalement des Esprits auxquels, pour obtenir leur comparution, les hommes devront faire des offrandes de tabac. Nous reconnaissons un schème déjà rencontré au début du précédent volume, avec le célèbre mythe cariri sur l'origine du tabac (M_{25}). Là, des enfants disjoints verticalement (au ciel, et non plus horizontalement, sur terre ou sur l'eau) vivent désormais auprès d'un Esprit Tabac qui partageait naguère la compagnie des humains, et que ceux-ci ne pourront plus appeler qu'en lui faisant des offrandes de tabac. Si l'Esprit warrau du tabac est un enfant, son congénère cariri est un vieillard. Entre les deux, l'Esprit arekuna occupe une position intermédiaire : enfant qui a grandi, vieilli, et qui est devenu chauve.

Le mythe cariri concerne à la fois l'origine du tabac et celle des cochons sauvages en quoi l'Esprit Tabac a transformé les enfants. Nous avons rendu compte de cette liaison en montrant qu'elle s'insérait dans un ensemble paradigmatique sur l'origine des cochons sauvages, où le rôle instrumental revient à la fumée de tabac (plus haut, p. 15). Au sein des mythes de l'Amérique tropicale, nous pouvions ainsi isoler une série ordonnée formant un groupe relativement clos : les cendres d'un bûcher crématoire donnent naissance au tabac ($M_{22\text{-}24}$, M_{26}) ; le tabac incinéré détermine l'apparition de la viande ($M_{15\text{-}18}$) ; pour que cette viande soit consommable, il faut que les hommes obtiennent le feu d'un jaguar mâle ($M_{7\text{-}12}$) dont la contrepartie féminine est celle même qui a péri sur le bûcher ($M_{22\text{-}24}$).

Il s'agit exclusivement ici du tabac fumé, comme le montrent d'une part l'ethnographie — les populations d'où proviennent ces mythes consommant le tabac de cette façon — et d'autre part l'analyse formelle, puisque les mythes, pour être ainsi ordonnés, doivent être lus, si l'on peut dire, « en clé de feu ». Dans *le Cru et le Cuit* (p. 115-116), nous avons énoncé les règles permettant de transposer le groupe « en clé d'eau », mais nous ne faisions ainsi que donner un moyen de le traduire, sans établir l'existence réelle d'un deuxième groupe clos où l'eau tiendrait, par rapport au feu, une place symétrique de celle du tabac.

A supposer qu'un tel groupe existe, il devra offrir le reflet de l'autre du côté « eau » de $M_{7\text{-}12}$, c'est-à-dire dans la direction de M_1 en raison du rapport de transformation qui unit ces mythes :

$$(\textit{Origine de la cuisine}) \quad \left| M_{7\text{-}12} : \text{FEU} \right| \Rightarrow \left| M_1 : \text{EAU} \right|$$

Cette eau, dont M_1 retrace l'origine, est l'eau céleste, plus précisément celle provenant de la tempête ou de l'orage et qui éteint les feux de cuisine :

l'« anti-cuisine », ou l'« anti-feu ». Or, nous savons qu'entre la tempête, l'orage et les cochons sauvages, les mythes conçoivent une intime relation. Le tonnerre veille sur ces animaux ; il gronde quand les hommes abusent de la chasse et tuent plus de gibier qu'ils n'ont besoin. De cette liaison, nous avons déjà donné plusieurs exemples (CC, p. 214-216) ; on en trouverait sans peine un grand nombre d'autres, épars dans la littérature.

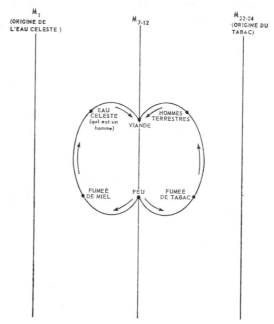

Fig. 21. — Système des rapports entre mythes sur l'origine de l'eau, du feu et du tabac.

Si les cochons sauvages, qui fournissent la meilleure viande, matière éminente de la cuisine, sont protégés contre les abus même de cette cuisine par la tempête et l'orage intervenant dans le système au titre d'« anti-cuisine », pour que le groupe symétrique que nous cherchons existe, il faut et il suffit que nous découvrions un terme faisant pendant à la fumée du tabac, et qui entretienne avec la tempête et l'orage une relation inverse de celle que la fumée de tabac entretient avec les cochons sauvages. Cette fumée est cause de l'apparition des cochons, sa contrepartie doit donc être cause de la disparition de la tempête et de l'orage.

L'ethnographie fait droit à cette exigence déductive. On sait que chez les Kayapo septentrionaux, une divinité nommée Bepkororoti personnifie l'orage (CC, p. 213-216). Certains individus appelés /Bebkororoti mari/, intercèdent auprès de lui au nom de la tribu. Ils emploient pour cela de la cire d'abeille brûlée qui calme la tempête (Diniz, p. 9). L'exemple n'est pas unique, puisqu'on connaît cette invocation guayaki : « Il fit de la fumée avec la cire d'abeilles /choá/ pour chasser le jaguar céleste. Ils frappèrent les arbres avec leurs arcs, ils fendirent la terre à coups de haches, ils firent monter au ciel l'odeur de la cire /choá/ » (Cadogan 6). Quand il tonne, disent les Umutina, c'est qu'un Esprit descend sur la terre pour chercher du miel destiné au peuple céleste ; mais lui-même n'en mange pas (Schultz 2, p. 224). Sans doute s'agit-il, dans un cas, de l'éclipse solaire et non de l'orage. Mais celui-ci est une forme faible de celle-là, et le texte guayaki offre l'intérêt supplémentaire d'associer la fumée de cire d'abeille à des procédés acoustiques auxquels il faudrait ajouter l'explosion de bambous secs jetés au feu (Métraux-Baldus, p. 444) qui, comme réalisation forte des instruments de type /parabára/, conjuguent la « fumée de miel » avec les engins des ténèbres, de même que la fumée de tabac est conjuguée avec les hochets.

Pour ne pas allonger l'exposé, nous nous abstiendrons de discuter un mythe uitoto dont les dimensions et la complexité justifieraient une étude spéciale (M_{337}). Signalons seulement que ce mythe revient au tabac au prix d'une double torsion : l'eau de tabac, non la fumée, provoque la transformation des humains en cochons sauvages ; et cette transformation sanctionne une conduite hostile envers l'éclair qui, de ce temps-là, était une jolie petite créature apprivoisée (Preuss 1, p. 369-403). Nous laisserons aussi de côté, mais cette fois parce que trop fragmentaires, les indications de Tastevin (4, p. 27 ; 5, p. 170) sur des mythes cashinawa relatifs à la transformation des hommes en cochons sauvages, après qu'ils eurent ingéré du jus de tabac par dépit qu'une jeune fille ne voulût épouser aucun d'eux. Seule désormais, celle-ci recueillit et éleva l'Esprit du tabac, qu'elle épousa plus tard et dont descendent les Cashinawa (M_{338a} ; cf. M_{19}, CC, p. 111). Symétriquement, un mythe shipaia (M_{338b}) transforme en cochons sauvages un couple resté collé à un nid d'abeilles /irapuã/ dont il n'a pu ingérer le miel (Nim. 3, p. 1011-1012).

En revanche, nous devons nous arrêter sur un mythe warrau qui, remplaçant la fumée du tabac par les hochets, inverse du même coup l'origine des cochons sauvages et leur perte. Ce mythe avait déjà éveillé notre attention (CC, p. 93, n. 2).

M_{17}. Warrau : pourquoi les cochons sauvages sont rares
(CC, Index des mythes : origine des cochons sauvages).

Un homme, sa femme et leurs deux fils étaient allés à une beuverie, laissant deux filles seules à la maison où elles avaient voulu rester pour préparer de la bière de manioc et de patates (cassiri). Elles reçurent la visite d'un Esprit qui les ravitailla et passa la nuit sous leur toit sans les molester.

Les parents revinrent et les filles ne surent pas tenir secrète leur aventure. Encore ivre des excès de la veille, le père réclama le retour du visiteur à qui, sans même s'assurer de son identité, il offrit sa fille aînée en mariage. L'Esprit s'installa chez ses beaux-parents, se montra bon gendre et bon mari. Chaque jour il rapportait du gibier et il apprit même à ses beaux-parents comment chasser le cochon sauvage, dont ils ignoraient l'aspect. Jusqu'alors, ils ne tuaient que des oiseaux qu'ils croyaient être des cochons. Il suffisait à l'Esprit d'agiter son hochet, et les cochons accouraient.

Le temps passa. Un enfant naquit au jeune couple et le mari acheva son emménagement. Parmi les affaires qu'il gardait dans la brousse, il y avait quatre hochets ornés de plumes, qui lui servaient à chasser. Chaque paire était affectée à une espèce de cochons, l'une féroce, l'autre timide ; et dans chaque paire un hochet servait à attirer le gibier, l'autre à le faire fuir. Seul, l'Esprit avait le droit d'y toucher, sinon, avait-il dit, un désastre s'ensuivrait.

Un jour que l'Esprit était aux champs, un des beaux-frères céda à la tentation d'emprunter les hochets. Mais celui qu'il secoua était destiné à l'appel des cochons féroces. Les animaux survinrent, mirent le bébé en pièces et le mangèrent. Les autres membres de la famille, qui s'étaient réfugiés dans les arbres, appelèrent au secours. L'Esprit accourut, fit résonner le hochet spécial pour éloigner les bêtes. Furieux de la désobéissance du beau-frère et de la mort du bébé, il décida de partir. Depuis lors, les Indiens ont du mal à chasser (Roth *I*, p. 186-187).

Ce mythe sur la perte des cochons sauvages respecte l'armature des mythes tenetehara (M_{15}), mundurucu (M_{16}), kayapo (M_{18}) qui concernent leur origine, mais en inversant tous les termes. Un mari de sœur nourrit des frères de femmes, au lieu que ceux-ci lui refusent la nourriture. Dans tous les cas, le ou les beaux-frères nécessiteux sont des chasseurs d'oiseaux, incapables de se procurer seuls les deux types de cochons existants (M_{17}) ou celui des deux types — en ce cas le plus timide — qui existait seul dans ce temps. Qu'elle soit absolue ou relative, l'apparition de l'espèce féroce résulte d'un abus dont se rendent coupables, ici les frères de la femme, là les maris des sœurs : abus acoustique (culturel) des hochets, ou abus sexuel (naturel) des épouses. En conséquence de quoi l'enfant est tué par les cochons, éloigné ou transformé ; les cochons féroces apparaissent ou disparaissent, la chasse devient profitable ou difficile.

Toutefois, le mythe warrau exploite plus méthodiquement que ceux du même groupe le principe dichotomique qui opposait à l'origine les deux espèces de cochons. L'une est la récompense du chasseur, l'autre son châtiment quand il abuse des moyens dont il devrait se montrer économe. Comme cet aspect fait défaut aux mythes tenetehara et mundurucu, on peut dire que, chez les Warrau, les cochons féroces punissent le chasseur démesuré, rôle que les deux autres tribus assignent à la tempête et à l'orage qui sont les vengeurs des cochons. La dichotomie se prolonge sur le plan des hochets dont existent deux paires, les termes de chaque paire remplissant des fonctions opposées. Mais les deux espèces de cochons ont elles-mêmes des attributs contrastés, et les quatre hochets forment un chiasme fonctionnel : ceux qui servent à attirer l'espèce timide ou à éloigner l'espèce féroce ont une connotation positive, qui s'oppose à la connotation négative des deux autres servant à éloigner l'espèce timide (dont on n'a pourtant rien à craindre) ou à attirer l'espèce féroce avec les résultats que l'on sait. En termes de hochets, ces valeurs antithétiques reproduisent celles que d'autres tribus attribuent respectivement à la fumée de tabac et à la fumée de miel, l'une faisant apparaître les cochons (qui suscitent la tempête et l'orage), l'autre éloignant la tempête et l'orage (et qui permet donc d'abuser des cochons).

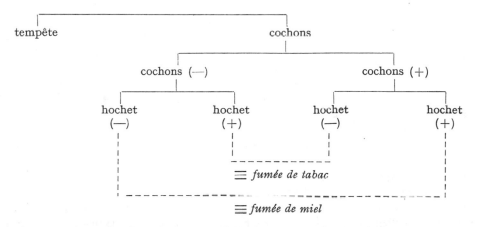

(—) : *mauvaise espèce de cochons, mauvais hochet (servant à attirer la mauvaise espèce, à repousser la bonne).* (+) : *l'inverse.*

Enfin, et ce sera notre troisième remarque, l'intrigue du mythe warrau se rattache à un ensemble paradigmatique que nous avons déjà discuté, et dont le terme initial nous avait été fourni par des mythes sur la perte du miel ($M_{233-239}$). En se transformant de mythe sur l'origine des cochons sauvages en mythe sur leur perte, M_{17} effectue deux opérations. L'une substitue des modes du hochet (opposés entre eux) à des modes également opposés de la fumée, c'est-à-dire qu'elle accomplit un transfert du code culinaire au code acoustique. D'autre part, au sein même du code culinaire, le mythe warrau transforme un mythe sur la perte du miel en mythe sur l'origine de la viande (qui devient de ce fait un mythe sur sa perte). Libéré par la première opération, le tabac fumé est rendu apte par la seconde (transformation interne du code culinaire) à tenir dans la mythologie warrau, comme le montre M_{327}, la place ailleurs réservée au tabac bu. En effet, l'opposition du tabac fumé et du tabac bu reproduit, au sein de la catégorie du tabac, celle qui existe entre le tabac et le miel, puisque selon l'endroit en Amazonie septentrionale, soit le tabac bu soit le miel toxique servent aux mêmes purifications.

**
*

Le mythe warrau confirme donc à sa manière, c'est-à-dire par prétérition, l'union de la fumée de tabac et du hochet. Nous avons examiné l'une. Il nous reste à montrer comment l'autre remplit, par rapport aux engins des ténèbres, un rôle analogue à celui des cloches dans la tradition européenne, où elles sont les instruments de la médiation.

Il ne s'agit pas là d'une nouveauté, car les missionnaires ont très tôt perçu l'analogie. Cardus (p. 79) décrit les hochets de calebasse « dont ils (les indigènes) se servent en guise de cloches. » Plus de deux siècles auparavant, le protestant Léry (vol. II, p. 71) raillait les prêtres tupinamba agitant leurs hochets : « Ne vous les saurais mieux comparer, en l'état qu'ils étaient alors, qu'aux sonneurs de campanes de ces cafards lesquels en abusent le pauvre monde de par deçà, portent de lieu en lieu les chasses de saint Antoine, de saint Bernard, et autres tels instruments d'idolatrie. » Si l'on se reporte à nos considérations de la p. 347, on conviendra que, de son côté, Lafitau ne se trompait pas quand, plus intéressé par les parallèles païens, il rapprochait les hochets des sistres.

Les hochets n'avaient pas seulement pour mission d'appeler l'attention des fidèles et de les convoquer. Par leur voix, les Esprits s'exprimaient et faisaient connaître leurs oracles et leurs volontés. Certains exemplaires étaient construits et décorés pour représenter un visage, d'autres possédaient même une mâchoire articulée. On a pu se demander si, en Amérique du Sud, le hochet dérivait de l'idole ou le contraire (cf. Métraux *1*, p. 72-78, Zerries *3*). Il nous suffira de retenir que, tant du point de vue linguistique qu'en raison de leur personnalisation, les hochets s'apparentent aux cloches, qualifiées de *signa* par Grégoire de Tours, présentées à l'Eglise comme les enfants nouveau-nés, dotées de parrains et de marraines et recevant un nom, de sorte que la cérémonie de bénédiction put être communément assimilée au baptême.

On n'a pas besoin d'aller jusqu'au Popol Vuh pour attester la généralité et l'ancienneté du lien entre le hochet en calebasse et la tête humaine. Plusieurs langues sud-américaines forment les deux mots à partir d'une même racine : /iwida-/ en arawak-maipuré, /-kalapi-/ en oayana (Goeje, p. 35). Dans les masques cubeo, une demi-calebasse figure le crâne (Goldman, p. 222) ; et Whiffen suivait sans doute le cours de la pensée indigène quand il comparait (p. 122) les « crânes-trophées brillant au soleil à autant de calebasses enfilées sur une corde. » L'Esprit du tonnerre cashinawa, qui est chauve (Tastevin *4*, p. 21), a pour homologue le Toupan des anciens Tupi, qui s'exprimait volontiers par la voix du hochet : « Le faisant sonner, pensent que c'est Toupan qui parle à eux, » autrement dit, « celui qui fait tonner et pleuvoir » (Thevet, t. II, p. 953a, 910a). On rappellera à cette

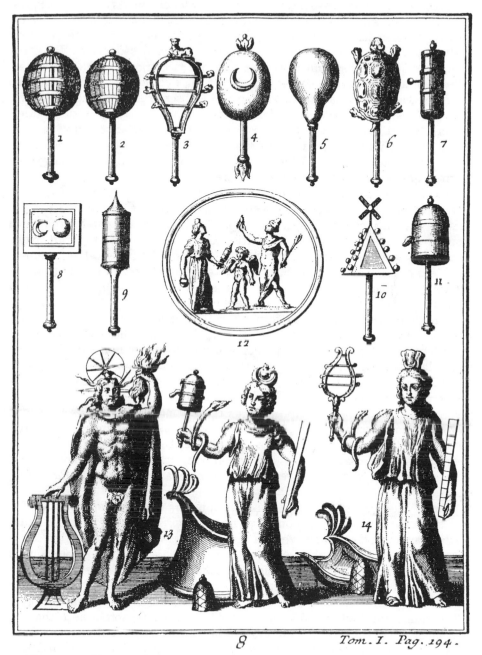

Fig. 22. — Sistres antiques et hochets américains. (D'après Lafitau, t. I, p. 194.)

occasion le rôle des cloches, pour « apprivoiser » les calamités atmosphériques.

Le hochet sacré, porteur de messages, semble bien loin de la demi-calebasse posée sur l'eau et cognée, prototype de l'engin des ténèbres dont l'héroïne mythique se sert pour convoquer l'animal séducteur. Et il est loin, sans doute, puisqu'un instrument assure la conjonction médiatisée et bénéfique avec le monde surnaturel, l'autre la conjonction non médiatisée et maléfique avec la nature ou encore (car l'absence de médiatisation offre toujours ces deux aspects complémentaires, cf. CC, p. 300) la disjonction brutale d'avec la culture et la société. Pourtant, la distance qui sépare les deux types d'instruments n'exclut pas leur symétrie ; et même elle l'implique. En effet, la systématique indigène recèle une image inversée du hochet, qui le rend apte à remplir l'autre fonction.

Au dire des premiers missionnaires, les Péruviens croyaient (M_{339}) que le démon, pour séduire et capturer les hommes, utilisait des calebasses qu'il faisait alternativement danser sur l'eau et plonger. Le malheureux qui voulait s'en saisir, et dont la convoitise devait être bien forte, était attiré loin de la rive et finissait par se noyer (Augustinos, p. 15). Il est remarquable que cette conception bizarre, qui semble refléter une hallucination ou un fantasme, se retrouve dans l'ancien Mexique. Au livre XI de son *Histoire générale*, qui traite des « choses terrestres », c'est-à-dire de la zoologie, de la botanique et de la minéralogie, Sahagun décrit (M_{340}) sous le nom de /xicalcoatl/ un serpent d'eau pourvu d'un appendice dorsal en forme de calebasse richement ornée, qui lui sert à appâter les hommes. L'animal laisse la calebasse décorée émerger seule, « d'autant plus désirable qu'elle semble la proie des flots. » Mais gare à l'imprudent poussé par une concupiscence avide, qui penserait que le destin, ayant placé cette belle calebasse devant lui, l'invite à se l'approprier ! Car à peine sera-t-il dans l'eau que l'objet de son désir lui échappera. Il le suivra dans les abîmes où il périra, tandis que l'eau se refermera en bouillonnant au-dessus. Le corps du serpent est noir, sauf le dos couvert d'une ornementation compliquée comme celle qui décore les récipients en calebasse (Sahagun, *Part* XII, p. 85-86).

Entre Mexique et Pérou, le motif réapparaît de façon sporadique. Un mythe tumupasa (M_{341}) raconte qu'un garçon sourd-muet, injustement battu par son père, partit vers la rivière en emportant une calebasse à puiser l'eau qu'il avait accrochée sur son dos. Mais il eut beau plonger, la calebasse le faisait flotter à la surface. Alors il s'en débarrassa, coula au fond et se métamorphosa en serpent (Nordenskiöld 3, p. 291). Un mythe uitoto (M_{342}) évoque un conflit entre les Esprits des calebassiers et la première humanité. Celle-ci périt dans un déluge dont personne ne réchappa, pas même deux pêcheurs qui furent emportés par le courant en voulant se saisir d'une petite jarre de poterie qui flottait sur l'eau et se dérobait à leur prise. D'après un autre mythe (M_{343}), ce conflit originateur du déluge eut lieu à l'occasion du mariage d'un Esprit des eaux avec une demoiselle farouche, fille de « l'Homme-des-calebasses » et qui s'appelait elle-même « Calebasse-sous-l'eau » (Preuss *1*, vol. I, p. 207-218)[1].

Qu'il s'agisse de mythes anciens ou contemporains, tous établissent un rapport d'incompatibilité entre les calebasses et l'eau. Comme le hochet sacré, la calebasse est par nature « en air », donc « hors eau ». L'union de la calebasse et de l'eau, symbolisée par l'appendice du serpent aquatique ou par l'union d'une fille-calebasse avec un Esprit des eaux, confronte à la notion contradictoire — puisqu'une calebasse flotte normalement (M_{341}) — d'un réceptacle *plein d'air* et *dans l'eau*. Ceci concerne bien entendu la calebasse séchée, dont on peut faire un hochet. Sous le rapport de l'eau, l'opposition entre calebasse fraîche et calebasse séchée est mise en évidence par un mythe gé qui, comme le mythe uitoto, prépose le démiurge Soleil à la protection des calebasses ou des hommes-calebasses : soit qu'il tente de les faire échapper au déluge en leur fournissant du poison destiné aux Esprits des eaux (M_{343}), soit (M_{344a}) qu'il empêche son frère Lune de cueillir, avant qu'elles ne soient mûres, les calebasses plantées dans le champ défriché par l'escargot[2]. Selon ce mythe, qui provient des Apinayé, les démiurges Soleil et Lune jetèrent à l'eau leurs calebasses *(fraîches)* où elles se transformèrent instantanément en humains. Quand vint le déluge, une partie de ceux-ci réussit à se maintenir sur un radeau équipé de calebasses *séchées* en guise de flotteurs : ce furent les ancêtres des Apinayé. Entraînés par les flots, d'autres donnèrent naissance à diverses populations. Et ceux qui s'étaient réfugiés dans les arbres devinrent les abeilles et les termites (Oliveira, p. 69-71 ; cf. Nim. *5*, p. 164-165). Nous avons déjà rencontré dans un autre mythe (M_{294}) l'opposition entre calebasse fraîche et hochet[3].

L'opposition du serpent et du récipient en calebasse, à laquelle les mythes donnent valeur d'antinomie, est donc d'abord celle de l'humide, long, plein, mou, et du sec, rond, creux, dur. Mais il y a plus. Car la cale-

---

1. Un rite de l'ancienne Colombie se rattache sans doute au même groupe, mais on ignore malheureusement quel put être son contexte mythique : « Ils faisaient usage de la superstition suivante pour connaître si les enfants seraient heureux ou malheureux pendant leur vie. Au moment du sevrage, on préparait un petit rouleau de sparte avec, au milieu, un peu de coton humecté du lait de la mère. Six jeunes hommes, tous bons nageurs, allaient le jeter à la rivière. Ensuite ils plongeaient dans l'eau à leur tour. Si le rouleau disparaissait dans les eaux avant qu'ils ne l'eussent atteint, ils disaient que l'enfant pour qui cela s'était produit serait malheureux. Mais, s'ils le récupéraient sans difficulté, ils estimaient que l'enfant aurait beaucoup de chance » (Fr. P. Simon *in* : Barradas, vol. II, p. 210).

2. « Quand les Indiennes plantent un calebassier, elles claquent leurs seins pour que les fruits deviennent pareillement gros. Quand l'arbre a grandi, les Indiennes Canelos suspendent aux branches des coquilles d'escargots des bois, pour qu'il porte des fruits gros et nombreux » (Karsten *2*, p. 142).

3. On peut se demander si le mythe apinayé n'inverse pas à son tour la version plus répandue en Amérique du Sud, et dont les Maipuré de l'Orénoque offrent un bon exemple (M_{344b}), faisant renaître l'humanité des fruits de palmier *Mauritia*, jetés du haut de l'arbre par les survivants du déluge. On obtiendrait alors un couple d'oppositions *calebasse/fruit* (de palmier) congru, sur le plan acoustique, au couple organologique *hochet/sonnaille*.

basse séchée fournit la matière d'un instrument de musique, le hochet, tandis que le serpent (nous l'avons montré p. 360) est la « matière » du rhombe qui reproduit son cri. En ce sens, le serpent-calebasse illustre l'union contradictoire du rhombe et du hochet, ou, plus précisément, il est le rhombe sous l'apparence du hochet. Or, quand on le compare au mythe tereno M_{24} — où le héros fait bruire un claquoir, engin des ténèbres, pour trouver le miel plus facilement — un autre mythe du Chaco semble suggérer qu'entre hochet et engin des ténèbres existe le même rapport d'incompatibilité. Dans ce mythe toba, que nous avons déjà utilisé (M_{219b}), Renard profite de l'absence des villageois en quête de miel pour incendier les huttes. Pleins de colère, les Indiens tuent Renard et coupent son corps en morceaux. Le démiurge Carancho s'approprie le cœur pour se rendre « là où il espère trouver du miel. » Le cœur proteste et déclare qu'il est devenu un hochet rituel : il rebondit comme une balle, et les Indiens renoncent à chercher du miel (Métraux 5, p. 138). Par conséquent, de même que l'engin des ténèbres de M_{24} aide à trouver le miel, la transformation du cœur en hochet entraîne l'effet opposé.

Il existe un groupe de mythes guyanais que nous n'examinerons pas en détail, pour nous garder d'ouvrir le dossier de la « tête qui roule » dont l'étude requerrait à elle seule un volume. Ces mythes ($M_{345-346}$) se rattachent au groupe du beau-frère malchanceux, dont nous nous sommes déjà occupé. Maltraité par les frères de sa femme parce qu'il ne rapporte pas de gibier, un chasseur obtient des objets magiques qui font de lui un maître de la chasse et de la pêche tant qu'il en use avec modération. Ses beaux-frères l'espionnent, volent les objets, s'en servent avec excès ou maladroitement, et provoquent une inondation où périt le fils du héros ; le poisson et le gibier disparaissent. Selon les versions, le héros se change en « tête qui roule » qui se fixe au cou du vautour, ainsi transformé en oiseau à deux têtes, ou il devient le père des cochons sauvages (K.-G. 1, p. 92-104).

Les deux premiers objets magiques dont s'empare le héros offrent un intérêt particulier pour notre enquête. L'un est une petite calebasse qu'il ne doit emplir d'eau qu'à moitié. Alors la rivière s'assèche, et on peut ramasser tous les poissons. Il suffit de vider le contenu de la calebasse dans le lit de la rivière pour que celle-ci retrouve son niveau normal. Les beaux-frères volent la calebasse et commettent la faute de la remplir complètement. La rivière déborde, entraînant la calebasse et l'enfant du héros qui meurt noyé. Pour allusif que soit le texte, il renvoie d'autant plus certainement aux mythes tumupasa et uitoto déjà cités et, par delà, aux croyances péruviennes et mexicaines, que, selon l'autre version dont nous disposons, la calebasse appartenait en premier lieu à la loutre qui est un Esprit des eaux. Dans cette version, la calebasse perdue est avalée par un poisson dont elle devient la vessie natatoire, soit un organe symétrique — interne au lieu d'externe — de l'appendice dorsal du serpent mexicain.

Le second objet magique est une rame, qui deviendra plus tard un article de la pince du crabe. Le héros s'en sert pour baratter l'eau près de la berge, et la rivière s'assèche en aval de l'endroit perturbé. Les beaux-frères s'imaginent qu'ils obtiendront un meilleur résultat en remuant l'eau profonde. Comme la fois précédente, la rivière déborde et entraîne l'objet magique. Du point de vue organologique, les deux objets s'apparentent, l'un à un réceptacle en calebasse : soit un hochet ; l'autre à un battoir ou claquoir : soit un engin des ténèbres. Mais, dans sa catégorie, chacun n'admet qu'un mode d'emploi limité : la calebasse doit être incomplètement remplie, en d'autres termes, l'eau *qu'elle contient* doit être peu profonde, comme doit être aussi l'eau où l'on plonge la rame, c'est-à-dire l'eau *qui la contient*. Sinon, de bénéfiques, les instruments deviendront maléfiques. Au lieu que la ligne de démarcation passe entre le hochet et l'instrument des ténèbres, elle passe entre deux modes d'emploi possible de chaque type d'engin :

	HOCHET (*médiation présente*)	ENGIN DES TÉNÈBRES (*médiation absente*)
Usage modéré de l'un ou de l'autre (*médiation présente*)		
Usage immodéré de l'un ou de l'autre (*médiation absente*)		

A la différence du hochet, la calebasse à demi pleine d'eau n'est qu'à demi pleine d'air ; à la différence du claquoir, la rame est un bâton frappé, non contre un autre bâton, mais contre l'eau. Vis-à-vis de l'eau, les deux objets magiques de $M_{345-346}$ représentent donc un compromis du même type que celui qui préside à leur utilisation. Cette remarque nous amène à consi dérer un autre point.

Selon que la calebasse sera plus ou moins remplie, l'eau qu'elle contient se répandra dans la rivière de façon plus ou moins bruyante. De même, la rame fera plus ou moins de bruit selon qu'on l'agitera plus ou moins loin du bord. Les mythes ne se montrent pas explicites sur cet aspect acoustique des conduites envers l'eau. Mais il ressort très bien de croyances amazo-niennes qu'on retrouve jusqu'en Guyane. « Gardez-vous... de laisser votre calebasse renversée dans le canot : le glouglou que fait l'air en sortant de dessous la calebasse quand l'eau y rentre, a le don de faire venir le Bóyusú (grand serpent aquatique) qui se présente immédiatement ; et c'est une rencontre qu'en général on est loin de désirer » (Tastevin *3*, p. 173). Ce que nous avons dit dans *le Cru et le Cuit* (p. 299) au sujet du mot /gargote/ et

de sa connotation acoustique avant d'être culinaire, épargnera toute surprise
que les mêmes conséquences puissent aussi résulter d'une cuisine malpropre :
« Il ne faut pas... jeter du piment à l'eau, ni de tucupi (jus de manioc)
pimenté, ni de restes de nourriture assaisonnée de piment[1]. Le Bóyusú
ne manquerait pas de soulever les flots, d'amener un orage, et d'engloutir
le canot. Aussi, quand le pêcheur accoste au rivage pour passer la nuit
dans son canot, ce soir-là il ne lave pas les assiettes : c'est beaucoup trop
dangereux » (Tastevin, *ibid.*).

De même en Guyane, au risque de provoquer des pluies torrentielles
il ne faut pas renverser de l'eau fraîche dans la pirogue, laver la cuiller à
pot dans la rivière, y plonger directement la marmite pour puiser l'eau
ou la nettoyer, etc. (Roth *1*, p. 267).

Ces prohibitions culinaires, qui sont aussi des prohibitions acoustiques[2],
ont leur équivalent sur le plan du discours, ce qui confirme l'homologie
de l'opposition méta-linguistique entre sens propre et sens figuré avec celles
relevant d'autres codes. Selon les Indiens de la Guyane, il n'y a pas de
plus sûr moyen pour offenser les Esprits des eaux et pour provoquer tempêtes, naufrages et noyades, que de prononcer certains mots, le plus souvent
d'origine étrangère. Ainsi, au lieu de : /arcabuza/ « fusil », le pêcheur arawak
doit dire /katararo/ « pied », et au lieu de /perro/ « chien » : /kariro/ « le
dentu ». On évite aussi (ce qui revient au même) d'employer le mot propre,
obligatoirement remplacé par une périphrase : « le dur » pour le rocher,
« la bête à longue queue » pour le lézard. Les noms des petites îles et des
petites rivières sont également prohibés (Roth *1*, p. 252-253). Si, comme nous
avons tenté de le montrer dans le cours de ce livre, le sens propre connote
la nature et la métaphore la culture, un système qui range du même côté
la métaphore ou la périphrase, la cuisine méticuleuse, le bruit modéré ou
le silence, et de l'autre côté, le mot « cru », la malpropreté et le vacarme,
peut être déclaré cohérent. D'autant que la calebasse, qui subsume tous ces
aspects, tient lieu à la fois de locuteur (au titre de hochet), d'ustensile culinaire (comme cuiller, écuelle, bol ou carafe) et de source de bruit intentionnel
ou involontaire, soit qu'elle serve de résonateur pour l'appel cogné, soit que
l'air y pénètre brusquement quand elle se vide de l'eau qu'elle contenait.

Nous sommes donc ramené à la calebasse qui, dans *le Cru et le Cuit*, nous
était pour la première fois apparue avec un rôle très particulier. Un mythe
warrau (M_{28}) met en scène une ogresse coiffée d'une demi-calebasse, qu'elle ôte

---

1. « De l'eau-de-vie (p. 182) ... de la carapace brûlée de tortue » (p. 183), donc tout
ce qui a une odeur ou une saveur forte. Agir autrement serait « lui jeter (au Bóyusú)
du piment dans les yeux. D'où sa fureur et ces tempêtes formidables accompagnées
de pluies diluviennes qui sont le châtiment immédiat d'un acte aussi répréhensible »
(*ibid.*, p. 182-183).
2. Et qui, à ce dernier titre, ramènent directement au bébé pleurard par une
boucle beaucoup plus courte que celle que nous avons préféré suivre : « La femme
enceinte s'efforce de ne pas faire de bruit en travaillant ; par exemple, elle évite que
l'écuelle en calebasse ne remue bruyamment à l'intérieur de la jarre quand elle va
puiser l'eau. Sinon, le fils qui lui naîtra pleurera tout le temps » (Silva, p. 368).

souvent de sa tête pour la lancer sur l'eau en lui imprimant un mouvement de rotation. Elle s'absorbe alors dans la contemplation de cette toupie.

En analysant le mythe (CC, p. 117-119, 124-128 et *passim*), nous avons passé sur ce détail qui prend maintenant plus d'importance. Notons d'abord que, dans certaines tribus au moins, il reflète pour partie un usage réel. Les femmes apinayé « ont invariablement coutume d'emporter une écuelle de calebasse quand elles vont en savane. Vide, ce récipient est le plus souvent posé sur la tête comme une calotte, et il sert à recueillir tout ce qui vaut la peine d'être gardé. Les hommes n'observent jamais cette pratique... Un jeune enfant perdrait ses cheveux si ses parents consommaient la viande de l'agouti, ou si la mère se coiffait d'une calebasse du genre *Crescentia* au lieu du genre *Lagenaria* qui n'offre pas de danger » (Nim. 5, p. 94, 99).

Nous avons déjà rencontré chez les Sherenté une opposition entre *Crescentia* et *Lagenaria*, subsidiaire à celle entre récipient en calebasse et récipient de matière indéterminée — et non en poterie comme nous l'avons écrit par inadvertance (CC, p. 296) — mais peut-être en bois, puisque des coupes en bois de *Spondias* figurent parmi les emblèmes distinctifs de la moitié Sdakran (Nim. 6, p. 22) dont relève la planète Mars, personnifiée par un officiant qui propose de l'eau trouble dans une coupe. Les deux genres de calebasses, qui contiennent de l'eau claire, sont associés, *Lagenaria* à la planète Vénus, *Crescentia* à la planète Jupiter. Ces deux planètes s'opposent comme « grande » (suffixe /-zauré/) et mâle (M_{138}), « petite » (suffixe /-rié/) et femelle (M_{93}) respectivement. Le mythe de Jupiter décrit cette planète sous l'aspect d'une femme en miniature que son mari cache, précisément, dans une calebasse. L'opposition entre Mars d'une part, Vénus et Jupiter d'autre part, correspond chez les Sherenté à celle entre la lune et le soleil (Nim. 6, p. 85). Or, les Apinayé distinguent les deux démiurges ainsi nommés par l'usage, mauvais ou bon, qu'ils font des calebasses (M_{344}), en l'occurrence des *Lagenaria* (Oliveira, p. 69). En consolidant les croyances apinayé et sherenté, on obtient donc une ébauche de système :

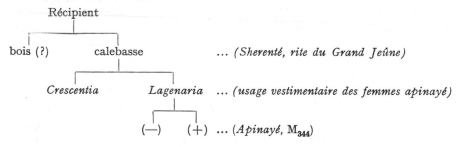

En effet, les récipients servant au rituel sherenté du Grand Jeûne contiennent respectivement de la mauvaise eau (qu'on refuse) et de la bonne eau (qu'on accepte) ; les calebasses des femmes apinayé peuvent servir aussi bien de récipient et de couvre-chef s'il s'agit de *Lagenaria*, de récipient seulement s'il s'agit de *Crescentia* ; celles-ci sont donc inacceptables à titre de couvre-chef comme l'eau trouble est inacceptable à titre de boisson. Et, entre les mains du Soleil et de la Lune, les calebasses *Lagenaria* jetées à l'eau se transforment en humains réussis ou en humains manqués. Logiquement, tous les termes situés sur l'oblique de gauche devraient avoir une connotation lunaire et nocturne, ceux sur l'oblique de droite une connotation solaire et diurne, ce qui implique, pour le seul cas où cette relation n'est pas indépendamment avérée :

Crescentia : *Lagenaria* :: (lune, nuit) : (soleil, jour).

Pour pousser plus loin la reconstruction, il faudrait en savoir davantage sur la position respective de *Crescentia* et de *Lagenaria* dans la technologie et le rituel, et pouvoir interpréter, mieux que nous ne nous sentons capable de le faire, les termes apinayé qui, à partir d'un radical /gó-/ (timbira /kō-/) désignent *Crescentia* /gócráti/, *Lagenaria* /gôrôni/, et le hochet rituel /gôtôti/. Sauf peut-être au Chaco, presque partout en Amérique du Sud, les hochets rituels semblent avoir été jadis faits en *Crescentia*, mais la question n'est pas claire puisque l'origine américaine de *Lagenaria* reste sujette à discussion.

Nous considérerons donc la prohibition de la calebasse comme couvre-chef d'un point de vue plus général, et telle qu'on peut encore l'observer dans le folklore amazonien : « Les enfants ont coutume de se laver dans la maison, en se versant sur le corps, au moyen d'une calebasse, l'eau contenue dans un seau. Mais s'ils s'avisent de se coiffer de cette louche, les mères les mettent tout de suite en garde, car on dit que celui qui se coifferait d'une calebasse serait mal élevé, inapte à l'étude et ne grandirait pas. Le même préjugé inclut la corbeille de farine vide... » (Orico 2, p. 71). La rencontre est d'autant plus curieuse que le second usage de la calebasse décrit par M_{28} existe également chez les paysans d'Amazonie : « Quand quelqu'un avale une arête de poisson et s'étrangle, il faut faire tourner les assiettes [normalement en calebasse] ; cela suffit pour éliminer l'inconvénient » (*ibid.* p. 95). Or, l'héroïne de M_{28} est une gloutonne qui dévore les poissons crus. Sur ce point précis, l'usage folklorique et l'allusion mythique convergent. Dans l'autre cas, on notera plutôt une relation de symétrie : le gamin d'Amazonie qui se coifferait d'une calebasse ne grandirait pas ; l'enfant apinayé, dont la mère aurait commis la même faute, deviendrait chauve, c'est-à-dire qu'il se changerait précocement en vieillard. La calvitie étant une affection très rare chez les Indiens, on se montrerait sans doute plus respectueux de la systématique indigène en disant que le premier enfant resterait « cru », tandis que l'autre « pourrirait ». Nombreux sont, en effet, les mythes qui expliquent la perte des poils ou des cheveux de cette façon[1].

1. Homme rendu chauve pour avoir séjourné dand le ventre du grand serpent qui l'avait avalé (Nordenskiöld *1*, p. 110 : Choroti ; *3*, p. 145 : Chimane) ou devenu tel

Pour ordonner toutes les transformations de la calebasse, nous disposons donc d'un double codage, culinaire et acoustique, et qui souvent cumule les deux aspects. Commençons par considérer le hochet rituel et sa forme inversée à laquelle nous avons donné le nom de « calebasse diabolique ». L'un est sonore, l'autre silencieuse. Le premier rend les hommes capables de capter les Esprits, qui descendent dans le hochet et parlent à travers lui ; la seconde rend les Esprits capables de capturer les hommes. Ce n'est pas tout. Le hochet est un contenant d'air, contenu dans l'air, la calebasse diabolique est un contenant d'air, contenu dans l'eau. Les deux engins s'opposent donc sous le rapport du contenant, qui est soit l'air, soit l'eau. L'un introduit le surnaturel dans le monde de la culture ; l'autre — toujours décrite comme richement ornée — semble faire émerger la culture de la nature, alors symbolisée par l'eau :

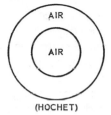

(HOCHET)

(CALEBASSE DIABOLIQUE)

Viennent ensuite quatre modalités qui, toujours par l'office de la calebasse, illustrent autant d'opérations logiques qui portent à la fois sur l'air et sur l'eau. A l'appel cogné sur une écuelle retournée et posée à la surface de l'eau, réalisant donc une inclusion de l'air par l'eau, s'oppose le gargouillis de la calebasse pleine d'eau qui se vide, entraînant l'exclusion de l'eau par l'air :

(APPEL COGNÉ)

(CALEBASSE GARGOUILLANTE)

Bien qu'inversées l'une par rapport à l'autre, ces deux opérations sont bruyantes, du fait de l'air ou de l'eau. Pareillement inversées, les deux autres opérations sont silencieuses, de manière relative (très peu d'eau

au contact des cadavres putréfiés dans les entrailles du monstre (Preuss *1*, p. 219-230 : Uitoto). Nains chthoniens, chauves à force de recevoir sur la tête des déjections humaines (Wilbert *7*, p. 864-866 : Yupa). Le motif de la personne avalée et devenant chauve persiste jusque sur la côte nord-ouest de l'Amérique du Nord (Boas *2*, p. 688).

versée doucement, près de la berge) ou absolue (giration de la calebasse). La première inclut dans la calebasse une moitié d'eau et une moitié d'air ($M_{345\text{-}346}$), la seconde en exclut toute eau, et elle n'inclut nul air dans l'eau, ce qu'on peut représenter schématiquement de la façon suivante :

(CALEBASSE CHARME DE PÊCHE)   (CALEBASSE TOURNOYANTE)

En dépit de leur aspect formel qui autoriserait presque une algèbre de Boole-Venn à les revendiquer, ces opérations ont avec la mythologie de la cuisine des rapports précis et, pour chacune, dépourvus d'ambiguïté. Considérons les quatre dernières que nous venons d'énumérer. La première incombe à la maîtresse du tapir ou du serpent séducteur, qui, pressée de rejoindre son amant, néglige ses devoirs de nourrice et de cuisinière et réduit, par conséquent, l'art de la cuisine à néant. La seconde opération, aussi conjonctive au serpent — mais devenu monstre dévorateur au lieu de bête séductrice — résulte d'une cuisine qui manifeste abusivement sa présence en répandant ses ordures sans égards ni précautions. Soit l'opposition :

a) *cuisine inexistante/cuisine exorbitante.*

La troisième opération permet à celui qui l'accomplit d'approvisionner une marmite qui restait vide par sa faute. Elle donne donc l'existence pratique au poisson et à la viande, eux-mêmes conditions de l'existence pratique de la cuisine. Également bénéfique, la quatrième opération annule une incidence néfaste de la cuisine : celle qui résulte de l'étranglement du mangeur trop avide. Les deux opérations bruyantes relèvent donc de l'anti-cuisine, ainsi désignée par défaut ou par excès ; et les deux opérations silencieuses relèvent de la cuisine dont l'une procure le moyen convoité, l'autre pallie un effet prévu et redouté :

b) *moyen positif de la cuisine, procuré/effet négatif de la cuisine, supprimé.*

Il reste à interpréter un dernier usage de la calebasse, permis aux femmes par les Apinayé quand cette calebasse est une *Lagenaria*, interdit quand c'est une *Crescentia*, mais interdit dans les deux cas aux enfants par les paysans amazoniens, et que M_{28} attribue à une créature surnaturelle.

A première vue, cet emploi en guise de couvre-chef n'a pas sa place dans un système où nous n'avons pas relevé d'autres symboles vestimentaires. C'est beaucoup plus tard, dans le quatrième tome de ces *Mytholo-*

giques, que nous établirons l'homologie de ce nouveau code avec le code culinaire, et que nous proposerons des règles de conversion réciproque. Il suffira donc ici de souligner la connotation *anti-culinaire* qu'offre l'emploi d'un ustensile comme vêtement, dernière touche au portrait d'une ogresse, qui, s'il était imité par des humains, les ferait passer de la catégorie des consommateurs de nourriture cuite et préparée, à celle des choses crues qu'on met dans la calebasse pour les consommer ultérieurement. De part et d'autre de la catégorie centrale du cuit et sur deux axes, les croyances et les mythes expriment donc, au moyen de la calebasse, plusieurs oppositions qui concernent soit la cuisine *présente,* en faisant alors contraster ses conditions positives (viande et poisson) et ses effets négatifs (étranglement par la nourriture ingérée) ; soit la cuisine *négligée* par défaut (négatif) ou par excès (positif) ; soit enfin, en l'*absence* de la cuisine

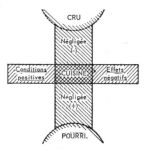

Fig. 23. — *Système des opérations culinaires.*

ou en conséquence de son rejet symbolique, les deux modes de l'anti-cuisine, qui sont le cru et le pourri.

Par conséquent, à mesure que s'élargit l'enquête et que de nouveaux mythes s'imposent à l'attention, des mythes examinés il y a longtemps remontent à la surface, projetant des détails négligés ou inexpliqués mais dont on s'aperçoit alors qu'ils sont pareils à ces morceaux d'un puzzle, mis en réserve jusqu'à ce que l'ouvrage presque complètement achevé dessine en creux les contours des parties manquantes et révèle ainsi leur emplacement obligé, d'où résulte — mais à la manière d'un don imprévu et d'une grâce supplémentaire — le sens, resté indéchiffrable jusqu'au geste ultime de l'insertion, d'une forme vague ou d'un coloris dégradé dont le rapport aux formes et aux couleurs voisines décourageait l'entendement de quelque façon qu'on s'évertuât à l'imaginer.

Peut-être est-ce le cas pour un détail d'un mythe (M₂₄) auquel, dans le cours de ce livre, nous avons dû souvent nous référer : détail si minime, pourtant, qu'il n'apparaît même pas dans le résumé que nous en avons donné (CC, p. 108). Le héros, un Indien Tereno chercheur de miel, est victime des manœuvres de sa femme qui l'empoisonne lentement en mêlant son sang menstruel à la nourriture qu'elle lui prépare : « Quand il avait mangé, il marchait en boitant et n'avait pas de goût au travail » (Baldus *3,* p. 220). Instruit de la cause de son mal par son jeune fils, l'homme se met en quête de miel ; et c'est alors qu'il retire ses sandales de cuir de tapir et les frappe l'une contre l'autre « pour trouver le miel plus facilement. »

Le héros de M₂₄ est donc boiteux. Le détail pourrait sembler futile si, chez ces mêmes Tereno, le boitement n'avait une place bien marquée dans le rituel. La plus importante des cérémonies tereno se déroulait vers le début du mois d'avril, pour célébrer l'apparition des Pléiades et conjurer les périls de la saison sèche qui commençait à ce moment. Après avoir rassemblé les participants, un vieillard, faisant d'abord face à l'est, puis au nord, à l'ouest et au sud, se proclamait l'ancêtre des chefs des quatre points cardinaux. Il levait ensuite les yeux au ciel et suppliait les Pléiades d'envoyer la pluie et d'épargner à son peuple la guerre, les maladies et les morsures de serpent. Quand il avait terminé sa prière, les assistants s'employaient à faire un grand vacarme qui se prolongeait jusqu'à l'aube. Le lendemain soir, au coucher du soleil, des musiciens s'installaient dans les quatre ou six huttes construites à leur intention sur la place de danse, pour des festivités qui duraient toute la nuit. Des luttes souvent brutales occupaient la journée du lendemain, entre des adversaires relevant de moitiés opposées. Quand elles avaient pris fin et que tout le monde s'était regroupé dans la cabane du chef, un musicien richement paré, et tenant dans la main droite un bois de cervidé, se dirigeait en boitant vers une cabane désignée d'avance. Il frappait le bois contre les battants de la porte et retournait, toujours boitant, à l'endroit d'où il était parti. Le propriétaire de la cabane sortait et demandait ce qu'on lui voulait. On lui réclamait un bœuf, vache ou taureau, qui avait été acquis à frais communs. Il livrait alors l'animal, aussitôt tué, rôti et mangé (Rhode, p. 409 ; Colini *in* : Boggiani, p. 295-296 ; cf. Altenfelder Silva, p. 356, 364-365 ; Métraux *12*, p. 357-358).

C'est en feignant de boiter que, dans l'île Vancouver, une vieille femme va jeter à la mer les arêtes des premiers saumons rituellement consommés par les enfants (Boas *in* : Frazer *4*, vol. 8, p. 254). On sait que sur la côte nord-ouest du Pacifique, les saumons dont les indigènes dépendent principalement pour leur subsistance arrivent chaque année au printemps (L.-S. *6*, p. 5). Or, tous les mythes de cette région de l'Amérique septentrionale associent le boitement à des phénomènes saisonniers. Seule une fille boiteuse parvient à vaincre l'hiver et à faire venir le printemps (M_{347} : Shuswap ; Teit, p. 701-702). Un enfant aux jambes tortes met fin à la pluie (M_{348} : Cowlitz ; Jacobs, p. 168-169) ou fait régner le soleil (M_{349} : Cowlitz et autres tribus Salish de la côte ; Adamson, p. 230-233, 390-391). Un infirme ramène le printemps (M_{350} : Sanpoil-Nespelem ; Ray, p. 199). La fille boiteuse de Lune épouse la lune nouvelle ; désormais il ne fera plus aussi chaud parce que le soleil se mouvra (M_{351} : Wishram ; Sapir, p. 311). Pour terminer cette brève énumération, un autre mythe wasco ramène presque à notre point de départ (cf. M_3), car il évoque un infirme seul capable de ressusciter d'entre les morts et de demeurer avec les vivants ; depuis cette époque, les morts ne peuvent plus revivre comme les arbres au printemps (M_{352} ; Spier-Sapir, p. 277).

Les Ute septentrionaux de la région de Whiterocks (Utah) pratiquaient une « danse boitée » /sanku'-ni'tkap/ dont le symbolisme était perdu quand on a noté ses figures caractéristiques, son accompagnement et ses chants. Cette danse, exclusivement féminine, imitait la démarche d'un individu boitant de la jambe droite et la traînant pour qu'elle s'aligne sur la gauche chaque fois que celle-ci marquait un pas en avant. Les danseuses, au nombre d'une centaine, formaient deux lignes parallèles éloignées d'une dizaine de mètres, face à l'ouest où se tenaient les joueurs de tambours et derrière ceux-ci, les chanteurs. Chaque file se dirigeait vers les musiciens, puis décrivait un arc de cercle et revenait en arrière. Les tambours battaient un rythme caractéristique qui appartenait en propre à cette danse, chaque note tambourinée étant légèrement décalée par rapport à la note chantée. On observe un contraste entre les « battements des tambours, qui se produisent avec une régularité mécanique, et le chant qui varie en accent et en rythme » (Densmore, p. 20, 105, 210).

Le boitement rituel a aussi été signalé dans l'Ancien Monde, pareillement lié à des changements saisonniers. En Angleterre, on appelait « chèvre boiteuse » le bouquet de moisson que, sitôt achevée sa récolte, le cultivateur s'empressait de déposer dans le champ de son voisin moins avancé (Frazer 4, vol. 7, p. 284). Dans certaines régions d'Autriche, il était d'usage de donner la dernière gerbe à une vieille femme qui devait la rapporter chez elle en boitant (ibid., p. 231-232).

L'Ancien Testament décrit une cérémonie pour vaincre la sécheresse. Elle consiste en une circumambulation de l'autel accomplie par des danseurs qui boitent. Un texte talmudique suggère qu'au IIe siècle de notre ère, en Israël, la danse claudicante servait encore à obtenir la pluie (Caquot, p. 129-130). Comme chez les Tereno, il s'agissait donc de mettre un terme à une période sèche — « tardis mensibus » dit Virgile (Géorgiques I, v. 32) — ainsi qu'on le souhaite dans les campagnes européennes, quand la moisson est rentrée.

Autour de la danse boitée, la Chine archaïque rassemble tous les motifs que, dans le cours de ce livre, nous avons successivement rencontrés. D'abord, le caractère saisonnier, admirablement mis en lumière par Granet. La morte-saison, qui est aussi la saison des morts, commençait avec la tombée du givre. Celle-ci mettait fin aux travaux agricoles, en prévision de la sécheresse hivernale pendant laquelle les hommes vivaient enfermés dans les villages : il fallait alors que tout soit clos par crainte des pestilences. Le grand No, fête d'hiver, au caractère principalement ou exclusivement masculin, avait pour instrument le tambour. C'était aussi la fête des revenants, célébrée au profit des âmes « qui, ne recevant plus de culte, étaient devenues des Êtres malfaisants » (Granet, p. 333-334). On retrouve ces deux aspects chez les Tereno dont les rites funéraires avaient surtout pour objet de couper les ponts entre les vivants et les morts, de peur que ceux-ci ne reviennent tourmenter ceux-là, sinon les emmener avec eux (Altenfelder Silva, p. 347-348, 353). Pourtant, la fête du début de la saison sèche était aussi une invitation aux morts, qu'on stimulait en les appelant pour qu'ils reviennent visiter leurs parents (ibid., p. 356).

Les anciens Chinois croyaient qu'avec l'arrivée de la saison sèche, la terre et le ciel cessaient de communiquer (Granet, p. 315, n. 1). L'Esprit de la sécheresse avait l'aspect d'une petite femme chauve[1] avec des yeux au sommet de la tête. En sa présence, le Ciel s'abstenait de faire pleuvoir pour ne pas la blesser (*ibid.*, n. 3). Le fondateur de la première dynastie royale, Yu le Grand, inspecta les points cardinaux et suscita le retour du tonnerre et de la pluie. De même que des cloches annoncent l'automne et la tombée du givre (*ibid.* p. 334), les engins des ténèbres dont nous avons déjà parlé (p. 350) présagent les premiers grondements du tonnerre et l'arrivée du printemps (*ibid.*, p. 517). La dynastie Chang put être fondée grâce à Yi Yin, qui était né d'un mûrier creux, arbre de l'est et du soleil levant. L'arbre creux, peut-être d'abord un mortier, sert à faire le plus précieux des instruments de musique, un tambour en forme d'auge frappé avec un bâton. Le mûrier et le paulownia creux (soit une moracée — comme les *Ficus* américains — et une scrofulariacée) étaient des arbres cardinaux, respectivement associés à l'est et au nord (*ibid.*, p. 435-444 et 443, n. 1). Fondateur de la dynastie Yin, T'ang le victorieux lutta contre la sécheresse. Fondateur de la dynastie Chang, Yu le Grand triompha en revanche de l'inondation que son père Kouen n'avait pu vaincre. Or, les deux héros étaient à demi paralysés, donc hémiplégiques, et ils boitaient. On appelle « pas de Yu » une démarche où « les pas (de chaque pied) ne se dépassent pas l'un l'autre » (*ibid.*, p. 467, n. 1 et p. 549-554 ; Kaltenmark, p. 438, 444).

La légende chinoise évoque un mythe bororo que nous avons résumé au début du précédent volume et que nous venons de rappeler (M_3). Son héros, qui est boiteux, échappe au déluge et repeuple la terre dévastée par la malignité du soleil, en frappant sur un tambour pisciforme /kaia okogeréu/ c'est-à-dire un mortier de bois creusé au feu et avec une base ovoïde (E. B., vol. I, art. « kaia », « okogeréu »)[2]. Selon un mythe Karaja (M_{353}) dont la parenté avec les précédents ($M_{347-352}$) est manifeste en dépit de l'éloignement géographique, il fallut casser la jambe du soleil, de la lune et des étoiles pour qu'ils boitent et se déplacent avec lenteur. Sinon le temps manquerait aux hommes et le travail serait trop dur (Baldus *5*, p. 31-32).

---

1. Monts et fleuves sont les premiers atteints par la sécheresse. Celle-ci fait perdre aux uns les arbres, qui sont leurs cheveux, et aux autres les poissons qui sont leur peuple (Granet, p. 455). Soit une inversion symétrique de la conception que les mythes sud-américains se font de la calvitie (cf. plus haut p. 392, n. 1). Un même mot /wang/ connote les sens de fol, trompeur, dément, infirme, bossu, chauve, Esprit de la sécheresse (Schafer).

2. Peut-être faudrait-il aussi rapprocher Yu le Grand, né d'une pierre, d'un des dieux Edutzi de la mythologie tacana (M_{196}). Cet Edutzi, d'abord prisonnier d'une caverne de pierre « au temps où la terre était encore molle », puis délivré par un écureuil qui rongea la paroi, épousa une humaine dont il eut un fils semblable à une pierre. Après avoir pris forme humaine, ce fils se maria et suspendit au dos de sa femme un petit tambour de bois qui résonnait chaque fois qu'il la battait (Hissink-Hahn, p. 109). Le motif semble d'origine arawak (cf. Ogilvie, p. 68-69).

A notre connaissance, les faits américains n'avaient pas été rapprochés de ceux, provenant de l'Ancien Monde, que nous venons de signaler brièvement. Or, on voit qu'ici et là, il s'agit de bien autre chose que d'une simple récurrence du boitement. Partout, celui-ci est associé au changement de saison. Les faits chinois semblent si proches de ceux que nous avons étudiés dans ce livre que leur rapide inventaire nous a permis de récapituler plusieurs thèmes : l'arbre creux, auge et tambour, tantôt refuge et tantôt piège ; la disjonction du ciel et de la terre ainsi que leur conjonction, médiatisée ou non médiatisée ; la calvitie comme symbole d'un déséquilibre entre l'élément sec et l'élément humide ; la périodicité saisonnière ; enfin, l'opposition des cloches et des instruments des ténèbres symbolisant respectivement le paroxysme de l'abondance et celui de la disette.

Chaque fois que ces faits se manifestent, ensemble ou isolés, il ne semble donc pas possible de les interpréter par des causes particulières. Par exemple, de ramener la danse claudicante des anciens juifs au déhanchement de Jacob (Caquot, p. 140), ou d'expliquer celle de Yu le Grand, maître du tambour, par le pied unique sur lequel, aux temps classiques, les tambours chinois reposaient (Granet, p. 505). A moins d'admettre que le rite de la danse boitée remonte au paléolithique et que l'Ancien et le Nouveau Monde l'aient jadis possédé en commun (ce qui résoudrait la question de son origine, mais laisserait entière celle de sa survivance), une explication structurale peut seule rendre compte de la récurrence en des régions et à des époques si diverses, mais toujours dans le même contexte sémantique, d'un usage dont la bizarrerie lance un défi à la spéculation.

C'est précisément à cause de leur éloignement, rendant improbable l'hypothèse d'une connivence obscure avec des coutumes d'ailleurs, que les faits américains aident à renouveler de tels débats. Dans le cas qui nous occupe, ils sont malheureusement trop rares et fragmentaires pour permettre d'en tirer une solution. Nous nous contenterons d'une esquisse, sans dissimuler qu'elle demeurera vague et précaire tant qu'on ne disposera pas d'autres informations. Mais si, toujours et partout, le problème consiste à *écourter* une période de l'année au profit d'une autre — que ce soit la saison sèche pour hâter la venue des pluies, ou le contraire — ne peut-on voir dans la danse claudicante l'image, disons plutôt le diagramme, de ce déséquilibre souhaité ? Une démarche normale, où le pied gauche et le pied droit se meuvent en alternance régulière, offre une représentation symbolique de la périodicité des saisons dont, à supposer qu'on veuille la démentir pour allonger l'une (par exemple les mois du saumon) ou pour raccourcir l'autre (rigueur de l'hiver, « mois lents » de l'été, sécheresse excessive ou pluies diluviennes), une démarche boiteuse, résultant d'une inégalité de longueur entre les deux jambes, fournit, en termes de code anatomique, un signifiant approprié. N'est-ce pas, d'ailleurs, à propos d'une réforme du calendrier que Montaigne entreprit de discourir sur les boiteux ? « Il y a deux ou trois ans qu'on accourcit l'an de dix jours en France. Combien

de changements devaient suivre cette réformation ! Ce fut proprement
remuer le ciel et la terre à la fois... »[1].

En invoquant Montaigne à l'appui d'une interprétation de coutumes
éparses aux quatre coins du monde et qu'il ignorait, nous prenons une
licence dont nous ne méconnaissons pas qu'aux yeux de certains, elle
pourrait jeter le discrédit sur notre méthode. Il convient de s'y arrêter un
instant, d'autant que le problème de la comparaison et de ses limites
légitimes a été posé avec une rare lucidité par Van Gennep, justement à
propos du cycle Carnaval-Carême qui est au centre de ce débat.

Après avoir insisté sur la nécessité de localiser les rites et les coutumes,
afin de mieux résister à la tentation de les ramener à des communs dénomi-
nateurs hypothétiques — comme il nous aurait sans doute reproché de le
faire — Van Gennep poursuit : « Il arrive précisément que ces coutumes
prétendues communes ne le sont pas. » Mais alors se pose le problème des
différences : « En admettant que les coutumes carnavalesques ne remontent
pour la plupart qu'au haut moyen âge, avec fort peu de survivances gréco-
romaines et gallo-celtiques ou germaniques, on se demande pourquoi,
puisque l'Église a partout interdit les mêmes licences et ordonné les mêmes
abstinences, les populations de nos campagnes n'ont pas adopté partout
les mêmes attitudes. » Faut-il admettre que celles-ci ont disparu ? Mais là
où elles manquaient déjà au début du XIXe siècle, les sources anciennes
n'attestent que rarement qu'elles aient été présentes jadis. L'argument
des survivances se heurte à une difficulté du même type : « Pourquoi des
coutumes anciennes, soit païennes classiques, soit païennes barbares, se
seraient-elles transmises et maintenues dans certaines régions, et non dans
d'autres, alors que la Gaule a été soumise tout entière à la même administration, aux mêmes religions, aux mêmes invasions ? »

On ne se sent pas plus à l'aise avec la théorie agraire de Mannhardt
et de Frazer : « Partout en France, à des moments qui varient selon l'altitude
et le climat, l'hiver cesse et le printemps renaît : les Normands, les Bretons,
les Poitevins, les Aquitains, les Gascons et les peuples de la Guyenne se
seraient donc désintéressés de ce renouvellement, qui, selon cette théorie,
aurait été la cause déterminante des cérémonies du Cycle ? »

« Enfin, la théorie générale de Westermack, qui insiste sur le caractère
sacré, donc prophylactique et multiplicateur, de certains jours, ne nous
avance pas non plus : il suffit de transposer les termes de la question précédente en demandant pourquoi le peuple français n'a pas regardé partout
également les jours autour de l'équinoxe de printemps comme alternativement malfaisants ou bienfaisants. » Et Van Gennep conclut : « Il existe
certainement une solution. Celle dont on se contente d'ordinaire est que la

---

1. *Essais*, L. III, ch. XI. Le regretté Brailoiu a consacré une étude à un rythme
très répandu de la musique populaire, bichrone, fondé sur un rapport de 1 à 2/3 ou
3/2, irrégulier, et diversement appelé « boiteux », « entravé », « secoué ». Ces épithètes,
et le commentaire de Montaigne, ramènent à nos considérations des p. 346-347.

date annuelle n'a pas d'importance et que les peuples ont choisi au petit bonheur pour leurs cérémonies, tantôt l'équinoxe, tantôt le solstice. C'est reculer la difficulté, mais non la résoudre » (Van Gennep, t. I, vol. III, p. 1147-1149).

On pourrait croire que la méthode que nous avons suivie, en rapprochant des coutumes originaires de l'Ancien et du Nouveau Monde, nous rejette bien en deçà des prédécesseurs de Van Gennep. N'étaient-ils pas moins coupables, quand ils cherchaient l'origine commune de coutumes françaises et même tentaient de les ramener à un modèle archaïque, mais beaucoup plus près d'elles dans le temps et dans l'espace que ceux que nous avons osé leur comparer ? Pourtant, nous ne nous croyons pas en faute, car nous assimiler aux théoriciens justement critiqués par le maître français serait méconnaître que nous n'appréhendons pas les faits au même niveau. En intégrant, au terme d'analyses toujours localisées dans le temps et dans l'espace, des phénomènes entre lesquels on n'apercevait pas de rapport, nous leur conférons des dimensions supplémentaires. Et surtout, cet enrichissement rendu manifeste par la multiplication de leurs axes de référence sémantique, les fait changer de plan. Au fur et à mesure que leur contenu devient plus riche et plus complexe et que s'accroît le nombre de leurs dimensions, la réalité la plus véridique des phénomènes se projette au delà de l'un quelconque de ces aspects, avec lequel on eût été d'abord tenté de la confondre. Elle se décale du contenu vers la forme, ou, plus exactement, vers une nouvelle manière d'appréhender le contenu qui, sans le négliger ou l'appauvrir, le traduit en termes de structure. Cette démarche confirme par la pratique que, comme nous l'écrivions naguère, « ce n'est pas la comparaison qui fonde la généralisation, mais le contraire » (L.-S. 5, p. 28).

Les abus dénoncés par Van Gennep découlent tous d'une méthode insoucieuse ou ignorante de ce principe. Mais quand on l'applique systématiquement et qu'on prend soin, pour chaque cas particulier, de dégager toutes ses conséquences, on constate qu'aucun de ces cas n'est réductible à tel ou tel de ses aspects empiriques. Si l'écart historique ou géographique entre les cas considérés est trop grand, il serait donc vain de vouloir relier un aspect à d'autres du même type, et de prétendre expliquer par l'emprunt ou la survivance une analogie superficielle entre des aspects dont une critique interne n'aurait pas, chaque fois, indépendamment approfondi le sens. Car, même l'analyse d'un cas unique, pourvu qu'elle soit bien menée, enseigne à se défier d'axiomes comme celui énoncé par Frazer et endossé par Van Gennep (ibid., p. 993, n. 1) : « L'idée d'une période de temps est trop abstraite pour que sa personnification puisse être primitive. » Sans nous arrêter aux faits particuliers que ces auteurs avaient en vue, et nous tenant à la proposition générale, nous dirons que rien n'est trop abstrait pour être primitif et que, plus haut nous remonterons vers les conditions essentielles et communes de l'exercice de toute pensée, plus elles prendront la forme de rapports abstraits.

*
**

Il suffira d'avoir posé le problème, puisque nous n'entendons pas aborder ici l'étude des représentations mythiques de la périodicité, qui fera l'objet du prochain volume. Pour nous acheminer vers la conclusion de celui-ci, profitons donc plutôt de ce que le motif chinois du mûrier creux a ramené notre attention vers cet arbre pareillement creux, dont la place est si importante dans les mythes du Chaco sur l'origine du tabac et sur celle du miel, que nous avons longuement discutés au début. L'arbre creux nous est d'abord apparu comme la ruche naturelle des abeilles sud-américaines, la « chose creuse » (disaient les anciens Mexicains) qu'est aussi, à sa façon, le hochet. Mais l'arbre creux fut aussi le réceptacle primordial qui contenait toute l'eau et tous les poissons du monde, et l'auge à hydromel transformable en tambour. Réceptacle plein d'air, plein d'eau, ou plein de miel pur ou dilué d'eau, l'arbre creux, sous toutes ces modalités, sert de terme médiateur à une dialectique du contenant et du contenu dont, sous des modalités équivalentes, les termes extrêmes relèvent les uns du code culinaire, les autres du code acoustique ; et nous savons que ces codes sont liés.

Nul personnage, mieux que celui du renard, ne met en valeur ces multiples connotations. Enfermé dans un arbre creux (M_{219}) le renard est comme le miel ; gavé du miel qui se trouve donc inclus en lui, il est comme l'arbre (M_{210}) ; assoiffé et remplissant d'eau son estomac bientôt changé en pastèque, il inclut dans son corps un viscère, qui inclut l'eau (M_{209}). Dans la série des aliments illustrés par ces mythes, poisson et pastèque ne sont pas symétriques seulement à cause de leur appartenance respective aux règnes animal et végétal : nourritures de saison sèche, le poisson est une nourriture incluse dans l'eau, la pastèque (surtout en saison sèche) est de l'eau incluse dans une nourriture. Tous deux s'opposent aux plantes aquatiques qui sont *sur* l'eau et qui, en préservant un rapport de contiguïté entre l'élément sec et l'élément humide, les définissent par exclusion mutuelle au lieu que ce soit par inclusion.

Or, on retrouve à propos de l'arbre creux un système homologue et pareillement triangulaire. A l'arbre naturellement évidé s'oppose l'arbre épluché de son écorce. Mais, puisque l'un consiste en un vide longitudinalement inclus dans un plein, et l'autre en un vide longitudinalement exclu par un plein, ils s'opposent tous deux à l'arbre perforé et troué transversalement, comme est fendu transversalement le bâton-claquoir du type /parabára/, avec lequel nous ne devons donc pas nous étonner que soient mis en corrélation et en opposition deux instruments de musique, à leur tour opposés de la même façon que l'arbre creux et l'arbre épluché : le tambour, qui est lui-même un arbre creux, relativement court et large avec une paroi épaisse, et le bâton de rythme, creux aussi sans être un arbre, relativement plus long et moins large avec une paroi mince ; et préposés, l'un à une conjonction sociologique et horizontale (convoquer les invités des villages voisins), l'autre à une conjonction cosmologique et verticale (provoquer l'ascension de la communauté des fidèles vers les Esprits), tandis que le bâton-claquoir sert à disjoindre horizontalement les Esprits en les éloignant des humains.

Les six modes principaux de calebasse, que nous avons inventoriés, rassemblent ces oppositions culinaires et acoustiques autour d'un objet qui est un récipient comme l'arbre creux, pareillement transformable en instrument de musique, et qui, comme l'arbre creux, est apte à tenir lieu de ruche. Le tableau suivant dispensera d'un long commentaire :

triades culinaires :		triade de l'arbre creux :	triades acoustiques :	
calebasses :	nourritures :		bruiteurs :	calebasses :
charme de pêche (M_{345})	poisson	arbre évidé	tambour	hochet
calebasse diabolique ($M_{339-340}$)	pastèque	arbre épluché	bâton de rythme	calebasse gargouillante
calebasse tournoyante (M_{28})	plantes aquatiques	arbre perforé	bâton-claquoir	calebasse cognée

Graphiquement, le système de la calebasse, avec ses six termes, peut être représenté de façon plus satisfaisante que nous ne l'avions fait de façon partielle et provisoire aux pages 393-394 (voir fig. 24, page suivante).

Les trois termes à gauche impliquent le silence, les trois termes à droite impliquent le bruit. La symétrie des deux termes en position médiane est évidente. Les quatre termes en position extrême forment un chiasme, tout en étant horizontalement unis par paires. Les termes 1) et 2) donnent à la paroi de la calebasse une fonction pertinente, soit pour instaurer dans son enceinte une union de l'air et de l'eau, soit une désunion de l'air au dedans et de l'air au dehors. Dans 5), cette paroi n'interdit pas une union de l'air (interne) et de l'air (externe). Dans 6) où, vis-à-vis de l'air la paroi joue le même rôle que dans 2), elle n'intervient pas pour assurer la même union de l'air et de l'eau qu'elle accomplit dans 1). Par conséquent, dans 2) et 5), l'air est disjoint ou conjoint par rapport à l'air ; dans 1) et 6), l'air est conjoint à l'eau grâce à la paroi, ou sans elle.

Point d'aboutissement de ce livre, ce diagramme appelle quelques remarques. Dans le Cru et le Cuit, nous avons pris pour thème les mythes sud-américains sur l'origine de la cuisine, et nous avons débouché sur des considérations d'ordre plus général, relatives au charivari comme mode de vacarme, et aux éclipses comme équivalent, sur le plan cosmologique, de la subversion des liens d'alliance qui sont des liens sociaux. Consacré à la mythologie du miel et du tabac, le présent livre s'écarte de la cuisine afin d'inspecter ses entours : car le miel et le tabac se situent, l'un en deçà de la cuisine pour autant que la nature le procure à l'homme à l'état de

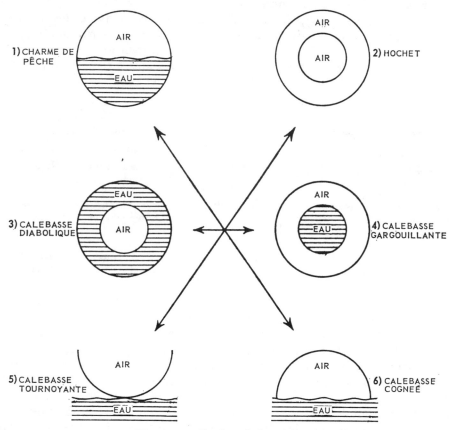

Fig. 24. — Système de la calebasse.

plat tout préparé et d'aliment concentré qu'il suffit de diluer, et l'autre au delà de la cuisine, puisque le tabac fumé doit être plus que cuit : brûlé, pour qu'on puisse le consommer. Or, de même que l'étude de la cuisine nous avait conduit à celle du charivari, l'étude des entours de la cuisine, obéissant aussi à ce qu'on aimerait appeler la courbure de l'espace mythologique, a dû infléchir son trajet dans le sens d'un autre usage dont la généralité nous est aussi apparue : celui des instruments des ténèbres, qui sont une modalité acoustique du vacarme, et qui ont également une connotation cosmologique puisque, partout où ils existent, ils interviennent à l'occasion d'un changement de saison.

Dans ce cas aussi, le lien avec la vie économique et sociale est manifeste. D'abord parce que les mythes de cuisine concernent la présence ou l'absence du feu, de la viande et des plantes cultivées *dans l'absolu*, tandis que les mythes sur les entours de la cuisine traitent de leur présence ou absence *relative*, autrement dit de l'abondance et de la disette qui caractérisent l'une ou l'autre période de l'année. Ensuite et surtout, comme nous l'avons montré (p. 258), les mythes sur l'origine de la cuisine se réfèrent à une physiologie de l'alliance matrimoniale dont la pratique de l'art culinaire symbolise l'harmonieux fonctionnement, tandis que, sur les plans acoustique et cosmologique, le charivari et l'éclipse renvoient à une pathologie sociale et cosmique qui, dans un autre registre, renverse la signification du message que l'instauration de la cuisine apportait. D'une manière symétrique, les mythes sur les entours de la cuisine développent une pathologie de l'alliance dont les physiologies culinaire et météorologique recèlent symboliquement le germe : puisque, de même que l'alliance matrimoniale est perpétuellement menacée « sur les bords » — du côté de la nature par l'attrait physique du séducteur, du côté de la culture, par le risque d'intrigues entre alliés vivant sous le même toit — la cuisine elle aussi s'expose, par la rencontre du miel ou par la conquête du tabac, à basculer tout entière du côté de la nature ou du côté de la culture, bien que, par hypothèse, elle dût représenter leur union.

Or, cette condition pathologique de la cuisine n'est pas seulement liée à la présence objective de certains types de nourritures. Elle est aussi fonction de l'alternance des saisons qui, portant avec elles l'abondance ou la disette, permettent à la culture de s'affirmer, ou contraignent l'humanité à se rapprocher temporairement de l'état de nature. Par conséquent, si, dans un cas, la physiologie culinaire s'inverse en pathologie cosmique, dans l'autre cas c'est la pathologie culinaire qui demande son origine et son fondement objectif à une physiologie cosmique, pour autant qu'à la différence des éclipses qui sont des accidents apériodiques (au moins dans la pensée indigène), la périodicité saisonnière, marquée au sceau de la régularité, relève de l'ordre des choses.

Il eût été impossible de débrouiller cette problématique si nous ne l'avions simultanément appréhendée à tous les niveaux. Autrement dit si, comme le déchiffreur d'un texte à partir d'une inscription en plusieurs langues, nous n'avions compris que les mythes transmettent le même message à l'aide de plusieurs codes dont les principaux sont culinaire — c'est-à-dire techno-économique — acoustique, sociologique et cosmologique. Pourtant, ces codes ne sont pas rigoureusement équivalents, et les mythes ne les mettent pas sur le même pied. La valeur opératoire de l'un est plus grande que celle des autres, puisque le code acoustique offre un langage commun dans lequel peuvent se traduire les messages des codes techno-économique, sociologique et cosmologique. Nous avons montré dans *le Cru et le Cuit* que la cuisine implique le silence, l'anti-cuisine le vacarme, et qu'il en était de même pour toutes les formes que pouvait prendre l'opposition entre rapport médiatisé et rapport non médiatisé, indépendamment du caractère conjonctif ou disjonctif de ce dernier. Les analyses du présent livre confirment cette constatation. Si les mythes sur l'origine de la cuisine établissent une opposition simple entre le silence et le bruit, ceux qui concernent les entours de la cuisine approfondissent cette opposition et l'analysent en distinguant plusieurs modalités. Il n'est donc plus question de vacarme pur et simple, mais de contrastes internes à la catégorie du bruit, tels que ceux entre bruit continu et bruit discontinu, bruit modulé ou non modulé, conduite linguistique et conduite non linguistique. Au fur et à mesure que les mythes élargissent et spécifient la catégorie de la cuisine, primitivement définie en termes de présence ou d'absence, ils élargissent et spécifient le contraste fondamental entre le silence et le bruit et disposent entre ces deux pôles une série de notions intermédiaires, qui jalonnent une frontière que nous n'avons fait que reconnaître en nous interdisant de la franchir d'un côté ou de l'autre, pour éviter de nous aventurer dans deux domaines étrangers : celui de la philosophie du langage, et celui de l'organologie musicale.

Enfin et surtout, il convient d'insister sur une transformation d'ordre formel. Celui qui, excédé par la lecture des deux premiers volumes de ces *Mythologiques*, attribuerait à quelque manie obsédante la fascination que paraissent exercer des mythes qui, en fin de compte, disent tous la même chose, et dont l'analyse minutieuse n'ouvre pas de voie nouvelle mais contraint seulement l'auteur à tourner en rond, celui-là méconnaîtrait que grâce à l'élargissement du champ d'investigation, un aspect nouveau de la pensée mythique s'est fait jour.

Pour construire le système des mythes de cuisine, nous avions dû faire appel à des oppositions entre des termes qui, tous ou presque, étaient de l'ordre des qualités sensibles : le cru et le cuit, le frais et le pourri, le sec et l'humide, etc. Or, voici que la seconde étape de notre analyse fait apparaître des termes toujours opposés par paires, mais dont la nature diffère pour autant qu'ils relèvent moins d'une logique des qualités que d'une logique des formes : vide et plein, contenant et contenu, interne et externe, inclus et exclu, etc. Dans ce nouveau cas, les mythes procèdent pourtant de la même façon, c'est-à-dire par la mise en correspondance simultanée de plusieurs codes. Si des représentations sensibles telles que celles de la calebasse et du tronc creux jouent le rôle de pivot que nous leur avons reconnu, c'est, en fin de compte, parce que ces objets remplissent dans la pratique une pluralité de fonctions, et parce que ces fonctions sont homologues entre elles : comme hochet rituel, la calebasse est un instrument de musique sacrée, utilisé conjointement avec le tabac que les mythes conçoivent sous la forme d'une inclusion de la culture dans la nature ; mais, comme récipient à eau et à nourriture, la calebasse est un ustensile de cuisine profane, un contenant destiné à recevoir des produits naturels, et donc propre à illustrer l'inclusion de la nature dans la culture. De même pour l'arbre creux qui, comme tambour, est un instrument de musique dont le rôle convocateur est social au premier chef, et qui, comme récipient à miel, relève de la nature s'il s'agit du miel frais enclos dans sa cavité, et de la culture s'il s'agit du miel mis à fermenter dans un tronc d'arbre, non pas naturellement creux, mais artificiellement creusé pour le transformer en auge.

Toutes nos analyses démontrent — et c'est la justification de leur monotonie et de leur nombre — que les écarts différentiels exploités par les mythes ne consistent pas tant dans les choses mêmes que dans un corps de propriétés communes, exprimables en termes géométriques et transformables les unes dans les autres au moyen d'opérations qui sont déjà une algèbre. Si cette marche vers l'abstraction peut être mise au compte de la pensée mythique au lieu, comme on nous l'objectera peut-être, qu'elle doive être imputée à la réflexion du mythologue, on conviendra que nous sommes parvenu au point où la pensée mythique se dépasse elle-même et contemple, au delà des images encore adhérentes à l'expérience concrète, un monde de concepts affranchis de cette servitude et dont les rapports se définissent librement : entendons, non plus par référence à une réalité externe, mais selon les affinités ou les incompatibilités qu'ils manifestent les uns vis-à-vis des autres dans l'architecture de l'esprit. Or, nous savons où un tel bouleversement se situe : aux frontières de la pensée grecque, là où la mythologie se désiste en faveur d'une philosophie qui émerge comme la condition préalable de la réflexion scientifique.

Mais, dans le cas qui nous occupe, il ne s'agit pas d'un progrès. D'abord, parce que le passage qui s'est réellement produit dans la civilisation occidentale n'a pas eu lieu, cela va sans dire, chez les Indiens sud-américains. Ensuite et surtout, parce que la logique des qualités et la logique des formes, que nous avons distinguées d'un point de vue théorique, appartiennent en fait aux mêmes mythes. Sans doute avons-nous introduit dans ce second volume un grand nombre de documents nouveaux. Ils ne sont pourtant pas d'une autre espèce que ceux que nous avions précédemment analysés : ce sont des mythes du même type, et qui proviennent des mêmes populations. Le progrès qu'ils nous ont permis d'accomplir, d'une logique à une autre logique, ne résulte donc pas de quelque apport qu'il faudrait tenir pour nouveau et différent. Ces matériaux ont plutôt agi sur les mythes déjà étudiés à la façon d'un révélateur, faisant ressortir des propriétés latentes, mais cachées. En nous contraignant à élargir notre perspective pour englober des mythes de plus en plus nombreux, les mythes nouvellement introduits ont substitué un système de liaisons à un autre, mais qui n'abolit pas le premier puisqu'il suffirait d'effectuer l'opération inverse pour le voir réapparaître. Comme l'observateur manœuvrant la tourelle de son microscope pour obtenir un plus fort grossissement, nous verrions alors l'ancien réseau resurgir en même temps que se rétrécirait le champ.

L'enseignement des mythes sud-américains offre donc une valeur topique, pour résoudre des problèmes qui touchent à la nature et au développement de la pensée. Car si les mythes provenant des cultures les plus arriérées du Nouveau Monde nous mettent de plain-pied avec ce seuil décisif de la conscience humaine qui, chez nous, marque son accession à la philosophie puis à la science, alors que rien de tel ne semble s'être produit chez les sauvages, il faudra conclure de cette différence que pas plus ici que là le passage n'était nécessaire, et que des états de la pensée qui sont emboîtés les uns dans les autres ne se succèdent pas spontanément et par l'effet d'une causalité inéluctable. Sans doute les facteurs qui président à la formation et aux taux de croissance respectifs des diverses parties de la plante sont dans la graine. Mais la « dormance » de la graine, c'est-à-dire le temps imprévisible qui s'écoulera avant que le mécanisme se déclenche, ne relève pas de sa structure, mais d'un ensemble infiniment complexe de conditions qui mettent en cause l'histoire individuelle de chaque graine et toutes sortes d'influences externes.

Il en est de même pour les civilisations. Celles que nous appelons primitives ne diffèrent pas des autres par l'équipement mental, mais seulement en ceci que rien, dans aucun équipement mental quel qu'il soit, ne prescrit qu'il doive déployer ses ressources à un moment déterminé et les exploiter dans une certaine direction. Qu'une seule fois dans l'histoire humaine et en un seul lieu, se soit imposé un schème de développement auquel, arbitrairement peut-être, nous rattachons des développements ultérieurs — avec d'autant moins de certitude que manquent et manqueront toujours des termes de comparaison — n'autorise pas à transfigurer une occurrence historique, qui ne signifie rien sinon qu'elle s'est produite en ce lieu et à ce moment, en preuve à l'appui d'une évolution désormais exigible en tous lieux et en tous temps. Car, alors, il sera trop facile de conclure à une infirmité ou à une carence des sociétés ou des individus, dans tous les cas où ne s'est pas produite la même évolution (L.-S., *11*).

En affirmant ses prétentions aussi résolument qu'elle l'a fait dans ce livre, l'analyse structurale ne récuse donc pas l'histoire. Bien au contraire, elle lui concède une place de premier plan : celle qui revient de droit à la contingence irréductible sans laquelle on ne pourrait même pas concevoir la nécessité. Car, pour autant qu'en deçà de la diversité apparente des sociétés humaines l'analyse structurale prétend remonter à des propriétés fondamentales et communes, elle renonce à expliquer, non certes les différences particulières dont elle sait rendre compte en spécifiant dans chaque contexte ethnographique les lois d'invariance qui président à leur engendrement, mais que ces différences virtuellement données au titre de compossibles ne soient pas toutes avérées par l'expérience et que certaines, seulement, soient devenues actuelles. Pour être viable, une recherche tout entière tendue vers les structures commence par s'incliner devant la puissance et l'inanité de l'événement.

Paris, mai 1964 - Lignerolles, juillet 1965.

TABLE DES SYMBOLES

△	homme.
○	femme.

△ = ○ mariage (sa disjonction : #).

△⌐‾‾⌐○ frère et sœur (leur disjonction : ⌐‒//‒⌐).

△ ○
| |
△, ○ père et fils, mère et fille, etc.

⇒ transformation.

→ devenant, changé en...

↔ si et seulement si...

:	est à...
::	comme...

/ opposition.

	congruence, homologie, correspondance.
≡	
≢	non — , non — , non —

=	identité.
≠	différence.

∪	union, réunion, conjonction.
//	désunion, disjonction.

f fonction.

$x^{(-1)}$ x inversé.

+, — ces signes sont utilisés avec des connotations variables en fonction du contexte : plus, moins ; présence, absence ; premier, deuxième terme d'un couple d'oppositions.

INDEX DES MYTHES

I. — PAR NUMÉRO D'ORDRE ET PAR SUJET

a) MYTHES NOUVEAUX

b) COMPLÉMENTS DE MYTHES PARTIELLEMENT RÉSUMÉS DANS LE PREMIER VOLUME

c) RENVOIS A D'AUTRES MYTHES DU PREMIER VOLUME

II. — PAR TRIBU

INDEX GÉNÉRAL

Pour les tribus le plus souvent citées, on se guidera d'après l'index des mythes, IIe partie. Les noms de personnes renvoient à des auteurs cités ou discutés dans le texte, sauf les références ethnographiques que, comme dans le Cru et le Cuit, on a renoncé à inclure, pour ne pas alourdir l'index sous leur nombre.

BIBLIOGRAPHIE

Pour ne pas modifier le numéro d'ordre des ouvrages figurant déjà dans la bibliographie du précédent volume, on a placé à la suite les ouvrages nouvellement cités de chaque auteur, sans tenir compte de la date de publication.

Abréviations :

ARBAE	*Annual Report of the Bureau of American Ethnology.*
BBAE	*Bulletin of the Bureau of American Ethnology.*
CC	Lévi-Strauss, C. : *Le Cru et le Cuit*, Paris, 1964.
Colb.	Colbacchini, A.
E. B.	Albisetti, C., e Venturelli, A. J. : *Enciclopédia Boróro* (cité sous E. B.).
H.-H.	Hissink, K. und Hahn, A.
HSAI	*Handbook of South American Indians.*
JAFL	*Journal of American Folklore.*
JSA	*Journal de la Société des Américanistes.*
K.-G.	Koch-Grünberg, Th.
L.-N.	Lehmann-Nitsche, R.
L.-S.	Lévi-Strauss, C.
Nim.	Nimuendaju, C.
RIHGB	*Revista do Instituto Historico e Geographico Brasileiro.*
RMDLP	*Revista del Museo de la Plata.*
RMP	*Revista do Museu Paulista.*
SWJA	*Southwestern Journal of Anthropology.*
UCPAAE	*University of California Publications in American Archaeology and Ethnology.*

ABREU, J. Capistrano de :
   Rã-txa hu-ni-ku-i. A Lingua dos Caxinauas, Rio de Janeiro, 1914.

ADAMSON, T. :
   « Folk-Tales of the Coast Salish », *Memoirs of the American Folk-Lore Society*, vol. XXVII, 1934.

AHLBRINCK, W. :
   « Encyclopaedie der Karaiben », *Verhandelingen der Koninklijke Akademie van Wetenschappen te Amsterdam, afdeeling Letterkunde Nieuwe Reeks Deel 27*, I, 1931 (trad. française par Doude van Herwijnen, miméogr. Institut Géographique National, Paris, 1956).

ALTENFELDER SILVA, F. :
   « Mudança cultural dos Terena », *RMP*, n.s., vol. 3, 1949.

ALVAREZ, J. :

« Mitologia... de los salvajes huarayos », *27e Congrès International des Américanistes*, Lima, 1939.

AMORIM, A. B. de :

« Lendas em Nheêngatu e em Portuguez », *RIHGB*, t. 100, vol. 154 (2e de 1926), Rio de Janeiro, 1928.

ARMENTIA, N. :

« Arte y vocabulario de la Lengua Cavineña », ed. S. A. Lafone Quevedo. *RMDLP*, t. 13, 1906.

ASTON, W. G. ed. :

« Nihongi. Chronicles of Japan from the Earliest Times to A.D. 697 », *Transactions and Proceedings of the Japan Society*, London, 2 vol., 1896.

AUFENANGER, H. :

« How Children's Faeces are Preserved in the Central Highlands of New Guinea », *Anthropos*, t. 54, 1-2, 1959.

AUGUSTINOS :

« Relación de idolatria en Huamachuco por los primeiros — », *Informaciones acerca de la Religión y Gobierno de los Incas* (Colección de libros y documentos referentes a la Historia del Peru, t. II), Lima, 1918.

AZA, J. P. :

« Vocabulario español-machiguenga », *Bol. Soc. Geogr. de Lima*, t. XLI, 1924.

BALDUS, H. :

(2) *Lendas dos Indios do Brasil*, São Paulo, 1946.
(3) « Lendas dos Indios Tereno », *RMP*, n.s., vol. 4, 1950.
(4) ed. : *Die Jaguarzwillinge. Mythen und Heilbringersgeschichten Ursprungssagen und Märchen brasilianischer Indianer*, Kassel, 1958.
(5) « Kanaschiwuä und der Erwerb des Lichtes. Beitrag zur Mythologie der Karaja Indianer », *Sonderdruck aus Beiträge zur Gesellungs-und Völkerwissenschaft, Festschrift zum achtzigsten Geburtstag von Prof. Richard Thurnwald*, Berlin, 1950.
(6) « Karaja-Mythen », *Tribus, Jahrbuch des Linden-Museums*, Stuttgart, 1952-1953.

BANNER, H. :

(1) « Mitos dos indios Kayapo », *Revista de Antropologia*, vol. 5, nº 1, São Paulo, 1957.
(2) « O Indio Kayapo em seu acampamento », *Boletim do Museu Paraense Emilio Goeldi*, n.s., nº 13, Belém, 1961.

BARRADAS, J. Perez de :

Los Muiscas antes de la Conquista, 2 vol., Madrid, 1951.

BARRAL B. M. de :

Guarao Guarata, lo que cuentan los Indios Guaraos, Caracas, 1961.

BATES, H. W. :

The Naturalist on the River Amazons, London, 1892.

BECHER, H. :

(1) « Algumas notas sôbre a religião e a mitologia dos Surára », *RMP*, n.s., vol. 11, São Paulo, 1959.
(2) « Die Surára und Pakidái. Zwei Yanonámi-Stämme in Nordwestbrasilien », *Mitteilungen aus dem Museum für Völkerkunde in Hamburg*, XXVI, 1960.

BECKWITH, M. W. :
« Mandan-Hidatsa Myths and Ceremonies », *Memoirs of the American Folk-Lore Society*, vol. 32, New York, 1938.

BEEBE, W. :
« The Three-toed Sloth », *Zoologia*, vol. VII, n⁰ 1, New York, 1926.

BILLIARD, R. :
(1) « Notes sur l'abeille et l'apiculture dans l'antiquité », *L'Apiculteur*, 42ᵉ-43ᵉ années, Paris, 1898-1899.
(2) *L'Agriculture dans l'Antiquité d'après les Géorgiques de Virgile*, Paris, 1928.

BOAS, F. :
(2) « Tsimshian Mythology », *31th ARBAE*, Washington, D.C., 1916.
(3) « The Social Organization and the Secret Societies of the Kwakiutl Indians », *Reports of the United States National Museum*, Washington, D.C., 1895.

BOGGIANI, G. :
Os Caduveo. Trad. par Amadeu Amaral Jr., São Paulo, 1945 (Biblioteca Histórica Brasileira, XIV).

BORBA, T. M. :
Actualidade Indigena, Coritiba, 1908.

BRAILOIU, C. :
Le Rythme aksak, Abbeville, 1952.

BRETT, W. H. :
(1) *The Indian Tribes of Guiana*, London, 1868.
(2) *Legends and Myths of the Aboriginal Indians of British Guiana*, London, s.d. [1880].

BRITTON, S. W. .
« Form and Function in the Sloth », *Quarterly Review of Biology*, 16, 1941.

BUNZEL, R. L. :
« Zuni Katcinas », *47th ARBAE* (1929-1930), Washington, D.C., 1932.

BUTT, A. :
« Réalité et idéal dans la pratique chamanique », *L'Homme, revue française d'anthropologie*, II, 3, 1962.

CABRERA, A. :
« Catalogo de los mamiferos de America del Sur », *Revista del Museo Argentino de Ciencias Naturales, Zoologia 4*, 1957-1961.

CABRERA, A. L. et YEPES, J. :
Mamiferos Sud-Americanos, Buenos Aires, 1940.

CADOGAN, L. :
(1) « El Culto al árbol y a los animales sagrados en la mitologia y las tradiciones guaranies », *America Indigena*, Mexico, D.F., 1950.
(2) *Breve contribución al estudio de la nomenclatura guarani en botánica*. Asunción, 1955.
(3) « The Eternal Pindó Palm, and other Plants in Mbyá-Guarani Myths and Legends », *Miscellanea P. Rivet, Octogenario Dicata*, vol. II, Mexico, D.F., 1958.
(4) *Ayvu Rapyta. Textos míticos de los Mbyá-Guaraní del Guairá*, São Paulo. 1959.

(5) « Aporte a la etnografia de los Guaraní del Amambás Alto Ypané », *Revista de Antropologia*, vol. 10, nº 1-2, São Paulo, 1962.

(6) « Some Animals and Plants in Guarani and Guayaki Mythology », *ms.*

CAMPANA, D. del :
    « Contributo all'Etnografia dei Matacco », *Archivio per l'Antropologia e l'Etnologia*, vol. 43, fasc. 1-2, Firenze, 1913.

CAQUOT, A. :
    « Les Danses sacrées en Israel et à l'entour », *Sources orientales VI : Les Danses sacrées*, Paris, 1963.

CARDUS, J. :
    Las Misiones Franciscanas entre los infieles de Bolivia, Barcelona, 1886.

CASCUDO, L. da Camara :
    Geografia dos Mitos Brasileiros, Coleção Documentos Brasileiros 52, Rio de Janeiro, 1947.

CHERMONT DE MIRANDA, V. de :
    « Estudos sobre o Nheêngatú », *Anais da Biblioteca Nacional*, vol. 54 (1942), Rio de Janeiro, 1944.

CHIARA, V. :
    « Folclore Krahó », *RMP*, n.s., vol. 13, São Paulo, 1961-1962.

CHOPARD, L. :
    « Des Chauves-souris qui butinent les fleurs en volant », *Science-Progrès La Nature*, nº 3335, mars 1963.

CIVRIEUX de, M. :
    Leyendas Maquiritares, Caracas 1960, 2 parts (Mem. Soc. Cienc. Nat. La Salle 20).

CLASTRES, P. :
    La Vie sociale d'une tribu nomade : les Indiens Guayaki du Paraguay, Paris, 1965 (dactylographié).

COLBACCHINI, A. :
    (1) *A Tribu dos Boróros*, Rio de Janeiro, 1919.
    (2) *I Boróros Orientali « Orarimugudoge » del Matto Grosso, Brasile*. Contributi Scientifici delle Missioni Salesiane del Venerabile Don Bosco (1), Torino, s.d. [1925].
    (3) Cf. titre suivant :

COLBACCHINI, A. e ALBISETTI, C. :
    Os Boróros Orientais, São Paulo-Rio de Janeiro, 1942.

CORRÊA, M. Pio :
    Diccionario das Plantas uteis do Brasil, 3 vol., Rio de Janeiro, 1926-1931.

COUMET, E. :
    « Les Diagrammes de Venn », *Mathématiques et Sciences humaines* (Centre de Mathématique sociale et de statistique E.P.H.E.), nº 10, Printemps 1965.

COUTO DE MAGALHÃES, J. V. :
    O Selvagem, 4e ed. completa com *Curso* etc., São Paulo-Rio de Janeiro, 1940.

CRÉQUI-MONTFORT, G. de et RIVET, P. :
    « Linguistique bolivienne. Les affinités des dialectes Otukè », *JSA*, n.s., vol. 10 1913.

CREVAUX, J. :
Voyages dans l'Amérique du Sud, Paris, 1883.

DANCE, C. D. :
Chapters from a Guianese Log Book, Georgetown, 1881.

DEBRIE, R. :
« Les Noms de la crécelle et leurs dérivés en Amiénois », Nos Patois du Nord, n° 8, Lille, 1963.

DELVAU, A. :
Dictionnaire de la langue verte, Paris, nouvelle édition, 1883.

DENSMORE, F. :
« Northern Ute Music », BBAE 75, Washington, D.C., 1922.

DERBYSHIRE, D. :
Textos Hixharyâna, Belém-Para, 1965.

Dictionnaire des proverbes, Paris, 1821.

DIETSCHY, H. :
(2) « Der bezaubernde Delphin von Mythos und Ritus bei den Karaja-Indianern », Festschrift Alfred Bühler, Basler Beiträge zur Geographie und Ethnologie. Ethnologische Reihe, Band 2, Basel, 1965.

DINIZ, E. Soares :
« Os Kayapó-Gorotíre, aspectos soció-culturais do momento atual », Boletim do Museu Paraense Emilio Goeldi, Antropologia, n° 18, Belém, 1962.

DIXON, R. B. :
« Words for Tobacco in American Indian Languages », American Anthropologist, vol. 23, 1921, p. 19-49.

DOBRIZHOFFER, M. :
An Account of the Abipones, an Equestrian People, transl. from the Latin, 3 vol., London, 1822.

DORNSTAUDER, J. :
« Befriedigung eines wilden Indianerstammes am Juruena, Mato Grosso », Anthropos, t. 55, 1960.

DORSEY, G. A. :
(2) The Pawnee ; Mythology (Part 1), Washington, D.C., 1906.

DREYFUS, S. :
Les Kayapo du Nord. Contribution à l'étude des Indiens Gé, Paris-La Haye, 1963.

DRUCKER, Ph. :
« Kwakiutl Dancing Societies », Anthropological Records, II, Berkeley, 1940.

E.B. :
ALBISETTI, C. e VENTURELLI, A. J., Enciclopédia Boróro, vol. I, Campo Grande, 1962.

EHRENREICH, P. :
« Beiträge zur Völkerkunde Brasiliens », Veröffentlichungen aus dem Kgl. Museum für Völkerkunde, t. II, Berlin, 1891. Trad. portugaise par E. Schaden in : RMP, n.s., vol. 2, 1948.

ELKIN, A. P. :
The Australian Aborigines, 3rd ed., Sydney, 1961.

ELMENDORF, W. W. :
« The Structure of Twana Culture », *Research Studies, Monographic Supplement*, no 2, Washington State University, Pullman, 1960.

ENDERS, R. K. :
« Observations on Sloths in Captivity at higher Altitudes in the Tropics and in Pennsylvania », *Journal of Mammalogy*, vol. 21, 1940.

ERIKSON, E. H. :
« Observations on the Yurok : Childhood and World Image », *UCPAAE*, vol. 35, Berkeley, 1943.

EVANS, I. H. N. :
The Religion of the Tempasuk Dusuns of North Borneo, Cambridge, 1953.

FARABEE, W. C. :
(1) « The Central Arawak », *Anthropological Publications of the University Museum*, 9, Philadelphia, 1918.
(2) « Indian Tribes of Eastern Peru », *Papers of the Peabody Museum, Harvard University*, vol. X, Cambridge, 1922.
(4) « The Amazon Expedition of the University Museum », *Museum Journal, University of Pennsylvania*, vol. 7, 1916, p. 210-244 ; vol. 8, 1917, p. 61-82 ; vol. 8, 1917, p. 126-144.
(5) « The Marriage of the Electric Eel », *Museum Journal, University of Pennsylvania*, Philadelphia, March 1918.

FOCK, N. :
Waiwai, Religion and Society of an Amazonian Tribe, Copenhagen, 1963.

FOSTER, G. M. :
« Indigenous Apiculture among the Popoluca of Veracruz », *American Anthropologist*, vol. 44, 3, 1942.

FRAZER, J. G. :
(3) *Folk-Lore in the Old Testament*, 3 vol., London, 1918.
(4) *The Golden Bough. A Study in Magic and Religion*, 13 vol., 3rd ed., London, 1926-1936.

GALTIER-BOISSIÈRE, J. et DEVAUX, P. :
Dictionnaire d'argot. Le Crapouillot, 1952.

GARCIA, S. :
« Mitologia... machiguenga », *Congrès International des Américanistes*, 27e session, Lima, 1939.

GATSCHET, A. S. :
« The Klamath Indians of Southwestern Oregon », *Contributions to North American Ethnology*, II, 2 vol., Washington, D.C., 1890.

GILLIN, J. :
« The Barama River Caribs of British Guiana », *Papers of the Peabody Museum...*, vol. 14, no 2, Cambridge, Mass., 1936.

GILMORE, R. M. :
« Fauna and Ethnozoology of South America », *in : HSAI*, vol. 6, *BBAE 143*, Washington, D.C., 1950.

GIRAUD, R. :
« Le Tabac et son argot », *Revue des Tabacs*, n° 224, 1958.

GOEJE, C. H. de :
« Philosophy, Initiation and Myths of the Indian of Guiana and Adjacent Countries », *Internationales Archiv für Ethnographie*, vol. 44, Leider, 1943.

GOLDMAN, I. :
« The Cubeo. Indians of the Northwest Amazon », *Illinois Studies in Anthropology*, n° 2, Urbana, 1963.

GOLDSCHMIDT, W. :
« Nomlaki Ethnography », *UCPAAE*, vol. 42, n° 4, Berkeley, 1951.

GOUGENHEIM, G. :
La Langue populaire dans le premier quart du XIXᵉ siècle, Paris, 1929.

GOW SMITH, F. :
The Arawana or Fish-Dance of the Caraja Indians, *Indian Notes and Monographs, Mus. of the American Indian, Heye Foundation*, vol. II, 2, 1925.

GRAIN, J. M. :
« Pueblos primitivos — Los Machiguengas », *Congrès international des Américanistes*, 27ᵉ session, Lima, 1939.

GRANET, M. :
Danses et légendes de la Chine ancienne, 2 vol., Paris, 1926.

GREENHALL, A. M. :
« Trinidad and Bat Research », *Natural History*, vol. 74, n° 6, 1965.

GRUBB, W. Barbrooke :
An Unknown People in an Unknown Land, London, 1911.

CUALLART, J. M. :
« Mitos y leyendas de los Aguarunas del alto Marañon », *Peru Indigena*, vol. 7, n° 16-17, Lima, 1958.

GUEVARA, J. :
« Historia del Paraguay, Rio de la Plata y Tucuman », *Anales de la Biblioteca*, etc., t. V, Buenos Aires, 1908.

GUMILLA, J. :
Historia natural... del Rio Orinoco, 2 vol., Barcelona, 1791.

HENRY, J. :
(1) *Jungle People. A Kaingáng Tribe of the Highlands of Brazil*, New York, 1941.
(2) « The Economics of Pilagá Food Distribution », *American Anthropologist*, n.s., vol. 53, n° 2, 1951.

HÉROUVILLE, P. d' :
A la Campagne avec Virgile, Paris, 1930.

HEWITT, J. N. B. :
Art. « Tawiskaron », *in* : « Handbook of American Indians North of Mexico », *BBAE 30*, 2 vol., Washington, D.C., 1910.

HISSINK, K. und HAHN, A. :
Die Tacana, I. Erzählungsgut, Stuttgart, 1961.

HOFFMAN, B. G. :
« John Clayton's 1687 Account of the Medicinal Practices of the Virginia Indians », *Ethnohistory*, vol. 11, n° 1, 1964.

HOFFMAN, W. J. :
« The Menomini Indians », *14th ARBAE*, Washington, 1893.

HOFFMANN-KRAYER, E. :
Handwörterbuch des Deutschen Aberglaubens, 10 vol., Berlin und Leipzig, 1927-1942.

HOHENTHAL Jr, W. D. :
(2) « As tribos indígenas do médio e baixo São Francisco », *RMP*, n.s., vol. 12, São Paulo, 1960.

HOLMBERG, A. R. :
« Nomads of the Long Bow. The Siriono of Eastern Bolivia », *Smithsonian Institution, Institute of Social Anthropology, Publication n° 10*, Washington, D.C., 1950.

HUDSON, W. H. :
The Naturalist in La Plata, London, 1892.

HOLMER, N. M. and WASSEN, S. H. :
(2) « Nia-Ikala. Canto mágico para curar la locura », *Etnologiska Studier*, 23, Göteborg, 1958.

IHERING, H. von :
(1) « As abelhas sociaes indigenas do Brasil, *Lavoura, Bol. Sociedade Nacional Agricultura Brasileira*, vol. 6, 1902.
(2) « As abelhas sociaes do Brasil e suas denominações tupis », *Revista do Instituto Historico e Geografico de São Paulo*, vol. 8 (1903), 1904.

IHERING, R. von :
Dicionário dos animais do Brasil, São Paulo, 1940.

IM THURN, E. F. :
Among the Indians of Guiana, London, 1883.

IZIKOWITZ, K. G. :
« Musical and Other Sound Instruments of the South American Indians. A Comparative Ethnographical Study », *Göteborgs Kungl-Vetenskaps-och Vitterhets-Samhälles Handligar Femte Följden*, Ser. A, Band 5, n° 1, Göteborg, 1935.

JACOBS, M. :
« Northwest Sahaptin Texts », *Columbia University Contributions to Anthropology*, vol. XIX, Part 1, 1934.

KALTENMARK, M. :
« Les Danses sacrées en Chine », *Sources orientales VI : les Danses sacrées*, Paris, 1963.

KARSTEN, R. :
(2) « The Head-Hunters of Western Amazonas », *Societas Scientiarum Fennica. Commentationes Humanarum Litterarum*, t. 7, n° 1, Helsingfors, 1935.

KENYON, K. W. :
« Recovery of a Fur Bearer », *Natural History*, vol. 72, n° 9, Nov. 1963.

KESES M., P. A. :
« El Clima de la región de Rio Negro Venezolano (Territorio Federal Amazonas) », *Memoria, Sociedad de Ciencias Naturales La Salle,* t. XVI, n° 45, 1956.

KNOCH, K. :
« Klimakunde von Südamerika », *in : Handbuch der Klimatologie,* 5 vol.,
Berlin, 1930.

KOCH-GRÜNBERG, Th. :
(1) *Von Roroima zum Orinoco. Zweites Band. Mythen und Legenden der Taulipang und Arekuna Indianer,* Berlin, 1916.

KOZÁK, V. :
« Ritual of a Bororo Funeral », *Natural History,* vol. 72, n° 1, Jan. 1963.

KRAUSE, F. :
In den Wildnissen Brasiliens, Leipzig, 1911.

KROEBER, A. L. :
« Handbook of the Indians of California », *BBAE, 78,* Washington, D.C., 1925.

KRUSE, A. :
(2) « Erzählungen der Tapajoz-Mundurukú », *Anthropos,* t. 41-44, 1946-1949.
(3) « Karusakaybë, der Vater der Mundurukú », *Anthropos,* t. 46, 1951 ;
47, 1952.

LABRE, A. R. P. :
« Exploration in the Region between the Beni and Madre de Dios Rivers and
the Purus », *Proceedings of the Royal Geographical Society,* London, vol. XI,
n° 8, 1889.

LAFITAU, J. F. :
Mœurs des sauvages américains comparées aux mœurs des premiers temps,
4 vol., Paris, 1724.

LAFONT, P. B. :
Tôlô i Djvat, Coutumier de la tribu Jarai (Publication de l'École française
d'Extrême-Orient), Paris, 1961.

LAGUNA, F. de :
« Tlingit Ideas about the Individual », *SWJA,* vol. 10, n° 2, Albuquerque, 1954.

LAUFER, B. :
« Introduction of Tobacco in Europe », *Leaflet 19, Anthropology, Field Museum
of Natural History,* Chicago, 1924.

LAYENS, G. de et BONNIER, G. :
Cours complet d'apiculture, Paris, Libr. gén. de l'enseignement (sans date).

LEACH, E. R. :
« Telstar et les aborigènes ou « la Pensée sauvage » de Claude Lévi-Strauss »,
Annales, nov.-déc., 1964.

LE COINTE, P. :
A Amazonia Brasileira : Arvores e Plantas uteis, Belem-Pará, 1934.

LEEDS, A. :
Yaruro Incipient Tropical Forest Horticulture. Possibilities and Limits. Voir :
Wilbert, J. ed., *The Evolution of Horticultural Systems.*

438

DU MIEL AUX CENDRES

LEHMANN-NITSCHE, R. :

(3) « La Constelación de la Osa Mayor », *RMDLP*, t. 28 (3ᵉ sér., t. 4), Buenos Aires, 1924-1925.
(5) « La Astronomia de los Tobas (segunda parte) », *RMDLP*, t. 28 (3ᵉ sér., t. 4), Buenos Aires, 1924-1925.
(6) « La Astronomia de los Mocovi », *RMDLP*, t. 30 (3ᵉ sér., t. 6), Buenos Aires, 1927.
(7) « Coricancha. El Templo del Sol en el Cuzco y las imagenes de su altar mayor », *RMDLP*, t. 31 (3ᵉ sér., t. 7), Buenos Aires, 1928.
(8) « El Caprimúlgido y los dos grandes astros », *RMDLP*, t. 32, Buenos Aires, 1930.

LÉRY, J. de :

Histoire d'un voyage faict en la terre du Brésil, éd. Gaffarel, 2 vol., Paris, 1880.

LÉVI-STRAUSS, C. :

(0) « Contribution à l'étude de l'organisation sociale des Indiens Boróro », *JSA*, n.s., t. 18, fasc. 2, Paris, 1936.
(2) *Les Structures élémentaires de la parenté*, Paris, 1949.
(3) *Tristes Tropiques*, Paris, 1955.
(5) *Anthropologie structurale*, Paris, 1958.
(6) « La Geste d'Asdiwal », *École pratique des hautes études, Section des Sciences religieuses*, Annuaire (1958-1959), Paris, 1958.
(8) *Le Totémisme aujourd'hui*, Paris, 1962.
(9) *La Pensée sauvage*, Paris, 1962.
(10) *Mythologiques* *. *Le Cru et le Cuit*, Paris, 1964 (cité : CC).
(11) *Race et histoire*, Paris, 1952.
(12) « Le triangle culinaire », *L'Arc*, nᵒ 26, Aix-en-Provence, 1965.

LIPKIND, W. :

(2) « The Caraja », *in : HSAI, BBAE 143*, 7 vol., Washington, D.C., 1946-1959.

LOEB, E. :

« Pomo Folkways », *UCPAAE*, vol. 19, nᵒ 2, Berkeley, 1926.

LORÉDAN-LARCHEY :

Nouveau Supplément au dictionnaire d'argot, Paris, 1889.

MACHADO, O. X. de Brito :

« Os Carajás », *Conselho Nacional de Proteção aos Indios. Publ. nᵒ 104, annexo 7*, Rio de Janeiro, 1947.

McCLELLAN, C. :

« Wealth Woman and Frogs among the Tagish Indians », *Anthropos*, t. 58, 1-2, 1963.

MARCEL-DUBOIS, C. :

« Le toulouhou des Pyrénées centrales », *Congrès et colloques universitaires de Liège*, vol. 19, *Ethno-musicologie*, II, 1960.

MASSIGNON, G. :

« La Crécelle et les instruments des ténèbres en Corse », *Arts et Traditions Populaires*, vol. 7, nᵒ 3-4, 1959.

MEDINA, J. T. :

« The Discovery of the Amazon », transl. by B. T. Lee, *American Geographical Society Special Publication nᵒ 17*, New York, 1934.

MEGGITT, M. J. :
« Male-Female Relationships in the Highlands of Australian New Guinea »,
in : J. B. Watson, ed., *New Guinea, the central highlands, American Anthropologist*, n.s., vol. 66, n° 4, part 2, 1964.

MÉTRAUX, A. :
(1) *La Religion des Tupinamba*, Paris, 1928.
(3) « Myths and Tales of the Matako Indians », *Ethnological Studies 9,*
Göteborg, 1939.
(5) « Myths of the Toba and Pilagá Indians of the Gran Chaco », *Memoirs
of the American Folk-Lore Society*, vol. 40, Philadelphia, 1946.
(8) « Mythes et contes des Indiens Cayapo (groupe Kuben-Kran-Kegn) »,
RMP, n.s., vol. 12, São Paulo, 1960.
(9) *La Civilisation matérielle des tribus Tupi-Guarani*, Paris, 1928.
(10) « Suicide Among the Matako of the Argentine Gran Chaco », *America
Indigena*, vol. 3, n° 3, Mexico, 1943.
(11) « Les Indiens Uro-Čipaya de Carangas : La Religion », *JSA*, vol. XVII,
2, Paris, 1935.
(12) « Ethnography of the Chaco », *HSAI, BBAE 143*, vol. 1, Washington,
D.C., 1946.
(13) « Tribes of Eastern Bolivia and Madeira », *HSAI, BBAE 143*, vol. 3.
(14) « Estudios de Etnografia Chaquense », *Anales del Instituto de Etnografia
Americana. Universidad Nacional de Cuyo*, t. V, Mendoza, 1944.

MÉTRAUX, A. and BALDUS, H. :
« The Guayakí », *HSAI, BBAE 143*, vol. 1, Washington, D.C., 1946.

MONTOYA, A. Ruiz de :
Arto, vocabulario, tesoro y catacismo de la lengua Guarani (1640), Leipzig, 1876.

MOONEY, J. :
« Myths of the Cherokee », *19th ARBAE*, Washington, D.C., 1898.

MOURA, José de, S. J. :
« Os Münkü, 2a Contribuição ao estudo da tribo Iranche », *Pesquisas, Antropologia n° 10*, Instituto Anchietano de Pesquisas, Porto Alegre, 1960.

MURPHY, R. F. :
(1) « Mundurucú Religion », *UCPAAE*, vol. 49, n° 1, Berkeley-Los Angeles,
1958.

MURPHY, R. F. and QUAIN, B. :
« The Trumaí Indian of Central Brazil », *Monographs of the American Ethnological Society*, 24, New York, 1955.

NIMUENDAJU, C. :
(1) « Die Sagen von der Erschaffung und Vernichtung der Welt als Grundlagen
der Religion der Apapocúva-Guarani », *Zeitschrift für Ethnologie*, vol. 46,
1914.
(2) « Sagen der Tembé-Indianer », *Zeitschrift für Ethnologie*, vol. 47, 1915.
(3) « Bruchstücke aus Religion und Überlieferung der Šipaia-Indianer »,
Anthropos, t. 14-15, 1919-1920 ; 16-17, 1921-1922.
(5) « The Apinayé », *The Catholic University of America, Anthropological
Series, n° 8*, Washington, D.C., 1939.
(6) « The Šerente », *Publ. of the Frederick Webb Hodge Anniversary Publication Fund*, vol. 4, Los Angeles, 1942.

(7) « Šerente Tales », *JAFL*, vol. 57, 1944.
(8) « The Eastern Timbira », *UCPAAE*, vol. 41, Berkeley-Los Angeles, 1946.
(9) « Social Organization and Beliefs of the Botocudo of Eastern Brazil », *SWJA*, vol. 2, nº 1, 1946.
(12) « The Tukuna », *UCPAAE*, vol. 45, Berkeley-Los Angeles, 1952.

NINO, B. de :
Etnografia chiriguana, La Paz, 1912.

NORDENSKIÖLD, E. :
(1) *Indianerleben, El Gran Chaco*, Leipzig, 1912.
(3) *Forschungen und Abenteuer in Südamerika*, Stuttgart, 1924.
(4) « La Vie des Indiens dans le Chaco », trad. Beuchat, *Revue de Géographie*, vol. 6, 3ᵉ partie, 1912.
(5) « L'Apiculture indienne », *JSA*, t. XXI, 1929, p. 169-182.
(6) « Modifications in Indian Culture through Inventions and Loans », *Comparative Ethnographical Studies*, vol. 8, Göteborg, 1930.

Normais Climatológicas (Ministerio da Agricultura, Serviço de Meteorologia), Rio de Janeiro, 1941.

Normais Climatológicas da área da Sudene (Presidência da República, Superintendência do Desenvolvimento do Nordeste), Rio de Janeiro, 1963.

OBERG, K. :
« Indian Tribes of Northern Mato Grosso, Brazil », *Smithsonian Institution, Institute of Social Anthropology*, Publ. nº 15, Washington, D.C., 1953.

OGILVIE, J. :
« Creation Myths of the Wapisiana and Taruma, British Guiana », *Folk-Lore*, vol. 51, London, 1940.

OLIVEIRA, C. E. de :
« Os Apinayé do Alto Tocantins », *Boletim do Museu Nacional*, vol. 6, nº 2, Rio de Janeiro, 1930.

OLSON, R. L. :
« The Social Organization of the Haisla of British Columbia », *Anthropological Records II*, Berkeley, 1940.

ORBIGNY, A. d' :
Voyage dans l'Amérique méridionale, Paris et Strasbourg, vol. 2, 1839-1843.

ORELLANA, F. de :
Cf. Medina, J. T.

ORICO, O. :
(1) *Mitos amerindios*, 2a ed., São Paulo, 1930.
(2) *Vocabulario de Crendices Amazonicas*, São Paulo-Rio de Janeiro, 1937.

OSBORN, H. :
(1) « Textos Folkloricos en Guarao », *Boletín Indigenista Venezolano*, Años III-IV-V, nᵒˢ 1-4, Caracas, 1956-1957 (1958).
(2) « Textos Folkloricos en Guarao II », *ibid.*, Año VI, nᵒˢ 1-4, 1958.
(3) « Textos Folklóricos Guarao », *Anthropologica*, 9, Caracas, 1960.

PALAVECINO, E. :
« Takjuaj. Un personaje mitológico de los Mataco », *RMDLP*, n.s., nº 7, *Antropologia*, t. 1, Buenos Aires, 1936-1941.

PARSONS, E. C. :
(3) « Kiowa Tales », *Memoirs of the American Folk-Lore Society*, vol. XXVII, New York, 1929.

PAUCKE, F. :
Hacia allá y para acá (una esluda entre los Indios Mocobies), 1749-1767, trad. esp. Tucumán-Buenos Aires, 4 vol., 1942-1944.

Pelo rio Mar — Missões Salesianas do Amazonas, Rio de Janeiro, 1933.

PETITOT, E. :
Traditions indiennes du Canada nord-ouest, Paris, 1886.

PETRULLO, V. :
« The Yaruros of the Capanaparo River, Venezuela », *Anthropological Papers n⁰ 11, Bureau of American Ethnology*, Washington, D.C., 1939.

PIERINI, F. :
« Mitología de los Guarayos de Bolivia », *Anthropos*, t. 5, 1910.

PLUTARQUE :
« De Isis et d'Osiris », *Les Œuvres morales de —*, trad. Amyot, 2 vol., Paris, 1584.

POMPEU SOBRINHO, Th. :
« Lendas Mehim », *Revista do Instituto do Ceará*, vol. 49, Fortaleza, 1935.

PREUSS, K. Th. :
(1) *Religion und Mythologie der Uitoto*, 2 vol., Göttingen, 1921-1923.
(3) « Forschungsreise zu den Kagaba », *Anthropos*, t. 14-21, 1919-1926.

RAY, V. F. :
« The Sanpoil and Nespelem », *Reprinted by Human Relations Area Files*, New Haven, 1954.

REICHARD, G. A. :
« Wiyot Grammar and Texts », *UCPAAE*, vol. 22, n⁰ 1, Berkeley, 1925.

REICHEL-DOLMATOFF, G. :
Los Kogi, 2 vol., Bogotá, 1949-1950 et 1951.

REINBURG, P. :
« Folklore amazonien Légendes des Zaparo du Curaray et de Canelos », *JSA*, vol. 13, 1921.

RHODE, E. :
« Einige Notizen über dem Indianerstamm der Terenos », *Zeitschrift der Gesell. für Erdkunde zu Berlin*, vol. 20, 1885.

RIBEIRO, D. :
(1) « Religião e Mitologia Kadiuéu », *Serviço de Proteção aos Indios*, Publ. 106, Rio de Janeiro, 1950.
(2) « Noticia dos Ofaié-Chavante », *RMP*, n.s., vol. 5, São Paulo, 1951.

RIGAUD, L. :
Dictionnaire d'argot moderne, Paris, 1881.

RIVET, P. :
Cf. CRÉQUI-MONTFORT, G. de et RIVET, P.

ROBERT, M. :

« Les Vanniers du Mas-Gauthier (Feytiat, près de Limoges) depuis un siècle »,
Ethnographie et Folklore du Limousin, nº 8, Limoges, déc. 1964.

ROCHEREAU, H. J. : (RIVET, P. et —) :

« Nociones sobre creencias, usos y costumbres de los Catios del Occidente de
Antioquia », *JSA*, vol. 21, Paris, 1929.

RODRIGUES, J. Barbosa :

(1) « Poranduba Amazonense », *Anais da Biblioteca Nacional de Rio de Janeiro*,
vol. 14, fasc. 2, 1886-1887, Rio de Janeiro, 1890.
(2) *O Muyrakytã e os idolos symbolicos. Estudo da origem asiatica da civilizacão
do Amazonas nos tempos prehistoricos*, 2 vol., Rio de Janeiro, 1899.
(3) « Lendas, crenças e superstições », *Revista Brasileira*, t. X, 1881.
(4) « Tribu dos Tembés. Festa da Tucanayra », *Revista da Exposicão Anthropologica*, Rio de Janeiro, 1882.

RONDON, C. M. da Silva :

« Esbôço grammatical e vocabulário da lingua dos Indios Boróro », *Publ.
nº 77 da Comissão... Rondon. Anexo 5, etnografia*, Rio de Janeiro, 1948.

ROSSIGNOL :

Dictionnaire d'argot, Paris, 1901.

ROTH, W. E. :

(1) « An Inquiry into the Animism and Folklore of the Guiana Indians »,
30th ARBAE (1908-1909), Washington, D.C., 1915.
(2) « An Introductory Study of the Arts, Crafts and Customs of the Guiana
Indians », *38th ARBAE* (1916-1917), Washington, D.C., 1924.

ROYDS, Th. F. :

The Beasts, Birds and Bees of Virgil, Oxford, 1914.

ROYS, R. L. :

(1) « The Ethno-botany of the Maya », *Middle Amer. Research Ser. Tulane
University*, Publ. 2, 1931.
2) « The Indian Background of Colonial Yucatan ». *Carnegie Institution of
Washington*, Publ. 548, 1943.

RUSSELL, F. :

« The Pima Indians », *26th ARBAE* (1904-1905), Washington, D.C., 1908.

SAAKE, W. :

(1) « Die Juruparilegende bei den Baniwa des Rio Issana », *Proceedings of
the 32nd Congress of Americanists* (1956), Copenhague, 1958.
(2) « Dringende Forschungsaufgaben im Nordwestern Mato Grosso »,
34ᵉ Congrès International des Américanistes, São Paulo, 1960.

SAHAGUN, B. de :

Florentine Codex. General History of the Things of New Spain. In 13 Parts ;
transl, by A. J. O. Anderson and Ch. E. Dibble, Santa Fé, N.M., 1950-1963.

SAINEAN, L. :

Les Sources de l'argot ancien, Paris, 1912.

SAINT-HILAIRE, A. F. de :

Voyages dans l'intérieur du Brésil, Paris, 1830-1851.

SALT, G. :
« A Contribution to the Ethology of the Meliponinae », *The Transactions of the Entomological Society of London*, vol. LXXVII, London, 1929.

SAPIR, E. :
« Wishram Texts », *Publications of the American Ethnological Society*, vol. II, 1909.

SCHADEN, E. :
(1) « Fragmentos de mitologia Kayuá », *RMP*, n.s., vol. 1, São Paulo, 1947.
(4) *Aspectos fundamentais da cultura guarani* (1re éd. *in :* Boletim n° 188, Antropologia, n° 4, Universidade de São Paulo, 1954 ; 2e éd., São Paulo, 1962).
(5) « Caracteres especificos da cultura Mbüá-Guarani », n°ˢ 1 et 2, *Revista de Antropologia*, vol. II, São Paulo, 1963.

SCHAEFFNER, A. :
« Les Kissi. Une société noire et ses instruments de musique », *L'Homme, cahiers d'ethnologie, de géographie et de linguistique*, Paris, 1951.

SCHAFER, E. H. :
« Ritual Exposure in Ancient China », *Harvard Journal of Asiatic Studies*, vol. 14, n°ˢ 1-2, 1951.

SCHOMBURGK, R. :
Travels in British Guiana 1840-1844, transl. and edit. by W. E. Roth, 2 vol., Georgetown, 1922.

SCHULLER, R. :
« The Ethnological and Linguistic position of the Tacana Indians of Bolivia », *American Anthropologist*, n.s., vol. 24, 1922.

SCHULTES, R. E. :
(1) « Botanical Sources of the New World Narcotics », *Psychedelic Review*, 1, 1963.
(2) « Hallucinogenic Plants in the New World », *Harvard Review*, 1, 1963.

SCHULTZ, H. :
(1) « Lendas dos indios Krahó », *RMP*, n.s., vol. 4, São Paulo, 1950.
(2) « Informações etnográficas sôbre os Umutina (1943, 1944 e 1945) », *RMP*, n.s., vol. 13, São Paulo, 1961-1962.
(3) « Informações etnográficas sôbre os Suyá (1960) », *RMP*, n.s., vol. 13, São Paulo, 1961-1962.

SCHWARTZ, H. B. :
(1) « The Genus Melipona », *Bull. Amer. Mus. Nat. Hist.*, vol. LXIII, 1931-1932, New York, 1931-1932.
(2) « Stingless Bees (Meliponidae) of the Western Hemisphere », *Bull. of the Amer. Mus. Nat. Hist.*, vol. 90, New York, 1948.

SÉBILLOT, P. :
« Le Tabac dans les traditions, superstitions et coutumes », *Revue des Traditions Populaires*, t. 8, 1893.

SETCHELL, W. A. :
« Aboriginal Tobaccos », *American Anthropologist*, n.s., vol. 23, 1921.

SILVA, P. A. Brüzzi Alves da :
A Civilização Indígena do Uaupès, São Paulo, 1962.

SIMONOT, D. :

« Autour d'un livre : « Le Chaos sensible », de Theodore Schwenk », *Cahiers des Ingénieurs agronomes*, n° 195, avril 1965.

SPEGAZZINI, C. :

« Al travès de Misiones », *Rev. Faculdad Agr. Veterinaria, Univ. Nac. de La Plata*, ser. 2, vol. 5, 1905.

SPIER, L. :

(1) « Southern Diegueño Customs », *UCPAAE*, vol. 20, n° 16, Berkeley, 1923.
(2) « Klamath Ethnography », *UCPAAE*, vol. 30, Berkeley, 1930.

SPIER, L. and SAPIR, E. :

« Wishram Ethnography », *University of Washington Publications in Anthropology*, vol. III, 1930.

SPRUCE, R. :

Notes of a Botanist on the Amazon and Andes..., 2 vol., London, 1908.

STAHL, G. :

(1) « Der Tabak im Leben Südamerikanischer Völker », *Zeit. für Ethnol.*, vol. 57, 1924.
(2) « Zigarre ; Wort und Sach », *id.*, vol. 62, 1930.

STEWARD, J. H. and FARON, L. C. :

Native Peoples of South America, New York-London, 1959.

STIRLING, M. W. :

« Historical and Ethnographical Material on the Jivaro Indians », *BBAE 117*, Washington, D.C., 1938.

STRADELLI, E. :

(1) « Vocabulario da lingua geral portuguez-nheêngatu e nheêngatu-portuguez, *etc.* », *RIHGB*, t. 104, vol. 158, Rio de Janeiro, 1929.
(2) « L'Uaupés e gli Uaupés. Leggenda dell' Jurupary », *Bolletino della Società geografica Italiana*, vol. III, Roma, 1890.

SUSNIK, B. J. :

« Estudios Emok-Toba. Parte I^ra : Fraseario », *Boletín de la Sociedad cientifica del Paraguay*, vol. VII-1962, Etno-linguistica 7, Asunción, 1962.

SWANTON, J. R. :

(2) « Tlingit Myths and Texts », *BBAE 39*, Washington, D.C., 1909.

TASTEVIN, C. :

(1) *La Langue Tapïhïya dite Tupï ou N'eêngatu*, etc. (Schriften der Sprachenkommission, Kaiserliche Akademie der Wissenschaften, Band II), Vienne, 1910.
(2) « Nomes de plantas e animaes em lingua tupy », *RMP*, t. 13, São Paulo, 1922.
(3) « La Légende de Bóyusú en Amazonie », *Revue d'Ethnographie et des Traditions Populaires*, 6e année, n° 22, Paris, 1925.
(4) « Le fleuve Murú. Ses habitants. — Croyances et mœurs kachinaua », *La Géographie*, vol. 43, n° 4-5, 1925.
(5) « Le Haut Tarauacá », *La Géographie*, vol. 45, 1926.

TEBBOTH, T. :

« Diccionario Toba », *Revista del Instituto de Antropologia de la Univ. Nac. de Tucumán*, vol. 3, n° 2, Tucumán, 1943.

TEIT, J. A. :
« The Shuswap », *Memoirs of the American Museum of Natural History*, vol. IV, 1909.

TESCHAUER, S. J., Carlos :
Avifauna e flora nos costumes, supersticões e lendas brasileiras e americanas, 3ᵉ édição, Porto Alegre, 1925.

THEVET, A. :
Cosmographie universelle illustrée, etc., 2 vol., Paris, 1575.

THOMPSON, d'Arcy Wentworth :
On Growth and Form, 2 vol., new ed., Cambridge, Mass., 1952.

THOMPSON, J. E. :
« Ethnology of the Mayas of Southern and Central British Honduras », *Field Mus. Nat. Hist. Anthropol. Ser.*, vol. 17, Chicago, 1930.

THOMSON, M. :
« La Semilla del Mundo », *Leyendas de los Indios Maquiritares en el Amazonas Venezolano, Recopiladas por James Bou, Presentadas por* —. Mimeogr.

THOMSON, Sir A. Landsborough, ed. :
A New Dictionary of Birds, London, 1964.

THORPE, W. H. :
Learning and Instinct in Animals, new ed., London, 1963.

VAN BAAL, J. :
« The Cult of the Bull-roarer in Australia and Southern New-Guinea », *Bijdragen tot de taal-, land- en Volkenhunde*, Deel 119, ?ᵉ Afl., 'S-Gravenhage, 1963.

VAN GENNEP, A. :
Manuel de Folklore français contemporain, 9 vol., Paris, 1946-1958.

VELLARD, J. :
Histoire du curare, Paris, 1965.

VIANNA, U. :
« Akuen ou Xerente », *RIHGB*, t. 101, vol. 155 (1 de 1927), Rio de Janeiro, 1928.

VIMAITRE, Ch. :
Dictionnaire d'argot fin-de-siècle, Paris, 1894.

VIRGILE :
Géorgiques, texte établi et traduit par E. de Saint-Denis, 3ᵉ tirage, Paris, 1963.

WAGLEY, Ch. and GALVÃO, E. :
« The Tenetehara Indians of Brazil », *Columbia Univ. Contributions to Anthropology*, 35, New York, 1949.

WALLACE, A. R. :
A Narrative of Travels on the Amazon and Rio Negro, London, 1889.

WATERMAN, T. T. :
« The Religious Practices of the Diegueno Indians », *UCPAAE*, vol. 8, nᵒ 6, Berkeley, 1910.

WEISER, F. X. :

Fêtes et coutumes chrétiennes. De la liturgie au folklore (Trad. française de : Christian Feasts and Customs, New York, 1954), Paris, 1961.

WELTFISH, G. :

The Lost Universe, New York, 1965.

WHIFFEN, Th. :

The North-West Amazons, London, 1915.

WILBERT, J. :

(2) « Problematica de algunos métodos de pesca, etc. », Memorias, Sociedad de Ciencias Naturales La Salle, vol. XV, n° 41, Caracas, 1956.

(3) « Los instrumentos musicales de los Warrau », Antropológica, n° 1, p. 2-22, Caracas, 1956.

(4) « Rasgos culturales circun-caribes entre los Warrau y sus inferencias », Memorias, Sociedad de Ciencias Naturales La Salle, t. XVI, n° 45, 1956.

(5) « Mitos de los Indios Yabarana », Antropológica, n° 5, Caracas, 1958.

(6) « Puertas del Averno », Memorias, Sociedad de Ciencias Naturales La Salle, t. XIX, n° 54, 1959.

(7) « Erzählgut der Yupa-Indianer », Anthropos, t. 57, 3-6, 1962.

(8) Indios de la región Orinoco-Ventuari, Caracas, 1953.

(9) « Warao Oral Literature », Instituto Caribe de Antropologia y Sociologia, Fundación La Salle de Ciencias Naturales, Monography n° 9, Caracas, 1964.

WILBERT, J., ed. :

The Evolution of Horticultural Systems in Native South America. Causes and Consequences, A Symposium, Caracas, 1961.

WILLIAMSON, R. W. :

The Mafulu. Mountain People of British New Guinea, London, 1912.

WIRTH, D. M. :

(1) « A mitologia dos Vapidiana do Brasil », Sociologia, vol. 5, n° 3, São Paulo, 1943.

(2) « Lendas dos Indios Vapidiana », RMP, n.s., vol. 4, São Paulo, 1950.

WRIGHT, A. R. and LONES, T. E. :

British Calendar Customs. England, vol. II. Fixed Festivals, Jan.-May Inclusive (Publ. of the Folklore Society, CII), London, 1938.

ZERRIES, O. :

(2) « The Bull-roarer among South American Indians », RMP, n.s., vol. 7, São Paulo, 1953.

(3) « Kürbisrassel und Kopfgeister in Südamerika », Paideuma, Band 5, Heft 6, Bamberg, 1953.

TABLE DES ILLUSTRATIONS
DANS LE TEXTE

TABLE DES MATIÈRES

CET OUVRAGE A ÉTÉ IMPRIMÉ
SUR LES PRESSES DE L'IMPRI-
MERIE DARANTIERE A DIJON, LE
VINGT JANVIER MCMLXXXII

Dépôt légal : 1er trimestre 1967
N° de publication : 9271
N° d'impression : 723-191